社会转型

社会心理学的立场

俞国良 著

Social Transformation: The Position of Social Psychology

中国社会科学出版社

图书在版编目（CIP）数据

社会转型：社会心理学的立场/俞国良著.—北京：中国社会科学出版社，2016.12

ISBN 978 - 7 - 5161 - 8991 - 7

Ⅰ.①社…　Ⅱ.①俞…　Ⅲ.①社会心理学—研究　Ⅳ.①C912.6 - 0

中国版本图书馆 CIP 数据核字（2016）第 227389 号

出 版 人	赵剑英
责任编辑	侯苗苗
特约编辑	明　秀
责任校对	周晓东
责任印制	王　超
出　　版	中国社会科学出版社
社　　址	北京鼓楼西大街甲 158 号
邮　　编	100720
网　　址	http：//www.csspw.cn
发 行 部	010 - 84083685
门 市 部	010 - 84029450
经　　销	新华书店及其他书店
印　　刷	北京君升印刷有限公司
装　　订	廊坊市广阳区广增装订厂
版　　次	2016 年 12 月第 1 版
印　　次	2016 年 12 月第 1 次印刷
开　　本	710 × 1000　1/16
印　　张	34
插　　页	2
字　　数	528 千字
定　　价	119.00 元

自　序

作为一名学人，一名心理学工作者，特别是一名与我国改革开放同步成长、已知天命的"中年学人"，我很想为这个如火如荼的转型社会做点事情，留点记忆。无奈受条件和学识所限，虽有一腔热血和一片忠诚，也只能尽心尽力、扯破嗓子喊上几声，不仅仅是为学术服务于中国社会现实摇旗呐喊，也是为处于转型中的中国社会承担一个公民的义务和责任。我想，这也是一名社会心理学工作者应该具有的基本立场！

毋庸置疑，心理学是"舶来品"。缘其"舶来品"，许多人认为心理学有名无实，在学术阵营和社会经济发展大局中无足轻重。特别在我国，也就是"花瓶"摆设而已。直到 2008 年四川汶川大地震中，心理学以其独特的贡献，才被人刮目相看。实际上，心理学研究一方面丰富了人类对自身心理现象本质规律的认识，另一方面也极大地丰富和促进了社会的文明进步。在政治、经济、军事、教育、环境、管理和宣传等领域有广阔的"用武之地"。至今已有四位科学家因为心理学的杰出研究工作而荣登诺贝尔奖的殿堂，这便是有力的证据。

国际心理科学联合会（IUPsyS）的调查表明，心理学的发展水平反映了一个国家和社会的经济、文明发达的程度。至于国人为什么对心理学有偏颇认识，其症结在于我国心理学研究的经院传统，擅长做"纯学术研究"且自得其乐。殊不知，学术研究作为创造性活动，不能脱离特定的时代环境，也无法离开现实生活而存在。学术研究也应经世济民，学以致用，把"穷理"与"经世"结合起来，勇于任事，实践"论须有益于社会，文须有益于人民"，关注时代需要，重视百姓生活，着力社会服务。我始终认为，心理学的发展取决于社会认同，只有为社会提供更多的精神食粮，社会才会承认心理学的价值，才会给心理学更大的发展空间和发展机会。心理学有多大发展，归根结底取决于其研究成果为社会提供服务的数量和质量。这方面，美国的兰德公司、英国的费边社、德国的"五贤人团"等智库已为我们树立了很好的榜样。

在林林总总的心理学大家庭中，能够为社会发展服务、为社会转型做出重要贡献的分支学科，首推社会心理学。因为，社会心理学主要研究与社会有关的心理学问题，强调人与环境的相互作用，这种作用无时不有，无处不在。唯其如此，其根本任务在于，根据社会生活建构知识体系，运用这些概念和理论很好地解释、理解、预测和控制社会行为；同时，将社会心理学的研究成果应用于社会生活的各个方面、各个领域，为社会进步与发展提供帮助和服务。从这个意义上说，社会心理学就是社会进步和发展的生产力。因此，用社会心理学理论和方法分析社会心理现象，梳理社会心理特点，引导社会有序发展，创新社会建设与治理的新机制，是为社会服务的基础工程，是目前社会心理的"新常态"，是社会心理学工作者专业成长的"新路径"，也是我国社会心理学在社会转型和改革开放的伟大社会实践中应持的基本立场。

具体来说，社会转型中社会心理学的立场，可以从社会心理学的学科视野、领域进展和问题导向研究（咨政建议）三个方面进行诠释。这是本书的主要内容以及我与课题组近三年的思考与实践。因此，本书也可以说是集体智慧的结晶。

在"学科视野"（第一、二章）上，社会心理学正处于"北美长期占主导，欧洲后来融入，亚洲正在突围"的发展格局中。当前的中国社会心理学，一方面在心理学学术研究中被"边缘化"，另一方面在中国的社会转型实践中"失语"。这种尴尬处境来源于国际化与本土化的困局，其间混杂着重理论还是重应用的研究策略选择之纠结。我国社会心理学应抓住亚洲社会心理学以本土及文化心理学为特色，向西方主流社会心理学突围的历史机遇，充分发掘和培养自己的文化自觉，密切关注中国在急剧社会变迁过程中发生的重大社会心理现象和问题，以本土化推动国际化，重视理论建设，强调方法论创新，并有机结合基础研究与应用研究，这是化解困局走出包围圈，为社会心理学学术研究以及我国社会经济发展做出应有贡献的一条有效途径。该部分内容，我的博士后韦庆旺和谢天博士等提供了诸多帮助。

在"领域进展和问题导向研究"（第三章至第九章）中，主流的北美社会心理学在科学方法和研究领域迅速拓展的同时，吸收欧洲社会心理学关注群体研究的特点，促进社会心理学走向了新的繁荣。我国社会心理学研究工作者在研究领域和具体研究两个方面已做出了自己初步的贡献。然而，在社会转型期社会心理学研究中，我们还面临着诸多问题。个体层面上如何理解中国人的道德判断与道德行为、腐败行为与司法实践、自我意识与宗教信仰、攻击性行为与亲社会行为；人际层面上如何重塑新型人际关系、民族关系、群际关系、阶层关系、利益关系；群体层面上如何处理集群行为、刻板印象、公共事件、网络危机、偏见和歧视；以及与上述层面相关的心理健康问题。对此，我们需要学习、摄取和选择。该部分内容大多由我的博士生王拥军、邢淑芬、姜兆萍、赵军燕、郑璞、沈卓卿、李天然、李建良、周雪梅、王浩、王勃、王琦、赵凤青等协助完成。特别值得欣喜的是，社会转型为社会心理学应用研究提供了良好契机，政治生态的开放透明和政府决策的民主、科学，为社会心理学咨政建议"问政于民，问需于民，问计于民"提供了最佳条件。我国社会经济发展正处于攻坚期、关键期，各种社会问题与人际矛盾接踵而来，诸如信任缺失、人际冲突、群体事件、贫富分化、贪污腐败、违法犯罪、环境污染和生态危机等，为研究者提供了前所未有的研究素材和机遇。例如，改革开放 30 多年来，我国已涌现出许多新兴社会阶层。如何对待我国社会转型期以"金领"、中小企业家为代表的新兴中产阶层，以新"蓝领"、新生代农民工为代表的新市民化阶层，以"漂族"、"蜗族"、"蚁族"为代表的未充分就业阶层；如何预测这些新兴社会阶层的心理需要、心理预期和社会心态等社会心理特征，以及这些新兴社会阶层的社会心理与社会行为发展特点。其中的对策研究和政策建议就对国家、政府具有一定的参考价值。该部分内容的数据资料得到了北京奇虎科技公司（360）的大力支持，谨致谢忱。

　　毫无疑问，社会心理学工作者为社会服务的能力，很可能就从上述学科建设的"顶天"和学科应用的"立地"中起步。"顶天"是"立地"的基础，有了这个前提条件，就能把有意义的事情做得有意思，把有意思的事情做得有意义。有鉴于此，我衷心希望我国社会心理学工作者能携手共进，不懈努力，紧紧把握社会转型期"新常态"的抓手，在千载难逢的历史机遇中焕发和激荡社会心理学的旺盛生命力，回应中国问题，担当中国发展，彰显中国智慧。我们坚信：

社会心理学的学科视野是学科主动性发展的"生命"之光；

社会心理学的领域进展是学科创造性发展的"生命"之气；

社会心理学的应用研究是学科可持续发展的"生命"之水。

愿与诸位同人共勉。

俞国良

2016 年 5 月 16 日

于北京西海探微斋

目　录

引言：社会转型为社会心理学研究
提供绝佳的实验场地[*]

　　当前我国正处于社会转型期，社会问题和矛盾多发。其中，社会转型引发的社会心理问题则是社会心理学学者关注的议题和领域。在社会转型过程中，如何系统描述、理解和解释中国人的所知、所感、所行等社会心理和社会行为成为社会心理学探究的课题。有学者指出，当前社会转型给中国社会心理学者提供了千载难逢的社会实验室。一种以中国社会转型为中心的研究实践，从 21 世纪开始焕发生机。

　　社会心理学是心理学与社会学、人类学等学科互相渗透和融合而产生的，自其诞生之日起就有心理学的社会心理学和社会学的社会心理学两个研究路径和理论范式。而其中社会学的社会心理学从社会制度和社会结构的广域视角出发，侧重探索处于多种社会力量宰制下的社会群体的心理和行为规律。

　　社会转型视角的社会心理学研究，对推动学科发展有哪些理论意义和实践价值？当前对社会转型时期社会心理的研究面临哪些困难？未来的研究应该如何进一步深化拓展？围绕社会转型视角的社会心理学研究问题，记者采访了中国人民大学心理研究所所长俞国良。

　　中国社会科学网：当下，社会转型视角的社会心理学研究引起社会心理学界的广泛关注，请您介绍一下社会心理学社会转型视角的缘起。在您看来，这一视角对推动中国社会心理学发展的价值和意义表现在哪些方面？

　　俞国良：人们对社会转型视角社会心理学的研究兴趣，源于我们所处的时代和该学科的性质。随着我国社会经济的不断发展，科学技术日

---

　　* 载中国社会科学网，2014 年 11 月 24 日，记者：张杰。

新月异，职业竞争日益激烈，整个社会处于转型期、关键期，各种社会问题与人际矛盾接踵而来，诸如诚信危机、人际冲突、群体事件、贫富分化、违法犯罪、环境污染和生态危机等，为研究者提供了前所未有的研究素材和机遇。社会心理学的历史定位，即是运用科学方法对个体、人际和群体过程中发生的社会心理与社会行为进行研究，并为社会问题与人际矛盾提供解决之道的学科。它在政治、经济、军事、法律、新闻、教育、文化等领域的作用日益凸显，正成为推动社会进步与发展的间接生产力。特别是对转型期和谐社会建设会有独特贡献，因为一切的社会心理、社会行为都理应在这个学科中找到对应的认识、解释、预测和控制。一项对1970—2009年近40年间美国心理协会（APA）17个心理学分支学科顶尖学术期刊的关系结构研究表明，"社会心理学一只脚是站在实验科学的基础上，而另一只脚则处于社会变革的波涛起伏之中"（心理史学家墨菲）。

应该看到，社会转型视角的社会心理学研究，对推动该学科发展具有重要理论意义和实践价值。首先是提高了学科的话语权。随着经济发展和综合国力增强，我国学者在国际社会心理学舞台上开口前已经把声音增强。其研究成果，伴随着"中国模式"、"中国经验"的讨论逐步走向世界，使其真正成为可供他人借鉴的公共知识，在国际社会心理学界占有一席之地。其次是扩大了文化的影响力。以我国转型期中华文化为背景，整理并吸收优秀的文化传统，研究文化变迁中我们自身面对的社会心理、社会行为和社会问题。与西方文化背景相区别，并有可能为全球心理学做重要贡献的"文化视角"之内核，主要是以中国为代表的东亚文化。再次是丰富了特色的研究资源。近年来，我国急剧发生的社会变迁，为学者提供了绝佳的实验场地。第二次世界大战后，北美社会心理学抓住自己的社会现象获得了第一次繁荣，欧洲社会心理学抓住自己地区多元民族共存的社会现实成功突围。我国一方面地广人多，不同地区之间存在巨大差异；另一方面则处于传统到现代的转型期，充满各种文化变迁和心理适应问题；此外，我国处于大规模漫长的城市化过程之中，人口流动剧烈。这三个特点都为社会心理学研究提供了取之不竭用之不尽的研究资源。最后是激发了学科的生命力。我国学者强调在社会心理学研究中体现中国文化尤其是中国传统文化的特征和内涵，这种强调独特文化因素的做法，已转化并激发了欧美社会心理学近年对文化心理（将文化作为一个变量）进行研究的热潮。我国社会变迁与转型背景下的许多新变化和新现象，具有高度的本土独特性和全球启发性，对这些社会心理现象进行深入研究，有可能为其注入现存任何流派社会心理学都不具备的活力，使其有理由成为探讨"全球化时代中国社会科学如何发展"的典型学科代表之一。

中国社会科学网：在转型期中国社会心理学的研究中当前社会心理学界进行了哪些具体方面的探索，成果如何？在您看来，当前对社会转型时期社会心理的研究还面临哪些困难？

俞国良：在改革开放和社会变迁最为快速的 30 多年，我国社会心理学取得了一定成果，其主要表现：一是重视理论建构。20 世纪八九十年代，中科院心理所的凌文辁等，从中国的实际情况出发，经过长期研究提出了中国人的领导理论（CPM）。北京大学王登峰在 20 年系统研究基础上，提出了影响广泛的中国人人格结构七因素模型。杨中芳更是提出了一个颇为宏大的中庸实践思维体系。此外，彭凯平关于中国人思维方式的研究；赵志裕和康萤仪通过研究双文化启动和文化适应进而揭示文化形成和变迁的研究，代表了跨文化研究的一个新方向。二是具体研究领域。例如，中国社会科学院杨宜音课题组对中国人社会心态的研究，中科院心理所王二平课题组对群体性事件的研究，北京师范大学方晓义课题组对流动儿童的研究，金盛华等对当代中国人价值观的研究，西南大学黄希庭团队关于中国人人格养成的研究，中国人民大学俞国良课题组对人际关系和文化变迁、权力腐败和权力认知、心理健康和主观幸福感的研究，均是在社会心理学视野下对中国社会转型的回应。特别是2008 年四川汶川地震后社会心理学家参与灾后的心理干预、研究和重建，可以看作中国社会心理学发展的一个转折点。

如果就近年来召开学术会议的参会盛况与市面上的著译和论文数量而言，我国社会心理学界无疑是一片繁荣。然而，实际情况是我国社会心理学既在主流学术阵营中被边缘化，又在中国当今社会变迁的实践中失语，可谓困难重重。这种艰难处境源于国际化与本土化的困局，其间混合着重理论还是重应用的研究策略选择。毫无疑问，随着全球化的加快和社会心理学学科的快速发展，我们必须走国际化的道路。这里有一个标志性事件：近年来国内一流院校研究者、博士生的业绩考核与奖励，均以是否发表 SCI、SSCI 论文为标准。但是，快速国际化的一个必然结果是在研究主题、内容和方法上追随国外的研究，以损失对自己的社会关注为代价。而本土化的研究是对我们自己更有价值的研究，但也是更难的研究。因为，本土化的研究要另辟蹊径，要有高度的创新性。这样，国际化与本土化的矛盾造成了一个困局。与此紧密联系的，是"重理论还是重应用"两种研究策略的纠结。一极将社会心理学往认知心理学（尤其是认知神经科学）靠拢，这类研究可以较快地出成果。另一极是应用研究，大量受过社会心理学训练的研究者进入商学院和管理学院从事应用研究。上述两种困境使近 15 年来，学界中社会心理学的声音逐渐消失，社会心理学者身份受到"质疑"。

中国社会科学网：您认为，未来社会转型时期的社会心理学研究应该如何进一步拓展（理论与方法等）？在您看来，未来的学术研究应该主要聚焦在哪些方面？

俞国良：一要重视理论建设。核心理论的建构对于欧洲社会心理学的成功崛起至关重要，我国也同样。研究者应在社会转型期现实社会心理问题基础上，例如，物质主义、贫富分化、分配公平等方面，提出认识、解释、预测和控制这类问题的整合理论；在跨文化比较基础上，对全球性问题提出具有中国特色的独特思想和理论。这种理论建设，可以参照社会心理学发展的历史和其他国家的建设经验，从时间和空间两个维度进行探索。时间维度有三个参照点：社会心理学的过去、现在和将来；空间维度也有三个参照点：北美、欧洲和亚洲。二要强调方法论的创新。应紧跟国际社会心理学的前沿发展，把握其最新研究方法、研究视角和研究主题。在研究视角上，西方社会心理学出现了积极心理学、进化心理学和认知神经科学等，尤其是"社会认知神经科学"的研究方法，使人类对社会心理现象的理解从社会水平和认知水平深入到神经水平、细胞水平，代表未来发展的一个方向。三要加强研究与应用的结合。我国目前的研究，要么过于追求研究方法的科学性，在研究主题和理论上追随西方学者，失去了与中国社会现实的关联性；要么一头扎进社会现实和社会实践中，不是停留在对现象的描述，就是做一系列应景的对策性和应用性研究。实际上，社会心理学的研究与应用是密不可分的。

我们认为，对中国社会现实问题进行"深耕细作"，这是破解上述难题的有效途径。

近年来，社会心理学的发展趋势表现为：一是"神经革命"，二是应用革命，三是"文化革命"。据此，未来的学术研究可能聚焦在三个层面。第一，个体层面。①中国人道德判断与道德行为的心理与脑机制，能否通过行为手段或神经科学手段对不当道德判断与行为进行矫正；②个体心理因素在腐败行为和司法实践中发挥的作用，腐败主体对腐败风险及其可控性认知如何影响其腐败行为，以及如何抑制腐败？③个体宗教信仰如何受到遗传和文化因素的影响，并进而影响其自我意识、道德情感和亲社会行为，其神经机制是什么？第二，人际层面。①重视新型人际关系的功能研究，如亲子依恋、同伴关系与师生关系如何影响其情绪理解与调节能力的发展，人际关系在亲社会行为、问题行为和社会适应中发挥了什么作用；②不同民族的个体间冲突如何延伸到群体从而导致冲突矛盾的激化，如何建立系统的民族冲突心理预警机制来避免极少数民族分离主义的煽动，从而促进民族和谐；③不同社会经济地位如何影响人的社会心理与行为，又如何通过具体行为来改变自己的社会阶层？低社会阶层人的典型社会心理与行为，如何积累与积聚进而成为社会不稳定因素。第三，群体层面。①中国文化中独特元素如中庸、群体意识、集体主义等对中国人群体的心理有何独特的塑造，其相应的神经基础是什么？②对新移民、少数民族和环卫工人等不同社会群体的刻板印象、偏见和歧视的心理机制是什么，中国社会的纵向时代变化和横向社会分层所促成的群际关系有何特殊性？③公共事件、网络集群如何诱发社会心理波动与集群行为，其发生发展和变化规律是什么，如何进行监测与预测？与上述层面相关的心理健康研究，是社会心理学为社会服务的主要方向和领域，包括心理障碍、网络成瘾和心理健康服务体系机制研究，预防和干预情绪异常、心理障碍、心理疾病的方法与技术；幸福、健康的心理学研究，中国文化下自我、创造力与心理健康的关系研究；对邪教参与人员的心理治疗与干预，提升处境不良群体的心理健康，以及对独生子女群体、学生群体、职业群体、弱势群体和网民群体的心理健康教育，等等。

第一章　国际视域中的中国
社会心理学

　　社会心理学是心理学的枢纽学科。主流的北美社会心理学在科学方法和研究视角迅速发展的同时，吸收欧洲社会心理学关注群体研究的特点，促进了社会心理学走向新的繁荣。当前中国社会心理学正处于既在学术阵营中被边缘化，又在社会实践中"失语"的尴尬境地。这种尴尬处境来源于国际化与本土化的困局，其间混合着重理论还是重应用的研究策略选择之纠结。面对国际和国内的双重挑战，中国社会心理学应抓住亚洲社会心理学以本土及文化心理学为特色，向西方主流社会心理学突围的历史机遇，充分发掘和培养自己的文化自觉、文化自信，密切关注中国在急剧社会变迁过程中发生的重大社会心理现象和问题，以本土化推动国际化，在理论建构、学科与学术共同体建设、国际合作等方面进行实质性突破，最终能为中国社会发展服务的同时，也能为国际社会心理学发展做出自己的独特贡献。一言以蔽之，基于社会心理学"北美长期占主导、欧洲后来融入、亚洲正在突围"的时空发展模式，中国社会心理学发展的根本在于，应着眼于重视中国现实社会问题、具有国际视野和全球意义的本土研究。

第一节　社会心理学是心理学的枢纽学科

　　在人类科学知识体系中，心理学作为介于生命科学和社会科学之间的一门学科，起着整合多种学科知识的枢纽作用，被称为枢纽科学（hub science）。社会心理学在心理学各分支学科中的作用，恰恰类似于心理学在各门母学科之间的作用，它一方面吸收基础分支学科如认知心理学、生理心理学等的研究成果；另一方面又将本学科的研究成果输出给应用分支学科，如健康心理学、组织心理学等。可见，社会心理学在心理学乃至整个科学知识体系中，发挥着其他学科不可替代的重要作用。

一 对社会现象的关注是社会心理学存在的源泉

众所周知，社会心理学诞生于 1908 年，以心理学家麦独孤的《社会心理学导论》和社会学家罗斯的《社会心理学》的出版为标志，这奠定了社会心理学的两种研究取向：心理学取向的社会心理学和社会学取向的社会心理学。无论何种研究取向，社会心理学都强调人与环境的交互作用，即人如何创造和改变环境，环境又如何反过来塑造人的性格并影响其行为。在社会心理学的黄金时期（20 世纪三四十年代），两种取向的社会心理学有紧密的联系，很多社会心理学家采取"先观察社会现象然后再将其搬入实验室进行研究"的研究范式。由于研究具有很强的社会关联性，不少社会心理学大师虽然具有心理学背景，但他们的重要著作也经常发表在社会学期刊上。例如，勒温 1939 年关于场论的文章发表在《美国社会学》上，谢里夫 1937 年关于社会规范的研究发表在《社会测量学》上。第二次世界大战后，美国很多大学还成立了独立的跨学科的社会心理学研究机构或项目组，如密歇根大学、哈佛大学、耶鲁大学等。然而，20 世纪 60 年代后，社会心理学逐渐朝心理学研究方向倾斜，越来越多的社会心理学家首先把自己看作心理学家，然后才是社会学家。他们大多受心理学个人主义的影响，过分重视实验室实验，不断把研究建立在其他人研究的基础上，而不是建立在对社会现象和社会问题的观察上，因而受到了质疑，陷入了危机。

与此同时，一批欧洲社会心理学家开始独立探索，立足于社会现象与社会实践，发展出重视研究群体现象的社会心理学，如泰弗尔的社会认同理论和莫斯科维奇的社会表征理论。20 世纪 80 年代末，经过近 30 年的积累、发展，长期处于边缘地位的欧洲社会心理学终于叩开了主流北美社会心理学的大门，而此时的北美社会心理学由于受到认知心理学的影响，发展了以社会认知研究为主导的社会心理学。正是"欧洲社会心理学"和"社会认知研究"两者的结合，为社会心理学带来了新的繁荣。加之文化因素受到广泛关注，进入 21 世纪后，又出现了心理学的社会心理学和社会学的社会心理学相结合的发展势头。可见，对社会现象的密切关注是社会心理学之所以存在和能够保持活力的源泉。实际上，即使在北美社会心理学发生危机的时期，仍然有不少社会心理学家始终关注重要的社会问题，并形成一定程度的研究热潮，其中较为典型的是美国 20 世纪七八十年代的环境心理学，在短短 5 年时间（1973—1978年），仅环境心理学的教材就出版了十多种。反观当时美国社会的现状，环境污染问题（如爱运河污染事件）正是其面临的主要问题之一。

二　坚持实验研究与关注社会现象是社会心理学发展的必然

无疑，社会心理学是用严谨的科学方法，尤其是实验法研究与当时社会现象密切相关的社会问题。社会心理学繁荣与否，不仅取决于它是否能够关注社会问题，是否能够为社会服务，还取决于研究社会问题的科学方法及研究视角。正如心理史学家墨菲所言，"社会心理学一只脚是站在实验科学的基础上，而另一只脚则处于社会变革的波涛起伏之中"。对于社会心理学的发展而言，"科学方法"和"社会变革"两者缺一不可。诚如前述，在社会心理学的危机时期，对社会心理学的批判多集中于其过分重视实验室实验的方法，而忽视宏观社会因素对行为的影响。然而，以实验室实验为代表的科学严谨的研究方法，是社会心理学之所以成为一门独立学科的基础。20 世纪 80 年代的社会认知研究（尤其是后来的内隐社会认知和社会认知神经科学）是国际社会心理学在研究方法上的新发展，对整个社会心理学有至关重要的影响。如果说社会心理学发生过危机，那么，造成危机的原因并不在实验法本身，而是在坚持实验研究的同时，能否结合宏观的社会现象和社会问题。

为考察有关群体研究在整个社会心理学学科体系中的地位，Wittenbaum 和 Moreland 对北美《实验社会心理学杂志》、《人格与社会心理学杂志》和《人格与社会心理学公报》三个著名学术期刊在 1975—2006 年发表的文章进行了分析，发现有关群体研究（社会心理学危机之后重新繁荣的主要体现）在 20 世纪 90 年代以后逐渐增多。进一步分析发现，群体研究，尤其是群际关系的研究热潮，主要受到了"欧洲社会心理学"和"北美社会认知或社会认知神经科学"两种视角的影响（见图 1 - 1）。如果剔除欧洲社会心理学的影响，群体研究的占比上升趋势变得比较平缓；如果剔除社会认知的影响，群体研究的占比几乎没有了上升趋势；如果"欧洲社会心理学"和"北美社会认知"两者的影响都被剔除，群体研究的占比则有缓慢下降的趋势。因此，我们不能只强调社会心理学密切关注社会现象这一个方面，而忽视社会心理学作为一门科学，在其发展的最前沿所取得的研究方法和视角上的突破。

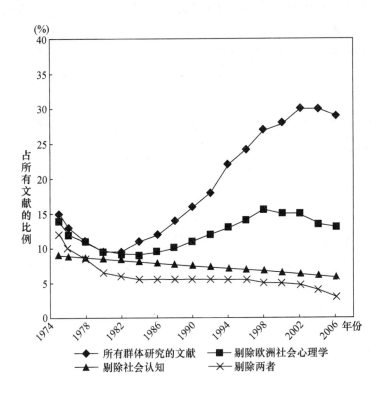

图 1-1 欧洲社会心理学和社会认知对社会心理学群体研究的影响

三 研究方法新进展为社会心理学的枢纽地位提供了生命力

20世纪60年代后，社会心理学承受着来自学科内外的质疑。从内部来看，罗森塔尔的研究证实了"期望效应"的存在，奥恩也发现了社会心理学实验中的"需求特征"，即被试的角色扮演。从外部来看，对伦理问题的关注，引发了社会心理学研究中的伦理论争；动乱背景（巴黎五月风暴、越南战争、种族冲突）下的激进学生运动，造成了社会的大动荡，使人们对社会科学的价值产生了怀疑。人们呼吁社会心理学家走出实验室，到社会现实中去分析和解决实际问题。

　　上述严峻问题，迫使社会心理学研究者不断深入思考和自我批判。在社会心理学的发展进程中，一直存在两种研究范式，即实证主义和人文主义，这是不同历史时期、不同社会需要、时代发展需要而产生的特定研究范式。应该说，实证主义的研究是主流社会心理学的研究方法取向，但是随着时代的发展，实验室研究的许多问题也暴露了出来，引起社会心理学家的反思。过去的实验室研究，往往实验被试的代表性令人疑惑，因为大多数社会心理学的实验被试都是大学生，显然以这样不具代表性的被试研究得出的实验结果以及理论，是不具有代表性的，因而也难以推广。而社会生活会随着历史的进程而发生改变，某一时间所进行的实验，往往是同当时的文化及历史背景相联系的，由于时间的作用，实验结果会大相径庭。此外，严格控制了变量和情境的实验室实验，失去了丰富复杂的社会互动，使被试往往从社会赞许的角度做出反应，从而影响了实验的准确性，尤其是生态学效度受到影响。这样，以此研究结果得出的结论自然也就难以服人。因此，社会心理学研究应该慎重对待实验室研究。1977 年，米格莱姆（S. Milgram）所主持的服从实验引发了实验研究的伦理学争论。被试在实验中所受到的欺骗、伤害、隐私侵犯等问题，日益被社会心理学家和社会科学家所关注，从而最终形成了实验研究的操作规范和职业伦理规则，如采用知情同意的被试，对欺骗进行补救，实施隐私的保护等。但是，社会心理学研究的主流仍然是实验社会心理学。以美国为首的西方国家，社会心理学研究方法论的一个新趋势是应用脑科学或认知神经科学的研究方法，如事件相关电位技术（ERP）、功能性磁共振成像技术（fMRI）和正电子发射断层扫描技术（PET）等，考察社会心理现象的脑机制和认知神经基础，不仅包括社会心理现象的脑定位研究，也包括脑神经网络方面的研究，给社会心理学研究方法论注入了新的血液和生命力。

　　据此，有的研究者（F. Moghaddam）根据对学科的影响力和创造力的不同，把心理学及社会心理学分为三个层次：第一层次是美国社会心理学，是主流社会心理学，处于学科影响的中心；第二层次是欧洲发达国家；第三层次是发展中国家。发展中国家社会心理学的本土化运动，以及欧洲社会心理学对美国社会心理学的反叛，成为社会心理学本土化运动的标志，也是社会心理学研究方法论进一步发展、成熟的契机。

从 20 世纪 80 年代以后，研究者从方法、理论和实践等方面进行了不懈的探索，特别是社会认知神经科学对社会心理学的影响已初见端倪，并已出现了许多原创性的研究成果。如对态度的 ERPs 研究，对腹内侧前额皮层的社会情绪研究，以及应用功能性磁共振成像技术（fMRI）对图式、选择性注意、抑制、自我、内隐和外显加工的研究等。至于它是否会像社会认知一样，席卷整个社会心理学领域，人们正拭目以待。无论如何，社会心理学方法论的新进展又开始引起西方社会心理学发展迅速，主要表现在研究方法、研究视角和研究主题三个方面。在研究视角上，西方社会心理学出现了积极心理学、进化心理学和认知神经科学等新的研究视角，尤其是"社会认知神经科学"，使人类对社会心理现象的理解从社会水平和认知水平深入到神经水平、细胞水平，代表了未来发展的一个趋势。与这一领域紧密相连的另一个更广泛的跨学科研究视角——"具身认知"（embodied cognition），被认为有可能将心理学整个学科统合起来。认知神经科学与文化心理研究相结合产生了"文化神经科学"，对亚洲社会心理学提出了新的机遇与挑战。态度一直是社会心理学研究的核心主题之一，但现在对态度的研究已经转变为重视内隐态度的研究与测量，并与自我和群体心理等其他主题密切联系在一起。由于中国人在回答问题时更容易产生社会赞许效应，而内隐态度测量的是人们意识不到的态度，能够消除社会赞许的影响，因此，对中国社会心理学者具有重要的启发意义。北京大学朱滢即由此发展出关于文化与自我的突破性研究，发现中国人的自我除了自己还包含着亲密的他人（如母亲）。

需要指出的是，西方社会心理学的历史发展对我们提出的挑战远比想象的严峻，因为我们不能简单地套用他们的理论和研究，而是在借鉴的同时，既结合中国自己的文化，又能反映中国当前的社会现实，为中国社会经济发展服务。

四　社会心理学是心理学学科的主干和支柱

关于社会心理学在心理学学科中的地位，存在各种争议。以苏联心理学家洛莫夫（Lomov，1972）为代表的一些学者认为，社会心理学是心理学的主干之一。他们用系统论思想指导心理学研究，把人的心理看成是一个由各种不同成分构成的多水平、多层次系统。根据他们的观点，可以把心理学看作是科学森林中的一棵大树，树身最下面一段是心理学史，上面是普通心理学，然后树身又分成两条主干枝，一枝是社会心理学，另一枝是个体心理学。前者的分支有教育心理学、犯罪心理学、民族心理学、管理心理学和广告心理学等，后者的分支有神经心理学、生理心理学、动物心理学和医学心理学等（见图 1－2）。唯其如此，在西方心理学领域里，个体心理学和社会心理学得以并存和并行发展。

图 1－2　社会心理学是心理学的主干之一

以德国心理学家、现代心理学之父冯特（W. Wundt, 1832—1920）为代表的构造心理学家，把民族心理学和生理心理学看作心理学的两大支柱，前者是经验科学，后者是实验科学（1863）。在冯特看来，比较简单的心理机能，如感觉和知觉可以用实验室研究方法来研究，而对于较高级、受制于语言习惯和文化传统的心理过程，只能用社会学、人类学和社会心理学的方法才能给予有效的研究。这种观点反映在其 1900—1919 年完成的 10 卷本的《民族心理学》中，这是一部关于社会心理学的著述。我国社会心理学家吴江霖（1982）发展了冯特的观点，并进一步认为，心理学是以社会心理学和生理心理学为其两大支柱。前者最关心的是个体所处的社会环境，特别重视个体与社会文化环境之间的关系；
后者感兴趣的是个体心理活动的生理结构、生理变化以及它们对其心理
活动的影响。有鉴于心理学中重视生理心理学而忽视社会心理研究的倾
向是存在的。因此，他认为把心理学中研究人的心理活动的社会基础这
一支柱独立出来，并加以详尽研究是必需的，把社会心理学作为心理学
学科的支柱是合理的。

　　更有甚者，瑞特纳（Riterner，1991）把社会心理学作为心理科学的
总称。他认为，"社会心理学是心理科学所有其他分支学科的指导性构
架，它不是像人们目前所设想的那样，仅仅是其众多分支学科中的一
支"，并用图表述了这种观点（见图1-3）。

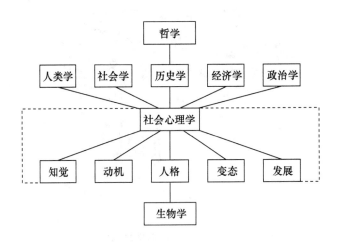

图1-3　社会心理学与心理学各分支关系

　　必须承认，冯特和瑞特纳的观点虽然有失偏颇，但对于深入理解社
会心理学和心理学的关系，不无启迪。我们倾向于赞同这种观点，心理
学研究，绝不可能脱离生理基础的研究，同时也绝不可能脱离社会基础
的研究。生理心理学和社会心理学应该同时发展，携手前进。即社会心
理学是心理学的一个重要分支，是心理学学科的主干和支柱，这是由社
会心理学的性质和基本特征决定的。社会心理学研究重点是个体心理与
行为，即他人和群体对个体心理与行为的影响。这种研究思路得益于弗
洛伊德的精神分析理论，弗氏的理论中详细地阐释了他人的参与作用对

个体心理生活的影响；勒温的群体动力学理论，该理论认为当个体对他人和群体组成的社会场有了充分的认识时，就能描述和解释他人和群体的行为；海德的社会认知理论，这个理论在强调个人的外部行为受其内在的认知过程影响的同时，也指出了他人对个人的认知形成和改变有着重要的影响；特别是班杜拉的社会学习理论，该理论认为个体的社会行为主要是通过观察学习获得的，即通过个体同其环境中的他人和群体接触、交往而获得的。这些理论及其代表人物，在心理学科发展中举足轻重，他们对社会心理学形成和发展的贡献同样功不可没。特别是对社会心理学理论和体系的建构至关重要，可以说大多数社会心理学理论都是在上述元理论的基础上发展起来的。今后社会心理学的发展，仍需要不断借鉴和吸收心理学分支学科的研究成果。

第二节　亚洲社会心理学的突围与格局嬗变

从世界范围来看，社会心理学的发展整体上呈现出"北美长期占主导、欧洲后来融入、亚洲正在突围"的时空模式。相比北美的个体心理学、欧洲的群体心理学特色，亚洲以其独特的东方文化为特色，以本土心理学为依托，表现出自己独特的思考和研究视角，这有可能成为亚洲社会心理学登上国际社会心理学前台的突破口。

一　北美社会心理学关注个体

社会心理学在美国的发展以芝加哥学派为先。芝加哥学派于19世纪90年代初产生，因其团体所在地为芝加哥大学而得名。其主要成员有哲学家及心理学家杜威、哲学家及社会学家米德、社会心理学家托马斯、社会学家埃奥沃德等。进入20世纪后，社会学及社会心理学的问题成为其主要研究课题，并对家庭、犯罪、婚姻、道德等一系列问题进行了系统的研究，取得了令人瞩目的研究成果。

20世纪30年代前期，是美国社会心理学学科制度化和学科合法化的建构时期。奥尔波特是当时最负盛名的社会心理学家，他倡导且身体力行的实验社会心理学在美国影响巨大，尤其是在社会心理学的学科定位和方法论开拓方面，功不可没。但是，他的研究形成了以个体为中心的实验室研究倾向，否定了群体的影响，因而也忽略了社会文化背景下的群体心理研究。第二次世界大战期间，一批颇有学术造诣的心理学家从欧洲流亡到美国，对社会心理学的发展产生了重要影响，其中尤以勒温的集体动力实验研究影响深远。勒温（K. Lewin，1890—1947）把相互依存的原理用于社会心理学研究，强调情境、生活空间、场的作用。勒温认为，个体的心理活动是一种"心理动力场"，由个体的需要和心理环境相互作用的关系组成，包括可能影响个体的过去、现在和将来的一切事件，可以决定任何一个情境下个体的行为。"心理场"其实就是"心理的生活空间"，包括个体心目中的自然环境、社会环境，以及思想观念与现实的差异构成的心理环境。勒温把生活空间看作是一个由人的需要、目的、信仰、记忆、无意识社会事件，和任何其他为一个人或其行为而存在的东西所包含的概念。他采用拓扑学的向量来解释人的行为，用公式表示为 $B=f(P,E)$，即行为是人及其所处环境的函数，行为在个体的生活空间内的功能是可以预见的。他的团体动力学提出，团体及其环境形成了社会场，团体的行为决定于特定时间内现存的整个场的情形。团体的不同类型会对个体产生很大的影响，个体的行为受其从属的社会团体的影响，是个体的知觉、情感和行为的背景。从婴儿期开始，个体就受到社会因素的影响和社会环境的控制，个体所属的团体决定了个体的行为和心理趋向。勒温的动力场实验研究，揭示了群体成员的群体行为、士气、意见及领导风格的变化特征及变化条件，推动了实验社会心理学的进一步发展。

美国在 20 世纪 30—50 年代集中关注的是态度和态度测量的研究，认为态度是构成行为基础的一个复杂结构，这种结构导致了人们的趋避行为。第二次世界大战前，人们关注态度的测量，战后人们则关注态度的改变。20 世纪 20 年代中期，博哥达斯的社会距离量表率先出笼，各种与态度测量有关的技术、理论和方法纷纷登台亮相，持续发展了 30 年，出现了许多有影响的态度测量理论和技术。主要有瑟斯顿量表、李凯尔特量表、博哥达斯社会距离量表、古特门的渐增累加测量技术、语义差异量表等。第二次世界大战后，美国社会心理学受认知心理学的影响尤为深刻。认知心理学的产生以及对社会认知的研究，使社会心理学的发展迈出了关键的一步。社会认知包括与他人互动的自己、他人、想象中的他人、人际关系、群体、社会信息和记忆中的社会信息、不同的文化及其互动状态等。从过程来看，社会认知得以形成和实现的主要原理在于沟通和互动。社会认知研究从理论和方法上推进了认知领域的社会心理学研究，其中包括归因、态度的形成和变化、对人的认知和沟通等。第二次世界大战后，美国社会心理学发生的另一个重要变化是，随着研究领域的拓展，社会心理学出现了细分和微观化发展的倾向。社会心理学开始关注并解决临床应用方面的问题，如社会生活中出现的社会心理问题，以及个人、家庭、企业或社会生活不同层面的问题。20 世纪 70—90 年代，美国社会心理学家除重视社会认知、社会影响、人际关系等基本问题研究外，由于生活方式的改变和社会问题的出现，社会心理学危机开始呈现，当时人们对社会心理学的批评集于两个方面：一是社会心理学实验只是一种在实验室中的游戏，严重脱离社会现实；二是社会心理学的研究成果缺乏普遍性意义，实验室的研究成果缺乏外部效度。于是，出现了理论和方法再探讨的趋势。其中，最具代表性的特点是理论上的折中主义，人们开始重视普遍理论的研究，如认知失调理论、归因理论等；同时出现了工业社会心理学、临床社会心理学、生态社会心理学等研究趋势，在研究方向上重视与社会现实的有机结合，在方法上强调现场研究与实验室实验的结合，在课题上更注意基础研究和应用研究并重。例如，重视自我概念、家庭资源对儿童的影响，环境设计、成就动机等一系列应用问题，社会心理学的应用性明显加强。

近几年来，美国社会心理学研究中的认知神经科学取向越来越明显。社会心理学家利用认知神经科学家的数据考证对立的理论假设，尤其是无法用行为数据直接考察的假设；同时，认知神经科学家借助社会心理学家的理论知识，了解决定个体如何知觉他人和自己的影响因素。两者的有机结合，使"社会认知神经科学"呼之欲出，并从社会水平、认知水平和神经水平来分析与理解社会心理现象，特别强调脑机制在社会心理与行为中的重要性，研究主题几乎涵盖了社会心理学研究的各个方面，包括态度、偏见、归因、共情、心理理论、社会排斥、人际吸引、自我意识、自我认知、自我提升、认知失调、道德推理、社会决策等，使社会心理学在研究方法和理论整合方面有了新的提升，大大丰富了社会心理学在他人、自我、自我与他人相互作用方面的研究内容，并取得了一批有影响、原创性的研究成果，使社会心理学在经历"危机"后又走上了蓬勃发展的道路。

总之，美国社会心理学以实证主义与实用主义为理论基础，以实验室实验为基本研究方法，采用现代最新技术和方法，把基础研究和应用研究结合起来，尤其重视解决社会现实问题。其社会心理学以心理学研究取向为主，主流是实验社会心理学，它支配并推动着美国社会心理学的进一步发展和繁荣。2005 年，Smith 对那些曾经活跃在 20 世纪中期的社会心理学奠基者进行了分析，他指出奥尔波特、勒温、墨菲、莫里、纽康姆和谢里夫等有如下共同点：一是他们都是实验科学的创造性参与者，尊重证据，追求通过批判性研究发现事实；二是他们的社会心理学都富有人文关怀，关注人类的体验、意义和价值；三是他们都有广泛的知识背景，对社会学、文化人类学等其他学科有着广泛的涉猎；四是他们都关注社会现实问题，并将自己的研究用来解决社会现实问题。实际上，不仅是社会心理学的第一代创立者们，费斯汀格、沙赫特、琼斯、凯利、多伊奇等中生代的大师们也同样具有这四种特征，尤其是重视实验和关注社会问题这两点，他们无一例外地将其做到了极致。然而，也正是从社会心理学中生代尤其是费斯汀格开始，北美社会心理学越来越具有个人主义色彩，表现为过分重视实验室实验的研究，而忽视行为发生的社会背景，致使其在 20 世纪七八十年代陷入了危机。

二　欧洲社会心理学重视群体研究

欧洲社会心理学在 19 世纪的德国方兴未艾。但是，1933 年后的欧洲，随着纳粹的兴起和欧洲动乱，大批天才学者和心理学家被迫移民美国。社会心理学的研究重心也因此转移到了美国，当时美国社会心理学就是国际社会心理学的代名词。战后的欧洲，虽然在一些大学中还有少数的学者在进行社会心理学的研究和教学，但是彼此都没有意识到对方的存在，也很少相互沟通和进行学术交流。在随后的冷战背景下，美国开始资助欧洲的社会科学和行为科学研究，社会心理学也是其中的一部分。这一系列的资助、沟通和合作，直接导致了 1963 年欧洲实验社会心理学会的成立。参加学会的成员国有英国、德国、法国、瑞典、丹麦、挪威、瑞士和波兰等。但此时的欧洲，其社会心理学研究是由美国的观念所主宰的，而多数欧洲社会心理学家也都是在美国接受教育和训练。

因此，那时欧洲的社会心理学实际上是美国的翻版。

1971 年，欧洲实验社会心理学会正式创刊其权威学术期刊《欧洲社会心理学杂志》，开始组织编写《欧洲社会心理学专著丛书》，使之成为具有欧洲特色的社会心理学的主要载体之一。从 1979 年开始，欧洲实验社会心理学会与欧洲社会心理学实验室合作出版《欧洲社会心理学研究丛书》，在构建欧洲社会心理学的国际学术声誉方面立下了汗马功劳。欧洲社会心理学奠基人之一莫斯科维奇（S. Moscovici），在《社会心理学研究中的社会和理论》一文中，雄辩地论证了美国主流社会心理学的概念框架、理论模式和方法技术，是成长于欧洲的社会现实和文化传统中的事实。另一位奠基人泰弗尔（H. Tajfel）则在《真空中的实验》一文中，严厉批评了美国主流社会心理学的实验程序是真空中的实验，把复杂的社会现实歪曲成人为的实验个体之间不真实的社会互动。

在对美国主流社会心理学研究定向的批评和反省过程中，欧洲社会心理学开始逐步建构自己独特的研究方法和技术，即修辞学和语句分析（discourse analysis）的方法。1971—1980 年，欧洲社会心理学研究者关注社会影响和群际关系，与美国研究者不同的是，他们重视社会行为发生的社会背景，追求理论和元理论的建构。其代表人物是莫斯科维奇等，他们所开创的社会影响研究，关注群体创新和社会变迁，以及少数人的影响力，人们称其为群体创新理论。而泰弗尔则致力于群际过程和群体过程现象的研究，如偏见、歧视、刻板印象、群体成员资格和群体凝聚力，并建构了社会认同论。这些都是欧洲社会心理学对国际社会心理学发展做出的巨大贡献。

20 世纪 80 年代后的欧洲社会心理学研究，更加关注认知和行为的社会、文化影响因素，更加关注在群体基础上研究群际关系、社会认同和社会影响。而美国的研究者更为关注个体及其功能化的过程。90 年代以后，欧洲社会心理学独特的社会关怀，如社会认同论、群体创新论等社会心理学理论，已经融入美国当代社会心理学研究之中，社会表征论也开始对美国社会心理学产生重要影响。同时，美国社会心理学的社会认知研究范式，也成为欧洲社会心理学的主导研究范式之一。总之，欧洲社会心理学研究以解决社会问题为目标，重视社会发展变化过程中社会行为与社会联系的研究，重视社会心理学的理论建设，特别是在研究社会问题的过程中建立起自己的理论。但是，显而易见，"欧洲的社会心理学研究受美国的影响太深，上述特征不能很明显地引起人们的注意"（B. K. Houston，1988），豪斯顿的评述可谓一语中的。

Steiner 曾指出："如果想重构一个在体现'心理'的同时也体现'社会'的社会心理学，群体研究正是开始这种变革的好地方。"北美社会心理学之所以发生危机，源于它的个人主义色彩极端发展；而欧洲社会心理学之所以能够崛起，源于它从 20 世纪 60 年代开始对群体心理研究持续的重视。在 2001 年出版的 4 卷本欧洲社会心理学手册中，《群体过程》和《群际关系》各占 1 卷，与《个体内过程》和《人际过程》平分秋色，这在北美出版的社会心理学手册或教科书中是不能想象的。此外，欧洲社会心理学重视社会行为发生的宽广的社会脉络，采用非还原主义的方法研究问题，追求建构对解决现实社会问题具有意义的理论甚至元理论。在持续不断的努力下，20 世纪 80 年代末期开始，欧洲社会心理学逐步得到北美主流社会心理学的认可，尤其是泰弗尔的社会认同理论和莫斯科维奇的关注"少数人影响"的社会影响研究，已经融入主流社会心理学并产生了深远的影响。社会认同理论不仅直接促进了主流社会心理学群际关系研究的热潮，而且正在向整个社会心理学领域渗透。莫斯科维奇针对"少数人影响"的社会影响研究，关注群体创新和社会变迁，与美国关注群体秩序维系和多数人力量的社会影响研究不同，在理论和实践上都具有开创性意义。如果说社会心理学在危机之后获得了新的繁荣，那么，这种新的繁荣离不开欧洲社会心理学影响下的群体心理和群际关系研究热潮。

三 亚洲社会心理学以本土及文化心理学为特征

第二次世界大战后，社会心理学在美国迅速且卓有成效的发展，对亚洲许多国家的社会心理学产生了广泛而又深刻的影响，并逐渐引起亚洲各国社会心理学者对美国社会心理学的思考，以及对本国社会心理学发展思路的探讨，他们开始重点关注文化与社会因素对社会心理形成及发展变化的重要影响。1988 年，亚洲社会心理学会正式成立，此后每隔 4 年举行一次大型学术研讨会。

在亚洲，日本是第二次世界大战后社会心理学发展最快和富有特色的国家。由于其社会心理学的理论是第二次世界大战后直接从美国移植过来的，因而同样具有社会学和心理学两种研究取向。第一个系统开设社会心理学课程的是心理学科班出身的南博，他于 1957 年出版了《社会心理学》一书，系统地介绍了作为精神动力的社会心理学。另外，社会学出身的清水几太郎也于 1951 年出版过《社会心理学》一书，从社会学角度分析了社会心理现象的基本特点。这在一定程度上代表了日本社会心理学研究的两种取向。

日本的社会心理学高度重视应用研究。他们的研究包括两种方式：一是日本学者称为日本人论的研究；二是国民性研究，即计量性日本人论。日本人论的研究始于 1887 年，主要采用文献法、观察法和小型调查法。而以实证研究为特征的日本人国民性研究，是作为文部省统计数理研究所国民性调查委员会的项目，于 1953 年开始，每 5 年做一次追踪调查，连续进行了 7 次，每次都有调查报告刊行于世。到 1988 年，林知己夫出版了《日本人心理测量研究》，书中谈到研究日本人的目的，那就是重塑日本人根性的意识。书中对 30 年来日本人国民性的根性及变化做了总结，并提出日本人根性表现为日本人意识中深厚的义理人情倾向。此国民性调查研究采取义理人情与科学文明观、价值观作为区分传统与现代的两个大的维度，用以测量日本人国民性的变化状况。调查的数据显示，"二战"后的日本人，每 15 年出现一次明显的变化，到了 1975 年，经济的繁荣和社会的安定，使得人们的思考方式发生了变化，传统与现代的观念界限开始崩溃。从 30 年的变化趋势来看，义理人情依然是日本人人际关系的根性，但在其评价和选择方面的中性比率明显增加；在科学文明观、人生价值观方面的变化出现了某种回归现象。其实，日本社会心理学的研究领域除了上述两个主要方面外，还有很多其他的研究领域，诸如犯罪心理、环境心理和心理健康等，他们的研究根植于日本社会，为日本社会和经济的发展提供了卓有成效的咨询和服务。

在美欧社会心理学融合的同时，以本土及文化心理学为特征的亚洲社会心理学逐渐引起国际社会心理学界的关注。2007 年，《亚洲社会心理学杂志》出版了一期特刊，辑录了 2005 年亚洲社会心理学会 10 周年纪念大会的主题发言和评论，专题探讨亚洲社会心理学的过去、现在和未来。四位发言人与两位评论者之间达成了如下共识：在人类社会心理学知识体系中，与北美个体主义心理学和欧洲重视群体心理的特点不同，亚洲社会心理学的特色是本土及文化心理学，从东方文化视角补足人类对社会心理的西方式"偏差"认识，这是亚洲社会心理学确立自己地位的突破点，也是为全球社会心理学做出独特贡献的潜力所在。而且，多年来亚洲社会心理学就是以跨文化心理学和本土心理学的方式存在，欧美社会心理学也是这样认识亚洲社会心理学的。梁觉（Leung）对《亚洲社会心理学杂志》1998—2002 年创刊前 4 年间发表的文章引用率进行了分析，发现被国际引用最多的 11 篇文章主要集中在以个人主义—集体主义为框架的跨文化研究和本土心理学研究两个方面，其中包括我国台湾地区心理学家杨国枢的 2 篇和黄光国的 1 篇文章。刘豁夫（Liu）和伍锡洪（Ng）指出，必须立足（in）、关注（of）以及服务（for）自己的亚洲社会，才能使亚洲社会心理学成为全球社会心理学中不可忽视的重要力量。

四　中国社会心理学面临新机遇

从目前中国社会心理学发展的基本态势考察，理论上主要集中在社会心理学理论体系建立、社会心理学基本理论探讨、人际交往理论与社会性发展理论的探讨；实践中主要体现在社会心理学在政治、经济、文化、教育、新闻和法律等领域的具体应用。同时，目前中国的社会心理学研究仍有着两种取向：心理学和社会学研究取向。心理学取向的社会心理学家偏重以个体的心理与行为作为社会心理学的研究对象；社会学取向的社会心理学家则坚持以群体和社会互动作为社会心理学的研究对象。迄今为止，心理学取向的社会心理学一直居主流地位。然而，面对20 世纪 80 年代世界性的社会心理学危机，社会心理学无法很好地解决现实生活中的实际问题，这使得社会心理学者开始重新反思社会心理学研究。综合性的观点认为，中国社会心理学应该紧密联系中国社会实际，遵循中国的传统文化和历史背景，既要研究群体的社会心理现象，也要研究个体问题；既要重视实验、实证研究，也要重视经验描述、定性分析，把基础研究和应用研究结合起来，把新学科、新方法、新理论和传统思想的开拓结合起来，这才是中国社会心理学发展的基本方向。

从目前中国社会心理学研究的课题与研究成果考察，主要集中在个体的社会心理与社会行为、人际相互作用、个体与群体及其群体互动等方面。除自我、群体过程、人际关系、社会认知、刻板印象、偏见、态度、社会情绪、成就动机等传统研究课题外，从社会认知尤其是内隐社会认知的视角对社会知觉、归因、态度、自尊，甚至文化认知等问题的研究，已成为当前社会心理学研究的热点。污名、恐惧管理和社会心理的脑认知神经机制研究更是近年凸显的新研究增长点。此外，本土化和跨文化比较也一直为中国社会心理学家所关注。西方社会心理学建立在西方文化背景中的科学主义、实证精神基础上，不可能适合中国的国情，注重社会心理学的本土化，一直是中国社会心理学工作者的理想追求。人们普遍开始重视文化对人的心理与行为的重要作用，着眼于中国社会—历史—文化的发展脉络，致力于发展适合中国人的社会心理学研究课题与研究成果，聚焦于中国传统文化与社会心理学、社会心理与社会行为的脑机制研究、中国人的群体决策行为、心理健康问题对社会的影响，以及习惯与目标、自我意识情绪、价值观、人际互动与组织行为研究等，业已取得一批有价值、有影响的社会心理学研究成果。

站在未来发展的角度，在社会心理学这种时空格局嬗变中，我们可以看到中国社会心理学发展的历史机遇。首先，亚洲社会心理学走上国际前台的时候，必然是以中国社会心理学的力量为主导的。因为，中国不管是在经济、人口还是文化上都在亚洲占据主导。2010 年，《亚洲社会心理学杂志》发表了关于北京奥运会社会心理研究的专栏。2011 年 7 月底，中国科学院心理研究所的张建新成为亚洲社会心理学会的新一任主席，这些都标志着中国社会心理学正逐步扩大在亚洲范围内的影响。其次，不管是本土心理学还是跨文化心理学，之所以能够与西方文化相区别，并有可能为全球心理学做重要贡献的"文化视角"之载体之内核，主要是几千年来影响整个亚洲（主要是东亚和东南亚）的中国文化，在本土及跨文化心理学的发展过程中，最经常拿来与西方文化对比的，也是以中国为代表的东亚文化。因此，中国社会心理学更有潜力在本土及跨文化心理学领域做出更突出的贡献。最后，越来越多的华人社会心理学家活跃于国际社会心理学的前沿，他们大多以与中国或文化有关的研究著称，他们的这些研究工作有利于间接影响中国社会心理学获得主流社会心理学的认可。例如，彭凯平关于中国人思维方式的研究，已经被引用上千次；赵志裕和康萤仪通过研究双文化启动和文化适应进而揭示文化形成和变迁的研究，也代表了跨文化研究的一个新方向。

第三节　转型期中国社会心理学发展的突破口

中国社会心理学要紧紧抓住亚洲社会心理学正在突围的国际趋势，以文化研究为特色，形成有自己风格的社会心理学，归根结底还是要回到整理吸收自己的文化传统，以及研究自己面对的社会现象和社会问题中来。在当代中国，最大的社会现实是在全面深化改革中坚持发展中国特色社会主义，强国富民，实现中华民族的伟大复兴。

一　社会转型实践为中国社会心理学提供丰富研究资源

改革开放以来，中国社会心理学的研究尽管在数量上有突飞猛进之势，但研究质量却没有明显提高。首先，随着心理学学科的发展，心理学背景的社会心理学研究从选题和研究方法上，越来越带有社会认知的色彩。其次，绝大多数的研究是理论评价性和感悟式的研究，这些研究的一个最大特点就是"一次性"研究，评价和感悟了一个问题，然后再去评价和感悟另一个问题。最后，虽然中国港台地区本土心理学的理念对大陆产生了影响，但由于我国社会心理学研究基础薄弱，而本土心理学要在真正了解西方社会心理学基础上，再批判地去做独创性的研究，要求更高，因此，真正的本土研究寥若晨星。甚至像20世纪80年代对社会心理学基本问题、90年代前期对社会心理学本土化那样激烈的讨论，在90年代后期之后也渐渐地销声匿迹了。原来的社会心理学研究群体也慢慢分裂为三种：一是从心理学的视角追随西方社会心理学的研究群体，他们对中国社会现实的关注相对较少；二是关注中国社会现实的研究群体，他们采用社会学的视角和方法探讨宏观社会因素，而忽视社会心理因素；三是关注管理和商业心理学的应用研究群体，他们具有心理学的背景，但是更关注研究的应用价值，而忽视基础理论研究。

至此，我们是否应该对中国社会心理学悲观失望呢？回答是否定的。因为，从中国社会心理学产生到现在，虽然没有形成自己独特的能够供他人借鉴的大批成果和理论体系，也没有像港台地区心理学那样轰轰烈烈的本土化运动，但是在中国心理学和社会学取得长足发展的今天，从老一辈社会心理学家开始，到港台地区本土社会心理学对大陆的影响，以及现在与国际华人社会心理学家的交流，中国社会心理学者累积的文化自觉性和对自己社会现象的关注度，有可能在新的发展阶段得以显现和爆发。尤其是近几年，由于经济实力和综合国力的增强，我们越来越有信心去弘扬我们的文化，也越来越有余力去研究除了生存和经济生活之外的精神生活和心理问题。为此提供智力支持和学理支撑，包括把握规律、预判风险、回应问题、引导理论等。这就需要社会心理学领域的拓展，议题的增加和表达的创新。如果说本土化的初衷是反抗西方的霸权地位，带有一定的迫切性，那么，经济发展之后的文化复兴过程使这种反抗多了几分底气。如果说文化和社会科学的研究要滞后于社会变迁至少 10 年，那么，改革开放到现在已有 30 多年，空前的社会转型实践，为我们提供了丰富的研究资源和绝佳的试验场，也有了可以让社会心理学者进行思考、沉淀思想的时间。重要的是，社会心理学工作者要有民族立场、为社会服务的价值导向，有面向中国社会改革开放实践的问题意识，以及对国家发展和民族复兴的深切关怀。

二　借鉴西方社会心理学最新方法研究文化和本土心理学

中国社会心理学的本土化具有不同于国际（例如欧洲）和港台地区的特点。中国社会心理学在 20 世纪 80 年代初恢复后，几乎从零开始，落后于国际社会心理学 70 多年之久，短短 30 年的时间，并没有经历清晰的从移植到反思批判再到本土化的发展过程。例如，我国台湾地区的社会心理学光移植阶段就长达 23 年，反思阶段也近 10 年。中国大陆社会心理学从研究伊始，就是既学习西方社会心理学又研究自己面临的社会问题，没有像港台地区那样深刻及强烈的本土化反思。目前，在中国社会心理学逐步补上社会心理学基础课的同时，国际上的社会心理学已经发生很多变化，我们很难像港台地区那样可以暂时抛开西方社会心理学而专心钻研自己的社会心理学，相反，我们正是要借亚洲社会心理学向主流社会心理学突围的机会，用西方社会心理学的最新方法研究文化和本土心理学，在坚守民族立场和民族利益、关注现实和直面问题的同时，坚持创新求真、承先启后，力争在第一时间就和国际对话。在这方面，朱滢关于文化与自我的研究和王登峰关于中国人人格的研究就是很好的尝试。

此外，中国社会心理学对社会现象的关注也有一个逐步发展的过程。由于近百年来中国社会发生了急剧的社会变迁和文化变迁，而社会心理学本身的发展要晚得多。并且，社会心理学要为国家政治、经济、社会建设做贡献，但其发展也要以国家的政治、经济、社会建设为前提，因为人们的心理演变要延滞于社会变迁，很多社会心理问题是在社会变迁之后凸显。换言之，在宏观社会变迁方面，发生的某种社会现象要等到发生一段时间之后，才能进入社会心理学的研究视野，进行较清晰的研究。就像第二次世界大战前后的美国社会心理学抓住"社会冲突"进行研究获得了第一次繁荣；20 世纪六七十年代，欧洲社会心理学抓住"多元民族共存"的社会现实，成功突围进入主流社会心理学；20 世纪八九十年代亚洲社会心理学者抓住"文化的交流和冲突"，发展了本土及跨文化心理学。我国的社会心理学工作者，也要抓住中国现在"社会转型"中出现的社会现象，繁荣中国特色的社会心理学。

三　转型期社会现象具有本土独特性

基于上述背景，北京大学方文提出中国社会心理学应该呼唤直面社会转型的以群体资格为核心的转型心理学。他将过去中国社会心理学的研究视角总结为"文化特异性路径"（本土及跨文化心理学）和"稳态社会路径"（西化心理学），并以中国社会学近年所揭示和描述的中国宏大的社会转型研究，尤其是社会分层和阶级群体研究所兴起的群体资格研究为基础，认为中国社会心理学者应该超越以前的两种研究视角，而重点考察社会转型背景下中国人的群体分类及其解构、建构和认同等过程对心理的型塑和影响。是故，以港台地区为代表的华人本土心理学是文化特异性路径的典型范例，它发生在全球反抗北美主流心理学的大背景下，强调在心理学研究中体现中国文化尤其是中国传统文化的特征和内涵，这种强调独特文化因素的做法已经转化为欧美社会心理学近年对文化心理（将文化作为一个变量）进行研究的热潮，同时也失去了传统的跨文化心理学和本土心理学对文化本身的深切关注。而大陆社会心理学由于中国改革开放后的急剧社会变迁，在转型背景下出现了许多新变化和新现象，这些现象具有高度的本土独特性和全球启发性，对这些现象进行深入研究有可能为中国社会心理学注入现存任何社会心理学都不具备的活力，从根本上进行创新。特别是中国特色的社会主义，这一创造是基于中国独特国情和现实的发展水平，是在整个国际格局中资强社弱、经济全球化、知识信息化、人类文明多样化背景下展开的，所以国际与国内、历史与现实、内部与外部的各种复杂因素交织叠加起来，增加了这一创造的难度，也使这一创造过程充满艰辛，其间提出了许多重大理论问题和现实问题，需要从社会心理学学科中寻找答案。响应现实的需要和回应实践的挑战，这是社会心理学本土化的发展路径。

实际上，作为中国社会心理学的主流，心理学视角的社会心理学者也已逐渐关注到中国的社会转型心理问题，只不过由于心理学的学科性质，这种关注体现在实证研究上较多，而理论建构较少。例如，王登峰等对中国人人格结构及其测量的研究，既发现了中国人人格的独特方面，又与西方人的人格进行了对比，并应用到领导干部胜任特征的测量上。金盛华等以工人、农民、科学技术人员、大学生和小学生五类群体为研究对象，探讨了当代中国人价值观的结构和特点，发现中国人价值观有"好人定位"的特征。尤其值得一提的是，杨中芳认为中国人传统的中庸思维对现代中国人为人处世仍然具有重要的指导作用，进而提出一个中庸心理学的理论框架，并带领研究团队从认知和情绪的脑机制到心理调适等各个角度付诸实证检验，且已取得了丰富的研究成果。

第四节 以本土化推动中国社会心理学的国际化

相比北美的个体社会心理学、欧洲的群体社会心理学特色，亚洲以其独特的东方文化为特色，以本土社会心理学为依托，从而提供了自己独特的思考和研究视角。在这个过程中，经济、人口和文化诸方面占据优势的中国将起到重要作用。从国内社会心理学的现状来看，5000 年的历史文化和 30 多年来的社会变迁，也为中国社会心理学工作者提供了丰富的研究素材。毋庸置疑，中国社会心理学正面临着前所未有的挑战与机遇。作为社会心理学研究工作者，理应在这种挑战和机遇面前，迎头赶上，走出一条既有中国特色又能与西方主流进行对话的社会心理学发展之路。即验证对比国内外研究成果，研究中国人社会心理发展中特有的和重要的心理现象，建立适合中国国情的社会心理学概念、理论及研究方法等，其基本途径是学习、选择、本土化。在此基础上，探索社会心理学本土化的发展道路，即面向社会、在社会实践中研究社会心理学，加强社会心理学的理论建设，使社会心理学为我国经济与社会发展、人类与环境的和谐发展提供支持和帮助。

一 心理学的历史与社会心理学的本土化

众所周知，心理学诞生于哲学的怀抱。诚如心理史学家黎黑（T. H. Leahey）所说："它有一个长期的过去，一个短期的历史和一个不确定的未来。"使心理学作为一个独立学科，从哲学中分离出来应归功于冯特（W. Wundt），他开拓了两种心理学的研究定向，一是个体心理学；二是民族心理学。自冯特后，崛起了机能主义心理学，詹姆士（W. James）和杜威（J. Dewey）以经验哲学、实用主义哲学和达尔文的进化论为理论基础，把研究的重点放在经验、意识的效用上。机能主义心理学的继续发展，必然要求对心理现象的客观研究，于是以华生（J. D. Waston）为代表的行为主义心理学也就应运而生，他们反对研究意识，认为心理学应把可观察到的外部行为作为研究对象。与此同时，弗洛伊德（S. Freud）建立了一套所谓动力心理学或深层心理学理论——精神分析理论，把无意识引入到心理学领域。而现代认知心理学的雏形——格式塔心理学，在魏特墨（M. Wertheimer）、苛勒（W. Kohler）和考夫卡（K. Koffka）的领导下，把意识等心理现象看成是先验的格式塔，强调整体大于部分之和，认为心理活动，特别是认识活动有赖于一个先验的具有完形作用的结构。心理学发展到 20 世纪五六十年代，又出现了第三种势力——人本主义社会心理学。其代表人物是美国心理学家马斯洛（A. Maslow）和罗杰斯（C. Rogers）等。

由此可见，西方心理学的历史由学派构成，可把它概括为科学主义、人本主义、文化主义三大走向（楼培敏，1993），而每个学派又产生于其特定的文化背景中，从而打上了浓厚的文化烙印。但不可否认，从心理学一百多年历史考察，无疑科学的心理学产生于西方文化背景中，其学派和理论反映的是西方文化的核心价值，得出的许多研究理论，无不受到西方文化的制约。而我国心理学又是从西方移植来的，在这种研究背景下，中国的社会心理学家能够做些什么，应该做些什么？这是一个令人深思的问题。

中华民族几千年的灿烂文化中蕴藏着丰富的社会心理学思想，这是中国社会心理学发展的基础。我国社会心理学从 20 世纪初由西方引入已有近百年历史。20 世纪 50 年代前后，我国社会心理学的研究和建设基本照搬苏联，1958 年对社会心理学的批判，对西方社会心理学采取了全盘否定的态度，这是不足取的；20 世纪 60 年代，社会心理学发展又走向低谷，以至于"文化大革命"时作为"伪科学"被彻底砸烂；20 世纪 70 年代末社会心理学拨乱反正后，特别是批判地吸收了西方社会心理学的研究成果，使我国社会心理学工作者看到了差距和希望。不过，现时的中国社会心理学也存在诸多不足，最主要的表现是社会心理学还不能很好地适应时代和社会发展的需要，满足我国人民日益增长的物质生活和精神生活的需要；在学习与独创、理论与国情、研究与应用等方面与国外尚有较大差距。

循着中国社会心理学的发展轨迹，我们不难发现，中国社会心理学的发展虽然步履维艰，但已有了一个良好的开端，如何在此基础上更上一层楼，就需要通过社会心理学研究的本土化，形成中国自己的社会心理学理论与体系。而社会心理学研究的本土化既不是单纯地钻牛角尖，专门研究中国人特有而别人没有的社会行为，包括中国古代的社会心理学思想；也不是闭关自守，排斥所有的外来概念和理论，在经过若干年研究后"试验及错误"（trail and error）的结果，而是具有独特内涵和研究内容。具体包括：以辩证唯物主义为指导思想；以中国古代社会心理学思想为历史背景；以中华民族文化圈的影响为潜在变量；以中国人的心理与行为为主要研究对象；以揭示人类心理发展规律为基本任务；以社会现实为主要服务方向。社会心理学的本土化还要求我们，选择中国人熟悉的概念，寻找适合中国人的心理测量工具，发展解释中国人社会心理与社会行为的模式理论，以此来建构中国社会心理学的知识体系，因此，社会心理学研究的本土化，既不是一个政治口号，也不是想当然，而是中国社会心理学发展的必然历史选择。

二　社会心理学研究的本土化过程

在华人社会心理学界提出社会心理学研究的本土化问题，我国港台学者的代表是杨国枢、杨中芳等，大陆的代表是潘菽、吴江霖等。看来，海峡两岸的社会心理学家有感于研究中共有的挫折感，都在助长社会心理学研究要落实到本土化的问题上。我国的社会心理学工作者，在社会心理学本土化上，做出了很大的努力。

第一阶段：酝酿期。在这个阶段，中国社会心理学家所做的工作主要是重新验证国外的研究成果，对比国内外研究的异同点，揭示中国人心理与行为发展的特点。例如，20 世纪 80 年代初，李伯黍教授同他的合作者，在柯尔伯格（L. Kohlberg）对儿童道德判断发展研究的基础上，参照柯尔伯格的研究方法，围绕儿童道德判断发展这一课题进行了一系列的调查研究工作，并在国内 15 个省市开展了全国性的协作研究。他们的研究范围已经涉及的有：儿童对行为责任的道德判断；儿童道德观念的发展研究；影响儿童道德判断的外部因素；儿童道德发展的跨文化研究。这些研究不仅验证了柯尔伯格的研究发现，更重要的是揭示了中国各民族儿童道德判断发展的一些规律，以及特定的文化背景、道德训练对儿童道德判断发展的影响，为我国的儿童道德教育提供了科学的实证资料。由此可见，以中国人为研究对象，重新验证外国社会心理学研究的结果，是社会心理学研究本土化的第一步。不可讳言，研究中当然可以发现共性，但对中国人而言，外国的研究结果未必具有有效的概括性。这种个性或特殊性的表现，正是我们必须深入探索的中国人社会心理发展的一个重要特点。

第二阶段：孕育期。在这个阶段中国社会心理学家所做的工作主要是，研究中国人心理发展的特有和重要的现象，也就是揭示在中华民族文化背景下中国人的心理发展规律，特别是在当前社会转型时期中国人社会心理发展的特点。例如，王镶业教授在青海对不同民族地区儿童的社会认知特点进行的比较研究，张日升博士对中日青年心理的比较研究，我们对学习困难儿童社会性发展开展的系统研究，以及金盛华博士对中美大学生自杀意向的研究等。这些研究均具有鲜明的中国特色。上面几例研究表明，考察在中国文化、经济和政治背景下中国人的各种心理发展的特点，是社会心理学研究本土化的一个重要方面，也是社会心理学研究本土化的生长点和立足点。

第三阶段：整合期。在这个阶段中国社会心理学家所做的工作主要是，修改社会心理学的旧概念、旧理论与旧方法，创立社会心理学的新概念、新理论与新方法，以适用于中国人的特点。社会心理学研究的本土化，应着力于对当今诸社会心理学概念与理论的分析、反思，超越原有的研究层次，建立适合我国国情的新的社会心理学概念和理论。例如，韩进之教授及其领导的协作组在其研究中，将自我意识理解为自我的认

识（自我评价）、情感（自我体验）和意志（自我控制）三种心理活动
成分的心理结构，并系统地研究了我国学前儿童、中小学生、大学生的
自我意识发展趋势及特点。这项研究初步探索出适合我国特点的自我意
识的理论体系。另外，这项研究还包括在研究方法上的改进和创新。我
们同意杨国枢教授（1988）的观点："方法论与研究方法都可能受到不同
社会文化背景的影响，但是实际上后者因社会文化而不同的情况，则远
比前者为多。"研究方法上的改进和创新是至关重要的。在方法论上，坚
持正确的哲学方法论，即强调研究方法要以辩证唯物主义作为向导；坚
持正确的科学方法论，用系统观点看待自己研究的问题；具体方法适合
具体课题；对具体方法的运用，从拟定课题，到进行设计，再到取得结
果和解释结果，都要坚持理论联系实际的原则。因此，社会心理学研究
本土化的最终表现，应观其整合和创新的水平，此举决定社会心理学研
究本土化的成败。

　　社会心理学本土化的基本途径是什么？我们认为可以用七个字来概
括：学习、选择、本土化。

　　中国社会心理学的历史方位规定，学习是其发展的根本途径之一。
对待外国的社会心理学资料必须重视，应当摄取其中的营养，用以发展
自身。应该承认，我国社会心理学的研究，与国外是存在差距的，尤其
表现在研究课题、研究方法学、具体研究方法和研究手段、工具等几个
方面。这些差距的存在，原因是十分复杂的。首先，科学社会心理学诞
生在西方；其次，发达国家重视社会心理学的研究；再次，科学技术设
备的先进是发达国家社会心理学进展快的物质基础；最后，在应用上做
出成绩，使社会心理学普及有了群众基础。例如，学校心理学（School
Psychology）是以学习有困难的儿童或问题儿童为对象的，由于它在实际
应用中做出了成绩，因此它的发展相当快。有差距就得学习，就得引进，
就得摄取其中的营养。

　　在摄取外国的研究成果时，绝不能照搬照抄，而要适当加以选择。
所谓选择，即批判地吸收。霍尔（G. S. Hall）对普莱尔（W. Preyer），斯
金纳（B. F. Skinner）对华生（Waston），皮亚杰（J. Piaget）对鲍德温
（J. M. Baldwin），乃至认知心理学对行为主义和格式塔学派等，都是采取
选择的态度，即批判地吸收的态度。中国人的社会心理，与外国既有共

同的特点，但更重要的是具有不同的特点。如果照搬国外的社会心理学研究成果，势必失去客观性、真实性，也会影响社会心理学研究的科学性。

中国人的社会心理，既然有着本民族的特点，这就导致外国社会心理学被摄取之后，要经过一个本土化的过程。国外社会心理学所研究的问题、建立的理论、采用的方法，都有其特殊的社会文化背景。应该看到，在我国社会心理学的发展，有不如国外先进条件的一面，也有优越于国外条件的一面，这要求我们做到兼收并蓄，首先应当从方法论的角度来分析它们各自的特点，以便在学习和研究时能取其所长，避其所短。在这个基础上，在研究中国人心理的时候，应加入中国式的想法和看法，使中国的国情，即文化、经济、政治因素能不知不觉地融入自己的研究，并且在理论上实践中都能推陈出新、有所突破，即"随风潜入夜，润物细无声"。只要我们从中国的实际出发，积极地创造条件，不断地采用现代化的研究手段，那么，经过一二十年甚至更多年的努力，我们坚信能进入国际社会心理学研究的先进行列。

三　社会心理学研究本土化的发展道路

社会心理学的学科性质和基本任务，决定了我国社会心理学的发展必须联系我国实际，研究中国人的社会心理现象及其规律，尤其是现阶段改革开放中的实际问题，社会转型时期和信息化社会中中国人社会心理的新特点、新问题，使社会心理学能为我国政治和军事、教育工作、医疗卫生、文艺和广播电视等社会实践领域提供服务。

1. 面向社会现实研究社会心理学

坚持面向社会，在社会实践活动中研究社会心理学，这是中国社会心理学前进的主要方向，否则就是无源之水，无本之木。犹如美国社会心理学的研究目标，针对社会的实际需要进行研究，直接为美国社会现实服务。同样，研究中国人的社会心理现象，将传统社会心理学改造为适合我国国情、具有我们自己鲜明特点的科学社会心理学，无疑应该在我国社会实践活动中进行，应该让 13 亿中国人自己站起来"说话"。

面向社会，面向实际，在实践中研究社会心理学具有深远的战略意义，它贯彻了理论联系实际的原则，使社会心理学各项研究都密切地结合中国现代化建设的目标，并为之有效地提供服务。这是由社会心理的学科性质和研究任务决定的。其具体做法如下。

（1）逐步积累中国的研究材料，克服"拿来主义"。我们有的社会心理学研究报告，从设计、方法到结果，几乎全是模仿外国的。社会心理学著作的体系与国外同类书大同小异，如此下去，就不可能建立起我们自己的社会心理学。中国人与外国人既有共同的心理特点，但更重要的是具有其不同的特点。例如，我们测定到儿童社会信息加工的过程和机制，与国外资料所列的特征就有出入。又如，我们所获得的青少年孤独感和同伴接受性的特点及其内容，与国外资料所见的事实也存在明显的差异。如果照搬外国的研究，势必失去客观性、真实性。

（2）选择合理的研究课题，克服研究的盲目性。社会心理学的研究课题不外乎来自理论和实践方面，而更多的是来自社会实践。当前，改革开放的社会实践正渴望我们提供大量有价值的社会心理学的科学依据，同时也为我们提出了一系列带有方向性和根本性的重要研究课题。近几年，我们看到，新时期人们观念的变革、改革的心理承受力、人际关系的变化、传统文化的影响、广告消费心理、互联网的心理影响、罪犯改造心理、社会病态心理、领导素质研究、人才选拔，以及创造性思维、创新人才的培养，教育与发展的关系；人们道德认识、道德情感、道德意志行为的发展及其相互关系，理想、动机、兴趣发展的特点及其相互关系，青少年心理行为问题、青少年犯罪现象及其防治等都是亟待解决的课题。如果我们对这些问题有一定的独特见解和科学发现，那么，我国的社会心理学研究，不论是在理论建设上，还是对实践的作用上，都将会出现一个崭新的面貌。

（3）加强应用研究，克服研究脱离实际的倾向。社会心理发展的特征及其规律是研究工作的出发点，社会实践呼唤社会心理学。但目前社会心理学和社会实践存在着严重脱离的现象，这与实现社会心理学为时代服务的宗旨是不相称的。我们从 1986 年以来，从事"中国人学习困难现象"研究，坚持把社会心理学理论应用于教育实际，目前已获得了许多有意义的研究结果。我们从研究实践中深深体会到，社会心理学要向社会证明自己的价值，必须加强应用研究，舍此别无他路。而社会心理学研究的本土化，同样要依靠应用研究，通过解决我国政治、经济、军事、法律、教育、文化和医疗卫生等实践中提出的问题，逐步使社会心理学的理论、方法和事实材料本土化，使社会心理学具有中国"味"，这是一项艰苦的系统工程。

（4）深入社会实际，克服"学院主义"的研究风气。目前，在我国社会心理学的研究中"闭门造车"的风气还是很浓厚的。一些研究者由于不深入地了解中国社会的实际和现实生活的实际，研究的课题只凭主观臆断，往往失之过狭或过偏；发表的文章，不仅使实际工作者感到不符合实际，而且专业理论工作者也感到莫名其妙。这种经验主义的研究，由于脱离实践，不仅没有应用价值，而且对社会心理学的基础理论建设也缺乏意义。因此，只有坚持在社会实践中研究，坚持理论来自实践又指导实践的途径，才是社会心理学研究的正确道路。

2. 加强中国社会心理学的学科建设

在实现社会心理学研究本土化的道路上，我们强调理论联系实际，强调应用，并不是放弃基础理论的建设，"绝不意味着把研究工作局限在很狭小的'实用'范围内，更不是排斥那些跟实际相结合的理论问题的研究"（林崇德，1993）。今天，社会心理学建设的另一个根本任务是实现其本身的现代化，即加强学科建设。

首先，明确我国社会心理学研究与国外的差距，艰苦奋斗，尽快缩小这种差距。从研究课题上看，主要包括研究的年龄范围、研究的具体内容及其深度、理论研究和应用研究等方面的差距。从研究的方法学看，20 世纪 20 年代之后国外就开始注重研究科学化，经过半个多世纪，已发展起专门研究社会心理学研究方法的方法学，包括设计、测量、统计和评价等。从研究手段、工具看，由于现代科学技术的发展，国外社会心理学的研究中，采用了现代化的技术设备，如录音、录像、ERP、PET、fMRI 等。这对于深入研究个体的社会心理现象是有帮助的，特别是功能性磁共振成像技术（fMRI）。我们认为，我们与发达国家社会心理学研究的差距是存在的，然而也并不是很难消除的。科学技术设备条件的先进固然是发达国家社会心理学进展快的重要原因。但西方社会心理学也有其不足之处。从基本理论方面来说，他们研究的进展并不大。了解上述情况，目的是为了使我们"知己知彼"，做到胸中有数。只要我们从本国的实际出发，积极地创造条件，不断地采用现代化研究手段，那么，经过若干年的努力，我们坚信自己能进入国际社会心理学先进水平的行列。

其次，组织各方面的人才，融合多学科的知识，来共同研究社会心理学。众所周知，皮亚杰及其领导的日内瓦学派的心理学研究，在国际心理学界、教育界及哲学界影响极为深远、广泛。他 1955 年创建日内瓦"发生认识论国际研究中心"，集合各国著名心理学家、逻辑学家、控制论学者、发生认识论学者、语言学家、数学家和物理学家来研究认识的发生发展问题，在国际心理学界有很大影响。皮亚杰及其日内瓦学派的杰出贡献，使我们深受启发：今天在科学技术突飞猛进的时代，如果要使社会心理学有所突破，有所前进，光靠社会心理学家本身的工作是不够的；应该组织各方面的人才，融合多学科的知识，来共同研究社会心理学。这里的关键是发展横向联系，开展跨地区、多学科的科研协作。国内社会心理学工作者在自愿、平等、互利、协商原则下，开展校（单位）际协作、取长补短、互通信息、各地取样，共同突破一个课题。有条件的情况下，还可以开展与国外学者的合作研究，跨文化、跨地区、跨国家地探索共同感兴趣的社会心理学问题。

最后，要大力开展中国人社会心理与行为的研究，不断提高研究质量，逐步建立中国社会心理学的体系。我们提倡大力地开展中国人社会心理特点的研究，在课题方面，不外乎两个方面，即在中国社会的文化、历史背景下个体心理和群体心理的研究，进一步探索中国人社会心理发展的规律。

简言之，面向社会研究社会心理学和中国社会心理学现代化是统一的，是互相联系、彼此制约、相辅相成和不可割裂的两个方面。面向社会，在实践中研究社会心理学是社会心理学本身现代化的基础；只有实现社会心理学本身的现代化，才能够更好地实现社会心理学为时代和社会服务。中国社会心理学的发展，归根结底在于真正地坚持中国社会心理学的本土化和以中国社会"问题"为中心的研究范式。只不过，这个本土化是具有国际视野的本土化，虽研究本土现象，但具有全球意义，本土化的最终是国际化；同时以中国的社会现实问题为中心，以为中国的社会发展服务为宗旨。中国问题解决好了，必将能为世界提供宝贵经验。脱离中国国情，无视西方话语特定前提和基本界限，而不加批判地以西方话语中的"中国"为标准来度量"中国"的做法，实质上是对社会心理学研究本土化精神的曲解和违背。

第二章 中国社会心理学的融合与发展

中国社会心理学的成长与发展，以及与国际社会心理学的交会与融合，必须站在巨人的肩膀上，借助现代科学技术，借鉴国外先进研究成果，勾勒一条适合中国国情的社会心理学发展路线图。从国际上来看，社会认知神经科学作为研究社会现象和社会加工过程的一门新兴交叉学科，与社会心理学相互影响、相互促进，极大地丰富和发展了社会心理学的理论、观点和研究方法，其独特贡献主要表现在三个领域：他人、自我和他人的交互作用。虽然社会认知神经科学由于方法等方面的限制不可能解决所有的社会心理学问题，但两者的融合肯定会给社会心理学研究者带来惊喜。从国际比较的视野来看，主流的北美社会心理学在科学方法和研究视角迅速发展的同时，吸收欧洲社会心理学关注群体研究的特点，促进了社会心理学走向了新的繁荣。当前中国社会心理学，应充分抓住亚洲社会心理学以本土及文化心理学为特色，向西方主流社会心理学突围的历史机遇，尽快驶入"高车道"。特别是以改革开放为主要特征的社会变迁和社会转型，为开展社会心理学研究提供了良好契机。我国社会心理学研究工作者在理论建构和具体研究两个方面已做出了自己初步的贡献。然而，在社会转型期社会心理学研究中，我们还面临着国际化与本土化的困局，以及重理论还是重应用的研究策略选择。我们认为，重视理论建设、强调方法创新，并有机结合基础研究与应用研究，当是化解困局走出包围圈，为社会心理学学术研究以及我国社会经济发展做出应有贡献的一条有效途径。

第一节 社会认知神经科学对社会心理学的贡献

社会认知神经科学（Social Cognitive Neuroscience）孕育于社会心理学的怀抱。它是一门蓬勃发展且很有前途的、发展中的交叉学科，它不仅传承了社会科学（社会学、经济学、政治学和社会心理学等）的理论和观点，特别是社会心理学的研究范式，还成功地借鉴了认知神经科学的研究方法与技术，包括功能性磁共振成像技术（functional Magnetic Resonance Imaging，fMRI）、正电子发射断层扫描技术（Positron Emission Tomography，PET）、透颅磁刺激技术（Transcranial Magnetic Stimulation，TMS）、事件相关电位技术（Event – Related Potentials，ERPs）、单细胞记录技术（Single – Cell Recording，SCR）和神经心理学损伤技术（neuropsychological lesion techniques）等。

Ochsner 和 Lieberman 在 2000 年首次提出了"社会认知神经科学"的概念，他们认为，社会认知神经科学通过三个水平（社会水平、认知水平、神经水平）的分析来理解社会心理现象。其中，社会水平主要关注影响行为的动机和社会因素；认知水平主要考察产生社会心理现象的信息加工机制；神经水平主要关注实现、控制认知水平加工的脑机制。[①] 尽管三个水平所研究的出发点和关心的问题有所不同，但是，有许多概念在三个领域中是共通的，如图式、选择性注意、抑制、内隐和外显加工等。社会心理学家能够利用认知神经科学家的数据考证对立的理论假设，尤其是不能用行为数据直接考察的假设。同时，认知神经科学家在研究社会心理现象的时候，也要借助社会心理学家的理论知识，了解决定个体如何知觉他人和自己的影响因素。只有这样，才能真实地揭示社会心理现象的本质。为了更为清晰地呈现认知神经科学的研究内容，Ochsner 和 Lieberman（2001）在 Kosslyn 和 Koenig（1992）[②] 理论基础上进行了扩

① Ochsner, K. N. , & Lieberman, M. D. , "The Emergence of Social Cognitive Neuroscience", *American Psychologist*, 2001, 56（9）: 717 – 734.

② Kosslyn, S. M. , & Koenig, O. , *Wet Mind: The New Cognitive Neuroscience*, New York: Macmillan, 1992.

充，增加了个人与社会背景，强调了社会、文化和动机行为等的重要性，提出了社会认知神经科学的三棱图（见图2-1）。从图2-1我们可以看到，社会认知神经科学在社会心理学的基础上增加了神经机制，强调脑机制在社会心理与行为中的重要性。显然，把认知神经科学放到社会心理背景下来研究，极大地丰富了自己的研究视野。这是社会认知神经科学对社会心理学的"反哺"作用。

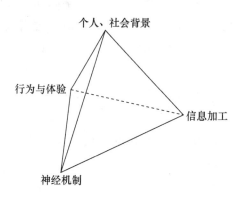

图2-1 社会认知神经科学三棱图

社会认知神经科学经常会和相邻的学科混淆起来，如社会神经科学（Social Neuroscience，SN）、情绪神经科学（Affective Neuroscience，AN）、认知神经科学（Cognitive Neuroscience，CN）等。尽管这些名称比较类似，甚至有些研究者认为它们是可以相互替代使用的；但是，大多数研究者认为它们之间虽然存在重叠，但不能相互替代。社会神经科学研究的范围更为广泛，经常把社会变量与心理物理学变量、内分泌变量、免疫学变量等联系起来，分析的范围从皮层水平到神经递质水平；动物研究有时也包含在这一研究领域中。而社会认知神经科学主要关注皮层、亚皮层水平的活动方式。情绪神经科学经常被动物研究者和临床研究者所提及，他们经常研究基本情绪或情绪障碍的脑机制。社会认知神经科学也研究情绪，但是研究的范围更为宽泛，不仅包括基本的情绪，还包括高级的情绪过程，例如内疚、羞愧、嫉妒、自豪等自我意识情绪。

一 历史与发展轨迹

社会认知神经科学的历史正如艾宾浩斯对心理学历史的评价，社会认知神经科学"有一个长期的过去，但却只有一个短暂的历史"。社会认知神经科学的发展大致可以分为三个阶段。第一个阶段，20 世纪 80 年代之前为萌芽阶段；第二个阶段，20 世纪 80 年代到 90 年代末为酝酿阶段；第三个阶段，21 世纪初至今为快速成长阶段。

尽管社会心理学与认知神经科学的研究取向存在差别，但两个研究领域之间的交叉在很久以前就开始了。1848 年，Phineas Gage 在修铁路时出现了意外，损伤了眶额皮层（Orbital Frontal Cortex，OFC）区域，同时引起了情绪性、社会性功能受损，之后 Gage 像完全变了一个人，不能遵守社会规则，最终导致他被解雇，变得身无分文后离婚；但是他的运动技能和认知功能却保持正常。Gage 事件引起了很多研究者极大的兴趣，经研究后发现了许多和社会性、情绪性信息加工有关的脑区，如顶叶受损的替身综合征病人（Capgras delusion）会感觉他人在控制自己的身体活动；枕颞区域受损的面孔失认症病人（Prosopagnosia）不能识别面孔，却可以识别其他的客体。但是，对人类的社会脑、情绪脑的系统研究是在20 世纪 80 年代以后才开始的。主要有以下两个原因：首先，在 20 世纪前半个世纪，行为主义学派统治了心理学的主要研究领域；20 世纪 60 年代末，认知心理学思潮的影响几乎席卷了心理学的每一个研究方向。行为主义学派和认知学派主要研究人类行为和认知过程的普遍规律，几乎把人类的情绪性和社会性行为排除在研究领域之外。其次，缺乏一种有效的工具，能够直接测量个体情绪性和社会心理现象的内部机制。虽然动物研究者可以通过刺激或损伤动物脑系统来研究心理过程的脑机制，但是，人类的研究很难做到这一点，大多只能通过对自然损伤（例如脑溢血、脑肿瘤等）的患者进行研究，这种脑损伤的研究方法本身有很大的局限性。

20 世纪 80 年代后，出现了测量自主神经系统的相关仪器，把负责社会行为的心理机制和生理机制结合在一起。Cacioppo[①] 使用"Social Neuroscience"一词说明社会因素对神经系统的影响，当时，主要考察社会因素对外周神经系统和其他身体系统的影响，动物研究和健康方面的研究

① Cacioppo, J. T., "Social Neuroscience：Antonomic, Neuroendocrine, and Immune Responses to Stress", *Psychophysiology*, 1994, 31：113 – 128.

居多。但是，这种测量不能直接探测心理过程的脑机制，而且测量本身对任务的反应不是很敏感；测量结果与自我报告、行为反应相关度较低，这种测量只适合研究特定类型的情绪，对信息加工机制研究的贡献非常有限。[①] 但这些工作为研究社会心理现象的生理基础提供了丰富的信息和研究方法的启迪。20 世纪 90 年代之后，开始陆续有研究者关注社会心理现象的脑机制，如 Damasio 等对腹内侧前额皮层的社会情绪功能的探讨，Frith 等对心理理论神经机制的开创性工作，Cacioppo 等对态度进行的 ERPs 研究。但是，即便如此，社会认知神经科学仍处在一个探索、发展的阶段，没有一个比较成熟的研究范式。

社会认知神经科学的飞速发展是脑成像技术问世之后出现的[②③]，特别是 PET 和 fMRI 技术出现之后。这种技术允许研究者考察正常被试在任务状态下大脑皮层结构或皮层下结构的活动模式。脑成像技术的出现让社会心理学家和认知神经科学家开始了更紧密的合作。2001 年，第一次正式的社会认知神经科学国际会议在美国加州大学洛杉矶分校召开，参加会议的人员不仅包括社会心理学家和认知神经科学家，还包括社会学家、人类学家、政治学家和经济学家等，会议的主题包括刻板印象、自我控制、情绪、社会关系、心理理论等，心理学剑桥词典把这次会议作为社会认知神经科学的起点。此后，出现了大量和社会认知神经科学相关的研究论文与学术会议。首先，从 2002 年到现在，几乎每年都有杂志发行社会认知神经科学特刊，例如，*Biological Psychiatry*（2002）、*Journal of Personality and Social Psychology*（2003）、*Trends in Cognitive Science*（2004）、*The Journal of Cognitive Neuroscience*（2004）、*Neuroimage*（2005）、*Brain Research*（2006）、*New York Academy of Sciences*（2007）、*Group Processes and Intergroup Relations*（2008）、*Child Development*（2009）等。其次，心理学出版社（Psychology Press）和牛津大学出版社（Oxford

---

① Wright, R. A., &L. D. Kirby, "Cardiovascular Correlates of Challenge and Threat Appraisals: Acritical Examination of The Biopsychosocial Analysis", *Personality and Social Psychology Review*, 2003, 7（3）: 216 – 223.

② Ochsner, K. N., & M. D. Lieberman, "The Emergence of Social Cognitive Neuroscience", *American Psychologist*, 2001, 56（9）: 717 – 734.

③ Lieberman, M. D., "Social Cognitive Neuroscience: Areview of Core of Processes", *Annual Review of Psychology*, 2007, 58: 259 – 289.

University Press）在 2006 年分别创办了 *Social Neuroscience* 和 *Social Cognitive and Affective Neuroscience* 杂志，专门发表社会认知、社会情绪方面的论文。最后，世界各国的知名大学和研究机构纷纷建立自己的社会认知神经科学实验室，社会认知神经科学的本科和研究生课程也如雨后春笋般出现在各个学校和研究机构。2001 年在网上搜索"Social Cognitive Neuroscience"，只能获得 53 条记录，2006 年就突破了 2 万条，2008 年有近 3 万条记录，2009 年达到了 5 万多条。我们在 PubMed 数据库和 ScienceDirect 数据库中搜索关键词"Social Cognitive Neuroscience"，能够清晰地获得近十年来社会认知神经科学论文的增长趋势（见图 2－2 和图2－3）。

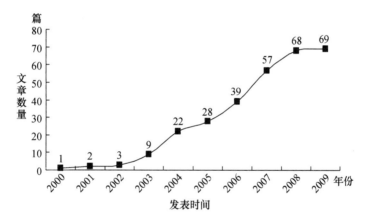

图 2－2　PubMed 数据库中发表论文的增长曲线（累计）

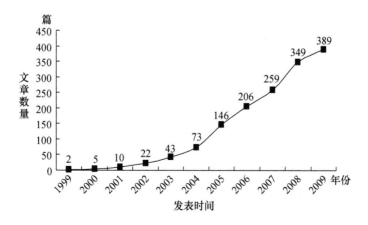

图 2－3　ScienceDirect 数据库中发表论文的增长曲线（累计）

目前，社会认知神经科学的研究主题非常宽泛，几乎涵盖了社会心理学研究的各个方面，其中包括态度、偏见、归因、共情、心理理论、社会排斥、人际吸引、自我意识、自我认知、自我知识、认知失调、安慰剂效应、道德推理、社会决策等。社会认知神经科学对社会心理学的影响主要体现在两个方面，一是研究方法方面的影响。应用脑科学的研究方法考察社会心理过程的脑机制，不仅包括脑定位方面的研究，还包括脑神经网络方面的研究。二是理论方面的影响。社会认知神经科学不仅能够为社会心理理论提供脑成像数据的支持，而且还可以对社会心理学的理论进行修正和提出挑战，甚至还可能提出全新的理论模型。这里，我们从"文化反哺"的角度，根据社会心理学学科的体系和研究内容，从他人、自我、自我和他人的相互作用三个方面，具体阐述社会认知神经科学对社会心理学的贡献。

二 社会认知神经科学对社会心理学的贡献

（一）理解他人的研究

在严格意义上，社会认知主要包括对他人的理解。理解他人又包括两个方面：一是对他人面孔、身体及其运动等外部信息的知觉；二是对他人内部意图、情感的理解和体验。在这一研究领域，社会认知神经科学对社会心理学的贡献，不仅包括社会性信息加工的脑定位研究、神经网络的相关探索，同时，还包括对传统社会心理学理论的验证和充实。

1. 知觉他人的外部信息

在人际互动中，有效地知觉带有社会意义的非言语线索是最为关键的过程。这些非言语线索包括面孔信息、语调信息、气味信息、肢体信息等，其中对面孔信息（如面部表情、眼睛的注视方向等）的知觉最为重要，在社会认知神经科学领域的研究也最早、最多；同时还包括对他人身体各部分以及对身体运动的知觉等。识别熟悉的面孔似乎是一个非常基本的、快速自动的加工过程，传统的社会心理学家很少去考虑这个过程是如何完成的，他们更关心后面的加工阶段，如态度判断和印象形成等。但是，社会认知神经科学家认为有必要澄清加工社会性信息的内部过程，以及对应的脑机制。他们研究较多的一个问题是，社会性信息（如面孔）的加工是否由大脑某个特定的区域负责，例如梭状回面孔区域（Fusiform Face Area，FFA）。面孔失认症病人研究和正常人的脑成像研究都发现，面孔知觉依赖于这一区域。[1] 但是，也有研究者提出不同的解释，如 Gauthier 等提出"专家系统说"，他们认为梭状回面孔区域（FFA）不是对面孔反应的特异性脑区，之所以出现对面孔反应较强，是因为人们是识别面孔的专家。[2] 他们发现汽车和鸟类专家在知觉汽车和鸟时 FFA 也会表现出显著的激活，尽管 FFA 对面孔的激活最强。梭状回面孔区域（FFA）面孔加工中的功能到底是什么，是只负责面孔信息的加工，还是在其他非面孔信息加工中也承担重要角色？这些问题，尚需要进一步的研究资料加以说明。

除了面孔方面的研究之外，很多研究开始关注身体知觉、生物体运动知觉的脑机制，他们发现了类似面孔知觉特异性的脑区，例如：枕叶皮层中的梭状回身体区域（Extrastriate Body Area，EBA）对身体信息的反应最强[3]，颞上沟后部（Posterior Superior Temporal Sulcus，PSTS）对生物体运动信息的反应最大。[4]

个体在真实的人际交往中会识别他人外部的信息，这些信息中经常会包含一些情绪色彩，例如带有表情的面孔。个体加工面孔中的情绪性信息与加工面孔本身有所不同，面孔中的情绪信息会激活情绪神经网络，杏仁核（amygdala）、前脑岛（anterior insular）和基底神经节（basal ganglia）分别在加工恐惧、厌恶和生气的面部表情时被激活。[5] 随着研究的深入，大多数研究发现杏仁核的激活不受注意的影响，即不管恐惧刺激是否受到了注意，都会激活杏仁核；[6] 但是，在注意资源耗尽的情况下，

---

① Haxby, J. V., Hoffman, E. A., & M. I. Gobbini, "The Distributed Human Neural System for Face Perception", *Trends in Cognitive Science*, 2000, 4 (6): 223 – 233.

② Gauthier, I., Tarr, M. J., Anderson, A. W., Skudlarski, P., & J. C. Gore, "Activation of The Middle Fusiform 'Face Area' Increase with Expertise in Recognizing Novel Objects", *Nature Neuroscience*, 1999, 2: 568 – 573.

③ Downing, P. E., Yuhong, J., Shuman, M., & Kanwisher, N., "A Cortical Area Selective for Visual Processing of The Human Body", *Science*, 2001, 293, 2470 – 2473.

④ Saygin, A. P., "Superior Temporal and Premotor Brain Areas Necessary for Biological Motion Perception", *Brain*, 2007, 130, 2452 – 2461. *Neuron*, 35, 1167 – 1175.

⑤ Adolphs, R., Gosselin, F., Buchanan, T. W., Tranel, D., Schyns, P., & A. R. Damasio, "A Mechanism for Impaired Fear Recognition after Amygdala Damage", *Nature*, 2005, 433: 68 – 72.

⑥ Vuilleumier, P., Armony, J. L., Driver, J., & R. J. Dolan, "Effects of Attention and Emotion on Face Processing in The Human Brain: An Eventrelated FMRI Study", *Neuron*, 2001, 30: 829 – 841.

恐惧面孔不会显著地激活杏仁核。[①] 另一个主要发现是，杏仁核不仅对恐惧情绪有反应，对其他类型的情绪信息也有反应。有研究者发现动态的情绪表情比静态的情绪表情能引起杏仁核更强的激活，恐惧和生气表情的混合能够诱发更强的杏仁核激活。[②] 这些研究结果可能从某种程度上说明，杏仁核的激活水平和情绪性刺激诱发程度存在密切的关系。我们认为，虽然对面部表情的研究已有很多，但是大多数都集中在消极情绪上，对积极情绪和高级情绪识别（例如羞愧、自豪等）的关注较少。而在现实社会生活中，积极情绪，尤其是高级情绪的应用则更为普遍。

可见，到目前为止，社会认知神经科学对社会心理学中理解他人研究领域的贡献，多为脑功能定位方面的研究。尽管有些研究者开始关注脑区之间的相互关系，如杏仁核和 FFA 之间的神经联结，但是，深入、有说服力的研究还不多，对负责社会信息加工的神经网络模型的建构尚处在探索阶段。

2. 理解他人的内部意图

人们可以直接知觉他人的外部信息，但是，无法直接窥探他人的内部意图。如何通过外显行为分析他人的内部心理过程，如何在环境中对事件进行反应等，这便是归因过程。在归因这一传统的社会心理学领域，社会认知神经科学不仅为"心理理论"（Theory of Mind，ToM）提供了脑成像数据的支持，还从社会认知神经科学的角度，提出了"镜像神经元"（mirror neurons）理论和"共享表征说"（shared representations）。

不可否认，人们不能直接知觉他人的内部状态，但是，人们可以根据非言语线索来估计、推测他人的心理状态，这个过程的内部机制是"心理理论"研究的内容。心理理论的概念是从发展心理学中借鉴过来的，主要是了解自己和他人的心理状态（如信念、动机、情绪和意图等），并以此对他人行为进行预测和归因的能力。[③] 自闭症患者和正常人

---

① Anderson, A. K., Christoff, K., Panitz, D., De Rosa, E., & J. D. Gabrieli, "Neural Correlates of The Automatic Processing of Threat Facial Signals", *Journal of Neuroscience*, 2003, 23: 5627 - 5633.

② Adams, R. B. Jr., Gordon, H. L., Baird, A. A., Ambady, N., & R. E. Kleck, "Effects of Gaze on Amygdala Sensitivity to Anger and Fear Faces", *Science*, 2003, 300: 1536.

③ Frith, C. D., & U. Frith, "Interacting Minds - abiological Basis", *Science*, 1999, 287: 234.

的研究都发现，背内侧前额皮层（Dorsal Medial Pre Frontal Cortex，DMPFC）、颞上沟后部和颞极（Temporal Polar）是心理理论任务的激活脑区。背内侧前额皮层的激活主要和"心理"任务有关，颞上沟后部对生物体的运动比较敏感，而颞极与人际交往中熟悉特征的加工有关。① 最近，Lieberman 在总结了 45 项"心理理论"方面的研究之后发现，有三个脑区在一半以上的研究中出现了激活；其中，背内侧前额皮层几乎在所有的心理理论任务中都出现了激活。他们认为，背内侧前额皮层在心理理论任务中可能起着至关重要的作用，而其他两个脑区的活动则是材料或者任务特异性造成的。但是，这个结论在背内侧前额皮层损伤的病人个体中没有得到验证。② 到目前为止，背内侧前额皮层的功能还没有一个比较一致的研究结论。

镜像神经元的研究发现为理解他人的意图提供了神经生物学方面的理论支持。Di Pellegrino 和他的同事发现，在灵长类动物中存在一类神经元，他们亲自完成目的指向任务和看到实验者完成同样的任务时这类神经元会出现激活。这类神经元的发现表明，个体亲自完成或看到别人完成相同的目的指向任务会激活相同的运动表征。③ 之后，人类身上也发现了和灵长类类似的激活区域，这些区域主要集中在外侧前额皮层（Lateral Pre Frontal Cortex，LPFC）和外侧顶叶皮层（Lateral Parietal Cortex，LPAC）附近。脑成像研究者普遍认为，镜像神经元是理解他人的行为、意图和经历的基础，这种机制可能也是人类模仿学习的基础。

除了心理理论和镜像神经元外，Decety 和 Sommerville 在总结发展心理学、社会心理学和认知神经科学的研究成果基础上，提出"共享表征说"来解释归因现象，即自我和他人共享同一个表征网络（shared repre-

---

① Frith, U., & C. D. Frith, "Development and Neurophysiology of Mentalizing", *Philosophical Transactions of The Royal Society B*: *Biological Sciences*, 2003, 358: 459 – 473.

② Bird, C. M., Castelli, F., Malik, U., & Husain, M., "The Impact of Extensive Medial Frontal Lobedamage on 'Theory of Mind' and Cognition", *Brain*, 2004, 127, 914 – 928.

③ Di Pellegrino, G., Fadiga, L., Fogassi, L., Gallese, V., & G. Rizzolatti, "Understanding Motor Events: A Neurophysiological Study", *Experimental Brain Research*, 1992, 91 (1): 176 – 180.

sentations between self and other）。① 自我的形成不可能完全独立于他人的反馈和评价，个体通过和他人的交流内化了他人对自己的观点，通过自我监控、自我调节和自我反思来调整自我认知。但是，共享并不等于自我和他人的表征完全相同，而是它们之间存在重叠。右顶下皮层（Inferior Parietal Cortex，IPC）和前额皮层在区分自我和他人表征过程中起着重要作用。"共享表征说"可以用来解释自我和他人对行为知觉和执行的相似性，这是理解他人信息的基础。

3. 体验他人的内部情感

人们在体验他人的内部情感时需要共情，即个体对他人情绪状态的理解及对其行为的预测。共情要求个体能够意识到自己的情绪性反应，是对他人经历的具体化模拟，不能和自己的经历相混淆。在这一研究领域，社会认知神经科学对社会心理学的主要贡献体现在共情的脑区定位研究，以及对共情影响因素的研究。

共情在个体和整个人类的发展过程中起着重要的作用。作为人类高级情绪的一种，它在道德发展、利他行为的研究中是一个关键的变量，在社会认知神经科学中很快成为该领域的重要研究对象。但是，对共情内涵的探讨一直没有一个比较公认的结果，Singer 等②认为共情包含以下必要元素：①产生共情的人处于一种和他人情绪同形的情绪状态；②这种情绪状态是通过观察或者模仿他人的情绪而产生的；③产生共情的人能意识到情绪产生的原因在于他人而非自身。与 Singer 类似，Lamm 等③认为共情包括三个成分：①对他人的情绪反应，包含对他人情绪状态的共享；②认知能力，站在他人角度看问题；③监测机制，追踪所经历情绪的根源（自我还是他人）。两个研究者都强调共情不仅包含情绪的成分，还包含一种认知、调节的成分。

---

① Decety, J. , & J. A. Sommerville, "Shared Representations between Self and Other: A Social Cognitive Neuroscience View", *Trends in Cognitive Science*, 2003, 7 (12): 527 – 533.

② Singer, T. , Seymour, B. , O' Doherty, J. P. , Stephan, K. E. , Dolan, R. J. , & C. D. Frith, "Empathic Neural Responses are Modulated by The Perceived Fairness of Others", *Nature*, 2006, 439: 466 – 469.

③ Lamm, C. , Batson, C. D. , & Decety, J. , " The Neural Substrates of Human Empathy: Effects of Perspective – Taking and Cognitive Appraisal", *Journal of Cognitive Neurosceince*, 2007, 19, 42 – 58.

社会认知神经科学家对共情的研究一开始主要集中在对负性情绪的研究。结果发现，和共情有关的关键脑区集中在前脑岛和前扣带回（dorsal Anterior Cingulate Cortex，dACC）附近，这两个区域在个体闻到令人厌恶的气味时会出现激活，在看到他人闻到同样气味时这些区域同样会出现激活。[①] 与此类似，被试自己疼痛和看到他人疼痛时也会激活前脑岛和前扣带回，更为重要的是，这些区域的反应强度和被试自我报告的共情程度呈正相关。[②]

随着研究的深入，研究者除了对共情本质的研究之外，还考察影响共情的一些关键因素。例如，个体的共情反应会受到性别、个体与靶子人（共情的对象）的关系等因素的影响。[③] 如果被试对靶子人持负性态度，被试对靶子人的共情程度会降低，左右脑岛的激活也会降低；但是，降低的程度会受到被试性别的影响，和女性相比男性被试降低的程度更大。另外，男性被试对靶子人持有负性态度时，看到靶子人疼痛会引起伏隔核（nucleus accumbens）激活的增强，这个区域的激活程度和被试的复仇愿望成正比。即个体在看到自己憎恨的对象受到疼痛刺激时，有时会产生与报复有关的情绪。Takahashi 等[④]研究发现，当个体在看到他人成功的时候，有时会产生嫉妒的情绪，激活与疼痛有关的神经环路；而个体在看到他人经历不幸的时候，有时会产生幸灾乐祸的情绪，激活与奖励有关的神经环路。

尽管社会认知神经科学在共情方面已取得了一些研究成果，但还有很多问题有待进一步研究。例如，脑成像研究中很难确定被试回想的是

---

① Wicker, B., Keysers, C., Plailly, J., Royet, J., Gallese, V., & G. Rizzolatti, "Both of Us Disgusted in My Insula: The Common Neural Basis of Seeing and Feeling Disgust", *Neuron*, 2003, 40: 655 –664.

② Singer, T., Seymour, B., O'Doherty, J., Kaube, H., Dolan, R. J., & C. D. Frith, "Empathy for Pain Involves the Affective But Not Sensory Components of Pain", *Science*, 2004, 303: 1157 –1162.

③ Singer, T., Seymour, B., O'Doherty, J. P., Stephan, K. E., Dolan, R. J., & C. D. Frith, "Empathic Neural Responses are Modulated by the Perceived Fairness of Others", *Nature*, 2006, 439: 466 – 469.

④ Takahashi, H., Kato, M., Matsuura, M., Mobbs, D., Suhara, T., Okubo, Y., "When Your Gain Is My Pain and Your Pain Is My Gain: Neural Correlates of Envy and Schadenfreude", *Science*, 2009, 323 (5916): 937 –939.

自己的疼痛经历还是真正的共情经历，即看到他人疼痛时自己感受到的痛苦是个人的还是共情的痛苦。此外，共情的发展模式，共情是如何学习的，共情如何受文化影响等问题也有待进一步研究。这表明，社会认知神经科学与社会心理学之间是相互影响、相互促进的。

（二）自我的研究

在现实社会中，个体除了理解他人外，还经常把注意的对象指向自己。自我具有和他人不同的独特思想和情感，社会认知神经科学家期望通过脑科学的研究手段揭示理解自我的神经基础。在这个研究领域中，社会认知神经科学对社会心理学的主要贡献，体现在对自我的脑功能定位和自我的神经网络等方面所进行的研究。

1. 自我识别

一般地，大多数婴儿9个月的时候能够识别出镜子中的母亲，在两岁左右能够识别镜子中的自己。这类研究大多通过镜像自我识别测验（mirror self - recognition test）[1]，在被试熟睡之后，用墨水染在被试额头，当被试醒来之后放到镜子前，如果被试去触摸自己带颜色的额头，则表示他通过了测验。

很多研究发现，在各种与自我相关的任务中（如识别自己的照片、提取自传体记忆等）都出现了右半球优势效应，右半球可能在自我识别中起着更为重要的作用，尤其是右外侧前额皮层和右外侧顶叶皮层。[2] 自我识别除了对视觉面孔的识别外，同时还包括对自己身体或身体运动的识别。脑成像研究表明，双外侧顶叶皮层，特别是右侧区域参与了检测视觉反馈和本体反馈是否匹配的任务，当两者出现不匹配时外侧顶叶皮层的激活更强。[3] 另外，灵魂出窍的体验也和外侧顶叶皮层的激活有关。[4]

---

① Gallup, G. G., Jr., "Chimpanzees: Self - Recognition", *Science*, 1970, 167, 86 - 87.

② Platek, S. M., Loughead, J. W., Gur, R. C., Busch, S., Ruparel, K., Phend, N., Panyavin, I. S., & D. D. Langleben, "Neural Substrates for Functionally Discriminating Self - face from Personally Familiar Faces", *Human Brain Mapping*, 2006, 27: 91 - 98.

③ Shimada, S., Hiraki, K., & I. Oda, "The Parietal role in The Sense of Self - ownership with Temporal Discrepancy between Visual and Proprioceptive Feedbacks", *Neuroimage*, 2005, 24: 1225 - 1232.

④ Blanke, O., Ortigue, S., Landis, T., & M. Seeck, "Stimulating illusory Own - body Perceptions: The Part of The Brain That Can Induce Out - of - Body Experience Has Been Located", *Nature*, 2002, 419: 269 - 270.

这些研究结果都一致表明，前额皮层和顶叶皮层与自我识别有关，但都集中在右外侧。由此可以推论，个体自我识别除环境、社会文化因素影响外，显然还具有特殊的神经生理学基础。

2. 自我意识

尽管动物也可能对自己的经历进行反思，但是，人类对自我经历的反思和表征体现了人类的特殊性。这是人类思维的"花朵"。对当前情形的反思，能够使个体在将来遇到类似的状况时进行更为有效的判断和预测。对自我经历的反思通常会激活内侧前额皮层，它是前额叶的一个部分，人类的这一部位比其他灵长类动物的同一区域要大很多。内侧前额皮层和腹内侧前额皮层的损伤会导致更少的自我意识情绪，当被试进行自我反思的任务时，内侧前额皮层和内侧顶叶皮层（Medial Parietal Cortex，MPAC）会出现激活。[1][2] 以上的研究表明前额皮层和顶叶皮层是自我意识的关键脑区，但都集中在内侧。

最近，自我概念吸引了许多研究者的关注，特别是自我参照效应的研究。研究者考察了被试在判断特质词汇、句子是不是描述自己时大脑的激活情况。这些研究中通常还会包含一个控制任务，例如判断特质词汇是否表达了自己某个好朋友的特征、偶然相识的某个人的特征、某个公众人物的特征，或者判断这个特质是否受人欢迎等。不管是应用哪种控制条件，自我参照任务诱发内侧前额皮层的激活更强；甚至在其他类型的自我参考判断任务中这个区域也会出现激活，例如估计自己的情绪状态、能力等。[3] 尽管对自我概念反思方面的研究都比较一致地发现了内侧前额皮层的激活，但是，很少有研究考察内侧前额皮层激活的影响因素。最近，有研究者考察了文化影响自我概念的内部脑机制，而且发现了比较有趣也很有价值的研究结果。例如，我国学者研究发现：中国人

① Beer, J. S., Heerey, E. A., Keltner, D., Scabini, D., & R. T. Knight, "The Regulatory Function of Self - Conscious Emotion: Insights from Patients with Orbitofrontal Damage", *Journal of Personality and Social Psychology*, 2003, 85: 594 -604.

② Johnson, S. C., Schmitz, T. W., Kawahara - Baccus, T. N., Rowley, H. A., Alexander, A. L., Lee, J., & R. J. Davidson, "The Cerebral Response during Subjective Choice with and without Self - Reference", *Journal of Cognitive Neuroscience*, 2005, 17: 1897 -1906.

③ Johnson, S. C., Baxter, L. C., Wilder, L. S., Pipe, J. G., Heiserman, J. E., & G. P. Prigatano, "Neural Correlates of Self - Reflection", *Brain*, 2002, 125: 1808 -1814.

和西方个体的自我参照效应不同，中国人母亲参照和自我参照无论在记忆成绩上，还是在自我觉知的程度上都非常类似，而且他们还发现自我参照和母亲参照都激活了内侧前额皮层，这个区域没有出现差异，这一结果和西方研究者的结果不同，母亲可能是中国人自我概念的一个组成部分。① 这无疑为建立我国本土化的社会心理学理论体系积累了有价值的研究资料。

和自我意识有关的另一重要研究领域是自我意识情绪方面的研究。自我意识情绪是一种对自我逐渐产生认识，并通过自我反思而产生的情绪。包括内疚（guilt）、羞愧（shame）、自豪（pride）、尴尬（embarrassment）等。Shin② 首次运用神经科学的技术对自我意识情绪进行了考察，他通过让被试回忆内疚的情绪体验，阅读与自己相关的情绪经历，使用PET研究了内疚发生时的脑部神经的变化。Shin发现，相对于中性条件，内疚情绪状态下旁边缘系统前部脑血流活动增加。Takahashi③ 利用fMRI技术比较了内疚和尴尬的区别，结果发现，内疚和尴尬情绪都激活了内侧前额叶、颞上沟和视觉皮层；与内疚相比，尴尬在右颞、双侧海马以及视皮层的激活度更高。在2007年，Takahashi等④ 又利用fMRI技术研究了正性自我意识情绪，在他们的研究中，自豪激活了右侧颞上沟后端、左侧颞极。从上述研究中，我们发现大多数研究者都停留在对自我意识情绪的脑定位研究上，很少有研究者从脑神经网络的角度考察自我意识情绪的产生和运作机制，另外，对影响自我意识情绪的关键因素的考察也非常匮乏。

3. 自我调节

自我调节在社会认知科学领域中占据了重要的地位，尽管不同形式

① Zhu, Y., Zhang, L., Fan, J., & S. Han, "Abstract Neural Basis of Cultural Influence on Self-Representation", *Neuroimage*, 2007, 34: 1310-1316.

② Shin, L. M., "Activation of Anterior Paralimbic Structures during Guilt-Related Script-Driven Imagery", *Biological Psychiatry*, 2000, 48, 43-50.

③ Takahashi, H., "Brian Activation Associated with Evaluative Processes of Guilt and Embarrassment: An FMRI Study", *Neuroimage*, 2004, 23, 967-974.

④ Takahashi, H., Matsuura, M., Koeda, M., Yahata, N. Suhara, T., Kato, M., & Okubo, Y, "Brain Activationsduring Judgments of Positive Self-Conscious Emotion and Positive Basic Emotion: Pride and Joy", *Cerebral Cortex*, 2007, 18, 898-903.

的自我调节的神经机制基本类似，都会激活前额皮层、扣带回和杏仁核，但是，在自我调节概念的内涵上，自我调节还是具有不同的类型。例如，目的性自我调节和自动化自我调节。

在社会认知神经科学研究领域，有目的自我调节的早期研究主要集中在额叶执行控制功能上，这些功能包括抑制、计划、问题解决等。许多脑成像研究考察被试在抑制优势反应或冲动时，发现背侧前扣带回和外侧前额皮层两个脑区出现了明显的激活，背侧前扣带回的激活主要是监测当前目的和优势反应之间的冲突，而外侧前额皮层则负责保持工作记忆中的当前目标，完成自上而下的控制性加工。[1][2] 重新评估（reappraisal）为情绪性自我控制的重要策略，包括对负性情绪事件的重新评价，以便于对事件产生新的理解，让它变得不那么令人厌恶。重新评估普遍会激活外侧前额皮层和腹外侧前额皮层（Ventral Lateral Pre Frontal Cortex，VLPFC）两个区域，对这些刺激的重新评价都会降低杏仁核的激活。[3] 另外，目的性的自我调节还包括压抑（supresssion）、脱离（detachment）、自我干扰（self‒distraction）等多种策略；这些策略主要集中在负性情绪的调节中。最近，Delgado 等[4]研究了重新评估策略在积极情绪中的调节机制，研究结果发现，重评过程中左腹外侧和背外侧前额皮层激活升高，腹侧纹状体激活降低。这些结果表明，不论积极情绪还是消极情绪，目的性自我调节与前额叶皮层、扣带回激活呈正相关，和杏仁核和腹侧纹状体的激活呈负相关，自我调节的神经网络（前额皮层）和情绪网络（杏仁核）之间是相互抑制的关系。

自动化自我调节是个体在没有明确目的的情况下对自我进行调节和控制。研究表明，仅仅通过情绪性标签来标示情绪性的视觉图片就能导

① MacDonald, A. W., Cohen, J. D., Stenger, V. A., & C. S. Carter, "Dissociating the Role of the Dorsolateral Prefrontal and Anterior Cingulate Cortex in Cognitive Control", *Science*, 2000, 288: 1835 ‒1838.

② Botvinick, M. M., Cohen, J. D., & C. D. Carter, "Conflict Monitoring and Anterior Cingulate Cortex: An Update", *Trends in Cognitive Science*, 2004, 8: 539 ‒546.

③ Kalisch, R., Wiech, K., Critchley, H. D., Seymour, B., O' Doherty, J. P., Oakley, D. A., Allen, P., & R. J. Dolan, "Anxiety Reduction Through Detachment: Subjective, Physiological, and Neural Effects", *Journal of Cognitive Neuroscience*, 2005, 17: 874 ‒883.

④ Delgado, M. R., Gillis, M. M., & Phelps, E. A, "Regulating the Expectation of Reward Via Cognitive Strategies", *Nature Neuroscience*, 2008, 11, 880 ‒881.

致杏仁核的激活减弱，腹外侧前额皮层激活增强，而且前额皮层和杏仁核的激活程度出现了负相关。① 这个激活模式说明确实存在一种自动化的自我调节，而且和目的性自我调节激活的神经网络相类似。另外，还有一种自动化的自我调节，以期待为基础的安慰剂效应，这种效应是指被试对治疗或药品的有效性深信不疑，从而导致症状的减少，对安慰剂效应的研究主要集中在疼痛刺激方面。安慰剂条件下会激活右腹外侧前额皮层和扣带皮质喙部（rostral Anterior Cingulate Cortex，rACC）。更为有趣的是，这两个区域的激活和吗啡止痛诱发的神经网络相重叠。②

总体而言，目的性自我调节和自动化自我调节的脑机制有些类似，如都激活了右腹外侧前额皮层；在左腹外侧前额皮层、前辅助运动区、背内侧前额皮层，目的性自我调节比自动化自我调节激活的频率更高，而在 rACC 区域，自动化自我调节比目的性自我调节激活的频率更高。③

（三）自我与他人交互作用

人们在社会生活中的大部分时间都处于和他人的交互作用过程中。在这些交互作用中能够帮助众多个体形成一个和谐的社会，每个个体则不断地调整自己来认识和适应他人及社会行为的标准及规则。这里，主要讨论自我与他人交互作用过程中产生的态度、社会排斥、社会决策和亲密关系。在这些研究领域中，社会认知神经科学不仅为双重态度模型提供了脑成像证据，而且提出了自己全新的理论观点："社会排斥引起的社会疼痛可能是生理疼痛进化而来的"；另外，社会认知神经科学对社会决策的研究，也加深了人们对竞争与合作、公平与信任的理解。

1. 态度与态度改变

20 世纪 80 年代，受认知心理学领域中内隐记忆和外显记忆研究的影响，Wilson 等提出了双重态度模型（Model of dual attitudes）。该模型认为，态度可以分为内隐和外显态度系统，内隐态度系统是一个快速、无

① Lieberman, M. D., "Social Cognitive Neuroscience: A Review of Core of Processes", *Annual Review of Psychology*, 2007, 58: 259 – 289.

② Petrovic, P., Kalso, E., Petersson K. M., & M. Ingvar, "Placebo and Opioid Analgesia – imaging a Shared Neuronal Network", *Science*, 2002, 295: 1737 – 1740.

③ Lieberman, M. D., & Eisenberger, N. I, "Pains and Pleasures of Social Life", *Science*, 2009, 323: 890 – 891.

意识、跨情景的过程；而外显态度系统是一个慢速、有意识的过程，受当时情景和目的的影响。[①] 外显态度的研究发现，当被试对某个概念、著名人物、几何图形表达自己的态度时会激活内外侧额、顶神经网络，如内侧前额皮层、内侧顶叶皮层、腹外侧前额皮层和外侧顶叶皮层等区域。[②] 积极和消极的态度分别与左外侧和右外侧前额皮层关系密切，态度的强度与杏仁核的活动有关。[③] 这些研究结果说明，外显态度可能是一个比较复杂的过程，不仅包括指向自我的意识过程，通常会激活内侧额、顶神经网络；同时还包括指向外部某个对象的意识过程，通常会激活外侧额、顶神经网络。

　　社会认知神经科学对内隐态度的相关研究主要集中在刻板印象方面，这是社会心理学的传统研究领域。研究者发现，内隐态度和杏仁核的激活有关。Hart 等首次应用 fMRI 技术考察了被试对同种族面孔和异种族面孔的反应机制，发现杏仁核只对同种族面孔的反应存在习惯化，从而开启了应用 fMRI 研究刻板印象的先河；[④] 之后，Phelps 和 Cunningham 等[⑤] 发现，杏仁核可能是内隐态度的关键脑区，而且内隐刻板印象和外显态度之间出现了分离：高加索裔美国人的杏仁核对非洲裔美国人的反应强度与他们的内隐种族态度呈正相关，内隐种族态度分数通过内隐联想测验获得（Implicit Association Test，IAT），但是和外显态度相关性不显著；当靶子人的面孔是非洲裔美国人时，杏仁核在阈下呈现比阈上呈现激活更强。随着研究的深入，研究者发现内隐态度受文化背景的影响，如非

---

① Wilson, T. D., Lindsey, S., & T. Y. Schooler, "A Model of Dual Attitudes", *Psychological Review*, 2000, 107 (1): 101–126.

② Cunningham, W. A., Johnson, M. K., Gatenby, J. C., Gore, J. C., & M. R. Banaji, "Neural Components of Social Evaluation", *Journal of Personality and Social Psychology*, 2003, 85 (4): 639–649.

③ Cunningham, W. A., Johnson, M. K., Raye, C. L., Chris Gatenby, J., Gore, J. C., & M. R. Banaji, "Separable Neural Components in the Processing of Black and white Faces", *Psychology Science*, 2004, 15: 806–813.

④ Hart, A. J., Whalen, P. J., Shin, L. M., McInerney, S. C., Fischer, H., & S. L. Rauch, "Differential Response in the Human Amygdala to Racial Outgroup vs Ingroup Face Stimuli", *Neuroreport*, 2000, 11: 2351–2355.

⑤ Phelps, E. A., O'Connor, K. J., Cunningham, W. A., Funayama, E. S., Gatenby, J. C., Core, J. C., & M. R. Banaji, "Performance on Indirect Measures of Race Evaluation Predicts Amygdala Activation", *Journal of Cognitive Neuroscience*, 2000, 12: 729–738.

洲裔美国人被试的杏仁核对本族人面孔比对高加索裔美国人面孔反应更强，这一结果和以前的研究结论比较一致，即非洲裔美国人对本族人具有负性的内隐态度和正性的外显态度，出现这一结果可能是非洲裔美国人受美国文化影响导致的。[1] 除了杏仁核之外，腹内侧前额皮层也和内隐态度有关，如腹内侧前额皮层的激活和政治态度的自动化加工有关，这一区域受损的病人没有内隐性别偏差。[2] 当被试没有意识到所喝的饮料是百事可乐还是可口可乐时，腹内侧前额皮层的激活和他们的偏好行为有关，可是当被试知道他们所喝的饮料牌子时，行为偏好和控制性加工的区域有关，如背外层前额叶皮层（Dorsal Lateral Pre Frontal Cortex，DLPFC）和内侧颞叶（Medial Temporal Lobe，MTL）。[3] 所有这些结果都表明，和外显态度不同，内隐态度的神经网络包含杏仁核和腹内侧前额皮层两个区域。这为 Wilson 等的双重态度模型提供了有力的实验证据。

为了更细致地揭示人类控制偏见反应的内部机制，许多脑成像的研究者把目的性自我调节和种族态度结合到一起。当个体的负性态度占优势，而且将要被揭示出来时，背侧前扣带回会出现激活；而外侧前额皮层主要参与执行控制加工，减少杏仁核的激活。研究结果表明，当人们调节自己的态度表达时，右外侧前额皮层激活增强，而且右外侧前额皮层的激活程度和杏仁核的激活程度是相互抑制的。[4] 当应用 fMRI 技术考察态度的自动化自我调节，即没有明确地告诉被试要改变态度，发现仅仅根据非洲裔美国人的饮食偏好（不考虑他们的种族身份）对他们进行分类，就足以导致杏仁核激活强度降低，这一研究结果表明，被试当前

---

① Cunningham, W. A., Johnson, M. K., Raye, C. L., Chris Gatenby, J., Gore, J. C., & M. R. Banaji, "Separable Neural Components in the Processing of Black and white Faces", *Psychology Science*, 2004, 15: 806–813.

② Knutson, K. M., Wood, J. N., Spampinato, M. V., & J. Grafman, "Politics on the Brain: An fMRI Investigation", *Social Neuroscience*, 2006, 1: 25–40.

③ McClure, S. M., Li, J., Tomlin, D., Cypert, K. S., Montague, L. M., & P. R. Montague, "Neural Correlates of Behavioral Preference for Culturally Familiar Drinks", *Neuron*, 2004, 44: 379–387.

④ Richeson, J. A., Baird, A. A., Gordon, H. L., Heatherton, T. F., Wyland, C. L., Trawalter, S., & J. N. Shelton, "An fMRI Investigation of the Impact of Interracial Contact on Executive Function", *Nature Neuroscience*, 2003, 6: 1323–1328.

的任务会影响杏仁核的激活。[1] Lieberman 等完成的一项研究发现，当被试对靶子刺激进行言语性加工而不是知觉性加工时，会减少杏仁核对种族偏见的敏感性，增加右腹外侧前额皮层的激活。[2] 由此人们推测，右外侧前额皮层激活的增强和杏仁核激活的减弱可能是态度改变的脑机制。

2. 社会排斥与社会决策

婴幼儿哭声能够诱发父母背侧前扣带回的激活，失去亲人的个体看到亲人的照片时，这一区域的激活比控制组更强；更重要的是由社会排斥导致的痛苦程度和这一区域的激活呈线性正相关，而右腹外侧前额皮层的激活会减弱背侧前扣带回的激活，降低自我报告的痛苦程度。[3][4] 所有这些研究表明，背侧前扣带回和被试的社会性痛苦有关。更为有趣的是，研究发现这一区域除了在社会疼痛中出现激活，在生理疼痛中也是一个关键脑区，而且有研究者发现两类疼痛之间可能存在相互作用，如社会支持会减少对疼痛的敏感性，感受到的社会排斥会提高对生理疼痛的敏感性。这些结果都表明，生理疼痛和社会疼痛可能是由相同的神经结构负责的。因此，有研究者认为，社会疼痛可能是从生理疼痛进化而来的，即婴幼儿在照顾者离开时所觉察到的痛苦和生理疼痛类似，这一机制有利于物种的繁衍。[5]

竞争与合作、公平与信任是神经经济学的主要研究内容，同时也是研究社会决策的主要手段。神经经济学是一个新的研究领域，它把行为经济学和认知神经科学联系起来。研究范式主要包括：最后通牒博弈、囚徒困境博弈、信任博弈等，这也是社会心理学的传统研究领域。研究者应用最后通牒博弈的研究范式考察了不公平、不信任情况下个体的脑

---

① Wheeler, M. E., & S. T. Fiske, "Controlling Racial Prejudice: Social - cognitive Goals Affect Amygdale and Stereotype Activation", *Psychology Science*, 2005, 16: 56 - 63.

② Lieberman, M. D, "Social Cognitive Neuroscience: A Review of Core of Processes", *Annual Review of Psychology*, 2007, 58: 259 - 289.

③ Gundel, H., O'Connor, M. F., Littrell, L., Fort, C., & R. D. Lane, "Functional Neuroanatomy of Grief: An FMRI Study", *The American Journal of Psychiatry*, 2003, 160: 1946 - 1953.

④ Eisenberger, N. I., Jarcho, J. M., Lieberman, M. D., & B. D. Naliboff, "An Experimental Study of Shared Sensitivity to Physical Pain and Social Rejection", *Pain*, 2006, 126 (1 - 3): 132 - 138.

⑤ Ibid. .

激活情况，发现不公平的分配结果会激活与认知控制和目标维持相关的背外侧前额皮层和与情绪相关的前脑岛，以及负责冲突解决的前扣带回。据此，研究者认为前脑岛和背外侧前额皮层激活的相对强度，能够预测被试是否会拒绝不公平的分配方案。[1] 该研究表明，不公平分配引发了追求利益与不愉快情绪之间的冲突，不公平分配在某些被试中引起强烈的不愉快情绪，因而遭到这些被试的拒绝。而合作、信任、公平会激活杏仁核、腹侧纹状体和腹内侧前额皮层等奖励相关的脑区。合作行为的另一种表现形式是惩罚那些不合作的人，人们会对那些背叛了自己信任的他人的行为进行惩罚，这种惩罚也会激活奖励相关的脑区（纹状体等）。[2] 可见，从社会认知神经科学的角度对社会排斥和社会决策的研究，不仅能够验证不同心理现象（如社会疼痛和生理疼痛）是否具有共同的内部脑机制，同时还可以考察人际互动的内部生理机制。

3. 亲密关系与依恋关系

在现实社会中，亲人间的依恋关系、朋友和爱人间的亲密关系是沟通和交流的基础。社会认知神经科学家对亲密关系（恋人、知己、父子、母子等）的脑机制进行了研究，结果发现，边缘系统（如杏仁核、脑岛、纹状体和前扣带回等）可能是亲密关系的神经基础。例如，当被试听到儿童的哭声时会激活背侧前扣带回[3]，看到自己孩子的图片会激活杏仁核、背侧前扣带回、前脑岛和外侧前额皮层等区域。[4][5] 最近的一项研究

[1] Sanfey, A. G., Rilling, J. K., Aronson, J. A., Nystrom, L. E., & J. D. Cohen, "The Neural basis of Economic Decision – making in The Ultimatum Game", *Science*, 2003, 300: 1755 –1758.

[2] Singer, T., Seymour, B., O'Doherty, J. P., Stephan, K. E., Dolan, R. J., & C. D. Frith, "Empathic Neural Responses are Modulated by the Perceived Fairness of others", *Nature*, 2006, 439: 466 –469.

[3] Seifritz, E., Esposito, F., Neuhoff, J. G., Luthi, A., Mustovic, H., et al., "Differential Sexindependent Amygdala Response to Infant Crying and Laughing in Parents Versus Nonparents", *Biological Psychiatry*, 2003, 54, 1367 –1375.

[4] Leibenluft, E., Gobbini, M. I., Harrison, T., & Haxby, J. V., "Mothers' Neural Activation in Response to Pictures of Their Children and other Children", *Biological Psychiatry*, 2004, 56, 225 –232.

[5] Minagawa – Kawai, Y., Matsuoka, S., Dan, I., Naoi, N., Nakamura, K., & Kojima, S., "Prefrontal Activation Associated with Social Attachment: Facial – emotion Recognition in Mothers and Infants", *Cerebral Cortex*, 2009, 19 (2): 284 –92.

发现，母亲观看自己孩子图片时腹侧纹状体会出现激活。[1] Minagawa-Kawai 等[2]发现婴儿看到母亲的笑脸时腹侧前额皮层激活增强。

除了母婴之间的关系研究者外，成人间的依恋关系也有研究者开始关注。例如，观察恋人间亲密关系的图片会激活背侧纹状体[3]，甚至阈下呈现爱人的名字也会激活腹侧纹状体。[4] 还有研究者发现，不同依恋类型的个体（例如安全型、回避型和焦虑型）会调节大脑对社会性信息的加工。例如，Vrticka 等[5]设计了一种任务：在一个游戏背景中通过面部表情来对被试在任务中的表现给予反馈。他们发现笑脸的正反馈会增强纹状体的激活，但是，回避型依恋关系的个体增强效应最小；而生气面孔的负反馈会诱发左侧杏仁核的激活，而且它的激活强度与焦虑依恋呈正相关。可见，杏仁核和纹状体可能是依恋关系中关键的脑结构。亲密关系有时会由于某些客观的原因而中止（例如，亲人的去世、朋友或者恋人关系的结束等），结果都会导致个体的悲伤情绪反应，通常会激活背侧前扣带回和前脑岛[6]，他们还发现，腹侧纹状体的活动水平也会降低。

总体而言，腹侧纹状体的活动模式和脑岛、扣带回和杏仁核等区域的活动似乎是相反的，它们之间的协调活动可能是亲密关系的形成、发展和中止的内部机制。但是，对于亲密关系的脑神经网络活动模式的研究成果还不是很多，对这一领域的进一步研究，可以为我们理解亲密关

---

[1] Strathearn, L., Li, J., Fonagy, P., & Montague, P. R, "What's in a Smile? Maternal Brain Responses to Infant Facial Cues", *Pediatrices*, 2008, 122, 40-51.

[2] Minagawa-Kawai, Y., Matsuoka, S., Dan, I., Naoi, N., Nakamura, K., & Kojima, S., "Prefrontal Activation Associated with Social Attachment: Facial-emotion Recognition in Mothers and Infants", *Cerebral Cortex*, 2009, 19 (2): 284-92.

[3] Aron, A., Fisher, H., Mashek, D. J., Strong, G., Li, H., & Brown, L.L., "Reward, Motivation, and Emotion Systems Associated with Early-stage Intense Romantic Love", *Journal of Neurophysiology*, 2005, 94, 327-337.

[4] Ortigue, S., Bianchi-Demicheli, F., Hamilton, A. F. de C., & Grafton, S.T., "The Neural Basis of Love as a Subliminal Prime: An Event-related Functional Magnetic Resonance Imaging Study", *Journal of Cognitive Neuroscience*, 2007, 19, 1218-1230.

[5] Vrticka, P., Andersson, F., Grandjean, D., Sander, D., & Vuilleumier, P., "Individual Attachment Style Modulates Human Amygdala and Striatum Activation during Social Appraisal", *PLOS ONE*, 2008, 3 (8), 1-11.

[6] O'Connor, M.-F., Wellisch, D.K., Stanton, A.L., Eisenberger, N.I., Irwin, M.R., & Lieberman, M.D., "Craving love? Enduring Grief Activates Brain's Reward Center", *NeuroImage*, 2008, 42, 969-972.

系提供更多的实验数据支持。

三 存在问题、发展特点与发展趋势

很显然，社会认知神经科学作为一门孕育中的交叉学科，可视为社会心理学与认知神经科学结合的产物。近年来，相关的研究报告和研究者的数量急剧增加，而且，在某些方面取得了突破性进展。其中，有些研究提供了新的发现，有些研究产生了原创性的思想，有些研究对社会科学的传统概念和理论提出了挑战。但是，研究中的大多数问题仍然围绕社会心理学的传统领域展开，研究方法主要借鉴脑成像的研究技术，对社会心理现象在认知、神经和社会三个层面展开整合性研究。在一定程度上可以说，社会认知神经科学是对社会心理学研究的补充和证实，它成长于社会心理学的怀抱，孕育于社会心理学的母腹中。目前，把它作为社会心理学的分支学科尚不委屈。

（一）存在问题

社会认知神经科学在形成与发展过程中，出现了一系列难以克服的问题，不仅包括研究方法方面的问题，还包括其孕育过程中本身存在的一些难题。首先，脑成像技术，尤其是 fMRI 技术很难应用到面对面的人际交互作用过程中。当被试的大脑被扫描的时候，被试躺在一张很窄的床上，这张床还要被推进一个长而狭窄的通道中，这个狭窄的通道不允许多个被试同时扫描，这使研究结果的普适性和可推广性成为一大难题，影响研究结果的信度和效度。当然，可能在将来会出现能同时扫描多人的 fMRI 仪器。其次，被试头部活动会严重破坏 fMRI 的成像质量。脑成像技术因为其成像程序的某些特点，需要被试在扫描过程中头部保持静止，但是，让被试保持头部完全静止几乎是不可能的。因此，当对被试进行成像时，被试的身体动作、言语活动都会受到控制，这对社会心理现象的研究来说是一个很大的限制。最后，fMRI 技术获得的数据信噪比较低。为了得到稳定、清晰的数据，必须获得多张图像，对图像进行平均、叠加来增大信噪比，这就意味着被试必须重复多次完成同一类型的任务。但是，在大多数的社会心理学研究中，被试通常对一个任务只能完成一次。如果被试重复完成一类任务，大多数任务会失去它们的心理学意义。由于这些研究方法、技术手段方面的问题，相当部分的社会心理学问题仍难以应用脑成像技术进行研究，例如人际互动方面的课题。

另外，社会认知神经科学在发展过程中也存在一些问题。虽然其研究领域非常广泛，但是各个部分不够系统，比较零散，还处在一个向平面扩展的阶段，虽然有些研究已经开始向纵深发展，但是，目前还没有达到完全成熟的阶段，还有很大的发展空间有待丰富和充实。

（二）发展特点与发展趋势

社会认知神经科学作为孕育中的交叉学科，但它不是社会心理学、认知心理学、认知神经科学等学科的简单相加，也不仅仅是应用认知神经科学的研究手段，研究传统的社会心理现象；而是通过跨学科的整合，在更高的层次上构建社会心理学理论，分析社会心理现象，从而实现社会心理学与社会认知神经科学的整合与统一。基于这个目标，结合以往的研究成果，我们认为，从社会认知神经科学角度研究社会心理现象的研究思路，未来的发展可能会从以下五个方面展开。

第一，分离性研究的思路。有时，两个心理过程的经历非常类似，产生了相似的行为结果；但是，事实上他们依赖于不同的内部神经机制。例如，个体记忆的效果会受记忆目的的影响。如果记忆目的是对材料中的靶子形成印象，相比于记忆目的是为了后期的测验而记忆这些材料，记忆效果会更好。当时，比较流行的观点是"形成印象"的社会性编码对材料的加工程度更深，因而记忆效果更好。但是，这是否意味着信息的社会性、非社会性编码、提取都应用了相同的机制。对此，尽管目前没有一致的结论，但是最近的 fMRI 研究发现，参与社会性编码和非社会性编码的脑机制是分离的，非社会性编码和左腹外侧前额皮层、内侧颞叶的激活有关；而社会性编码和背内侧前额叶皮层的活动有关。[①] 这一结果说明，这两类加工表面看起来比较类似，很难通过行为研究的方法加以区分，但是可以用 fMRI 技术清晰地呈现出这两种加工之间的差别。

第二，整合性研究的思路。有时，两个心理过程或经历表面看起来差异很大，研究者通常会认为它们可能依赖于不同的神经机制，但是事实上它们依赖于同一个加工机制。例如，由社会排斥导致的社会疼痛（例如，"他伤害了我的感情"，"她让我的心都碎了"）和生理疼痛（例

---

① Mitchell, J. P., Banaji, M. R., & C. N. Macrae, "The Link between Social Cognition and Self Referential thought in the Medial Prefrontal Cortex", *Journal of Cognitive Neuroscience*, 2005, 17: 1306 – 1315.

如，"我的腿受伤了"，"他折断了我的胳膊"）激活了类似的脑神经网络。生理疼痛是真正的疼痛，因为个体受到了物理上的伤害；而社会疼痛似乎是一种想象中的疼痛，只发生在人们的大脑内部。尽管如此，它们两者似乎依赖于相似的脑机制。研究者认为，这种脑区的重叠可能是因为婴幼儿为了生存而保持和照顾者之间的联系，针对社会性排斥的"疼痛"反应是保持这种联系的情绪性机制。① 另外，个体 A 在看到个体 B 经历生理疼痛时，经常会说："我能感觉到你的痛苦"，尤其是 A 和 B 是一种亲密关系的时候（亲人、恋人等），但是个体 A 是否真的在经历和个体 B 类似的痛苦呢？Singer 等②研究发现，个体 A 所经历的不仅是一个抽象的概念，确实会经历与个体 B 类似的痛苦，因为他们发现个体 A 生理疼痛和看到个体 B 生理疼痛所激活的脑区非常类似。这一结果为共情的研究提供了新的研究思路。Lieberman 和 Eisenberger③ 总结以往的研究成果，发现人类大脑中可能存在疼痛和奖赏两个神经网络，生理疼痛、社会排斥、痛失亲人、不公正的对待和负性的社会比较都会激活疼痛神经网络（背侧前扣带回、脑岛、躯体感觉皮层、丘脑和导水管周围灰质），而生理奖赏、好名誉、公平的对待、合作、捐赠和幸灾乐祸都会激活奖赏神经网络（腹侧背盖区、腹侧纹状体、腹内侧前额皮层和杏仁核）。尽管目前大多数研究结果都发现生理疼痛与心理疼痛、生理奖励与心理奖励分别激活类似的脑神经网络。但是我们不能排除另一种可能："生理疼痛和心理疼痛脑区确实存在差异，目前脑成像技术的空间分辨率还不能检测到这种差异。"考察不同社会心理现象共同的脑机制，也是当前社会认知神经科学一个重要的研究思路。

第三，自动化加工和控制性加工的研究思路。自从 Greenwald 在 1998 年提出内隐联想测验，并把它应用到内隐态度的研究中之后，内隐联想

① Eisenberger, N. I., Jarcho, J. M., Lieberman, M. D., & B. D. Naliboff, "An Experimental Study of Shared Sensitivity to Physical Pain and Social Rejection", *Pain*, 2006, 126 (1-3): 132-138.

② Singer, T., Seymour, B., O'Doherty, J., Kaube, H., Dolan, R. J., & C. D. Frith, "Empathy for Pain Involves the Affective but not Sensory Components of Pain", *Science*, 2004, 303: 1157-1162.

③ Lieberman, M. D., & Eisenberger, N. I., "Pains and Pleasures of Social Life", *Science*, 2009, 323: 890-891.

测验成为社会认知领域不可或缺的研究工具。随着内隐、外显态度研究的深入，在社会心理学领域中的双加工模型几乎渗透到了社会心理学的每一个研究领域（归因、自我和共情等），尤其是在社会认知研究领域。控制性加工是一种有意识、有目的的慢速加工过程，而自动化加工则是一种快速、无意识、不受目的影响的加工。控制性加工主要激活大脑的背侧区域，如外侧前额皮层、外侧顶叶皮层、内侧前额皮层、内侧顶叶皮层和内侧颞叶等；而自动化加工主要激活大脑的腹侧区域，如杏仁核、腹内侧前额皮层、外侧颞叶皮层等。背侧前扣带回可能是自动化加工与控制性加工的交会之地，是调节两个系统的中介。研究者发现，背侧前扣带回在冲突发生时会出现激活，之后它会触发其他的控制性加工，从而解决冲突。[1][2]　自动化加工和控制性加工虽然在脑机制上存在分离，但是，社会性信息的两种加工模式之间的区别是同一个加工过程的两个极端（熟练、非熟练）还是两个完全不同的加工过程，还没有定论。尽管这方面的研究结果还不够细致，但是，自动化加工和控制性加工的分离，已经成为社会认知研究过程中的主要研究范式，这种分离也可以作为社会认知神经科学和社会心理学整合的一个主要研究思路。

　　第四，内部指向加工和外部指向加工的研究思路。在社会心理学领域中，有些研究任务要求被试把注意指向自己或他人的内部心理世界，例如共情、自我反思等；而有些研究任务要求被试把注意力集中到外部社会世界，如视觉自我识别任务、归因等。外部指向的加工和外侧额—颞—顶叶神经网络有关，而内部指向的加工和内侧额—顶神经网络有关。在自我研究过程中，自我识别主要激活外侧额—顶神经网络，而自我意识主要激活内侧额—顶神经网络。自我识别是外部指向的加工，而自我

---

　　① MacDonald, A. W., Cohen, J. D., Stenger, V. A., & C. S. Carter, "Dissociating the Role of the Dorsolateral Prefrontal and Anterior Cingulate Cortex in Cognitive Control", *Science*, 2000, 288: 1835 – 1838.

　　② Botvinick, M. M., Cohen, J. D., & C. D. Carter, "Conflict Monitoring and Anterior Cingulate Cortex: An Update", *Trends in Cognitive Science*, 2004, 8: 539 – 546.

意识是一种内部指向的加工。①② 有研究者认为，内部指向和外部指向的加工分离是社会认知神经科学研究的新思路。③

第五，脑功能定位和脑神经网络的研究思路。到目前为止，社会认知神经科学虽然形成了独特的研究方法和研究方向，但还是孕育中的一个新兴学科，大多数初期研究成果主要集中在社会心理现象的脑功能定位方面，如对面孔、表情的研究。随着研究的深入，研究者达成了共识，即仅仅通过研究简单的脑功能定位问题，很难解释复杂的社会心理现象，必须考察各功能区域之间的功能连接和整合问题。我们可以通过心理生理交互作用（Psycho - Physiological Interaction，PPI）、结构方程模型（Structural Equation Modeling，SEM）、动态因果模型（Dynamic Causal Modeling，DCM）、弥散张量成像（Diffusion Tensor Imaging，DTI）等方法，深入考察脑功能活动的整体、全面的动态信息。例如，有研究者④通过功能连接的方法发现，虽然自我疼痛和看到他人疼痛激活的脑区比较类似，但是脑区之间的功能连接却存在差异。脑岛与中脑、导水管周围灰质（periaqueductal gray）之间的连接强度，在自我疼痛时大于看到他人疼痛时；而前脑岛与前扣带回到背内侧前额皮侧的连接强度，在看到他人疼痛时比自己疼痛时更强。这一结果表明，自己疼痛和看到他人疼痛的脑机制在网络水平存在差异。脑神经网络方面的研究可能是今后社会认知神经科学和社会心理学整合研究的一个重要发展方向。

---

① Johnson, S. C., Schmitz, T. W., Kawahara - Baccus, T. N., Rowley, H. A., Alexander, A. L., Lee, J., & R. J. Davidson, "The Cerebral Response during Subjective Choice with and without Self - Reference", *Journal of Cognitive Neuroscience*, 2005, 17: 1897 - 1906.

② Platek, S. M., Loughead, J. W., Gur, R. C., Busch, S., Ruparel, K., Phend, N., Panyavin, I. S., & D. D. Langleben, "Neural Substrates for Functionally Discriminating Self - face from Personally Familiar Faces", *Human Brain Mapping*, 2006, 27: 91 - 98.

③ Lieberman, M. D., "Social Cognitive Neuroscience: A Review of Core of Processes", *Annual Review of Psychology*, 2007, 58: 259 - 289.

④ Zaki, J., Ochsner, K. N., Hanelin, H., Wager, T. D., & Mackey, S., "Different Circuits for Different Pain: Patterns of Functional Connectivity Reveal Distinct Networks for Processing Pain in Self and Others", *Social Neuroscience*, 2007, 2, 276 - 291.

四　我们的建议

前面我们从社会认知神经科学对社会心理学的贡献和挑战的角度出发，从历史发展、研究内容、发展特点与发展趋势等方面对社会认知神经科学进行了阐述。正如 20 世纪 70 年代认知心理学对社会心理学的影响，产生了新的研究领域——社会认知一样；21 世纪初社会认知神经科学对社会心理学的影响，也产生了一个全新的交叉领域——社会认知神经科学。社会认知神经科学是否会像社会认知的发展一样，席卷整个社会心理学领域，我们还不能过早下结论。通过对社会心理学和社会认知神经科学的分析和比较，我们发现，到目前为止，社会认知神经科学的研究内容主要集中在社会心理学的传统、经典问题，还没有一个属于自己的独特研究领域。

社会认知神经科学是否能够回答社会心理学中的所有问题？答案是否定的。社会心理学中的很多问题很难走进封闭的、噪声巨大的扫描室；即便是目前很多已经被社会认知神经科学家广泛研究的课题，也没有得到圆满的答案。那么，我们是否应该放弃脑成像的研究，回到自我报告研究和行为反应研究中去呢？答案也是否定的。我们认为，应该理性地、科学地对待新出现的脑成像技术，脑成像的研究方法虽然受到很多限制，但是这种方法无疑给社会心理学家研究社会心理现象提供一种全新的思路和工具。合理地应用脑成像的方法，不仅能够很好地弥补行为实验和自我报告的缺陷，同时还能够印证行为数据。我们应该看到，社会认知神经科学正处在起步阶段，大多数研究属于神经机制定位方面的研究，主要探索各种社会心理现象的对应脑机制，这似乎并没有为社会心理学理论的发展提供更多的证据。但是，随着研究的深入，脑定位研究资料的积累，这种方法的优势会越来越明显，例如，对传统理论的验证是一个非常重要的部分，同时也将为社会心理学理论的构建提供一个全新的思路——社会心理现象的脑模型。

第二节 比较视野中社会心理学的
特征与发展路径

近年在心理学的发展趋势中，对社会心理学发展影响较大的有三个：一是"神经革命"，神经生理的观点渗透到对各种社会心理和行为的解释中；① 二是"应用革命"，大量受过心理学训练的研究人员进入商学院、经济学院和管理学院；三是"文化革命"，研究者越来越认同人的大多数心理与行为都受到文化的塑造。② 从表面上看，"神经革命"和"应用革命"均有可能抢占传统社会心理学的风头。它们一方面使社会心理学向认知神经科学和经济管理学科两个终端发展，而削弱对社会心理学本身独特的研究主题和研究视角的探研；另一方面由于在研究上靠近这两个终端，短期更利于学者学术生涯的发展，而使社会心理学者向两个终端分化，造成典型的"社会"心理学研究阵营的空缺。有趣的是，这两个趋势并没有削弱美国社会心理学在心理学中的重要地位，却实实在在地使中国社会心理学在心理学中被"边缘化"。然而，在"文化革命"过程中，亚洲社会心理学以本土及文化心理学为特色，向以个体心理学为特色的北美社会心理学和以群体心理学为特色的欧洲社会心理学发起了挑战，有突围的趋势。这为中国社会心理学的发展提供了历史的机遇，我们要摆脱边缘化的处境，获得更好的发展，应依托亚洲本土及文化心理学发展的大方向，在追赶国际最新的研究视角基础上，将跨文化心理学、本土心理学和新文化心理学融合到中国的社会转型实践之中。

一 美国和中国社会心理学的学科地位比较

2009 年，美国《普通心理学评论》发表了一项颇为引人注目的研究，该研究对 1970—2009 年近 40 年间美国心理学会（APA）17 个心理学分支学科的顶尖学术期刊的关系结构进行了分析。结果发现，社会心理学

---

① 俞国良、刘聪慧：《独立或整合：社会认知神经科学对社会心理学的影响与挑战》，《中国人民大学学报》2009 年第 3 期，第 70—79 页。

② Lehman, D., Chiu, C. Y., & Schaller, "M. Psychology and Culture", *Annual Review of Psychology*, 2004, 55: 689 – 714.

的顶尖期刊《人格与社会心理学杂志》不仅引用了很多其他期刊的文章，而且也是被其他期刊文章引用最多的期刊。进一步分析发现，社会心理学正成为心理学这棵日益繁茂的知识大树的树干（a knowledge broker），她一方面吸收基础学科的研究成果，另一方面又将本学科的研究成果输出给应用学科。[①] 由此可见，美国社会心理学不仅没有被边缘化，而且还在心理学学科体系中处于核心地位。

中国科学院心理研究所张侃曾对美国合众国新闻（U. S. NEWS）发布的 2000 年美国排名前五的心理学机构研究人员的组成与专业分布进行分析，发现社会心理学、人格心理学、认知心理学、发展心理学是这些机构均会设置的最主要的专业和研究领域。[②] 2014 年 4 月，我们对 2013 年美国排名前十的心理学系所的专业设置和人员配置进行了分析。与 12 年前相比，除了行为神经科学（behavior neuroscience）明显成为新的专业设置之外，其他的专业设置在结构上没有大的变化。其中，社会与人格心理学领域的人员配置（faculty）占整个机构总人员的比例，有 7 家超过了 25%，甚至有两家超过了 30%，即斯坦福大学心理学系（31.3%）和明尼苏达大学双城分校心理学系（39.5%）（见表 2 - 1）。这从另一个侧面说明了社会心理学在美国心理学学科体系中的重要地位。

表 2 - 1　　美国排名前十的心理学机构社会与人格心理学人数分析

机构（缩写）排名	社会与人格心理学人数（百分比）	心理学总人数
1. Stanford	10（31.3%）	32
2. Berkeley（UCB）	10（24.4%）	41
2. UCLA	14（20.0%）	74
4. Harvard	6（24.0%）	25
4. UMich	14（25.5%）	55
4. Yale	7（26.9%）	26

---

① Yang, Y. J., Chiu, C. Y., "Mapping the Structure and Dynamics of Psychological Knowledge: Forty Years of APA Journal Citations (1970 - 2009)", *Review of General Psychology*, 2009, 13 (4): 349 - 356.

② 张侃：《心理学研究机构的人员组成和专业分布——对美国排名前五位的心理学研究机构的人员组成和专业分布的初步分析》，《心理科学》2002 年第 4 期，第 461—462 页。

续表

机构（缩写）排名	社会与人格心理学人数（百分比）	心理学总人数
7. Princeton	9 （29.0%）	31
7. UIUC	12 （18.5%）	65
9. UMN	17 （39.5%）	43
9. UWisc	8 （25.0%）	32

社会与人格心理学人数平均百分比：26.4%

注：（1）表中心理学机构的中文全称依次为：斯坦福大学心理学系、加州大学伯克利分校心理学系、加州大学洛杉矶分校心理学系、哈佛大学心理学系、密歇根大学安娜堡分校心理学系、耶鲁大学心理学系、普林斯顿大学心理学系、伊利诺伊大学心理学系、明尼苏达大学双城分校心理学系、威斯康星大学心理学系。（2）统计数字来自对上述机构网站的分析，不含退休人员，心理学总人数剔除了不同专业交叉的重复计数。（3）UIUC 的社会与人格心理学人数为 social–personality （8）与 industrial–organizational （4）人数之和。（4）UMN 的社会与人格心理学人数为 social psychology （9）与 personality、individual difference、behavior genetics （8）人数之和，而 personality、individual difference、behavior genetics 的人数又剔除了与 social psychology 交叉重复的 2 人，与 biological psychopathology、cognitive and brain sciences、quantitative/psychometric methods 交叉重复的 7 人。（5）MIT （麻省理工学院）设有 brain and cognitive sciences 研究机构，与 UMN 和 UWisc 并列第 9 名，但没有社会心理学专业，因此未进行分析。

　　然而，我国的社会心理学却面临着被边缘化的危险。首先，社会心理学教研人员在主要高校的比例较之其他心理学分支明显偏低。2014 年 4 月，我们通过网站对国内心理学教研机构的人员配置进行了分析。由于我国高校心理学专业通常按照"基础心理学、应用心理学、发展与教育心理学"三种专业设置，大部分机构没有像美国大学那样公布细分的专业人员设置。因此，这里仅选取与美国心理学机构相对具有可比性的几家进行比较，分别是北京大学心理学系、北京师范大学心理学院和中国科学院心理研究所（见表 2 - 2）。

表 2 - 2　　我国代表性心理学机构社会与人格心理学人数分析

机构名称	社会与人格心理学人数（百分比）	心理学总人数
北京大学心理学系	5 （12.5%）	40
北京师范大学心理学院	6 （12.8%）	47

续表

机构名称	社会与人格心理学人数（百分比）	心理学总人数
中国科学院心理研究所	27（19.7%）	137

社会与人格心理学人数平均百分比：15.0%

北京大学心理学系是我国改革开放以来最早恢复的心理学系之一，该系现在的教研人员在社会心理学方面的配置明显较其他分支薄弱，甚至缺失。目前，该系共有4个教研室：认知神经科学教研室22人；工业与经济心理学教研室8人；临床心理学教研室6人；发展与教育心理学教研室4人（与认知神经科学教研室交叉重复的2人没有计算在内）。固然，工业与经济心理学、临床心理学，可以看作社会心理学的应用学科，但社会心理学（包括人格心理）教研室本身的缺失仍然发人深省。如果从各个教研室挑出以社会与人格心理学（包括社会认知神经科学）为主要研究方向的研究人员，共5人，占比只有12.5%。

北京师范大学是2012年教育部一级学科评估心理学排名第一的大学，设有脑与认知科学研究院和心理学院两个心理学教研机构。在它的心理学院，人格与社会心理学教研室有教师6人，占总人数47人的12.8%。中国科学院心理研究所是国内心理学研究人员最多的机构，人数达到137人（该网页数据于2014年4月更新）。按照它的科研部门来看，社会与工程心理学研究室下属的社会与人格研究方向有研究人员24人，其中至少有5人不是社会心理学领域的，因此社会心理学研究人员占比只有15.7%（该网页数据于2010年9月更新）。按照它的研究队伍来看，将学术团队制（PI制）中社会与人格心理学领域的团队人数加起来（16），再加上社会心理行为调查中心的人数（11），共有27人（该网页数据没有注明更新日期）。即使以这样宽泛的意义计算，占比也没有超过20%（19.7%）。

其次，我国社会心理学的研究成果在心理学成果中的比重也很低。在2014—2015年CSSCI收录的7本心理学期刊中，除了《发展与教育心理学》和《中国临床心理学杂志》属于专门领域的期刊外，其他都是综合性期刊，并没有社会心理学领域的专门期刊。作为中国心理学的综合性权威期刊《心理学报》，其发表的社会心理学论文占比很少。我们于

2011 年对 2003—2010 年该刊发表的 948 篇学术论文（不含通讯稿）进行统计，发现"管理及社会心理学"分类中的论文共 143 篇，占比 15.1%。进一步根据论文题目进行分析，除去明显的管理（含消费和广告）心理的论文（例如，题目中含有领导、组织、员工、广告、消费等词语），再加上其他领域分类中的社会与人格心理学论文，共有 56 篇，占比仅为 5.9%。2014 年 4 月，我们进一步分析了《心理学报》最近 3 年发表的论文，发现社会心理学论文数量略有增长趋势，2011—2013 年社会心理学论文数量占比分别为 10.3%、11.5% 和 15.4%，但仍然不高。此外，虽然中国社会心理学会属于一个独立的一级学会，但该学会的会刊《社会心理研究》不仅不是 CSSCI 来源期刊，而且至今仍是内部刊物，这些情况无不表明社会心理学在中国心理学界实际上处于边缘地位。

综合分析上述 3 家心理学机构的人员配置以及心理学期刊发表论文情况，它们共同的特点是认知神经科学研究人员和研究成果比例较高，在某种程度上反映了心理学"神经革命"的趋势。而越来越多心理学背景的研究人员离开心理学系所到商学院就职（例如，中国科学院心理研究所取消了原来设置的工业与经济心理学研究室），以及《心理学报》发表的管理心理学论文远远多于社会心理学论文的现状，则与心理学"应用革命"的趋势相呼应。然而，"神经革命"与"应用革命"发展的同时，美国的社会心理学仍然在心理学中占据重要的地位，只有我国的社会心理学却受其影响遭到了削弱。因此，我国社会心理学在心理学中被"边缘化"的情况，是与国际心理学学科的当前发展趋势相悖的一个"问题"。要想解决这一问题，需要把握心理学发展的第三个趋势："文化革命"。

二 北美、欧洲和亚洲社会心理学的特征比较

与"神经革命"和"应用革命"削弱了中国社会心理学的学科地位相比，"文化革命"对中国社会心理学则具有潜在的推动作用。因为，以本土及文化心理学为主要特征的亚洲社会心理学在心理学的"文化革命"中居于重要地位，而中国社会心理学理应依托亚洲社会心理学的发展而发展。从世界范围看，社会心理学经历了一个"北美长期占主导、欧洲后来融入、亚洲正在突围"的发展模式。20 世纪初，现代社会心理学在欧美发源后不久，由于欧洲陷入两次世界大战的战乱，北美长期居于社

会心理学的主导地位，使社会心理学在第二次世界大战前后获得了第一
次繁荣。但是，个人主义的极端发展和过度依赖脱离社会背景的实验室
实验方法，使北美社会心理学于 20 世纪 70 年代陷入了危机。大致同一时
期，欧洲社会心理学者在对北美社会心理学进行批评的基础上，将社会
现象与实验室实验结合起来，重新发现"群体"在社会心理学中的重要
地位，发展了社会认同理论，至 20 世纪 80 年代末与北美已然兴起的社会
认知相结合，促进了社会心理学新的繁荣。进入 20 世纪 90 年代，随着心
理学的"文化革命"，以亚洲为主要载体的文化视角矫正了西方个人主义
心理学的知识偏差，并且发展了社会与文化变迁的心理学，代表了社会
心理学新的发展方向（见表 2 - 3）。需要指出的是，这里的亚洲社会心理
学不仅包含亚洲社会心理学者的研究，更不限于狭义的有关亚洲社会心
理现象的研究，而且包括活跃在西方社会心理学界的亚裔社会心理学者
的研究。①

表 2 - 3　　　　　　　　北美、欧洲和亚洲社会心理学特征比较

	北美社会心理学	欧洲社会心理学	亚洲社会心理学
特征	个体心理学	群体心理学	本土及文化心理学
主题	社会影响社会态度 社会知觉与自我知觉	群际关系群体过程	文化差异 社会与文化变迁
元理论视角	个体主义	社会认同	关系主义

顾名思义，社会心理学的重点在于"社会"二字，无法想象一个完
整的社会心理学由个体心理的知识所建构。因此，研究群体心理自然是
"社会"心理学的基本任务。然而，究竟什么是群体心理？如何处理个体
与群体的关系？这两个问题，自社会心理学诞生之日起，就成为其最基
本的理论问题。对这两个问题的不同回答，产生了北美、欧洲和亚洲三
种具有不同特征的社会心理学。

以奥尔波特为代表的北美社会心理学家认为个体是唯一的心理实体，
群体中并没有什么东西不是已经在个体成员身上存在的，群体心理现象

---

① Chiu, Y. Y. Hong, *The Social Psychology of Culture*, New York：Psychology Press, 2006.

完全可以通过个体心理来解释。虽然以勒温为代表的来自欧洲的社会心理学家采用互动主义的观点看待个体与群体的关系，并推动群体动力学研究成为 20 世纪四五十年代北美社会心理学的研究热点。但是，北美社会心理学始终将"群体中的个体"作为研究关注的焦点，认为个体受他人和群体的影响（例如从众与服从）代表了个体的不理智。即使对于宏观的社会现象，它仍然采取个体主义的解释。例如，它以个体层次的人格特质（权威主义人格）解释种族灭绝现象。因此，个体如何受到现实的、想象的和隐含的他人的影响（社会影响），个体对他人和社会事物的看法、观点和信念（社会态度）、个体对他人和自我的知觉和认知（社会知觉与自我知觉），构成了北美社会心理学持续关注的三个最基本的研究主题。[①] 它采取的元理论视角是个体主义，认为个体是独特的，是自己心理与行为的动力中心，与他人和社会是独立的关系。

在很大程度上，北美社会心理学在 20 世纪六七十年代的危机可以归因于其还原主义的理论化过程，即用个体心理解释群体和社会现象。当时，来自欧洲的社会心理学对此进行了最有力和最完整的批判，尤以泰弗尔（Tajfel）领导创建的社会认同理论最有影响。社会认同理论抨击北美社会心理学纯粹从个体性出发解释国家间冲突、种族灭绝等现象的做法，在重视社会历史因素的基础上，对北美的实验室实验方法进行修正。它主张社会是由社会范畴（social categories）组成的，个体的自我认同根本上是其所属的社会范畴和其所具有的群体成员资格（group membership）决定的。[②] 因此，群体现象虽然可以通过个体心理来认识，但个体心理的属性本质上不是个体的，而是群体和社会的。群体心理的实质在于个体通过与其他群体成员共享有关群体的知识而"在心理上形成群体"，群体心理研究的重点不再是群体中的个体，而是个体中的群体。社会认同理论最初关注群际关系的研究，后来扩展到社会影响、群体凝聚力、群体极化、群体中的领导、集群行为等群体过程的各个领域。社会认同不仅

---

① Ross, L., Lepper, M., & Ward, A, "History of Social Psychology: Insights, Challenges, and Contributions to Theory and Application", In S. T. Fiske, D. T. Gilbert, G. Lindzey (eds.), *Handbook of Social Psychology*, New Jersey: John Wiley & Sons, Inc., 2010: 3 - 50.

② Hogg, M. A., Abrams, D., *Social Identifications: A Social Psychology of Intergroup Relations and Group Processes*, London: Routledge, 1988.

本身是一种理论，而且它对个体与群体关系所持有的基本观点，成为塑造整个欧洲社会心理学特征，乃至后来影响北美社会心理学的一个元理论视角。[①] 在 2001 年出版的 4 卷本欧洲社会心理学手册中，《群体过程》和《群际关系》各占 1 卷，与《个体内过程》和《人际过程》篇幅相当，这也从另一个侧面说明了欧洲社会心理学的群体心理学特征。

从本土心理学的视角看，北美社会心理学就是北美的本土心理学，只是由于它想当然的主导地位，不像其他非北美地区的社会心理学本土化那样有一个反抗和批判主流社会心理学的背景（因为它自己就是主流）。如前所述，欧洲社会心理学正是这种反抗和批判北美社会心理学的本土化运动的成果。类似地，亚洲社会心理学在某种程度上也是在反抗和批判北美社会心理学的基础上发展起来的，它以本土及文化心理学为特征。由于亚洲社会与西方社会存在明显的文化差异，亚洲社会心理学最早以西方心理学家为主导的跨文化研究比较对象的方式进入国际视野。在 20 世纪八九十年代，跨文化心理学逐步建立了跨文化比较的基本理论框架，以"个人主义—集体主义"和"独立我—依赖我"的应用最为广泛。一般认为，西方人是个人主义的，具有独立我的自我概念；东方人（亚洲人）是集体主义的，具有依赖我的自我概念。

多年来，亚洲社会心理学在该框架的基础上，以 3 种方式不断拓展和丰富人类社会心理学的知识：①通过跨文化研究的方式阐述东西方社会心理的文化差异，以尼斯比特（Nisbett）及其中国和日本学生为代表的文化与认知研究最有影响。[②] ②考察多元文化背景下的文化适应，以康萤仪（Hong）和赵志裕（Chiu）对双文化人的文化启动研究及文化社会建构理论最有影响。[③] ③探索传统文化（尤其儒家伦理）在现代化过程中的变迁及其对现代人生活适应的影响，并发展和建构包含理论和方法在内的本土心理学知识体系，以杨国枢领导的台湾本土心理学研究最有影

①　Abrams, D., Hogg, M. A., "Metatheory: Lessons from Social Identity Research", *Personality and Social Psychology Review*, 2004, 8 (2): 98 – 106.

②　Nisbett, R. E., *The Geography of Thought: How Asians and Westerners Think Differently and Why*, New York: The Free Press, 2003.

③　Chiu, C. Y., Hong, Y. Y., *The Social Psychology of Culture*, New York: Psychology Press, 2006.

响。[1] 梁觉（Leung）对《亚洲社会心理学杂志》1998—2002 年创刊前 4年间发表的文章引用率进行了分析，发现被国际引用最多的 11 篇文章主要集中在以个人主义—集体主义为框架的跨文化研究和本土心理学研究两个方面。[2] 不管是跨文化研究还是本土心理学研究，亚洲社会心理学所采取的元理论视角均可以用"关系主义"来概括。[3] 关系主义既不是个人主义，也不是集体主义，而是将"个人与他人的关系"作为社会生活的核心关注点。

三 不同华人地区（群体）的社会心理学研究路径比较

中国社会心理学要想获得更好的发展，依托于以本土及文化心理学为特色的亚洲社会心理学正在国际突围的形势，是一个有利的大方向。但是，如何发展中国社会心理学的本土及文化心理学呢？我们不仅不能照搬北美和欧洲社会心理学的发展模式，也没有一个现成的一体的亚洲社会心理学发展模式等待照搬。因为，在亚洲社会心理学内部，不同地区的社会心理学仍然存在差异。甚至在华人社会心理学内部，也存在几种不同的研究路径。只有对这些研究路径的差异了解清楚，才能更好地寻找到适合中国社会心理学发展的道路。

在康莹仪等（Hong）看来，Chinese Psychology 既可译为中国心理学，也可译为华人心理学，建议用更广泛的"华人心理学"作为中文对等词。[4] 她借用杜维明（Tu）的"文化中国"（Cultural China）概念[5]，认为华人心理学不仅包含大陆、香港和台湾的心理学，也包含新加坡等其他华人地区的心理学，还包含西方华裔心理学家的心理学，以及其他非华人心理学家所做的有关华人、华人社会和华人文化的心理学研究。华人社会心理学也是如此，下面对大陆社会心理学、香港社会心理学、台

---

① 杨国枢、黄光国、杨中芳：《华人本土心理学》，重庆大学出版社 2008 年版。

② Leung, K., "Asian Social Psychology: Achievements, Threats, and Opportunities", *Asian Journal of Social Psychology*, 2007, 10 (1): 8 – 15.

③ Ho, D. Y. F., "Interpersonal Relationships and Relationship Dominance: An Analysis Based on Methodological Relationism", *Asian Journal of Social Psychology*, 1998, 1 (1): 1 – 16.

④ Hong, Y. Y., Yang, Y. J., & Chiu, C. Y., "What is Chinese about Chinese Psychology? Who are the Chinese in Chinese psychology", In M. H. Bond (ed.), *The Oxford Handbook of Chinese Psychology*, New York: Oxford University Press, 2010: 19 – 29.

⑤ Tu, W. M., "Cultural China: The Periphery as the Center", *Daedalus*, 1991, 120 (2): 1 – 32.

湾社会心理学和国际华人社会心理学的研究路径进行比较（见表 2－4）。其中，国际华人社会心理学包含中国大陆及港台地区以外的国际华人学者和非华人学者所做的华人心理学的研究。

表 2－4　　　不同华人地区（群体）社会心理学研究路径比较

	大陆社会心理学	香港社会心理学	台湾社会心理学	国际华人社会心理学
研究视角	西方视角和本土视角	跨文化视角	本土视角	新文化视角
研究主题	西式研究，社会转型	价值观、信念、人格	传统文化及其变迁	文化与认知，文化启动

　　实际上，香港社会心理学、台湾社会心理学和国际华人社会心理学的研究路径均已包括在上述的亚洲社会心理学研究路径之中，它们组成的整体大体代表了亚洲社会心理学的细致全貌（日本、韩国、菲律宾等国家的社会心理学与它们中的一个或几个具有类似之处）。具体而言，香港社会心理学更偏重经典的跨文化视角，以建立融合华人本土特征的跨文化普遍性心理框架为目标，例如跨文化的价值观研究[①]、梁觉的社会通则（social axioms）研究[②]和张妙清等（Cheung）的人格结构研究。[③] 台湾社会心理学以本土视角为主，关注传统文化及其变迁，这一点从《本土心理学》期刊历年发表的论文可以看出来，也可以从以台湾学者的工作为主体而编纂的两卷本《华人本土心理学》看出来。[④] 国际华人社会心理学以跨文化心理学的当代实验视角（这里称为新文化视角）为主，以彭

---

① Chinese Culture Connection, "Chinese Values and the Search for Culture – Free Dimentions of Culture", *Journal of Cross – Culture Psychology*, 1987, 18 (2), 143 – 164.

② Leung, K. & Bond, M. H., "Social Axioms: A Model for Social Beliefs in Multicultural Perspective", In M. P. Zanna (ed.), *Advances in Experimental Social Psychology* (Vol. 36), San Diego, CA: Elsevier Academic Press, 2004: 119 – 197.

③ Cheung, F. M., Leung, K., Fan, R. M., et al., "Development of the Chinese Personality Assessment Inventory", *Journal of Cross – Cultural Psychology*, 1996, 27 (2): 181 – 199.

④ 杨国枢、黄光国、杨中芳：《华人本土心理学》，重庆大学出版社 2008 年版。

凯平等（Peng）① 和纪丽君等（Ji）② 的文化与认知研究，康莹仪（Hong）和赵志裕（Chiu）的双文化启动研究③为典型代表。综合的华人心理学研究工作的梳理则以在香港工作生活的加拿大人彭迈克（Bond）主编的《牛津版华人心理学手册》为代表。④ 下面重点分析大陆社会心理学与以上三种社会心理学研究路径的不同之处。

如前所述，大陆社会心理学起步较晚，又受到近年心理学"神经革命"和"应用革命"的影响，在心理学界处于被边缘化的地位。然而，更让人忧虑的是，中国社会心理学不仅在心理学界中被"边缘化"，还在中国社会结构空前转型的社会实践中"失语"。诚然，就中国社会心理学会以及中国心理学会社会心理学专业委员会近年召开学术会议时的参会盛况而言，就市面上著译的社会心理学教材的丰富而言，中国社会心理学呈现一派"繁荣"景象。⑤ 但是，我国目前的大多数社会心理学研究：要么过于追求实验方法的科学性，在研究主题和理论上追随西方学者而走国际化道路，从而失去了研究工作与中国社会的关联性；要么一头扎进社会现象和社会实践中，不是停留在对现象的分析上，就是做一系列应景的对策性和应用性经验分析。甚至一部分学者纠缠在理论与应用研究的无谓争论之中，有人还错误地认为理论就是不做实验和实证研究，应用就是套用书本知识或者不需要理论指导的现象描述和田野调查。最后，做出的研究既没有理论意义也没有应用价值。这恐怕就是北京大学方文所谓中国社会心理学"泡沫繁荣"的主要原因所在。⑥

进入 21 世纪之后，随着大陆心理学整体的迅速发展，社会心理学研究的规范化和国际化程度不断提升，追随国外的西方视角和西式研究也

---

① Peng, K. P., Nisbett, R. E., "Culture, Dialectics, and Reasoning about Contradiction", *American Psychologist*, 1999, 54 (9)：741 – 754.

② Ji, L. J., Peng, K. P., Nisbett, R. E., "Culture, Control, and Perception of Relationships in the Environment", *Journal of Personality and Social Psychology*, 2000, 78 (5)：943 – 955.

③ Chiu, C. Y., Hong, Y. Y., *The Social Psychology of Culture*, New York：Psychology Press, 2006.

④ Bond, M. H. (ed.), *The Oxford Handbook of Chinese Psychology*, New York：Oxford University Press, 2010.

⑤ 乐国安：《中国社会心理学研究进展》，天津人民出版社 2004 年版。

⑥ 方文：《社会心理学的演化：一种学科制度视角》，《中国社会科学》2001 年第 6 期，第126—136 页。

进一步发展，逐渐有青年学者在北美顶尖社会心理学期刊发表文章。① 但是，这种西式研究的国际化，不同于香港社会心理学的跨文化视角，也不同于国际华人社会心理学的新文化视角，所做的研究是一种不考虑文化背景和文化差异的典型北美社会心理学研究。而香港社会心理学和国际华人社会心理学的研究均融入了文化背景和文化差异。另外，大陆社会心理学除了国际化视角，自始至终也总有本土化或本土化的声音，本土视角一直是它的主要研究视角之一。②③ 尤其是 20 世纪八九十年代受港台本土心理学的影响，大陆社会心理学界曾经对本土化展开了热烈的讨论，也培养了一批社会心理学人才。④ 但大陆社会心理学的本土化具有不同于台湾地区的独特特点，它由于起步较晚，没有足够的时间（发展历史）去经历像台湾那样清晰的对西方心理学的"移植—反思—抛弃"的发展过程。目前，在西方社会心理学获得日新月异发展（如"神经革命"）的环境下，我们很难（也没有必要）像台湾那样暂时抛开西方社会心理学而一心研究自己的社会心理学。相反，我们要借亚洲社会心理学向主流社会心理学突围的机会，用西方社会心理学的最新方法（包括国际华人社会心理学的研究路径）研究本土及文化心理学，努力在研究的开始就与国际对话。⑤

实际上，本土及文化心理学的实质是结合当地社会的社会/历史/文化背景开展社会心理学研究。正是不同华人地区（群体）的社会/历史/文化背景的不同，造成了它们研究路径的不同。高度国际化和长期多元化的原生华人社会背景，决定了香港社会心理学以融合华人文化特色的跨文化研究为主导；传统文化未间断的延续和经济社会发展的现代化并存，塑造了台湾社会心理学重视传统文化及其变迁的本土心理学主导格

① Zhou, X. Y., He, L. N., Yang, Q., et al., "Control Deprivation and Styles of Thinking", *Journal of Personality and Social Psychology*, 2012, 102 (3): 460-478.

② 林崇德、俞国良：《心理学研究的中国化：过程和道路》，《心理科学》1996 年第 4 期，第 193—198 页。

③ 黄希庭：《再谈人格研究的中国化》，《西南师范大学学报》（人文社会科学版）2004 年第 6 期，第 5—9 页。

④ 王兵：《"中国社会心理学二十年回顾学术研讨会暨敬贺杨国枢先生八十华诞师生联谊会"在北京成功举行》，《心理学探新》2010 年第 5 期，第 95—96 页。

⑤ 朱滢：《文化与自我》，北京师范大学出版社 2007 年版。

局；从"集体主义文化"社会移民到"个人主义文化"社会的跨文化适应，成就了国际华人社会心理学的新文化心理学这一全球社会心理学发展的新方向。方文在梳理欧洲社会心理学发展繁荣历史的基础上，提出大陆社会心理学应该以中国宏大的社会转型研究，尤其是社会分层和阶级群体研究所兴起的群体资格研究为基础，重点考察社会转型背景下中国人的群体分类及其解构、建构和认同等过程对心理的形塑和影响，称为转型心理学。① 我们认同这种强调对社会转型过程中社会心理现象进行研究的社会心理学，但它需要结合包括跨文化视角、本土视角和新文化视角在内的本土及文化心理学研究路径，才能产生既属于自己的又能走向世界的独特贡献。在这方面，香港大学杨中芳所领导的包括海峡两岸社会心理学研究者的中庸心理学研究团队做出了有益的尝试。② 如此，华人社会心理学研究群体将有可能作为一个整体迈向世界社会心理学的前沿。

四　中国社会心理学的发展建议

不管是在心理学学术阵营中被"边缘化"，还是在社会实践中"失语"。中国社会心理学（这里不包括港台）的尴尬处境，都来源于国际化与本土化的困局，其间混合着重理论还是重应用的研究策略选择之纠结。毫无疑问，随着全球化的加快和社会心理学学科的快速发展，中国社会心理学者面临着尽快以西方人认可的方式在国际发表论文的压力，即学者和学术发展要求国际化；但是社会心理学的学科性质又决定了其受到社会/历史/文化背景的影响，即要求本土化，尽管两者并不矛盾，但短期之内，仍然造成了一种两难困局。通过上述比较视野中社会心理学发展路径的分析，我们认为中国社会心理学应该抓住亚洲社会心理学正在向美欧社会心理学突围的机会，在学习和运用国际最新的研究视角和研究方法的基础上，以中国空前的社会转型为背景，融合跨文化心理学、本土心理学和新文化心理学等研究视角，努力发展本土及文化心理学。

对此，我们对中国社会心理学的发展提出五条具体建议。

---

① 方文：《转型心理学：以群体资格为中心》，《中国社会科学》2008 年第 4 期，第 137—147 页。

② 杨中芳：《中庸实践思维体系探研的初步进展》，《（台北）本土心理学研究》2010 年第 34 期，第 3—165 页。

　　第一，以本土化推动国际化。21 世纪的今天，本土化与国际化齐头并进是时代赋予中国社会心理学者的使命。我们不能像本土化运动产生之前那样盲目地追随西方的研究，因为历史已经证明那是错误的做法；我们也不能像本土化运动之初那样，暂时抛开西方的研究而只专注于自己的问题，因为深度的全球化没有留给我们闭门探索的时间和空间，不吸收和融合西方的视角也会让我们丧失对话的权力。正确的做法是，我们必须在国际化的同时进行本土化。国际化（虚心学习西方）是本土化的前提，本土化是真正国际化（以自己的方式为全球社会心理学做贡献）的保证，要以本土化带动国际化。因此，本土化与国际化困局的最终解决，不是二选一，也不是排一个优先顺序，而是直面挑战，两者结合。

　　第二，面向中国的社会现实进行研究，融理论与应用于一体。面向社会现实进行研究就是要解决中国的问题，这正是前述本土化的实际内容。在研究中国社会现实的过程中，要站在社会和文化变迁的视角上，注意现实问题发生的传统与现代相冲突的背景和含义。例如，杨宜音指出：研究群己关系的社会心理机制是我国社会心理学的核心课题，并认为中国传统文化背景下的群己关系以"关系"为主，与西方文化下群己关系以"分类"为主不同。随着中国社会的变迁，中国人"我们"概念的形成很可能是传统的"关系化"和现代的"类别化"相互交织的过程。[①] 不难发现，群己关系的课题，一方面关涉到诸如群体事件、民族和谐、社会阶层冲突等各种现实社会问题，具有重要的应用价值。另一方面联系着"个人与群体的关系"，这一北美社会心理学和欧洲社会心理学发生分歧的关键点，具有重要的理论意义。因此，对中国的社会现实问题进行深耕，是解决"重理论还是重应用"这一研究策略纠结的良好途径。

　　第三，立足跨文化比较，着力建构核心理论。核心理论的建构对于欧洲社会心理学的成功，功不可没。同样，中国社会心理学的发展，在关注自己社会现实的基础上，也要着意建构自己的核心理论。这里的核心理论是指超越于个别研究的有普遍意义的理论。在跨文化比较基础上，

---

　　① 杨宜音：《关系化还是类别化：中国人"我们"概念形成的社会心理机制探讨》，《中国社会科学》2008 年第 4 期，第 148—159 页。

对全球性问题提出具有中国特色的独特思想和视角，是中国社会心理学建构核心理论的英明之选。这也是前述亚洲社会心理学以本土及文化心理研究向主流突围形势下的有效途径。例如，国际华人社会心理学的新文化心理学研究，以及香港社会心理学的跨文化心理学研究，都是在跨文化比较的基础上，寻找华人心理与西方人心理的共性和差异，并将具有华人特色的心理维度发展成具有文化普适性的内容，最终与西方社会心理学的发现一起构成一种更全面地对人类某方面心理进行解释的整合理论。可见，立足跨文化比较建构理论，是以本土化推动国际化的一种具体体现，也可能是对中国现实社会问题进行深耕的最终成果。例如，对推动欧洲社会心理学发展起核心作用的社会认同理论，由于具有普遍的方法论意义，如今已发展成能够启发和引导一系列新理论的元理论。①遗憾的是，这种具有普遍意义的核心理论，尤其是元理论，在我国还很少。

第四，重视学科建设，建立学术共同体。从组织的形式来看，中国社会心理学会和中国心理学会社会心理学分会正是担此责任的主体，应该在教材建设、学科建设和学位点建设等方面充分发挥作用。这是解决中国社会心理学被"边缘化"的组织和体制保障。首先，在教材建设上，要体现西方社会心理学的最新进展，同时着力于激发中国学生如何利用这些最新方法来研究中国自己社会问题的兴趣。因此，在介绍西方社会心理学的成果时，应把重点放在他们的研究方法上，放在他们的研究如何反映了他们自己的社会文化背景上，放在揭示其研究视角和结论所具有的文化偏差上。其次，在学科建设上，应该给社会心理学至少一个独立的二级学科的位置，以及独立的硕士及博士学位点设置，定期的社会心理学学术交流及培训体系的建立，以及有影响的专门的社会心理学学术期刊的创立。如此一来，才能逐渐形成有规模有影响的中国社会心理学学术共同体，并不断为新时期中国社会心理学培养出大批人才。

第五，加强平等式甚或主导式的国际合作。长期以来，港台学者和大陆学者主要是以国际知名学者主持的跨文化研究项目合作者的方式，

---

① Abrams, D., & Hogg, M. A., "Metatheory: Lessons from Social Identity Research", *Personality & Social Psychology Review*, 2004, 8（2）, 98 – 106.

出现在国际社会心理学的舞台上。现在，我们已经远远不能满足于此，要加强平等式甚或主导式的国际合作。首先，我们要在合作中对研究问题有更多的实质性贡献，而不仅是本土资料的收集者；其次，我们要在问题提出之前，建立平等式的合作关系，然后共同去发展研究问题；最后，我们要把自己已有的研究成果或率先提出的研究问题，拿到国际平台去寻求扩展和合作，在合作中增加对研究的主导性。除了研究问题本身的合作，我们还要加强在学术期刊和学术组织上的合作，推动学术成果和学术人才的国际化。所有这些合作的切入点和重点，在于以本土及文化心理学为突破口，与亚洲和全球华人社会心理学家进行合作，这样既有利于中国社会心理学的本土化，又有利于国际化。

　　一言以蔽之，中国社会心理学的发展，归根结底在于真正地坚持中国社会心理学的本土化，以中国社会"问题"为中心的研究范式。即以中国的社会现实问题为中心，以为中国的社会发展服务为宗旨。只不过，这个本土化除了本土特色外，还是具有普适价值的本土化，虽研究中国问题，但具有世界意义，本土化的终极目标是国际化。因为，只要解决好了中国问题，也必将能为世界提供宝贵经验。让我们一起期待中国社会心理学更好更快地发展，期待中国社会心理学早日融入国际社会心理学的大舞台。

第三节　社会转型：中国社会心理学
研究的"实验靶场"

　　人们对社会转型视角社会心理学的研究兴趣，源于我们所处的时代和该学科的性质。随着我国社会经济不断发展，科学技术日新月异，职业竞争日益激烈，整个社会处于转型期、关键期，各种社会问题与人际矛盾接踵而来，诸如诚信危机、人际冲突、群体事件、贫富分化、分配不公、违法犯罪、环境污染和生态危机等，为研究者提供了前所未有的研究素材和机遇。社会心理学的历史定位，即是运用科学方法对个体、人际和群体过程中发生的社会心理与社会行为进行研究，并为社会问题与人际矛盾提供解决之道的学科。它在政治、经济、军事、法律、新闻、教育、文化等领域的作用日益凸显，正成为推动社会进步与发展的间接生产力。特别是对转型期和谐社会建设会有独特贡献，因为一切的社会心理、社会行为都理应在这个学科中找到对应的认识、解释、预测和控制。

一 社会转型视角的社会心理学研究

如前所述，一项对1970—2009年近40年间美国心理协会（APA）17个心理学分支学科顶尖学术期刊的研究，采用多维尺度分析（Multi - dimensional Scaling）对这些期刊的关系结构进行了分析，发现心理学知识存在两个潜在维度：（1）基础—应用；（2）适用所有人群—针对特定人群。而在所有的分支学科中，社会心理学处于该二维空间的中心，不仅涵盖了基础与应用研究，而且既包括适用所有人群的知识，也包括针对特定人群的知识。[①] 可以说，社会心理学在整个心理学知识体系和结构中起着整合、包容的作用，既重视理论抽象与普适性（如基础研究或人群普适性的研究），同时又离不开具体现象与特殊性（如应用研究或人群特殊性的研究）。社会转型期中动态、流变和丰富多彩的事实恰为社会心理学的知识建构提供了足够丰富、特殊、具体的现象资源。著名心理史学家墨菲（Gardner Murphy）更是精辟地总结道："社会心理学一只脚是站在实验科学的基础上，而另一只脚则处于社会变革的波涛起伏之中。"[②] 立足我国，社会转型期对社会心理学研究的意义，却并不仅限于学理上的意义，还有着政治、经济、文化的综合意义和价值。

首先，提高了学科的话语权。我国的社会转型是伴随着经济发展和综合国力增强的正面积极转型，使得我国学者在国际社会心理学舞台上开口前已经把声音增强。社会心理学是心理学的主干，更是整个社会科学的分支。中国社会科学的相关研究成果，伴随着"中国模式"、"中国经验"的讨论逐步走向世界，逐渐获得他国研究者的关注。而社会心理学也伴随着这一中国"知识输出"的潮流，天然地获得了吸引力，使其

---

① Yang, Y. J., & Chiu, C. Y., "Mapping the Structure and Dynamics of Psychological Knowledge: Forty Years of APA Journal Citations (1970 - 2009)", *Review of General Psychology*, 2009, 13 (4), 349 -356.

② 墨菲、柯瓦奇：《近代心理学历史导引》，林方、王景和译，商务印书馆1980年版，第615页。

具备了成为可供他人借鉴的公共知识的潜在可能性，相应地在国际社会心理学界占有了话语权的一席之地。

其次，丰富了特色的研究资源。近年我国急剧发生的社会变迁，为学者提供了绝佳的"实验靶场"。众所周知，第二次世界大战及战后的一二十年是北美社会心理学的第一次繁荣期。如阿希（Solomon Asch）对从众的系列研究①，以及米尔格莱姆（Stanley Milgram）对服从的经典实验②等都与当时的社会现实密不可分。而欧洲社会心理学的兴起，部分原因也在于其抓住了自己地区多元民族共存的社会现实。我国一方面地广人多，不同地区之间存在巨大差异；另一方面则处于传统到现代的转型期，充满各种文化变迁和心理适应问题；此外，我国处于大规模漫长的城市化过程之中，人口流动剧烈。这三个特点都为我国社会心理学研究提供了取之不竭，用之不尽的研究资源。

再次，扩大了文化的影响力。如果说伴随着经济增长而来的学科话语权的提高，转型期为我国社会心理学发展带来的是"平台"的提升，转型期的"实验靶场"是丰富的"资源"，那么，中国传统文化中的宝贵和丰富的思想则为我们带来了"软实力"。以我国转型期中华文化为背景，整理并吸收优秀的文化传统，研究文化变迁中我们自身面对的社会心理、社会行为的现象和问题。对这些现象的把握，若只有西方的理论，则总会有隔靴搔痒的感觉；对这些问题的解决若只有西方背景中产生的理论，则很难一语中的。须以中国文化理解中国现象，这为研究中国现象的学者提高了对理解中国文化的需求。因此，与西方文化背景相区别，并有可能为全球心理学做重要贡献的"文化视角"，主要是以中国为代表的东亚文化。

最后，激发了学科的生命力。我国学者强调在社会心理学研究中体现中国文化尤其是中国传统文化的特征和内涵，这种强调独特文化因素的做法，已转化并激发了欧美社会心理学近年对文化心理（将文化作为一个变量）进行研究的热潮。我国社会变迁与转型背景下的许多新变化

---

① Asch, S. E., "Studies of Independence and Conformity: A Minority of One Against A Unanimous Majority", *Psychological Monographs: General and Applied*, 1956, 70 (9), 1 - 70.

② Milgram, S., "Behavioral study of Obedience", *The Journal of Abnormal and Social Psychology*, 1963, 67 (4), 371 - 378.

和新现象，具有高度的本土独特性和全球启发性，对这些现象进行深入研究，有可能为其注入现存任何流派社会心理学都不具备的活力，使其有理由成为探讨"全球化时代中国社会科学如何发展"的典型学科代表之一。

二　社会转型期中国社会心理学的贡献

在改革开放和社会变迁最为快速的 30 年，我国社会心理学对此的研究取得了一定成果，主要表现在理论建构和具体研究领域两个方面。

1. 重视理论建构

社会转型期给个体最大的冲击之一是文化上的震荡。因此，人们的思维或思考方式的特点便会在这种震荡中显现出来。例如，对于单纯的社会认知方式，彭凯平及其同事发现东亚人倾向于整体性思维，关注整体，较少使用类别化与形式逻辑，而是依赖于辩证推理；而西方人则更多地采用分析性思维，关注对象，较多使用类别和规则，以及形式逻辑。[1] 梁觉则探讨了更加复杂的一般信念（general beliefs）或所谓的社会公理（social axioms），并将人们的社会公理理论划分为五个因素：犬儒主义（cynicism）、社会复杂性（social complexity）、劳酬相宜（reward for application）、宗教信仰（spirituality），以及命运控制（fate control）。[2] 杨中芳更是提出了一个颇为宏大的中庸实践思维体系。中庸是中国传统文化中极为重要，但又非常复杂的概念。杨中芳将其构念化为"一个具有后设功能的实践思维体系"，包括四个不同层面的子构念，即一个集体文化传承，以及三个个体心理层面的特定思维模式——在看人论事、生活理想、处世态度、信念及价值观等生活哲学方面，在处理日常生活具体事件中，思考要采取什么行动时的思考、选择及执行模式，以及在事后所做的、对事件的反思及通过反思所做的自我提升过程。[3]

在人格心理学领域，张妙清等在跨文化比较的思路下，采用文化普

---

①　Nisbett, R. E., Peng, K., Choi, I., & Norenzayan, A., "Culture and Systems of Thought: Holistic Versus Analytic Cognition", *Psychological Review*, 2001, 108 (2), 291 –310.

②　Leung, K., Bond, M. H., de Carrasquel, S. R., Muñoz, C., Hernández, M., Murakami, F., & Singelis, T. M., "Social Axioms the Search for Universal Dimensions of General Beliefs about How the World Functions", *Journal of Cross - Cultural Psychology*, 2002, 33 (3), 286 –302.

③　杨中芳：《中庸实践思维体系探研的初步进展》，《本土心理学研究》2010 年第 34 期，第 3—96 页。

适性与文化特殊性结合的方法，开发了跨文化（中国人）个性测量表（CPAI）。① 王登峰等则采用完全本土的方法探讨中国人的人格结构，在系统收集词典、文学作品和被试实际用于描写具体人物的形容词基础上，通过词语评定的方法，提出了与西方大五（外向性、愉悦性、公正严谨性、情绪稳定性、开放性）人格理论相对的中国人的大七（外向性、善良、人际关系、处世态度、行事风格、情绪稳定性、智慧）人格理论并编制了相应的人格量表。②

在管理心理学领域，中科院心理所的凌文辁等，从中国的实际情况出发，在 20 世纪 80 年代便提出了中国文化背景下的领导理论（CPM），认为中国的领导行为评价模式由三个因素构成：个人品德（Character and Moral，即 C 因素）、目标达成（Performance，即 P 因素）和团体维系（Maintenance，即 M 因素）。③ 后来又从社会文化角度进行了中国人内隐领导理论的探讨，得到了个人品德（对应于 C 因素）、目标有效性（对应于 P 因素）、人际能力（对应于 M 因素）和多面性（对应于 P 因素和 M 因素）四个因素。④ 虽然四因素中每个因素所包含的具体内容随时代和社会文化变迁发生了变化，但其因素结构却保持着稳定性。而与之同时代的台湾学者郑伯勋的理论则聚焦于华人的家长式领导，并提出了家长式领导的三个重要面向：维权（authoritarianism）、仁慈（benevolence）、德行（moral）领导。⑤

此外，直接对社会转型期的理解和诠释也成为理论建构的来源。赵志裕、康萤仪及其同事发展出文化动态建构论，将文化视为一种组织松

---

① Cheung, S. F., Cheung, F. M., & Fan, W., "From Chinese to Cross – Cultural Personality Inventory: A Combined Emic – etic Approach to the Study of Personality in Culture", In M. J. Gelfand, C. Chiu, & Y. Hong (eds.), *Advances in Culture and Psychology*, 2013, Volume 3. US: Oxford University Press.

② 王登峰、方林、左衍涛：《中国人人格的词汇研究》，《心理学报》1995 年第 4 期，第 400—406 页。

③ 凌文辁、陈龙、王登：《CPM 领导行为评价量表的构建》，《心理学报》1987 年第 2 期，第 199—207 页。

④ 凌文辁、方俐洛、艾卡儿：《内隐领导理论的中国研究——与美国的研究进行比较》，《心理学报》1991 年第 3 期，第 236—241 页。

⑤ Cheng, B. S., Chou, L. F., Wu, T. Y., Huang, M. P., & Farh, J. L., "Paternalistic Leadership and Subordinate Responses: Establishing a Leadership Model in Chinese Organizations", *Asian Journal of Social Psychology*, 2004, 7 (1), 89 – 117.

散的内因共享社会知识，并发展出文化启动与文化框架转换的研究范
式。① 在该理论的指导下，他们研究了一系列在社会转型期中重大历史事
件背景中的社会心理现象。比如，香港人在 1997 年香港回归之际的社会
认同和内隐信念②，大陆人在 2008 年北京奥运会前后对东西方文化差异
的知觉，及其对内群体认同的影响。③ 这些研究既取材于现实事件，又兼
顾了西方心理学界目前能够与之交流的话语体系。为理解社会转型，同
时也为西方认识东方做出了一定的贡献。最近，文化动态建构论又被拓
展演化为聚合文化心理理论。④

2. 关注具体研究领域

社会转型期对个体价值观和人格产生了冲击。北京师范大学金盛华
课题组以自我价值定型理论为基点系统研究了当代中国人的价值观。比
如，他们的研究表明当代中国人价值观是一个八因素结构，包括自律、
才能务实、公共利益、人伦情感、名望成就、家庭本位、守法从众、金
钱权力。⑤ 他们还发现了中国大学生的四因子目的性职业价值观和六因子
手段性职业价值观。⑥ 西南大学黄希庭课题组则主要站在"人格研究本土
化"的视角对中国人的人格进行了系列研究。⑦ 课题组的重要发现之一是
受中国传统文化重视和影响的自立人格对维护心理健康具有积极的正向

① Hong, Y. Y., Morris, M. W., Chiu, C. Y., & Benet - Martínez, V., "Multicultural Minds: A Dynamic Constructivist Approach to Culture and Cognition", *American Psychologist*, 2000, 55 (7), 709 - 720.

② Chiu, C. Y., & Hong, Y. Y., "Social Identification in a Political Transition: The Role of Implicit Beliefs", *International Journal of Intercultural Relations*, 1999, 23 (2), 297 - 318.

③ Cheng, S. Y., Rosner, J. L., Chao, M. M., Peng, S., Chen, X., Li, Y., & Chiu, C. Y., "One World, One Dream? Intergroup Consequences of the 2008 Beijing Olympics", *International Journal of Intercultural Relations*, 2011, 35 (3), 296 - 306.

④ Morris, M. W., Chiu, C. Y., & Liu, Z., "Polycultural Psychology", *Annual Review of Psychology*, 2015, 66, 631 - 659.

⑤ 金盛华、郑建君、辛志勇：《当代中国人价值观的结构与特点》，《心理学报》2009 年第 10 期，第 1000—1014 页。

⑥ 金盛华、李雪：《大学生职业价值观：手段与目的》，《心理学报》2005 年第 5 期，第 650—657 页。

⑦ 黄希庭：《人格研究中的一些辩证关系》，《西南大学学报》（社会科学版）2011 年第 1 期，第 1—7 页。

作用。①

　　社会转型期还催生了许多新兴的社会现象。比如，北京师范大学方晓义课题组开展了对流动儿童（随在城市打工的父母在城市上学，但户籍为农村的儿童）及留守儿童（被进城打工的农村父母常年留在农村的儿童）的研究②，并尝试以流动儿童社会知觉的视角来理解他们的心理和行为。③ 中国人民大学俞国良课题组对人际关系④和文化变迁⑤、权力腐败⑥和权力认知⑦、心理健康和主观幸福感⑧等的研究，均是在社会心理学视野下对中国社会转型的回应。2008 年汶川地震后社会心理学家参与灾后的心理干预、研究和重建，可以看作中国社会心理学发展的一个转折点。⑨

　　在群体层面，伴随社会转型期而来的社会震荡，还促使集群行为不断增多。中科院心理所王二平课题组以我国典型的集群行为——群体性事件为出发点，开展了一系列研究。群体性事件原初只是一个"政治术语"而非严格的科学概念。通过梳理西方文献以及开展本土实证研究，王二平等人指出集群行为是在群体相对剥夺感、群体认同、触发情景、群体愤怒，以及群体效能共同综合作用下产生的⑩，并呼吁应开展群体性

　　① 夏凌翔、黄希庭、万黎、杨红升：《大学生的自立人格与现实问题解决》，《心理发展与教育》2011 年第 1 期。

　　② 范兴华、方晓义、刘勤学、刘杨：《流动儿童，留守儿童与一般儿童社会适应比较》，《北京师范大学学报》（社会科学版）2009 年第 5 期，第 33—40 页。

　　③ 蔺秀云、方晓义、刘杨、兰菁：《流动儿童歧视知觉与心理健康水平的关系及其心理机制》，《心理学报》2009 年第 10 期，第 967—979 页。

　　④ 俞国良、王拥军：《建立和谐人际关系的社会心理学探索（专题讨论）——构建和谐人际关系：基于人际知觉偏差的视角》，《黑龙江社会科学》2012 年第 3 期，第 85—90 页。

　　⑤ 俞国良、谢天：《文化变迁研究的进展与前瞻》，《黑龙江社会科学》2014 年第 4 期，第 91—96 页。

　　⑥ 俞国良、韦庆旺：《权力产生"腐败"吗？——社会心理学的答案》，《黑龙江社会科学》2009 年第 2 期，第 137—141 页。

　　⑦ 韦庆旺、俞国良：《权力的社会认知研究述评》，《心理科学进展》2009 年第 6 期，第 1336—1343 页。

　　⑧ 俞国良、董妍：《我国心理健康研究的现状，热点与发展趋势》，《教育研究》2012 年第 6 期，第 97—102 页。

　　⑨ 张侃、王日出：《灾后心理援助与心理重建》，《中国科学院院刊》2008 年第 4 期，第 304—310 页。

　　⑩ 张书维、王二平、周洁：《跨情境下集群行为的动因机制》，《心理学报》2012 年第 4 期，第 524—545 页。

事件的监测与预警研究。①

兼具社会学背景的社会心理学家们，则以并包"社会"与"心理"的视角关心着社会转型和变迁的大背景如何让社会结构和人们的生活方式同时产生变化。其中比较有代表性的是中国社会科学院杨宜音课题组对中国人社会心态的研究。杨宜音认为社会心态是"一段时间内弥散在整个社会或社会群体类别中的宏观社会心境状态，是整个社会的情绪基调、社会共识和社会价值观的总和"。② 社会心态研究的对象就是转型社会的心理问题，所采取的便是宏观的社会心态研究方式③，因此社会心态不是个体心理的简单叠加（以避免从纯粹心理学角度出发的个体还原主义），而是"新生成的、具有本身特质和功能的心理现象"。同样具有社会学背景的社会心理学家周晓虹则聚焦于社会转型期中的特殊的文化传承现象：文化反哺，即文化不再是通常那样由父辈传递给子辈，而是"由年青一代将文化及其意义传递给其生活在世的年长一代的新的传承方式，传统代际关系发生断裂，原有教化者（亲代）与被教化者（子代）关系颠覆"④，是 30 多年改革开放或社会变迁带给中国人的"心理体验"⑤ 的一部分，它在精神层面上赋予中国经验以完整的价值和意义。

三 社会转型期中国社会心理学的困局与挑战

如上所述，在改革开放 30 多年的时间里，我国的社会心理学在理论和具体研究方面都取得了一系列的成果。如果就我国社会心理学界近年召开学术会议的参会盛况，以及市面上的译著和论文数量而言，则更是一片繁荣。然而，只要认真地看一看，就会发现在这一片繁荣景象的背后，我国社会心理学既在主流学术阵营中被边缘化，又在中国当今社会变迁的实践中失语，这可谓是我国社会心理学目前的双重困局与挑战。所谓

---

① 王二平：《群体性事件的监测与预警研究》，《领导科学》2012 年第 5 期，第 15—16 页。

② 杨宜音：《个体与宏观社会的心理关系：社会心态概念的界定》，《社会学研究》2006 年第 4 期，第 117—131 页。

③ 王俊秀：《社会心态：转型社会的社会心理》，《社会学研究》2014 年第 1 期，第 104—124 页。

④ 周晓虹：《文化反哺与器物文明的代际传承》，《中国社会科学》2011 年第 6 期，第 109—120 页。

⑤ 周晓虹：《中国经验与中国体验：理解社会变迁的双重视野》，《天津社会科学》2011 年第 6 期，第 12—19 页。

在主流学术阵营中被边缘化，指的是国内社会心理学在心理学的学科内部，与更多地使用了自然科学手段和方法的其他分支，如认知心理学相比，相形见绌。在当今中国社会变迁的实践中，社会心理学与其他社会科学，如经济学、社会学等以社会现象为研究对象的学科相比，更鲜见为整个社会的发展产生推动作用。

恰如前面所述的研究发现[1]，社会心理学既涉及人群普遍性与人群特殊性，又横跨基础与应用。而造成当前我国社会心理学双重困难的原因也与社会心理学的这一学科性质密切相关（虽然不能将困难归咎于学科性质），具体表现为国际化与本土化的困局，其间混合着重理论还是重应用的研究策略选择。毫无疑问，学术国际化是全球化进程的加快，特别是中国政治和经济发展对学术界提出的一个必然要求。其中有一个标志性事件，就是近年来国内一流院校对研究者和博士生的业绩考核与奖励，均开始将 SCI 和 SSCI 论文的发表作为标准。应该看到，学术国际化的历史进程本身是无可避免、无法逆转的，无论是个人还是整个学术群体，都很难逆历史潮流而动。因此，在快速国际化的浪潮中，我们的社会心理学在研究主题、内容和方法上都紧随国外研究，并且也确实在短时间内提高了 SCI 和 SSCI 发表的数量和质量（以刊物级别为标准）。然而这种快速发展的一个代价却是在某种程度上缺乏对我们自己所处现实社会的关注。与国际化相对的另一极是本土化研究。本土化研究是对我们的本土社会更有实际意义和价值的研究，但却是荆棘丛生和更加困难的研究。因为，本土化的研究已经具备了"群体特殊性"的特点，若要使这一特殊的经验具有普遍性意义，则需要另辟蹊径和高度的创新性。否则，来自本土的理论和研究终将成为自说自话，既很难为国际学术界提供应有的价值，也很难在国际学术界取得应有的话语权。这样，国际化与本土化的矛盾造成了第一重困局。

与此紧密联系的第二重困局是"重基础还是重应用"两种研究策略的纠结。一极是将社会心理学往认知心理学（尤其是认知神经科学和基因科学）靠拢。由于可以借助前人已经铺设的研究思路、模型和方法，

---

① Yang, Y. J., & Chiu, C. Y., "Mapping the Structure and Dynamics of Psychological Knowledge: Forty Years of APA Journal Citations (1970–2009)", *Review of General Psychology*, 2009, 13 (4), 349–356.

这类研究可以较快地产出科研成果。另一极则是应用研究。如果以社会现实为关注对象和研究重点，虽然在社会心理领域不容易直接依靠前人的思路进行研究，但却可以通过转换研究领域的方法走捷径。因此，我们看到大量受过社会心理学训练的研究者进入商学院和管理学院从事应用研究。转入商学院的社会心理学研究者不仅在学术训练上具有优势，而且还通过转换获得了更多的研究资源。应该说，这一捷径在某种程度上对研究者本人是有利的，作为研究者的个人职业选择也无可厚非。但对一个学科造成的现实问题却是社会心理学人才，特别是从事应用研究的社会心理学人才的流失——他们要么转向更加基础的社会心理学，要么跳出社会心理学圈子直接投入商学院的怀抱。

上述两种困境使近 15 年来，心理学中社会心理学的声音越来越小，而社会心理学为现实的中国社会所能提供的理智贡献也越来越少，最终使社会心理学者的身份也逐渐开始遭到"质疑"。

四　社会转型期社会心理学的研究重点与课题

在应对策略上，我们认为应借鉴欧美社会心理学发展经验并结合我国实际国情，在以下三方面进行努力：

一要重视理论建设。任何一门心理学学派或理论的发展，都离不开理论的建构。比如，欧洲社会心理学的崛起，不仅在于欧洲社会心理学家敏锐地发现了欧洲社会现实与来自美国的社会心理学的格格不入[1][2]，更与欧洲社会心理学家随后的理论创新与理论精致化是密不可分的。[3] 因此理论建构既包括对社会现实问题的敏锐触觉，还包括对这些现实社会问题的思考和理论化。比如，物质主义问题、贫富分化问题、社会分配公平问题等。目前，这些问题的研究仍然是西方视角，还很难说能够完全反映中国的社会现实，据我们所知也尚未有中国特色的理论产生。研究者应对这些问题提出认识、解释、预测和控制的整合理论；在跨文化比较基础上，对全球性问题提出具有中国特色的独特思想和理论。这种

---

① Moscovici, S., "Society and Theory in Social Psychology", In J. Israel and H. Tajfel (eds.), *The Context of Social Psychology: A Critical Assessment*, London: Academic Press, 1972.

② Tajfel, H., "Experiments in a Vacuum", In J. Israel & H. T. Triandis (Eds.), *The Context of Social Psychology: A Critical Assessment*, London: Academic Press, 1972.

③ 方文：《欧洲社会心理学的成长历程》，《心理学报》2002 年第 6 期，第 651—655 页。

理论建设，可以参照社会心理学发展的历史和其他国家的建设经验，从时间和空间两个维度进行探索。时间维度有三个参照点：社会心理学的过去、现在和将来。应该看到，社会心理学的过去既有社会学的社会心理学，也有心理学的社会心理学；既有欧陆社会心理学家强调群体的影响，也有北美重视个体实验的影响。社会心理学（特别是文化心理学）最近呈现出多学科背景（如社会学、人类学），以及多研究方法（神经、基因、大数据）的融合，未来研究有望在此基础上继续发展。

　　与之相对应，在空间维度上，社会心理学也有三个参照点：北美、欧洲和亚洲。现有研究在理论上仍然只延续了北美和欧洲的传统，仍未考虑过亚洲。虽然目前已经有研究涉及了亚洲文化传统中独有的现象（如佛教中的"正念禅修"[1]），但仍然只是研究对象的转换，尚未涉及研究者思考研究对象方式的改变，即理论建构方式的改变。未来研究应重视理论建构方式的亚洲化，而不仅仅是研究对象的亚洲化。

　　二要强调方法论的创新。应紧跟国际社会心理学的前沿发展，把握其最新研究方法、研究视角和研究主题。在研究视角上，西方社会心理学出现了积极心理学、进化心理学和认知神经科学等，尤其是"社会认知神经科学"的研究方法，使人类对社会心理现象的理解从社会水平和认知水平深入到神经水平、细胞水平。最近有关基因的社会心理学研究[2]则将社会心理学的微观层面带到了一个新的水平。与之相对，有关社会生态因素的研究，利用新的数据。比如 S. Oishi 关于居所流动性对自我、社会关系及幸福感的研究；[3] 又如 P. Greenfield 利用谷歌全球书籍词频统计器（Google Books Ngram）对美国和英国文化变迁的研究[4]，以及利用

---

①　Speca, M., Carlson, L. E., Goodey, E., & Angen, M., "A Randomized, Wait – list Controlled Clinical Trial: The Effect of a Mindfulness Meditation – based Stress Reduction Program on Mood and Symptoms of Stress in Cancer Outpatients", *Psychosomatic Medicine*, 2000, 62 (5), 613 – 622.

②　Tadmor, C. T., Chao, M. M., Hong, Y. Y., & Polzer, J. T., "Not Just for Stereotyping Anymore Racial Essentialism Reduces Domain – general Creativity", *Psychological Science*, 2013, 24 (1), 99 – 105.

③　Oishi, S., "The Psychology of Residential Mobility Implications for the Self, Social Relationships, and Well – being", *Perspectives on Psychological Science*, 2010, 5 (1), 5 – 21.

④　Greenfield, P. M., "The Changing Psychology of Culture from 1800 through 2000", *Psychological Science*, 2013, 24 (9), 1722 – 1731.

基于行动者的模型（agent – based modeling）建构社会心理学理论，捕捉复杂和动态的社会心理过程。① 这些研究把社会学、经济学，甚至是历史学中的宏观视角带到了社会心理学研究中，亦反映了在宏观层面未来发展的新方向。

三要加强研究与应用的结合。我国目前的研究，要么过于追求研究方法的科学性，在研究主题和理论上追随西方学者，失去了与中国社会现实的关联性；要么一头扎进社会现实和社会实践中，不是停留在对现象的描述，就是做一系列应景的对策性和应用性研究。实际上，社会心理学是研究与应用密不可分的。我们认为，对中国社会现实问题进行"深耕细作"是破解上述难题的有效途径。所谓深耕，指的是对现象的理解。我国已故著名心理学家陈立先生早在 20 世纪 90 年代末，就曾提出"两条腿走路"的心理学。② 在当时强调经验、数据的大背景下，陈立先生提出不能放弃诠释学（或释义学）取向的心理学。其所谓的诠释学，既是研究的取向，也是具体的策略。在这种诠释学深耕现象的基础上，还要进行细作。所谓细作，指的是立足现象的理论抽象。如果说深耕尚有前人的理论、方法和经验可循，现有文献中关于细作的论述却并不多见。如何完成从现象到理论的升华？前人经验总在告诉我们这是重要且关键的一步③，但如何具体操作却并不够明确，而这看起来也似乎并不是一个可操作性的问题。这可能是我们在结合应用与理论研究时，需要共同面对和解决的一个关键问题。

对于转型期社会心理学的具体研究课题，我们结合社会心理学的发展趋势——"神经革命"、"应用革命"，以及"文化革命"，提出如下三个层面的九个具体问题：

个体层面：①中国人道德判断与道德行为的心理与脑机制，能否通过行为手段或神经科学手段对不当道德判断与行为进行矫正？②个体心

---

① Smith, E. R., & Conrey, F. R., "Agent – based Modeling: A New Approach for Theory Building in Social Psychology", *Personality and Social Psychology Review*, 2007, 11 (1), 87 – 104.

② 陈立：《平话心理科学向何处去》，《心理科学》1997 年第 5 期，第 385—389 页。

③ Hong, Y. Y., Chao, M. M., Yang, Y. J., & Ronsner, J. L., "Building and Testing Theories: Experiences from Conducting Social Identity Research", *Acta Psychologica Sinical*, 2010, 42 (1), 22 – 36.

理因素在腐败行为和司法实践中发挥的作用，腐败主体对腐败风险及其可控性认知如何影响其腐败行为，以及如何抑制腐败？③个体宗教信仰如何受到遗传和文化因素的影响，并进而影响其自我意识、道德情感和亲社会行为，其神经机制是什么？

人际层面：①重视新型人际关系的功能研究，如亲子依恋、同伴关系与师生关系如何影响其情绪理解与调节能力的发展，人际关系在亲社会行为、问题行为和社会适应中发挥了什么作用？②不同民族的个体间冲突如何伸延到群体从而导致冲突矛盾的激化，如何建立系统的民族冲突心理预警机制来避免极少数民族分离主义的煽动，从而促进民族和谐？③不同社会经济地位如何影响人的社会心理与行为，又如何通过具体行为来改变自己的社会阶层？低社会阶层人的典型社会心理与行为，如何积累与积聚进而成为社会不稳定因素？

群体层面：①中国文化中独特元素如中庸、群体意识、集体主义等对中国人群体的心理有何独特的塑造，其相应的神经基础是什么？②对新移民、少数民族和环卫工人等不同社会群体的刻板印象、偏见和歧视的心理机制是什么，中国社会的纵向时代变化和横向社会分层所促成的群际关系有何特殊性？③公共事件、网络集群如何诱发社会心理波动与集群行为，其发生发展和变化规律是什么，如何进行监测与预测？

以及与上述层面相关的心理健康研究，是社会心理学为社会服务的主要方向和领域，包括心理障碍、网络成瘾和心理健康服务体系机制研究，预防和干预情绪异常、心理障碍、心理疾病的方法与技术；幸福、健康的心理学研究，中国文化下自我、创造力与心理健康的关系研究；对邪教参与人员的心理治疗与干预，提升处境不良群体的心理健康，以及对独生子女群体、学生群体、职业群体、弱势群体和网民群体的心理健康教育，等等。

五　我们的展望

社会转型期为我国的社会心理学研究提供了一个绝佳的"实验靶场"。更确切地说，社会转型期显现的独特的社会心理现象正是这"实验靶场"之所在。然而发现靶场只是第一步。即使身处靶场，仍会有脱靶，或者只是击中靶环。因此，第二步，正中靶心才是最终的目标。那么对于心理学来说，什么才是社会转型期这个实验靶场中的靶心呢？靶心，应该是人的心理规律，或者说是用心理学的学科术语所描绘的人性。只有正中靶心，我们的研究才能真正地在心理学的学科历史上留下脚印。

社会转型期又好比是涨潮。涨潮的时候，海浪会把贝壳冲上沙滩。贝壳就像是在这环境中显现出来的林林总总的心理现象。潮水固然可能会退却，贝壳也会褪色，但在贝壳里发现的珍珠却会长存。这珍珠恰如纷繁的心理现象中蕴藏的规律。任何社会变迁、社会转型都是研究社会心理学的宝贵时刻。现在的中国已经具备了研究社会心理学的良好契机，也不乏先进的仪器和设备。但我们仍然需要有理论建构的视角和深度以及方法论的创新，并有机结合基础与应用研究，方能从贝壳中取出珍珠，正中靶心！

第三章　人际知觉偏差与国民信任感危机

　　人际信任是和谐人际关系的基础，也是社会诚信和政府公信的基础。人际信任缘于人际好奇。这是个体在人际交往活动中对他人的信息产生的好奇，其中包括对他人的生活经历、生活习惯和细节，以及想法、感受、动机产生的好奇。人际好奇受到个体性别、年龄、个体状态、人格和文化价值观等因素的影响，而且人际好奇在人际关系的建立与维持、人格判断、文化学习和维护社会规范等方面有积极影响，但有时也会产生偏差。人际知觉偏差就是在人际知觉过程中所表现出来的误读现象，正性—负性信息的非对称性、行动者—观察者非对称性和人际沟通障碍就是常见的人际知觉偏差。它是直接导致人际不信任、人际矛盾冲突现象的主要心理原因，其心理机制可以概括为锚定调节启发，相关研究可以作为构建和谐人际关系的出发点和突破点。人际信任的基础是增进人际知觉的准确性，培养积极健全的心态和人格，掌握增进人际和谐的措施和手段。例如培育和增进友谊。友谊是个体认同的，对其产生影响并有可能相互作用的持续稳定关系。它具有不同的特征，友谊数量用于衡量友谊的有无，友谊质量用于衡量友谊的发展，友谊稳定性用于衡量友谊的持续时间。个体因素、友谊特征和环境因素都会对青少年友谊形成和发展产生影响。有鉴于此，我们结合现有研究成果与课题组网络大规模调查数据，揭示了我国社会转型期国民信任感危机的现状，分析了不同教育水平、年龄、职业、收入和阶层人们的信任感差异，并从负性信息的强势效应、本位主义的膨胀效应、沟通过程的错位效应三个方面，详细分析了国民信任感的社会心理成因。我们认为，社会转型有很多面向与特征，人际信任的特征也随着时代变迁而变化，因而对社会转型期信任感变迁的研究，不应只局限于个体因素与信任感两者关系的探讨，还应在社会转型这一更为广阔的时代背景下进行思考，探索国民信任感危机的深层次原因，并从国家、政府和公众层面上给出提高国民信任感的具体建议。

第一节 人际好奇的概念、功能与理论解释

好奇（curiosity）是人类探求新知识和新信息的内在动力[1][2][3][4]，它能够激发人的兴趣并缓解不确定感。[5] 好奇心也是人类学习和发展的内在动力，是人类进行探索性和创造性活动时所具备的重要心理特征，因此近些年来也得到了广泛的关注和研究。[6][7][8][9]

Berlyne（1954）将好奇划分为知觉性好奇（perceptual Curiosity）和认识性好奇（epistemic curiosity）。知觉性好奇是由新异的视觉或听觉上的刺激引起的，通过新的刺激引发个体探索性的行为，例如仔细听一个不寻常的声音。认识性好奇是由知识上的不确定性所引发的，激发个体提出疑问，寻找答案，最终获取知识。[10] Litman 等在此分类的基础上又增

---

① Berlyne, D. E. , "A Theory of Human Curiosity", *British Journal of Psychology*, 1954, 45, 180 – 191.

② Loewenstein, G. , "The Psychology of Curiosity: A Review and Reinterpretation", *Psychological Bulletin*, 1994, 116 (1), 75 – 98.

③ Kashdan, T. B. , & Roberts, J. E. , "Trait and State Curiosity in the Genesis of Intimacy: Differentiation from Related Constructs", *Journal of Social and Clinical Psychology*, 2004, 23 (6), 792 – 816.

④ Litman, J. A. , & Jimerson, T. L. , "The Measurement of Curiosity as a Feeling of Deprivation", *Journal of Personality Assessment*, 2004, 82, 147 – 157.

⑤ Litman, J. A. , Collins, R. P. , & Spielberger, C. D. , "The Nature and Measurement of Sensory Curiosity", *Personality and Individual Differences*, 2005, 39, 1123 – 1133.

⑥ Litman, J. A. , & Spielberger, C. D. , "Measuring Epistemic Curiosity and its Diversive and Specific Components," *Journal of Personality Assessment*, 2003, 80 (1), 75 – 86.

⑦ Kashdan, T. B. , Rose, P. , & Fincham, F. D. , "Curiosity and Exploration: Facilitating Positive Subjective Experiences and Personal Growth Opportunities", *Journal of Personality Assessment*, 2004, 82, 291 – 215.

⑧ Rotgans, J. I. , & Schmidt, H. G. , "Situational Interest and Academic Achievement in the Active – learning Classroom", *Learning and Instruction*, 2011, 21, 58 – 67.

⑨ Jirout, J. , & Klahr. D. , "Children's Scientific Curiosity: In Search of an Operational Definition of an Elusive Concept", *Developmental Review*, 2012, 32, 125 – 160.

⑩ Berlyne, D. E. , "Curiosity and Exploration", *Science*, 1966, 153, 25 – 33.

加了感官性好奇（sensory curiosity）。感官性好奇是由新的感官体验引发的好奇。①②

但以往对好奇的研究多以探索客观环境的好奇为主，是对"物理性"世界的好奇进行的研究。而人类生活在纷繁复杂的社会中，获得社会性的信息同样重要。因此个体不仅对客观事物及其规律产生好奇，也会对周围的人产生好奇，例如对他人的兴趣爱好、生活习惯、想法感受等产生好奇。事实上个体对人的好奇是普遍存在的。③④⑤ Dunbar（2004）指出人们在谈话中 2/3 的内容都是社会性的话题。⑥

那么，这种对他人的信息产生的好奇是怎样的心理特质或状态？英国有一句谚语"好奇害死猫"，其含义是指个体对他人的事过分好奇最终害了自己。而有研究表明，对他人信息产生的好奇在个体的人际交往中有一定的积极作用⑦，过分的好奇则与负性情绪相联系。⑧ 那么在社会生活中，这种好奇心对人类自身的生存和发展究竟有什么影响？其背后的原因是什么？其生理机制是怎样的？是如何测量的？这里分别从概念界定、理论解释、测量方法、生理机制和社会功能等方面对社会性的好奇进行阐述，并对该领域未来的研究方向展开讨论。

---

① Collins, R. P., Litman, J. A., & Spielberger, C. D., "The Measurement of Perceptual Curiosity", *Personality and Individual Differences*, 2004, 36, 1127-1141.

② Litman, J. A., & Pezzo, M. V., "Individual Differences in Attitudes towards Gossip", *Personality and Individual Differences*, 2005, 38, 963-980.

③ Farley, S. D., "Is Gossip Power? The Inverse Relationship between Gossip, Power, and Likability", *European Journal of Social Psychology*, 2011, 41, 574-579.

④ Farley, S. D., Timme, D. R., & Hart, J. W., "On Coffee Talk and Break-room Chatter: Perceptions of Women Who Gossip in the Workplace", *Journal of Social Psychology*, 2010, 150 (4), 361-368.

⑤ Michelson, G., Van Iterson, A., & Waddington, K., "Gossip in Organizations: Contexts, Consequences, and Controversies", *Group & Organization Management*, 2010, 35 (4), 371-390.

⑥ Dunbar, R. I. M., "Gossip in Evolutionary Perspective", *General Review of Psychology*, 2004, 8, 100-110.

⑦ Kashdan, T. B., McKnight, P. E., Fincham, F. D., & Rose, P., "When Curiosity Breeds Intimacy: Taking Advantage of Intimacy Opportunities and Transforming Boring Conversations", *Journal of Personality*, 2011, 79 (6), 1369-1402.

⑧ Litman, J. A., & Pezzo, M. V., "Dimensionality of Interpersonal Curiosity", *Personality and Individual Differences*, 2007, 43, 1448-1459.

一 人际好奇的概念

1. 人际好奇的定义

Renner（2006）把在社会生活领域产生的好奇称之为社会性好奇（social curiosity）。[1] 他认为社会性好奇是个体希望获得关于他人行为、想法、感受等新信息的愿望，在这种愿望的驱动下个体产生探索性行为。社会性好奇是一种本能的动力—行为系统。而 Litman 和 Pezzo（2007）则将这种好奇称为人际好奇（inter personal curiosity，IPC）。[2] 人际好奇是对他人的新信息产生好奇，其中包括他人的生活经历、生活习惯和细节，以及内在的想法、感受、兴趣等的信息。

虽然这两种定义命名有所不同，但其内涵相一致。这里将采用"人际好奇"这一命名。因为"社会性"的含义太广，不仅包含人际水平上的互动，还包含群体水平上的互动。在此处使用"人际好奇"更为合理，因为对人产生的好奇是较小范围的人际互动。

2. 人际好奇的结构

人际好奇作为好奇的一种类型，可以从好奇的角度来理解它的结构。好奇可以分为特质型好奇和状态型好奇。那么，人际好奇可以分为特质型人际好奇（trait inter personal curiosity）和状态型人际好奇（state inter personal curiosity）。特质型人际好奇是指个体希望获知他人信息的倾向性，是一种持续稳定的人格特质。而状态型人际好奇是指由情景引发的人际好奇体验，是一种变化和波动的主观感受。[3]

研究发现，特质型人际好奇与积极的人际关系呈正相关，其作用机制是个体处于人际好奇状态时与他人能够产生良好的人际互动。[4] 此外，

---

[1] Renner, B., "Curiosity about People: The Development of a Social Curiosity Measure in Adults", *Journal of Personality Assessment*, 2006, 87, 305 – 316.

[2] Litman, J. A., & Pezzo, M. V., "Dimensionality of Interpersonal Curiosity", *Personality and Individual Differences*, 2007, 43, 1448 – 1459.

[3] Berlyne, D. E., "Curiosity and Exploration", *Science*, 1966, 153, 25 – 33.

[4] Kashdan, T. B., & Roberts, J. E., "Trait and State Curiosity in the Genesis of Intimacy: Differentiation from Related Constructs", *Journal of Social and Clinical Psychology*, 2004, 23（6）, 792 – 816.

特质型人际好奇与开放性和外向性呈中等程度正相关。[1][2]

3. 人际好奇的概念辨析

"八卦"（gossip）在日常生活中常被提及，我们经常把爱说三道四的人称为爱八卦。目前较为公认的对八卦的定义是：以评价的方式（积极的或消极的）对不在场的第三方进行谈论。[3] 这似乎与人际好奇有很大的重叠之处，人际好奇和八卦均是关注他人的信息，而且都可以通过交谈的方式获取信息。但人际好奇和八卦是两个不同的概念，两者的区别主要表现在以下几个方面。[4]

第一，人际好奇与八卦获取信息的方式不同。八卦是在第三方不在场时，两个或两个以上的个体通过谈话，以间接的方式了解他人的信息；而高人际好奇的个体既可能会以非常具有侵犯性的、直接的方式问当事人的感受和私人问题，也可能以非常隐秘的方式了解他人信息，例如通过窗户观察邻居的行为。第二，生活中人们对八卦的评价比较消极，而对人际好奇持较为积极的评价。Hartung 和 Renner（2013）的研究发现，被试对自己社会性好奇和八卦的自我评价中，大多数被试认为自己的社会性好奇高于中等水平，而只有少数被试认为自己更八卦。[5] 因为自我评定常常具有社会赞许性，由以上结果可以看出人们对人际好奇的态度是较为积极的。第三，研究者对社会性好奇和八卦量表的得分与人格量表进行相关分析发现，社会性好奇与外向性和开放性呈显著正相关，而八卦则与外向性和神经质呈显著正相关。

此外，八卦通过谈话传播信息，有时甚至是散布流言，传达了不真实的信息；而人际好奇并没有传播的功能，只是当事人希望获取信息的愿望和探索的行为，在这个过程中当事人并没有主观臆造信息。

---

[1]　Renner, B., "Curiosity about People: The Development of a Social Curiosity Measure in A-dults", *Journal of Personality Assessment*, 2006, 87, 305 – 316.

[2]　Hartung, F. M., & Renner, B., "Social Curiosity and Interpersonal Perception: A Judge × Trait Interaction", *Personality and Social Psychology Bulletin*, 2011, 37 (6), 796 – 814.

[3]　Foster, E. K., "Research on Gossip: Taxonomy, Methods, and Future Directions", *Review of General Psychology*, 2004, 8, 78 – 99.

[4]　Hartung, F. M., & Renner, B., "Social Curiosity and Gossip: Related but Different Drives of Social Functioning", *PLOS ONE*, 2013, 8 (7), 1 – 9.

[5]　Ibid. .

二 人际好奇的理论探讨

人际好奇作为好奇的一种类型，下文将从好奇的理论出发，探索人际好奇的原因。主要从本能论、信息缺口理论、兴趣—剥夺理论和社会比较的视角解释人际好奇出现的原因。

1. 本能论

本能论认为好奇是人类的原始动力，是人类的本能。[①] 好奇就像饥饿一样，当个体体验到饥饿时会寻求食物，而当个体体验到好奇时，就会探索周围的环境。一旦这种状态得以缓解，个体就体验到满足和愉悦感。这与 Kang 等（2008）的研究[②]相一致，即好奇与预期奖赏的脑区有关。从本能论的角度来理解，人际好奇可能是人类在社会生活中生存的本能。

2. 信息缺口理论

Loewenstein（1994）提出了好奇的信息缺口理论（information – gap theory）。[③] 当个体当前的知识与想要获得的知识存在差距时，即个体意识到自己在知识或理解上存在信息缺口时，就会产生好奇，并去探索新信息，以弥补信息上的缺口。其中个体当前的知识是客观存在的，而个体想要获取的知识是主观的。个体主观想要获取的信息与个体的参照对象和个体当前的知识背景有关。

个体与他人的信息进行比较时，发现自己在某方面信息缺失时就会产生相对剥夺感，因此个体会产生好奇，并探索新知识，以缓解剥夺感。另外，个体当前的知识背景会影响个体对哪些信息更好奇。个体对与自己的知识背景更相关的新信息更容易产生好奇。例如，一个人只知道一个国家 50 个州名中的 3 个，而另外一个人知道 50 个州名中的 47 个，那么后者更容易对剩下的不知道的州名更好奇。这也可以解释在人际好奇中，个体对与自己比较了解的人更感兴趣，而对跟自己比较陌生的人的

① Day, H. I., "The Measurement of Specific Curiosity", In H. I. Day, D. E. Berlyne, & D. E. Hunt (eds.), *Intrinsic Motivation: A New Direction in Education*, New York: Holt, Rinehart & Winston, 1971.

② Kang, M. J., Hsu, M., Krajbich, I. M., Loewenstein, G., McClure, S. M., Wang, J. T., & Camerer, C. F., "The Wick in the Candle of Learning: Epistemic Curiosity Activates Reward Circuitry and Enhances Memory", *Psychological Science*, 2008, 20 (8), 963 – 973.

③ Loewenstein, G., "The Psychology of Curiosity: A Review and Reinterpretation", *Psychological Bulletin*, 1994, 116 (1), 75 – 98.

信息好奇程度并不高。

3. 兴趣—剥夺理论

Litman 等（2005）提出了好奇产生的兴趣—剥夺模型（interest - deprivation theory）①（见表 3 - 1）。他认为，好奇的产生可以从两个维度来解释，分别是喜好（liking）和需要（wanting）。当个体对某件事喜好的水平高，需要的水平低，好奇是由兴趣所引发的；而当对某件事既喜好又需要的时候，好奇是由剥夺感引发的；当喜好和需要的水平都很低时，好奇是由无聊引发的。由于个体感到无聊，想要寻求新鲜事物的刺激;②当个体的喜好水平低，而需要水平高时，只是希望缓解不确定性，有可能是一种病态的好奇。

表 3 - 1　　　　　　　　　　产生好奇的兴趣—剥夺模型③

喜好	需要	
	低	高
高	兴趣	剥夺感
低	无聊	缓解不确定性

由此模型推论到人际好奇，可以从好感和人际关系的紧密程度来解释人际好奇（见表 3 - 2）。当个体对他人有好感，但是人际关系紧密程度低时，人际好奇是由兴趣引发的，例如对社会名人、明星等的关注；当对他人有好感，而且人际紧密程度很高时，人际好奇是由剥夺感引发的，例如对恋人的兴趣、行为等产生的好奇；当对他人的好感低、人际紧密程度也低时，人际好奇是由无聊引发的，例如无聊状态下个体会在网络上随意地浏览他人的微博；当对他人的好感低，紧密程度比较高时，人际间的好奇可能仅仅是缓解由认知的不确定性引发的焦虑，这种人际好奇可能是畸形的，例如窥探邻居。

---

① Litman, J. A., & Pezzo, M. V., "Individual Differences in Attitudes towards Gossip", *Personality and Individual Differences*, 2005, 38, 963 - 980.

② Fowler, H., *Curiosity and Exploratory Behavior*, New York: Macmillan, 1965.

③ Litman, J. A., "Curiosity and the Pleasures of Learning: Wanting and Liking New Information", *Cognitive and Emotion*, 2005, 19 (6), 793 - 814.

表3-2　　　　　　　产生人际好奇的兴趣—剥夺模型

好感	人际关系的紧密程度	
	低	高
高	兴趣型人际好奇	剥夺型人际好奇
低	无聊型人际好奇	病态型人际好奇

4. 社会比较

个体在进行社会比较时，会通过关注比较目标、关注自身以及关注自身与目标之间的差距展开比较。[①] 而在社会比较的驱动下，个体会产生人际好奇。因为个体为了与他人进行比较，首先需要获知他人的有关信息。Gibbons 和 Bunnk（1999）也发现，社会比较倾向高的个体对他人的信息更感兴趣，希望获知他人的想法和行为，并把他人的特点和经历与自己的进行比较。[②] 因此社会比较也可能是人际好奇产生的原因。

三　人际好奇的测量

目前，我国没有对人际好奇进行测量的量表，而对好奇的测量也仅限于对儿童好奇心的测量。[③][④] 国外对人际好奇的测量主要是运用自陈量表进行测量。以往研究中对特质型人际好奇进行了测量。此外，有研究者还对人际好奇的生理机制进行了探索。

1. 人际好奇的自陈量表

Singer 和 Antrobus（1972）在研究白日梦（daydreaming）时，对人际好奇进行了测量。[⑤] 在此研究中，人际好奇量表 IPCS（inter personal curiosity scale）包含12个项目。在这些题目中测量了个体对他人个人生活所

---

① 邢淑芬、俞国良：《社会比较：同化效应还是对比效应》，《心理科学进展》2006年第6期，第944—949页。

② Gibbons, F. X., & Buunk, B. P., "Individual Differences in Social Comparison: Development of a Scale of Social Comparison Orientation", *Journal of Personality and Social Psychology*, 1999, 76, 129 - 142.

③ 张日昇、胡克祖、杨丽珠：《3—6岁幼儿好奇心结构探索与验证性因素分析》，《心理发展与教育》2005年第2期，第7—10页。

④ 刘云艳、张大均：《幼儿好奇心结构的探索性因素分析》，《心理科学》2004年第1期，第127—129页。

⑤ Singer, J. L., & Antrobus, J. S., "Daydreaming, Imaginal Processes and Personality: A Normative Study", In P. W. Sheehan (ed.), *The Function and Nature of Imagery*, San Diego, CA: Academic, 1972.

表现出的兴趣。例如"当我注意到餐厅或酒吧里的人时，我常想他是什么样的人，靠什么生活？"该量表中的项目没有考察个体对他人想法、感受产生的好奇，而且也没有考察个体由于好奇而产生的行为。

Litman 等在 IPCS 的基础上进行了修订。修订后的人际好奇量表共 15 个项目，是四级评分量表。该量表包含三个维度：情绪好奇（Curiosity about Emotions，CE）、侦探意愿（Spying and Prying，SP）、窥探行为（Snooping，Sn）。其中，情绪好奇是指个体想要获知有关他人感受的信息，例如个体关注他人的非言语信息，例如观察他人的表情以推测情绪感受；侦探意愿则是个体希望参与侦探活动的意愿，人际好奇高的个体可能考虑过将采访作为自己的职业；窥探行为是指个体对他人的兴趣爱好、生活很好奇，个体会通过有意无意的来回走动，从他人的生活环境中获知信息。[①] 被试在该量表上的得分与八卦倾向（tendency to gossip）呈正相关，而且侦探意愿维度与特质型焦虑呈正相关。

Renner（2006）编制的社会性好奇量表 SCS（social curiosity scale）包含两个维度：一般社会性好奇（general social curiosity）和隐秘社会性好奇（covert social curiosity）。[②] 一般社会性好奇是指个体对他人的生活习惯、感受和想法产生的好奇；而隐秘社会性好奇是个体暗中观察他人的行为或听他人交谈，例如在火车上听他人的谈话。该量表由 10 个项目组成，是四级评分量表。被试在该量表上的得分与特质型好奇、人格外向性、社交能力（social competence）等均呈正相关；一般社会性好奇与社会焦虑呈负相关，而隐秘社会性好奇与社会焦虑呈正相关；有趣的是，隐秘社会性好奇还与神经质呈正相关，这反映了隐秘社会性好奇有一定的负面性。

我国对以上人际好奇的自陈量表也没有修订版本，而且目前对人际好奇的测量缺乏实验研究。

2. 人际好奇的神经生理机制

目前，学术界对人际好奇的神经生理机制的研究较少。Kang（2008）

---

① Litman, J. A., & Pezzo, M. V., "Dimensionality of Interpersonal Curiosity", *Personality and Individual Differences*, 2007, 43, 1448–1459.

② Renner, B., "Curiosity about People: The Development of a Social Curiosity Measure in Adults", *Journal of Personality Assessment*, 2006, 87, 305–316.

等的 fMRI 研究发现，认识性好奇与有关奖赏预期的脑区有关。在这一研究中，实验材料是 40 个知识性的问题，例如：地球属于哪个星系？什么乐器的声音最像人类的歌声？向被试呈现这些问题后，让被试对该问题的好奇程度从 1—7 进行评定，然后对自己评定的确信度打分，然后再次呈现问题，最后呈现问题的答案。根据被试对好奇程度的评分，划分为高好奇试验和低好奇试验。通过功能性磁共振成像技术发现，高好奇试验比低好奇试验更多地激活了侧前额叶（lateral prefrontal cortex）、尾状区（caudate regions）等脑区，而侧前额叶和尾状区在以往研究中被证明与预期奖赏有关。而且，在答案出现时，高好奇试验比低好奇试验被试的瞳孔放大水平更高，说明被试处于高好奇状态时，会使用更多的认知资源去探索问题的答案。

在此基础上，韩春慧（2011）对人际好奇的神经生理机制进行了探索。在这一研究中，让被试与一个陌生人、计算机同时做一个砸蛋的赌博游戏，被试可以在电脑屏幕上看到另外一个人和计算机也参与游戏。在游戏过程中，共 360 次试验，有一半的试验给予反馈，另一半则没有结果反馈。在不给予反馈的试验中，ERP 的波幅更大。具体来说，给予反馈和没有反馈条件下 LPC（late positive component）波幅的差异显著程度不同，被试对自己的结果有反馈和没有反馈时，LPC 波幅差异程度最大；当他人的结果有反馈和没有反馈时，LPC 波幅差异显著，但程度减小；而当电脑的结果有反馈和没有反馈时，LPC 波幅差异不显著。而且人际好奇心强的个体 LPC 的波幅更大。[①] LPC 的波幅反映了个体的资源分配程度。这表明高人际好奇的个体，或者个体产生人际好奇状态时，会用更多的认知资源去探索环境，弥补自己目前的信息与想要获知的信息之间的缺口（gap）。

四　人际好奇的影响因素

影响人际好奇的因素有性别、年龄、个体状态、人格和文化价值观等因素。以下将从这几个方面分别探讨人际好奇的影响因素及其原因。

1. 性别

在日常生活中，女性常常被认为比男性更爱八卦，对人际间的关系

---

① Han, C., Li, P., Warren, C., Feng, T., Litman, J., & Li, H., "Electrophysiological Evidence for the Importance of Interpersonal Curiosity", *Brain Research*, 2013, 1500, 45 – 54.

更加敏感，那么女性是否比男性的人际好奇心更强呢？研究发现，无论哪个年龄段的女性人际好奇水平都高于男性，而在非人际的好奇（impersonal curiosity）上都低于男性。①

这是因为女性本身就对人际方面的信息关注比较多。一项对男性和女性语言的文本分析发现，女性的对话内容多与心理与社会过程有关，在对话中常谈论人际关系，表达自己的内在想法与感受；而男性的对话内容多是对外在客观事物和事件的讨论。② 女性的人际敏感性更高③，而且从儿童期就有体现。④ 女孩之间的活动多是关系指向的，自我暴露较多，倾向于寻求支持、表达情感。所以，女性会对他人的信息，特别是关于内在感受的信息更容易产生好奇。

从进化心理学的角度来解释人际好奇性别差异的原因，主要有两点：第一，女性在繁衍和抚养后代中投资更多⑤，而怀胎和哺育后代的过程对环境的稳定性要求很高，因此女性需要与周围的人建立长期稳定的人际关系，这样才有利于自己和后代的生存。第二，由于女性身体条件和社会地位上处于弱势地位，对周围的人和环境的依赖性高。例如，有研究发现女性更容易寻求情感上的社会支持⑥，因此，女性有更强的人际敏感性，更需要建立紧密的人际关系。而人际好奇可以帮助女性与他人建立良好的人际关系。例如，人际好奇会驱动个体探索他人的想法感受、兴趣爱好，当个体获知这些信息之后可以做出相应的回应，在此基础上与

---

① Giambra, L. M., Camp, C. J., & Grodsky, A., "Curiosity and Stimulation Seeking Across the adult Life Span: Cross - section and 6 - to - 8 year Longitudinal Findings", *Psychology and Aging*, 1992, 7 (1), 150 - 157.

② Litman, J. A., & Pezzo, M. V., "Individual Differences in Attitudes towards Gossip", *Personality and Individual Differences*, 2005, 38, 963 - 980.

③ Hall, J. A., & Mast, M. S., "Are Women Always More Interpersonally Sensitive Than Men? Impact of Goals and Content Domain", *Personality and Social Psychology Bulletin*, 2008, 34 (1), 144 - 155.

④ Rose, J. A., & Rudolph, K. D., "A Review of Sex Differences in Peer Relationship Processes: Potential Trade - offs for the Emotional and Behavioral Development of Girls and Boys", *Psychological Bulletin*, 2006, 132 (2), 98 - 131.

⑤ Buss, D. M., *Evolutionary Psychology: The New Science of the Mind*. Needham Heights, MA, US: Allyn & Bacon, 1999.

⑥ Ryan, R. M., La Guardia, J. G., Solky - Butzel, J., Chirkov, V., & Kim Y, "On the Interpersonal Regulation of Emotions: Emotional Reliance Across Gender, Relationship and Cultures", *Personality Relationships*, 2005, 12, 145 - 163.

他人形成良好互动。

2. 年龄

Giambra 等对成年人的人际好奇和非人际好奇分别进行了横断研究和纵向研究，其中纵向研究持续了 6—8 年。[1] 在纵向研究中发现，女性随年龄增长人际好奇呈现下降趋势，而非人际好奇呈上升趋势；而男性在两种好奇上并没有随年龄变化呈现出系统的变化趋势，但男女之间的差异随年龄增长逐渐减小。这可能与男性和女性由于不断成熟有向中性性格靠拢的趋势有关。但是在纵向研究中，参与第一次测量的被试年龄范围是 24—71 岁，没有对儿童的人际好奇进行测量。而在这一研究的横断研究中，被试的年龄范围是 17—92 岁，研究发现，女性在人际好奇和非人际好奇上年龄差异不显著，男性在这两种好奇上的年龄差异显著，但没有呈现出随年龄变化的系统的趋势。

此外，Renner（2006）[2] 也发现，年轻的成年人（平均年龄 24 岁）比年长的成年人（平均年龄 47 岁）人际好奇水平更高。这说明，随年龄增长，当个体获得更多关于社会规范的知识，更熟练地运用社交技巧之后，对他人的信息兴趣降低。

3. 个体状态

我国研究者发现，个体当前的状态会对人际好奇产生影响。在赌博任务中，处于优势地位的个体比处于劣势地位的个体，人际好奇更为强烈；相对于男性，女性的人际好奇更为强烈。而当个体为满足人际好奇而付出代价时，男性与女性的人际好奇差异并不显著。[3]

个体控制感也会影响人际好奇的水平。有研究者运用实验研究探索了个体的控制感与社会性信息获取之间的关系。[4] 在这一研究中，研究者

---

① Giambra, L. M., Camp, C. J., & Grodsky, A., "Curiosity and Stimulation Seeking across the Adult Life Span: Cross – section and 6 – to – 8 year Longitudinal Findings", *Psychology and Aging*, 1992, 7 (1), 150 – 157.

② Renner, B., "Curiosity about People: The Development of A Social Curiosity Measure in Adults", *Journal of Personality Assessment*, 2006, 87, 305 – 316.

③ 韩春慧、李鹏、冯廷勇、李红：《个体当前状况对人际好奇的调节作用》，《心理科学》2012 年第 6 期，第 1435—1439 页。

④ Swann, W. B., Stephenson, B., & Pittman, T. S., "Curiosity and Control: On the Determinants of the Search for Social Knowledge", *Journal of Personality and Social Psychology*, 1981, 40, 635 – 642.

首先对实验组被试进行了控制感剥夺实验，其目的是让被试感到对环境的控制感降低。其实验程序是：让实验组的被试参加一个概念形成的测试，被试根据主试的反馈来确定预先设定的概念模型。但是主试的反馈是完全随机的，不一致的，因此被试完全无法从主试的反馈中获得正确的答案，但被试需要完成所有的 6 个问题。这个范式在以往研究中被证明可以让被试感到抑郁和习得性无助。

之后，让被试参加一个看起来相互独立的另外一个实验，就是让被试当"面试官"向面试者提问。这些问题的来源是一些亲密量表中的陈述，把这些陈述改成问题让心理学学生评价：如果你对一个大一新生问这个问题，从这个问题中你能多大程度上了解他？从少到多，用 1—6 进行打分。通过评价，将这些问题的诊断性（diagnostic）水平划分为三个等级，其中，了解更多信息的问题是诊断性的问题，而几乎了解不到个人信息的问题是非诊断性（non‐diagnostic）问题。挑选其中的方差较小的 30 个问题作为实验材料，然后让"面试官"从中选取 10 个问题提问，研究发现控制感被剥夺的被试比控制组的被试更多地选择更具诊断性的问题，例如：什么样的事会深深地伤害你？而控制组的被试比实验组问更多的非诊断性的问题，例如：你认为共产主义者对美国的影响有多大？

4. 人格

人际好奇的个体表现出对他人信息的关注和探索，表明他们对周围的人呈开放和接纳的态度，渴望接触信息。研究发现人际好奇与人格开放性和外向性呈正相关。[1][2][3] 另外，韩春慧（2011）[4] 研究表明，乐群性与人际好奇呈正相关。人格和人际好奇可能是一个相互影响的关系。如果个体对外界信息更开放，性格更外向，那么他的人际好奇水平可能更高，更希望接触新信息，而了解他人的信息又可以进一步促进人际关系，增强人格的开放性、外向性和乐群性。

---

① Renner, B., "Curiosity about People: The Development of a Social Curiosity Measure in Adults", *Journal of Personality Assessment*, 2006, 87, 305–316.

② Hartung, F. M., & Renner, B., "Social Curiosity and Interpersonal Perception: A Judge × Trait Interaction", *Personality and Social Psychology Bulletin*, 2011, 37 (6), 796–814.

③ Hartung, F. M., & Renner, B., "Social Curiosity and Gossip: Related but Different Drives of Social Functioning", *PLOS ONE*, 2013, 8 (7), 1–9.

④ 韩春慧：《人际好奇的电生理证据及其影响因素》，硕士学位论文，西南大学，2011 年。

5. 文化价值观

不同文化条件下，个体的人际好奇水平可能不同。在集体主义国家，个体重视人际关系，强调整体、和谐的观念；而在个体主义国家，则强调独立、自主和独特性。因此在集体主义文化下，个体的人际好奇水平可能更高。Strong（2013）① 的研究发现，个体主义者和集体主义者在人际好奇上有不同表现。集体主义者比个体主义者情绪好奇水平更高，即更关心他人的情绪；而个体主义者比集体主义者更多有窥探行为。另外，集体主义者一般社会性好奇水平高于个体主义者，而在隐秘社会性好奇的水平上，个体主义者更高。这说明，集体主义者对他人的情绪、想法和行为的关注更多，但不会采用不适当的方式窥探他人的隐私。而个体主义者的一般性社会性好奇水平不高，但会用窥探的方式满足自己的好奇心。

此外，个体的人际好奇水平还可能与依恋类型有关。因为研究发现回避型依恋与社会性探索呈负相关。② 但人际好奇与依恋的关系尚未得到实证研究的证实。

五 人际好奇的社会功能

个体获得关于他人的信息有利于在纷繁复杂的社会中生存和发展。例如，个体获得关于他人兴趣爱好的信息可以投其所好，建立起良好的人际关系；而获取他人情绪感受的信息，可以与他人分享快乐或排忧解难，从而收获友谊；当个体获取关于他人生活经历的信息，可以丰富个体的社会经验，有利于自身的生存与发展。以下将从社会交往、攻击行为、人格判断准确性、文化学习以及维护社会规范方面对人际好奇的社会功能进行讨论。

1. 社会交往

高人际好奇的个体对他人的行为、情感、经验等持开放和接纳的态度，从而促进个体与他人之间产生积极的社会交往，建立良好的人际关

---

① Strong, R. L., Cultural Relationship: Curiosity and Openness to Experience (Unpublished Master's Thesis). University of Hawaii, Honolulu, 2013.

② Green, J. D., & Campbell, W. K., "Attachment and Exploration in Adults: Chronic and Contextual Accessibility", *Personality and Social Psychology Bulletin*, 2000, 26, 452 – 461.

系。Hartung（2010）[1] 认为，与高人际好奇的个体交流会有更积极的体验。高人际好奇的个体在与他人交流时会表现出更多的探索性和反应性的行为，例如询问问题、作出回应、目光交流等（见图3－1）。但是打听他人的秘密，问一些隐私性的问题并不能预测高质量的社会交往。另外，有研究者也发现，人际好奇高的个体更容易理解社会性行为，在建立和维持人际关系中具有积极作用。[2]

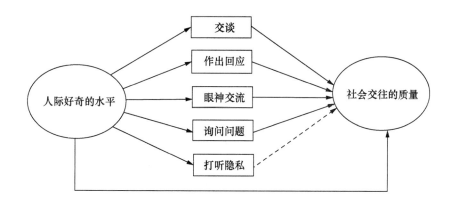

图3－1　人际好奇在社会交往中的作用机制[3]

2. 攻击行为

Kashdan 等（2013）[4] 分别用问卷和实验的方法研究了高低好奇个体在面对挑衅时的攻击性反应。研究发现，高好奇个体比低好奇个体在面对挑衅时，攻击行为更少。研究者还考察了处于恋爱关系中个体的攻击行为。在该实验中，被试分别是刚进入恋爱阶段的情侣和已经处于长期

① Hartung, F. M., Social Curiosity and its Functions（Unpublished doctorial disser tation）. University Konstanz, Konstanz, 2010.

② Kashdan, T. B., McKnight, P. E., Fincham, F. D., & Rose, P., "When Curiosity Breeds Intimacy: Taking Advantage of Intimacy Opportunities and Transforming Boring Conversations", *Journal of Personality*, 2011, 79（6），1369－1402.

③ Hartung, F. M., Social Curiosity and its Functions（Unpublished Doctorial Dissertation）. University Konstanz, Konstanz, 2010.

④ Kashdan, T. B., DeWall, C. N., Pond, R. S., Jr. Silvia, P. J., Lambert, N. M., Fincham, F. D., Keller, P. S., "Curiosity Protects Against Interpersonal Aggression: Cross－sectional, Daily Process, and Behavior Evidence", *Journal of Personality*, 2013, 81（1），87－102.

恋爱关系中的情侣。研究发现，恋爱初期的情侣们，如果是高好奇的，那么他们对游戏失败的一方施加的惩罚更少。因为高好奇的个体更希望了解对方的行为及其原因。

而且当个体的世界观遭到威胁时，高好奇的个体比低好奇的个体攻击性低。[1] 这是因为当个体面对一些偏离行为或与自己的价值观不符的言论时，高好奇的个体不会将之理解为有威胁的，而是希望发现其行为或言论背后的原因。因此，高好奇的个体攻击行为更少。相应地，具有好奇人格的个体在与人交往时会有更多的积极情绪反应。[2]

3. 人格判断准确性

有研究者发现，高人际好奇的个体对他人的人格判断更加准确，特别是在人格外向性和开放性两个维度上尤为准确。[3] 这是由于高人际好奇的个体在社会情境中更擅长察觉有效的言语和非言语的社会性线索，例如动作、姿势、说话的声音和穿着等，而且他们能够运用这些社会性线索做出判断，使得对他人的人格判断更加准确。在 Hartung 等的研究中，研究者从以往有关人际知觉和人格判断的研究中提取出 63 个线索。这些线索包括听觉线索（例如声音微弱还是有力）、静态视觉线索（例如发型是否时尚）、动态视觉线索（例如头部活动是否频繁）和对话交流线索（例如是否经常谈起关于自己的事）。高人际好奇的个体在人格判断中使用的线索更多，而且研究者对线索有效性进行评估之后发现，高人际好奇的个体对有效性高的线索使用率更高，其作用机制见图 3 - 2。但这种人格判断的准确性在宜人性、神经质和责任心三个维度上没有体现。

4. 文化学习

人际好奇也是个体进行文化学习的有效途径。[4] 人际好奇具有社会和

---

① Kashdan, T. B., Afram, A., Brown, K. W., Birnbeck M., & Drvoshanov M., "Curiosity Enhances the Role of Mindfulness in Reducing Defensive Responses to Existential Threat", *Personality and Individual Differences*, 2011, 50, 1227 - 1232.

② Kashdan, T. B., Sherman, R. A., Yarbro, J., & Funder, D. C., "How are Curious People Viewed and How Do They Behave in Social Situations? From the Perspectives of Self, Friends, Parents, and Unacquainted Observers", *Journal of Personality*, 2013, 81 (2), 142 - 154.

③ Hartung, F. M., & Renner, B., "Social Curiosity and Interpersonal Perception: A Judge × Trait Interaction", *Personality and Social Psychology Bulletin*, 2011, 37 (6), 796 - 814.

④ Baumeister, R. F., Zhang, L. Q., & Vohs, K. D., "Gossip as Cultural Learning", *Review of General Psychology*, 2004, 8, 111 - 121.

文化适应性。个体可以通过了解他人的成功的或失败的生活经验，获得在复杂社会中生存和发展的技能；而且当个体进入新的生活环境时，通过人际好奇可以学习关于社会文化的知识，有利于融入新的社会文化环境。有研究者发现，在组织的新员工中，好奇心高的个体在工作中有更好的表现。[①] 这是因为个体会在新环境中主动学习新知识和行为规范，了解组织中的人际关系，这将有助于新员工的适应。同理，人际好奇可能在个体加入新的团体或组织，变换生活环境时（例如新生入学、移民、换新工作等）起到积极的适应作用。

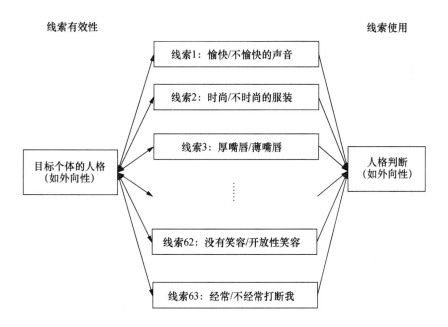

图 3 - 2　人际好奇在人格判断中的作用机制[②]

①　Harrison, S. H., Sluss, D. M., & Ashforth, B. E., "Curiosity Adapted the Cat: The Role of Trait Curiosity in Mewcomer Adaptation", *Journal of Applied Psychology*, 2011, 96 (1), 211 - 220.

②　Hartung, F. M., & Renner, B., "Social Curiosity and Interpersonal Perception: A Judge × Trait Interaction", *Personality and Social Psychology Bulletin*, 2011, 37 (6), 796 - 814.

5. 维护社会规范

Dunbar（2004）[1] 从进化心理学的角度解释了"八卦"在维护社会规范，制约"搭便车"（free rider）行为中的作用。他认为，语言为人类提供了自由交流的工具，但有的人利用语言进行欺骗，影响了社会秩序和规范。而人际的交流，在控制欺骗行为、惩罚欺骗者方面有重要的进化意义。人际好奇在维护社会规范中也有相似的社会功能。个体在人际好奇的驱动下获得社会规范的信息，不仅使个体规范自己的行为，而且对"搭便车"的人做出回避，间接地维护了社会规范。人际好奇心强的个体可以直接或间接地发现"搭便车"行为。一方面，由于人际好奇心强的个体对周围的人具有敏感性，善于发现新信息，因此他们会通过探索行为发现"搭便车"的人，并与这些人保持距离。另一方面，人际好奇心强的个体还会通过他人的生活经历，间接了解到哪些人是"搭便车"的人，从而做出回避。

此外，人际好奇还可能有其他社会功能。例如个体通过人际好奇获取关于社会环境的有效信息[2]，从而减少由不确定感所带来的焦虑，增加对社会环境的控制感；高人际好奇的个体对社会性信息具有高敏感性，因此与他人交往时，可能更容易产生共情；[3] 由于人际好奇与开放性、外向性呈正相关，对他人的信息开放性和接纳性更高，其情商也可能会更高；[4] 人际好奇还可能会帮助个体建立人际依恋，获得归属感；Hartung（2010）[5] 还发现人际好奇与社会胜任力之间具有高相关性。

六　未来研究方向

目前，对人际好奇的研究相对较少，未来还有很大的研究空间。未来对人际好奇的研究可以着眼于以下几个方面。

---

[1] Dunbar, R. I. M., "Gossip in Evolutionary Perspective", *General Review of Psychology*, 2004, 8, 100–110.

[2] Foster, E. K., "Research on Gossip: Taxonomy, Methods, and Future Directions", *Review of General Psychology*, 2004, 8, 78–99.

[3] Jensen, R. T., & Moran, D., "Introduction: Intersubjectivity and Empathy", *Phenomenology and the Cognitive Sciences*, 2012, 11, 125–133.

[4] Pankratova, A., & Zyryanova, N., "The Relationship of Emotion Intelligence with Intelligence and Personality", *Personality and Individual Differences*, 2014, 60, S75.

[5] Hartung, F. M., *Social Curiosity and its Functions* (*Unpublished Doctorial Dissertation*), University Konstanz, Konstanz, 2010.

第一，目前，我国对好奇的研究不仅局限于对知识的好奇，而且在年龄阶段上也局限于对婴幼儿、中小学生等儿童的好奇心研究。而国外对人际好奇的研究多以成年人为主，对儿童的研究较少。儿童在不断社会化的过程中，对知识的好奇和社会性好奇的发展过程可能呈现不同的发展趋势。人际好奇是习得的还是与生俱来的？如果是习得的，那么儿童是从什么时候发展出人际好奇的？其发展过程是怎样的？未来需从毕生发展的角度研究人际好奇。

第二，随着信息技术和网络的快速发展，获得他人信息方式不仅仅限于现实中的观察和面对面的交谈。目前在中国，QQ、人人网、微博、微信等网络社交媒体都提供了关于他人的信息。研究发现，经常使用社交网络的个体比不使用社交网络的个体对他人的生活更加好奇。[①] 因此，未来对于人际好奇的研究也应考察网络中的人际好奇行为。

第三，目前对人际好奇的测量方式主要是自陈量表，缺乏实验方面的测量方法。由于自陈量表有社会赞许性，在人际好奇测量的方式上有待进一步探索。此外，以往研究中对状态型人际好奇研究很少，未来研究中可以尝试使用启动实验进行研究，状态型好奇可能与个体的兴趣、需要和对某件事的卷入程度有关。

第四，以往对人际好奇社会功能的探索中实证研究较少，而且关于影响机制的研究也很少。许多与社会性有关的概念，例如安全型依恋、社会拒绝、归属感、同情心与人际好奇的关系缺乏实证研究，而且其中的机制也有待进一步探索和验证。此外，对人际好奇的探索应加强基础研究，进一步了解人际好奇的神经生理机制。

第五，在这里较多讨论了人际好奇的社会功能，但从 Renner（2006）[②] 的研究中不难发现隐秘社会性好奇与神经质存在正相关。因此，人际好奇的水平与心理健康之间的关系有待进一步研究。人际好奇的类型有待进一步细化。

第六，中国是集体主义的国家，在社会生活中对人际关系的依赖更

---

① Zeynep, T., "Grooming, Gossip, Facebook and Myspace", *Information*, *Communication & Society*, 2008, 11（4）, 544-564.

② Renner, B., "Curiosity about People: The Development of a Social Curiosity Measure in Adults", *Journal of Personality Assessment*, 2006, 87, 305-316.

强。中国人的人际好奇水平可能更高，但是在人际好奇的驱动下，中国人了解他人信息的方式与西方可能也有所不同。因此，在未来对人际好奇的研究中需进一步考虑文化差异的影响，探索我国这样一个典型的集体主义国家中人际好奇的特点，以及人际好奇与其他前因变量、后果变量的关系及其影响机制。

第二节　人际关系障碍：基于人际知觉偏差的视角

人际信任是和谐人际关系的基础，和谐人际关系是构建和谐社会的重要组成部分，这是当代社会的重要理论和实践课题。构建信任、和谐人际关系的视角是多方面的，既可以是道德伦理的，也可以是法律的，还可以是文化教育的。近年来，人际知觉偏差在人际关系领域受到广泛关注，成为当前社会心理学领域中的一个突出的热点课题。人际知觉偏差现象的研究也为我们探讨人际信任、和谐人际关系提供了全新视角。

一　人际知觉过程中的偏差现象

人际知觉就是在社会情境中个体对他人的表情、思想观念、态度行为、品格性格、人际关系和行为原因等方面的认知。人际知觉不是一个准确无误的过程，而是一种充满了偏差、误读和矛盾的过程。人际知觉偏差是直接导致朋友失和、社会愁怨、劳资冲突、夫妻反目、民族纷争和自卑自杀等社会现象发生的心理原因。人际知觉偏差现象是很丰富的，概括地说，这些偏差包括正性—负性信息的非对称性、行动者—观察者非对称性和人际沟通障碍等。

1. 正性—负性信息的非对称性

在日常生活中，领导与下属之间会相互误会，不同种族之间会相互误判，夫妻之间会相互误解，其中的一个重要原因是个体对于正性信息和负性信息的人际知觉是不一样的。正性—负性信息的非对称性就是说负性信息（如说谎、愤怒、侵犯、自卑）与正性信息（如微笑、诚实、自信）相比对形成人际态度（如初次印象）、激发情绪（如喜欢、满意度）等方面的作用存在非对称性差异，负性信息对人的认知、情感和行为方面的作用更强，由此，也被称为负性偏差。[①]

　　负性信息和正性信息与中性信息相比更容易引起人们的关注，而负性信息与正性信息相比更容易引起人们的警觉。Bar 等发现，判断者可以根据呈现 39 毫秒的面部表情识别对象的危险性，并形成初步印象。[②] 负性信息更容易预测关系的恶化或终结，人们对负性信息（如辱骂、撒谎等）更敏感，更容易记住，负性信息对人的认知、情感和行为方面的作用更强，这就是负性偏差。受到批评、被朋友抛弃等负性信息比受到表扬、结识朋友等正性信息对个体的情绪影响更强大、持久。婚姻关系中的不快事情（如消极言语、失信行为、性关系不和谐等），与积极事情（如积极表扬、诚实、性满足等）相比，更能预测几年后的婚姻状况。负性信息是人际交往中的重要参考因素，"你给我初一，我还你十五"式交往比"你敬我一尺，我敬你一丈"式交往对双方的影响更强，前者的直接结果就是关系的终结。为保持良好关系，正性信息要超过几倍的负性信息才能抵消负性信息的影响。对人的一次不礼貌行为引起的后果，约需要五次礼貌行为才能补偿，尤其在首次见面时的负性信息会给对方留下深刻印象，只有通过增加接触次数才能逐步化解。

　　2. 行动者—观察者非对称性

　　在人际互动中每个人既是观察者，也是被观察者（行动者），观察者能否准确识别被观察者的特征直接影响人际关系的特点和走向。行动者—观察者非对称性就是行动者和观察者对人际信息的认知存在性质或数量上的偏差分离现象。人们总是基于自己的眼睛、观点、信念、态度和心情来理解他人，常常夸大自己在某种人际关系中的作用，常常认为自己关注的对象也是别人所关注的对象。当个体关注自己的服饰、容颜和个性之时，认为别人也是这样。在吉洛维奇等的实验中，让大学生穿着胸前印有一位歌手的大幅头像的 T 恤衫，然后进入一个有许多学生的大教室，穿 T 恤衫的学生猜测大约一半的同学会注意到他的 T 恤衫，而

　　① Baumeister, R. F., Bratslavsky, E., Finkenauer, C., & Vohs, K. D., "Bad is Stronger than Good", *Review of General Psychology*, 2001, 5 (4), 323 – 370.

　　② Bar, M., Neta, M., & Linz, H., "Very First Impressions", *Emotion*, 2006, 6 (2), 269 – 278.

实际上注意到的人只有23%。[1] 人们常常高估别人对自己的关注程度，往往会把自己看作公众注意的焦点——焦点效应；人们高估自己内心状态的泄露程度，往往认为别人容易识破自己的内心状态——透明错觉。焦点效应和透明错觉容易使人际关系偏离相互融合、相互关注、相互理解和共同发展的方向，容易引发人际关系中的自我保护、焦虑或恐惧等心理现象，进而诱发人际矛盾或人际失衡。

行动者和观察者归因的非对称性就是说行动者和观察者对人际行为的行为原因的认识存在偏差。麦勒通过对 1971—2004 年的 173 项行动者—观察者非对称性研究的元分析发现，对负性信息（如失败、侵犯行为等）的行动者—观察者归因的非对称性效应显著，即行动者喜欢把自己的失败归因于情境，而观察者喜欢把他人的失败归因于其能力；与负性信息相比，对于正性信息（如成功、助人行为等）的行动者—观察者非对称性是反向的，即行动者喜欢把自己的成功归因于自己的能力，而观察者喜欢把他人的成功归因于问题简单或运气。[2]

在知觉他人和知觉自己的过程中，人们常常认为自己的判断是客观的，由此过分地夸大自己判断的合用性；同时，认为其他人的判断是自我陶醉，由此过分地夸大其他人的认知偏差。这种现象被称为偏差盲点。普让尼恩[3]的研究显示，人们总是认为，与其他人相比，自己是独立自主、坚强正直的，更不容易受到"自我服务倾向"和"自我关注倾向"等现象的影响。内省错觉和朴素的实在论是偏差盲点的两个重要根源。内省错觉就是指人们重视通过内省而获得信息的价值的倾向。内省信息包括自己的态度、感受和内在动机等，而非内省信息包括环境信息、他人的行为等。内省错觉的实质是，个体经过权衡认为内省信息（如自己的行为目的、自我概念等）可以作为评价自己的基础，因此，内省信息的价值比非内省信息的价值更大。人们常常认为，自己心目中的世界就

① Gilovich, T., Medvec, V. H., & Savitsky, K., "The Spotlight Effect in Social Judgment: an Egocentric Bias in Estimates of the Salience of One's Own Actions and Appearance", *Journal of Personality and Social Psychology*, 2000, 78 (2), 211 –222.

② Malle, B. F., "The Actor – observer Asymmetry in Attribution: A (Surprising) Meta – analysis", *Psychological Bulletin*, 2006, 132 (6), 895 –919.

③ Pronin, E., "How We See Ourselves and How We See Others", *Science*, 2008, 320 (5880), 1177 –1180.

是"客观的世界"，这种思想就是朴素的实在论。朴素的实在论是指人们常常认为自己所看到的东西就是世界的全部，自己知道的，别人不一定知道，自己比别人知道得更多；虽然人们看待事物的角度各有不同，当出现分歧和偏差时，人们常常否认自己的偏差，并把分歧和偏差归咎于他人。

3. 人际沟通障碍

人际沟通是一个你来我往的互动过程，这个过程包含许多障碍、变数和困局。自我中心理解和自我中心表达是人际沟通障碍的具体体现，并贯穿于人际沟通的整个过程。由于交往双方的信息资源、目的动机、文化风俗、成长环境、社会经验和人格特征等方面因素的差异，个体在理解他人和表达信息时经常出现自我中心的倾向。

自我中心理解具体表现为个体对对方发出信息的误解和曲解。从信息的接收者来看，"断章取义"、"添枝加叶"、"以貌取人"和"不求甚解"等信息加工模式导致误读他人和曲解他人；高高在上、盛气凌人、唯唯诺诺等心理距离或地位角色感受模式可以传递不同的言语和非言语信息，从而导致信息被歪曲或阻隔。自我中心表达产生的原因是个体基于自己的感受和观点，向对方发出信息时产生误说、误传或误断的现象。自我中心理解与工作记忆的容量状态有关，工作记忆容量低时（如情绪激动、固执己见时），自我中心理解倾向增强。从信息的发送者来看，信息交流目的不明确，可以导致信息模糊；媒介表达不清晰，可以导致信息失真；传送信息选择失误，可以导致信息失准。从信息沟通渠道来看，选择不适当的沟通渠道，容易导致信息被削减或延误；选择不适当的沟通角色和环境，容易导致情绪纷扰或合作破裂。

二　人际知觉偏差的心理机制

近年来的实验研究显示，人际知觉偏差的心理机制可以概括为锚定调节启发。[1] 人们在解读他人心理的时候常把自我特征或刻板模式作为起点或立足点（这叫锚定），然后再参照他人的背景信息对自我特征或刻板模式进行校正（这叫调节），而且这种调节常常是不彻底的和不充分的。

---

[1] Epley, N. , "Solving the (Real) other Minds Problem", *Social and Personality Psychology Compass*, 2008, 2 (3), 1455 – 1474.

不适当的锚定，不彻底或过度的调节都可能导致偏差。

1. 以自我为锚定的人际知觉

以自我为锚定就是以自我特征为参照点来评价他人的态度、能力和个性特征的现象。所谓自我特征就是自己的个性化信息，包括自己的态度、信念、期望、能力、个性等。在模糊的情境中，与非自我特征词汇相比，人们喜欢用自我特征词汇描述他人；在某些自我特征上自恃很高的人，如友善，往往认为与自己同属一类人的个体也具有同样的特征；在面对同一情境时，自己常常认为他人具有与自己类似的动机和目的。这种用自我特征同化他人的现象是很常见的，在中国的古语中就可以找到很多句子，"以小人之心，度君子之腹"、"智者见智，仁者见仁"、"掩耳盗铃"等都是以自我为锚定值判断他人的例子。当知觉者认为自己与被知觉者具有明显类似特征时，更倾向于实施自我特征锚定。

在锚定调节过程中，自我锚定值的激发过程是一个自动激活的、省时和省力的联结过程；其调节过程就是个体从自我锚定值出发对知觉对象的特点进行或自动或主动的补充、转换和调整过程。温格鲁和邦德研究了特质愤怒高者的社会投射的特点。实验材料是关于攻击性的模棱两可并缺少结局的短文。被试的任务是推测短文中主人公的后续行为，并在主试呈现主人公后续行为后，阅读描述后续行为的文字。主试呈现的主人公后续行为包括两类句子，一类是有攻击性的句子，另一类是非攻击性的句子。结果显示，特质愤怒高者用攻击性行为接续模棱两可的短文，随后阅读带有攻击性句子的时间较短而阅读非攻击性句子的时间较长。这个实验证实了人们常把自己的习惯思维方式投射到模棱两可的情景之中，而且当面对与自己的期望不一致的信息时会花更多的时间调整或反思自己的判断。[①]

2. 以刻板模式为锚定的人际知觉

刻板模式是个体对社会成员进行类化的结果。类化就是把具有类似特征的个体归为一个群体，属于这个群体的个体都应具有类似的特征。儿童是在条件反射的基础上，逐步习得的一些刻板模式，例如妈妈、爸

---

① Wingrove, J., & Bond, A. J., "Correlation between Trait Hostility and Faster Reading Times for Sentences Describing Angry Reactions to Ambiguous Situations", *Cognition and Emotion*, 2005, 19, 463 – 472.

爸、老师、男孩、女孩、医生和陌生人等群体的刻板模式，知道不同的社会群体在同一环境中的表现各有不同，并在此基础上形成相应的情绪情感，如喜悦、恐惧、厌恶等。随着生活范围的扩展，作为对人群的社会性类别的反映，刻板模式得到了丰富和深化，例如，对英雄、领导人、教授、工程师、德国人等诸多社会群体、社会职业、社会称号等有了更细的认知。

　　大量的刻板模式存在于成年个体的记忆之中，当知觉者认为被知觉者的某些信息线索与刻板模式之间具有明显类似特征时，个体更倾向于实施刻板模式锚定。刻板模式可以使个体利用先前的群体特征知识解释他人的当前行为，并把他人的行为意义化，这是一个同化过程。当知觉者掌握判断对象的信息较少时，或判断对象与刻板模式的一致性明显时，知觉者就倾向于用刻板模式同化知觉对象，认为知觉对象具有刻板模式所具有的特征。卡迪等的研究显示，人们倾向于认为，与没有子女的女人相比，有子女的女人更有亲和力，而工作能力较差；与没有子女的男人相比，有子女的男人更有亲和力，同时工作能力更强。他们还发现，这些刻板模式影响知觉者针对被知觉者的行为决策和交往方式，例如，人们不愿雇用有子女的女人，却愿意关心帮助有子女的女人。[①]

　　3. 锚定调节启发的实践意义

　　依照锚定调节启发机制，人际知觉者通过自动锚定和随后的调节来判断知觉对象的特征。从客观说，虽然这个过程不一定准确，但对人们的生存都很重要。从生物生态学的角度来说，基于简单线索（如知觉对象的面部表情或与知觉对象的相似性）的自动锚定，可以使个体的反应更快捷；基于心理理论和相关信息的调节，可以使个体的反应更准确。基于偏差现象的研究结果不可避免地得出人类人际知觉不完美的结论：人基本上是非理性的、自动的和无知的；人们喜欢用启发式捷径推断他人，喜欢用第一感觉推断他人，对自己所作所为的觉知程度较差。

　　可以说，锚定调节启发是产生诸多人际知觉偏差的主要原因，锚定调节启发具有普遍意义。人际知觉偏差的原因就在于自动锚定和随后的

---

　　① Cuddy, A. J., Fiske, S. T., & Glick, P., "When Professionals Become Mothers, Warmth Doesn't Cut the Ice", *Journal of Social Issues*, 2004, 60 (4), 701–718.

调节过程上，因此，人们对人与人之间关系的理解会出现自我中心偏差，这些偏差的原因包括不适当的自我中心预设值、不恰当的价值观和信念（如人性假设）、不完备的信息、不准确的思维逻辑和低下的认知能力等。因而，减少和缓解人际知觉偏差的核心就是预设合理的锚定值，规范锚定后调节过程。下面的问题就是，基于人际知觉偏差的研究，如何发扬人际知觉中的"准确、积极"方面，如何开发能够构建和谐人际关系的理念和方法。基于人际知觉偏差现象的研究，构建和谐的人际关系是一项系统工程。

三 构建和谐的人际关系

和谐的人际关系是人际协作、社会秩序、社会活力、心理健康和身体健康的基础。可以说，构建和谐的人际关系是重大的时代性和世界性课题。在组织管理心理学中，人际沟通、组织和领导下属等问题直接影响组织的效能；在学校教育心理学中，师生关系、同学关系、优差生关系等直接影响教学质量和儿童的发展；在司法与犯罪心理学中，人际关系既是犯罪成因之一，也是感化犯罪分子的重要途径。构建和谐人际关系的基础是洞悉人际知觉的特点，明晰人际互动过程的规律，掌握增进人际和谐的措施和手段。

1. 增进人际知觉的准确性

一般认为，率真的知觉对象、合适的特质、充足的信息和优秀的知觉者等因素可以促进人际知觉判断的准确性。率真的知觉对象应是比较"阳光"的知觉对象，若知觉对象是自我监控能力强的人或社会活动力不足的人，那么这样的知觉对象的可判断性比较低。合适的特质指的是有的特质容易被识别，有的特质不易被识别，如宜人性在第一印象中就比较容易被识别，而因他人的城府掩饰，如诚信特质在第一印象中就难以被识别。"日久见人心"、"兼听则明"的意思就是有充足的信息可以改善人际知觉。自我中心理解主要是自动加工过程，而主动搜寻对方个体和情境信息会降低自我中心理解的倾向。合理渲染的背景情绪可以促使个体主动搜寻情境信息，进而可以趋近更加合理的知觉结果，而不恰当的背景情绪会加剧知觉偏差。与"乐极生悲"、"生于忧患，死于安乐"等词表达的意思相近，凝重的情绪（如悲伤）可以增进心理理论的应用，促进系统地分析自己和他人的心理状态和特征；而愉悦的情绪会减少心理调节的应用，过多地求助于刻板模式，容易轻描淡写地识别和判断他人。

个体对他人行为和态度的解读是从自我特征或刻板模式出发，通过调整自我特征或刻板模式推测来判断他人行为和态度的过程，因而对心理理论的提升可以提高人际知觉的准确性。心理理论就是个体所具有的解释行为原因和心理状态的观念和能力，就是知觉他人和自己内部的朴素思想。通过加深个体的阅历和文化厚度，可以丰富和锤炼自己的心理理论，进而增进人际知觉的准确性。作为社会人，个体逐步形成自己的心理理论，心理理论也有精明和拙劣之分。精明的心理理论就是能比较准确地知觉他人的理论。优秀的知觉者需要具备精明的心理理论，需要具有关于性格类型、性格与行为的关系、性格人格与环境的关系等方面的知识，需要具有知觉他人动机的辩证思维能力。与成人相比，儿童在知觉他人时的自我中心倾向更严重，但其原因不是成人加工信息更客观（成人与儿童一样是从自我特征开始判断他人的），而是成人更善于后期调整。[①] 心理理论和主动调整功能是后天习得的，儿童在 4 岁以前还不能区分"自己所思"和"他人所想"的差别，之后儿童逐步知道自己的思想与他人的差异是明显而经常的。虽然成人的基于自我锚定的调整功能可能出现失误，但这种丰富的心理理论和调整功能确实是成人与儿童的主要区别。

受个人主义文化影响的个体，在人际沟通时更可能表现出高兴、失意、率直、自豪和痛苦等情绪行为；受集体主义文化影响的个体，在人际沟通时更可能表现出愉悦、失望、缄默、羞涩、内疚、责任等情绪行为。美国人更喜欢在广阔的社会情境中展露自我，以表明自己与众不同，而来自集体主义文化的中国人和日本人的自我展露的范围很有限，更喜欢换位思考和观点采摘，更喜欢做情境归因，能更好地评价自己，尤其是对自己在某一情境下的道德表现和利他表现的判断更为准确。与个人主义文化相比，集体主义文化（如以中国文化为代表的东方文化）强调理解和尊重他人的重要性，"己所不欲，勿施于人"、"知己知彼，百战不

---

① Epley, N., Morewedge, C. K., & Keysar, B, "Perspective Taking in Children and Adults: Equivalent Egocentrism but Differential Correction", *Journal of Experimental Social Psychology*, 2004, 40 (6), 760 - 768.

殆"，东方人耳濡目染形成了善于设身处地和换位思考的特点，这有利于充分调整自己的锚定值，有利于准确把握他人的思想和特质。

2. 培养积极健全的心境和人格

和谐人际关系的核心是相互理解、相互支持、情感融洽和行为协调。诚信、宽恕和共情等个体的积极特征都有助于改善和维系和谐的人际关系，有助于提高人际关系的质量。诚信是对自己态度、情感、信念和想法特征的准确表达和承诺，是和谐关系建立的基础；宽恕是对他人过失的谅解，减少人际危机的一种方法；共情是设身处地地把握他人的处境，有利于判断他人的行为原因，有利于拉近与他人的心理距离，有利于维系良好的人际关系。

心境影响人际沟通过程中所使用言语的风格和内容，进而影响人际沟通的发展。史密斯等的实验显示，在积极情境（如关怀的、激励的情境）启动下，负性偏差现象不明显。也就是说，积极情境会减轻或逆转人际知觉的负性偏差现象。① 积极心理学思潮的代表人物之一的福瑞德瑞克森的研究显示，经常抱有积极情绪（如面带微笑、团队兴趣、支持他人、同情等）的大学新生，比经常抱有消极情绪的大学新生更容易与同学心心相印，更容易建立起亲密关系。② 处于积极心境的个体在评价人际关系和他人时容易采用启发式的、整体的、刻板的和概括性的语言，而消极心境容易诱发专注性、系统性和细节性的语言。处于积极心境的个体在评价人际关系和他人时容易专注对方行为的积极方面，而消极心境的个体专注对方行为的消极方面。心境对人际沟通的影响结果是产生不同的人际期望和自我效能感，自己喜欢对方，就更可能认为对方喜欢自己；人缘好的人倾向于低估自己的人缘，人缘差的人倾向于高估自己的人缘。

3. 增进人际沟通的准确性

虽然透彻了解他人不一定导致亲密，但适当的沟通是通向亲密的必

① Smith, N. K., Larsen, J. T., Chartrand, T. L., Cacioppo, J. T., Katafiasz, H. A., & Moran, K. E., "Being Bad Isn't Always Good: Affective Context Moderates the Attention Bias toward Negative Information", *Journal of Personality and Social Psychology*, 2006, 90 (2), 210–220.

② Waugh, C. E., & Fredrickson, B. L., "Nice to Know You: Positive Emotions, Self–other Overlap, and Complex Understanding in the Formation of a New Relationship", *The Journal of Positive Psychology*, 2006, 1 (2), 93–106.

由之路。人际沟通就是通过言语和非言语线索实现人与人之间的心理与行为互动过程，就是有目的地传达信息、表达感情、克服障碍、传递信息、激励士气或控制行为的过程。自我展露、倾听和基本共识是克服自我中心偏差的有效办法。

自我展露和倾听在人际沟通中起着了解和被了解的作用。自我展露是指个体把个人信息告诉他人，与他人共享内心感受和信息的过程。亲密关系的形成依赖于自我展露。自我展露会增进理解、关心和认同。适当的自我展露可以拓展沟通范围，使话题由浅入深；可以增加共享程度，使双方的心理感受由分离到重叠，由此双方关系也由一般向亲密转化。如果一个人在与他人交往时缺乏这种自我展露，他会感受到更多的寂寞，难以与他人建立起亲密关系。倾听是对对方的言语和行为的积极主动的专注和理解。倾听需要全神贯注，要求完整接受他人发出的信息和意义，既能理解思想含义，也能理解对方的情感。倾听在工作、生活中具有信息功能，可以准确理解对方；倾听具有情绪功能，可以表示对对方的信任和支持。

对双方来说，人际沟通需要共识，这些共识包括信任、合作、宽容等。信任是建立、维持和亲密发展的基础。合作是双方沟通的信息基础。在人际沟通过程中，双方都在检测对方的信任品质。信任就是对双方是否可信赖和可依靠的确认，信任既包含对对方的积极情感因素，也包含对对方的认可等认知因素。在双方合作的情况下，沟通双方可以减少信息阻隔，沟通语言和渠道更畅通、更简捷；在双方合作的情况下，沟通双方可以减少情绪对抗，沟通心态和情绪更自然、更愉悦。宽容就是对他人的不足和错误的理解和原谅。宽容者能够对他人的错误做雅量归因，能够理解他人的处境，宽容是信任的结果，又是合作的基础。互利互惠、"双赢"思考、团结友爱等理念都影响人际关系的品质。

人际沟通过程是一个充满变化的过程，对这个变化过程的研究可以增进人际沟通的效能。虽然人际冲突可以诱发消极情绪和敌视行为，但人际冲突也可以促进个体的积极变化，即人际冲突可以促使个体调整自己的情感态度，进而降低个体因刻板印象而引发的知觉偏差。我们不能低估调整人际关系的外显行为既有的作用。这些外显行为包括身姿、举止、表情等动作，也包括关怀、宽容、依恋、侵犯、利他、爱、社会支持等行为。人们在交往中必须借助各种外显行为来传递信息、表达感情，这些外显行为是反映、建立和调整人际关系的重要依据。人际关系外显行为的核心是给予和获得。给予就是给予对方爱、关怀和利益，给予可以提高双方的幸福感和人际关系的和谐程度。人际情绪调节有助于克服负性情绪、释放正性情绪，也可以增进人际的和谐。

毫无疑问，人是社会关系的总和，人际关系是人类永恒的交往形式，构建和谐的人际关系具有重大的现实意义。人际知觉就是建立、维系和改善人际关系的基础，人际吸引和亲密关系都是在人际知觉过程中形成的，但人际知觉既不是一个完美的过程，也不是一个完全理性的过程。人际知觉偏差是对自己和他人的误解、误读，是人际交往过程的常见现象，缓解人际知觉偏差具有理论和实践意义。构建和谐人际关系问题需要多种研究范式从多个角度出发进行系统的研究。虽然人际知觉偏差不能被根除，但人际知觉偏差现象的探讨为构建和谐人际关系铺垫了牢固的基石，为我们研究构建和谐人际关系提供了全新的视角。

第三节　人际关系和谐：基于青少年友谊研究的新进展

人的社会属性决定了个体在生活中难以避免和各种人交往，在交往过程中，我们会逐渐和那些或有共同爱好，或有共同经历，或十分欣赏的个体发展出比其他人更加亲密的关系，这种人际关系便是友谊。友谊对个体发展很重要，尤其对于处在身心发展关键时期的儿童和青少年而言，与他们的心理健康、主观幸福感、社会适应、自我价值的积极体验等密切相关。友谊和同伴接纳共同构成青少年的同伴关系，可以说，青少年友谊是一种特殊的同伴关系，它的发展具有一定阶段性。儿童早期的友谊一般是脆弱、易变的，很快形成又很快破裂。进入小学后才开始建立友谊关系。随着儿童的社会认知水平不断发展，他们对友谊的认知也有了进一步认识。到青春期，友谊关系发展更加稳定和持久，对个体健康成长与发展至关重要。

一　对友谊的理解

如前所述，个体对友谊的认知具有一定的阶段性和年龄发展特征，这导致每个人对朋友的认识不同，很难对友谊的概念作出统一的界定。研究者 Adams 等将友谊理解为两人之间持久的自我暴露、相互交往、相互依赖及共享活动。[1] 国内有学者认为友谊是两个个体之间形成的一种相互作用的、较为持久稳定的双向关系，而非简单的喜爱或依恋的关系。[2] 这些研究人员将互惠性（reciprocity）作为友谊的一项内在特性，认为这种关系的存在必须得到个体和朋友两方面的认可。在实际研究中，友谊双方并不一定都在被试群体中，且青少年个体的朋友数量并不只有一两个，使互惠性的要求并不现实，甚至影响了研究的效果。有很多研究发现，即使报告的朋友关系并不是相互的，个体单方认同的朋友关系也会影响他的行为和心理水平[3]，且这种影响效果没有显著差别；[4] 有时，单方认同的朋友对个体的影响甚至比相互作用双方的影响更大。[5] 因此，我们认为，互惠关系和单向关系都可以作为友谊关系的研究对象。有鉴于此，我们将友谊理解为：个体认同的，对其产生影响，并有可能相互作用的持续稳定关系。这种关系包括数量、质量和稳定性三个要素。

友谊数量是衡量友谊有无的标准。一般地说，友谊数量为零的个体不存在友谊，意味着这个人既没有认同的朋友，也没有人将其作为朋友。而存在友谊的个体在考察朋友数量时包括个人认同的朋友数量、互为朋友数量、被作为朋友的数量三种情况。友谊数量越多，表明这个人越受欢迎，或者有越多的朋友。换言之，这个人具有良好的同伴接纳性。

友谊质量是衡量友谊发展的重要指标，反映了个体知觉到的朋友关系的特征。Parker 和 Asher 编制了友谊质量问卷，将友谊质量分为五个维

---

① Adams, R., Blieszner, R., De Vries, B., "Definitions of Friendship in the Third Age: Age, Gender, and Study Location Effects", *Journal of Aging Studies*, 2000, 14 (1): 117 – 133.

② 俞国良、辛自强：《社会性发展心理学》，安徽教育出版社 2004 年版，第 378 页。

③ Kiesner, J., Poulin, F., Nicotra, E., "Peer Relations Across Contexts: Individual – network Homophily and Network Inclusion in and after School", *Child Development*, 2003, 74: 1 – 16.

④ Bowker, A., "Predicting Friendship Stability during Early Adolescence", *Journal of Early Adolescence*, 2004, 24: 85 – 112.

⑤ Aloise – Young, P. A., Fraham, J. W., Hansen, W. B., "Peer Influence on Smoking Initiation During Early Adolescence: A Comparison of Group Menbers and Group Outsiders", *Journal of Appled Psychology*, 1994, 79: 281 – 287.

度，包括信任与支持、陪伴与娱乐、肯定价值、亲密坦露与交流、冲突与背叛等。[1] 研究者认为，高质量的友谊具有各种积极的特点，如亲社会行为、自尊支持、亲密性、忠诚等[2][3]，同时，也会发生矛盾。[4] 王英春等从友谊认知、友谊行为和友谊情感这三个方面进一步考察了青少年友谊的发展质量。[5] 我们认为，友谊质量并不是单一维度的心理感受，而是存在积极和消极两部分特征，这两部分相对独立，积极友谊特征包括信任支持、陪伴娱乐、亲密交流、肯定价值，消极友谊特征包括消极评价、冲突背叛等。

友谊稳定性是衡量友谊持续时间的重要指标。Poulin 和 Chan 根据友谊涉及的不同层面，将友谊的稳定性分为三种情况：一是与朋友保持稳定持久的最好友谊关系；二是在持久的时间内保持一定数量的友谊关系；三是稳定封闭的友谊小集团。[6] 其中对个体而言，一直与同一个人保持最好友谊关系，和一直有最好友谊关系但不与同一个人，这两者的社会适应性相同。[7] 那么，如何来界定"持久"这一时间概念就变成一个非常重要的问题。成年人的友谊关系网络短则三周、长则一年就会发生变化；对青少年而言，这种友谊关系网络的稳定性最多可以维持 6 个月。[8] 从友

---

① Parker, J. G., Asher, S. R., "Friendship and Friendship Quality in Middle Childhood: Links with Peer Group Acceptance and Feelings of Loneliness and Social Dissatisfaction", *Developmental Psychology*, 1993, 39: 611 – 621.

② Rubin, K. H., Wosjlawowiz, J. C., Rose – Krasnor, L. et al., "The Best Friendships of Shy/Withdrawn Children: Prevalence, Stability, and Relationship Quality", *Journal of Abnormal Child Psychology*, 2006, 34: 143 – 157.

③ Demir, M., Ozdemir, M., Weitekamp, L. A., "Looking to Happy Tomorrows with Friendship: Best and Close Friendships as They Predict Happiness", *Journal of Happiness Study*, 2007, 8: 243 – 271.

④ Berndt, T. J., "Friendship Quality and Social Development", *Current Directions in Psychological Science*, 2002, 11: 7 – 10.

⑤ 王英春、邹泓、张秋凌：《初中生友谊的发展特点》，《心理发展与教育》2006 年第 2 期，第 52—56 页。

⑥ Poulin, F., Chan, A., "Friendship Stability and Change in Childhood and Adolescence", *Development Review*, 2010, 30: 257 – 272.

⑦ Wojslawowicz, J. C., Rubin, K. H., Burgess, K. B. et al., "Behavioral Characteristics Associated with Stable and Fluid best Friendship Patterns in Middle Childhood", *Merrill – Palmer Quarterly*, 2006, 52: 671 – 693.

⑧ Dishion, T. J., Medici Skaggs, N., "An Ecological Analysis of Monthly 'Bursts' in Early Adolescent Substance Use", *Applied Developmental Science*, 2000, 4: 89 – 97.

谊数量维持的时间看，有 66% 的友谊关系在 5 个月能得到维持。[1] 而涉及最好友谊关系时，这个时间可以达到几年甚至几十年。由此可见，对友谊稳定性的考察需要根据友谊的不同层次（个人、多人、群体）而进行。

二　青少年友谊形成和发展的影响因素

青少年友谊形成和发展的影响因素主要包括三个方面：个体因素（如年龄、性别、性格、情绪等）、友谊特征（如友谊数量的多少、友谊质量的好坏），以及环境因素。

1. 个体因素

什么样的个体之间容易成为朋友？如果我们仔细观察，会发现青少年的朋友往往是他们的同学，一般为同性。再进一步观察会看到，这些朋友之间有着相似性，或都爱看小说，或都爱打篮球，或有共同朋友……也就是说，那些在性别、年龄、朋友圈、爱好、性格等背景方面比较相似的个体更容易形成友谊关系[2]，而且这种友谊关系的稳定性比背景差异性较大的友谊稳定性更高。[3][4] 爱好和性格是决定个体受欢迎程度大小和朋友数量多少的重要因素，那些爱好广泛、性格活泼开朗的青少年往往更受欢迎，有更多朋友。但这并不意味着内向和孤僻的孩子没有朋友，尽管他们一般处在社会边缘地带，与同伴之间的交流较少。根据相似性的交友原则，孤僻和内向的儿童和青少年也有互为最好朋友的友谊。[5] 而且，也许是他们意识到自己在交新朋友方面的缺陷和友谊对他们排遣孤独的帮助，一旦他们和某人建立了这种亲密友谊关系，就会不计

① Chan, A., Poulin, F., "Monthly Changes in the Composition of Friendship Networks in Earlyadolescence", *Merrill – Palmer Quarterly*, 2007, 53: 578 –602.

② Burk, W. J., Steglich, C. E. G., Snijders, T. A. B., "Beyond Dyadic Interdependence: Actor – oriented Models for Co – evolving Social Networks and Individual Behaviors", *International Journal of Behavioral Development*, 2007, 31: 397 –404.

③ Hafen, C. A., Laursen, B., Burk, W. J., et al., "Homophily in Stable and Unstable Adolescent Friendships: Similarity Breeds Constancy", *Personality and Individual Differences*, 2011, 51: 607 –612.

④ Poulin, F., Chan, A., "Friendship Stability and Change in Childhood and Adolescence", *Development Review*, 2010, 30: 257 –272.

⑤ Rubin, K. H., Wosjlawowiz, J. C., Rose – Krasnor, L., et al., "The Best Friendships of Shy/Withdrawn Children: Prevalence, Stability, and Relationship Quality", *Journal of Abnormal Child Psychology*, 2006, 34: 143 –157.

代价地努力去维持，其保持率在一个学期内达到 70%，具有非常高的稳定性。至于友谊质量，孤僻儿童认为，他们最好的朋友在帮助和指导、亲密性表露、冲突解决和整体的质量方面，比非孤僻儿童要高，造成这种现象的原因可能在于孤僻儿童的社会交往技能较低，语言表达能力也较低。[①] 此外，除了"相似性"这一交友原则外，"互补性"也十分重要，特别是对于那些已经有较多相似朋友的个体而言，有时会倾向于和自己不同的人交朋友，来弥补和提高自己某方面的不足。

那么，什么样的个体不容易交朋友和维持友谊关系呢？研究者认为是具有退缩行为、攻击行为、消极情绪及社会交往技能较差的人。[②][③] 攻击行为对攻击方和受害方两者的友谊关系都有影响，具有受害经历的个体在建立新的友谊关系时具有一定困难，而在公共场合下进行攻击行为的个体在获取友谊关系上存在一定困难。对有稳定友谊关系的个体而言，攻击行为会导致这段关系的结束，而受害经历会导致女生友谊关系的结束。[④] 消极情绪（如抑郁）会影响个体与同伴的互动和交流，青少年当月的抑郁状况能够预测他们下个月和其最好朋友之间的友谊稳定性状况。抑郁水平越高，互动越少，即使有了误会也得不到很好解决，因此友谊的稳定性越低。

2. 友谊特征

友谊特征本身会影响友谊的形成和发展。诚如前述，我们知道友谊特征是指友谊数量、友谊质量和友谊稳定性。这些特征之间相互作用，意味着一个人的某个友谊特征会影响其他友谊关系。特别是友谊数量，当达到一定的大小时，和友谊质量、友谊稳定性之间会呈现负相关，友谊数量越多，友谊质量越低，友谊稳定性也越差。这是因为，随着友谊

① 俞国良、闫嵘：《学习不良儿童言语交际策略的理解与运用》，《华东师范大学学报》（教育科学版）2006 年第 1 期，第 43—48 页。

② 吴鹏、刘华山、刁春婷：《青少年攻击行为与友谊质量的交叉滞后回归分析》，《心理学探新》2012 年第 1 期，第 49—54 页。

③ Chan, A., Poulin, F., "Monthly Changes in the Composition of Friendship Networks in Early Adolescence", *Merrill - Palmer Quarterly*, 2007, 53: 578 - 602.

④ Ellis, W. E., Zarbatany, L., "Explaining Friendship Formation and Friendship Stability: The Role of Children's and Friends' Aggression and Victimization", *Merrill - Palmer Quarterly*, 2007, 53: 79 - 104.

数量的增加，友谊网络不断扩大，个体在同一时间内对总体友谊的投入量固定，那么在每份友谊上投入的时间就变少，影响了陪伴、支持、娱乐和坦露等方面，这些友谊之间的紧密性相应降低，使得友谊稳定性也降低。这个说法得到两种实验印证：第一，女生的友谊数量一般比男生多，她们的友谊稳定性比男生低。[①] 第二，孤僻内向儿童的友谊数量较低，他们的友谊质量相对较高。[②] 此外，友谊质量和友谊稳定性之间存在正相关。即友谊质量越高，友谊稳定性也越好。毫无疑问，青少年在友谊中有更多的积极体验和更少的冲突矛盾，友谊带来的好处会提高他们对这段友谊的重视，从而保持稳定性。在日常生活中我们不难发现，青少年和最好朋友之间的友谊关系比一般朋友更稳定，这种最好关系突破了性别、年龄等因素的限制，甚至有时会突破道德的限制。[③]

3. 环境因素

除了个体因素和友谊特征外，青少年所处的环境对他们的友谊也有影响。其中，距离是影响友谊形成和发展的重要因素之一。空间距离相近，为青少年提供了更多交流和共处的机会，那些在学校环境之外还能相互联系的个体更容易形成友谊关系。在多种环境下进行的友谊比单一环境（如学校）下进行的友谊的稳定性更高，任何单一环境下的友谊关系在稳定性上没有显著差异。[④] 对青少年而言，学校的建筑特征、老师的教学方法、学生的构成、班级的规模、班级内的心理氛围等都会影响他们与同学、朋友之间的沟通机会。若班级内同学和平相处，大家团结友爱，那么个体的友谊质量会更高，友谊稳定性也更好。而环境的变化，如转学或升学，意味着友谊环境的变化，会对友谊的稳定性产生影响。一般而言，随着青少年进入新的环境中，原有关系发生部分破裂，新的关系建立，可能是新的环境激发青少年的主动适应能力，因此他们会在

---

① Chan, A., Poulin, F., "Monthly Changes in the Composition of Friendship Networks in Early Adolescence", *Merrill - Palmer Quarterly*, 2007, 53: 578 - 602.

② Schneider, B., "A multimethod Exploration of the Friendships of Children Considered Socially Withdrawn by Their School Peers", *Journal of Abnormal Child Psychology*, 1999, 27 (2): 115 - 123.

③ 张萍、程小青、陈会昌、张光珍：《中学生承诺判断的发展特点及友谊和情境因素的影响》，《心理科学》2009 年第 2 期，第 338—341 页。

④ Chan, A., Poulin, F., "Monthly Changes in the Composition of Friendship Networks in Early Adolescence", *Merrill - Palmer Quarterly*, 2007, 53: 578 - 602.

朋友上花费更多的时间，反而促进了友谊的稳定性，而友谊质量随着时间的推移也会越来越高。

三 青少年友谊对个体心理健康、情绪和行为的影响

1. 青少年友谊对个体心理健康的影响

友谊对个体心理健康有直接和间接两种方式的影响。

友谊对个体的孤独感和抑郁有直接影响。[1] 特别是对早期青少年而言，友谊支持对他们孤独感的影响较大，缺乏亲密友谊关系的青少年体会到的孤独感更强烈，拥有高友谊支持可以降低这种孤独感；到了青少年中期，这种补偿作用会慢慢消失。[2] 但在生活中，我们会遇到这样的困惑：一个活泼开朗有很多朋友的人，有时仍会感到孤独甚至患上抑郁症。这是因为友谊质量对个体孤独感和抑郁的影响比友谊数量更大。一个只有一位亲密朋友但友谊质量高的人，比一个有很多朋友但友谊质量低的人，在孤独感上的体会更少。

友谊对个体的心理失调具有间接影响。[3][4] 在同伴关系中，同伴拒绝和同伴欺骗是引起个体产生心理失调的直接原因，社会技能丧失是阻碍个体解决心理失调的直接因素。缺少友谊虽然不会直接引发心理失调，但是，长期没有友谊支持的个体会得不到由亲密交往带来的某些心理资源（如亲密感、信任、陪伴等）。这些心理资源的作用在于：一是能够调节青少年的自我信念和其对朋友的信念，让他们感到被认可和被接受，增加自信，避免产生由同伴拒绝和同伴欺骗引发的内化问题。[5] 二是使青

---

[1] Kingery, J. N., Erdley, C. A., Marshall, K. C., "Peer Acceptance and Friendship as Predictors of Early Adolescents' Adjustment Across the Middle School Transition", *Merrill – Palmer Quarterly*, 2011, 57（3）：215 – 243.

[2] 田录梅、王光辉、王姝琼、刘海娇、张文新：《父母支持、友谊支持对早中期青少年孤独感和抑郁的影响》，《心理学报》2012 年第 7 期，第 944—956 页。

[3] Burk, W. J., Steglich, C. E. G., Snijders, T. A. B., "Beyond Dyadic Interdependence: Actor – oriented Models for Co – evolving Social Networks and Individual Behaviors", 2007, 31：397 – 404.

[4] Ellis, W. E., Zarbatany, L., "Explaining Friendship Formation and Friendship Stability: The Role of Children's and Friends' Aggression and Victimization", *Merrill – Palmer Quarterly*, 2007, 53：79 – 104.

[5] Burk, W. J., Laursen, B., "Adolescent Perceptions of Friendship and Their Associations with Individual Adjustment", *International Journal of Behavioral Development*, 2005, 29（2）：156 – 164.

少年意识到朋友的重要性，提高他们到了新环境中结交新朋友的热情，从而发展社会交往技能。友谊质量高的青少年和他们的朋友在各种环境（班级、体育活动）中花费的时间更多，而更多的互动才能增加交往经验和提高分析、解决问题的能力。

2. 青少年友谊对个体情绪的影响

友谊和情绪具有相互作用。积极情绪促进个体的交友热情，消极情绪降低个体的友谊互动，即情绪会对友谊数量和友谊稳定性产生影响。反过来，友谊对情绪的影响体现在友谊质量上，特别是友谊质量的积极方面。若个体在友谊上获得的信任与支持较多，无论发生什么事情都能得到朋友的肯定，朋友之间的私密能够进行共享，那么他就能体会到快乐、满足和幸福的积极情绪；而那些在友谊交往过程中不断被否定，碰到困难得不到支持和信任，友谊质量较低的个体，他们的情绪就会比较低落和失望。以往我们认为，女生在友谊关系中的自我暴露比男生更多，亲密性也更高，她们比男生更重视友谊关系，因此，友谊质量会对她们的情绪产生很大影响，但结果却相反。友谊质量对女生情绪的影响比男生更小，[①] 她们也会因为较低的友谊质量而感到困惑，但仍旧能体会到很多快乐、满足的情绪。这是因为，女生的情绪更多地受到消极经历的影响，她们对亲密友谊的要求使得她们在友谊交往中会尽量避免冲突的发生，因此友谊质量的消极方面对她们的影响比不上生活中其他消极经历的影响。

3. 青少年友谊对个体行为的影响

友谊对青少年的行为有影响，这种影响受到友谊质量的调节。高质量的友谊会使个体与其他同学有更多积极接触，这些积极接触会引导他们发展积极关系，即使这些关系并不如他们最好的朋友那么亲密，但会改变个体的态度。朋友的态度和行为会对青少年产生影响，而友谊质量的高低会增加或减少这种影响的大小。研究者认为，高质量的友谊会扩大朋友自身特点对个体的影响，低质量的友谊则会降低这种影响。如偏差行为的差别链接理论认为，与具有偏差行为的朋友相处久了，自身就

---

① Demir, M., & Urberg, K. A., "Friendship and Adjustment Among Adolescents", *Journal of Experimental Child Psychology*, 2004, 88: 68 – 82.

会发生更多偏差行为。但在某些情况下，友谊质量并不会受到朋友特点的影响，如朋友是害羞且内向的。具有害羞且内向朋友的个体，当他们的友谊质量较高时，他们本身并不会变得害羞和内向；当他们的友谊质量较低时，他们会变得更加害羞和内向。① 这是因为，低质量友谊的儿童容易与他们的朋友产生更多矛盾冲突，减少他们在学校的活动积极性，体会更多孤独感，降低对学校的喜爱程度，导致害羞和内向。

四　友谊的研究热点：网络友谊

随着网络的发展和普及，友谊关系逐渐发展出一种新的形式——网络友谊。传统的友谊关系主要靠面对面的交往方式进行交流和维持，网络友谊关系的双方不一定见过面，甚至不一定在现实生活中相识。和传统友谊相比，网络友谊具有很多新的特点。

首先，它打破了传统友谊在空间上的限制。传统友谊一般发生在学校内或者邻里间等空间距离较近的环境中，一旦这样的环境发生变化，如搬家、升学等，原本的友谊关系就会出现停止或转移，友谊质量也会有所影响。网络的存在改变了这种现象，它不仅可以通过 Facebook、QQ、微信等方式使人们继续维持原来的友谊关系，而且可以在各种网络论坛找到相似爱好的人，建立新的友谊关系，还可以在个人网络平台上发布信息进行共享和交流以提高友谊质量。其次，网络友谊弱化了性别、民族、种族、国家、社会经济地位、性格、身体缺陷等因素的影响，同时，也强化了政治和宗教信仰、兴趣爱好等因素的作用。② 在现实生活中，那些具有相同性别、相同年龄、相同性格的个体更容易成为朋友，而有身体缺陷的个体在结交朋友时存在一定困难，网络的存在使得性别、年龄、身体缺陷等信息得到了隐匿，交流的延迟性则使性格问题变得不会特别突出，朋友形成发生了变化。再次，网络为某些在现实中缺少友谊和遭

① Mounts, N. S., Valentiner, D. P., Anderson, K. L., et al., "Shyness, Sociability, and Parental Support for the College Transition: Relation to Adolescents' Adjustment", *Journal of Youth and Adolescence*, 2006, 35 (1): 68–77.

② Amichai - Hamburger, Y., & Hayat, Z., "The Impact of the Lnternet on the Social Lives of Users: A Representative Sample from 13 Countries", *Computers in Human Behavior*, 2011, 27: 585–589.

遇特殊经历的个体提供了重要的社会支持。[①] 现实中的友谊建立需要一定的时间和过程，个体之间的自我暴露和寻求帮助也对友谊的深浅有所要求。而在网络中，人们更容易找到有相同经历的个体，弥补现实友谊的缺失。最后，按照传统友谊的标准，网络友谊的质量较低，它的亲密性更少，在处理和解决矛盾方面，比现实友谊更薄弱。例如，网络交流缺乏面部表情，而人的面部表情有助于情绪的表达和理解，在现实友谊中，哭泣常常是一种有效的道歉方式，但它在网络友谊中则无法发挥作用。

目前，我们对网络友谊的研究很少，特别是青少年网络友谊的研究。主要原因在于测量方法和衡量标准上的困难。由于网络的匿名性，我们难以测量准确的网络友谊数量。同时，我们不能用传统的友谊维度去衡量网络友谊的质量，也不能对它的稳定性进行评价，因为，一方面，网络友谊打破了空间和时间上的限制，比现实友谊更容易维持；但另一方面，它比现实友谊更容易终止。此外，网络友谊和传统友谊之间的关系也一直有争议。Valkenburg 和 Peter 对此提出了两种假设：其一为"替代假设"，网络交流迅速替代高质量的面对面交流，从而损害了友谊的质量；其二为"激励假设"，网络交流可以加强朋友之间交流的数量和质量，提高友谊的紧密度和亲密性。[②] 对于网络友谊的各种新特点，研究过程中出现的这些困难，以及两种假设的争议，都需要得到更多的实验证明和理论支持，因此，我们有理由相信，青少年网络友谊将会成为友谊研究的新热点甚至聚焦点。

五　我们的愿景

对青少年而言，友谊数量的多少、友谊质量的好坏和友谊稳定性程度都十分重要，任何一方面的不足都会对他们的心理健康、情绪和行为等因素产生影响，从而引发各种发展性问题。如果我们能够对青少年友谊的形成和发展过程有较为翔实和正确的认识，就能预防和及时阻止这

---

① Mo, P. K. H., Coulson, N. S., "Empowering Processes in Online Support Groups among People Living with HIV/AIDS: A Comparative Analysis of 'Lurkers' and 'Posters'", *Computers in Human Behavior*, 2010, 26: 1183 – 1193.

② Valkenburg, P. M., Peter, J., "Online Communication among Adolescents: An Integrated Model of its Attraction, Opportunities, and Risks", *Journal of Adolescent Health*, 2011, 48: 121 – 127.

些问题的产生，引导青少年拥有高质量且稳定的友谊。时至今日，研究者对青少年友谊的影响因素和影响机制做出了较多的实证研究和理论贡献。在这些研究的基础上，我们也发现了许多新的问题，比如，个体在社会交往技能方面的水平，能否调节友谊数量和友谊质量之间的关系，从而弥补他们因友谊投入的减少而引起的质量降低？友谊数量在达到多少时才会对质量和稳定性产生影响？青少年网络友谊的研究方法和衡量标准是什么？怎样看待传统友谊和网络友谊之间的关系？"替代假设"和"激励假设"中哪种假设更合理，它们的作用机制又是怎样的？我们相信，在解决了友谊研究领域一系列新问题之后，对青少年友谊的认识一定又会得到进一步提升。随着该领域研究的深入和扩展，我们也能够找到更为合理的方式进行有效干预，从而帮助青少年健康成长与全面发展。

第四节　社会转型：国民信任感危机的现状、成因与对策

近30年来，信任感、人际信任这类话题在心理学、社会学、政治学、管理学等领域受到广泛关注。古今中外的圣人先哲对此也有数不尽的训诫和智慧，如"诚者，天之道也"（《孟子·离娄上》）；"人而无信，不知其可也"（《论语·为政》）。从心理学角度看，信任感是对他人行为的一种积极预期，是人们对周围人、事、物感到安全、可靠、值得信赖的积极情感体验。有信任感才能形成信任关系，信任关系是社会关系的重要组成部分。信任感对个人而言，能够给人们提供安全感，提高信任多方的开放与接纳程度，有利于人们的身心健康，提升人们的幸福感水平，改善人们的生活品质。①② 对社会而言，信任感是社会关系的"润滑

---

① Torbit L. A., Albiani J. J., Aronson M., et al., "Physician Trust Moderates the Relationship between Intolerance of Uncertainty and Cancer Worry Interference among Women with Lynch Syndrome", *Journal of Behavioral Medicine*, in press. http://link.springer.com/article/10.1007/s10865 - 016 - 9711 - 4, 2016 - 1 - 13/2016 - 2 - 21.

② Yuan X., Olfman L., Yi J., "How Do Institution - based Trust and Interpersonal Trust Affect Interdepartmental Knowledge Sharing?" *Information Resources Management Journal*, 2016, 29（1）: 15 - 38.

剂",是人际信任、社会诚信和政府公信的基础,更是法治秩序和创新社会的必要条件。① 从社会学角度看,人际信任是社会结构和制度的产物,信任感随着社会变迁而发生变化。传统意义上,我国是一个"人情"社会,人与人的信任关系建立在血缘、邻里、生活圈和工作圈等一个相对固化的人际关系系统中。但是,随着社会转型和经济不断发展,这种系统变成了高度流动性、陌生人社会和经济利益为主导的格局,人与人之间充满了各种戒备和不信任,尤其是受到官员腐败、社会丑闻和负面新闻的消极影响,这种不信任情绪呈几何级数积累和放大,公众自我保护意识史无前例地增强,信任意识则前所未有地下降。就现阶段而言,国民信任感危机所面临的社会大背景是社会转型,国民信任感危机的现状及其成因都刻上了社会转型的烙印。

一　国民信任感危机的现状

中国社会科学院《中国社会心态研究报告（2012—2013）》指出,"目前中国社会的总体信任进一步下降,已经跌破 60 分的底线"。② 事实上,信任感危机广泛存在于经济、政治和公众生活的方方面面。就经济方面而言,企业制假售假猖獗、服务业信誉缺失,契约信用危机司空见惯;就政治方面而言,政府不作为、官员腐败、执行不公等,严重损害了公众对政府的信任感;就公众而言,缺乏诚信意识,考试作弊、学术造假、"杀熟"等现象也是屡试不爽。③ 信任感危机存在于各行各业、各种人际关系中,如警民信任危机④、专家信任危机⑤、医疗信任危机⑥、

---

① Six F. E. , "The Trouble with Trust, The Dynamics of Interpersonal Trust Building", *Regulation*, 2005.

② 王俊秀、杨宜音:《中国社会心态研究报告（2012—2013）》,社会科学文献出版社 2013 年版。

③ 冯仕政:《我国当前的信任危机与社会安全》,《中国人民大学学报》2004 年第 2 期,第 25—31 页。

④ 王淑萍:《警民信任危机成因分析——基于"期望差异"理论》,《中国人民公安大学学报》（社会科学版）2010 年第 6 期,第 32—35 页。

⑤ 周莉:《专家公信力:"嵌入"式信任的发生和运作机制——以食品安全事件为例》,《理论与改革》2014 年第 1 期,第 129—132 页。

⑥ 宋言东、蒋秀莲:《医患信任危机与医疗制度》,《中国卫生事业管理》2011 年第 4 期,第 268—269 页。

政府信任危机①、师生信任问题②、网络人际交往中的信任问题③、网络消费中的诚信危机④等随处可见，信任感水平总体堪忧。

高兆明（2002）认为，当前的信任危机从根本上来讲，是改革开放和现代化进程中对传统的怀疑、批判与否定所带来的传统断裂的无根状态；⑤也有学者认为社会断裂、秩序失序和人格失范问题是引发信任危机的主要原因。⑥为了深入了解我国国民信任感的变迁与危机问题，我们设计了一项简明扼要的信任感调查。大规模（217356 份）分层抽样的网络调查问卷结果表明，人们对政府、亲友、网友以及社会组织的信任度都相对偏低，但相比前几年略有上升。在 1—5 分的评价范围内，信任水平平均分为 3.02，按得分高低依次为亲友、政府、社会组织、网友（见图 3－3）。进一步分析表明，选择信任和完全信任政府的人数比例分别为 24.9%和 8.5%，对社会组织信任和完全信任的人数比例分别为 10.80%和 2.41%，对网友信任和完全信任的人数比例分别为 3.49%和 1.45%。特别值得注意的是，理应得到完全信任、信赖和依靠的亲友，在网络调查中仅占 22.96%（见图 3－4），这一结果与传统意义上的人际信任关系不一致。传统意义上，家庭是人际关系的首属群体，亲人之间的人际关系以交流感情为主，情感型信任占据主导地位；而在家庭之外的次属群体中，人际关系的主要目的在于工具交换，认知和理性是人际信任的基础，认知型信任占据主导地位。但是，社会转型对这一传统人际信任模式产生了挑战。列维斯和维加尔特（1985）曾指出社会变迁对于人际信任的影响。⑦他们认为，随着社会结构变迁与社会流动性增强，基于"关系网"的人际信任异质性增强，人际关系将以认知型信任为基础，情感

① 何卫平、胡建：《社会转型期农村基层政府的信任危机：原因及优化策略》，《云南社会科学》2013 年第 3 期，第 15—19 页。林雪霏：《转型逻辑与政治空间——转型视角下的当代政府信任危机分析》，《社会主义研究》2012 年第 6 期，第 40—45 页。

② 潘露：《师生信任的困境与突围》，《教育学术月刊》2008 年第 4 期，第 10—12 页。

③ 赵竞、孙晓军、周宗奎等：《网络交往中的人际信任》，《心理科学进展》2013 年第 8 期，第 1493—1501 页。

④ 巫月娥、尤晨：《网络消费购后后悔与转换行为研究——基于顾客不信任感的调节作用》，《重庆交通大学学报》（社会科学版）2014 年第 14 期，第 49—53 页。

⑤ 高兆明：《信任危机的现代性解释》，《学术研究》2002 年第 4 期，第 5—15 页。

⑥ 冯志宏：《风险社会视域中的信任危机》，《学术交流》2010 年第 5 期，第 113—116 页。

⑦ Lewis J. D. , Weigert A. , "Trust as a Social Reality", *Social Forces*, 1985, 63 (4): 967–985.

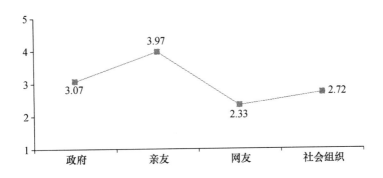

图 3 - 3 对不同群体和组织的平均信任度

注：图中数据均系 2015 年 1 月 18 日至 2 月 20 日 217356 份网络调查问卷结果整理而成，下同。

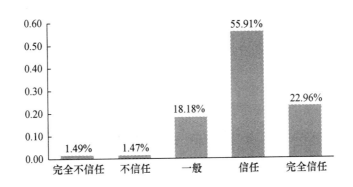

图 3 - 4 对亲友的信任度

型信任的作用逐渐减弱。因此，人们对松散、泛泛的关系网认同与信任减少，对亲人的信任感呈现出整体下降的趋势。此外，处在不同教育水平、年龄、职业、收入水平和社会阶层的人们，其信任感存在一定差异。

1. 教育程度与信任感

从教育程度来看，其趋势是教育程度高低与对政府、社会组织、网友的信任感无关，对亲友信任感随文化程度提高略有增加。但同时，高教育水平的大学生自身也面临严重的诚信危机。《2014 年中国都市青少年发展报告》发现，接受教育程度越高，学生越不诚信。一项对大学生人际信任的横断历史研究结果表明，我国大学生人际信任水平在 1998—2009 年这 11 年间显著降低，与 1998 年相比，2009 年时大学生的人际信任水平下降了 1. 19 个标准差。[1] 这一结果显然有悖于我们的愿景。究其原因，大学生的诚信问题主要体现在就业的不确定性上。当前高校毕业生数量大幅增长，但经济体制转轨、经济发展不平衡和技术进步都在很大程度上限制了大学生就业数量和质量，在一定程度上导致大学生就业形势严峻。[2] 美国心理学家 Deci 和 Ryan 提出的基本心理需要理论也可以用来解释这一现象。[3] 大学生在择业过程中渴望根据自己意愿自主地选择职业，以满足其自我决定的需要；同时，他们也希望体验到对环境的控制感，对自身就业与发展的胜任感。但是，目前的就业形势严峻，大学生自主和能力的需要无法完全得到满足，这可能会导致其动机、人格无法朝着积极的方向发展。诚信问题在一定程度上体现了大学生基本需要无法得到满足而造成的畸形发展。可见，对个人未来发展的不确定性和对自己生活缺乏控制感是大学生人际信任问题的两个主要原因。

2. 年龄与信任感

随着年龄增加，对政府和网友的信任感逐渐提升，而对亲人和社会组织的信任感不断降低，即信任感与人际距离成反比（见表 3 - 3）。相比于青年人，老年人能够得到政府给予的一系列医疗保障和福利政策，安享晚年生活，因此老年人对政府的信任感较高。青年人对网友的信任感最低，这可能是由于青年人比中老年人对网络更熟悉，因此面对鱼龙混杂的网络社会，青年人能够比中老年人更好地分辨网友的可信度，对网友持有一定的警惕心理。对亲人的信任感随年龄增加反而下降，这是社会转型期人际关系的差序格局受到冲击与破坏造成的。社会快速发展与人口流动造成亲人之间关系疏远、异质，基于亲情关系建立起来的社会联结变得松散，对亲人的信任感水平整体下降。青年人尚未离家或刚刚离家，与家庭的联结与纽带作用还在发挥作用，而社会变迁中的中老年人常年与家人联系较少，其原有的情感联结逐渐淡化，因此对亲人的信

---

① 辛自强、周正:《大学生人际信任变迁的横断历史研究》,《心理科学进展》2012 年第 3 期, 第 344—353 页。

② 姚裕群:《我国大学生就业难问题演变与近期发展趋势》,《人口学刊》2008 年第 1 期, 第 10—14 页。

③ Ryan R. M. , Deci E L. , "The Darker and Brighter Sides of Human Existence: Basic Psychological Needs as a Unifying Concept", *Psychological Inquiry An International Journal for the Advancement of Psychological Theory*, 2000, 11 (4): 319–338.

任感反而下降了。

表3-3　　　　　　　　　　不同年龄层的信任度

类别	青年	中年	老年
政府	3.02	3.19	3.38
亲人	4.00	3.82	3.69
网友	2.31	2.32	2.39
社会组织	2.71	2.68	2.61

　　3. 职业与信任感

　　退休者和公务员对政府的信任感最高，农民工和"北漂"（泛指，下同）最低；对亲人的信任感大学生和企业员工最高，退休者和低保群体最低；对网友和社会组织的信任感均是大学生和知识分子最高，农民工和低保群体最低（见表3-4）。

表3-4　　　　　　　　　　不同职业的信任度

类别	企业员工	大学生	公务员	知识分子	企业家	农民工	农业劳动者	"北漂"	低保群体	退休者
政府	2.97	3.23	3.27	3.23	2.94	2.83	3.00	2.84	2.86	3.37
亲人	4.02	4.06	3.99	3.98	3.91	3.80	3.82	3.95	3.72	3.72
网友	2.28	2.42	2.33	2.43	2.30	2.26	2.28	2.28	2.27	2.33
社会组织	2.67	2.89	2.78	2.85	2.66	2.56	2.64	2.60	2.57	2.64

　　退休者和公务员对政府的信任感最高，这理解起来相对容易。国内近几年的退休政策相对较好，老年人的社会福利与退休前相比，并没有明显的下降，但各项生活开销（如车子、房子、食品、交际等）却明显下降。社保、医保的完善让老年人感到生活有保障。公务员也是如此，国家提供了相对较好的福利政策。农民工和"北漂"对政府的信任感最低，这反映出当前农民工与"北漂"的生活现状与理想预期之间的差距仍然较大。农民工可能是农业劳动者中抱负水平较高的群体，高抱负水平一方面促使他们进城务工，改善自己的客观生活条件；另一方面他们

对自己生活的期望也较高，抵消了客观生活条件改善带来的满足感与幸福感。同时，进城务工带来的另一个结果是提升了参照群体的质量。农民工进城后，几乎是城市中的最底层，相对剥夺感最严重，这进一步降低了他们对政府的信任感。"北漂"与农民工的内在动机和心理过程非常相似，因此对政府的信任感都比较低。

对网友和社会组织的信任感而言，大学生和知识分子最高。因为大学生和知识分子对网络接触更多，对网络的利与弊能够更好地把握，且能够从与网友的交流中受益，而农民工和低保群体则较少或不能接触到网络，对网友更多地持有抵触和怀疑情绪。社会组织信任感也是相似的道理。社会组织多在城市发起项目，而且其活动多与大学生和知识分子的利益相关，较少涉及农民工和低保群体，所以农民工和低保群体对社会组织的信任感较低，而大学生和知识分子则较高。

4. 收入与信任感

从经济收入来看，其趋势是经济收入高低与对亲友、网友的信任感无关，对政府与社会组织的信任感随经济收入提高而降低。中国社会科学院社会学所2006年"中国社会状况综合调查"（CASS）的数据也显示，拥有较高薪酬的人群，对政府和社会组织的信任感较低。[①] 因为随着收入的提高，人们对自身的发展拥有更大的自主性和控制感，不再单纯依赖于政府和社会组织提供的信息获得利益增值，对政府和社会组织产生了更多的理性思考和批判意识，这在一定程度上降低了高收入人群对政府和社会组织的信任感。

5. 社会阶层与信任感

不同社会阶层的信任感存在一定差异。中产阶级（公务员）对政府的信任感最高，农民工和"北漂"（泛指，以下同）最低；对亲人的信任感，退休者和低保群体最低；对网友和社会组织的信任感均是中产阶级（知识分子）最高，农民工和低保群体最低（见表3-4）。

中国社会科学院社会学所2006年"中国社会状况综合调查"（CASS）的数据分析了不同阶层社会信任感（包括政府信任感、社会组

---

① 井世洁、杨宜音：《转型期社会信任感的阶层与区域特征》，《社会科学》2013年第6期，第77—85页。

织信任感和社会信息信任感）的差异。这项研究涉及业主阶层、新中产阶层、老中产阶层、工人阶层和农民阶层。研究结果发现，社会阶层越低，对政府的信任感越高。农民对政府的信任感最高，工人次之，而处于社会最高阶层的业主阶层对政府的信任感最低。对社会组织（如维权组织、社会公益组织、行业/专业协会）的信任感而言，工人和新中产阶级的信任感最高，老中产阶级居中，农民阶层次之，业主阶层对社会组织的信任感最低。对社会信息的信任感而言，业主阶层对社会信息的信任感最高，农民阶层次之，老中产阶层居中，工人阶层较低，新中产阶层最低。[1] 可见，不同社会阶层社会信任感的现状存在一定差异。这一现象可以从不同阶层民众所拥有的社会资源、自主性和安全感的角度来分析。对于农民来说，社会资源匮乏，自主选择性较弱，信任政府和社会信息可以获得较大的安全感，减少其资源有限所带来的焦虑感。一项对我国农民 1999—2008 年以来政治信任变迁的研究也发现，农民的政治信任状况整体呈现上升趋势。[2] 但是，由于农民与社会组织接触少、了解有限，他们自然无法从信任社会组织中获得更大的安全感。与农民相反，处于社会较高地位的业主阶层拥有充分的自主性，批判意识较强，为了寻求利益最大化，对政府和社会组织的信任感较低，而通过对社会信息的甄别与信任有利于增大利益。[3]

　　上述研究结果表明，公众信任感水平总体堪忧，并在底线挣扎、徘徊，当前信任感水平有提高的空间。我们很可能正面临着一场信任感危机。年龄圈、人情圈、亲情圈、交际圈和利益圈，正逐渐成为信任关系的"堰塞湖"，成为信任分散或对人、事、物均无信任的遁词。特别是"北漂"、农民工和低保群体等弱势群体的信任感水平有待提高，对亲人的信任感有待改善，公众与政府、社会组织的矛盾有待进一步消解。因为对政府、社会组织的不信任会成为公众情绪和群体事件的"导火索"，

① 井世洁、杨宜音：《转型期社会信任感的阶层与区域特征》，《社会科学》2013 年第 6 期，第 77—85 页。
② 肖唐镖、王欣：《中国农民政治信任的变迁——对五省份 60 个村的跟踪研究（1999—2008）》，《管理世界》2010 年第 9 期，第 88—94 页。
③ 井世洁、杨宜音：《转型期社会信任感的阶层与区域特征》，《社会科学》2013 年第 6 期，第 77—85 页。

影响社会稳定发展，其结果又会反过来影响信任关系的形成与发展。

二　国民信任感危机的成因

诚如上述，我国国民信任感正在从传统的人际信任转向现代的制度信任，可以说信任感的变迁也正在经历"社会变革的阵痛期"。人们总是将怀疑、质疑放在信任前面，这很不正常。对信任关系的误判会直接导致家人失和、朋友反目、社会怨恨、劳资冲突、民族纷争和自卑自杀。导致信任感危机的原因多种多样，既有政治、经济、法律、文化和历史的因素，也有道德、伦理、舆论、教育和环境的原因。以政府信任感为例，我们的调查显示，民众对政府的信任感普遍降低；也有研究表明，民众对地方政府的信任比中央政府要低。从政治领域来看，这主要是政府权威弱化和政府政策实施不到位造成的，而且不断曝光的政治腐败和丑闻也严重影响了政府的可信度。[①] 从经济领域来看，国民经济的运行情况与对经济发展的负面评价会导致民众对政府的不信任。从文化领域来看，我国正在经历传统文化与现代文化、本土文化与外来文化的撞击，传统文化所塑造的人际信任的差序格局受到社会结构变化的冲击，信任感正在经历从基于"关系网"的人际信任向制度信任的转变。从道德角度来看，当前道德冷漠等负面现象也不利于形成信任感。[②] 从制度角度看，人们对公平与制度的需求越来越强烈，但法制建设仍然不健全与完善，难以有效地使用法制手段来约束人际信任。[③] 此外，改革开放以来犯罪率的上升、贫富差距拉大、不正当竞争、腐败和慈善捐赠问题等社会因素也不利于建立与维持信任感。这些因素共同造成了国民信任感的波动性和复杂性的特点。

1. 负性信息的强势效应

信任关系的误判、误解，一个重要原因是人们对正性信息（微笑、诚实、自信）和负性信息（说谎、愤怒、侵犯）的认知是不一样的，由

---

① 麻雪兰：《社会转型期中国政治信任问题的分析与解读》，硕士学位论文，华东理工大学，2011 年。

② 高德胜：《道德冷漠与道德教育》，《教育学报》2009 年第 3 期，第 76—83 页。

③ 杨中芳、彭泗清：《中国人人际信任的概念化：一个人际关系的观点》，《社会学研究》1999 年第 2 期，第 3—23 页。

此激发的信任态度（初次印象）、情绪状态（喜欢、满意度）也不一样。① 与正性信息相比，负性信息对人的认知、情感和行为方面的作用更强，更容易引起人们的关注和警觉。②

首先，长期暴露于负性的媒体新闻、负性社会事件的传播对人们的情绪产生了消极的影响，这会进一步影响个体的判断与决策行为。③ 研究表明，情绪是影响人际信任的一个重要的内在因素，积极的情绪有利于增进人际信任，而消极情绪则削弱人际信任。④ 长期弥散性的消极情绪会抑制人际信任的形成与维持。⑤ Bower（1981）提出的连接语义网络模型可以用来解释这一现象。⑥ 当个体对情境中的信息进行编码和提取时，其情绪状态会影响决策和人际信任，做出与其情绪状态一致的决策判断和行为反应，表现出心境一致性效应。⑦ 例如，媒体对老年人"碰瓷"、讹诈现象的频繁曝光使全社会陷入对帮扶老年人的弥散性的恐惧与不安情绪中，这导致人们对于他人困境麻木、冷漠，面对摔倒在地的老人却不敢、不愿提供帮助，严重影响了人际信任感的建立与传递。

当然，负性信息的传播与当前社会情绪的异变是相互作用的。人们在政府机构、社会组织等部门遭遇冷落、不顺利，会导致其对这些机构与相关体制与规范产生不满与愤懑情绪。处于消极情绪中的人们更容易传播负面信息。政治、经济、文化等方面的负面新闻和日常生活中的负面信息铺天盖地，加上网络的快速传播，在一定程度上又会激活消极的社会情绪，这种情绪的累积导致社会心态的异变，人际信任危机就是社

---

① 俞国良、王拥军：《构建和谐人际关系：基于人际知觉偏差的视角》，《黑龙江社会科学》2012 年第 3 期，第 85—90 页。

② Baumeister R. F., Bratslavsky E., Finkenauer C., et al., "Bad is Stronger than Good", *Review of General Psychology*, 2001, 5 (4): 323 – 370.

③ Winkielman P., Knutson B., Paulus M., et al., "Affective Influence on Judgments and Decisions: Moving Towards Core Mechanisms", *Review of General Psychology*, 2007, 11 (2): 179 – 192.

④ Dunn J. R., Schweitzer M. E., "Feeling and Believing: The Influence of Emotion on Trust", *Journal of Personality and Social Psychology*, 2005, 88 (5): 736 – 748.

⑤ Ibid. .

⑥ Bower G. H., "Mood and Memory", *American Psychologist*, 1981, 36 (2): 129 – 148.

⑦ Winkielman P., Knutson B., Paulus M., et al., "Affective Influence on Judgments and Decisions: Moving Towards Core Mechanisms", *Review of General Psychology*, 2007, 11 (2): 179 – 192.

会心态异变的典型特征。

其次，负性信息比正性信息对人际信任的预测作用更强。研究表明，人们对负性信息更敏感、更容易记住，更容易预测人际关系的恶化或终结，对信任感的破坏力也最强。[①] 如调查中亲人相比于网友，所提供的负性信息就要少得多，其信任和完全信任有显著差异（78.87%和4.94%）。日常生活经验告诉人们，受到批评、被朋友抛弃等负性信息比受到表扬、结识朋友等正性信息，对自己的情绪影响更强、更持久；婚姻关系中的消极事件与积极事件相比，更能预测未来的婚姻状况。"你给我初一，我还你十五"式交往比"你敬我一尺，我敬你一丈"式交往对双方的影响更大，前者的直接结果就是信任关系的瓦解。一般而言，正性信息要超过几倍的负性信息才能抵消负性信息的影响力。对人一次不礼貌行为引起的后果，大约需要五次礼貌行为才能抵消。这就是负性事件、负性信息的强势效应。

2. 本位主义的膨胀效应

随着社会结构和体制的改革、外来文化的渗透，人们的主体意识得到空前激发，人们总是基于自己的眼睛和观察，以自己的观点、信念、态度和情绪来理解面临的客观事物，常常夸大自己在某种信任关系中的作用，认为自己的关注对象也正是别人所关注的对象。研究指出，当关注自己的服饰、容貌和个性时，认为别人也是这样，实际上注意到的人只有23%。人们常常高估别人对自己的关注程度，往往把自己看作公众注意的焦点——这是焦点效应；人们高估自己内心状态的泄露程度，往往认为别人容易识破自己的内心状态——这是透明错觉；人们常常认为自己的判断是客观的，而其他人的判断则是自我陶醉，由此过分地夸大自己判断的合理性——这是偏差盲点；人们总是认为自己内省信息（态度、感受和内在动机）的价值比非内省信息（环境信息、他人的行为）的价值大，可以作为评价自己的基础——这是内省错觉；人们更是认为自己心目中的世界就是"客观的世界"，自己知道的，别人不一定知道，

---

① Vonk R., "The Negativity Effect in Trait Ratings and in Open – ended Descriptions of Persons", *Personality and Social Psychology Bulletin*, 1993, 19（3）: 269 – 278; Fiske S T., "Attention and Weight in Person Perception: The Impact of Negative and Extreme Behavior", *Journal of Personality and Social Psychology*, 1980, 38（6）: 889 – 906.

自己比别人知道得更多——这是朴素的实在论。上述种种误判产生的人际信任错觉，归根结底是本位主义的自我膨胀，容易使信任关系偏离相互融合、相互关注、相互理解和共同发展的方向，容易引发敌意、不信任，以及自我保护、焦虑恐惧和安全感缺失。例如，相对于其他群体，"北漂"、农民工和低保群体就容易诱发信任感危机。

3. 沟通过程的错位效应

信任感危机也是"沟通危机"。人际交往、人际沟通包含许多障碍、变数和困局。由于交往双方的信息资源、目的动机、文化风俗、成长环境、社会经验和人格特征等方面因素的差异，人们在理解他人和表达信息时经常会出现自我中心主义倾向。一是自我中心理解。表现为人们对他人所发出信息的误解和曲解，如"断章取义"、"添枝加叶"、"以貌取人"和"不求甚解"等，导致误读他人和曲解他人；高高在上、盛气凌人、唯唯诺诺等，导致歪曲他人或阻隔他人。二是自我中心表达。人们往往基于自己的感受和观点，向他人发出信息时产生误说、误传或误判的现象。调查中网友的信任得分最低（2.33），与其毫无顾忌的自我中心主义倾向密切相关。从信息的发送者来看，信息交流目的不明确，会导致信息模糊；媒介表达不清晰，会导致信息失真；传送信息选择失误，会导致信息失准。从信息沟通渠道来看，选择不适当的沟通渠道，容易导致信息被削减或延误；选择不适当的沟通角色和环境，容易导致情绪纷扰或合作破裂。凡此种种，都属于沟通过程中的错位效应，会影响正常信任关系的形成与发展。

三　提高国民信任感的对策与建议

信任感与人际信任、社会秩序、社会活力、创造活动、心理健康和身体健康关系密切。可以说，提升信任感是重大的时代性和世界性课题。国家和公众都应对社会信用体系的巨大透支负责，并要设法"扭亏为盈"。

从国家层面来说，在社会转型和深化改革过程中，剧烈的社会变动导致社会和公众产生巨大的不确定感和不安全感，这种社会制度和结构的变革必然导致人际信任的巨大动荡，这在其他国家也出现过。① 政府和社会组织应该大力倡导与践行社会主义诚信价值观，全面提供权威信息提高公权力的诚信度，加强社会舆论的正面引导，树立典型和榜样群体，全面培育和强力推进社会信用文化建设。这些措施有利于提高和改善与诚信有关的社会制度，在一定程度上可以提高政府的公信力。

第一，要大力倡导与践行社会主义诚信价值观。目前多元价值观并存的现象，导致现实社会中信任关系和主流意识形态的离散，信任关系缺乏一个主流价值体系支撑，造成公众对政府和社会组织信任度较低的现状。因此，政府和社会组织要以家庭、学校、社区为载体，大力倡导与践行社会主义核心价值观，并内化为公众行动，以此建构社会主义信任关系的价值基础；积极弘扬中华民族"重诚信，重诺守信"和"仁、义、礼、智、信"的优秀文化传统，占领社会主义信任关系的道德高地；加强法律法规和信用制度建设，重建社会公平与社会信任，打造社会主义信任关系的实践堡垒；强调与切实履行为人民服务的宗旨，深入实际联系群众，关注民生、民情、民意，特别要关注北漂、农民工和低保群体的基本需要、基本权利和基本利益，把提升他们的信任感作为政府和社会组织的价值追求和行动指南，并发挥其凝魂聚气、强基固本的基础作用。这样，重塑"爱国敬业，诚信友善"的信任关系才会指日可待。

第二，要全面提供权威信息，提高公权力的诚信度。诚信的政府和社会组织是公众的"镜子"，首先应强调的是公平的竞争制度。为此，政府和社会组织要以身作则，及时公开信息，提供权威解读与诠释，赋予公众知晓权，坚决杜绝小道消息和以讹传讹；通过宣传和示范，严格依法办事依法行政，实施刚性政策与秩序政治，大力提高公权力的公信力和执行力，着力提高决策的民主性、科学性和高效率，做到"问政于民，问需于民，问计于民"，让权力在阳光下运行，减少公众面对政策时的"审美疲劳"，改变公众"对政府与社会组织的信任感随经济收入提高而降低"的"吃肉骂娘"现象，彻底"把权力关进制度的笼子里"；全力推进小政府、法治政府、服务型政府、阳光型政府和开放型政府建设，

---

① 辛自强、周正：《大学生人际信任变迁的横断历史研究》，《心理科学进展》2012 年第 3 期，第 344—353 页。

以实际行动来消除"吃共产党饭砸共产党锅"的腐败现象。特别是公安、司法、银行、企业和各种社会组织，要逐步建立和规范等级信用制度，建立彼此的互信机制，其最终目标是取信于民。

第三，要加强社会舆论的正面引导，树立典型和榜样群体。研究表明，科学家、教师和军人是最值得信任的群体。对社会舆论和媒体而言，就要充分发挥这些群体的模范带头作用，营造强有力的正面舆论导向氛围，树立先进个人典型和榜样群体，弘扬以奉献精神为导向的集体价值观，以此传递正能量，激活社会活力，促进社会团结，培育全社会的信任预期，淡化阶层、群体之间的感知差异，强化公众对社会主义信任关系的认同感。对负面信息与消极新闻事件要有的放矢、有效遏制，发挥主流媒体的主导作用和正面引导作用，减少和避免负性信息的强势效应。特别要大力加强对互联网信息传播的监管，严厉打击网络谣言。网络调查表明，一方面公众对网友的信任感最低，另一方面公众认为提升政府公信力、严惩造谣者、提高网民素质是最重要的三项舆论措施（见图3-5）。

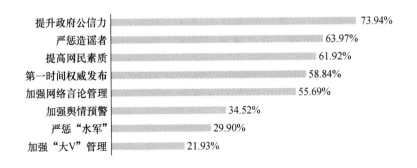

图3-5　加强互联网信息传播监管的主要措施

第四，要全面培育和强力推进社会信用文化建设。学校教育坚持"立德树人，育人为本"的宗旨，始终把德育放在首位，大力宣传中华民族诚信为本的传统美德，让诚信教育进教材、进课堂、进头脑，从小树立对他人行为的一种积极预期，对周围人、事、物的基本信任态度，而不是将怀疑、质疑放在信任前面；及时宣传奉献爱心、感恩父母、助人为乐、见义勇为的先进事迹，传递相互信任、相互关怀的人间美好感受，积极传播人与人之间信任的正能量，毫不留情披露和严厉谴责背信失信的群体行为和个人行为，让人与人之间的信任关系回归到良性轨道中运营。加强社会公德、职业道德、家庭美德和个人品德教育，在全社会培育和养成一种信用文化，当前亟待全面推进统一的社会信用体系建设，形成社会"信任共同体"，建立和完善信息披露与诚信档案制度，严格执行失诚失信者多方联合惩戒制度，让他们一处违约违规违法，则处处受限。使信用信誉和信赖信任真正成为政府、社会组织、亲人与网友的"第二生命"。实际上，当人与人信任度越高，管理就越少，生活成本自然下降，工作效率就越高，生活也越幸福。

就公众层面如亲人、网友来说，要提供充足信息强化正面引导，要重视身体力行培养积极情绪，要积极开放自我、完善自我信誉。

一是要提供充足信息强化正面引导。"日久见人心"、"兼听则明"的意思，就是指年龄与拥有充足的信息可以改善信任关系。这些信息包括知识经验、合适的特质和正面信息的强化等。通过拓展人生阅历和积累人生经验，可以提升信任关系的准确性，如退休者和公务员对政府的信任感最高；通过了解性格与行为、性格与环境的关系等知识，可以提高信任关系的灵活性。合适的特质指的是有的特质容易被识别，有的特质不易被识别。如亲切感、有人缘等，在第一印象中就比较容易被识别，而诚信特质就难以被识别。因此，初次见面应尽量提供给对方容易识别的特质，初步建立良好的信任关系。特别重要的是要提供正性特质、正性信息，并根据推测对方心理需要及时调整自我特征，把"自己所思"和"他人所想"有机结合起来，不断充实、重复和强化正面引导。

二是要重视身体力行培养积极情绪。信任关系的核心是相互理解、相互支持、情感融洽和行为协调。诚信、宽恕、共情和积极情绪等人格特征，有助于卸下戒备之心，摒弃利益为先的狭隘思想，代之以共赢观念，有助于改善和维系和谐的信任关系。诚信是对自己态度、情感、信念和想法特征的准确表达和承诺，是人际信任感建立的基础；宽恕是对他人过失的谅解，减少人际冲突和危机的一种方法；共情是设身处地地把握他人的处境，有利于判断他人的行为原因，有利于拉近与他人的心理距离。研究表明，经常持有积极情绪（面带微笑、团队合作、支持他人）的新大学生，比经常抱有消极情绪的新大学生更容易与同学心心相印，更容易建立起信任关系和亲密关系，说明积极情绪能提高信任水平。①

三是要积极开放自我、完善自我信誉。开放自我、积极倾听和达成共识，这是克服自我中心、提升合作意识、完善自我信誉的有效办法。开放自我意味着要把个人信息毫无保留地告诉他人，与他人共享内心感受和所有的信息；积极开放自我可以拓展沟通范围，使话题由浅入深，增加共享程度，使双方的心理感受由分离到重叠，由此双方关系也由一般向信任和亲密转化。积极倾听是对对方的言语和行为的积极主动的专注和理解。倾听需要全神贯注，要求完整接受他人发出的信息和意义，既能理解其思想含义，也能理解对方的情感内涵。达成共识包括信任、合作、宽容等。要将心胸打开，用开放的胸怀、信任的态度，来对待学习、生活和工作中的每个人、每件事。一句话，开启信任、提升信任感的钥匙就在自己手里。

总之，国家和政府要根据我国国情和国民信任危机的特点，为重建信任感创造良好的经济、政治、文化和社会环境，以实实在在的实际行动为公众树立诚信标杆，引导公众共同建设诚信社会，全面改善与提升国民信任感水平。

---

① 何晓丽、王振宏、王克静：《积极情绪对人际信任影响的线索效应》，《心理学报》2011年第 12 期，第 1408—1417 页。

第四章 社会比较研究与国民安全感缺失

　　"安全感"这一概念具有心理学和社会学的双重属性。它是人们渴望稳定、安全的心理需求，是一种使人放心舒心、可以依靠和信任的事物或事件。从社会心理学意义上，安全感是一种情绪体验，它是在社会比较过程中实现的。因此，如何有效地诱发出客观、稳定、可靠的情绪，是安全感相关研究得以进行的前提和基础。首先，我们对听觉、嗅觉材料诱发、表情/姿势反馈诱发以及电脑游戏、博弈游戏等近年来得到较快发展的诱发方式进行了论述，并对虚拟竞赛这一情绪诱发的新范式进行了简要介绍。其次，刻板印象威胁作为一种情境性困境（situational pre-dicament）：知觉到风险的个体担心自己会验证所属群体的消极刻板印象，从而对安全感产生歪曲认知。我们也对刻板印象威胁的概念、诱发方法及效果等方面进行了综述，并以学习困难学生为例，讨论其刻板印象威胁的诱发，以便为安全感研究提供些许启示。实际上，人们在现实生活中定义自己的安全感时，往往是通过与周围他人的比较，在一种比较性的社会环境中获得其意义的，而不是根据纯粹客观的标准来定义，这就是社会比较（social comparison）。这里，从社会比较的概念、类型、动机和策略等几个方面，回顾了国外近50年来的研究脉络，并进行了展望。同时，更进一步地对社会比较的两种相反的效应即对比效应和同化效应进行了阐释，从关注自我、关注比较目标和关注自我与比较目标之间的关系三个方面，论述了其调节作用的各种不同因素，以及产生对比效应和同化效应的心理机制，即选择特性通达（SA）模型。最后，我们结合大规模网络调查数据，从社会心理学视角分析了当前我国国民安全感的现状与特点，进而从社会转型的背景对国民安全感缺失的原因进行了理论探讨，指出发展与改革是影响国民安全感的"双刃剑"，并就如何提升国民安全感提出了具体的对策与建议。

第一节　情绪诱发方法现状与进展

20 世纪 70 年代，心理学家发现，被试的情绪状态对其认知过程存在非常明显的影响。这一发现打破了情绪和认知两个研究领域之间的界限，情绪和认知的关系迅速成为认知心理学家面临的一个重要课题，情绪对知觉、注意、记忆、决策等众多认知活动的影响相继被发现。然而，随着研究走向深入，研究者很快就发现，缺乏准确有效情绪诱发及控制的方法成为阻碍这一领域取得突破的最大障碍。经过一系列研究者的努力，目前已经逐渐形成了一些较为系统的情绪诱发方法。从现有文献资料来看，这些诱发方法可以分为情绪材料诱发、表情/姿势反馈诱发以及实验室情境诱发三种。

一　情绪材料诱发

情绪材料诱发即向被试呈现准备好的具有情绪色彩的材料，从而诱发被试相应情绪的方法。根据材料呈现感觉通道的不同，可以将其分为视觉刺激、听觉刺激、嗅觉刺激、多通道情绪诱发。

1. 视觉刺激

视觉刺激是最为常用的情绪诱发方法，即给被试呈现具有情绪色彩的文字、图片等刺激诱发材料，以此来诱发被试的目标情绪的方法。目前，视觉刺激已经形成了较为完善标准的刺激库系统，在文字方面，美国国立精神卫生研究所（National Institute of Mental Health，NIMH）推出的英语情感词系统（ANEW，1999）和英文情感短文系统（ANET，2007）都是最为常用的权威文字情绪刺激材料系统；①②③ 而在图片方面，

---

① Kousta, S. T., Vigliocco, G., Vinson, D. P., Andrews, M., and Del Campo, E., "The Representation of Abstract Words: Why Emotion Matters", *Journal of Experimental Psychology*: General, 2011, 140 (1), 14 – 34.

② Stavroula – Thaleia, K., David P. V., & Gabriella, V., "Emotion Words, Regardless of Polarity, Have a Processing Advantage Over Neutral Words", *Cognition*, 2009, 112 (3), 473 – 481.

③ Lang, P. J., "Emotion and Motivation: Toward Consensus Definitions and a Common Research Purpose", *Eotion Review*, 2010, 2 (3), 229 – 233.

NIMH 建立了国际情绪图片系统（IAPS），为情绪诱发研究提供了更多选择。[1]

由于文字和图片刺激往往会受到文化背景的影响，国内研究者在相关研究的基础上，对国外的刺激材料进行了修订和完善，推出了汉语情感词系统（CAWS）和中国情绪图片系统（CAPS）。这些系统的开发，为国内研究者提供了一系列情绪诱发的重要工具。[2][3]

2. 听觉刺激

研究发现，自然界的声音录音、非言语音节以及音乐都可以作为情绪诱发的材料。例如，NIMH 通过采集鸟叫、婴儿哭泣、炸弹爆炸、下雨等一系列声音，对其愉悦度和唤醒度进行评定，建立了国际情感数码声音系统（IADS，1999），2007 年又对其进行了修订，推出了 IADS2。这两个系统为研究听觉刺激对认知、情绪、行为的影响提供了标准化的工具，被应用于大量实验研究中。[4][5][6] 而国内研究者同样在大量收集各种声音的基础上建立了中国情感数码声音系统（CADS）。[7]

随着音乐在消费者情绪行为控制、情绪紊乱的心理治疗、个体自我

[1] Frantzidis, C. A., Bratsas, C., Klados, M. A., Konstantinidis, E., Lithari, C. D., Vivas, A. B., Papadelis, C. L., Kaldoudi, E., Pappas, C., Bamidis, P. D., "On the Classification of Emotional Biosignals Evoked while Viewing Affective Pictures: An Integrated Data-mining-based Approach for Healthcare Applications", *Information Technology in Biomedicine*, 2010, 14 (2), 309-318.

[2] 刘俊升、桑标：《情绪调节内隐态度对个体情绪调节的影响》，《心理科学》2009 年第 3 期，第 571—574 页。

[3] 辛勇、李红、袁加锦：《负性情绪干扰行为抑制控制：一项事件相关电位研究》，《心理学报》2010 年第 3 期，第 334—341 页。

[4] Strait, D. L., Kraus, N., Skoe, E., & Ashley, R., "Musical Experience Promotes Subcortical Efficiency in Processing Emotional Vocal Sounds", *The Neurosciences and Music III Disorders and Plasticity*, 2009, 1169, 209-213.

[5] Plichta, M. M., Gerdes, A. B. M., Alper, G. W., Harnisch, W., Brill, S., Wieser, M. J., & Fallgatter, A. J., "Auditory Cortex Activation is Modulated by Emotion: A Functional Near-infrared Spectroscopy (fNIRS) Study", *NeuroImage*, 2011, 55 (3), 1200-1207.

[6] Ana, T., Pontus, L., Aleksander, V., Daniel, V., & Mendel, K., "When Room Size Matters: Acoustic Influences on Emotional Responses to Sounds", *Emotion*, 2010, 10 (3), 416-422.

[7] 刘涛生、罗跃嘉、马慧、黄宇霞：《本土化情绪声音库的编制和评定》，《心理科学》2006 年第 2 期，第 406—408 页。

情绪调节①②等众多领域得到了越来越广泛的应用，音乐情绪诱发也开始受到了心理学家的重视。经过十多年的积累，一些音乐和情绪的对应关系逐渐达成共识，例如，巴赫的"勃兰登堡协奏曲"或贝多芬的"第六交响乐"通常能够诱发愉快情绪；霍尔斯特的"火星：战争使者"诱发恐惧情绪；使用巴伯的"弦乐柔板"诱发悲伤情绪；③④⑤ 在国内，研究者通常选用阿炳的二胡独奏"二泉映月"作为悲伤诱发材料。

　　脑成像研究的结果也为音乐诱发情绪提供了支持。Menon 和 Levitin（2005）的研究发现，愉快的音乐能够唤起和奖赏调控相关的脑区，如伏膈核（nucleus accumbens，NAc）、腹侧盖膜区（ventral tegmental area，VTA）、下丘脑以及脑岛等区域的激活，从而促使个体产生愉悦的情绪。这一模式与性行为、食用食物以及使用成瘾药物形成的脑区激活模式极为类似。⑥⑦ 另一项研究⑧发现，在欣赏音乐时，除了和情绪直接相关的边缘系统和旁边缘构造外，奖赏调控脑区、与生理反应感知相关的皮层及皮层下运动区域、与镜像神经元系统相关的神经网络都发现了激活现象。这些研究表明，音乐能够唤起被试的情绪反应，并且这种情绪反应至少部分是建立在生理变化引发的移情作用这一基础上的。这一结果得

①　Alpert, J. I., & Alpert, M. I., "Music Influences on Mood and Purchase Intentions", *Psychology and Marketing*, 1990, 7（2）, 109－133.

②　Gold, C., Voracek, M., & Wigram, T., "Effects of Music Therapy for Children and Adolescents with Psychopathology: A Meta－analysis", *Journal of Child Psychology and Psychiatry*, 2004, 45（6）, 1054－1063.

③　Krumhansl, C. L., "An Exploratory Study of Musical Emotions and Psychophysiology", *Canadian Journal of Experimental Psychology*, 1997, 51（4）, 336－353.

④　Peretz, I., Gagnon, L., & Bouchard, B., "Music and Emotion: Perceptual Determinants, Immediacy, and Isolation after Brain Damage", *Cognition*, 1998, 68（2）, 111－141.

⑤　Baumgartner, T., Esslen, M., & Jancke, L., "From Emotion Perception to Emotion Experience: Emotions Evoked by Pictures and Classical Music", *International Journal of Psychophysiology*, 2006, 60（1）, 34－43.

⑥　Blood, A. J., & Zatorre, R. J., "Intensely Pleasurable Responses to Music Correlate with Activity in Brain Regions Implicated in Reward and Emotion", *PNAS*, 2001, 98（20）, 11818－11823.

⑦　Menon, V., & Levitin, D. J., "The Rewards of Music Listening: Response and Physiological Connectivity of the Mesolimbic System", *NeuroImage*, 2005, 28（1）, 175－184.

⑧　Chapin, H., Jantzen, K., Kelso, J. A., Steinberg, F., & Large, E., "Dynamic Emotional and Neural Responses to Music Depend on Performance Expression and Listener Experience", *PLOS ONE*, 2010, 5（12）: e13812.

到了Koelsch（2010）研究的支持。[①]

使用音乐作为情绪诱发的方法，具有其他情绪诱发方法难以比拟的优势。首先，音乐能够诱发一系列不同的情绪，例如高兴、悲伤、沮丧等，很多情绪很难在实验室情境下诱发；其次，和字词、音节、图片等材料诱发的情绪相比，音乐往往能够诱发出更为深入、持久的情绪体验；最后，在诱发消极情绪方面，可能造成的伦理问题也较轻，被试更容易从负面情绪中平复过来。

目前，音乐情绪诱发面临的最大问题在于标准化情绪诱发材料库的缺乏。音乐能够诱发被试的情绪已经得到了大量研究的支持，然而，目前仍然没有建立标准化的情绪诱发材料库，各个研究者选择的情绪诱发材料各不相同，导致了研究结果失去了可比性，从而影响了研究的深入。其次，随着研究的增多，一些研究者对音乐诱发情绪与日常情绪的一致性产生了质疑。例如，悲伤作为一种消极情绪，通常是人们极力避免体验的，然而，当收音机中传出悲伤的音乐时，人们往往不会选择将其关闭。[②] 而 Zentner、Grandjean 和 Scherer（2008）也指出，愤怒、恐惧、厌恶、内疚等情绪体验往往和个体的生存或是社会地位的维系息息相关，但是，在倾听音乐时，被试通常会进入一种忘我的境界，在研究中，被试最为频繁提及的感受是"梦幻"（dreamy）。在倾听音乐时，现实世界的利益和威胁都被抛之脑后，消极情绪体验似乎也失去了其存在的基础。[③] 对此，Frijda 和 Sundararajan（2007）提出了情绪品味理论（emotion refinement theory），认为当个体进入了心理空间，从而与现实以及个体的自我概念分离后，情绪失去了其紧迫性，但是仍然维持其内部结构以及行为倾向。[④] 这种音乐诱发的实验性情绪与日常生活情绪之间到底存在多大的差异，仍有待后续研究进行进一步的探讨。

---

① Koelsch, S., "Towards a Neural Basis of Music – evoked Emotions", *Trends in Cognitive Sciences*, 2010, 14（3）, 131–137.

② Konecni, V. J., "Does Music Induce Emotion? A Theoretical and Methodological Analysis", *Psychology of Aesthetics, Creativity, and the Arts*, 2008, 2（2）, 115–129.

③ Zentner, M., Grandjean, D., & Scherer, K. R., "Emotions Evoked by the Sound of Music: Characterization, Classification, and Measurement", *Emotion*, 2008, 8（4）, 494–521.

④ Frijda, N. H., & Sundararajan, L., "Emotion Refinement: A Theory Inspired by Chinese Poetics", *Perspectives on Psychological Science*, 2007, 2（3）, 227–241.

3. 嗅觉刺激

嗅觉是人类的另一种重要的感觉器官，在嗅觉诱发情绪的研究中，主试通常让被试有意或无意识地嗅闻某种气味，以此达到情绪诱发的目的。研究发现，嗅觉刺激和其他感觉通道的刺激一样，能够诱发被试积极或消极的情绪，进而对个体的认知、行为产生影响；[1][2][3][4] 而进一步研究表明，阈下的嗅觉刺激也能够起到相同的作用。[5]

此外，研究发现，气味还存在着联结诱发作用，即被试往往会将特定的气味与闻到该气味时的情绪体验之间产生联结[6][7]，再次向其呈现该气味就能够诱发出相应的情绪。一些研究者利用这一特点，设计了一系列情绪诱发实验，收到了很好的诱发效果。例如，在 Herz、Schankler 和 Beland（2004）的研究中[8]，主试在被试（无论是成人还是儿童）遭遇挫折的同时让其闻到一种特别的气味，在随后的无关任务中，同样气味的再次出现成功诱发了被试的相应情绪，并降低了其完成任务的动机。而

---

① Ilmberger, J., Heuberger, E., Mahrhofer, C., Dessovic, H., Kowarik, D., & Buchbauer, G., "The Lnfluence of Essential Oils on Human Attention. I: Alertness", *Chemical Senses*, 2001, 26 (3), 239 –245.

② Millot, J., & Brand, G., "Effects of Pleasant and Unpleasant Ambient Odors on Human Voice Pitch", *Neuroscience Letters*, 2001, 297 (1), 61 –63.

③ Chebat, J. & Michon, R., "Impact of Ambient Odors on Mall Shoppers' Emotions, Cognition, and Spending: A Test of Competitive Causal Theories", *Journal of Business Research*, 2003, 56 (7), 529 –539.

④ Retiveau, A. N., Chambers, E., & Milliken, G. A., "Common and Specific Effects of Fine Fragrances on the Mood of Women", *Journal of Sensory Studies*, 2004, 19 (5), 373 –394.

⑤ Walla, P., "Olfaction and its Dynamic Influence on Word and Face Processing: Cross – modal Integration", *Progress in Neurobiology*, 2008, 84 (2), 192 –209.

⑥ Herz, R. S., Schankler, C., & Beland, S., "Olfaction, Emotion and Associative Learning: Effects on Motivated Behavior", *Motivation and Emotion*, 2004, 28 (4), 363 –383.

⑦ Mennella, J. A., & Beauchamp, G. K, "Understanding the Origin of Flavor Preferences", *Chemical Senses*, 2005, 30 (1). 242 –243.

⑧ Herz, R. S., Beland, S., & Schankler, C., "Changing Odor Hedonic Perception Through Emotional Associations in Humans", *International Journal of Comparative Psychology*, 2004, 17 (4), 315 –338.

类似的情况在大量研究中都有所报告。①②

生理方面的研究表明，使用嗅觉刺激材料能够导致被试心跳、皮肤传导性等生理参数的变化，这些变化被认为和个体的情绪反应之间存在直接的联系。③

与音乐诱发方法类似，嗅觉诱发法目前存在的最大问题在于标准化材料库的缺乏。最新的研究表明，Ekman 的分离情绪理论（discrete emotion theory）或 Russell 的二维理论（bidimension theory）这两种主要的维度划分方法可能并不适用于嗅觉诱发的情绪，情绪很可能存在着愉悦感（pleasant feeling）、不快感（unpleasant feeling）、享受的（sensuality）、放松的（relaxation）、振作的（refreshment）以及感官愉悦（sensory pleasure）这 6 个维度；④ 而 Ferdenzi 等（2011）的研究发现，嗅觉维度还受到文化因素的影响。⑤

此外，和视觉、听觉材料相比，嗅觉材料的准备、储藏要困难得多；在较为严格的诱发实验中，主试还需要对被试的呼吸方式、携带气味的气体的流量、气味的扩散和消除时间等各个方面都进行严格的控制；最后，嗅觉材料通常较难精准地诱发出某一种特定情绪，其诱发的往往是集中积极或消极情绪的组合情绪。在这些因素的共同影响下，嗅觉刺激研究目前仍处于起步阶段。

---

① Robin, O., Alaoui‐Ismaili, O., Dittmar, & Vernet‐Maury, "Emotional Responses Evoked by Dental Odors: An Evaluation from Autonomic Parameters", *Journal of Dental Research*, 1998, 77 (8), 1638 – 1646.

② Epple, G., & Herz, R. S., "Ambient Odors Associated to Failure Influence Cognitive Performance in Children", *Developmental Psychobiology*, 1999, 35 (2), 103 – 107.

③ Bensafi, M., Rouby, C., Bertrand, B., Vigouroux, M., & Holley, A., "Autonomic Nervous System Responses to Odours: The Role of Pleasantness and Arousal", *Chemical Senses*, 2002, 27 (8), 703 – 709.

④ Chrea, C., Grandjean, D., Delplanque, S., Cayeux, I., Le Calve, B., Aymard, L., Velazco, M. I., Sander, D., & Scherer, K. R., "Mapping the Semantic Space for the Subjective Experience of Emotional Responses to Odors", *Chemical Senses*, 2009, 34 (1), 49 – 62.

⑤ Ferdenzi, C., Schirmer, A., Roberts, S. C., Delplanque, S., Porcherot, C., Cayeux, I., Velazco, M. I., Sander, D., Scherer, K. R., & Grandjean, D., "Affective Dimensions of Odor Perception: A Comparison between Swiss, British, and Singaporean Populations", *Emotion*, 2011, 11 (5), 1168 – 1181.

4. 多通道情绪诱发

多通道情绪诱发是指组合使用视觉、听觉、嗅觉等诱发材料，以达到更佳诱发效果的情绪诱发方法。例如，Baumgartner 等（2006）的研究考察了情绪图片和古典音乐对快乐、悲伤以及恐惧三种情绪诱发的影响。[①] 结果发现，在呈现情绪图片的同时播放相应的音乐能够显著提高情绪诱发的效果。而电影剪辑综合使用了动态的视觉画面以及声音两种诱发方法，被认为是最有效的情绪诱发方法。例如，用《当哈利遇上莎莉》片段诱发积极情绪，用《舐犊情深》诱发消极情绪等。Eldar、Ganor、Admon、Bleich 和 Hendler（2007）的研究表明，和单独观看影片或是单独播放音乐相比，在观看情绪中性的影片的同时给被试播放积极（快乐）或是消极（恐惧）的音乐能够诱发被试杏仁核、腹外侧前额叶区域的激活，达到更好的情绪诱发效果。[②] Seubert、Kellermann、Loughead、Boers、Bresinger、Schneider 和 Habel（2010）研究对嗅觉和视觉组合诱发情绪进行了探讨，研究发现，无论效价如何，气味刺激都能够促进被试对厌恶情绪图片的认知加工。[③] 并且，研究还发现，嗅觉和视觉共同作用会导致脑岛区域激活的改变，这一结果表明，在大脑中，对于嗅觉和视觉多通道加工具有其特异性机制。

二　表情/姿势反馈诱发

关于表情和身体姿势诱发相应情绪的观点可以推溯到达尔文、詹姆斯和兰格。在沉寂多年后，随着具身认知观念的兴起，这一领域再次引

---

① Baumgartner, T., Esslen, M., & Jancke, L., "From Emotion Perception to Emotion Experience: Emotions Evoked by Pictures and Classical Music", *International Journal of Psychophysiology*, 2006, 60 (1), 34 –43.

② Eldar, E., Ganor, O., Admon, R., Bleich, A., & Hendler, T., "Feeling the Real World: Limbic Response to Music Depends on Related Content", *Cerebral Cortex*, 2007, 17 (12), 2828 –2840.

③ Seubert, J., Kellermann, T., Loughead, J., Boers, F., Bresinger, C., Schneider, F., & Habel, U., "Processing of Disgusted Faces is Facilitated by Odor Primes: A Functional MRI Study", *NeuroImage*, 2010, 53 (2), 746 –756.

起了心理学研究者的兴趣。在 Strack 等（1988）[①]、Ekman 等（1983；1989）[②③] 等早期研究的基础上，研究者提出了"具身情绪"（embodied emotion）的观点，认为肌肉、内脏等外围系统的输入，如摆出快乐表情时面部肌肉的活动，会引起其他和该情绪相关系统（如躯体感觉和运动皮层、假设的"镜像神经元"系统、边缘系统、眶额皮层）的模式化反应，最终使个体感受到该情绪，产生与该情绪一致的行为，表现出与该情绪相关的神经系统的激活。[④]

研究发现，在个体存在原有情绪时，表情反馈能够对其产生增强或削弱的作用；当个体原本没有情绪唤醒时，表情反馈能够直接诱发出相应的情绪。而通过表情或身体反馈进行情绪诱发，进而研究其对认知与行为的影响成为情绪研究的又一个热点。例如，在 Havas、Glenberg 和 Rinck（2007）的研究中，主试要求被试用牙齿横着咬一根棍子（笑脸的表情）或用嘴唇竖着抿一根棍子（皱眉的表情），同时进行句子效价的判断。结果发现，和表情一致的句子，如咬着棍子的被试判断积极的句子，其反应时要显著快于不一致的句子。[⑤] 其余研究者的研究同样发现了类似的现象[⑥]，表明了面部反馈是诱发被试情绪的一种有效方法。

此外，情绪具身观还认为，在知觉他人情绪与自身体验同种情绪时，个体的身体变化往往是一致的。例如，Oberman、Winkielamn 和 Ramachandran（2007）的研究发现，识别他人厌恶表情与自身体验厌恶情绪

① Strack, F., Martin, L. L., & Stepper, S., "Inhibiting and Facilitating Conditions of the Human Smile: A Nonobtrusive Test of the Facial Feedback Hypothesis", *Journal of Personality and Social Psychology*, 1988, 54 (5), 768 – 777.

② Ekman, P., Levenson, R. W., & Friesen, W. V., "Autonomic Nervous System Activity Distinguishes Among Emotions", *Science*, 1983, 221 (4616), 1208 – 1210.

③ Ekman, P., "The Argument and Evidence about Universals in Facial Expressions of Emotion", *Handbook of Social Psychophysiology*, 1989.

④ Niedenthal, P. M., "Embodying Emotion", *Science*, 2007, 316 (5827), 1002 – 1005.

⑤ Havas, D. A., Glenberg, A. M., & Rinck, M., "Emotion Simulation During Language Comprehension", *Psychonomic Bulletin & Review*, 2007, 14 (3), 436 – 441.

⑥ Wiswede, D., Munte, T. F., Kramer, U. M., & Russeler, J., "Embodied Emotion Modulates Neural Signature of Performance Monitoring", *PLOS ONE*, 2009, 4 (6): e5754.

时，都激活了恶心的内脏反应。[1] 利用这一方法，一些研究者通过向被试呈现情绪表情图片，以此来诱发相应的情绪。Mcintosh、Reichman – Decker、Winkielamn 和 Wilbarger（2006）[2] 的研究使用 Ekman 的表情图片成功诱发了生气和快乐情绪；Katzir、Eyal、Meiran、Kessler（2010）[3] 的研究将 Tracy 和 Robins 制作的标准自豪情绪图片作为自豪情绪诱发的辅助手段之一，收到了良好的效果。

三　实验室情境诱发

Reekum、Johnstone、Banse、Etter、Wehrle 和 Scherer（2004）考察了电脑游戏对被试情绪的诱发作用，他们让被试玩 XQUEST 游戏，并同时测量其心跳、皮肤传导性、皮肤温度以及肌肉运动，并让其自我报告情绪状况，研究表明，随着游戏中任务事件的不同，被试又发出了自豪、快乐、愤怒以及惊讶情绪；而目标的达成能够影响心跳频率，脉搏传导事件以及手指温度。[4] Merkx、Truong 和 Neerincx（2007）使用了第一人称射击游戏 Unreal Tournament 2004，结果表明，游戏能够诱发一系列不同类型不同强度的情绪，并且在游戏过程中，被试通过大量的表情以及声音表现其情绪状态，这为相关研究提供了很多素材。[5] 研究者认为，由于被试将注意力集中在虚拟世界中而忽略了周围环境，以游戏作为诱发手段能够诱发出相对自然的情绪状态，能有效提高实验室情绪诱发的可靠性。

博弈通常被用于考察个体在两难情境下的决策行为，一些研究者发

---

① Oberman, L. M., Winkielamn, P., & Ramachandran, V. S., "Face to Face: Blocking Facial Mimicry can Selectively Impair Recognition of Emotional Expressions", *Social Neuroscience*, 2007, 2, 167 – 178.

② Mcintosh, D. N., Reichman – Decker, A., Winkielamn, P., & Wilbarger, J. L., "When the Social Mirror Breaks: Deficits in Automatic, but not Voluntary Mimicry of Emotional Facial Expressions in Autism", *Developmental Science*, 2006, 9, 295 – 302.

③ Katzir, M., Eyal, T., Meiran, N., & Kessler, Y., "Imagined Positive Emotions and Inhibitory Control: The Differentiated Effect of Pride Versus Happiness", *Journal of Experimental Psychology: Learning, Memory, and Cognition*, 2010, 36 (5), 1314 – 1320.

④ Reekum, C. V., Johnstone, T., Banse, R., Etter, A., Wehrle, T., & Scherer, K., "Psychophysiological Responses to Appraisal Dimensions in a Computer Game", *Cognition & Emotion*, 2004, 18 (5), 663 – 688.

⑤ Merkx, P., Truong, K., & Neerincx, M., "Inducing and Measuring Emotion through A Multiplayer First – person Shooter Computer Game", *Computer Games Workshop*, 2007.

现，由于博弈游戏往往涉及自利、利他、公平、信任、背叛等各种行为，可以被用来作为很好的情绪诱发手段。在这些研究中，主试通常通过操纵博弈对象的行为来诱发被试的情绪。研究发现，当被试的实际所得与其预期存在差异时，通常就能够诱发出相应的积极或消极情绪。例如，Wout 等让被试作为受价者参加最后通牒博弈（ultimatum game），而让出价者提出一个很不公平的提议，无论是被试自我报告还是生理反馈测量的结果都表明，这一操作有效地诱发了被试的愤怒等消极情绪[1][2]、有趣的是，他们的研究还发现，只有当出价者是人类时，这种情绪诱发效应才会产生；如果出价是通过计算机生成的，即使出价极为不公也难以诱发情绪。

可以看到，上述的每种方法或多或少都能诱发出被试的情绪，然而，无论是情绪材料诱发还是身体反馈诱发，都有研究者对其生态效度表示质疑：实验所诱发出的情绪和日常生活中人们体验到的相应情绪是否一致？从这个角度来看，在实验室创设情境进行诱发无疑有其独特的优势；此外，目前的情绪诱发大多数只能笼统地诱发出积极、消极和中性情绪，例如，被试完成某项任务时，其情绪体验可能是自豪、快乐、满足等，那么，如何才能将某种情绪状态分离出来呢？为了探讨这些问题，我们设计了虚拟竞赛这一实验范式，让被试参加一场校际比赛，通过控制给予的反馈诱发不同的情绪。下面对这一范式的流程进行一个简单的介绍。

首先，编制一套竞赛题，其题目涉及多种知识与能力，题目难度适中，但是涉及面很广，保证大部分被试都能在其中一些项目上有较好的表现；其次，选择 4 所学校作为虚拟竞赛的竞争对手，选择学校的依据为：其中两所学校的排名、口碑等高于被试所在学校，另两所相比较低，每个学校有其传统的优势和劣势项目。随后将实验室布置为赛场，以参与校际竞赛的名义招募实验被试。

在被试完成所有题目之后，对其竞赛结果进行分析，综合考虑情绪诱发的需要、被试答题情况以及竞赛学校的排名、特点，适当安排被试

---

[1] Wout, M. V., Kahn, R. S., Sanfey, A. G., & Aleman, A., "Affective State and Decision - making in the Ultimatum Game", *Experimental Brain Research*, 2006, 169 (4), 564 - 568.

[2] Wout, M. V., Chang, L. J., & Sanfey, A. G, "The Influence of Emotion Regulation on Social Interactive Decision - making", *Emotion*, 2010, 10 (6), 815 - 821.

输赢项目的频次，制作虚假反馈程序。随后，通知被试查看成绩，询问其是否愿意顺便参加有偿的心理学实验，实验主题为"输赢结果及金钱得失对个体认知能力的影响"，通过计算机为被试呈现每种知识和能力与其余4所学校相比的输赢结果，并穿插呈现被试获得的被试费数。在每次竞赛结果及被试费数呈现结束之后，要求被试完成认知任务。在所有的结果呈现完之后，对其进行访谈，评定其实验过程中的情绪状态，并询问其在实验过程中是否对竞赛结果及实验目的存在怀疑，最后告知其实验的真实目的。

这一实验范式的优点在于：（1）通过对竞赛结果以及被试费数量的控制，能够有选择地诱发被试的不同情绪，例如，通过对每次给予被试费金额的控制，可以诱发出高兴、失望等情绪，而竞赛的结果和个体的自我概念存在密切的联系，对其进行操纵可以有效诱发自豪、羞耻等在实验室情境下较难诱发的自我意识情绪。在一项研究中，我们使用这一范式诱发被试的自豪情绪，对20个被试情绪评定结果的分析表明，赢排名较高的学校能够诱发出的自豪感为4.68（SD=1.29），而赢排名较低学校所诱发的自豪感为2.65（SD=1.35）；赢排名较高学校诱发的高兴情绪为4.80（SD=0.99），而赢排名较低学校所诱发的高兴情绪为3.05（SD=1.22）；此外，获得较多被试费（5元）所诱发的自豪情绪为1.05（SD=0.22），高兴情绪为4.30（SD=1.49）；而获得较少被试费（1元）所诱发的自豪情绪为1.00（SD=0.00），高兴情绪为2.65（SD=1.23）。这一结果表明，虚拟竞赛范式能够有效诱发被试的自豪和高兴情绪，并将其进行区分。和以往通过读句子的方式诱发情绪相比，由于被试难以猜测实验的真实目的，这一范式能够有效避免要求特征可能带来的影响。（2）通过灵活选择实验中的认知任务，可以很方便地考察被试的情绪体验对其不同认知行为的影响。（3）由于实验室诱发的情绪往往非常短暂，在对其生理机制进行研究时，往往需要多次诱发进行叠加，虚拟竞赛范式通过不断给予反馈，反复诱发情绪的特性，使其非常适用于 ERP 和 fM-RI 等情绪生理机制的研究。并且，通过控制输赢比例以及比照学校的数量，可以按照需要对情绪诱发反馈的次数进行调整。

但实验室情绪诱发主要面临着两个问题：一为诱发情绪的特指性，即实验能否有效、客观地诱发出研究者所需的某种特定的情绪，并将其与其余类似情绪区分开；二为真实性，即实验所诱发的情绪是否与被试在日常生活中所体验到的情绪相一致，即诱发的生态化问题。前者影响到实验结果的正确性，而后者影响到实验结果推广应用到实际生活中的可行性。

第二节　刻板印象威胁和影响因素

刻板印象威胁（stereotype threat）是 Steele 和 Aronson（1995）发现的。刻板印象威胁被证实会影响多方面的表现，如女性数学成绩、黑人学生的智力测验成绩等。自提出之日至今，虽然刻板印象威胁已经受到了相当的关注，成为西方社会心理学研究的热点之一，但是相关的研究还局限在种族、性别及年龄这些方面，国内对于刻板印象威胁的研究亦十分有限。由于文化差异以及研究的对象及内容产生变化，国外对于刻板印象威胁的研究方法与手段是否适合国内的研究并不明确。为此，本书拟从刻板印象威胁的概念、诱发方法及效果等方面进行综述，并以学习困难学生为例，讨论其刻板印象威胁的诱发，以便为国内今后开展该领域研究提供一些启示。

Steele 和 Aronson（1995）认为，刻板印象威胁是一种情境性困境（situational predicament）：知觉到风险的个体担心自己会验证所属群体的消极刻板印象。[1] 这个定义被此后很多研究者所采用。[2][3] Steele 后又细化了刻板印象威胁的特征，强调了其普遍性、群体和情境特异以及无法通过反驳消除的特点。Schmader、Johns 和 Forbes（2008）认为刻板印象威胁是当个体认为自己属于某一群体，该群体在特定的领域存在负性刻板印象时，个体在进行该领域活动时会受到这一失衡状态的影响，表现会

---

[1]　Steele, C. M., & Aronson, J., "Stereotype Threat and the Intellectual Test Performance of African – Americans", *Journal of Personality and Social Psychology*, 1995, 69, 797 – 811.

[2]　Crocker, J. Editor's Introduction to Special Issue on "Social Stigma: Perspectives from Experimental Social Psychology", *Journal of Experimental Social Psychology*, 1999, 35, 1 – 3.

[3]　Croizet, J. C., & Claire, T., "Extending the Concept of Stereotype Threat to Social Class: The Intellectual Underperformance of Students from Low Socioeconomic Backgrounds", *Personality and Social Psychology Bulletin*, 1998, 24 (6), 588 – 594.

下降从而维持相对平衡。① 刻板印象威胁被国内学者解读为当污名群体（stigma group）或低评价群体（devalue group）在特定的能力评价环境中时，负性刻板印象被激活，从而导致个体或群体在相关方面出现消极表现。②

一　刻板印象威胁的诱发方法

受到以往研究内容的限制，刻板印象威胁的诱发方法比较有限，变化和发展也很缓慢。现有的诱发方法从明确的程度上分为两类：直接的诱发和间接的诱发。下面针对这两类进行说明。

1. 直接的诱发方法

直接的诱发方法指在实验中，研究者使被试明确认识到自己所属群体的刻板印象会对实验任务表现产生影响，从而产生影响任务表现的焦虑和紧张感。这种方法一般是依靠向威胁组和控制组被试呈现不同的指导语，以诱发出不同水平的刻板印象威胁。指导语一般出现在实验任务之前，表面上用以说明该实验任务的目的，实际是启动被试的刻板印象并让被试建立起刻板印象及任务内容的联系。这种诱发方法不局限于呈现形式，一些研究将指导语直接呈现在单独的计算机上，另一些研究则使用录音带统一向被试播放③④，也并没有研究证实呈现方式的不同会导致诱发结果产生差异。以指导语内容为标准进行区分，可以分为两类。第一类是强调负性刻板印象的指导语。这类指导语清晰、明确地指出被试所属群体的负性刻板印象，并告知刻板印象对实验任务的影响。Steele和 Aronson（1995）首次研究使用这种指导语诱发出有效的刻板印象威

① Schmader, T., Johns, M., & Forbes, C., "An Integrated Process Model of Stereotype Threat Effects on Performance", *Psychological Review*, 2008, 115, 336 – 356.

② 管健、柴民权：《刻板印象威胁：新议题与新争议》，《心理科学进展》2011 年第 12 期，第 1842—1846 页。

③ Rydell, R. J., Shiffrin, R. M., Boucher, K. L., Van Loo, K., & Rydell, M. T., "Stereotype Threat Prevents Perceptual Learning", *Proceedings of the National Academy of Sciences*, 2010, 107 (32), 14042 – 14047.

④ Chalabaev, A., Major, B., Sarrazin, P., & Cury, F., "When Avoiding Failure Improves Performance: Stereotype Threat and the Impact of Performance Goals", *Motivation and Emotion*, 2012, 36 (2), 130 – 142.

胁，后人也纷纷效仿，至今在国外也是普遍使用的诱发方法。①②③ 以 Ry-
dell 等（2010）的研究为例，两组女性被试被呈现不同的指导语。刻板印
象威胁组的指导语是："……女性在数学领域表现不好，可能是因为她们
在面对任务相关与无关信息时，无法选择正确的、有助于解决问题的信
息。我们的研究就是探讨为何女性较男性在这个技能上表现更差……"控
制组的指导语是："……我们想要了解个体在解决问题时使用的策略以及
其作用。所以我们创造了一个实验任务来发掘个体在解决问题时的策略
差异……"研究可以根据研究对象、群体的不同而变化指导语，但是这
种指导语一般要达到以下目的：其一，激活被试所处的群体的某一刻板
印象，使该刻板印象在被试完成任务的过程中变得显著，如女性在数学
领域的表现较差，或黑人的学习成绩较低；其二，引导被试将刻板印象
与实验任务联系起来，如女性不擅长数学是因为不能够很好地选择有用
的信息，而实验任务就是在考察该技能水平。第二类是强调测验特点的
指导语。这类指导语主要表明了被试面临能力诊断性（diagnostic）的任
务，并介绍任务的目的是为了测量源于不同群体的能力差异，以往使用
的经验表明任务能够揭示群体差异。这类指导语让被试认为自己很可能
被负性刻板化（negatively stereotyped）从而感受到威胁。④ 以 Jamieson 和
Harkins（2010）的研究为例，两组女性被试被呈现不同的指导语。⑤ 刻
板印象威胁组的指导语是："……有数学测验能够证明不同性别存在能力
差异，你们将要做的测验就是这种能够为我们揭露女性与男性间数学能
力差异的测验。"控制组的指导语是："……这个测验从以往使用情况看

---

① O'Brien, L. T., & Crandall, C. S., "Stereotype Threat and Arousal: Effects on Women's Math Performance", *Personality and Social Psychology Bulletin*, 2003, 29（6）, 782－789.

② Von Hippel, C., Wiryakusuma, C., Bowden, J., & Shochet, M., "Stereotype Threat and Female Communication Styles", *Personality and Social Psychology Bulletin*, 2011, 37（10）, 1312－1324.

③ Ståhl, T., Van Laar, C., & Ellemers, N., "The Role of Prevention Focus Under Stereotype Threat: Initial Cognitive Mobilization is Followed by Depletion", *Journal of Personality and Social Psychology*, 2012, 102（6）, 1239.

④ Wout, D. A., Shih, M. J., Jackson, J. S., & Sellers, R. M., "Targets as Perceivers: How People Determine When they Will be Negatively Stereotyped", *Journal of Personality and Social Psychology*, 2009, 96（2）, 349.

⑤ Jamieson, J. P., & Harkins, S. G., "Evaluation is Necessary to Produce Stereotype Threat Performance Effects", *Social Influence*, 2010, 5（2）, 75－86.

来没有性别差异。"这种指导语也随着研究的增加被多次使用起来。①②③④⑤ 虽然两类诱发方法在研究刻板印象威胁的性别、种族及年龄差异的研究中被频繁使用,但是指导语对于被试具体产生了什么样的作用,以及指导语的什么特征是保证刻板印象威胁诱发成功的关键因素这些问题并不明确。此外,采用直接诱发方法的研究需要考虑研究的外部效度,因为在现实生活中,这种直白的刻板印象的描述和呈现是很少见的,相对而言,那些间接的、微妙的情境线索在现实中出现得会更多。

2. 间接的诱发方法

间接的诱发方法是指在实验中,研究者并不直接向被试强调群体的负性刻板印象,而是通过设置情境线索,向被试传达这种信息,被试会通过自动化的或是潜意识的加工过程感受到负性的刻板印象。间接的诱发形式很多样,具体的做法包括:(1)要求被试明确地报告自己所属的群体。例如 Carr 和 Steele(2009)就要求被试在实验开始前报告自己的性别;⑥ Rice、Lopez、Richardson 和 Stinson(2013)在实验开始前给被试明显(加粗、大字号)的文字要求,让被试输入自己的性别、人种和民族。⑦(2)在正式实验前,使用前测任务(pre – test)诱发刻板印象威

① Grimm, L. R., Markman, A. B., Maddox, W. T., & Baldwin, G. C., "Stereotype Threat Reinterpreted as a Regulatory Mismatch", *Journal of Personality and Social Psychology*, 2009, 96 (2), 288.

② Mrazek, M. D., Chin, J. M., Schmader, T., Hartson, K. A., Smallwood, J., & Schooler, J. W., "Threatened to Distraction: Mind – wandering as a Consequence of Stereotype Threat", *Journal of Experimental Social Psychology*, 2011, 47 (6), 1243 – 1248.

③ Jamieson, J. P., & Harkins, S. G., "The Effect of Stereotype Threat on the Solving of Quantitative GRE Problems: A Mere Effort Interpretation", *Personality and Social Psychology Bulletin*, 2009, 35 (10), 1301 – 1314.

④ Chalabaev, A., Major, B., Sarrazin, P., & Cury, F., "When Avoiding Failure Improves Performance: Stereotype Threat and the Impact of Performance Goals", *Motivation and Emotion*, 2012, 36 (2), 130 – 142.

⑤ Scherbaum, C. A., Blanshetyn, V., Marshall – Wolp, E., McCue, E., & Strauss, R., "Examining the Effects of Stereotype Threat on Test – taking Behaviors", *Social Psychology of Education*, 2011, 14 (3), 361 – 375.

⑥ Carr, P. B., & Steele, C. M., "Stereotype Threat and Inflexible Perseverance in Problem Solving", *Journal of Experimental Social Psychology*, 2009, 45 (4), 853 – 859.

⑦ Rice, K. G., Lopez, F. G., Richardson, C. M., & Stinson, J. M., "Perfectionism Moderates Stereotype Threat Effects on STEM Majors' Academic Performance", *Journal of Counseling Psychology*, 2013, 60 (2), 287.

胁。前测任务多种多样。例如评价可能招致负面评价的女性特质、评价
自身与特质的符合程度以及特质对自己的重要性；给带有性别歧视意味
的玩笑评分；阅读描述负性刻板印象的文章段落、完成句子补全任务
（sentence predicate task）等等。①②③④ 无论是哪种前测任务，都要保证任
务的内容都与负性刻板印象相关，所以被试在进行阅读和完成任务的时
候才会不自觉地启动刻板印象威胁。（3）让被试处于一个需要面对外群
体成员的环境中，突出了自身的群体属性。例如黑人被试的主试是白人，
以及女性被试的主试是男性。⑤⑥ 这些间接的诱发方法有时会被单独使用，
有时也会与直接的诱发方法相配合，以保证诱发的效果。例如在 Mrazek
等人（2011）⑦ 的研究中，刻板印象威胁组的女性被试会被安排坐在两个
男性伪被试的中间，向她介绍实验、阅读指导语的主试也是男性。此外，
被试还会接收到强调负性刻板印象的指导语。

二　刻板印象威胁诱发效果的影响因素

刻板印象威胁的诱发受到很多因素的制约，下文拟对影响刻板印象
威胁诱发效果的因素进行简要分析。

---

① Pronin, E., Steele, C. M., & Ross, L., "Identity Bifurcation in Response to Stereotype Threat: Women and Mathematics", *Journal of Experimental Social Psychology*, 2004, 40 (2), 152 – 168.

② Gerstenberg, F. X., Imhoff, R., & Schmitt, M., " 'Women are Bad at Math, but I'm not, am I?' Fragile Mathematical Self – concept Predicts Vulnerability to a Stereotype Threat Effect on Mathematical Performance", *European Journal of Personality*, 2012, 26 (6), 588 – 599.

③ Barber, S. J., & Mather, M., "Stereotype Threat Can Both Enhance and Impair Older Adults' Memory", *Psychological Science*, 2013, 24 (12), 2522 – 2529.

④ Chasteen, A. L., Bhattacharyya, S., Horhota, M., Tam, R., & Hasher, L., "How Feelings of Stereotype Threat Influence Older Adults' Memory Performance", *Experimental Aging Research*, 2005, 31 (3), 235 – 260.

⑤ Wout, D. A., Shih, M. J., Jackson, J. S., & Sellers, R. M., "Targets as Perceivers: How People Determine when they will be Negatively Stereotyped", *Journal of Personality and Social Psychology*, 2009, 96 (2), 349.

⑥ Mrazek, M. D., Chin, J. M., Schmader, T., Hartson, K. A., Smallwood, J., & Schooler, J. W., "Threatened to Distraction: Mind – wandering as a Consequence of Stereotype Threat", *Journal of Experimental Social Psychology*, 2011, 47 (6), 1243 – 1248.

⑦ Mrazek, M. D., Chin, J. M., Schmader, T., Hartson, K. A., Smallwood, J., & Schooler, J. W., "Threatened to Distraction: Mind – wandering as a Consequence of Stereotype Threat", *Journal of Experimental Social Psychology*, 2011, 47 (6), 1243 – 1248.

（一）被试个体差异

在诱发与启动的研究中，被试的个体差异是一个无法回避的影响因素。根据 Schmader、Johns 和 Forbes（2008）对于刻板印象威胁的概念定义①，它的激活需要个体评估自己与群体和刻板印象领域两方面的联系，这两个联系的强弱都会影响刻板印象威胁的诱发效果。

1. 被试群体认同（group identification）差异

被试对自身所属群体的认知是刻板印象威胁诱发的前提之一，而对群体的认同差异无疑会对刻板印象威胁产生至关重要的影响。根据自我分类理论（self-categorization theory）②，个体主观上对于群体的认同程度越高，那么就越容易受到群体认同相关线索的激活。基于此推断，那些高群体认同的个体对于刻板印象威胁线索可能更加敏感，威胁激活的可能性和程度都会比那些低认同个体要更多。现有的很多研究刻板印象威胁的研究都关注了群体认同，研究结果也趋于一致：群体认同水平高，被试更容易受到刻板印象威胁的影响，在实验任务上表现得更差，他们对于刻板印象威胁线索更敏感，而那些认同水平较低的被试则不受到相关线索的影响。这个结果在老年刻板印象威胁、种族刻板印象威胁以及性别刻板印象威胁的相关研究中都得到了证实③④⑤，可以说群体认同对于刻板印象威胁的作用是比较普遍的，所以越来越多的研究都会考虑它的作用。有两种办法可以解决群体认同带来的影响：第一，筛选被试以便于刻板印象威胁的诱发。在选取被试时测量其群体认同水平，并招募那些群体认同感高的被试进入实验操作，排除群体认同水平对于诱发的影响。第二，将群体认同水平纳入到研究中，作为一个变量进行控制和

---

① Schmader, T., Johns, M., & Forbes, C., "An Integrated Process Model of Stereotype Threat Effects on Performance", *Psychological Review*, 2008, 115, 336–356.

② Turner, J., Hogg, M. A., Oakes, P. J., Reicher, S. D., & Wetherell, M. S., *Rediscovering the Social Group: A Social Categorization Theory*, B. Blackwell, Oxford, UK, 1987.

③ Kang, S. K., & Chasteen, A. L., "The Moderating Role of Age-group Identification and Perceived Threat on Stereotype Threat among Older Adults", *The International Journal of Aging and Human Development*, 2009, 69 (3), 201–220.

④ Armenta, B. E., "Stereotype Boost and Stereotype Threat Effects: The Moderating Role of Ethnic Identification", *Cultural Diversity and Ethnic Minority Psychology*, 2010, 16 (1), 94–98.

⑤ Schmader, T., "Gender Identification Moderates Stereotype Threat Effects on Women's Math Performance", *Journal of Experimental Social Psychology*, 2002, 38 (2), 194–201.

观察。

2. 被试领域认同（domain identification）的差异

被试领域认同（domain identification）的差异是影响刻板印象威胁诱发的另一因素。Steele（1997）在最初研究刻板印象威胁的时候，就提出领域认同水平很高的个体对于刻板印象威胁应该敏感和强烈。[①] 因为个体认为的任务与自我相关的程度会决定个体是否把情境中普遍存在的威胁变为自我威胁。[②] 一旦个人认为某个领域的任务与自身联系十分紧密，对于该领域认同感较高，那么实验情境的威胁就更易变为自我威胁(self - threatening)，继而影响表现。领域认同与刻板印象威胁的关系也得到了很多研究的证实：领域认同水平高，诱发刻板印象威胁会对被试影响更大，也会损害他们的实验表现，而且这种联系也是十分普遍的，在以性别、种族、年龄为主要内容的研究中都得到了体现。[③④⑤] 虽然研究领域因研究目的不同而异，但是被试对于领域的认同的作用是稳定的、无法操纵的，所以国外的研究多将领域认同作为一个控制变量，直接探讨它的作用。

三　诱发方法造成的差异

除被试的个体差异外，不同的诱发方法也会带来不同的效果。以前文所提到的两类诱发方法为例，直接的诱发方法是最早开始使用的，也是当下研究使用最多的，但是这种诱发方法由于对负性刻板印象过于强调和突出，可能会导致刻板印象阻抗效应（stereotype reactance effect）：因为被试会认为指导语中的说法或是实验者表达的观点是一种对其能力

① Steele, C. M., "A Threat in the Air: How Stereotypes Shape Intellectual Identity and Performance", *American Psychologist*, 1997, 52 (6), 613.

② Tillman, D. R. Domain Identification, Stereotype Threat, and Mathematics Test Performance: Analysis of TIMSS 2007 by Gender and Race, North Carolina State University, 2013.

③ Steinberg, J. R., Okun, M. A., & Aiken, L. S., "Calculus GPA and Math Identification as Moderators of Stereotype Threat in Highly Persistent Women", *Basic and Applied Social Psychology*, 2012, 34 (6), 534 – 543.

④ Lawrence, J. S., Marks, B. T., & Jackson, J. S., "Domain Identification Predicts Black Students' Underperformance on Moderately – difficult Tests", *Motivation and Emotion*, 2010, 34 (2), 105 – 109.

⑤ Joanisse, M., Gagnon, S., & Voloaca, M., "The Impact of Stereotype Threat on the Simulated driving Performance of Older Drivers", *Accident Analysis & Prevention*, 2013, 50, 530 – 538.

和自由的限制，所以在反应的时候有意地做出与指导语描述的不一致行为不一致的行为，以表达对实验的不满。[1] 在具体的实验中，被试会产生动机，想要在任务中指明指导语的说法是错误的，结果会造成任务表现变好而不是变差。[2] 所以在现实的研究中应以在表达上注意适度、在激活被试刻板印象的同时不至于造成反感与不快为标准设计实验指导语。有的研究者认为，间接的诱发方法会比直接的诱发方法造成的刻板印象威胁效果更强，因为它更加温和易于被试接受。但是有些间接诱发方法可能会因为设置的情境线索过于细微和隐蔽，得不到被试足够的注意和加工，发挥不出其应有的效果；或是被试能够接收到情境线索传达的信息，却不能将其与实验任务和自身表现联系起来，就无法从任务表现来考察刻板印象威胁的影响。一般来说，当被试面临一个需要解读信息的情境时，这种模糊不清的情境是最能够让被试产生有害的、与任务无关的想法（例如，想弄明白到底是什么导致了差异），从而实现刻板印象威胁的诱发效果的最大化。

四　以学习困难为例的刻板印象威胁诱发的本土化问题

虽然围绕刻板印象威胁的研究在数量方面成果丰硕。但是所关注的人群、主题相对有限。在心理学领域的权威数据库 PsycINFO 以 "stereotype threat" 为关键字搜索出的文献有 710 篇，其中已发表的 324 篇实证研究的内容集中在性别、种族及年龄刻板印象威胁。西方国家对刻板印象威胁的研究日趋成熟，从经典的性别、种族、年龄的刻板印象，到职业、学科刻板印象，研究范围正在逐步扩大；从最初采用问卷法、行为实验来探讨刻板印象威胁对任务表现的影响，到使用功能性磁共振成像（fMRI）来了解其内部脑机制，研究的方法也在不断地深入。相比国外的研究，国内相关研究较少，在中国知网数据库中以 "刻板印象威胁" 作为关键字，仅检索出期刊文章 70 余篇，学位论文 30 篇，这些文章多发表

---

① Nguyen, H. H. D., & Ryan, A. M., "Does Stereotype Threat Affect Test Performance of Minorities and Women? A Meta – analysis of Experimental Evidence", *Journal of Applied Psychology*, 2008, 93 (6), 1314.

② Pavawalla, S. P., Salazar, R., Cimino, C., Belanger, H. G., & Vanderploeg, R. D., "An Exploration of Diagnosis Threat and Group Identification Following Concussion Injury", *Journal of the International Neuropsychological Society*, 2013, 19 (3), 305 – 313.

于 2008 年及以后，说明国内对于刻板印象威胁较晚才开始关注。但值得注意的是，国内刻板印象威胁的研究对象呈现多元态势：除了经典的男女数学刻板印象、民族刻板印象以及老年刻板印象之外，还涉及了外来务工人员、农民工子女、学校中的弱势学生（如学习困难学生、体育弱势生）、免费师范生等。[1][2][3][4] 作为发展中国家，社会中的群体多样性以及国家政策向弱势群体的倾斜为刻板印象威胁的本土化研究提供了丰富的土壤，同时，刻板印象威胁为弱势群体的研究也提供了一种途径。但是，刻板印象威胁的本土化研究还面临着很多问题，其中，首要的问题就是如何诱发。首先，从研究群体上看，国外的研究多着眼于性别、年龄、种族等被试变量。不同群体之间相对平等，没有社会性标签的存在；而国内研究除了延续经典外，还涉及污名群体的刻板印象。污名群体成员往往背负着贬低性、侮辱性的标签以及他人的误解。其次，文化环境发生了改变。东方文化环境下的亚洲人，会在外显的层次上表现出自我批评（self-criticism），在内隐层次上则会保持对自我的积极评价，保护自尊（self-regard）；而北美的个体无论是在外显还是内隐的层面上都是一致的。[5] 在这样的情况下，继续一成不变地采用国外研究的做法并不合适。国内现有性别刻板印象威胁研究沿用国外的诱发方法，或是并不进行诱发，只采用问卷测量，而在研究其他群体的刻板印象威胁时，将国外的方法照搬过来，这是不合适的。下文以学习困难学生群体为例，对可能有效的诱发方法进行讨论。

由于学习成绩落后，学习困难学生成为校园内污名化的群体，常常

---

① 仝伟：《我国普通高校体育弱势学生的刻板印象威胁》，《体育成人教育学刊》2013 年第 1 期，第 86—88 页。

② 管健、柴民权：《外来务工女性刻板印象威胁的应对策略与认同管理》，《心理科学》2013 年第 4 期，第 928—935 页。

③ 柴民权、管健：《代际农民工的社会认同管理：基于刻板印象威胁应对策略的视角》，《社会科学》2013 年第 11 期，第 54—65 页。

④ 王潇溪：《免费师范生刻板印象及其对自尊的影响》，硕士学位论文，陕西师范大学，2012 年。

⑤ Kitayama, S., & Uchida, Y., "Explicit Self-criticism and Implicit Self-regard: Evaluating Self and Friend in Two Cultures", *Journal of Experimental Social Psychology*, 2003, 39 (5), 476-482.

遭到老师、同学及家长的拒绝、歧视和嘲笑①，并背负了社会对个体或群体贬低性、侮辱性的标签，例如"差生"、"后进生"等，这种标签实际上隐含了社会对于学习困难学生的消极刻板印象，同时也带来了刻板印象威胁。从刻板印象威胁入手研究学习困难学生是很有意义的。但是，如何诱发学习困难学生的刻板印象威胁，则需要从学习困难学生本身的特点入手。

　　首先，学习困难学生对他们本群体的认同感水平普遍是比较低的。根据 Jetten 等（2001）的研究②，可以推断学习困难学生在背负含有贬低含义的标签一定时间后发现自己不得不忍受来自外界的消极期望以及偏见。这种感知到歧视或是偏见的后果就会反映在学习困难学生的群体认同上：如想要摆脱这个群体，或是将自己与群体其他成员的联系隐藏起来，其中较典型的做法是隐匿：处于一个信息模糊的环境中时，为了使社会地位不受标签的影响，学习困难学生会有意识地向外界隐藏群体的相关信息。③ 如果在诱发时直接强调成绩差、学习不好，部分学生不愿承认自己属于这个群体，会在自我报告时隐藏起自己真实的成绩，以保护自己的自尊。由于学习困难学生对自身的标签比较敏感，在诱发时应使用间接的诱发方式，尽量避免"学习困难"、"成绩差"、"学习落后"等直白的描述，而是尝试让被试主动意识到自己属于学习困难群体的范围内。比如，家长的评价会影响学习困难学生的自我评价④，那么可以要求学习困难学生回忆老师、家长对自己的评价，或是回忆自己考试、学习失败的经历，让被试自己意识到自己可能属于一个学习表现不是很优秀的群体；或是让被试进行上行比较（upward social comparison），要求他们与优秀的学生在学业领域进行比较。由于社会比较会让个体产生对自身

---

　　①　赵军燕、俞国良、张宝山：《隐匿成绩信息对学习不良少年自我概念的影响》，《心理科学》2010 年第 2 期，第 333—336 页。

　　②　Jetten, J., Branscombe, N. R., Schmitt, M. T., & Spears, R., "Rebels with a Cause: Group Identification as a Response to Perceived Discrimination from the Mainstream", *Personality and Social Psychology Bulletin*, 2001, 27 (9), 1204–1213.

　　③　赵军燕、俞国良、张宝山：《隐匿成绩信息对学习不良少年自我概念的影响》，《心理科学》2010 年第 2 期，第 333—336 页。

　　④　雷雳：《学习不良少年的自我概念与父母评价的特点及关系》，《心理科学》1997 年第 4 期，第 340—342 页。

状态的评价，而来自上行比较的结果则会让被试导致更多的不满意，产生自卑感以及消极的自我评价①，从而认识到自身处于学习不好或是成绩较差的群体中。

其次，由于长期经受学习成绩落后、考试失败等负性经历，学习困难学生会逐渐对消极标签带来的威胁产生心理上的分离或不认同（disidentification）：不认同给自己低评价的老师、自己比较差的科目，或是不认同学业成绩整体的重要性。这种不认同导致学生不关注自己的学业表现，停止对自己学业表现的监控，从中脱离了出来。② 领域不认同给刻板印象威胁的诱发带来很大困难：学生并不在意自己在该领域的表现，所以很难因此产生焦虑感或是压力。在进行诱发时，要从学科、学习等问题加以延伸，转而强调学习困难学生更在意的、更深层次的、更关键的领域。例如，个人能力是一种内在的、稳定的特征，即使对某个学科失去了认同，学习困难学生还是会看重自己的能力，因为它可能会影响其他领域的表现。在诱发的时候利用这一点。除了告知被试学习困难表现在某学科上的成绩比较差，进一步启发他们这可能意味着某种能力的缺失以及缺失对他们个人发展的危害，从而引起学习困难学生的重视。或者，学习困难学生在为学业失败归因时，虽然并不满意现状，但是常会认为失败的状态是稳定的、不可改变的。③ 这种既希望改变，又认为无法改变的矛盾心理，也可以作为刻板印象威胁诱发的线索：首先强调学生某学科成绩比较落后，其次告诉他们这种落后可能会很稳定，在很多方面会有体现，在实验任务中也会反映出来。

最后，学习困难学生面对测验情境时，不能够准确地评估自己的水平。研究发现在"控制错觉和过度乐观"上，对于自身的能力认识存在偏差，出现盲目乐观、过度自信的估计。当面临对未来的预测和评价时，学生会高估自己，相信自己会表现得很好。这种过度自信带来的评价偏

---

① Collins R L．, "For Better or Worse：The Impact of Upward Social Comparisons on Self - evaluations"，*Psychological Bulletin*，1996，119（1）：51 - 69.

② 张晓斌、王沛：《刻板印象威胁发生机制：认知神经研究进展》，《中国特殊教育》2009年第11期，第75—79页。

③ 俞国良、王永丽：《学习不良儿童归因特点的研究》，《心理科学》2004年第4期，第786—790页。

差一方面会削弱刻板印象威胁带来的焦虑感和恐惧，另一方面也会使得学生投入在任务上的精力变少[1]，与刻板印象威胁诱发的影响相混淆。为了消除学习困难学生在测验之前对自己表现得过分乐观和自信，首先，在测验开始之前的说明中，应该加入测验难度的相关表述。例如，告知被试他们即将进行的测验难度属于中等偏难，在完成测验的时候他们可能会遇到一些困难，这些困难会耗费他们的时间和精力。其次，实验任务难度也应该控制在较难的水平。实验任务过于简单，威胁组被试可以通过练习达到与控制组一样的成绩，而实验任务过于困难，威胁组和控制组被试的成绩可能会出现"地板效应"，从而无法辨别刻板印象威胁的影响。

在传统的刻板印象威胁领域，刻板威胁的诱发方法能够获得可重复的、稳定的结果。但是当刻板印象威胁被引入新的研究群体中时，现成的方法并不能保证诱发的有效性。影响刻板印象威胁的因素主要是个体对群体以及对刻板印象领域的认同水平。选用直接的诱发方法或是间接的诱发方法也要考虑不同方法的特点。同时，在现成的方法的基础上，刻板印象威胁的诱发应当因地制宜，采取灵活的手段和技术适应不同的研究需要。

第三节　社会比较研究的现状与发展趋势

人们在现实生活中定义自己的社会特征（如能力、智力等）时，往往是通过与周围他人的比较，在一种比较性的社会环境中获得其意义的，而不是根据纯粹客观的标准来定义。Festinger 把这种现象称为社会比较（social comparison）。社会比较又可称为人际比较，是一种普遍存在的社会心理现象，是人类在相互作用过程中不可避免的，其研究具有重要的理论意义和实践价值。关于社会比较的研究，最早可追溯到西方哲学、社会学、社会心理学等关于自我和社会影响等相关领域。从 Festinger 提

---

① Lipko, A. R., Dunlosky, J., & Merriman, W. E., "Persistent Overconfidence Despite Practice: The Role of Task Experience in Preschoolers' recall Predictions", *Journal of Experimental Child Psychology*, 2009, 103 (2), 152 – 166.

出社会比较的概念以来，研究者对社会比较进行了不断的探索。本书简要地回顾了国外近 50 年来关于社会比较的有关研究，并指出了今后研究的方向。

一　社会比较的概念和类型

1. 社会比较的概念

1954 年，Festinger 第一次提出了社会比较的概念和理论，被称为"经典的社会比较理论"。该理论认为，人类体内存在一种评价自己观点和能力的驱力，这种把自己的观点和能力与他人进行比较的过程，即为社会比较。Festinger 进一步认为，个体在这两个维度上的社会比较是存在区别的：首先，个体在与他人进行能力比较时，有一种向上的驱力，这种驱力源于个体要求自己做得更好的价值取向，正是这种单向向上的驱力推动着人类社会不断发展。其次，个体在能力的社会比较过程中，存在一种"非社会抑制"（non‐social restraints），而在观点比较中不存在；即个体可以完全改变自己的观点，但却无法完全改变自己的能力。[1]

Schachter 对经典社会比较理论进行了拓展，他认为当个体处于一种新的或模糊的情绪状态时，又无法用生理、经验的线索判断自己的情绪状态，这时他们就有可能通过社会比较来对自己的情绪状态进行评价。[2] 这样 Schachter 社会比较的维度扩展到了情绪领域。其实，社会比较的内容范围是很广泛的，有关人类自我的各个方面（如身体健康状况、学业成绩、体像等）都可以作为个体进行社会比较的内容和维度。[3][4][5] 近几十年来，随着社会比较研究的逐渐深入，研究的内容和维度也在不断扩充。

---

[1] Suls J. M., Miller R. L., *Social Comparison Process: Theoreticaland Empirical Perspectives*, Washington, DC: Hemisphere Publication Services, 1977, 1 – 19.

[2] Ibid..

[3] CrabTree J., Rutland A., "Self‐evaluation and Social Comparison Amongst Adolescents with Learning Difficulties", *Journal of Community & Applied Social Psychology*, 2001, 2: 347 – 359.

[4] Vanderzee K., Oldersma F., Buunk B. P., Bos D., "Social Comparison Preferences among Cancer Patients as Relatedto Neuroticism and Social Comparison Orientation", *Journalof Personality and Social Psychology*, 1998, 75 (3): 801 – 810.

[5] Murnen S. K., Smolak L., Mills J. A., Good L., "Thin, Sexy Women and Strong, Muscular men: Grade‐School Children's Responses to Objectified Images of Women and Men", *Sex Roles*, 2003, 49: 427 – 437.

简言之，所谓社会比较，就是把自己的处境和地位（包括能力、观点、身体健康状况等）与他人进行比较的过程；这一过程包括认知、情感和行为等不同的成分；社会比较的过程和信息对人类来说具有基本的进化价值。

2. 社会比较的类型

关于社会比较的类型，研究者进行了不断的探索，提出了种种不同的理论假说和模型。一般来说，可分为四种：平行比较、上行比较、下行比较和建构性社会比较。

（1）平行比较。在经典的社会比较理论中，Festinger[①] 提出了相似性假说（similarity hypothesis），认为个体想了解自己的观点和能力，现实生活中往往没有直接、客观的手段，这时个体就会倾向于与他人，而且与自己能力和观点相似的他人进行比较，因为相似的他人可以提供更多真实、有效的信息，这就是"相似性假说"。如果既没有客观的标准，也没有相似的他人与之进行比较，个体对自己的观点和能力评价就是不稳定、不精确的。

Goethals 和 Darley 利用归因理论进一步发展了相似性假说，提出了相关属性假说（related attribute hypothesis）。该假说认为，个体不是与行为表现相似的他人进行比较，而是与行为表现相关的特定属性（性别、努力程度、经验等）相似的他人进行比较。相关属性假说主要运用归因理论来阐述个体社会比较对象的选择，比相似性假说更清楚、更具有描述性色彩；当个体获得比较对象的相关属性信息时，社会比较对自我具有更大的影响力。[②]

Wheeler 和 Martin 在相关属性假说的基础上，提出了"代表比较模型"（proxy comparison model）。该模型认为个体想利用社会比较信息，形成对自己要执行某项新任务的未来行为表现的预期；该行为对个体来说是未曾经历过的，一旦失败代价很大，因此个体希望对自己未来的行为表现做出一个正确的预期。这时一个人正好在这种条件下完成了此项任

---

① Suls J. M. , Miller R. L. , *Social Comparison Process*: *Theoreticaland Empirical Perspectives*, Washington, DC: Hemisphere Publication Services, 1977, 1 – 19.

② Suls J. M. , Wheeler L. , *Handbook of Social Comparison*: *Theory and Research*, New York: Plenum Press, 2000.

务，因而这个人可以作为代表（proxy），使个体对自己的未来行为表现做出预期。①

后来，Wheeler 等进一步提出，代表比较模型必须符合三个前提条件：①代表在完成此项任务时，做过最大的努力；②在现实情境中，往往不知道代表是否做过最大的努力，所以个体与代表之间必须存在相关属性；③仅仅是付出最大努力的相关属性不适合用来预测个体的未来行为表现。②

无论是相似性假说、相关属性假说还是代表比较模型，都支持个体的社会比较是和与自己相似的他人进行的，即平行比较。但是，后来有研究者发现不相似的他人，在社会比较中能够提供更为丰富的评价性信息。

（2）上行比较（upward social comparison）。Wheeler 等首次提出了上行比较的观点，认为个体喜欢和比自己等级高的他人进行比较，为了与他人寻找差距，达到自我进步的目的。③ Collins 在此基础上也认为，上行比较更有助于个体的自我评价。但不同的是 Collins 认为个体的预期会对上行比较的效果产生决定性的作用：如果预期自己将来会和上行比较目标不同，就会有一种对比效果（contrast effect），个体就会萌生一种自卑感，产生更为消极的自我评价；如果个体预期自己将来会与上行比较目标状态相同，就会有一种同化效果（assimilation effect），提升其自我价值感。所以该理论又称为"上行同化理论"。④

（3）下行比较（dowdward social comparison）。早在 1962 年，Hakmiller 就提出了下行社会比较的观点，他认为当个体的自尊受到威胁时，会

---

① Suls J. M. , Wheeler L. , *Handbook of Social Comparison*: *Theory and Research*, New York: Plenum Press, 2000.

② Suls J. M. , Wheele R. L. , "Ability Evaluation by Proxy: Role of Maximal Performance and Related Attributes in Social Comparison", *Journal of Personality and Social Psychology*, 2002, 82 (5): 781 – 791.

③ Suls J. M. , Wheele R. L. , *Handbook of Social Comparison*: *Theory and Research*, New York: Plenum Press, 2000.

④ Collins R. L. , For Better or Worse: The Impact of Upward Social Comparisons on Self – evaluations, *Psychological Bulletin*, 1996, 119 (1): 51 – 69.

倾向于和比自己差的人进行社会比较。[1] 直到 1981 年，Wills 在前人研究的基础上，提出了全面、系统的下行比较理论，简称 DC 理论。该理论认为当个体遭遇失败、丧失等任何消极生活事件时，个体的自尊、心理健康水平就会下降，这时个体倾向于和比自己处境差的人比较，以此来维持其自尊和主观幸福感。[2] 由于下行社会比较理论从比较的方向和动机两方面发展了经典的社会比较理论，又被称为"新社会比较理论"。

（4）建构性社会比较（constructive social comparison）。不论是平行比较、上行比较还是下行比较，个体都是和现实中的他人进行比较，但 20世纪 90 年代以来，关于社会比较建构性的研究引起了研究者的兴趣，Goethals 提出了建构性社会比较理论。[3] 该理论认为在社会比较过程中，个体可能仅仅是根据自己的想象，在头脑中主动建构他人可能是如何想、如何做的，并与自己头脑中建构的信息进行比较；通过建构性比较而获得的自我产生式的比较信息可能会先于通过现实比较而产生的信息。

二　社会比较的动机和策略

1. 社会比较的动机

从 Festinger 提出社会比较理论以来，关于社会比较动力机制的研究很多，已比较完善。研究者从不同的侧面提出了很多观点，概括起来主要有以下三种观点：自我评价、自我完善和自我满足。

第一，自我评价。经典的社会比较理论认为，个体进行社会比较的目的是为了获得关于自己能力和观点的准确的自我评价，了解自己的观点是否正确以及自己的能力水平，而且只有与相似的他人进行比较才能获得准确、稳定的自我评价。

Tesser 提出了自我评价维护模型（即 SEM 模型），该模型认为人具有维护积极自我评价的根本需要，个体进行社会比较不是为了减少对能力和观点的不确定性，而是为了维护积极的自我评价。该模型进一步提出

---

① Suls J. M., Miller R. L., *Social Comparison Process: Theoreticaland Empirical Perspectives*, Washington, DC: Hemisphere Publication Services, 1977, 1 – 19.

② Gibbpns F. X., Bergan M. R., Blanton H., et al., "Comparison – Level Preferences After Performance: Is Downward Comparison Theory Still Useful?", *Journal of Personality Andsocial Psychology*, 2002, 83（4）: 865 – 880.

③ Suls J. M., Miller R. L., *Social Comparison Process: Theoreticaland Empirical Perspectives*, Washington, DC: Hemisphere Publication Services, 1977, 1 – 19.

心理上的亲近鼓励两种类型的评价过程：对比过程和反射过程（reflection process）。在对比过程中，亲近他人被看作是评价自我的标准，产生对比效果，因此个体积极的自我评价受到威胁；而在反射过程中，亲近的他人不是被看作评价自我的标准，而是对自我的表征，产生同化效果，个体会沉浸在亲近他人的荣誉之中，以维护积极的自我评价。[①] 但 McFarland 和 Buehler 等发现，当亲近的他人对于个体来说已成为其自我概念的重要组成部分时（如恋人、伴侣和父母等），这些重要他人的成功对个体也不会产生对比效果，而是同化效果。[②]

第二，自我完善。Wheeler 等[③]利用等级评定范式做了个实验，把被试分成高、低两个动机组，结果发现高动机组的被试倾向于选择比自己等级高的人进行比较。因此，Wheeler 认为，个体进行社会比较的动机是源于对自我完善的追求，通过经常询问："我和他（她）还相差多少呢？"激励自己做得更好，提出了社会比较的自我完善动机。

当个体与比自己优秀的人比较时，不仅对自己有鼓舞作用，而且可以获得如何提升自己的有效信息。Vander Zee 等[④]研究发现，癌症病人会花更多的时间阅读其他病人的积极内容，而且阅读积极内容越多，病人的积极情绪体验会越多。一般来说，积极的榜样可以使病人感到鼓舞和安慰，否则会使病人感到焦虑和紧张。Blanton 和 Buunk 等[⑤]对初一的学生进行了研究，也发现被试一般会主动选择同性别的成绩比自己稍好一点的同学进行比较。学生如果选择与比自己学习成绩好的同学进行比较，其学业成绩会得到一定的提高，社会比较水平对学业成绩具有一定的预

---

① Tesser A. , Millar M. , Moore J. , "Some Affective Consequencesof Social Comparison and Reflection Process: The Pain and Pleasure of Being Close", *Journal of Personality and Social Psychology*, 1998, 54 (1): 49 –61.

② McFarland C. , Buehler R. , Mackay L. , "Affective Responses Tosocial Comparisons with Extremely Close Others", *Social Cognition*, 2001, 19 (5): 547 –587.

③ Suls J. M. , Wheele R. L. , *Handbook of Social Comparison: Theory and Research*, New York: Plenum Press, 2000.

④ Vander Zee K. , Oldersma F. , Buunk B. P. , Bos D. , "Social Comparison Preferences among Cancer Patients as Relatedto Neuroticism and Social Comparison Orientation", *Journal of Personality and Social Psychology*, 1998, 75 (3): 801 –810.

⑤ Blanton H. , Buunk B. P. , Gibbons F. X. , Kuper H. , "When Better – Than – Others Compare Upward: Choice of Comparison and Comparative Evaluation as Independent Predictors of Academic Performance", *Journal of Personality and Social Psychology*, 1999, 76 (3): 420 –430.

测作用。

Lockwood 和 Kunda[①] 研究发现上行比较对自我的影响，依赖于个体对自己未来达到他人成就状态的知觉，当个体认为自己可以取得同样的成功时，才会产生积极的鼓舞作用；但当个体感觉尽最大努力也无法达到上行比较的目标时，上行比较会使人产生挫折感。

第三，自我满足。Wills 下行比较理论认为[②]个体倾向于与比自己差的人进行比较，来维护自尊和主观幸福感，达到自我满足的目的，下行比较有着很好的适应功能和调整作用。同时，时间性自我评价理论认为人们可能通过贬低时间距离远的自我，赞赏时间距离近的自我来保持良好的自我感觉。也就是说，人们进行下行的时间比较不是为了得到一个精确的自我评价，而是为了使自己现在的自我感觉好一些。[③]

下行比较是应对压力事件的一种机制。Buunk 和 Oldersma[④] 通过研究发现，下行比较对于出现关系问题（特指恋爱关系）的个体是有效的应对机制，可以使个体降低参照点，改变评价关系的标准，尤其是对那些过度依赖社会比较信息作为评价自己处境的个体来说，下行比较可以提高他们对恋爱关系的满意度和主观幸福感。

Lockwood[⑤] 发现下行比较对自我产生的影响并不是单一的：如果个体感觉自己不会像下行比较目标一样不幸时，下行比较会提高其自我评价；如果个体感觉自己也会像下行比较目标一样不幸时，这时下行比较会威胁其自我概念，同时也会提高个体保护自己免受同样命运的动机和自我管理策略。

---

① Lockwood P., Kunda Z., "Increasing the Salience of ones Bestselves Can Undermine Inspiration by Outstanding Role Models", *Journal of Personality and Social Psychology*, 1999, 76（2）: 214 – 228.

② Suls J. M., Wheeler L., *Handbook of Social Comparison: Theory and Research*, New York: Plenum Press, 2000.

③ 孙炯雯、郑全全：《在社会比较和时间比较中的自我认识》，《心理科学进展》2004 年第 2 期，第 240—245 页。

④ Buunk B. P., Oldersma, "Enhancing Satisfaction through Downward Comparison: The Role of Relational Discontent and Individual Differences in Social Comparison Orientation", *Journal of Experimental Social Psychology*, 2001, 37（3）: 452 – 467.

⑤ Lockwood P., "Could it Happen to You? the Impact of Downward Comparison on the Self", *Journal of Personality and Social Psychology*, 2002, 82（3）: 343 – 358.

下行比较的潜在影响会随着时间的推移而下降。Gibbons 和 Blanton[①]发现学生考试失败后，就降低自己的学业比较水平，与成绩更差的人进行比较，只会暂时地解除心灵的痛苦。因为长时间、反复地进行下行比较，会在潜意识中产生一种自我认同感，这样个体就会降低其成就动机、策略的有效性以及对良好结果的期望。因此，有研究者认为，下行比较是一种以情绪为定向的应对策略，坚持性在其中是不起作用的，从长期来看，对人的发展没有益处。

2. 社会比较的策略

在日常生活中，即使能力非凡的人，也会遇见比自己更有才华的人，上行比较是不可避免的，正所谓"山外有山，人外有人"。但是，有研究者发现维护积极的自我价值感是人类的根本需要，当个体面临消极的社会比较信息时，会采取各种各样的社会比较策略来应对威胁[②]，这些社会比较策略主要包括以下几种：

（1）回避比较。社会比较可能是令人不愉快的、痛苦的。Brickman 和 Bulman[③]发现当两个人在一个重要的维度上进行比较时，一个人如果相对位置比较低，就会采用回避比较的策略来应对消极的情绪体验。回避比较是个体所采用的一种自我保护性策略，而不是自我满足策略；也就是说回避比较不会使个体感觉良好，只是在一定程度上避免或减轻由于比较所带来的痛苦。

（2）选择新的比较维度。当个体在某个领域的自我概念受到威胁时，会通过关注自己其他领域的才能或长处来应对威胁。这一思想是自我确定理论的核心内容，该理论认为，当个体的某一领域的自我受到威胁时，个体不需要应对这个领域的自我，而是需要维护一个整体的自我，这时

---

① Gibbons F. X., Blanton H., "Does Social Comparison Make A Difference? Optimism as a Moderator of the Relation between Comparison Level and Academic Performance", *Personality & Social Psychology Bulletin*, 2000, 26 (4): 637 – 648.

② Gibbons F. X., Bergan M. R., Blanton H., et al., "Comparison – Level Preferences After Performance: Is Downward Comparison Theory Still Useful?" *Journal of Personality Andsocial Psychology*, 2002, 83 (4): 865 – 880.

③ Sils J. M., Miller R. L., *Social Comparison Process: Theoreticaland Empirical Perspectives*, Washington, DC: Hemisphere Publication Services, 1977, 1 – 19.

个体通过关注自己其他积极的领域，达到维护总体自我价值感的目的。[①]
这一策略又被称为"补偿策略"，所谓补偿就是通过关注自我积极的方面，来抵消或平衡自我消极的方面使自尊所受到的威胁。补偿策略被认为是维护个体自尊的一种机制和应对策略，而且不需要幻想和曲解现实（如外部的指责或怀疑消极反馈）。

（3）降低社会比较的水平和数量。当在一个对自我概念很重要的维度上表现得不令人满意时，个体会在这个维度上降低其社会比较的水平。Gibbons[②]等发现在竞争激烈的大学里，大多数的大学生无论其实际的学业成绩如何，都会在某种程度上降低其社会比较水平。同时还发现成绩差的学生不仅不会降低社会比较的水平，而且会减少社会比较的数量，同时增加与自己过去成绩或自己内部标准进行比较的数量。个人内部的比较可以减少社会比较带来的不愉快的体验，也可以知道自己过去的学习策略是否有效，以更好地掌握自己的学习进程。

（4）降低比较维度的重要性。SEM 模型[③]认为个体具有维护积极的自我评价的根本需要，当社会比较信息对个体的积极自我评价造成威胁时，个体会采取一系列的措施来维护积极的自我评价，如个体会首先通过降低所比较维度对自己的重要性，同时也会从心理上疏远比自己优秀的人。这种结论是基于上行比较倾向于引发防御性的归因策略这一理论前提，这些防御性的归因策略能够有效地维护自我概念，而且个体必须相信自己这些带有偏见性的解释。

（5）天才效应。Alicke 等[④]发现个体应对消极的社会比较，还有一个相反的维护自我概念的机制——夸大优秀他人的能力，即提升比较目标，

---

① Steele C. M., Spencer S. J., Lynch M., "Self – image Resilienceand Dissonance: The Role of Affirmational Resources", *Journal of Personality and Social Psychology*, 1993, 64: 885 – 896.

② Gibbons F. X., Benow C. P., Gerrard M., "From Top Dog to Bottom Half: Social Comparison Strategies in Response to Poor Performance", *Journal of Personality and Social Psychology*, 1994, 67 (4): 638 – 652.

③ Tesser A., Millar M., Moore J., "Some Affective Consequences of Social Comparison and Reflection Process: The Pain and Pleasure of Being Close", *Journal of Personality and Social Psychology*, 1998, 54 (1): 49 – 61.

④ Alicke M. D., Loschiavo F. M., Zerbst J., "The Person Who Outperforms Me Is a Genius: Maintaining Perceived Competence in Upward Social Comparison", *Journal of Personality and Social Psychology*, 1997, 73 (4): 781 – 789.

这种现象被称为"天才效应"。这种策略一般是在他人明显地优越于自己，而且不容易否认社会比较信息的有效性的情况下个体所采用的维护自我概念的机制。举一个简单的例子：某个学生考试连续地不如同学，他会通过夸大其他同学的学习能力来维护自我概念，这就像乞丐不会嫉妒国王的富有一样的道理。

三　对社会比较研究趋势的展望

Wheeler 对社会比较研究的发展轨迹作了一个形象的比喻：就像覆盖着白雪的后花园里的一只小松鼠的脚印，弯弯曲曲、时隐时现；一会儿消失在榆树附近，接着又出现在枫树旁边。那么，今后社会比较的研究，其轨迹又会伸向何方？

首先，经典社会比较理论认为，观点和能力都是进行社会比较的重要内容和维度；但是近 50 年来，关于观点比较的研究却并不多见。然而新的观点是如何形成的，又是如何在人民大众间传播开来，并逐渐地被大众所接受，这些相关的研究都具有重要的理论价值和实践意义，在未来的研究中应受到研究者的重视。

其次，对社会比较内在的认知过程和心理机制的探索。从 Festinger 提出社会比较的概念的很长一段时间内，研究者主要是集中在对社会比较外在过程和现象的探索上，比如社会比较的参照群体。但是对社会比较内在的认知过程和相应的心理机制探讨得不是很多。在未来的 10 年内，随着研究方法的日益改进，关于社会比较认知过程和心理机制的研究，将是一个具有挑战性的课题。

再次，社会比较是一种人类普遍存在的心理现象，其研究具有重要的应用价值，社会比较过程被看作是压力应对过程的重要组成部分，是个体抑郁病因源的重要元素。现在研究者关于社会比较的研究已从理论探索阶段逐渐地转移到了应用阶段，如探索社会比较与癌症病人、职业枯竭、身体满意度、天才儿童和学习不良儿童的自我概念等相关领域结合起来。但是，社会比较理论的应用价值是非常广泛的，目前的应用研究尚处于起步阶段，很多方面还有待于研究者进一步探索。

最后，由于社会比较是一种内隐的心理过程，人们声称的社会比较与其真正的社会比较习惯经常是不一致的，运用自我报告的方法往往得不到真实、可靠的数据资料，所以精确的实验室设计应受到研究者的重视。同时，研究者越来越重视其研究的社会价值，很多研究都是在现实情境中进行的，而且对社会比较的长期效果的考察只有采用追踪研究才能证明。因此，实验法、生态化和追踪设计是社会比较研究方法中的主要趋势。

　　总之，社会比较的研究经过了一个短暂而又丰富的发展过程，在这50年中，研究方法不断改进，研究领域不断扩展，从理论探索到应用研究，使社会比较理论不断地完善和扩展。并且在未来社会比较的研究中，仍会表现出持续的生机和活力。

第四节　社会比较：对比效应抑或同化效应

　　我是谁？人们如何评价自我？如何获得认同感？诸如此类的问题一直是哲学家和心理学家所关注的问题。但是，人类很难直接地获得有关自我的信息，个体对自我的知觉和评价是通过与周围参照框架（如他人）相比较而获得的[1][2]，人类自我评价的效价（valence）和强度强烈地受到社会背景的影响。[3] 因而，从本质上说，人类个体的自我评价具有相对性，人与人之间的社会比较直接影响着个体的自我评价。那么，社会比较究竟如何影响人类个体的自我评价？

一　对比效应和同化效应

　　在最近几年的社会比较研究领域，关于社会比较对个体自我评价的影响，即比较性评价（comparative evaluation）的相关研究不断地涌现。综观这些研究，我们不难发现，社会比较对个体的自我评价主要会产生两种相反的效应，即对比效应（contrast effect）和同化效应（assimilation effect）。

---

　　[1]　Suls J. M. , Wheeler L. , *Handbook of Social Comparison：Theory and Research*, New York：Plenum Press，2000.

　　[2]　邢淑芬、俞国良：《社会比较研究的现状与发展趋势》，《心理科学进展》2005 年第 1 期，第 78—84 页。

　　[3]　Stapel D. A. , Suls J. , "Method Matters：Effects of Explicit Versusimplicit Social Comparisons on Activation，Behavior，and Self–views"，*Journal of Personality and Social Psychology*，2004，87（6）：860–875.

1. 对比效应

1954 年，Festinger 提出社会比较理论以来，就有研究者开始关注社会比较的方向（direction）对个体自我评价的影响，即上行比较（与比自己优秀的人比较）和下行比较（与比自己差的人比较）对个体自我评价的影响作用。他们普遍认为，社会比较对个体自我评价的影响与其比较方向具有一种内在的联系，产生对比效应。

所谓对比效应是指个体面对社会比较信息时，其自我评价水平背离（displace away）比较目标的现象，即个体面对上行比较信息时会降低其自我评价水平，或面对下行比较信息时会提升其自我评价水平。[①] 例如，一项经典的研究发现，当求职者面对一个衣着整洁、具有胜任力的其他求职者时，其自我评价水平会降低；而当面对一个邋遢且不具胜任力的求职者时，其自我评价水平会得到提升。[②] 基于对比效应机制的存在，Wills 提出下行比较理论，认为当个体遭遇失败、丧失等消极生活事件威胁时，倾向于进行下行比较，以使自己得以维持主观幸福感和积极的自我评价。[③] 因此，下行比较可以通过降低个体自我评价的参照体系，以维持积极的自我评价，是压力事件和心理健康的一种应对机制，具有很好的适应功能。[④] 1984 年，Marsh 将社会比较的对比效应引用到教育情境中，提出了大鱼小池塘效应（the Big－Fish－Little－Pond Effect），认为具有相同能力的学生，当他们与更高能力的同伴进行比较时，就会具有较低的学业自我评价，当他们与能力较低的同伴进行比较时，就会拥有较高的学业自我评价。[⑤]

---

① Blanton H. , "Evaluating the Self in the Context of Another: The Three－selves Model of Social Comparison Assimilation and Contrast", In G. Moskowitz (ed.), *Cognitive Social Psychology: The Princeton Symposium and the Legacy and Future of Socialcognition*, Mahwah, NJ: Erlbaum, 2001, 75－88.

② Ibid.

③ Suls J. M. , Wheeler L. , *Handbook of Social Comparison: Theory and Research*, New York: Plenum Press, 2000.

④ Buunk B. P. , Oldrsma, "Enhancing Satisfaction through Downward Comparison: The Role of Relational Discontent and individual Differences in Social Comparison Orientation", *Journal of Experimental Social Psychology*, 2001, 37 (3): 452－467.

⑤ Marsh H. W. , Hau K. T. , "Big－Fish－Little－Pond Effect on Academic Self－concept", *American Psychologist*, 2003, 58 (5): 364－372.

在任何社会背景和条件下，上行比较一定都会降低个体的自我评价，而下行比较一定会提升个体的自我评价吗？社会比较一定会产生对比效应？

2. 同化效应

尽管几十年来，研究者一直都强调社会比较对个体自我评价的对比效应，然而在很多社会情境和条件下，我们也可以看到与之相反——同化效应的存在。[①] 所谓同化效应是指当个体面对社会比较信息时，其自我评价水平朝向（displace toward）比较目标的现象，即个体面对上行比较信息时会提升其自我评价水平，或面对下行比较信息时会降低其自我评价水平。[②] 例如，Lockwood 和 Kunda 研究发现，给那些具有抱负的教师呈现优秀教师的角色模范，结果发现这些教师对自己教学技能和动机水平会拥有更高的评价；[③] 此外，Vander Zee 和 Oldersma 等研究也发现，癌症病人会花费更多的时间阅读其他病人的积极内容，而且阅读积极内容越多，病人积极的情绪体验就会越多，对自己病情的评价也会越好。如果病人获知其他病人的恶化信息时，反而会降低病人应对疾病的信心。[④]

此外，研究者还发现，个体面对同一社会比较目标时，其自我评价还可能同时产生两种完全相反的效应——对比效应和同化效应。Mussweiler 和 Strack 研究发现面对同一社会比较目标，被试对自己毒品消费（drug consumption）的判断会产生两种相反的效应：如果让被试对毒品消费进行绝对数量（absolute number）的自我判断时（每个月吸毒次数），则会产生同化效应；如果让被试对自己毒品消费进行主观判断（subjective judgment）时（你的毒品消费量是多少？进行1—7点评分），则会产

①　Collins R. L. , "For Better or Worse: The Impact of Upward Social Comparison on Self - evaluations", *Psychological Bulletin*, 1996, 119 (1): 51 - 69.

②　Blanton H. , "Evaluating the Self in the Context of Another: The Three - selves Model of Social Comparison Assimilation and Contrast", In G. Moskowitz (Ed.), *Cognitive Social Psychology: The Princeton Symposium and the Legacy and Future of Socialcognition*, Mahwah, NJ: Erlbaum, 2001, 75 - 88.

③　Lockwood P. , Kunda Z. , "Superstars and Me: Predicting The Impact of Role Models on the Self", *Journal of Personality and Social Psychology*, 1997, 73 (1): 91 - 103.

④　Vander Zee K. , Oldersma F. , Buunk B. P. , Bos D. , "Social Comparison Preferences among Cancer Patients as Related Toneuroticism and Social Comparison Orientation", *Journal of Personality and Social Psychology*, 1998, 75 (3): 801 - 810.

生对比效应。[1] 可见，仅仅是判断的类型不同，同一社会比较目标则能够产生截然相反的效应。

由此可见，无论是上行比较还是下行比较，对个体的自我评价不仅可能产生对比效应，或是产生同化效应，还有可能同时产生两种完全相反的效应。社会比较对个体自我评价和情绪等方面的影响较少地取决于其社会比较方向，而是更多依赖于社会比较发生的具体社会情境和个体运用社会比较的方式。[2]

二 调节变量

那么，在何种社会情境和条件下，社会比较对自我评价产生对比效应，在何种条件下又会产生同化效应呢？进一步研究发现，社会比较对个体自我评价所产生的不同效应依赖许多调节变量（moderators）的存在。根据变量的关注点不同，这些调节变量可以归为以下三个方面：（1）关注自我（即比较者），如个体的自尊水平和自我确定性（self - certainty）；（2）关注比较目标，如比较目标的特殊性或可达性；（3）自我与比较目标之间的关系，如心理亲近性和团体成员等。[3]

1. 关注自我（self - focus）

社会比较对人类自我评价影响的灵活性和多样性，促使研究者开始思考个体差异在其间所起到的调节作用。以往研究者主要考察了以下几个个体变量：

快乐水平（happy）。Lyubomirsky 和 Ross 对比考察了不同的社会比较信息对快乐的人和不快乐的人的影响，结果发现：（1）在面对下行比较信息时，快乐的个体和不快乐的个体对社会比较信息的反应不存在群体差异，均产生对比效应。（2）但是，面对上行比较信息，不快乐的人会对此信息更加敏感，大大地降低其自我评价水平，产生明显的对比效应。

① Mussweiler T. , Strack F. , "The ' Relative Self' : Informational and Judgmental Consequences of Comparative Self - evaluation", *Journal of Personality and Social Psychology*, 2000, 79 (1): 23 - 38.

② Lyubomirsky S. , Ross L. , "Hedonic Consequences of Social Comparison: A Contrast of Happy and Unhappy People", *Journal of Personality and Social Psychology*, 1997, 73 (6): 1141 - 1158.

③ Stapel D. A. , Suls J. , "Method Matters: Effects of Explicit Versusimplicit Social Comparisons on Activation, Behavior, And Self - views", *Journal of Personality and Social Psychology*, 2004, 87 (6): 860 - 875.

相反，快乐的人依然会提升其自我评价水平，产生一种同化效应。由此可见，与不快乐的人相比，快乐的人能够选择性、策略性地运用社会比较信息，以维护其自我评价和主观幸福感。①

自尊水平（self－esteem）。自尊水平也调节着社会比较对人们自我评价的影响作用。Aspinwall 和 Taylor 研究发现，高自尊者在上行比较中倾向于产生同化效应，其自我评价得到提升，因为上行比较能够产生希望；而低自尊者则在下行比较中会提升其自我评价，产生对比效应。②

自我确定性（self－certainty）。当个体自我具有不确定性时，为了确定自己的相对位置，会进行外显的社会比较，这时社会比较信息对个体自我评价产生对比效应。相反，如果个体自我具有确定性时，不需要确定自我的相对位置，社会比较信息对个体自我评价产生同化效应。③

2. 关注比较目标（comparison target focus）

自我与比较目标之间的相对位置是静态（static）还是灵活的（flexible），对社会比较效应也具有调节作用，影响着社会比较的同化效应或是对比效应的产生。研究者从不同的方面进行了探讨：

比较目标的可达性（attainable）。Lockwood 和 Kunda 研究发现比较目标的可达性，即个体对自己未来成就状态的知觉，调节着上行比较信息对其自我评价的影响：（1）如果个体知觉自己同样可以取得比较目标的成功时，上行比较信息会产生同化效应；（2）如果个体知觉自己尽最大努力也无法达到比较目标的成就水平，上行比较信息会使个体感到挫折

① Stapel D. A., Suls J., "Method Matters: Effects of Explicit Versusimplicit Social Comparisons on Activation, Behavior, And Self－views", *Journal of Personality and Social Psychology*, 2004, 87 (6): 860－875.

② Aspinwall L. G., Taylor S. E., "Effects of Social Comparison direction, Threat, and Self－esteem on Affect, Self－evaluation, and Expected Success", *Journal of Personality and Social Psychology*, 1993, 64 (5): 708－722.

③ Pelham B. W., Wachsmuth J. O., "The Waxing and Waning of the Social Self: Assimilation and Contrast in Social Comparison", *Journal of Personality and Social Psychology*, 1995, 69 (5): 825－838.

感，产生对比效应。①② 同样，个体对自己未来状态的知觉和预测，也调节下行比较信息对其自我评价的影响，如果个体感觉自己不会像比较目标那样不幸时，下行比较信息会产生对比效应，提高个体的自我评价；如果个体感觉自己也会像比较目标那样不幸时，这时下行比较信息就会产生同化效应。③

比较信息的特异性（distinctness）。Stapel 和 Koomen 研究发现，究竟社会比较信息对个体的自我评价产生对比效应还是同化效应，是个体所知觉的社会比较信息特异性（distinctness）和其自我概念的可变性（mutability）两个变量交互作用的结果，特异性和可变性共同决定了社会比较信息在个体建构其自我评价过程中所起的效应。假如比较目标激活具有特异性的行动者—特质的社会比较信息链时（actor – trait links），如"斯坦利很富有"，这时社会比较信息就会成为个体评价自我的参照标准，对比效应就会随之出现，产生"我很穷"的自我评价。假如比较目标激活非特异性特质（indistinct trait）信息，如"富有"，这时个体的自我评价可能会呈现出同化效应，尤其是当个体的自我概念具有一定可变性和整合（inclusion）外部信息的空间时；当个体具有清晰、稳固的自我概念，不具有整合外部信息的空间时，同化效应则不会产生。④

3. 自我与比较目标之间的关系（self – target relation）

（1）心理的亲近性（psychological closeness）。Tesser 提出了自我评价维护模型（self – evaluation maintenance，SEM），该模型认为，心理的亲近性会鼓励个体两种类型的评价过程，一是对比过程（contrast process），二是反射过程（reflection process）。在对比过程中，亲近的他人被看作是个体评价自我的标准，从而产生对比效应；而在反射过程，亲近的他人

---

① Lockwood P., Kunda Z., "Superstars and me: Predicting The Impact of Role Models on the Self", *Journal of Personality and Social Psychology*, 1997, 73 (1): 91 – 103.

② Lockwood P., Kunda Z., "Increasing the Salience of Ones Best Selves Can Undermine Inspiration by Outstanding role Models", *Journal of Personality and Social Psychology*, 1999, 76 (1): 214 – 228.

③ Lockwood P., "Could it Happen to You? The Impact of Downward Comparison on the Self", *Journal of Personality and Social Psychology*, 2002, 82 (2): 343 – 358.

④ Stapel D. A., Koomen W., "Distinctness of Others, Mutability of Selves: Their Impact on Self – evaluations", *Journal of Personality and Social Psychology*, 2000, 79 (6): 1068 – 1087.

不是被个体看作评价自我的标准，而是被看作自我的一个重要组成部分，是对自我的一种表征，从而产生同化效应。例如，当亲近的他人成为个体自我概念的重要组成部分（如恋人、伴侣或父母等），这些重要他人的成功对个体产生的是同化效应，而不是对比效应。[①] 令人不解的是，一些非常微不足道的因素（trivial factors）也会使个体与比较目标之间产生心理亲近性，影响着对比效应或是同化效应的产生。Brown 和 Novick 等研究发现，给被试呈现一张非常具有吸引力的相片，被试对相貌吸引力进行自我评价时，同化效应或是对比效应的出现，仅仅依赖于被试与比较目标之间是否在同一天出生（the same birthday），如果被试与比较目标拥有相同的生日，则判断自己更具有吸引力，产生同化效应；反之，则产生对比效应。[②]

（2）群体成员（shared group membership）。自我类别理论认为可以运用社会同一性和个人同一性来描述人类自我，当个体以社会同一性为中心时，这时个体把自己看作是一个群体可以相互替换的"样例"，而不是一个独立个体。根据社会同一性和个人同一性，可以将社会比较分为人际比较（inter - personal comparison）和群际比较（inter - group comparison）两大类。Brewer 和 Weber 研究发现当群体外成员（out - group members）对个体的自我评价几乎不存在影响时，人际比较会对个体的自我评价产生对比效应；当同一性从"我"（me）转变为"我们"（us）时，这时人际比较会产生同化效应，群际比较则会产生对比效应。[③] 我国研究者也考察了在群际情境下上行社会比较信息对个体自我评价的影响，结果发现在群际情境下，上行社会比较信息对个体自我评价的影响有赖于个体自身所从属群体的大小，大学生作为多数派群体的成员时，其群际比较会产生对比效应，而作为少数派群体的成员，群际上行比较信息对其

---

① Tesser A., Millar M., Moore J., "Some Affective Consequences of Social Comparison and Reflection Processes: The Pain and Pleasure of Being Close", *Journal of Personality and Social Psychology*, 1988, 54 (1): 49 –61.

② Brown J. D., Novick N. J., Lord K. A., "When Gulliver Travels: Social Context, Psychological Closeness, and Self - appraisals", *Journal of Personality and Social Psychology*, 1992, 62 (4): 717 –727.

③ Brewer M. B., Weber G., "Self - evaluation Effects of Interpersonal Versus Intergroup Social Comparison", *Journal of Personality and Social Psychology*, 1994, 66 (2): 268 –275.

自我评价几乎不产生影响。① 此外，Stapel 和 Koomen 研究进一步发现，不同的自我建构（self – construal）水平影响个体对社会信息的加工过程，当个人同一性被激活时，个体采用"求异"（differentiation）的社会信息加工模式，寻找自我与他人的不同之处，产生对比效应；当社会同一性被激活时，个体采用"求同或整合"（integration）的社会信息加工模式，以使自我隶属于某一社会单元（social unit），产生同化效应。因而，自我建构水平影响了个体对社会信息加工的模式，进而影响了个体自我评价的建构。②

（3）竞争与合作（competition and cooperation）。Stapel 和 Koomen 探讨了自我与比较目标之间是属于竞争关系还是属于合作关系，是否会调节社会比较对个体自我评价的影响。结果发现，以竞争为取向或处于竞争情境下的个体，倾向于产生对比效应，这源于个体关注自我与比较目标之间相异点的心理机制；以合作为取向或是处于合作情境下的个体，倾向于产生同化效应，这源于个体关注自我与比较目标之间相似点的心理机制。③

三 整合视角——选择性通达（SA）模型

如何解释上述各种不同的观点？难道不同的调节变量之间毫无关联？社会比较过程产生对比效应和同化效应的心理机制是什么？为了回应上述疑问，Mussweiler 从信息和整合视角（informational and integrative）出发，提出了一个理论框架——选择性通达模型（Selective Accessibility，SA，见图 4 – 1）。该模型最基本的假设是，要想理解社会比较过程如何影响个体的自我评价，必须考察其信息基础（informational underpinnings）是什么，同化效应或是对比效应的产生依赖那些在个体的判断过程所激

---

① 付宗国、张承芬：《群际情境下向上社会比较信息对自我评价的影响》，《心理科学》2004 年第 1 期，第 84—87 页。

② Stapel D. A., Koomen W., "I, We, and the Effects of Others on Me: How Self – construal Level Moderates Social Comparison Effects", *Journal of Personality and Social Psychology*, 2001, 80 (5): 766 – 781.

③ Stapel D. A., Koomen W., "Competition, Cooperation, and The Effects of Others on Me", *Journal of Personality and Social Psychology*, 2005, 88 (6): 1029 – 1032.

活的目标知识（信息）的运用。①

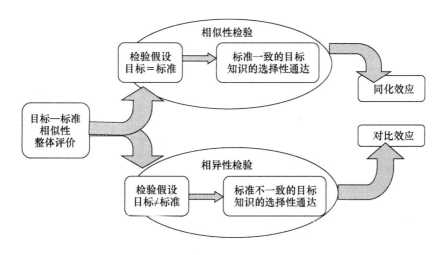

图 4 - 1　选择性通达模型（Selective Accessibility）

因此，从这个视角出发，理解个体在比较过程中所激活和通达的自我知识，是理解社会比较对自我评价产生同化效应或是对比效应的关键所在。SA 模型认为，信息比较的效应是假设检验过程（hypothesis - testing process）的结果，在这一过程中包含两个选择性的假设，即相似性检验和相异性检验，相似性检验是指检验目标与标准之间一致性假设的过程，相异性检验是指检验目标与标准之间不一致假设的过程。在信息比较过程中，个体会集中注意那些与假设检验具有一致性的信息或自我知识，因此，这两个选择性的比较机制包含两个寻求和激活不同自我知识的过程。也就是说，在相似性检验过程中，个体会选择性地注意目标与标准之间存在一致性的信息内容；而在相异性检验过程中，个体会选择性地注意目标与标准之间存在不一致性的信息内容，这些通达的不同信息使得个体的自我评价产生了两种相反的结果，即相似性检验产生同化效应，相异性检验产生对比效应。后来，Mussweiler 等进一步证实了上述

---

① Mussneiler T. , "Comparison Processes in Social Judgment：Nechanism and Consequences", *Psychological Review*, 2003, 110（3）：472 - 489.

理论模型。①

四 我们的认识

在本质上，人类的自我评价具有相对性，强烈地受到个体与他人之间比较过程的影响。从以往研究中，我们发现社会比较对个体自我评价的影响和塑造是非常复杂和多面的（multifaceted），同化效应或是对比效应的产生与其社会比较方向之间并不存在简单的一一对应关系。为了深入探讨同化效应和对比效应各自产生的条件，国外研究者发现了很多不同调节变量，如自尊、目标可达性和心理亲近性等，Mussweiler 等从整合的视角提出了选择性通达（SA）模型，深入探讨了社会比较效应产生的心理机制，并把各种不同的调节变量通过相似性检验和相异性检验两种不同的心理机制关联在一起，开辟了社会比较效应研究的新途径，然而仍存在一些问题需要我们进一步探讨：

（1）不同研究所采用的社会比较研究范式不同，即激活被试进行社会比较的方式不同（如社会比较信息启动、回溯等），是否也会影响到同化效应或对比效应的产生？

（2）SA 模型的相似性检验和相异性检验假说揭示了社会比较影响个体自我评价的心理机制，这一模型是否同样适合于解释社会比较影响人类行为和情绪等其他方面的心理机制？需要实证研究的进一步考察。

（3）上述研究结果基本上是在西方文化背景下进行考察的，在我国文化背景下社会比较对个体自我评价效应的文化普适性，尚需要我国学者进一步思考和验证。

第五节 社会转型：国民安全感缺失的现状、表现与对策

安全感是人们渴望稳定、安全的心理需求，是一种使人放心舒心、可以依靠和信任的事物或事件。有安全感，意味着身心健康和生活秩序

---

① Mussweiler T. , Ruter K. , Epstude K. , "The Ups and Downs of Social Comparison：Mechanisms of Assimilation and Contrast", *Journal of Personality and Social Psychology*, 2004, 87（6）：832 – 844.

不会受到干扰，意味着对身体状况和心理风险的有力把握，意味着对生命、生存、生涯、生活的有效掌控。然而，在我国快速发展变化的社会转型时期，不可避免地会面临诸多不安全感的诱因，如食品安全、环境污染、交通事故、信任危机、道德滑坡等。这些扑面而来的不安全信息，提醒人们正处于一个安全感有所缺失的社会，需要国家和政府予以高度关注与重视。《人民日报》曾刊文称"'安全感缺失'似乎已成为当前中国社会的集体无意识"，并追问："淡定都去哪儿了?"[1] 面对这个不太安全的社会，我们认为，提升国民的安全感，是提高国民幸福感整体水平的有效途径[2]，也是实现社会稳定的重要保障。对国民安全感缺失的原因进行探讨也就成了关于社会转型期的理论与实践研究中一个不可回避的话题。

一 安全感：心理学与社会学的双重视角

"安全感"这一概念最初由心理学中精神分析学派提出。精神分析学派认为个体生命早期是形成安全感的决定时期，成年后的许多心理障碍都与幼年时期没能建立起良好的安全感有关。[3] 弗洛伊德关于安全感的论述主要见于他的焦虑学说中，他认为焦虑是由于安全感的缺失而导致的。婴儿出生时与母体的分离导致了最初的"出生焦虑"，这是此后一切焦虑的原型。[4] 如果在口唇期时，婴儿能够与母亲建立良好的母婴关系，则会获得安全感，并会持续到之后的生命过程中。新精神分析学派的代表人物埃里克森比弗洛伊德更重视社会环境对人格形成的影响，但其提出的"心理社会发展阶段理论"同样认可早期经历对安全感形成的作用。埃里克森认为，0—1 岁（即弗洛伊德所说的"口唇期"）是安全感形成的关键时期。在这一阶段，婴儿的心理社会危机为基本信任对不信任，如果

---

① 刘阳：《淡定去哪儿了——聚焦转型期社会的"安全感缺失"》，《人民日报》2014 年 4 月 10 日第 17 版。

② 张倩红、马献忠：《安全感直接影响"幸福指数"》，《中国社会科学报》2015 年 3 月 6 日第 7 版。

③ 沈学武、耿德勤、赵长银：《不安全感与神经症关系的理论探讨》，《中国行为医学科学》2002 年第 2 期，第 235—236 页。

④ 弗洛伊德：《精神分析引论新编》，高觉敷译，商务印书馆 2009 年版。

这一危机解决失败，婴儿则会认为世界充满了危险，导致安全感的缺失。① 另外的一些精神分析学派心理学家也都对安全感的内涵进行了理论探讨，虽然角度不同，但基本认为生命早期的母婴关系是影响安全感形成的决定性因素。可以认为，精神分析学派在安全感理论的建立方面发挥了基础性作用，但其过于注重早期经历的倾向也受到后来研究者的抨击。

精神分析学派最早提出了"安全感"的概念，但最早对"安全感"进行定义并进行系统阐述的是人本主义心理学家马斯洛。马斯洛认为，心理安全感是"一种从恐惧和焦虑中脱离出来的信心、安全和自由的感觉，特别是满足一个人现在（和将来）各种需要的感觉"，这一定义也受到了后来研究者的广泛认可。② 在他提出的"需要层次理论"中，安全需要是最基本的心理需要，其重要性仅次于生理需要。与精神分析学派的观点相似，马斯洛同样认为安全感与心理健康之间存在密切的联系。马斯洛曾提出了心理健康的十条标准，第一条就是要"有足够的自我安全感"。另外，马斯洛还为安全感的测量做出了贡献，他曾编制了"安全感——不安全感问卷"③，这一问卷直到现在仍被一些研究者修订使用。④ 在前人研究基础上，国内有研究者认为，安全感是心理健康的基础，主要表现为确定感和可控制感⑤，并据此编制了"安全感量表"。⑥

随着安全感研究的不断深入，"安全感"从一个完全的心理学概念开始逐渐拥有了社会学属性。社会学对于安全感的研究最初集中于公共安

---

① 王家军：《埃里克森人格发展理论与儿童健康人格的培养》，《学前教育研究》2011 年第 6 期，第 37—40 页。

② 安莉娟、丛中：《安全感研究述评》，《中国行为医学科学》2003 年第 6 期，第 698—699 页。

姚本先、汪海彬：《整合视角下安全感概念的探究》，《江淮论坛》2011 年第 5 期，第 149—153 页。

③ A. H. Maslow, Elisa Hirsh, Marcella Stein et al. , "A Clinically Derived Test for Measuring Psychological Security – insecurity", *Journal of General Psychology*, 1945, 33（1）: 21 – 41.

④ 曹中平、黄月胜、杨元花：《马斯洛安全感—不安全感问卷在初中生中的修订》，《中国临床心理学杂志》2010 年第 2 期，第 171—173 页。

⑤ 安莉娟、丛中：《安全感研究述评》，《中国行为医学科学》2003 年第 6 期，第 698—699 页。

⑥ 丛中、安莉娟：《安全感量表的初步编制及信度、效度检验》，《中国心理卫生杂志》2004 年第 2 期，第 97—99 页。

全领域①，国内的研究者通常将这种安全感称为"公众安全感"[国外通常称为"犯罪恐惧感"（fear of crime），多数研究者视两者为同义词]，即"居民对社会治安状况及自身安全感受的综合评价"。② 研究发现，公众安全感受到两个因素的影响，一个因素是个体对自己受到犯罪侵害的风险知觉，另一个因素是对遭受犯罪侵害后果的评估。③ 可以看出，公众安全感一方面是不同于客观安全状况的心理变量，个体是否有较高水平的公众安全感并不完全取决于所处环境的安全程度；另一方面，公众安全感也确实会受到客观环境的影响。

而随着社会现代化程度的进一步推进，居民对于安全的需要不仅仅停留在社会治安层面，在犯罪以外，如食品、环境、交通等领域均充斥着许多不安全因素。J. 维尔认为，在"不安全时代"（insecure times），对安全—不安全的区分应涵盖社会与政治生活中的五个领域，即个人、经济、社会、政治和环境。④ 国内有学者认为，提升居民的安全感应着力保障居民的经济安全、生活安全、公共安全、环境安全和心理安全。⑤ 另外，在管理学领域，国内外研究者对组织情境中的工作不安全感进行了大量研究⑥，这也可以看作是安全感这一概念在人力资源管理中的具体应用。

综上可以看出，对于安全感的研究从心理学逐步扩展到犯罪学、社会学等领域，但心理学与社会学对安全感的定义似乎存在较大差异。心理学取向的安全感更加注重个人特质，强调幼年成长经历对安全感形成的影响，而社会学取向的安全感则更强调社会环境对个体安全感的作用。

---

① 公安部"公众安全感指标研究与评价"课题组：《中国公众安全感现状调查及分析》，《社会学研究》1989 年第 6 期，第 35—42 页。王智民、郭证：《我国公众安全感现状及其对比分析》，《社会学研究》1992 年第 3 期，第 87—91 页。

② 林荫茂：《公众安全感及指标体系的建构》，《社会科学》2007 年第 7 期，第 61—68 页。

③ Hale C., "Fear of crime: A Review of the Literature", *International Review of Victimology*, 1996, 4（2）：79 - 150.

④ Vail J., "Insecure Times: Conceptualising Insecurity and Security", in Vail J., Wheelock J., Hill M.（Eds.）, *Insecure Times: Living with Insecurity in Contemporary Society*, London and New York: Routledge, 1999: 1 - 20.

⑤ 郭少华：《风险社会背景下城市居民安全感提升研究》，《国家行政学院学报》2013 年第 5 期，第 92—96 页。

⑥ 胡三嫚：《工作不安全感的研究现状与展望》，《心理科学进展》2007 年第 6 期，第 938—947 页。

实际上，心理学家和社会学家也互相从对方领域的视角来看待安全感。例如，新精神分析学派的另一位代表人物弗洛姆就从社会的角度对现代社会中人的安全感缺失进行了分析。弗洛姆认为，尽管现代化的过程提高了西方社会的物质生活水平，但却给人带来了巨大的"精神危机"与不安全感。因此，弗洛姆主张通过社会变革来提高现代人的安全感。① 而社会学家吉登斯则充分借鉴了埃里克森的理论，指出基本信任是形成"本体安全感"（ontological security）的基础，而本体安全感则是自我认同的生长点。② 在现代化的"风险社会"中，本体安全感是一种内在的安全感，是人能够应对外界风险与不安全的基础。

因此，安全感同时具有心理学和社会学的双重属性。有研究者认为，心理学取向的安全感是一种特质安全感，社会学取向的安全感是一种状态安全感，分别属于安全感的情感层次和情绪层次③，从而实现了两种取向安全感的整合。以此为依据，我们认为，对当前中国社会国民的安全感缺失这一问题进行研究，应该从心理和社会两个角度来进行分析，既看到社会安全程度的客观性，又要重视个体对安全的主观体验，这样才能找到国民安全感缺失的心理与社会根源，从而找到提升国民安全感的途径与对策。

二 国民安全感缺失的现状

安全感作为人类最基本的心理需要，在人本主义心理学家马斯洛需要层次理论中位居第二，仅次于生理需求，其重要性不言而喻，但如今却成了稀缺品。其标志就是人们对事件和生活缺少掌控感，无可奈何，无能为力，只能听天由命。有一个夸张的段子很能说明这个问题的严重性：到新开的菜馆吃顿地沟油炒的菜，来一盘避孕药催大的香辣鳝鱼，再来一盘臭水沟捞来的麻辣龙虾，还有个农药高残留的清炒菠菜，老板上一杯重金属超标100倍的春茶，再喝点含甲醛的啤酒。尽管这个段子存在夸张的成分，但也在一定程度上反映了当前民众对于食品安全的担忧。

① 许燕：《人格心理学》，北京师范大学出版社2009年版，第190—202页。
② 张廷赟：《吉登斯本体性安全理论研究》，南京航空航天大学出版社2010年版。赵潺潺、易海威：《在风险社会中寻找个体安全的港湾——浅析吉登斯的反思现代性与个体性安全理论》，《求实》2009年第1期，第109—111页。
③ 王俊秀：《面对风险：公众安全感研究》，《社会》2008年第4期，第206—221页。

而食品安全仅仅是各类危及民众安全感因素中的一种，国民在其他领域的安全感同样需要引起我们的关注。因此，我们课题组在 2015 年 1 月 18 日至 2 月 20 日发放并回收了 217356 份网络调查问卷，以对国民安全感的现状与特点进行调查。

网络调查结果表明，以 1—5 分来评定公众的安全感，1 分为最低，5 分为最高，217356 名被调查者在 8 个项目上总体的安全感平均分为 2.82，相对较低，且突破了及格底线（见图 4 – 2），这有力地说明了现阶段公众安全感的严重缺失。特别是食品安全、自然环境和隐私安全上的得分，远低于平均分，且存在显著差异，表明了公众对于食品质量和环境污染等物质生活方面的巨大担忧，也包括个人隐私等精神层面的担忧，这实际上是对自己身心健康安全的关注和忧虑。

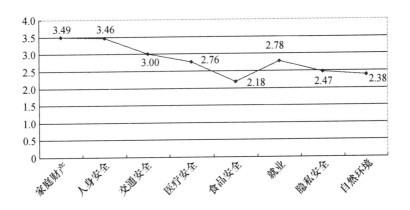

图 4 – 2 平均安全感水平

从这一调查结果，我们可以得到国民安全感缺失的三个原因。第一，食品安全直接关系到个体生理安全，国民食品安全感的缺失反映了公众对食品安全的重视，这与马斯洛的需要层次理论相符合。第二，与食品安全属于生理需要不同，隐私安全属于尊重需要，这是最高层次的缺失性需要，仅次于自我实现的需要。这表明，随着中国经济社会的发展与人民生活水平的不断提高，仅仅保障温饱、人身安全等低层次的需要已不能使人民满意，广大国民已经开始追求更高层次的需要。有研究者认为，在社会发展的"温饱阶段"，人民的主要需要为生理需要和安全需要；而"小康"是"温饱"与"富裕"中的过渡阶段，在"小康阶段"，人民的归属与爱的需要和尊重的需要也必须得到满足。[①] 第三，国民安全感的缺失带有时代的印记。近段时期，人们对改善自然环境的呼声日益强烈，这必然与当前的自然环境恶化存在联系。可以看出，国民安全感的缺失现状既符合心理学的相关理论，又与社会的发展密不可分。

三　国民安全感缺失的特点

安全感缺失，这是现代人都会有的感受与体验，其强烈程度与成长环境和现实生活环境有关。人们的内在动机、心理需求、心理预期和人格特点等心理因素，以及政治、经济、法律和文化等环境因素，特别是人口学变量都会影响人们安全感的满足程度。为此，我们课题组在对国民安全感现状进行调查的同时，还考察了不同人口学变量间安全感的差异，并对国民安全感缺失的特点进行了分析。

1. 年龄与安全感

不同年龄对安全感的感受和体验是不同的。网络调查表明，在家庭财产和人身安全方面，中年人安全感最高，老年人最低；在交通、医疗、食品、就业、隐私和自然环境安全方面，老年人安全感最高，中年人最低（见图4-3）。相比于中年人和老年人，青年人在安全感的各个方面都居中，这说明青年人对现实生活中的安全感基本满意。相比于青年人和老年人，中年人在家庭财产和人身安全两方面安全感高，而在交通、医疗、食品、就业、隐私和自然环境安全等方面安全感较低，说明他们虽对个人和国家未来发展充满信心，但对目前自己所面临的现实安全环境显然不太满意，这可能也与中年人的生活压力有关；相比于青年人和中年人，老年人在家庭财产和人身安全两方面安全感较低，而在交通、医疗、食品、就业、隐私和自然环境安全等方面安全感较高，说明他们的感受正好与中年人相反，对目前自己所面临的现实安全环境基本满意，但对个人和国家未来发展表示了某种担忧。

---

① 赵兵健：《需求层次理论与中国财政支出》，《中外企业家》2012年第6期，第25—28页。

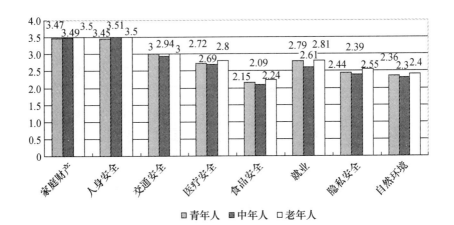

图 4 - 3　年龄对安全感的影响

　　不同年龄群体在安全感上的差异不仅符合心理的发展特点，也在一定程度上反映了社会转型对人安全感的影响。改革开放 30 多年来，由于经济和科技的快速发展，中国人的生活方式发生了很大变化，但总体上看，青年人、中年人和老年人在生活方式上的改变程度显然是不同的。老年人的认知趋于老化，信息加工的能力与速度有所降低[1]，并表现为学习能力的下降，思想趋于保守，在接受新事物上落后于中年人和青年人。因此，老年人仍然非常担心较为传统的家庭财产和人身安全，而对其他新兴领域是否安全并不是很关心。而青年人对社会中新生事物的关注程度较高，对新的科学技术有较强的控制感，进而表现出适中的安全感；中年人是推动社会发展的主力，在生活中存在较大压力，一方面需要适应新的社会发展潮流，另一方面又不像青年人对新生事物那样精通，这也是中年人在交通、医疗、食品、就业、隐私和自然环境安全等方面存在较低水平安全感的原因。

　　2. 职业与安全感

　　不同职业、不同阶层在安全感方面有不同表现。在家庭财产、人身安全上，大学生和公务员最高，低保群体和"北漂"最低；在交通安全

_____

　　① 李川云、吴振云：《认知老化机制的研究》，《心理学探新》2000 年第 2 期，第 45—48 页。

上，大学生和知识分子最高，低保群体和农民工最低；在医疗安全上，知识分子和大学生最高，"北漂"、低保群体和农民工最低；在食品安全上，大学生和知识分子最高，"北漂"、企业员工和农民工最低；在就业安全上，公务员和知识分子最高，"北漂"和农民工最低；在隐私安全上，知识分子、大学生和农业劳动者最高，"北漂"和低保群体最低；在自然环境安全上，大学生和知识分子最高，"北漂"和农民工最低（见表4－1）。总体上看，大学生、公务员和知识分子安全感较高，"北漂"、低保群体和农民工安全感较低。这也符合实际情况，说明提高"北漂"、农民工等非体制内的弱势群体的安全感是国家和政府的当务之急。

表4－1   职业对安全感的影响

	企业员工	大学生	公务员	知识分子	企业家	农民工	农业劳动者	"北漂"	低保群体	退休者
家庭财产	3.46	3.63	3.56	3.54	3.52	3.34	3.48	3.28	3.11	3.47
人身安全	3.45	3.51	3.58	3.47	3.45	3.31	3.44	3.29	3.09	3.48
交通安全	3.00	3.13	3.04	3.07	2.98	2.82	2.89	2.88	2.71	2.99
医疗安全	2.67	2.97	2.81	2.98	2.69	2.56	2.74	2.52	2.55	2.74
食品安全	2.11	2.36	2.16	2.36	2.16	2.11	2.24	2.03	2.12	2.13
就业	2.83	2.68	2.99	2.88	2.81	2.54	2.58	2.61	2.27	2.75
隐私安全	2.41	2.57	2.44	2.63	2.50	2.44	2.56	2.28	2.37	2.48
自然环境	2.32	2.56	2.39	2.49	2.36	2.29	2.41	2.20	2.28	2.37

改革开放以来，随着非公有制经济的发展以及政治身份的弱化，"单位制"逐渐开始解体，社会所提供的"铁饭碗"工作机会越来越少，市场经济环境下的竞争越来越激烈。研究者认为，过度竞争是工作不安全感的一个维度[①]，当今社会中激烈的竞争是导致公众不安全感的一个重要原因。[②] 在这种情形下，体制外的工作人员往往比体制内的工作人员有更

①　胡三嫚、李中斌：《企业员工工作不安全感的实证分析》，《心理学探新》2010年第2期，第79—85页。
②　王一多、孟昭勤：《论人类竞争的根源及其利弊》，《西南民族学院学报》（哲学社会科学版）2002年第12期，第211—215页。

大的竞争压力，从而体验到更大程度的不安全感。[①] 在当今社会中，仍然存在着优先寻找体制内工作的倾向，弗洛姆认为这是人们为了躲避不安全感而选择的"主动从众"（automaton conformity）。"北漂"、低保群体和农民工是体制外的弱势群体，除了没有"铁饭碗"的承诺以外，在经济上同样处于较为困难的水平，这两方面的压力共同导致了他们安全感的缺失。

3. 教育程度与安全感

人们受教育程度会影响安全感的表现特点。网络调查表明，从总体上看，随着受教育程度的不断提高，公众安全感的各个方面有逐步下降的发展趋势（见图4-4），这与前人的研究相一致。具体来说，除家庭财产和人身安全外，在交通、医疗、食品、就业、隐私和自然环境安全方面，初中及以下文化程度和高中及以上文化程度相比，文化程度越低安

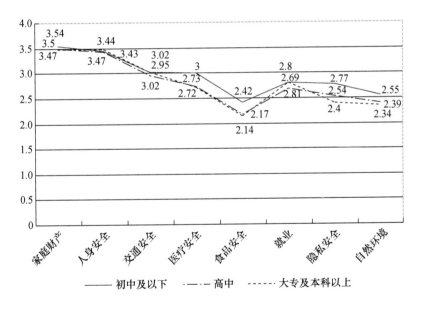

图4-4　教育程度对安全感的影响

---

① 甘乐平：《体制外生存营造我们的职业安全感》，《涉世之初》2003年第3期，第4—6页。

全感越高，文化程度越高安全感越低。在食品安全、隐私安全和自然环境安全方面的表现尤其明显。这可能与公众获取信息的渠道和数量，以及对安全感知识的认知、理解和掌握有关。根据贝克的风险社会理论①，知识水平对个体的风险认知发挥着决定性作用，受教育程度越高的人，其风险认知水平也就越高，因此有着更低的安全感。

4. 经济收入与安全感

经济收入对安全感有不同影响，这颠覆了我们的传统认识。网络调查表明，随着经济收入的不断增加，人们的安全感并没有出现不断提高的发展趋势，而是各有千秋、各具特色（见表4-2）。具体来说，月收入1000元以下的低保群体，他们的家庭财产、医疗安全、食品安全和隐私安全、自然环境安全最高，但人身安全和就业安全感最低；月收入1001—10000元的中等收入阶层，他们的人身安全、交通安全和就业安全随着收入增加而提高，食品安全和自然环境安全随收入增加而降低；月收入10001元以上的高收入群体，他们并没有特殊的表现。

表4-2　　　　　　　　　　经济收入对安全感的影响

	月收入 1000元及以下	月收入 1001—3000元	月收入 3001—6000元	月收入 6001—10000元	月收入 10001元以上
家庭财产	3.54	3.44	3.51	3.50	3.48
人身安全	3.41	3.41	3.51	3.52	3.47
交通安全	3.03	2.94	3.03	3.07	3.05
医疗安全	2.99	2.71	2.73	2.72	2.78
食品安全	2.37	2.15	2.15	2.12	2.21
就业	2.62	2.65	2.90	3.02	2.91
隐私安全	2.63	2.44	2.45	2.43	2.49
自然环境	2.52	2.37	2.35	2.29	2.37

之前的研究表明，经济收入与安全感之间是存在正向的相关关系的，经济收入越高的人，他们的安全感也就越高。我们的调查发现，最缺乏

① 贝克：《风险社会》，何博闻译，译林出版社2004年版。

安全感的是月收入 1001—3000 元的低收入阶层，这体现了经济收入在安全感形成过程中的重要作用。这部分人群在上述安全感的各个方面几乎都是最低的，这应该引起国家和政府的高度重视。值得注意的是，收入更少的低保群体的人身安全感和就业安全感最低，而其他领域安全感均处于较高水平，这从一个侧面说明了人类的心理需要确实是从物质层面到精神层面逐步提升的。研究者认为，对于月收入 1000 元以下的群体而言，对外界的控制力较低，并且存在安于现状的心态，因此他们除了对人身安全和就业安全过于关注之外，在其他领域并没有体验到较强的不安全感。[①]

四　发展与改革：影响国民安全感的"双刃剑"

安全感是一种主观的心理变量，但其不可避免地要受到社会环境的影响。从个体心理的角度来看，安全感是人获得主观幸福感的重要途径；从宏观的社会层面来看，国民安全感的缺失将是导致社会不稳定的重大隐患。30 多年来，中国社会在经济、政治、文化等领域都发生了巨大变化，国民安全感的变迁也必然要被打上社会转型的烙印。在全面改革不断深入、社会转型持续进行、社会结构不断变化的形势下，紧紧把握时代脉络，在"社会变革的波涛起伏之中"探析国民安全感缺失的原因是社会心理学义不容辞的责任。

改革开放以来，中国社会开始了以现代化和市场化为主要特点的社会转型，这种转型是我国经济社会发展的必然趋势与必经阶段。在发展的过程中，国民在一些领域的安全感获得了提升，如我们的调查发现，家庭财产的安全感相比于其他安全感处于最高水平，这表明中国经济的飞速增长与人均收入的增加使公众不再为经济安全过度担忧。但在另一些领域，社会转型的过程却使国民安全感水平降低。例如，经济的增长也使我国的自然环境进一步恶化，导致人们对自然环境的安全感不足，这是经济发展导致国民安全感降低的直接体现。另外，经济的增长也使人们所关注的安全领域发生了转移，人们在精神层面上的需要越来越强烈。随着网络的快速发展，个人的隐私安全受到了极大的威胁，而对隐私安全的关注正体现了人们的需要随着收入水平的提高逐渐从物质向精

---

① 李锋：《收入对安全感的影响考证》，《统计与决策》2007 年第 11 期，第 88—90 页。

神发展。

贝克认为，随着现代化过程的不断推进，人类社会正在逐渐步入一个"风险社会"。在风险社会中充满了矛盾与不确定性①，而由此形成的不安全感正是风险社会的核心特征。② 从这个角度来看，世界范围内大部分国家可能都要经历现代化过程所引发的安全感缺失。然而，中国社会在现代化的过程中与西方国家又有许多不同。最根本的，中国 30 多年的社会转型是在不断的改革过程中进行的。也就是说，中国的现代化进程是与体制改革紧密地联系在一起的。

经济体制的变革是中国社会转型的最根本特点，改革开放以来，中国社会的经济体制实现了从计划经济向社会主义市场经济的转型，直到如今这一市场化的过程仍在持续进行。在这一过程中，社会中的经济资源被重新分配，在"让一部分人先富起来"的政策指引下，国民的收入差距被逐渐拉大，社会流动机会减少，这是导致国民不安全感的一个重要诱因。③ 在市场经济环境下，中国社会分层结构发生了从"决定性"向"交易性"的转变④，利益冲突的解决从体制内部转移到了市场环境中。尽管我国已建立起市场经济体制，但配套的利益均衡机制却还没有得到完善⑤，这使得在改革过程中获利较少的群体，甚至如下岗工人等利失群体无法从体制的变革中获得安全感。

在经济体制改革以外，中国的社会转型同样伴随着强烈的政治体制改革。随着二元户籍制度和人事管理制度的逐渐松动，居民的政治身份终身制被打破。在这一中央集权弱化的过程中，公民的个体自主性得到提高。现代化的过程使中国社会开始步入"个体化社会"，社会和个体双

---

① 徐勇、项继权：《我们已经进入了风险社会》，《华中师范大学学报》（人文社会科学版）2008 年第 5 期，第 1 页。

② 贝克：《风险社会》，何博闻译，译林出版社 2004 年版。

③ 卢汉龙：《收入差距会引起民众的不安全感》，《探索与争鸣》1996 年第 4 期，第 32 页。

④ 李路路：《社会分层结构的变革：从"决定性"到"交易性"》，《社会》2008 年第 3 期，第 24—30 页。

⑤ 宋宝安、王一：《利益均衡机制与社会安全——基于吉林省城乡居民社会安全感的研究》，《学习与探索》2010 年第 3 期，第 106—112 页。

重碎片化①的现象使得风险与安全成为个体化的。② 也就是说，社会中的每个个体都在制造并承担着社会风险，并构建着自己的"本体性安全"。弗洛姆认为，现代社会所带来的自由使人感到孤独，并引发人的不安全感，进而导致了个体躲避自由的倾向。③ 在我们的调查中，体制外的"打工"人员相比体制内工作人员而言有着更高程度的"自由"，并表现出了较高程度的不安全感。这表明，尽管政治身份在社会生活中的作用不断减弱，但仍在影响着公众的安全感。

与经济体制改革和政治体制改革并行的是人们思想的变迁。在意识形态领域，人们的价值观呈现出多元化态势。大体看来，中国社会中存在着三种价值观类型，即处于主导地位的社会主义价值观，以及传统价值观和西方价值观。④ 各种价值观之间的碰撞导致了当前社会中的道德失衡，而西方价值观尤其给我国社会带来了强烈冲击。例如，在我国当前社会中，存在一定程度的拜金主义倾向，⑤ 一些人过于看重物质的价值，在追求物质利益的过程中丧失了对精神价值的肯定。有学者认为，物质主义是一种满足安全感需要的策略，但由于其不能满足个体的基本心理需要，最终使个体感到更深刻的不安全感。⑥ 所以，当前社会中对物质的过度追求也是导致国民安全感缺失的重要原因。

发展是目的，改革是动力，稳定是前提。让国民具有充足的安全感是实现社会稳定的重要基础，而发展与改革过程又都对国民安全感产生了正反两方面的影响。社会的发展满足了国民部分的安全感，但也使国民开始追求更高层次的安全需要；改革是我国经济社会发展的根本动力，改革的过程给了人们更多的自由，但也带给人们更多的迷茫。如何在

---

① 王力平：《风险与安全：个体化社会的社会学想象》，《新疆社会科学》2013年第2期，第118—123页。

② 阮明阳：《市场转型中的城市居民"个体化风险与安全"研究》，《兰州学刊》2010年第5期，第83—89页。

③ 俞伯灵：《自由的悖论——重读弗洛姆的〈逃避自由〉》，《浙江社会科学》2003年第4期，第168—172页。

④ 魏晓笛：《我国社会转型时期的价值观现状及重构》，《理论导刊》2002年第6期，第92—94页。

⑤ 史少博：《论市场经济条件下的拜金主义》，《兰州学刊》2010年第11期，第8—11页。

⑥ 李原、李朝霞：《物质主义价值观的内在心理机制探讨》，《哈尔滨工业大学学报》（社会科学版）2012年第6期，第15—21页。

"风险社会中"保持安全感、如何在个体化的社会中获取"积极的自由"是我们每个人都要面对的问题；而如何将社会发展所带来的负面影响控制在最小的范围、如何保障因改革而被边缘化的群体的切身利益是国家和政府需要认真思考的重大课题。

五 提升国民安全感的对策与建议

现代社会中，世界各国都在千方百计地保护财产安全，维护人身安全，保证交通安全，加强医疗安全，提高食品安全，促进就业安全，保障隐私安全，重视自然环境安全，并以政策、法律、条例、规范和制度等形式固定下来。这一切都是因为人类正日益面临不安全感的威胁和胁迫，正在不断寻求更高层次的安全感。对于中国社会而言，其既具有世界风险社会的普遍特点，又具有自己的独特性。① 鉴于此，我们提出以下几条对策与建议。

国家和政府要树立大安全观。政治、经济、军事、法律、文化等国家安全固然重要，覆巢之下，焉有完卵；但事涉民生的财产、人身、交通、医疗、食品、就业、隐私和自然环境安全也不可忽视，水可载舟，也可覆舟。目前，我国公众的安全感形势十分严峻，已突破了及格底线（平均分 2.82），这会严重影响国家安全。因此，国家和政府必须树立大安全观，正确处理国家安全和公众安全的辩证关系，进一步认识到公众安全感对社会稳定、经济发展的重要意义，把公众安全作为国家安全的重要组成部分，既要重视国家安全，又要兼顾公众安全，坚持两手抓两手都要硬的原则。一方面统筹兼顾，协调各方面、各部门的利益关系；另一方面要采取各种措施，不断改善民生，加强社会保障，营造安定的生活氛围，让公众少一些生活无力感与无奈感，多一些稳定感与控制感，务实提高公众的安全感。

国家和政府要加强公众安全感的顶层设计。提高公众安全感，关键在于相关的政策法规制度建设。国家和政府在制定相关政策法规时，要根据公众的年龄、职业和经济收入等特点，注意点面结合，有的放矢。对老年人，要设法提高他们的家庭财产和人身安全感，使他们老有所养、老有所依、老有所靠；对中年人，要切实提高他们的交通、医疗、食品、

① 肖瑛：《风险社会与中国》，《探索与争鸣》2012 年第 4 期，第 46—51 页。

就业、隐私和自然环境安全感，使他们的生活满意度有显著提高；对青年人，要加强提高就业、隐私和自然环境安全感的力度，使他们能为社会经济发展做出更大贡献。特别要充分发挥大学生、知识分子在公众安全感方面的示范作用，重视"北漂"、农民工和低保群体的安全感，政策上有倾斜，解决问题上有重点，引导他们积极追求较高水平的安全需要，同时各级政府也要切实为他们排忧解难，适当缩小贫富差距，遏制弱势心理的蔓延，帮助他们走出生活困境。国家和政府要加强相关政策、措施的顶层设计，大力发展经济，着力改善民生，进一步完善财产、人身、交通、医疗、食品、就业、隐私和自然环境安全的法律规范，依法行政、依法办事，依法保障人民群众的安全需要；以壮士断腕式的英勇，加强违法违规的惩治力度，强化岗位责任制和问责制度，建立长效的安全责任追究；努力体现和解决人民群众最关心、最直接、最现实的利益问题，不断提升公众的安全感、群众的满意度和人民的幸福感，切实履行为人民服务的宗旨。

社会舆论要坚持正确的安全感导向。要充分发挥社会舆论在财产、人身、交通、医疗、食品、就业、隐私和自然环境安全的监督作用，引导"北漂"、大学生等以知识分子为主的群体有明确的价值观和人生规划，以社会主义核心价值观为灵魂，以自我实现和幸福人生为目标，建立生活的秩序、找到生活的节奏，追求物质和精神两个层面安全感的均衡。社会舆论和主流媒体要使公众意识到，人在情感上找不到安全感的时候，便会追求物质上的安全感；没有安全感的人，更易被流言谣言打动，更易把自己的权利和命运交给他人，更易对周围的人和事持怀疑否定态度，也更易陷入不安的恶性循环中。同时，社会舆论还要积极引导公众正确认识自己，自我认同与自我接纳，建立合理的自我评价体系，减少或避免与他人的无谓比较，追求内心的安全与充实；社会用充满爱的联结和支持系统，构筑合理、持续和稳定的安全堡垒，公众则用发展的观点看待自己的各种安全需要，并积极追求更高层次的精神需求。

毫无疑问，对国家和政府来说，安全感是实现"四个全面"和"两个一百年"奋斗目标的物质基础；对个人来说，安全感则是人生幸福和快乐生活的心理基础。可以说，安全感源自社会经济的发展需要，源自人民群众的心理需要。因此，我们必须从社会和心理两个层面共同着手，切实提升国民的安全感。"人们对美好生活的向往就是我们的奋斗目标"，从这个角度看，提升国民安全感本身就是全面建成小康社会的题中应有之义，也是实现中华民族伟大复兴的中国梦需要筑牢的心理根基。

第五章 自我和谐目标与国民幸福感变迁

幸福是人类永恒的话题。幸福究竟是什么？对这一问题的回答，只有两个参考答案。一个是"一百个人有一百种幸福"，另一个是"幸福的家庭无不相似，不幸的家庭则各有各的不幸"。近年来，幸福感已成为社会心理学领域研究的热点问题。目前研究者正日益重视包括在测量方法上对自我报告法和横向实验设计的完善和补充，探讨影响幸福感的多种因素如人格和环境因素、幸福感的文化特异性，提升幸福感的方法，以及对于弱势群体以及非西方国家人群的关注，幸福感对个体和社会的影响等。如何提升幸福感？我们以为自我和谐目标的实现可以提升幸福感。因为自我和谐目标指那些符合个体内在人格的目标。人们愿意为了自我和谐目标的实现付出持续、稳定的努力，目标的实现能够给他们带来幸福感的提升。研究者们应用原因知觉评定法来测量目标的自我和谐程度，发现自我洞察力、人格特质、社会支持与目标情境会影响自我和谐目标的选择。最后，我们结合现有研究成果与网络大规模调查数据，指出了我国国民幸福感震荡与变化的现状，并从年龄、教育程度、经济收入、职业四个方面详细分析了国民幸福感的特点。我们认为，社会转型有很多面向与特征，幸福感的内涵也随着时代变迁而变化，因而对社会转型期幸福感变迁的研究，不应只局限于自我与幸福感、经济收入与幸福感两者关系的探讨，还应在更广阔的时代视域即社会转型与幸福中国的背景下进行思考，赋予幸福感更丰富的意蕴，并从国家和政府层面上给出提高国民幸福感的具体建议。

第一节　幸福感：测量、影响因素与研究进展

人类对于幸福追求和幸福感探索的历史非常久远，心理学对幸福感的研究始于 20 世纪 60 年代。在西方心理学中有很多概念与幸福有关。例如 happiness、eudemonia、well – being、psychological well – being（PWB）、subject well – being（SWB）、sense of well – being、elation、quality of life、life satisfaction 等。其中，受研究者关注最多的是 subject well – being（SWB）这个合成词，我们一般将其译为"主观幸福感"，简称"幸福感"。美国心理学家 Diener 1984 年在 *Psychological Bulletin* 上发表了第一篇有关幸福感的综述性文章，他发现短短 20 年时间里，有关幸福感的研究报告已经有 200 多篇，呈现出了蓬勃发展和旺盛的生命力，而且研究的内容也从对影响幸福感的外部因素的关注，逐步转变为对内部影响机制的关注与探索。[①] 2014 年 12 月我们以"幸福感"为关键词在中国期刊网中进行搜索发现共有 1361 条结果，其中心理学的研究有 296 篇；在美国心理学会 APA 数据库中以"subject well – being"为关键词进行搜索发现 2773 条结果，以"happiness"关键词进行搜索发现 5746 条结果。大量实证研究的出现，促进了研究者对幸福的理解，目前该领域已成为社会心理学研究的热点和焦点。

一　幸福感的测量方法

幸福感的测量，多年以来大多都是通过自我报告法来测量，通过横向研究设计来探讨其与相关变量之间的关系。"生活满意度量表"（Satisfaction with Life Scale，SWLS）是一种被广泛应用的多项目总体满意感量表，而情感平衡量表（Affect Scales Positive Affect，Negative Affect，Affect Balance，ABS）则侧重于主观幸福感情感成分（积极情感和消极情感）的测量。但这类量表基本上都是让被试通过回忆来对自己的幸福感水平进行评价，这种事后回忆往往受到很多因素的影响。因此，研究者提出了一些新的研究方法，如体验抽样法（Experience Sampling Method，

---

① Diener, E., "Subjective Well – being", *Psychological Bulletin*, 1984, 95: 542 –575.

ESM）和昔日再现法（Day Reconstruction Method，DRM）等自我报告的方法来弥补事后回忆的不足。[1][2] Geschwind 等在探讨正念训练提升个体幸福感水平的研究中就采用体验抽样法，这一研究持续了 6 天，要求被试每天 10 次报告自己当时的积极情感和消极情感水平。[3] 虽然这种方法解决了由于事后回忆可能产生的结果误差，但其成本很高，被试的负担较重，而且很难进行大样本的施测。于是，后继研究者采用昔日再现法来测量幸福感，并将日记重现改为生活事件回顾表，结果发现昔日重现法调查表的信度和效度良好，同时也能在一定程度上减轻体验抽样法给被试带来的负担[4]，在方法学上也更为科学。

　　幸福感测量中，社会赞许性是自我报告法更加广为诟病的问题所在。他评法能够在一定程度上解决自评所面临的这一问题，而且也有大量的研究证明了他评法的有效性和可行性。202 组日本同性朋友对生活满意度、领域生活满意度、积极情感和消极情感的自评—他评表现出了相当的一致性。[5] 对多伦多 92 对情侣，145 对朋友的生活满意度进行自评和他评，结果发现在生活满意度和五个领域满意度的评价中，自评—他评均具有显著的一致性，而且五个领域的满意度的自评—他评一致性显著高于整体生活满意度评价的自评—他评一致性。[6] 目前，这类研究正在不断增加。

　　由于横向研究设计在结果的解释方面存在一定的局限，相关结果的推广要非常谨慎。因此，出现了越来越多关于幸福感的纵向研究和实验研究，包括准实验研究。在纵向研究中，研究者通过对过去近 20 年中国

---

　　① Csikszentmihalyi, M., Larson, R., "Validity and Reliability of the Experience – Sampling Method", *The Journal of Nervous and Mental Disease*, 1987, 175: 526 – 536.

　　② Kahneman, et al., "A Survey Method for Characterizing Daily life Experience: The Day Reconstruction Method", *Science*, 2004, 306 (5702), 1776 – 1780.

　　③ Geschwind, N., Peeters, F. Drukker, M., et al., "Mindfulness Training Increases Momentary Positive Emotions and Reward Experience in Adults Vulnerable to Depression: A Randomized Controlled Trial", *Journal of Consul Clinical Psychology*, 2011, 79 (5): 618 – 628.

　　④ Diener E., Tay L., "Review of the Day Reconstruction Method (DRM)", *Social Indicators Research*, 2014, 116 (1): 255 – 267.

　　⑤ Saeki, M., Oishi, S., Maeno, T., Gilbert, E., "Self – informant Agreement for Subjective Well – Being among Japanese", *Personality and Individual Difference*, 2014, 69: 124 – 128.

　　⑥ Schneider, L., Schimmack, U., "Examining Sources of Self – Informant Agreement in Life – Satisfaction Judgments", *Journal of Research in Personality*, 2010, 44 (2): 207 – 212.

人的主观幸福感的调查，发现时间与生活满意度之间是一种 U 形的曲线关系，过去近 20 年的经济繁荣并没有让中国人的主观幸福感相应地提升，而且从 1990 年到 21 世纪初一直处于不断下降的过程之中，直到 2007 年才开始有所反弹，但幸福感水平依然低于 1990 年的水平。[①] Lindfors 与其同事通过对 1702 名护士的调查，考察了从大学毕业到走入社会的 7 年之间，生活经历的变化对其幸福感的影响，结果发现，生活经历的变化对个体的情感幸福感产生了非常积极的影响。[②] 当然，由于适应的原因，这种积极效应会随着时间的变化而逐渐降低。在实验研究中，研究者经常使用内隐联想测验（Implicit Association Test，IAT）来测量个体的幸福感。Kim 首次运用 IAT 来测量内隐幸福感，结果发现内隐生活满意度测量具有良好的内部一致性和适度的时间稳定性，且具有良好的信效度指标。[③] 另外研究还发现，虽然在自我报告中，美国白人所报告的生活满意度水平要显著地高于亚裔美国人和韩国人，但是，在内隐生活满意度上并没有显示出显著的差异，这从另一个侧面说明了内隐幸福感测量的意义和价值。

二 幸福感的影响因素

1. 人格与幸福感

人格被看作是影响幸福感最重要的因素之一，它可以解释生活满意度大约 1/3 的变异；而几乎所有的人口统计学变量，包括性别、年龄、教育背景、健康状况、婚姻状况等，所能解释的幸福感变异基本上不超过 10%。人格基线理论认为个体的幸福感有一个基线水平，在经历了重大生活事件的影响而出现波动之后，人们的幸福感水平还会回到原有的基线水平，而这个基线在很大程度上取决于个体的人格特质。

在人格特质与幸福感的研究中，研究者关注最多的是大五人格特质

---

① Tang, Z., "They are Richer but are They Happier? Subjective Well-being of Chinese Citizens Across the Reform Era", *Social Indicators Research*, 2014, 117 (1): 145-164.

② Lindfors, P., Hultell, D., Rudman, A., Gustavsson, J. P., "Change and Stability in Subjective Well-being Over the Transition from Higher Education to Employment", *Personality and Individual Differences*, 2014, 70: 188-193.

③ Kim-Prieto C. Diener (ed.), Tamir M., "Integrating the Diverse Definitions of Happiness: A Time-sequential Framework of Subjective Well-being", *Journal of Happiness Studies*, 2005, 6: 261-300.

与幸福感之间的关系。一般认为，人格中的外向性与积极情感、生活满意度有关，与负性情感无关，可以提高个体的幸福感；而神经质与消极情感有关，会降低个体的幸福感。研究表明，外向性和神经质是大五人格特质中影响幸福感的最重要因素。[①]

目前，大五的其余三个维度在预测幸福感中的作用也逐渐受到了研究者的关注。有研究发现，虽然外向性和神经质能够最有效地预测个体的幸福感，但是，最好预测生活满意度量表分数的却是神经质和公正严谨性。同时，研究者发现大五的四个维度，即神经质、外向性、公正严谨性以及愉悦性与幸福感呈现显著的正相关，可以解释幸福感18%的变异。[②]

我国研究者对人格特质影响幸福感的作用机制进行了总结，认为其包括三方面的理论，即直接效应模型、中介效应模型和调节效应模型。[③]其中，直接效应模型中的情感反应模型强调幸福感产生的生物学因素，认为人们具有幸福和不幸福的基因，这种基因使得人们具有不同的幸福感水平。情感反应模型、情感水平模型和认知模型都属于直接效应模型。中介效应模型虽然认可人格特质是幸福感的重要预测指标，但认为不能据此而否认情境因素的作用。因为人格特质并不能解释幸福感的全部变异，大量的情境因素在人格与幸福感的关系中扮演着中介作用。例如，外向者比内向者参加更多的社交活动，并因此而获得更多的积极情感；而神经质水平高的个体，则更有可能会卷入与自责、怀疑或怨恨有关的行为中，从而导致更多的消极情感体验。调节效应模型则认为人格特质对幸福感的影响可能被环境所削弱或加强，因此，强调人格与情境的交互作用。研究表明，外向者在社交情景中比内向者更幸福；但如果处于与世隔绝的修道院或监狱中，则外向者比内向者更加感到不幸福。[④]

---

① Schimmack, U., Oishi, S., Furr. B. M., Funder, D. C., "Personality and Life Satisfaction: A Facet Level Analysis", *Personality and Social Psychology Bulletin*, 2004, 30: 1062 - 1075.

② Chamorro - Premuzic T., Furnham A., "Personality Predicts Academic Performance: Evidence from Two Longitudinal University Samples", *Journal of Research in Personality*, 2003, 37: 319 - 338.

③ 邱林、郑雪：《人格特质影响主观幸福感的研究述评》，《自然辩证法通讯》2013年第5期，第109—114页。

④ Argyle, M., *The Psychology of Happiness* (2nd ed), London: Routledge, 2001: 71 - 89.

近年来，人格特质对幸福感的影响并不仅仅局限于大五人格特质的五个基本维度，越来越多更为具体的人格特质受到了研究者的关注。比如乐观主义、权威主义、物质主义、感恩、核心自我评价、无聊倾向、好奇心和宽恕性等。其中，王琦和俞国良等的研究发现，无聊倾向可以有效地负向预测幸福感；[①] 陈勇杰和姚梅林从自我决定理论出发，认为物质主义者对财物的看重程度远远高于对人际关系的重视程度，他们所知觉到的社会支持水平较低，其自主性、能力感和归属感都无法得到适度的满足，因此体验到较低的幸福感。[②]

2. 幸福感与环境因素

虽然人格被看作是预测幸福感的最重要因素，但很多社会因素、环境因素也会对个体的幸福感产生影响。研究者通过数据分析发现，相比于男性，女性对天气的变化更加敏感，而且随着雨量的增加，人们的生活满意度水平会显著降低；同时低温增加了个体的幸福感，降低了倦怠感和压力，而高温则降低了幸福感。Fischer 及其同事关注了气候对幸福感的影响，他们通过对 58 个国家的研究发现，当比正常温度高或者低的极端气候出现时，会对个体产生潜在的威胁。如果个体所拥有的经济资源能够满足应对潜在威胁的需要，那么个体的不适感和不幸福感水平就会较低；反之则会较高。[③]

随着科学技术的不断发展，很多高新技术产品在为人们的生活带来便利的同时，也影响着人们的幸福感。研究发现，固定电话、移动电话、音乐播放器与个人电脑等需要与网络连接的物品，与个体的高水平幸福感有关。在对移动电话和宽带进行控制的情况下，个体的生活满意度水平会显著下降，特别是对已经拥有这些设备的个体来说，尤其如此。[④] 互联网的迅速发展，使人们对互联网的依赖程度越来越高，特别是对于青

---

① 王琦、俞国良、董妍、周浩：《无聊倾向与主观幸福感：情绪调节效能感的作用》，《心理与行为研究》2012 年第 1 期，第 102—106 页。

② 陈勇杰、姚梅林：《物质主义与幸福感：基于自我决定理论的关系探析》，《北京师范大学学报》（社会科学版）2012 年第 3 期，第 23—29 页。

③ Fischer, R., Van de Vliert, E., "Does Climate Undermine Subjective Well – being? A 58 – nation Study", *Personality and Social Psychology Bulletin*, 2011, 37: 1031 – 1041.

④ Kavetsos, G., Koutroumpis, P., "Technological Affluence and Subjective Well – being", *Journal of Economic Psychology*, 2011, 32 (5): 742 – 753.

少年而言，这一主要的社会交往媒介对个体的幸福感会产生怎样的影响，两者之间的关系如何，非常值得进一步的关注。追踪研究发现，初中生的自尊水平越高，病理性互联网使用水平上升越缓慢，自尊能够显著地负向预测病理性互联网使用。[①] 显然，自尊是个体幸福感的人格基础。

谢舜等使用 CGSS 2006 数据库进行分析发现，宏观税负对居民幸福感有显著的负影响。[②] 一般而言，政府公共支出增进了居民的幸福感，但政府基建投资对于城镇居民的主观幸福感有显著负效应，而用于科教文卫和社会保障的支出有显著正效应。研究者基于 2008 年中国综合社会调查数据的分析发现，在控制了社会人口、经济和情境性因素之后，食品价格上涨对居民幸福感存在显著的负面影响。[③] 生活经验告诉我们，经济危机的发生不仅对社会经济产生巨大破坏作用，同时，也会影响人们的幸福感。在幸福感越来越多地作为衡量社会发展指标的情况下，了解什么样的政策在应对经济危机过程中能够减少幸福感的损失就至关重要，Bjørnskov 通过对欧洲国家 1975—2011 年危机影响的评估发现，采取较宽松的市场管理政策的国家会有相对较低的幸福感损失。[④] 另外，财富的增长与幸福感的关系也没有想象的那么简单。研究者对爱尔兰 1994—2001 年的数据分析发现，在金融领域的生活满意度以及心理幸福感方面有显著的提升，但在其他方面却有显著的下降。[⑤]

3. 幸福感与文化特异性

文化对幸福感的影响，不仅体现在幸福感的水平和内涵的差异上，而且很多影响幸福感的因素都受到文化的影响。在个人主义文化中，人们对生活满意的判断源于他们的个人情感，经常感受到愉快情绪是生活满意的重要源泉；相反，集体主义文化中的人们更看重家庭和朋友对他

---

① 张国华、戴必兵、雷雳：《初中生病理性互联网使用的发展及其与自尊的关系：同学关系的调节效应》，《心理学报》2013 年第 12 期，第 1345—1354 页。

② 谢舜、魏万青、周少君：《宏观税负、公共支出结构与个人主观幸福感：兼论"政府转型"》，《社会》2012 年第 6 期，第 86—107 页。

③ 苏毓芳、王海成、郭敏：《食品价格上涨对中国居民主观幸福感的影响》，《中国人口科学》2013 年第 6 期，第 59—70 页。

④ Bjørnskov, C., "Do Economic Reforms Alleviate Subjective Well-Being Losses of Economic Crises?" *Journal of Happiness Studies*, 2014, 15 (1): 163-182.

⑤ Madden, D., "The Impact of an Economic Boom on the Level and Distribution of Subjective Well-Being: Ireland, 1994-2001", *Journal of Happiness Studies*, 2011, 12 (4): 667-679.

们生活的评价。在西方，婚姻是预测个体整体幸福感的重要因素，已婚个体的幸福感水平总体上要更高一些；在东方，除了家庭和工作满意感之外，已婚群体与未婚群体在幸福感得分上并无显著差异。这便是文化特异性对个体幸福感的影响。例如，张登浩对我国基层党政干部的研究发现，人格的处世态度、外向性以及才干维度可以正向预测个体的幸福感水平，但处世态度和才干维度与西方大五人格的五个维度不仅名称存在很大差异，内涵也存在巨大的差异。[1] 国外研究者利用 2005—2008 年的世界价值观调查数据对加纳人的幸福感进行了分析，结果发现，加纳人的幸福感和生活满意度是在包括经济、文化、社会资本、健康等变量的综合作用下形成的。相对来说，他们感知到的健康状况成为幸福感最显著的预测因子，而宗教因素也是加纳人评估自我幸福感的显著预测因子。[2]

对于处在二元文化下的个体而言，文化对其幸福感的影响更为有趣。研究者通过不同启动方式激活香港大学生的国家理念，结果发现，当中国理念被激活的时候，个体更可能对与关系相关的领域呈现更高的满意度，而不是与自我相关的领域。[3] 虽然国家满意度可以非常有效地预测个体的主观幸福感，但这一关系受到了诸多变量的调节，包括家庭收入、家庭设施的便利性、居住流动性、国家的人均国内生产总值以及个体所处的地区。同时，当个人主义文化凸显时，人们更可能使用个人以及更为直接的因素来评价生活满意度；而在集体主义文化凸显时，更可能使用感知到的社会成功来评判生活满意度。对于美国人而言，情绪稳定性是相较于人际关系满意度更为重要的幸福感预测指标。研究表明，在莫桑比克人样本中，人际关系满意度对幸福感的预测作用要远远强于情绪

---

[1] 张登浩：《基层党政干部的人格特质、成就动机与幸福感》，博士学位论文，北京大学，2008 年。

[2] Addai, I., Opoku - Agyeman, C., Amanfu, S. K., "Exploring Predictors of Subjective Well - Being in Ghana: A Micro - Level Study", *Journal of Happiness Studies*, 2013: 1 - 22.

[3] Tam, K. P., Lau, H. P. B., Jiang, D., "Culture and Subjective Well - Being A Dynamic Constructivist View", *Journal of Cross - Cultural Psychology*, 2012, 43 (1): 23 - 31.

稳定性，而在葡萄牙人样本中，二者对幸福感有同等的预测作用。① 另一些研究者也发现，在个人主义文化下，情绪对生活满意度的预测效度更强，而在集体主义文化下，个体的社会生活是生活满意度更为有效的预测指标。② 大量有关幸福感影响因素的文化特异性变量的出现，使文化成为探讨幸福感问题时不可或缺的变量。但我们同时应该看到，文化特异性中也包含一定的共同性，比如基本需要的满足、社会支持以及人格等因素在不同文化下都能够有效地预测个体的幸福感水平。

三 幸福感研究的展望

综上所述，自从 1984 年 Diener 提出幸福感的概念至今已有 30 多年时间，其间幸福感领域的研究取得了巨大的进展，得到了许多研究者的广泛关注。尤为重要的是，很多国家和政府也逐渐把提高居民的幸福感作为其政策施行的目标。我们虽然对近年来幸福感领域的发展做了回顾，但依然无法全面反映幸福感领域研究的概貌。比如，关于提升幸福感方法的研究，基于东方冥想所提出的正念（mindfulness）训练逐渐成为增进身心愉悦，提升个体幸福感的重要方式，出现了大量的相关研究。此外，关于幸福感的研究对象不仅仅局限在大学生群体的身上，越来越多的弱势群体受到了研究者的关注，比如青少年、老年人，以及精神病患者、医务工作者和中年妇女等。另外，非西方国家的人群也受到了广泛的关注。跨文化的研究将为我们深入充实幸福感的概念和理论提供了新的证据，同时也有利于对非西方文化下个体幸福感的全面理解。幸福是人类追求的永恒目标，但幸福究竟能给我们带来什么呢？幸福感领域的研究主要关注的是影响幸福感的因素，当前，研究者也开始关注幸福感的结果变量。研究发现，高幸福感可以显著改善个体的生活状况，包括更好的身体健康状况，更加长寿，工作也会更加成功，有更高的经济收入，具有更好的社会关系，同时幸福感也对社会有益，有利于整个社会的稳

---

① Galinha, I. C., Oishi, S., Pereira, C., Wirtz, D., Esteves, F., "The Role of Personality Traits, Attachment Style, and Satisfaction with Relationships in the Subjective Well-being of Americans, Portuguese, and Mozambicans", *Journal of Cross-Cultural Psychology*, 2013, 44（3）：416-437.

② Suh, E. M., Diener, E., Updegraff, J. A., "From Culture to Priming Conditions - Self-construal Influences on Life Satisfaction Judgments", *Journal of Cross-Cultural Psychology*, 2008, 39：3-15.

定和发展。① 这方面的研究既具有很强的理论价值，不再把幸福感局限于因变量的位置，有助于扩展幸福感的研究范围以及进一步厘清幸福感和相关变量之间的因果关系。同时也具有很强的实践价值，能够增强人们提升幸福感的动机。

虽然幸福感的研究取得了令人瞩目的成就，但依然还存在许多方面的问题亟须解决。首先，真正意义上的本土化研究依然比较匮乏。虽然很多非西方文化背景下的研究者已经意识到幸福感领域本土化研究的重要性，但相当多的研究还依然满足于对西方学者相关理论的验证以及工具的直接使用，已有理论框架很少有所突破。其次，研究方法的多样性趋势日益增加，但自陈式问卷依然占据着主导地位，方法的更新速度应该加快。另外，环境因素对于幸福感影响的相关研究成果不仅具有很强的理论价值，而且也对政府的社会政策制定具有很强的参考价值，因此非常值得关注。但这方面的研究所关注的变量比较庞杂，如何有效地整合这些研究成果，应该是研究者下一步需要解决的问题：一方面要关注每个环境因素对幸福感影响的效应大小，另一方面也要关注不同环境因素之间的相互作用，同时更要重视环境因素与人格等个体因素如何相互作用的问题。对于影响幸福感的大量不同因素的理解和整合，布朗芬布伦纳所提出的生态系统理论值得参考和借鉴。② 他将个体生活于其中并与之相互作用的不断变化的环境称为生态系统，并将该系统分为 4 个层次，即微系统、中系统、外系统和宏系统。个体直接交往和生活的环境，包括家庭、学校、工作单位等，可以看作是影响个体幸福感的微系统，其中前面提到的许多影响幸福感的与网络连接的物品可以被看作是所谓的生态科技微系统，已有研究者开始关注生态科技微系统对于儿童发展的影响。影响幸福感的各个微系统之间的相互联系可以看作是中系统。家庭和学校对青少年而言是最为重要的微系统，当来自学校和家庭的经验一致时，儿童才可能顺利地整合这些社会化信息，才可能更好地减少各种内心的冲突，提升幸福感水平。父母或重要他人的工作环境，是个体未直接参与但会对其产生影响的系统，可以看作是影响个

---

① Diener, E., & Ryan, K., "Subjective Well-being: A General Overview", *South African Journal of Psychology*, 2009, 39 (4), 391 - 406.

② Bronfenbrenner, U., *Ecological Systems Theory*, Jessica Kingsley Publishers, 1992.

体幸福感水平的外系统。宏系统则包括那些影响个体幸福感的文化因素以及社会环境因素，比如我们前面提到的气候、国家的宏观经济政策等。

　　未来幸福感的研究需要多学科研究的合作与融合。一方面是心理学领域不同学科之间的合作与融合，包括人格心理学、社会心理学、临床心理学、认知神经科学、环境心理学等。另一方面则是心理学与其他学科的合作与融合，包括政治学、经济学、哲学等。毫无疑问，提高人民群众的福祉已经成为全社会的共识和政府工作的目标，显然仅仅依靠心理学难以完成这一伟大任务，因此急需不同学科的共同努力。人本主义心理学家马斯洛认为要达到自我实现，需要建立一个良好的社会，"它扶植、鼓励、奖励、产生最大限度的良好人类关系以及最小限度的不良人际关系"。为此，他构想了一个心理学上的乌托邦，这个社会中的居民"将会在任何可能的时候表现出宽容、尊重和满足他人的愿望……相互间更诚实，他们允许人们在任何可能的时候进行自由选择。在这样的条件下，人性的最深层次能够自己毫不费力地显露出来"。① 虽然这只是一个乌托邦，但环境因素对于个体幸福感的影响已经得到了很多研究的确认，因此提升个体的幸福感，实现人类对幸福这一主题的永恒追求，需要更多人的努力和参与。

第二节　自我和谐目标：模型、测量与影响因素

　　目标是个人生活重要的组成部分。有研究认为，目标为人们有组织地调节自己的行为提供了参考标准。② 同时，目标是个人动力系统的重要

---

　　① 马斯洛：《动机与人格》（第三版），许金声译，中国人民大学出版社 2007 年版，第 153 页。

　　② Powers, W. T., *Behavior: The Control of Perception*, New Canaan, CT: Benchmark Press, 2005.

表征，与特质和自我叙事共同构成了个体的人格体系。[1] 基于此，心理学家们围绕目标开展了许多研究，其核心问题为：人们如何实现自己的目标，目标的实现又如何影响人们的生活。[2] 早期研究中，研究者们较为关注个体追求目标的过程、影响因素及其后果，例如，自我效能感[3]、执行意向[4]以及对负反馈的解释[5]等因素对实现目标的影响。

近些年，自我决定论[6]等理论的出现改变了这一领域的研究格局。自我决定论认为，人类行为的动机是为了满足自主、能力、关系三种基本心理需要，对目标的研究不仅要关注目标实现过程中的个体变量，还应重视目标内容本身：追求那些能够体现个体内在价值信念，满足个体基本心理需要的目标，才能得到幸福感的提升。那么，能够满足人们基本心理需要的目标有什么特点？人们又是如何选择自己的目标？这一过程又受到哪些因素的影响呢？建立在自我决定论的基础之上，自我和谐目标的模型[7][8]对这些问题进行了回答。

本节将对自我和谐目标的理论和测量进行介绍，对影响目标自我和谐程度的因素进行讨论，并对该领域未来研究方向进行展望。

一 自我和谐目标的模型

1. 自我和谐目标的概念

自我和谐的概念最早由 Prescott 在第二次世界大战期间提出。他认

① McAdams, D. P., & Olson, B. D., "Personality Development: Continuity and Change Over the Life Course", *Annual Review of Psychology*, 2010, 61, 517 – 542.

② Sheldon, K. M., *Optimal Human Being: An Integrated Multilevel Perspective*, Mahwah, NJ: Lawrence Erlbaum, 2004.

③ Bandura, A., *Self – efficacy: The Exercise of Control*, New York, NY: Freeman, 1997.

④ Gollwitzer, P. M., "Implementation Intentions: Strong Effects of Simple Plans", *American Psychologist*, 1999, 54 (7), 493 – 503.

⑤ Houser – Marko, L., & Sheldon, K. M., "Eyes on the Prize or Nose to the Grindstone? The Effects of Level of Evaluation on mood and Motivation", *Personality and Social Psychology Bulletin*, 2008, 34, 1556 – 1569.

⑥ Deci, E. L., & Ryan, R. M., "The 'What' and 'Why' of Goal Pursuits: Human Needs and the Self – determination of Behavior", *Psychological Inquiry*, 2000, 11 (4), 227 – 268.

⑦ Sheldon, K. M., & Elliot, A. J., "Goal Striving, Need – satisfaction, and Longitudinal Well – being: The Self – concordance Model", *Journal of Personality and Social Psychology*, 1999, 76 (3), 482 – 497.

⑧ Sheldon, K. M., "Becoming Oneself: The Central Role of Self – concordant Goal Selection", *Personality and Social Psychology Review*, 2014, 18 (4), 349 – 365.

为，人的心理是一个由各种态度和信念构成的有组织的系统。当这些态度与信念互相之间没有冲突时，个体就具备了自我和谐的基础；如果个体的自我概念与外部经验一致时，就可以称为自我和谐。[1] 另外，心理学家对于自我和谐最经典的表述来自人本主义大师 Rogers。在他看来，自我是指个体对自己的了解与认识，这种对自我的知觉以自我经验的形态存在，而自我概念就是诸多自我经验的整合。当个体的自我概念与经验之间没有冲突时，个体就处于一种内部和谐的状态，即自我和谐；反之，个体就会因自我与经验之间的冲突而产生内心的焦虑。[2]

无论是 Prescott 还是 Rogers，在对自我和谐的描述中都强调了个体内部的价值、信念体系与外部经验的一致性。外部经验的形成依赖于个体的指向性活动。目标作为这种指向性的集中体现，与自我和谐有着密切的联系。早期研究中，研究者们假定目标是人们价值信念的体现，因而更关注个体追求目标的过程及其结果，但事实并非如此。研究显示，人们通常不知道对他们来说什么是最重要的[3]，也不清楚他们的情感、渴望对选择过程的影响。[4] 随着研究的深入，一些研究者发现：目标内容对目标实现的过程及结果有着独立的影响，并非所有目标都反映了个体的心理需要，那些不能反映个体内在的目标更难实现，即使实现了也不一定能带来幸福感的提升等积极结果。[5][6] 这也是自我决定论关于目标内容效应的主要观点。[7] 在自我决定论的基础上，Sheldon 等（Sheldon & Elliot，

---

① Prescott, L., *Self - consistency: A Theory of Personality*, Washington D. C., US: Island Press, 1945.

② Rogers, C. R., *On Becoming a Person: A Therapist's View of Psychotherapy*, Boston, MA: Houghton Mifflin, 1961.

③ Bos, M. W., & Dijksterhuis, A., "Self - knowledge, Unconscious Thought, and Decision Making", In S. Vazire & T. D. Wilson (Eds.), *Handbook of Self - knowledge*, New York, NY: Guilford Press, 2012.

④ Hofree, G., & Winkielman, P., "On (not) Knowing and Feeling What We Want and Like", In S. Vazire & T. D. Wilson (Eds.), *Handbook of Self - knowledge*, New York, NY: Guilford Press, 2012.

⑤ Deci, E. L., & Ryan, R. M., "The 'What' and 'Why' of Goal Pursuits: Human Needs and the Self - determination of Behavior", *Psychological Inquiry*, 2000, 11 (4), 227 - 268.

⑥ Sheldon, K. M., "Becoming Oneself: The Central Role of Self - concordant Goal Selection", *Personality and Social Psychology Review*, 2014, 18 (4), 349 - 365.

⑦ 胡晓勇、郭永玉：《目标内容效应及其心理机制》，《心理科学进展》2008 年第 5 期，第 826—832 页。

1999；Sheldon，2004，2009，2014）对人们追求目标的动机开展了更为深入的研究①②③，提出了自我和谐目标模型（The Self – Concordance Model）。他们认为，自我和谐的目标是自我整合的一部分，它符合个体内在兴趣和自我认同的需要，能够预测目标实现过程中个体主动地自我调节与持续的努力。与之相对，个体对不和谐目标的追求多是出于内疚、羞愧等内射情绪或外部压力的影响，有强烈的受控感，在目标实现过程中以外控调节为主，往往半途而废。④

需要指出的是，自我和谐目标模型虽然源自于自我决定论，二者对于目标的内容效应有着相似的观点，但却不能简单地将二者混为一谈。一方面，自我决定论⑤对目标内容的分类借鉴了动机理论的分类方式，将目标内容分为内、外两类，相对简单；在研究中，自我决定论更强调人们追求不同种类目标时自我调节过程的区别，以及不同目标与个体基本心理需求满足的关系，即目标内容的效应。⑥ 另一方面，自我和谐目标模型对目标的分类是建立在个体目标动机的基础上，按照是否符合个体的内在价值体系将目标分为内在、认同、内射、外在四类，分类方法更为细致。⑦ 在研究中，自我和谐目标模型更强调目标和谐程度对目标实现过程及结果的影响，扩展并补充了自我决定论的相关内容；在研究范式上，自我决定论通常要求被试针对具体目标领域，例如，工作上的目标、学

① Sheldon, K. M. , & Elliot, A. J. , "Goal Striving, Need – satisfaction, and Longitudinal Well – being: The Self – concordance model", *Journal of Personality and Social Psychology*, 1999, 76 (3), 482 – 497.

② Sheldon, K. M. , "Goal – striving across the Life – span: Do People Learn to Select More Self – concordant Goals as They Age?" In M. C. Smith & T. G. Reio (eds.), *The Handbook of Research on Adult Development and Learning*, New York, NY: Routledge, 2009.

③ Sheldon, K. M. , *Optimal Human Being: An Integrated Multilevel Perspective*, Mahwah, NJ: Lawrence Erlbaum, 2004.

④ Sheldon, K. M. , & Elliot, A. J. , "Goal Striving, Need – satisfaction, and Longitudinal Well – being: The Self – concordance Model", *Journal of Personality and Social Psychology*, 1999, 76 (3), 482 – 497.

⑤ Deci, E. L. , & Ryan, R. M. , "The 'What' and 'Why' of Goal Pursuits: Human Needs and the Self – determination of Behavior", *Psychological Inquiry*, 2000, 11 (4), 227 – 268.

⑥ 胡晓勇、郭永玉：《目标内容效应及其心理机制》，《心理科学进展》2008 年第 5 期，第826—832 页。

⑦ Sheldon, K. M. , "Becoming Oneself: The Central Role of Self – concordant Goal Selection", *Personality and Social Psychology Review*, 2014, 18 (4), 349 – 365.

习上的目标等进行评定，不够具体；而自我和谐目标模型则要求被试对某一个具体目标的和谐程度进行评定，更加精确。

2. 自我和谐目标模型的心理机制

Sheldon 和 Elliot（1999）首次对自我和谐目标模型进行了完整的描述（见图 5-1），他们认为，自我和谐目标模型可以分为两个阶段：第一个阶段重点描述了自我和谐目标与目标实现之间的关系；第二个阶段则侧重于阐释目标实现对提升幸福感的作用。简单来说，自我和谐目标源于个体的内在需要，因此能够引起个体持续稳定的努力，直到实现自己的目标。自我和谐目标的实现会带来心理需要的满足，进而产生提升幸福感等一系列的积极结果。从某种程度来说，整个模型是对自我和谐目标与自我决定论的整合：第一阶段，即自我和谐目标实现机制，是自我和谐目标模型研究的重点；第二阶段，即幸福感提升机制，则建立在自我决定论相关研究的基础上，自我和谐目标变量的加入，提升了原有模型的质量。

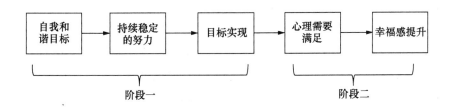

图 5-1　自我和谐模型

注：引自 Sheldon 和 Elliot（1999），并做了必要修改。

值得关注的是，自我和谐目标模型在时间维度上是纵向的：目标实现过程是持续一段时间的，某个时间点的目标及追求目标的努力会影响到个体之后一段时间的心理需要满足、幸福感等变量。并且，这种影响是跨期的，即自我和谐目标的实现、心理需要的满足、幸福感的提升等积极结果还会影响个体下一次的目标制定，从而形成一个向上的螺旋，使个体不断收获自我的成长。自我和谐目标模型的时间属性及向上螺旋的作用机制也得到了相关研究的证实。①②

3. 自我和谐目标模型心理机制的研究证据

从自我和谐目标概念的提出至今，该领域研究成果颇丰，为自我和谐目标模型的发展提供了有力的支持。

Sheldon 和 Elliot（1999）通过 3 个研究分别验证了自我和谐目标模型的两个阶段及整个模型。在研究 1 中，他们要求被试制定出本学期的学期目标，并对这些目标的和谐程度进行评定，并在接下来的每个月调查被试追求目标的努力程度和完成进度，直到学期结束。最后一次调查中，他们还考察了被试的幸福感水平。结果显示，被试更愿意为了实现那些自我和谐的目标而努力，这些目标的完成情况更好，目标的实现显著提升了被试的幸福感水平。在研究 2 中，他们调查了被试日常活动中心理需要满足的情况与幸福感水平，验证了心理需要的满足确实起到了提升个体幸福感水平的作用。在研究 3 中，被试同时完成了研究 1、研究 2 中的任务，报告了自己第 1 学期内的学期目标、努力程度、完成情况、幸福感水平（分别在开学前、期中及期末进行了 3 次调查）以及日常活动的心理需要满足情况（共进行了 8 次评定，大约 10 天 1 次）。研究结果验证了自我和谐目标模型：个体愿意为了完成自我和谐的目标而不断努力，调节自己的日常活动；自我和谐目标的完成情况更好，个体心理需要满足的水平更高，最终收获了幸福感的提升。

人们总是在不断地追求目标。从目标的制定到完成，再到心理需要的满足、幸福感的提升，是一个持续一段时间的过程。那么，幸福感的提升是否就是自我和谐目标模型的终点呢？目标实现的过程、结果会怎样影响个体接下来的目标追求过程呢？为了回答这些问题，Sheldon 和 Houser - Marko（2001）开展了时间跨度为 1 年的纵向研究，发现了自我和谐目标模型的跨期运作机制。他们认为，自我和谐的目标促进目标的

---

① Sheldon, K. M., & Elliot, A. J., "Goal Striving, Need - satisfaction, and Longitudinal Well - being: The Self - concordance Model", *Journal of Personality and Social Psychology*, 1999, 76 (3), 482 – 497.

② Sheldon, K. M., & Houser - Marko, L., "Self - concordance, Goal - attainment, and the Pursuit of Happiness: Can There be an Upward Spiral?" *Journal of Personality and Social Psychology*, 2001, 80 (1), 152 – 165.

实现，而目标的实现会帮助个体更容易找到自我和谐的目标，这种不断的相互促进形成了一个向上的螺旋通道。① 在研究 1 中，他们以刚入学的大学新生为被试，分别在开学、第 1 学期结束、第 2 学期开始、第 2 学期结束 4 个时间点调查了被试的学期目标、目标的和谐程度、完成情况、个人成长、学业成绩，结果显示，第 1 学期成就更高（学分成绩高、适应良好）的被试，第 2 学期自我和谐的程度越高。在研究 2 中，他们把时间跨度缩短到了 2 周，发现即使在短期，这种相互促进作用仍然存在。

拥有健康的身体是大多数人的希望。但为什么有的人能够在无人监督、陪伴的情况下坚持锻炼身体，而有的人却总是半途而废呢？ Bailis 和 Segall（2004）结合自我和谐目标模型对这个问题做出了解释。② 他们的研究发现，人们是否能够坚持锻炼，与他们锻炼的动机有关。如果锻炼身体源于个体自我提升与自尊的需要，即自我和谐度高，则个体更愿意保持健身俱乐部的会籍，锻炼频率也更高；如果锻炼身体是出于社会比较的目的，即自我和谐度低，个体就很难坚持完成锻炼计划。

Koestner、Otis、Powers、Pelletier 和 Gagnon（2008）的研究以高中生为被试，再次证实了自我和谐目标模型。③ 研究中，他们要求被试在学期开始时分别制定本学期学业、休闲目标，同时对目标的和谐程度进行评定。1 个月后，他们调查了目标的完成情况。结果显示，自我和谐的目标与目标实现进展显著正相关，但如果个体追求的目标的动机不是出于内在需要，即目标自我和谐度低，则不存在这种关系。此外，他们还发现个体在追求自我和谐目标的过程中，如果有明确的执行意向，能更好地预测目标的实现。

近年来，自我和谐目标模型的研究方向集中在目标和谐程度影响因素的探索。研究者们在开展研究的过程中，也不断地为模型提供了新的

---

① Sheldon, K. M., & Houser – Marko, L., "Self – concordance, Goal – attainment, and the Pursuit of Happiness: Can There be an Upward Spiral?" *Journal of Personality and Social Psychology*, 2001, 80 (1), 152 – 165.

② Bailis, D. S., & Segall, A., "Self – determination and Social Comparison in a Health – promotion Setting", *Basic and Applied Social Psychology*, 2004, 26 (1), 25 – 33.

③ Koestner, R., Otis, N., Powers, T., Pelletier, L., & Gagnon, H., "Autonomous Motivation, Controlled Motivation and Goal Progress", *Journal of Personality*, 2008, 76 (5), 1201 – 1230.

实证支持。例如，Greguras 和 Diefendorff（2010），Sheldon 和 Schüler（2011），Milyavskaya、Nadolny 和 Koestner（2014）在研究积极主动人格①、指称能力②、目标情境对目标和谐程度的影响③时，均发现自我和谐程度高的目标更容易实现，目标的实现提升了个体的幸福感水平。这与之前的研究，以及自我和谐目标模型的理论假设完全一致。

二　自我和谐目标的测量

在自我和谐目标的研究中，原因知觉评定法（Perceived Locus of Causality）是最为常用的测量方法。

原因知觉的概念最早被用来描述人际交往中人们如何推断他人的动机。④ 此后，De Charms（1968）对这一概念进行了扩展，认为个体人际交往过程中的原因知觉通常包括内控知觉、外控知觉两类。⑤ Ryan 和 Connell（1989）认为，对于不同的心理过程来说，原因知觉评定的内涵会产生相应的变化，原因知觉评定还可以用来衡量个体行动自主的程度。⑥ 在研究中，他们将个体行为的原因知觉分为 4 个水平：内在原因（intrinsic），个体对活动本身感兴趣而参与其中；认同原因（identified），个体行为的原因是体现自我价值，行为符合个体的自我信念；内射原因（introjected），个体无法完全内化外界的要求，为了避免内疚、羞愧等情绪体验而行动；外在原因（external），个体行为的原因来自外部，包括遵守规则、害怕受罚、听从外部权威等。他们的研究确立了原因知觉评定

---

① Greguras, G. J., & Diefendorff, J. M., "Why Does Proactive Personality Predict Employee life Satisfaction and Work Behaviors? A Field Investigation of the Mediating Role of the Self – concordance Model", *Personnel Psychology*, 2010, 63（3）, 539 – 560.

② Sheldon, K. M., & Schüler, J., "Wanting, Having and Needing: Integrating Motive Disposition Theory and Self – determination Theory", *Journal of Personality and Social Psychology*, 2011, 101（5）, 1106 – 1123.

③ Milyavskaya, M., Nadolny, D., & Koestner, R., "Where do Self – concordant Goals Come From? The Role of Domain – specific Psychological Need Satisfaction", *Personality and Social Psychology Bulletin*, 2014, 40（6）, 700 – 711.

④ Heider, E., "The Psychology of Interpersonal Relations", *New York: Wiley*, 1958.

⑤ De Charms, R., *Personal Causation: The Internal Affective Determinants of Behavior*, New York: Academic Press, 1968.

⑥ Ryan, R. M., & Connell, J. P., "Perceived Locus of Causality and Internalization: Examining Reasons for Acting in two Domains", *Journal of Personality and Social Psychology*, 1989, 57（5）, 749 – 761.

的研究范式，证明了原因知觉评定法是测量人们动机来源的可靠工具。

Sheldon 和 Elliot 借鉴了 Ryan 和 Connell（1989）的研究①，认为个体对原因知觉的评定可以用来描述并测量目标与个体内在的匹配程度，即目标的自我和谐水平。如图 5-2 所示，内在、认同水平的目标是个体自我整合的一部分，源于个体的内在人格，因而是自我和谐的目标；内射水平的目标只是部分地反映了个体内在的需要，因此处于部分和谐的水平；还有一些目标完全来源于外部，属于不和谐目标。

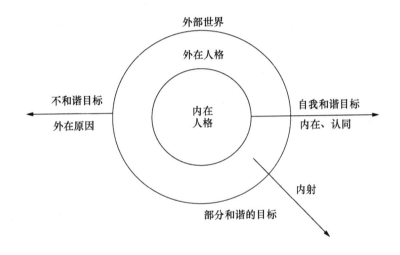

图 5-2　目标自我和谐水平

注：引自 Sheldon（2014），并做了必要修改。

在实际操作中，研究者们首先要求被试写出一段时间内自己的目标，然后再应用原因知觉评定问卷对目标的和谐程度进行评定。原因知觉评定问卷通常包括 4 道题目，分别对应个体行为的 4 种原因，其典型题目包括："你追求这个目标是因为别人或外界环境的要求"（外在原因）；"你追求这个目标是为了避免感到羞愧、内疚或焦虑"（内射原因）；"你追求这个目标是因为你真的认为它对你来说很重要"（认同原因）；"你追求这

① Sheldon, K. M., & Elliot, A. J., "Goal Striving, Need - satisfaction, and Longitudinal Well - being: The Self - concordance model", *Journal of Personality and Social Psychology*, 1999, 76（3）, 482 - 497.

个目标是因为这个过程会充满乐趣"（内在原因）。问卷采用 9 点评分，1 代表"完全不是这个原因"，9 代表"完全是这个原因"；计分方法为内在、认同原因的得分减去内射、外在原因的得分。最终的分数就代表了个体目标与内在人格的匹配程度，即目标的自我和谐指数。①②③④⑤

通过多年实践，Sheldon（2014）认为原因知觉评定法有很多优点：第一，不要求被试直接对目标与内在人格的匹配程度进行评定，只需要报告追求目标时的心理感受；第二，不要求被试了解自己的内在价值体系；第三，无须被试编故事，进而也就无须研究者对故事内容编码。

原因知觉评定法是否真的能够预测目标与个体内在的匹配程度一直是研究者关心的问题。Sheldon 和 Cooper（2008）要求被试制定一个社交目标和一个成就目标，并利用原因知觉评定法评定两个目标的自我和谐指数，同时测量动机倾向作为被试内在人格的指标。他们发现，当被试的动机倾向与目标内容匹配时，自我和谐指数得分也较高，这就意味着原因知觉评定法能够测量目标与个体内在人格的匹配程度，自我和谐指数是合格的衡量指标。⑥ Sheldon 和 Schüler（2011）的研究中也得到了类似的结果。另外，由于担心问卷法测量被试内隐变量的可靠性，Sheldon、King、Houser - Marko、Osbaldiston 和 Gunz 等（2007）用类似的方法得出

① Sheldon, K. M., & Elliot, A. J., "Goal Striving, Need - satisfaction, and Longitudinal Well - being: The Self - concordance Model", *Journal of Personality and Social Psychology*, 1999, 76 (3), 482 - 497.

② Sheldon, K. M., & Houser - Marko, L., "Self - concordance, Goal - attainment, and the Pursuit of Happiness: Can There be an Upward Spiral?" *Journal of Personality and Social Psychology*, 2001, 80 (1), 152 - 165.

③ Greguras, G. J., & Diefendorff, J. M., "Why does Proactive Personality Predict Employee Life Satisfaction and Work Behaviors? A Field Investigation of the Mediating Role of the Self - concordance Model", *Personnel Psychology*, 2010, 63 (3), 539 - 560.

④ Sheldon, K. M., & Schüler, J., "Wanting, Having and Needing: Integrating Motive Disposition Theory and Self - determination Theory", *Journal of Personality and Social Psychology*, 2011, 101 (5), 1106 - 1123.

⑤ Milyavskaya, M., Nadolny, D., & Koestner, R., "Where do Self - concordant Goals Come From? The Role of Domain - specific Psychological Need Satisfaction", *Personality and Social Psychology Bulletin*, 2014, 40 (6), 700 - 711.

⑥ Sheldon, K. M., & Cooper, M. L., "Goal Striving within Agentic and Communal Roles: Functionally Independent Pathways to Enhanced Well - being", *Journal of Personality*, 2008, 76, 415 - 447.

了被试的自我和谐指数，但是用 IAT 和 TAT 测验来测量被试的内隐动机与态度，结果显示，自我和谐指数仍然能够衡量目标与个体内在的匹配程度。[①] Sheldon、Halusic 和 Prentice（2015）用图画故事测验作为被试内隐变量的测试方法也得到了同样的结论。[②]

三　自我和谐目标选择的影响因素

1. 自我洞察力

自我和谐的目标应体现个体的内在人格。[③] 因此，个体的自我洞察力，对自己内在的了解程度对自我和谐目标的选择有很大影响。

直觉是一种对某事物发自肺腑的，模糊但不可抗拒的感觉。Burton（2008）[④] 通过 2 个研究证明，依照直觉而制定的目标，通常是自我和谐的。在研究 1 中，被试利用原因知觉评定法评定自己制定的目标的自我和谐程度，同时回答"这个目标是来源于你的直觉，还是理性思考"。结果显示，来源于直觉的目标，自我和谐水平也更高。在研究 2 中，被试被随机分配到"直觉组"或"理性组"，在不同的指导语指导下制定目标。结果显示，"直觉组"被试目标的自我和谐程度显著高于"理性组"被试。因此，听从内心直觉的召唤，或许是个体提高目标自我和谐程度的有效路径。

动机倾向指个体由个人经验习得的动机指向。例如，成就动机体验多的个体，往往具有较高的成就动机；亲密的人际互动体验多的个体，往往具有较高的从属动机。[⑤] 因此，如果目标内容与动机倾向匹配，通常也是自我和谐的。Sheldon 和 Schüler（2011）的研究发现，成就动机倾向

---

① Sheldon, K. M., King, L. A., Houser - Marko, L., Osbaldiston, R., & Gunz, A., "Comparing IAT and TAT Measures of Power Versus Intimacy Motivation", *European Journal of Personality*, 2007, 21 (3), 236 - 280.

② Sheldon, K. M., Halusic, M., & Prentice, M. P., "Matches between Assigned Goal - types and both Implicit and Explicit Motives Predict Rated Goal Self - concordance", *Motivation and Emotion*, 2015, 39 (3), 335 - 343.

③ Sheldon, K. M., "Becoming Oneself: The Central Role of Self - concordant Goal Selection", *Personality and Social Psychology Review*, 2014, 18 (4), 349 - 365.

④ Burton, C. M., "Gut Feelings and Goal Pursuit: A Path to Self - concordance Dissertation Abstracts International", *Section B. Sciences and Engineering*, 2008, 73 (2 - B), 1303 - 1387.

⑤ Sheldon, K. M., & Schüler, J., "Wanting, Having and Needing: Integrating Motive Disposition Theory and Self - determination Theory", *Journal of Personality and Social Psychology*, 2011, 101 (5), 1106 - 1123.

的个体，追求成就目标时，会体验到更多自我和谐的感觉；从属动机倾向的个体，追求社交目标时，自我和谐的感觉更强。追求与动机倾向匹配的目标，也会产生自我和谐的体验。

2. 人格特质

一些研究显示，具有某些人格特点的个体，更容易找到自我和谐的目标。[1][2]

核心自我评价包括个体的自尊、一般自我效能感、神经质及心理控制点水平，它是个体对自己价值、能力的基本评价，是重要的人格特征。Judge 等（2005）的研究分别以大学生和有工作的成年人为被试，发现核心自我评价与自我和谐目标显著正相关，即核心自我评价较高的个体，目标的自我和谐水平也较高。他们认为，核心自我评价高的个体，往往展现出一种积极的自我欣赏，因而在制定目标时更多地考虑自己的内在需要，而非外界要求，所以有更多的自我和谐目标。

积极主动人格是一种寻求改变的特征倾向。拥有积极主动人格的个体，具有致力于改变旧环境、创造新环境，以未来为导向，为了实现目标不断努力等特点。[3] Greguras 和 Diefendorff（2010）的研究发现，拥有积极主动人格的个体往往选择自我和谐的目标。[4]

3. 社会支持

一些研究者将自我和谐目标模型应用在了组织行为领域，发现教练技术、现代企业制度、授权式管理和来自同事的支持与自我和谐目标显著正相关。Burke 和 Linley（2007）以企业高级经理人员为被试，随意挑选被试制定的 3 个目标中的 1 个，进行一对一的教练辅导，另两个作为控

---

① Judge, J. A., Bono, J. E., Erez, A., & Locke, E. A., "Core Self – evaluations and Job and Life Satisfaction: The Role of Self – concordance and Goal Attainment", *Journal of Applied Psychology*, 2005, 90 (2), 257 –268.

② Greguras, G. J., & Diefendorff, J. M., "Why Does Proactive Personality Predict Employee Life Satisfaction and Work Behaviors? A Field Investigation of the Mediating Role of the Self – concordance model", *Personnel Psychology*, 2010, 63 (3), 539 –560.

③ Parker, S. K., Bindl, U. K., & Strauss, K., "Making Things Happen: A Model of Proactive Motivation", *Journal of Management*, 2010, 36, 827 –856.

④ Greguras, G. J., & Diefendorff, J. M., "Why Does Proactive Personality Predict Employee Life Satisfaction and Work Behaviors? A Field Investigation of the Mediating Role of the Self – concordance Model", *Personnel Psychology*, 2010, 63 (3), 539 –560.

制组不进行任何辅导。结果显示，在教练辅导结束后，所有目标的自我和谐程度均得到了提高，接受辅导的目标提高的程度显著高于另两个。① 此外，Hon（2011）的研究发现现代企业制度、授权式管理和来自同事的支持都能够提高员工选择自我和谐目标的能力。②

还有一些研究者将自我和谐目标模型引入到运动心理学领域。Smith、Ntoumanis 和 Duda（2007）以 210 名运动员为被试，对自我和谐目标模型在运动心理学中的适用性进行了检验。研究中，他们调查了被试的目标、目标自我和谐程度、心理需要满足、主观幸福感和自主支持的水平。研究结果验证了模型在运动领域的适用性，并且教练对运动员的自主支持与自我和谐目标显著正相关。③ Sheldon 和 Watson（2011）的研究进一步区分了专业运动员与业余运动员，结果显示，对于专业运动员来说，自我和谐目标模型仍然成立。同时，教练的自主支持仍然与自我和谐目标正相关，而且对于专业运动员来说，教练的自主支持对自我和谐目标、运动队的运动成绩等结果的预测力更强。④

4. 目标情境

Milyavskaya 等（2014）试图解决为什么自我和谐的目标与外在目标总是同时出现在个体身上的问题。他们认为，影响个体自我和谐目标选择的，除了个体内部的心理过程外，还与目标情境有关：目标所体现的情境如果能够满足个体的心理需求，通常自我和谐程度较高。例如，个体有较强的社交需要，社交目标能够满足个体的需要，因而也具有较高

① Burke, D., & Linley, P. A., "Enhancing Goal Self – concordance through Coaching", *International Coaching Psychology Review*, 2007, 2 (1), 62 – 69.

② Hon, A. H. Y., "Enhancing Employee Creativity in the Chinese Context: The Mediating Role of Employee Self – concordance", *International Journal of Hospitality Management*, 2011, 30 (2), 375 – 384.

③ Smith, A., Ntoumanis, N., & Duda, J., "Goal Striving, Goal Attainment, and Well – being: Adapting and Testing the Self Concordance Model in Sport", *Journal of Sport & Exercise Psychology*, 2007, 29 (6), 763 – 782.

④ Sheldon, K. M., & Watson, A., "Coach's Autonomy Support is Especially Important for Varsity Compared to Club and Recreational Athletes", *International Journal of Sports Science & Coaching*, 2011, 6 (1), 109 – 123.

的自我和谐水平，而学校情境的目标与个体的内在人格就是不匹配的。①

研究中，他们首先要求被试分别制定 2 个不同情境下的目标，对情境是否能满足被试的心理需要和目标的自我和谐程度进行了调查。结果显示，在心理需要得到满足的情境中，目标的自我和谐程度更高。另一个研究中，他们选取了学校、社交、健康、爱好 4 种情境，将 182 名大学生被试按照满足/不满足心理需要两种条件随机分配到 4 种情境中，要求他们思考正念课程与他们自身心理需要满足之间的关系。之后，向被试呈现了 4 个与正念课程学习相关的目标，要求被试利用原因知觉评定法对目标进行评定，并选择其中 1 个作为自己的目标。结果显示，在心理需要得到满足的情境中，被试更愿意选择自我和谐程度高的目标，且更愿意付诸实际。因此，他们认为目标情境是否满足了个体的心理需要解释了为什么有些人更容易地选择了自我和谐的目标。

四 我们的展望

自我和谐目标模型提出至今，已积累了丰硕的研究成果，但仍有一些不足。我们认为，该领域未来研究可关注如下方向：

（1）McAdams 和 Olson（2010）认为，目标是人格动力系统的重要组成部分，不同年龄群体在目标内容、目标管理策略上有所差异。② 未来的研究应考察自我和谐目标模型在不同年龄群体中的适用性及差异。例如，青少年处于人格发展的动荡期，对于他们来说，自我和谐目标的选择是否更加困难？容易产生自我和谐目标的情境是否有共同特点，并与成年人有所差异？

（2）现有模型中主要强调了个体的持续努力对自我和谐目标实现的作用。研究显示，有很多因素都能够影响目标实现的过程（例如，Blair & Raver，2015③）。因此，其他影响目标实现过程的因素，例如情绪调节、执行功能等，是否以及如何影响自我和谐目标的实现，有待研究的进一步

---

① Milyavskaya, M., Nadolny, D., & Koestner, R., "Where do Self – concordant Goals Come From? The Role of Domain – specific Psychological Need Satisfaction", *Personality and Social Psychology Bulletin*, 2014, 40（6），700 – 711.

② McAdams, D. P., & Olson, B. D., "Personality Development: Continuity and Change Over the Life Course", *Annual Review of Psychology*, 2010, 61, 517 – 542.

③ Blair, C., & Raver, C. C., "School Readiness and Self – regulation: A Developmental Psychobiological Approach", *Annual Review of Psychology*, 2015, 66, 711 – 731.

考察。

（3）近年来，已有研究关注到自我和谐目标的影响因素，但仍需研究者来发掘更多的影响因素及其心理机制，最终加以总结，完善自我和谐目标模型的理论体系。例如，指称能力是指个体将言语、非言语信息互相转换的能力。[1] Schultheiss、Patalakh、Rawolle、Liening 和 MacInnes（2011）[2] 认为，人们身上存在两套独立的动机系统：内隐动机系统和外显动机系统，指称能力能够促进这两个动机系统间的和谐。那么，指称能力是否能够促进自我和谐目标的选择，有待研究的证实。

（4）目前，自我和谐目标模型的应用主要集中在组织行为、运动心理学领域。目标选择、实现是非常重要的心理过程，涉及人类生活的方方面面。因此，自我和谐目标模型需要被应用到其他领域，例如与学业成绩的关系，加以证实、检验，帮助更多的人收获幸福感与成长。

第三节　社会转型：国民幸福感变迁的现状、特点与对策

幸福是人类永恒的话题。古今中外的圣人先哲对此有数不尽的训诫和智慧。幸福究竟是什么？对这一问题，没有标准答案，只有两个参考答案。一个是"一百个人有一百种幸福"，另一个是"幸福的家庭无不相似，不幸的家庭则各有各的不幸"。在心理学意义上，幸福感主要指直接体验到的快乐、欣喜与愉悦的情绪，以及基于自身生活质量而产生的对生活满意度的评价。毫无疑问，幸福感对个人而言，可以显著改善人们的生活状况，包括更好的健康状况，更加快乐、长寿，更高的工作成就与经济收入，更好的社会关系等；对社会而言，幸福感有利于整个社会的秩序、稳定和发展。因此，世界各国都把提升国民幸福感作为其政策

---

① Schultheiss, O. C., & Brunstein, J. C., "Goal Imagery: Bridging the Gap between Implicit Motives and Explicit Goals", *Journal of Personality*, 1999, 67 (1), 1–38.

② Schultheiss, O. C., Patalakh, M., Rawolle, M., Liening, S., & MacInnes, J. J., "Referential Competence is Associated with Motivational Congruence", *Journal of Research in Personality*, 2011, 45 (1), 59–70.

实施效果的终极目标。例如，1972 年，不丹就制定了"国民幸福总值"的国家发展指标，英国"新经济基金"制定了包括生活满意度在内的"幸福星球指数"。[①] 党的十八届三中全会《中共中央关于全面深化改革若干重大问题的决定》明确提出，"全面深化改革，必须以促进社会公平正义、增进人民福祉为出发点和落脚点"。就现阶段而言，提升我国国民幸福感所面临的社会大背景是社会转型，国民幸福感的现状、变迁以及发展特点，无不带有这个特殊发展时期的烙印。

一 国民幸福感的现状

2014 年，国外研究者通过对过去近 20 年中国人主观幸福感的调查，发现近 20 年的经济繁荣与中国人主观幸福感的提升并没有直接的对应关系，时间与幸福感呈 V 形关系；中国人的幸福感从 20 世纪 90 年代开始一直下降，2000 年左右跌到谷底后开始反弹，持续上升到 2007 年为止（2007 年是研究者能拿到的最新年份的数据）。[②] 这与荷兰伊拉斯谟大学对中国国民幸福感的调查结论基本相似。他们发现，1990 年中国国民幸福指数为 6.64（1—10 标度），1995 年上升到 7.08，2001 年下降到 6.80。2009 年美国密歇根大学社会研究所最近的调查数据显示，中国国民的幸福感确实是在下降。伊斯特林等 2012 年对中国人主观幸福感的研究发现，最近 20 年的经济增长并未相应提升中国人的生活满意度。[③]

然而，大多数西方经典研究表明，经济收入与幸福感呈正相关关系。[④] 韦胡文等研究发现，在过去 50 年里，无论是发展中国家还是发达国家，国民幸福感均有明显上升。[⑤] 斯蒂文森和沃尔夫通过对近 100 个国家资料的分析，发现经济增长能正向预测幸福感水平的增长。[⑥] 反观我

① Abdallahs, T., *The Happy Planet Index* 2.0, London: New Economics Foundation, 2009.

② Tang, Z., "They are Richer but are They Happier? Subjective Well-being of Chinese Citizens Across the Reform Era", *Social Indicators Research*, 2014, 117 (1): 145-164.

③ Easterlin, R. A., Morgan, R., Switek, M. & Wang, F., "China's Life Satisfaction, 1990-2010", *Proceedings of the National Academy Sciences*, 2012, 109 (25): 9775-9780.

④ Haring M. J., Stock W. A., Okun M. A., "A Research Synthesis of Gender and Social Class as Correlates of Subjective Well-being", *Human Relations*, 1984, 37 (8): 645-657.

⑤ Veenhoven, R. & Hagerty, M., "Rising Happiness in Nations 1946-2004: A Reply to Easterlin", *Social Indicators Research*, 2006, 79 (3): 421-436.

⑥ Stevenson, B., Wolfers, J., "Economic Growth and Subjective Well-being: Reassessing the Easterlin Paradox", *Brookings Papers on Economic Activity*, 2008, 39 (1): 1-102.

国，自改革开放 30 多年来，GDP 始终保持着一个较高的增速，国民收入与生活质量也显著改善。按照西方的研究预测，我国国民的幸福感应该呈增加趋势，或至少不应下降。西方对幸福感的研究与我国国情产生的矛盾，是否可以用现有的理论进行解释呢？

关于经济水平与幸福感的关系，伊斯特林在 1973 年提出了著名的"伊斯特林悖论"，即对于国家来说，经济收入的增长并不会带来民众相应幸福感水平的增加。韦胡文提出的绝对幸福理论则认为，人们的幸福感受以基本需求为标准，是天生和固有的情感，因此经济增长能带来幸福感的提升。[①] 对此，伊斯特林再次论证，欧美发达国家自 1973 年以来虽然经济增长较快，但主观幸福感呈下降趋势。[②] 我们认为，以往研究似乎过于关注经济发展水平与幸福感的关系。尤论以上升、下降，或者曲线描述二者关系或许都与现实情况有一定的差距。[③] 因为人们的幸福感会受到多种因素的制约和影响，当然也包括在不同时代与不同社会发生升降和波动。

为了给我国国民幸福感的震荡与变迁问题寻找答案，我们以新的思路进行了一项简明扼要的幸福感调查。大规模（217356 份）分层抽样的网络调查问卷结果表明，81.4% 的人表示自己幸福或很幸福，感觉自己不如过去幸福的人仅为 18.6%（见图 5 - 3）。这一研究发现与最近一项国内研究结果也遥相呼应。该研究针对有关"千人百村"的调查，从农民的幸福感、公平感、阶层认同和对政府的态度四个维度对农民的社会心态进行了总结，认为农民的社会心态，在整体上呈积极和乐观向上的趋势。[④]

---

① Veenhoven, R., "Is Happiness Relative?" *Social Indicators Research*, 1991, 24 (1): 1 - 34.

② Easterlin, R. A., "Will Raising the Income of all Increase the Happiness of All?" *Journal of Economic Behavior and Organization*, 1995, 27 (1): 35 - 47.

③ Easterlin, R. A., "Income and Happiness: Towards a Unified Theory", *Economic Journal*, 2001, 111 (July), 465 - 484.

④ 陆益龙：《从农民的社会心态看乡村社会的发展态势——基于"千人百村"调查》，《探索与争鸣》2013 年第 10 期，第 53—58 页。

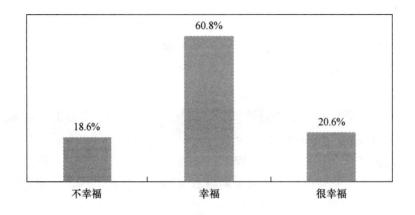

图 5 - 3　国民幸福感现状调查

注：本书所有图表数据均由 2015 年 217356 份网络调查问卷结果整理而成，下同。

　　然而，另一方面是国民感觉"很幸福"的比例仅为 20.6%，并不十分理想。伊斯特林于 2010 年提出的新修正的幸福悖论认为，虽然从短期看，经济增长和主观幸福感可能存在相同的上升或下降趋势，但是从长期看，经济增长提升幸福感的空间是有限的，因而当其上升到一定程度后，可能出现停滞或下降状态。他特别强调中国、巴西、韩国的幸福感下降和经济增长的不协调趋势。[①] 结合上述两方面的研究结果，我们设想的一个可能解释是，国民对幸福感的要求和标准，随着社会经济的发展在不断提高，幸福感的内涵在逐渐扩大。在渐次扩大的幸福感内涵中，由经济收入决定的那部分幸福感在整体中所占的比例逐渐减少，因此，随着时间推移，经济收入对幸福感的影响作用逐渐降低。

　　我们的这一理论设想能解释现有的一些研究结果。比如，一些国际经验表明，随着经济收入的提高，幸福感有增加的趋势，但是这种趋势在贫困国家更加明显，在发达国家经济收入对幸福感的提升并不显著。[②] 这是因为当人们生活处于贫困时，幸福感会随着经济发展而迅速上升，

　　① Easterlin, R., Mcvey, L. A., Switek, M., Sawangfa, O., Zweig, J. S., "The Happiness - Income Paradox Revised", *Proceedings of the National Academy of Sciences*, 2010, 107 (52): 22463 - 22468.

　　② Veenhoven, R., "Is Happiness Relative?", *Social Indicators Research*, 1991, 24 (1): 1 - 34.

但在人均 GDP 3000 美元存在一个"拐点",超过这个点后,幸福感将不会随着经济发展而继续得到很快提升,即中等收入是幸福的基础或必要条件。当民众收入达到衣食住行无忧,超出了基本需要的满足,收入与幸福的相关就会减小,收入的增加对幸福感的累积效应就会受到其他心理因素,如社会比较、社会环境适应等的干扰而逐渐减弱。比如,国外最新研究表明,收入不平等便属于其中一个重要影响因素。[1] 我们课题组的进一步分析结果也表明,目前我国国民经济收入与幸福感的相关素数很低,仅为 0.14。

上述研究设想与相关研究结论提示我们,随着我国经济发展进入新常态,特别是国家和政府强调保障民生,重视社会公平,减少贫富差距,走共同富裕与共同发展之路后,国民幸福感开始呈弥散状态,不但国民幸福感体验的个性化特点更加明显,而且从本位化倾向逐步向全民幸福化过渡,如追求机会公平、分配公平、生态环境安全等将会成为构成国民幸福感内涵的新元素。

二 国民幸福感震荡的特点

诚如上述,虽然我国国民幸福感总体呈上升趋势,但震荡不断,起伏不定。这是因为很多因素会影响幸福感,如政治、经济、社会、文化、人口和心理因素等。其核心要素有人均 GDP、健康寿命、人际信任感、生活满意度、腐败和慈善状况等;基本要素如人格、环境、管理、时间、社区活力、文化的特异性和包容性等。此外,还包括性别、年龄、教育背景、职业状况、婚姻状况等。这样就造成了国民幸福感的波动性、多样性和个性化特点。

1. 年龄与幸福感

年龄与幸福感有一定联系。研究表明,年龄和幸福感之间呈 U 形曲线关系。[2] 本次网络调查表明,感到"很幸福"的人数比由多至少依次为老年人(35.0%)、中年人(27.3%)和青年人(16.7%);总体上感到幸福("幸福"与"很幸福"之和)的人群百分比由多至少同样依次为

---

① Oishi, S. & Kesebir, S., "Income Inequality Explains Why Economic Growth Does Not Always Translate to an Increase in Happiness", *Psychological Science*, 2015, 26 (10): 1630 - 1638.

② Frijters, P., & Beatton, T., "The Mystery of the U - shaped Relationship between Happiness and Age", *Journal of Economic Behavior & Organization*, 2012, 82 (2), 525 - 542.

老年人（88%）、中年人（84.7%）和青年人（79.6%）。感到不幸福的人数比刚好相反，依次为青年人（20.5%）、中年人（15.3%）和老年人（12.0%）（见图 5 - 4）。进一步研究发现，不同年龄阶段的幸福感差异达到显著性水平。

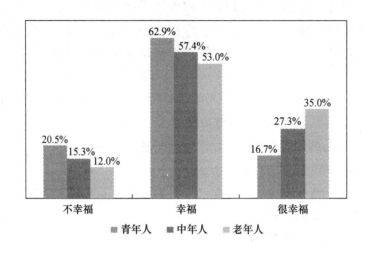

图 5 - 4　国内民众年龄与幸福感的关系

对于老年人为什么比青年人更幸福，有几种不同的解释。在认知层面，最近一项研究发现，把积极、中性和消极的图片呈现给年龄不同的被试时，青年人看见"负面"事物时，脑电波信号增强，但老年人的脑电波却没有什么反应。但两者在面对"积极"事物时却没有显著性差异。这造成负面事物对老年人比青年人的影响更小。[①] 对负面事物关注的不同，或许是老年人比青年人更幸福的一种认知层面的解释。生活习惯或许会提供另一种解释。已有研究表明早睡早起的"百灵鸟"比熬夜的"猫头鹰"的幸福感更强。[②] 一般来说，老年人比青年人更喜欢早睡早起，而青年人则更习惯熬夜，因此老年人良好的生活习惯可能也是老年人比年轻人更具有幸福感的原因之一。在动机发展方面，这可能还与不同年

---

① 刘素琼：《老年人比年轻人更容易有幸福感》，http://www.99.com.cn/laoren/lrxl/331409.htm，20121221。

② Biss, R. K., Hasher, L., "Happy as a Lark: Morning - type Younger and Older Adults are Higher in Positive Affect", *Emotion*, 2012, 12（3）：437 - 441.

龄阶段人们的心态和人生发展任务或成就动机有关。人们的成就需要决定他们的成就动机水平，不同的成就动机又决定其抱负水平。其中，人们对于自身成就的意识水平是一个重要环节。老年人因为意识到自身的成就水平高于其抱负目标，于是会产生较强的幸福感，而青年人觉得自己的成就水平远低于其抱负目标，于是就感到不幸福。

2. 教育程度与幸福感

不同教育程度会影响幸福感水平。调查表明，感到"很幸福"的人数，随教育程度提高而下降，感到"很幸福"的人群比，依次是初中及以下（29.7%）、高中（21.0%）、大专及本科以上（17.0%）。总体上感到幸福（"幸福"与"很幸福"之和）的人群百分比由多至少同样依次为初中及以下（85.8%）、高中（82.0%）、大专及本科以上（80%）。感到"不幸福"的人数刚好相反，随着教育程度的提高而提高（见图5－5）。这说明受教育程度越高，幸福感越低。本调查结果与最近的一项研究报告一致。中国家庭金融调查与研究中心发布的《国民幸福报告2014》指出，"小学学历最幸福，博士学历人群的幸福指数最低"。① 接受更多的教育，原初的目标之一是让生活变得更幸福，然而这一结果却显

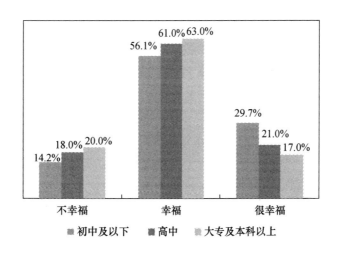

图5－5　幸福感在不同受教育程度民众中的分布

---

① 中国家庭金融调查与研究中心：《国民幸福报告 2014》，http：//chfs. swufe. edu. cn/List-Page/Detail？Detailid＝343，2015 年 2 月 13 日。

然有悖于我们的愿景。不仅受教育程度的提高不能出现提升幸福感的结果，甚至还有可能出现学历越高越不幸福的情况。

为什么会出现这种与常识相悖的情形，对个体来说，也许简单和知足是幸福感体验的重要源头①；就群体而言，也许还与时代的心理参照系有关。我们正处于改革开放的社会转型时期，面对来自外部世界、发达社会的多种冲击，开始了外在参照、社会比较，特别是横向社会比较。受教育程度较低的个体，能接触到的参照群体较少，而接受教育的程度越高，就越能接触到更多的信息，其参照群体不仅限于自己实际生活的小圈子，还会将自己与同等学力水平的全国其他地区的人群，甚至是国外同等条件的人群进行比较。

因此，原因之一可能是受教育程度与幸福感表面的负相关关系都受到了个体成就目标的影响。受教育程度高的个体不仅参照群体更多，同时也会由于其成就动机更高，而倾向于选择更高的目标进行比较。所以受教育程度高的个体进行社会比较，会给自己的幸福感带来不良影响。而受教育程度低的个体，一方面没有更多的渠道获知可比较对象的信息，另一方面由于成就动机不高，还会将自己的境况比自己差或者与自己差不多的人进行比较，而研究表明这种切合实际的比较反而能增强个体幸福感。② 因此，对受教育程度较低的个体，社会比较反而能增强或至少不会降低其幸福感。但需要注意的是，向上的社会比较是一把"双刃剑"，虽然在短期内，它能让个体的幸福感下降，但长期来看却会增加个体奋斗和努力的动力，让个体取得更多的成就。

3. 经济收入与幸福感

经济收入与幸福感的关系较为复杂。网络调查发现，经济收入最低的群体（月收入1000元及以下），其总体幸福感（"幸福"和"很幸福"之和）最高（85%），感到不幸福的人数最少。感到"很幸福"的人数百分比，与月收入呈 U 形关系。月收入从 1001—3000 元开始下降，月收入 6001—10000 元后开始上升，月收入 10001 元及以上的群体感到"很幸

---

① Stutzer, A., "The Role of Income Aspirations in Individual Happiness", *Journal of Economic Behavior & Organization*, 2004, 54 (1), 89 – 109.

② Diener, E., Suh, E. M., Lucas, R. E., & Smith, H. L., "Subjective Well – being: Three Decades of Progress", *Psychological Bulletin*, 1999, 125 (2): 276 – 302.

福"的人数比例（25%）才超过月收入 1000 元以下群体的人数比例
（22%）。从总体上看，个体经济收入的增加与幸福感提高之间并不存在
线性关系（见图 5 - 6）。

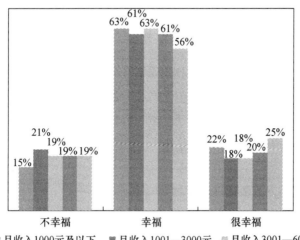

图 5 - 6　幸福感在不同经济收入民众中的分布

　　广州大学最近发布的《2015 年中国广州社会形势分析与预测蓝皮书》
也佐证了我们的结果。月收入 5 万元以上居民的各项幸福感指标及总体
幸福感确实是最高的，但排在第二的却是月收入 1000 元以下的居民。处
在两者之间的居民的各项幸福感指标分值差异并不显著。[①] 这说明，我国
与世界上其他国家一样，经济收入并不是幸福感的必要条件，幸福感受
多种因素的影响与制约。

　　4. 职业与幸福感

　　不同身份、职业会有不同的幸福感体验。网络调查表明，退休者和
农业劳动者幸福感最高，其次是知识分子和企业家；总体幸福感（"幸
福"和"很幸福"之和）退休人员（88.1%）、大学生（86.8%）和农

---

　　① 郑希付、刘学兰、罗品超：《2014 年广州市居民幸福感状况研究报告》，载《中国广州
社会形势分析与预测》，社会科学文献出版社 2015 年版，第 221—257 页。

业劳动者（85.0%）居前三甲（见表5-1）。而"北漂"（泛指）（28.6%）、低保群体（27.9%）和农民工（23.1%）感到"不幸福"的比例最高（见图5-7）。

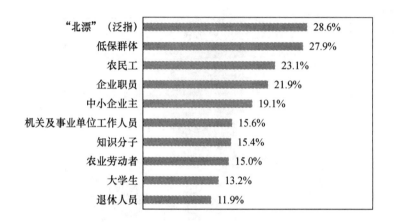

图5-7　不同职业群体感觉不幸福的人数比

　　退休人员与大学生的幸福感较高，理解起来相对容易。国内近几年的退休政策相对较好，老年人的社会福利与退休前相比，并没有明显的下降，但各项生活开销（如车子、房子、食品、交际等）却明显下降。社保、医保的完善让老年人感到生活有保障。大学生也是如此。在经历了小学、初中，尤其是高中的高压学习和快节奏生活后，大学阶段的学业压力相对较小，能够自由支配的时间明显增加。因此，大学生的幸福感也较高。

　　农业劳动者与农民工的幸福感分居前三名和倒数三名，这也反映出幸福感的主观性和复杂性。一个可能的解释是与个体的比较标准有关。农民工可能是农业劳动者中抱负水平较高的群体，高抱负水平一方面促使他们进城务工，改善自己的客观生活条件，另一方面他们对自己生活的期望也较高，抵消了客观生活条件改善带来的幸福感提升。同时，进城务工带来的另一个结果是提升了参照群体的质量。农民工进城后，几乎是城市中的最底层，相对剥夺感最严重，这进一步降低了他们的幸福感。

　　"北漂"（泛指）与农民工的社会经济地位虽然不同，但内在动机和心理过程却可能非常相似。两者都是自愿选择艰苦的努力，以期获得社会阶层的上升和生活条件的改善。他们期盼能脱离之前的群体，但暂时还不能进入新群体，甚至不被新群体接纳和认可。他们可以选择后退，但却坚持留下来。可以说，他们的心理状态是"痛并快乐着"，这与低保群体不同，低保群体的状况并不是自己个人选择的结果，其较低的幸福感更应该归结于经济状况带来的实际生活困难，因此是"并无快乐的痛"。通过我们的数据和上述分析，可以发现，现实的客观生活条件确实是幸福感的基础。如果连生存需要都得不到满足，幸福便如无源之水，无本之木。然而，当外在的客观生活条件达到一定水平后，幸福感却会受到许多内在的心理因素的影响，此时能给人们带来幸福感或不幸福感的因素就很多，幸福感的获得也会变得复杂。

表 5–1　　　　　　　　　　不同职业的幸福感　　　　　　　　　单位：%

职业类别	企业员工	大学生	公务员	知识分子	企业家	农民工	农业劳动者	"北漂"	低保群体	退休人员
很幸福	14.77	16.4	23.2	25.9	23.8	20.6	28.2	12.7	19.5	32.2
幸福	63.35	70.4	61.2	58.7	57.1	56.3	56.8	58.7	52.5	55.8
总和	78.12	86.8	84.4	84.6	80.9	76.9	85.0	71.4	72.0	88.0

三　国民幸福感的变迁：多角度的考量

我们正处于社会共同体时代。个人不仅经历自己的生活，而且更多地体验着他人和时代的生活。我们周遭的人、环境和社会，已成为我们生活中一道亮丽的风景而融入我们的生命中。曾几何时，改革开放初期，面对千疮百孔的社会现实，"让一部分人先富起来"过上幸福生活，成为人们追求的目标。30 年后的今天，强调"共同富裕"、"幸福中国"又成为我们为之奋斗的目标。国民幸福感的变迁本身就是一部简略的社会发展史。

这部国民幸福感变迁发展史的现实背景是中国的社会转型。社会转型作为一个社会学概念始于 1992 年[①]，这是对中国社会发生、发展和变化的一个概括。幸福感与每个人都息息相关，也是描绘个体心理感受的一个重要侧面。我们发现，已有国内外研究的关注点大都集中于探讨个体经济收入与幸福感的关系。[②③④⑤] 国民幸福感如何随社会转型的变化而变化？结合已有研究，以及本节分层抽样网络大规模调查的结果，我们提出，研究社会转型与幸福感的关系，要突破现有的研究思路，给社会转型与幸福感赋予更多的意义和内涵。

我们认为，没有必要执着于经济收入与幸福感的关系问题。探讨经济收入与幸福感关系的命题之所以成为一个重要的学术问题，源于学者对经济学认识的更新。经济学的创立本来是为了增加人类福祉，只是在后来发展过程中偏离了既有轨道，从幸福转向了财富。[⑥] 对经济学来说，关心幸福感，或者经济收入与幸福感之间的关系，是对庸俗经济学理论的一种反正。然而，这却不应成为我们在探讨社会转型时，只将注意力集中于经济增长一项指标的理由。同时，已有文献以及本书的研究结果都显示，经济收入与幸福感的关系并不稳定，至少就目前的测量方式和数据来看是这样的。国内研究表明，虽然经济增长可能是幸福感提升的动力[⑦]，但在控制了相对收入效应后，绝对收入对主观幸福感的影响不显

① 李培林：《另一只看不见的手：社会结构转型》，《中国社会科学》1992 年第 5 期，第 3—17 页。

② Stevenson, B., Wolfers, J., "Economic Growth and Subjective Well‑being: Reassessing the Easterlin Paradox", *Brookings Papers on Economic Activity*, 2008, 39 (1), 1–102.

③ Easterlin, R., Mcvey, L. A., Switek, M., Sawangfa, O., Zweig, J. S., "The Happiness‑Income Paradox Revised", *Proceedings of the National Academy of Sciences*, 2010, 107 (52): 22463–22468.

④ Easterlin, R. A., Morgan, R., Switek, M., Wang, F., "China's Life Satisfaction, 1990–2010", *Proceedin‑ (gs) of the National Academy Sciences*, 2012, 109 (25): 9775–9780.

⑤ 刘军强、熊谋林、苏阳：《经济增长时期的国民幸福感——基于 CGSS 数据的追踪研究》，《中国社会科学》2012 年第 12 期。

⑥ [英] 尼古拉斯·尼尔：《福利经济学前沿问题》，中国税务出版社 2000 年版，第 2—3 页。

⑦ 刘军强、熊谋林、苏阳：《经济增长时期的国民幸福感——基于 CGSS 数据的追踪研究》，《中国社会科学》2012 年第 12 期。

著①，或者即使显著，影响也已减弱到极低的水平②，甚至在某些时间段二者呈现负相关关系③。本书分层抽样的大规模网络调查结果也显示，经济收入仅是影响幸福感的因素之一，年龄、教育程度和职业等因素也会影响幸福感。国内研究者对广东省的数据结果分析表明，地区经济和居民收入对幸福感的影响还不如国民背景因素（包括性别、户籍、年龄、学历和职业）的影响更大。④

不过，现有理论、文献及本书数据也指出，经济收入与幸福感的不稳定关系是存在边界条件的。即当经济收入的增加能帮助人们更好地满足基本需要时，会有助于幸福感的提升。然而，一旦经济收入不再对个体的基本需要起作用，其对幸福感的影响就变得不稳定了。例如，E. Diener 及其同事综述了以往国民幸福感与国家经济增长关系的研究。他们以日本为例发现，在 1958 年之前，日本人的幸福感随国民收入的增加而增加，但在 1958 年到 1987 年的 29 年时间里，虽然日本人均 GDP（已对通货膨胀进行了修正）飞速发展，但国民主观幸福感水平却基本没有变化（增长量仅为 3%）。这里的时间节点是 1958 年，此时日本的人均 GDP 大约是 3000 美元，是大概能满足个体生活需要的水平。⑤ 这是因为当收入提高到能在满足基本需要上发挥作用时，个体可以直接感觉到经济收入增加带来的幸福感。但当经济收入达到一定程度之后，这种经济增加带来的生活改善就很难直接转化为幸福感了。

把这一推论与中国的现实国情结合起来，就很容易理解国内学者发现的收入与幸福感关系的研究结论了。2007 年中国人均 GDP 就已经超过了 3000 美元的标准（约合人民币 20337.1 元）⑥，再考虑到测量方式（一

---

①　官皓：《收入对幸福感的影响研究：绝对水平和相对地位》，《南开经济研究》2010 年第 5 期，第 56—70 页。

②　罗楚亮：《绝对收入、相对收入与主观幸福感——来自中国城乡住户调查数据的经验分析》，《财经研究》2009 年第 11 期，第 79—91 页。

③　朱建芳、杨晓兰：《中国转型期收入与幸福的实证研究》，《统计研究》2009 年第 4 期，第 7—12 页。

④　郑方辉、冯淇、卢扬帆：《基于幸福感与满意度的广东国民幸福指数实证研究》，《广东行政学院学报》2012 年第 2 期，第 16—20 页。

⑤　Diener, E., Biswas - Diener R., "Will Money Increase Subjective Well - being?: A Literature Review and Guide to Needed Research", *Social Indicators Research*, 2002, 57 (2), 119 - 169.

⑥　具体数据参见国家统计局（http：//data. stats. gov. cn/easyquery. htm？cn = C01）。

般是纸笔或网络填答，对被试的文化和受教育程度有要求）与取样（有时会采取方便取样）的因素，在选定的被试群中，人均 GDP 很可能早于 2007 年就超过了收入决定幸福感的临界点。因此，可以设想，在中国现阶段乃至未来，收入的提高可能很难通过转化为生活水平提高而对幸福感有很大的提升作用。从另一个角度看，实际上是幸福感的意义和内涵扩大了。由满足基本需要所带来的幸福感提升在整个幸福感中所占比例不仅减小了，而且可能会越来越小。

在经济收入到达一定程度后，人们心目中的幸福感的内涵会逐渐扩大和丰富。此时仅仅是情感的愉悦和对生活的满意就很难完全容纳幸福的内涵。国外幸福感研究概念的变迁，实际上也可以看作是这一演化过程的某种反映。比如，最早研究的主观幸福感是以直接的情绪感受与对生活满意度的评价构成的[1]，后来侧重个体潜能发挥的实现幸福感[2]，以及侧重社会层面的社会幸福感得到了研究者的关注。[3] 最近的研究则开始转向对生命意义的理论和测量。[4]

同样，不仅幸福感的内涵渐次扩大和丰富，社会转型也并不仅有经济收入增长一项指标。经济增长是我国社会转型的一个重要因素，但却并不唯一。依照社会学对社会转型的传统定义，社会转型是"社会从传统型向现代型的转变，或者说由传统型社会向现代型社会转型的过程"。[5] 其中不仅包含社会结构的变化，还包括具体制度与社会治理方式的变化。[6] 而从计划经济向市场经济的转变，会涉及许多相应的社会心理过

[1] Diener (ed)., Emmons, R. A., Larsen, R. J., Griffin, S., "The Satisfaction with Life Scale", *Journal of Personality Assessment*, 1985, 49 (1): 71 - 75.

[2] Ryan, R. M. & Deci, E. L., "On Happiness and Human Potentials: A Review of Research on Hedonic and Eudaimonic Well - being", *Annual Review of Psychology*, 2001, 52 (1): 141 - 166.

[3] Keyes, C. L. M., "Social Well - being", *Social Psychology Quarterly*, 1998, 61 (2): 121 - 140.

[4] Steger, M. F., Frazier, P., Oishi, S., & Kaler, M., "The Meaning in Life Questionnaire: Assessing the Presence of and Search for Meaning in Life", *Journal of Counselling Psychology*, 2006, 53 (1), 80 - 93.

[5] 郑杭生：《社会转型论及其在中国的表现》，《广西民族学院学报》（哲学社会科学版）2003 年第 5 期，第 62—73 页。

[6] 渠敬东、周飞舟、应星：《从总体支配到技术治理——基于中国 30 年改革经验的社会学分析》，《中国社会科学》2009 年第 6 期，第 104—127 页。

程。因此不仅制度变迁是考察社会变迁本身的一个重要视角①，还应当进一步考察这种制度变迁带来的社会心理问题，特别是对民众幸福感的影响。比如，从"大锅饭"到公平竞争，从"包分配"到自主就业（或创业），这其中便涉及很多与幸福感有关的主题。"大锅饭"确实能满足人们的安全需要，但"包分配"却降低了人们的自主需要。安全需要的满足有益于幸福感，但自主需要受阻却也会阻碍幸福感的提高。② 同时，如果竞争是出于外部而不是内部动机，也会降低个体的幸福感。③ 又如，市场经济还要求劳动力的市场化，我国原有的户籍制度在改革开放之后也在逐步松动，这带来的一个后果是国民居所流动性的提高。而国外研究表明，居所流动性的提高，不仅会降低个体幸福感，甚至还会增加个体成年后死亡的风险。④ 再如，美国学者 T. Kasser 等曾系统考察美国资本主义制度与美国国民物质主义价值观的联系，并得出结论，认为资本主义制度与国民物质主义之间是相辅相成的。宏观制度是个体物质主义的基础，而物质主义又反过来支撑制度的运转。⑤ 最近的元分析表明，物质主义对幸福感有普遍的消极作用。⑥

　　除了制度，社会转型还会间接带来社会许多其他方面的变化，比如，自然环境。我国目前的经济增长方式还在转型之中，粗放型经济对环境的恶化与日俱增。国内研究者王芳及其同事结合对北京空气质量指数（API）连续 10 天的监控数据，以及在这 10 天时间内通过事件经验取样

---

① 肖瑛：《从"国家与社会"到"制度与生活"：中国社会变迁研究的视角转换》，《中国社会科学》2014 年第 9 期，第 88—104 页。

② Ryan, R. M., & Deci, E. L., "Self - regulation and the Problem of Human Autonomy: Does Psychology Need Choice, Self - determination, and Will?", *Journal of Personality*, 2006, 74 (6), 1557 - 1586.

③ Nix, G. A., Ryan, R. M., Manly, J. B., & Deci, E. L., "Revitalization through Self - regulation: The Effects of Autonomous and Controlled Motivation on Happiness and Vitality", *Journal of Experimental Social Psychology*, 1999, 35 (3), 266 - 284.

④ Oishi, S., & Schimmack, U., "Residential Mobility, Well - being, and Mortality", *Journal of Personality and Social Psychology*, 2010, 98 (6), 980 - 994.

⑤ Kasser, T., Cohn, S., Kanner, A. D., & Ryan, R. M., "Some Costs of American Corporate Capitalism: A Psychological Exploration of Value and Goal Conflicts", *Psychological Inquiry*, 2007, 18 (1), 1 - 22.

⑥ Dittmar, H., Bond, R., Hurst, M., & Kasser, T., "The Relationship between Materialism and Personal Well - being: A Meta - analysis", *Journal of Personality and Social Psychology*, 2014, 107 (5): 879 - 924.

对被试幸福感的测量，结果发现，雾霾天气确实会对个体幸福感产生不良影响。[1]

国内学者已经认识到社会变迁对社会心理方方面面所产生的影响，如社会心态的研究[2]、文化传承方式的变迁[3]、中国经验到中国体验的发展[4]，或者针对某种心理特征如价值观的探讨等。[5] 我们认为，另一个思路是，考察社会变迁的具体侧面对社会心理的影响，这需要抽取出社会变迁的具体因素。除了上文列举的制度变迁、自然环境变化外，还有许多其他值得深入探讨的因素。

四　提升国民幸福感的对策与建议

随着我国社会经济发展进入新常态，国民生活基本实现小康，如何有效地提升国民的幸福感，这个议题已摆到了国家和政府的议事日程上。提升国民幸福感是一项复杂的社会系统工程。

第一，国家和政府要大力提升国民的国家满意度。研究表明，国家满意度可以较有效地预测人们的主观幸福感，但这一关系受到诸多变量的调节，包括家庭收入、生活的舒适性、居住的流动性以及人均 GDP 等。[6] 在我国，国民更可能使用感知到的社会成功来评判生活满意度，即社会生活是生活满意度更为有效的预测指标。同时，个人服从整体的文化惯性让国家幸福即个人幸福的理念深入人心，而新世纪以来的民族主义思潮又在某种程度上加剧了这种思维方式。这就是为什么在我们的网络调查中，有81.4%的人表示感觉现在比过去更幸福，因为改革开放后，我国社会生活发生了翻天覆地的变化，综合国力和国际地位有了显著提

---

① Gu, D., Huang, N., Zhang, M., & Wang, F., "Under the Dome: Air Pollution, Well-being, and Pro‐Environmental Behaviour among Beijing Residents", *Journal of Pacific Rim Psychology*, 2015, 9 (2), 65 – 77.

② 王俊秀：《社会心态：转型社会的社会心理研究》，《社会学研究》2014 年第 1 期，第104—124 页。

③ 周晓虹：《文化反哺：变迁社会中的亲子传承》，《社会学研究》2000 年第 5 期，第1—66 页。

④ 周晓虹：《中国经验和中国体验：理解社会变迁的双重视角》，《天津社会科学》2011 年第 6 期，第12—19 页。

⑤ 郑佳明：《中国社会转型与价值变迁》，《新华文摘》2010 年第 6 期，第25—30 页。

⑥ Morrison, M., Tay, L., Diener, E. D., "Subjective Well‐being and National Satisfaction: Findings from a Worldwide Survey", *Psychological Science*, 2011, 22 (2): 166 –171.

高。但仍有 48.5% 的被调查者认为自己的收入待遇远低于自己的付出，53.3% 的被调查者将公平正义作为最希望国家未来发生的重大变化之一。当前，人们普遍感到单纯物质财富的增加未必会让人感到幸福，只有获得了公平感、人的权益和需要得到了尊重，才能过上有尊严的幸福生活。因此，国家和政府应借力生力，实施以人为本的施政方针，加强国家象征体系建设，着力强化国家认同意识，进一步强调践行社会主义核心价值观的重要性，以核心价值观承载民族和国家的精神追求；加强爱国主义和集体主义教育的宣传力度；通过不断完善社会保障，促进社会公平，建立权利公平、机会公平、规则公平的社会公平保障体系，以提升社会文明，提高生活质量，来大力提升国民的国家满意度。

　　第二，国家和政府要强调经济发展为社会幸福服务的理念。为了实现这一目标，国家和政府必须加强对宏观经济政策进行有效调控，让国民能分享到更多经济发展的成果。例如，宏观税负就对国民幸福感有显著的负面影响。一般而言，政府公共支出增进了国民的幸福感，但政府基建投资对于国民的主观幸福感有显著负效应，而用于科教文卫和社会保障的支出有显著正效应。[①] 研究者在控制了社会人口、经济和情境性因素之后，研究发现食品价格上涨对国民幸福感存在显著的负面影响。生活经验也告诉人们，经济危机的发生不仅对社会经济产生巨大破坏作用，同时，也会影响人们的幸福感。在幸福感越来越多地作为衡量社会发展指标的情况下，宏观经济政策在应对经济危机过程中如何减少幸福感的损失就至关重要。据此，国家和政府应把国民幸福感纳入经济和社会发展规划目标体系，控制基建投资规模，稳定物价，加大公共支出，特别是科技、教育、文化、医疗卫生和社会保障的支出。同时，加强对宏观经济政策的有效调控，采取较为宽松的市场管理政策，真正做到经济发展为提升社会幸福、国民幸福感服务。因为经济收入并不是国民幸福感的必要条件，网络调查中也发现经济收入最低者（月收入 1000 元及以下）却是幸福感最高者，但经济政策对国民幸福感举足轻重。

　　第三，国家和政府要充分发挥文化的"软实力"作用。文化对幸福

[①]　谢舜、魏万青、周少君：《宏观税负、公共支出结构与个人主观幸福感兼论"政府转型"》，《社会》2012 年第 6 期，第 86—107 页。

感的影响，不仅体现在幸福感水平和内涵的差异上，而且更多体现在文化特异性对幸福感的影响上。当然，文化特异性中也包含着一定的共同性，如基本需要的满足、社会支持以及人格等因素。研究表明，中西方幸福感的差异体现在本源、意义、联系与时间性四个方面，在本源方面，中国文化强调适应环境，幸福感具有明显的和谐性；在意义方面，中国文化强调个人是群体的一分子，强调群体福祉而不是个人福祉，幸福感具有明显的价值本位而非情感本位的特点；在联系方面，中国文化强调人际互依，而非独立，幸福感具有明显的社会性而非个体性；在时间方面，中国文化下的幸福感强调未来取向，而非当前取向。① 因此，国家和政府要根据中国文化背景下国民幸福感的特点，有的放矢，对症下药。即大力弘扬中华民族的优秀文化传统，强调"天下兴亡匹夫有责的爱国情怀，仁爱共济立己达人的社会关爱，正志笃志崇德弘毅的人格修养"。着力加强社会主义和谐文明建设，特别是中国特色的社会主义文化建设，如基于东方冥想所提出的正念训练就能增进身心愉悦，提升个体幸福感；引导国民正确处理个人、集体和国家三者之间的关系，把民族和国家利益放在首位；建立团结合作、互助互倚的新型社会主义人际关系，追求共同幸福；创造良好的社会生活环境，安全的生活生态系统，使人们减少各种内心的冲突，提升幸福感水平，共同为实现两个一百年的"中国梦"而努力奋斗。

第四，国家和政府要重视全社会的心理健康教育。幸福感是国民心理健康和社会适应的重要指标和结果。研究证明，重视人与人之间关系的人，比重视获得某种结果的人更为幸福。② 为此，党和国家要"倡导健康生活方式，加强心理健康服务"、"要注重人文关怀和心理疏导"，"健全社会心理服务体系和疏导机制、危机干预机制"，以提高国民心理健康水平、使人们过上幸福而有尊严的生活为根本目标。加强全社会的心理健康教育，使国民能正确认识自己，评价自己，接纳自己，并被人喜欢被人接受，从他人处感受温暖、热情和幸福，并建立和完善良好的人际关系；对他人抱信任宽容友善的态度，对人生持乐观满足开朗的态度，

---

① 高良、郑雪、严标宾：《幸福感的中西差异：自我建构的视角》，《心理科学进展》2010年第 7 期，第 1041—1045 页。

② Vaillant, G. E., *Triumphs of Experience*, Harvard University Press, 2012.

以现实态度直面现实环境、适应环境和改造环境，对积极的人、事、物做出积极的反应；倡导以运动获得健康和快乐，以音乐愉悦情绪和心灵，以作品体验真情与感动，借此获取精神世界的滋养，达到自我实现者心理健康的境界。特别要重视独生子女群体、学生群体、职业群体、特殊群体和网民群体的心理健康教育，真正实现世界卫生组织提出的，"心理健康是一种健康或幸福状态，在这种状态下，个体可以实现自我、能够应对正常的生活压力、工作富有成效和成果，以及有能力对所在社会做出贡献"。

第五，国家和政府要研发和推广高新技术产品。随着科学技术的不断发展，很多高新技术产品在为人们生活带来便利的同时，也影响着人们的幸福感。研究发现，固定电话、移动电话、音乐播放器与个人电脑等需要与网络连接的物品，与国民的高水平幸福感有关。在对移动电话和宽带进行控制的情况下，人们的自主性心理需要得不到满足，从而引起幸福感的下降。[1] 互联网的迅速发展，使人们对互联网的依赖程度越来越高，而最近几年发展迅猛的移动互联网更是让人们的日常生活产生了翻天覆地的变化。[2] 特别是对于青少年而言，如何使这一主要的社会交往媒介对个体的幸福感产生积极的影响，使高新技术产品成为国民幸福感的助推器，是国家和政府需要认真应对的战略课题，研发和推广具有幸福感附加值的高新技术产品应是当务之急。

总之，国家和政府要根据我国国情和国民幸福感的特点，把提升国民的国家满意度放在首位，倡导经济发展为国民幸福感服务的新理念，通过宏观经济调控、文化的软实力建设、全社会的心理健康教育和推广应用高新技术产品等举措，全面维护与提升国民的幸福感水平。

---

① Chirkov, V., Ryan, R. M., Kim, Y., Kaplan, U., "Differentiating Autonomy from Individualism and Independence: A Self – determination Theory Perspective on Internalization of Cultural Orientations and Well – being", *Journal of Personality and Social Psychology*, 2003, 84（1）, 97 – 110.

② Billieux J., Philippot P., Schmid C., et al., "Is Dysfunctional Use of the Mobile Phone a Behavioural Addiction? Confronting Symptom – based Versus Process – based Approaches", *Clinical Psychology & Psychotherapy*, 2015, 22（5）: 460 – 468.

第六章　权力认知与腐败现象

　　腐败作为一种社会现象，是社会转型期社会心理学的一个崭新课题。腐败与金钱、权力有着千丝万缕的联系。这里有必要先来了解金钱启动研究作为利用启动方法来探索金钱心理的一种新的研究范式，该领域现有三种相关理论：自足理论、社会资源理论及心理定势理论，其启动方法可以按照被试者卷入程度由浅至深的顺序依次归纳为：混词组句任务、呈现金钱或金钱影像、提示及回忆/朗读与金钱有关的经验/故事。然而，相比金钱导致的腐败，权力更甚。近年来，社会心理学家从社会认知的视角对权力心理进行了很多具有启发的研究。理论和实证研究表明，权力的存在或大大激发了个体有意或无意的社会认知、社会情绪和社会行为，这些心理和行为既包括消极的成分，也包括积极的成分，其中的消极成分就是腐败。因此，我们可以毫不夸张地说，权力可能滋生腐败。对此，只要唤起当权者的责任意识，权力的腐败效应就会受到制约。特别是"问责"作为个体行为发生的社会背景，当人们预期到要对自己的行为向他人作解释时，他们更可能做出社会认可的行为、自我保护的行为和事前自我批判的行为。在我国，社会经济发展新常态下必须进一步加强倡廉反腐、惩治腐败，这是时代发展的需要，也是全国人民的最强心声。我们通过调查研究和个案研究，以及对50名腐败者"忏悔录"中语意词、关键词的分析，发现侥幸心理、心理定势和心理成瘾是导致当权者腐败的三大心理成因；进而提出防腐反腐、惩治腐败实际上是与腐败者打一场持久的"心理战"，并从责任与问责的角度提出了反腐倡廉的心理对策。只有制度建设和"心理建设"两手抓两手硬，才能阻止腐败反弹，建立行之有效的倡廉反腐长效机制。

第一节　金钱启动研究的理论与方法

生活离不开钱。Freud 等将金钱作为一种动力，并认为人们对金钱的心理感受最初来自对粪便的兴趣，并将最终取代它。[1] Skinner（1953）认为金钱作为条件刺激与无条件刺激（如物品、服务）建立关联后，可以作为个体行为的强化物。[2] 近几年有关金钱心理的研究基本可以分为幸福经济学（hedonomics）、物质主义（materialism）、金钱态度（money attitude）及金钱启动（money priming）四派研究。幸福经济学领域关系的核心议题之一是金钱数量与幸福感的关系。研究表明，虽然拥有金钱的数量与幸福感水平的相关性很低，但人们还是会追求对金钱的获取和占有。[3][4] 物质主义研究在更广泛的社会背景中研究金钱心理，重视个体差异。物质主义者的形象一般是负面的，他们以获取物质财富为生活中心，通过获取物质财富追求幸福，以物质财富定义成功[5]，而且占有欲强、吝啬、嫉妒。[6] 在宗教层面考量金钱心理则属于金钱态度的领域[7]，研究者发现，一个人越爱财，他的消费者道德信念越差，但内在宗教感越强的人，道德信念越强。[8]

上述研究无疑表明，金钱会对人的心理产生重要的影响。同时，这类研究也有一个共同特点，即影响个体心理的，都必然是金钱实体本身

---

[1]　Freud, S., "Character and Anal Eroticism, The Standard Edition of the Complete Psychological", *Works of Sigmund Freud*, 1908, 10, 167–175.

[2]　Skinner, B. F., *Science and Human Behavior*, Free Press, 1953.

[3]　Ahuvia, A., "If Money Doesn't Make Us Happy, Why do We Act as if it Does?" *Journal of Economic Psychology*, 2008, 29, 491–507.

[4]　李静、郭永玉：《金钱对幸福感的影响及其心理机制》，《心理科学进展》2007 年第15期，第974—980页。

[5]　Richins, M. L., Dawson, S., "A Consumer Values Orientation for Materialism and Its Measurement: Scale Development and Validation", *Journal of Consumer Research*, 1992, 19, 303–316.

[6]　Belk, R. W., "Materialism and You", *Journal of Research for Consumers*, 2001, 291–297.

[7]　Tang, T. L. P., "Money, the Meaning of Money, Management, Spirituality, and Religion", *Journal of Management*, Spirituality & Religion, 2010, 7 (2), 173–189.

[8]　Vitell, S. J., Paolillo, J. G. P., & Singh, J. J., "The Role of Money and Religiosity in Determining Consumers's Ethical Beliefs", *Journal of Business Ethics*, 2006, 64, 117–124.

（即真实拥有金钱），或至少也是个体长期形成的对待金钱的态度、特征、价值观（有关物质主义的研究）或使用金钱的习惯（有关金钱态度的研究）。值得注意的是，最近几年研究者开始关注仅仅是对金钱的想法（the idea or thoughts of money）或提醒个体金钱的存在便会对人的心理产生影响。[1][2][3] 这些即是有关金钱启动的研究。金钱启动研究的共同预设认为激活金钱观念会对个体心理与行为产生一致且可预测的影响，因此可以找到金钱启动影响个体心理与行为的规律。通过运用启动技术，金钱启动研究丰富了学界对金钱心理的认识，在理论与方法上为金钱心理学作了重要的补充。

本书将金钱启动的相关理论依次归结为自足理论、社会资源理论及心理定势理论。本节首先介绍以上三种理论的内容、相关研究、发展脉络。由于金钱启动研究中，对金钱概念的启动是众研究的共同点，因此接下来本节将总结该领域中金钱启动的操纵方法。最后，本节探讨了金钱启动研究的优点、不足、未来发展方向以及与其他有关金钱心理研究的关系。

一　金钱启动的相关理论

1. 自足理论

金钱启动的研究最早兴起于 Vohs、Mead 和 Goode（2006）在 Science 上发表的一个研究。[4] 该研究中 Vohs 等率先将启动技术用于金钱心理的研究并提出了有关金钱启动的第一个理论：自足理论（self‑sufficiency theory）。该理论认为金钱启动（而非金钱实体）可以引发一种（与个人特质无关的）自足的心理状态。该状态可以同时诱发个体的两种动机，一方面，自足可以驱使个体追求自由、有效地达成个人目标自主动机

---

① Liu, W., & Aaker, J., "Do you Look to the Future or Focus on Today? The Impact of Life Experience on Intertemporal Decisions", *Organizational Behavior and Human Decision Processes*, 2007, 102, 212‑215.

② Vohs, K. D., Mead, N. L., & Goode, M. R., "The Psychological Consequences of Money", *Science*, 2006, 314, 1154‑1156.

③ Zhou, X. Y., Vohs, K. D., & Baumeister, R. F., "The Symbolic Power of Money: Reminders of Money Alter Social Distress and Physical Pain", *Psychological Science*, 2009, 20, 700‑706.

④ Vohs, K. D., Mead, N. L., & Goode, M. R., "The Psychological Consequences of Money", *Science*, 2006, 314, 1154‑1156.

（autonomous motivation）；另一方面，由于陶醉在自我的世界中，也会使自足的个体对他人感受不敏感，疏离他人（人际疏离动机，interpersonal insensitivity motivation）。Vohs 等随后以 3 个假设 9 个实验验证了自足理论，即自足使人：（1）认为自己可以解决问题因此更少求助（实验 1 与实验 2）；（2）认为别人也可以独立解决问题因此更少施助（实验 3—实验 6）；（3）陶醉在自我的世界中，因此人际距离更远（实验 7—实验 9）。同时 Vohs、Mead 和 Goode（2006）特别强调金钱启动与真正拥有金钱产生的效应（如增强积极情绪①、产生更多道德行为②）不同，金钱启动可以诱发个体陷入自足状态，而真正拥有金钱实体本身却并没有这种作用。

为进一步表明自主与人际疏离是金钱启动所造成的两种不同动机，并检验两种动机对行为影响的作用，Vohs 的研究小组又将模仿与人际吸引引入金钱启动研究。③ 在通常情况下，模仿可以增强人际吸引，被模仿者喜欢模仿者。如果人际疏离动机强于自主动机，那么模仿不会影响启动了金钱概念的个体——因为他们对他人感受不敏感，因此不会受他人是否模仿自己的影响。如果自主动机强于人际疏离动机，那么启动了金钱概念的个体将会讨厌模仿自己的人——因为他们会感到自己的自主性受到威胁。2（金钱启动 vs. 无金钱启动）×2（模仿 vs. 无模仿）的实验表明，没有启动金钱概念的个体更喜欢模仿自己的人，而启动了金钱概念的个体则更喜欢没有模仿自己的人。该实验表明，金钱启动诱发自足状态，当自主动机与人际疏离动机存在冲突时，自主动机会对行为的支配起先决作用。

最近，Liu、Smeesters 和 Vohs（2014）又在他人影响的背景下，更严

---

① Diener, E., & Seligman, M. E. P., "Beyond Money", *Psychological Science in the Public Interest*, 2004, 5, 1 – 31.

② Adler, N. E., & Snibbe, A. C., "The Role of Psychosocial Processes in Explaining the Gradient between Socioeconomic Status and Health", *Current Directions in Psychological Science*, 2003, 12, 119 – 123.

③ Liu, J., Vohs, K. D., & Smeesters, D., "Money and Mimicry: When Being Mimicked Makes People Feel Threatened", *Psychological Science*, 2011, 22 (9), 1150 – 1051.

格地检验了金钱诱发个体产生自主动机的假设。[1] Liu 等人的研究表明，启动金钱概念的个体比启动中性概念的个体，在个人决策受到权威的要求（实验1）或未经请求便得到他人建议时（实验2与实验3），更排斥他人影响。这表明金钱启动诱发的自主动机甚至可以使个体将社会影响知觉为对个体自身自主性的威胁。

2. 社会资源理论

自足理论开辟了内隐认知方式研究金钱心理的先河，但"为什么金钱启动可以使人自足？"仍是一个问题。Vohs、Mead 和 Goode（2008）援引 Fiske（1993）的市场—价格模式（market - pricing mode）[2] 提出了一个理论设想。市场—价格模式假设，某人甲由完成某项任务带来某种对某人乙有价值的产出（output），乙为了获得及使用该产出就会给甲一些钱作为交换。当人们按照公平原则交换资源时，甲的产出对乙越有价值，乙付给甲的钱就会越多。Vohs 等（2008）指出，由于人们在付出之前首先要考虑自己能够得到什么，因此市场价格模式会促使个体进行成本/收益分析。[3] 因为金钱是市场价格最典型的形式，长此以往仅呈现金钱概念就足以引发市场—价格的思维模式。该思维模式便可推导出自足理论的两个假设：金钱使人关注自己的收益、产出和个人绩效（自主动机）；同时个体自己可以解决难题，因此也不再需要他人的帮助（人际疏离动机）。

Vohs 等（2008）的这一推理逻辑严密，但却难以得到数据的直接支

---

① Liu, J., Smeesters, D., & Vohs, K. D., "Reminders of Money Elicit Feelings of Threat and Reactance in Response to Social Influence", *Journal of Consumer Research*, 2014, 41 (1), 236 - 239.

② Fiske, A. P., *Structures of Social Life: The Four Elementary Forms of Human Relations: Communal Sharing, Authority Ranking, Equality Matching, Market Pricing*, New York: Free Press, 1993.

③ Vohs, K. D., Mead, N. L., & Goode, M. R., "Merely Activating the Concept of Money Changes Personal and Interpersonal Behavior", *Current Directions in Psychological Science*, 2008, 17, 208 - 212.

持。随后，以周欣悦为代表的研究小组开展了一系列研究①②③，提出并验证了金钱作为一种社会资源的理论（money as social resource）。一般而言，只有社会支持才可以让人从社会系统中得到自己想要的。但由于金钱可以让人掌控社会系统，因此无论是否受欢迎，只要有钱也可以在社会中得到自己想要的。在此意义上，金钱作为一种资源与社会支持是可以相互替代的，而这就是金钱启动可以诱发自足状态的原因。周欣悦研究小组的一系列实验研究表明，一方面可以缓解由社会排斥带来的痛苦；另一方面当遭受社会排斥时，个体获取金钱的欲望就更多（李琦、刘爱萍、罗劲，2010）。④ 同时，中介作用检验显示，金钱启动对社会排斥痛苦的缓解是通过增强个体力量（strength）、效能（efficacy）和自信（confidence）实现的。⑤

3. 心理定势理论

由于金钱在消费与营销方面的重要作用，市场营销领域的学者也开始表现出对金钱启动研究的兴趣。斯坦福大学商学院的 J. Aaker 与她的学生们将金钱启动与时间启动的效应共同考虑，提出了金钱—时间的心理定势理论（mind - set theory）。该理论认为，金钱与价值最大化的概念联系更紧密（Loewenstein，Read，& Roy，2003）⑥，因此启动金钱概念会使个体陷入效用（utility）定势；而时间与情绪意义的概念联系更紧，因此启动时间概念会使个体陷入情绪定势⑦（Liu & Aaker，2008）。处于效用

① Zhou, X. Y., Feng, C., He, L., & Gao, D. G., "Toward an Integrated Understanding of Love and Money: Intrinsic and Extrinsic Pain Management Mechanisms", *Psychological Inquiry*, 2008, 19, 208 – 220.

② Zhou, X. Y., & Gao, D. G., "Social Support and Money as Pain Management Mechanisms", *Psychological Inquiry*, 2008, 19, 127 – 144.

③ Zhou, X., Vohs, K. D., & Baumeister, R. F., "The Symbolic Power of Money", *Psychological Science*, 2009, 20, 700 – 706.

④ 李琦、刘爱萍、罗劲：《金钱镇痛理论述评》，《心理科学进展》2010 年第 18 期，第 1283—1289 页。

⑤ Zhou, X. Y., Vohs, K. D., & Baumeister, R. F., "The Symbolic Power of Money: Reminders of Money Alter Social Distress and Physical Pain", *Psychological Science*, 2009, 20, 700 – 706.

⑥ Loewenstein, G., Read, D., & Baumeister, R. F. (eds.), *Time and Decision: Economic and Psychological Perspectives of Intertemporal Choice*, Russell Sage Foundation, 2003.

⑦ Liu, W., & Aaker, J., "The Happiness of Giving: The Time - ask Effect", *Journal of Consumer Research*, 2008, 35, 543 – 557.

定势下的个体，会以效用最大化作为自己的目标；处于情绪定势下的个体，会追求有情绪意义（emotionally meaningful）的长期目标。

Liu 和 Aaker（2007）检验了金钱或时间启动对个体慈善捐款行为的影响。[①] 由于处于情绪定势中的个体会更多地体验到情绪与慈善捐款的关系，从而更多地体验到幸福，因此捐款数量较多；处于效用定势中的个体则更多地将慈善捐款与效用建立关联，而捐款所能带来的收益很不明确，因此捐款数量较少。

Mogilner 和 Aaker（2009）将心理定势理论在消费者行为领域进行了扩展。[②] 启动金钱的概念使人陷入效用定势，因此会使人更多地联想到对产品的占有（特别是对物质主义者）；启动时间概念会使人陷入情绪定势，因此会更多地激发产品对自己的个人意义，因此个体会更关注产品的体验。Mogilner 和 Aaker（2009）采用 1 个现场实验和 5 个实验室实验证明：对于一般消费者与一般的商品，启动时间（而非金钱）概念会让他们建立与产品（体验）更紧密的关联，最终对产品产生更积极的态度和选择。然而对于高物质主义者或奢侈品，启动金钱（而非时间）概念才会让他们建立与产品（占有）更紧密的关联，最终对产品产生更积极的态度和选择。

既然金钱与时间启动能影响消费者对待产品的态度，那么这种效应是否能概化至一般的幸福感呢？Mogilner 和 Aaker（2010）推理认为，由于时间更多地与情绪关联，更多地承载了个人意义，因此启动时间概念会增加个体与他人交往的可能性；而金钱更多地与效用关联，缺少个人意义，因此启动金钱概念会减少个体与他人交往的可能性。[③] 因为与他人交往是幸福感的重要来源，所以启动时间概念比启动金钱概念能使人感到更幸福。Mogilner 和 Aaker（2010）在某大学校园咖啡馆中进行的现场实验中，实验者首先通过混词组句任务启动被试的金钱或时间概念，然后派观察者在暗处观察被试花费在社交活动（如在咖啡馆与人交谈、电

① Liu, W., & Aaker, J., "Do you Look to the Future or Focus on Today? The Impact of Life Experience on Intertemporal Decisions", *Organizational Behavior and Human Decision Processes*, 2007, 102, 212–215.

② Mogilner, C., & Aaker, J., "The Time vs. Money Effect: Shifting Product Attitudes and Decisions Through Personal Connection", *Journal of Consumer Research*, 2009, 36, 277–291.

③ Mogilner, C., "The Pursuit of Happiness: Time, Money and Social Connection", *Psychological Science*, 2010, 21, 1348–1354.

话聊天、看书）或工作（阅读或者是在电脑上工作）的时间。最后当被
试离开时再填写一份幸福感问卷。结果发现，那些启动了金钱概念的被
试比启动了时间概念的被试更多地将时间花费在工作而非社交活动上，
他们的幸福感也因此更低。这显示出金钱启动的作用非常强，即使在嘈
杂的真实环境中也能影响个体行为。

二 金钱启动的操纵方法

现有研究中的常用启动方法既有概念启动（conceptual priming），也
有物质启动（material priming），但均可归为阈上启动（supraliminal prim-
ing），且考虑到内部效度，研究者多在同一研究中混用几种方法。以下尝
试按照被试卷入程度由少到多的顺序，将金钱启动研究中的常用操纵方
法归纳如下：

1. 混词组句任务

混词组句任务（scrambled - words task 或 descrambling task）属于概念
启动（conceptual priming），是金钱启动研究中最常见的一种操纵办法。
在该任务中，给被试呈现一系列（如 30 个）单词组，每个单词组中包含
4 个（或 5 个）打乱顺序的单词。被试要用单词组中的 3 个（或 4 个）单
词组成一个有意义的短句。在规定时间内，要求被试组出尽可能多的句
子。启动操纵通过句子的意义不同完成。比如，在 Vohs、Mead 和 Goode
（2006）的实验 1 中，每组均得到 30 个单词组。控制组被试启动中性概
念，需要将诸如 "cold it desk outside" 组成短句 "it is cold outside"；金
钱启动组被试得到的 30 个单词组中，15 组启动金钱概念，如 "high is a
salary desk paying" 组成短句 "a high - paying salary"；为避免被试猜测实
验目的，其余 15 个短句启动中性概念。[①] Mogilner（2010）在她的系列研
究中还同时启动了时间概念。[②] 在她的实验 1 中，被试需要在给定单词组
的 4 个单词中挑出 3 个造句。金钱启动组被试需要将 "sheets the change
price" 组成句子 "the price change"；时间启动组被试需要将 "sheets the
change clock" 组成句子 "the clock change"；控制组被试需要将 "sheets

---

① Vohs, K. D., Mead, N. L., & Goode, M. R., "The Psychological Consequences of Mon-
ey", *Science*, 2006, 314, 1154 - 1156.

② Mogilner, C., "The Pursuit of Happiness: Time, Money and Social Connection", *Psycholog-
ical Science*, 2010, 21, 1348 - 1354.

the change socks"组成句子"the socks change"。

2. 金钱影像、金钱提示、金钱呈现

在被试所处环境中设置与其当前实验任务无关的金钱，金钱影像，或金钱标语，也可以作为操纵金钱启动的方法。由于呈现的不是金钱概念，因此这些方法也可被统称为物质启动（material priming）①，在这种情境中被试能意识到这些金钱刺激的存在，但这些却不处于被试意识加工的中心。金钱影像：如 Vohs、Mead 和 Goode（2006）的实验 7 中，被试的任务是在电脑前填答一份问卷（实际上是无关问卷）。6 分钟后，游鱼组被试（控制条件 1）的电脑屏保显示水面下有多条游鱼；空白屏保组被试（控制条件 2）的屏保是空白屏幕；金钱组被试屏保显示水面下有多张美钞。金钱提示：如 Liu 和 Aaker（2008）的实验 1 中，金钱启动通过询问被试"您愿为美国肺癌基金捐赠多少钱？"完成。② 与之对应的时间启动组被试则需回答："您愿为美国肺癌基金提供多长时间（的志愿服务）？"又如 Mogilner 和 Aaker（2009）的现场实验中，研究者在通往旧金山公园的路上设置了一个柠檬水销售点。金钱启动通过销售点前宣传标语的内容操纵。③ 金钱启动条件的标语是"花点儿钱，来享受 C&D 柠檬水吧"；时间启动条件的标语是"花点儿时间，来享受 C&D 柠檬水吧"；控制条件的标语是"享受 C&D 柠檬水吧"。金钱呈现：如 Gino 和 Pierce（2009）的实验 1，被试进入实验室时会经过一张放有不同数量现金的桌子。金钱启动通过操纵现金的数量完成。④ 金钱充裕组的桌子上放有总价 7000 美元，每张面值 1 美元的现金；金钱贫乏组的桌子上放有仅够被试费的现金。而在 Vohs、Mead 和 Goode（2006）的实验 5，金钱（游戏币）在呈现之前还

---

① Kay, A. C., Wheeler, S. C., Bargh, J. A., & Ross, L., "Material Priming: The Influence of Mundane Physical Objects on Situational Construal and Competitive Behavioral Choice", *Organizational Behavior and Human Decision Processes*, 2004, 95, 83 – 96.

② Liu, W., & Aaker, J., "The Happiness of Giving: The Time – ask Effect", *Journal of Consumer Research*, 2008, 35, 543 – 557.

③ Mogilner, C., & Aaker, J., "The Time vs Money Effect: Shifting Product Attitudes and Decisions Through Personal Connection", *Journal of Consumer Research*, 2009, 36, 277 – 291.

④ Gino, F., & Pierce, L., "The Abundance Effect: Unethical Behavior in the Presence of Wealth", Organizational *Behavior and Human Decision Processes*, 2009, 109, 142 – 155.

通过休息作掩蔽来完成。[①] 在该实验中，被试首先与假扮成被试的实验助手一起玩大富翁游戏。7 分钟后，游戏中止。金钱富裕组被试剩余 4000 美元游戏币；金钱贫乏组被试剩余 200 美元游戏币；控制组被试无游戏币。最后，金钱最直接的呈现方式是让被试接触。Zhou 等（2009）的实验 3 中，金钱启动组被试点数 80 张百元人民币，而控制组被试点数 80 张白纸。

3. 回忆/朗读与金钱有关的经验/故事

回忆自己与金钱有关的经验或阅读与金钱相关的故事属于定势启动（mindset priming），是一种让被试卷入度更高的启动方法。回忆：如 Zhou 等（2009）的实验 5 中，金钱启动组被试需要回忆并写下自己过去 30 天的花费；控制组被试则要回忆并记下过去 30 天的天气情况。[②] 朗读：如 Vohs、Mead 和 Goode（2006）的实验 2 中，被试需要在录像机前大声朗读一篇文章。金钱启动组被试阅读的文章内容是自己在一个富裕的环境中长大的故事；金钱贫乏组被试阅读的文章内容则是自己在一个贫穷环境中长大的故事。[③]

三　我们的评价与展望

（一）评价

金钱启动研究是对金钱心理的探索，但与现有幸福经济学关心经济状况与个体幸福感关系[④]、物质主义关注具有个体差异的价值观[⑤]、金钱态度研究带有宗教色彩[⑥]均不同。首先，金钱启动研究采取了"新"视角，其关注焦点并非金钱实体，也非个体内在的金钱价值观或态度，而是外在环境中呈现的金钱概念的作用；其次，金钱启动研究采用了启动的"新"方法，在内隐社会认知的框架下重新审视金钱心理的"老"问

① Vohs, K. D., Mead, N. L., & Goode, M. R., "The Psychological Consequences of Money", *Science*, 2006, 314, 1154-1156.

② Zhou, X. Y., Vohs, K. D., & Baumeister, R. F., "The Symbolic Power of Money: Reminders of Money Alter Social Distress and Physical Pain", *Psychological Science*, 2009, 20, 700-706.

③ Vohs, K. D., Mead, N. L., & Goode, M. R., "The Psychological Consequences of Money", *Science*, 2006, 314, 1154-1156.

④ Ahuvia, A., "If Money Doesn't Make us Happy, Why Do We Act as if it Does?" *Journal of Economic Psychology*, 2008, 29, 491-507.

⑤ Belk, R. W., "Materialism and You", *Journal of Research for Consumers*, 2001, 1, 291-297.

⑥ Tang, T. L. P., "Money, the Meaning of Money, Management, Spirituality, and Religion", *Journal of Management*, Spirituality & Religion, 2010, 7 (2), 173-189.

题；最后，金钱启动研究一般不认定金钱对个体的影响是负面的，而是采取了更中立的态度。金钱启动研究不仅为金钱心理的研究开辟了一个新的视角，也为以往金钱心理研究中的老问题提供了新的解答。比如金钱与幸福关系这一经典问题，Vohs 和 Baumeister（2011）[①] 根据金钱启动的相关研究证据提出，收入与幸福之间的中等程度相关的可能原因是金钱通过使人产生自主动机提升个体幸福感所致。[②] 在实践层面，金钱启动研究还有着重要的现实意义。金钱实体固然对个体有重要影响，但金钱的概念无疑会更多地出现在人们的生活中（如媒体及人们的讨论之中），甚至可以说每个人都经常处于被金钱启动的状态中。

然而，现有金钱启动研究还存在如下问题：

首先，现有金钱启动的三种理论的一个共同特点是认为金钱启动影响的是个体动机，只是在动机类型及内部机制方面存在差异。自足理论认为金钱启动是通过诱发自足状态或市场—价格思维模式而产生了自主与人际疏离两种动机过程，并以自主动机占优。社会资源理论同样认为金钱启动产生了上述两种动机，只是内部过程是使个体感到拥有了足够多的社会资源。心理定势理论则认为金钱启动引发的是效用定势，引发效用定势的机制则是某种思维定势使然。从这里可以看出，无论是自足状态、市场—价格模式、社会资源还是效用定势，虽是从不同角度出发，但均属于某种"解释"，还很难在内部机制上回答金钱启动"通过什么"影响了个体动机的问题。

其次，现有研究的一个共同预设是金钱启动中的金钱是"充裕"的。比如，有金钱才会诱发自足状态，有金钱才会使人感到拥有社会资源，有金钱才会让人陷入效用定势。那么没有金钱，是否会产生反效果呢？虽然在 Vohs 等（2006）的实验 2 将金钱贫乏作为控制条件，但由于缺少中性条件，仍然无法知晓相比于中性条件金钱贫乏是否会产生与金钱充裕反向（而非同向）的效果。

最后，现有研究的方法虽然都是启动，但作为概念启动的混词组句

---

① Vohs, K. D., & Baumeister, R. F., "What's The Use of Happiness? It Can't Buy You Money", *Journal of Consumer Psychology*, 2011, 21, 139 – 141.

② Ryan, R. M., & Deci, E. L., "Self – determination Theory and the Facilitation of Intrinsic Motivation, Social Development, And Well – being", *American Psychologist*, 2000, 55, 68 – 78.

任务，作为物质启动的金钱影像、金钱提示、金钱呈现，以及作为定势启动的回忆/朗读与金钱有关的经验/故事在现有研究中都是混用的。同一研究往往使用不止一种类型的启动方法。然而不同启动方法启动的心理过程也许存在差异，现有研究却并未对此进行区分。比如混词组句任务更可能启动与金钱相关的语义概念，而定势启动则更可能启动的是目标动机。

如果不在理论上厘清金钱启动的内部机制问题，上述问题终将得不到解答，研究者也不能揭开金钱启动效应看似神秘的面纱。反之，金钱启动的内部机制如果可以在基本心理过程上找到答案，那么研究者不仅可以回答是金钱的哪种特殊性产生了特定的启动效应，还可以推演出任何其他内容（比如时间）可能产生的启动效应。

（二）展望

1. 内部机制

未来研究应关注对金钱启动作用机制的探索。即金钱启动为什么会引发相应的动机呢？Vohs 等（2008）的市场—价格思维模式[1]，以及后来周欣悦等（2009）的社会资源理论具有较好的解释力，但仍然不够根本。本书认为，对金钱启动作用机制的探索，可以有两方面的思路。首先，受到 Kay 等（2004）[2] 的启发，本书认为，或许可以从概念可得性方面寻求解答。Kay 等研究了启动与商业有关物质的概念对个体认知、社会知觉及行为的影响。Kay 等指出，物质概念启动对个体行为的影响，很可能是通过提高个体头脑中对相关概念的可得性产生的。在他们的研究 1 中，启动与商业活动有关的概念（如钢笔、男士套装等）比启动中性概念（如风筝、牙刷等），被试在随后的残词补全任务中（如 c_ _ p_ _ _ tive）会更多地将残词补全为竞争性的（competitive）而非合作性的（co-operative）。因此，本书猜测，金钱启动效应的一个可能路径是金钱概念提高了与之相关概念的（如自主、效用、竞争、交换等）可得性，进而诱

---

① Vohs, K. D., Mead, N. L., & Goode, M. R., "Merely Activating the Concept of Money Changes Personal and Interpersonal Behavior", *Current Directions in Psychological Science*, 2008, 17, 208 – 212.

② Kay, A. C., Wheeler, S. C., Bargh, J. A., & Ross, L., "Material Priming: The Influence of Mundane Physical Objects on Situational Construal and Competitive Behavioral Choice", *Organizational Behavior and Human Decision Processes*, 2004, 95, 83 – 96.

发了相应的动机。

其次，如果撇开动机的解释，金钱启动是否有可能通过促使个体以更少情绪负载，或更"冷"的系统①进行加工产生的呢? Liu 和 Aaker (2008)②猜测金钱启动能使个体更多地依赖冷系统，时间启动能使个体更多地依赖热系统。③然而，Vohs、Mead 和 Goode（2008）报告的实验证据中却提到金钱启动组与控制组被试在情绪状态上不存在显著差异。④这两种可能也是未来研究可以探索的一个有趣问题。

同时，以更宏观的视角解答金钱启动的内部机制问题或许是另一种思路。比如，Vohs 和 Baumeister（2011）提出，在进化心理学的背景下，金钱的首要作用是使个体得以存活和繁殖。⑤周欣悦等则在对比了金钱价值与文化价值在人类发展史、神经机制、行为及认知方面重叠的证据，提出"文化价值与金钱价值都是基于类似的进化功能而产生"的观点。⑥

2. 理论边界

未来研究还应当考虑金钱启动相关理论的理论边界问题，即在何种情况下金钱启动的效果会发生变化。比如，在 Mogilner 和 Aaker（2009）的实验 1b 以美国低收入人群为被试，结果发现金钱启动操纵无效。⑦ Mogilner 和 Aaker 给出的解释是被试长时期处于对金钱的考虑中，因此对金钱观念的激活不再敏感。这似乎显示出金钱启动造成的影响是可以适应，而非累积的。英国路透社和法国益普索集团曾共同发起的一项调查

---

① Evans, J. S. B. T. , "Dual – processing Accounts of Reasoning, Judgment, and Social Cognition", *Annual Review of Psychology*, 2008, 59, 255 – 278.

② Liu, W. , & Aaker, J. , "The Happiness of Giving: The Time – ask Effect", *Journal of Consumer Research*, 2008, 35, 543 – 557.

③ Pham, M. T. , "Emotion and Rationality: A Critical Review and Interpretation of Empirical Evidence", *Review of General Psychology*, 2007, 11, 155 – 178.

④ Vohs, K. D. , Mead, N. L. , & Goode, "M. R. Merely Activating the Concept of Money Changes Personal and Interpersonal Behavior", *Current Directions in Psychological Science*, 2008, 17, 208 – 212.

⑤ Vohs, K. D. , & Baumeister, R. F. , "What's the Use of Happiness? It can't Buy You Money", *Journal of Consumer Psychology*, 2011, 21, 139 – 141.

⑥ Zhou, X. Y. , Yang, Q. , He, L. N. , & Cao, S. Q. , "Cultural Value as a Form of Currency", *Advances in Psychological Science*, 2011, 19, 143 – 158.

⑦ Mogilner, C. , & Aaker, J. , "The Time vs Money Effect: Shifting Product Attitudes and Decisions Through Personal Connection", *Journal of Consumer Research*, 2009, 36, 277 – 291.

表明，中国是世界上拜金最严重的国家。换句话说，中国人比世界其他地区和国家的人会在更多的时候想着金钱。照此推理，金钱启动操纵对中国被试应该也是无效或效果较弱的。但是 Zhou 等（2009）的 6 个实验均采用中国大学生为被试，却仍然发现金钱启动有效。① 那么，考虑到上述矛盾的结果，金钱启动对长期处于金钱考虑中的个体是否会起作用呢？进一步，金钱启动效应的强弱会受哪些调节变量的影响？哪些因素可以增强或减弱金钱启动效应的强弱？还有待未来研究探索。

3. 理论旨趣

金钱启动研究的贡献之一是通过启动的方法探索金钱心理，但这无形中也使金钱启动研究带上了一种环境决定论的色彩。难道个体就是实验室中的小白鼠，不能摆脱金钱启动的影响吗？金钱启动研究的开创者之一 Vohs 最近与 Baumeister、Masicampo 提出了一个完全相反的问题：意识思维能引发行为吗？（Do conscious thoughts cause behavior?）② 他们反而开始质疑对于行为的产生，意识与个体能动性是否会产生作用。Baumeister 等（2011）综述了来自计划行为、推理、沟通等研究方面的证据，指出有意识的思维仅会对行为造成极小的影响。这一结论无疑是科学的，但却是悲观的。金钱概念的启动作为环境因素固然会对个体心理与行为产生影响，但个体的自主性和能动性就无用武之地吗？这一问题并非不能解决。比如同样是有关金钱心理的研究，在自我决定论（self - determination theory）框架下进行的物质主义研究③的着眼点就聚焦于物质主义社会中的个体如何保持自主性（autonomy）。因此，今后研究还可以考虑是否可以从个体的自由和自主的视角审视和探索金钱启动问题。

① Zhou, X. Y., Vohs, K. D., & Baumeister, R. F., "The Symbolic Power of Money: Reminders of Money Alter Social Distress and Physical Pain", *Psychological Science*, 2009, 20, 700 - 706.

② Baumeister, R. F., Masicampo, E., & Vohs, K. D., "Do Conscious Thoughts Cause Behavior", *Annual Review of Psychology*, 2011, 62, 331 - 361.

③ Kasser, T., & Sheldon, K. M., "Time Affluence as a Path Toward Personal Happiness and Ethical Business Practice: Empirical Evidence from Four Studies", *Journal of Business Ethics*, 2009, 84, 243 - 255.

第二节　权力认知研究的现状与进展

权力是社会学、政治学等诸多社会科学古老的重要的研究课题，研究者（包括大众）就权力的产生、使用、腐败与制约等进行了长盛不衰的讨论。然而，从实证的角度研究权力的心理则主要是近 20 年来社会心理学——尤其是社会认知领域——发生的事情。社会心理学家从社会认知的视角全面考察权力（大与小）对个体在各种社会情境中心理与行为的影响，把权力与刻板印象、自动与控制加工、接近与抑制行为、目标导向等基本认知和行为过程联系起来，由此形成各种关于权力的社会认知理论。对权力产生结果性质的探讨，主要在于找出权力的哪些结果是中性的，哪些结果是消极的，以及哪些结果是积极的。毫无疑问，权力的社会认知研究拓展了人类对权力现象的理解，同时，该领域的蓬勃发展也是近年来社会心理学对宏观的社会现象进行基础认知研究的反映之一。

一　权力的概念和本质

尽管大多数学者都在广义上认可"权力指一个人在即使遇到抵抗的情况下也能实现自己意愿的概率"这一经典定义（Weber，1947）[1]，但是不同学者对权力的描述仍不尽相同。有的把权力作为结构变量，认为权力来源于各种权力基础（如正式职权）（French & Raven，1959）[2]，因而是一种潜在的力量。有的认为权力就是对他人的影响，把权力等同于影响他人的策略行为。有的则把权力看作社会关系的一个特征，认为权力存在于相互依赖的人（群体）与人（群体）之间的关系当中（Emerson，1962）[3]。随着社会心理学的发展，尤其是社会认知研究的兴起，研

---

[1] Weber, M., *The Theory of Social and Economicorganization* (A. M. Henderson & T. Parsons, Trans), New York: Oxford University Press, 1947.

[2] French, J., & Raven, B., "The Bases of Social Power", In D. Cartwright (ed.), *Studies in Social Power*, Ann Arbor, MI: Institute for Social Research, 1959.

[3] Emerson, R. M., "Power – dependence Relations", *American Sociological Review*, 1962, 27, 31 – 40.

究者在以往研究的基础上对权力有了新的认识。Galinsky 等（2003）① 把权力看作一种心理状态，认为任何时候对权力的启动都可以激活与权力有关的概念和行为倾向。

本质上，权力是一个人际的概念，具有结构变量的含义，有权力的人通过提供或不提供资源对他人进行控制（Keltner，Gruenfeld & Anderson，2003）。② 不管权力的来源是什么，其本质都是一种不对称的控制，即权力大的人控制权力小的人（Fiske，1993）。③ 经典的权力相互依赖理论（power – dependence theory）认为，A 对 B 的权力大小等于 B 对 A 依赖程度的大小（Emerson，1962）。B 对 A 越依赖，A 对 B 的权力就越大，这可以看作控制含义的另一种表述方式。虽然新近的研究把权力看作一种个体的心理状态，通过启动方法操作权力，但其启动的内容往往是权力的控制含义，如让被试回忆自己控制他人（或被他人控制）的情境（Galinsky，Gruenfeld & Magee，2003）。可以说，绝大多数研究者都在不同程度上认可"权力就是控制"。

二　权力的主要社会认知理论

1. 权力控制模型

权力控制模型（power – as – control，PAC）是 Fiske（1993）提出的一个权力如何影响刻板印象（stereotype）和注意的模型。首先，权力就是控制。其次，通过对对象形成偏见和歧视，刻板印象具有控制作用，没有人愿意被刻板化。因此，对权力小的人形成刻板印象可以成为权力大的人实现控制的一种途径，而刻板化他人的人通过限制刻板印象群体的行为也增强了自己的权力。换言之，不仅刻板化他人增强了权力，同时权力也加强了刻板印象，这就是刻板印象与权力之间的互相增强关系。就权力对刻板印象的影响而言，权力大的人更容易以刻板化的方式认知权力小的人，而不是相反。

有权力的人不易被刻板化，但没有权力的人却常受刻板印象对待。

---

① Galinsky, A. D., Gruenfeld, D. H., & Magee, J. C., "From Power to Action", *Journal of Personality and Social Psychology*, 2003, 85, 453 – 466.

② Keltner, D. J., Gruenfeld, D. H., & Anderson, C., "Power, Approach, and Inhibition", *Psychological Review*, 2003, 110, 265 – 284.

③ Fiske, S. T., "Controlling Other People: The Impact of Power on Stereotyping", *American Psychologist*, 1993, 48, 621 – 628.

权力与刻板印象的这种关系进一步影响不同权力个体注意的方向。在权力不平等的人之间进行交往的过程中，人们会注意那些有权力的人，即注意那些能够控制他们结果的人。为了预测和影响发生在自己身上的事情，人们搜集有权力人的信息以预测他们的行为。相反，由于权力大的人不受权力小的人的控制，因此也没有注意权力小的人的必要。并且有权力的人经常面对众多无权的人，所以注意的能量限制也使他们不能充分认识了解无权的人，而是对他们类别化，即形成刻板印象。因此，注意决定了谁对谁有详尽认识以及谁把谁刻板化。

有权的人对无权的人进行刻板化认识有两个途径：（1）忽视与刻板印象不一致的信息，这是不费力的途径，通常无条件地发生；（2）注意与刻板印象一致的信息，这是有意识的途径，只有在感到有义务判断他人时才发生（Goodwin, Gubin, Fiske & Yzerbyt, 2000）。[1] 换言之，有权力的人只在特殊情况下花精力去了解无权的人，而无权的人总是努力搜集有权力人的个别信息以了解他们、预测他们的行为（Stevens & Fiske, 2000）。[2]

2. 接近/抑制理论

Keltner 等（2003）在以往权力研究的基础上，用接近和抑制的观点（Carver, Sutton & Scheier, 2000;[3] Higgins, 1997[4]）整合了权力产生的结果，提出权力的"接近/抑制理论"，认为提高权力可以激发"行为接近系统"（Behavioral Approach System, BAS），行为接近系统引发与奖赏相联系的行为。相反，降低权力可以激发"行为抑制系统"（Behavioral Inhibition System, BIS），行为抑制系统引发应对威胁和惩罚的行为。如图 6-1 所示，权力对人的认知、情感和行为的影响都可以用接近/抑制系统来整合。与权力小的人相比，权力大的人更能体验到积极的情绪（Ber-

---

① Goodwin, S. A., Gubin, A., Fiske, S. T., & Yzerbyt, V. Y., "Power Can Bias Impression Processes: Stereotyping Subordinates by Default and by Design", *Group Processesand Intergroup Relations*, 2000, 3, 227-256.

② Stevens, L. E., & Fiske, S. T., "Motivated Impressions of a Power Holder: Accuracy Under Task Dependency and Misperception under Evaluation Dependency", *Personality and Social Psychology Bulletin*, 2000, 26, 907-922.

③ Carver, C. S., Sutton, S. K., & Scheier, M. F., "Action, Emotion, and Personality: Emerging Conceptual Integration", *Personality and Social Psychology Bulletin*, 2000, 26, 741-751.

④ Higgins, E. T., "Beyond Pleasure and Pain", *American Psychologist*, 1997, 52, 1280-1300.

dahl & Martorana，2006），更以自动化的方式加工信息，其行为更不受约束，更认为自己的环境充满奖赏而没有威胁（Anderson & Berdahl，2002；① Galinsky et al.，2003）。

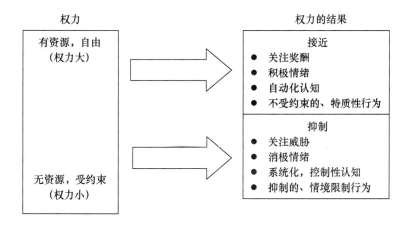

图 6 – 1　接近／抑制理论对权力结果的总结

资料来源：Keltner，Gruenfeld，& Anderson，2003。

　　接近／抑制理论认为权力大小不同的人以不同的方式建构自己的社会环境，提高权力将产生自动化社会认知，降低权力将产生控制性社会认知。自动化社会认知（automatic social cognition）是快速的、轻松的认知，更多地使用认知启发式和简单的规则做判断（Bargh & Chartrand，1999）。② 前面提到的权力大的人以刻板印象的方式认识权力小的人就是自动化认知的一种，因此，接近／抑制理论扩展了权力控制模型。并且，由于权力控制模型局限于权力与刻板印象的关系，多少包含着权力产生消极结果的含义。而接近／抑制理论用接近／抑制这一中性的概念整合权力产生的结果，不仅解释了权力引起的包括认知、情绪和行为在内的广泛效应，也没有直接把权力的结果贴上"消极"的标签。

　　① Anderson，C.，& Berdahl，J. L.，"The Experience of Power：Examining the Effects of Power on Approach Andinhibition Tendencies"，*Journal of Personality and Social Psychology*，2002，83，1362 – 1377.

　　② Bargh，J. A.，& Chartrand，T. L.，"The Unbearable Automaticity of Being"，*American Psychologist*，1999，54，462 – 479.

3. 抽象认知假设

在提出权力的抽象认知假设（the abstraction hypothesis）之前，Smith 和 Trope（2006）[1] 总结了权力控制模型和接近/抑制理论。他们认为，两个理论的共同点在于权力大的人比权力小的人以更省力、更欠深思熟虑、更多启发式和更自上而下的方式认知社会事件。然而，一方面，权力产生的自动信息加工特征并没有得到直接验证；另一方面，两个理论所探讨的认知领域仅限于人际知觉等社会认知过程，这并不能推广到当权者所面对的现实情况。

根据解释水平理论（Construal Level Theory，CLT），相对于较近的心理距离事件，人们对较远心理距离事件（psychological distant event）用更抽象心理模型或者说更高水平的解释（higher level construal）来表征（Trope & Liberman，2003；[2] 孙晓玲、张云、吴明证，2007[3]）。如前所述，权力大的人对他人的依赖程度小，而高度的独立性产生与他人相区别的感觉，因此拥有权力使人在心理上采取较远的视角认知自己的情境。Smith 和 Trope（2006）提出权力产生抽象认知的假设，认为相对于权力小的人，拥有权力使人以抽象的方式加工信息：他们抽取数据的核心特征，关注核心方面，探测结构，在更高级水平上将数据类别化。该假设进一步指出，信息加工的抽象性与自动化或控制性没有必然的联系，抽象的加工既可能是自动的，也可能是控制的。此外，抽象信息加工的对象可以是拥有权力者所面对的任何认知任务，而不仅是人际知觉任务（Smith & Trope，2006）。新近的研究表明，不仅权力产生抽象认知，并且抽象认知反过来也会增强权力感（Smith，Dijksterhuis & Wigboldus，2008）。[4]

---

[1] Smith, P. K., & Trope, Y., "You Focus on the Forestwhen You're in Charge of The Trees: Power Priming and Abstract Information Processing", *Journal of Personality and Social Psychology*, 2006, 90, 578 – 596.

[2] Trope, Y., & Liberman, N., "Temporal Construal", *Psychological Review*, 2003, 110, 403 – 421.

[3] 孙晓玲、张云、吴明证：《解释水平理论的研究现状与展望》，《应用心理学》2007 年第 13 期，第 181—186 页。

[4] Smith, P. K., Dijksterhuis, A., & Wigboldus, D. H. J., "Powerful People Make Good Decisions Even When They Consciously Think", *Psychological Science*, 2008, 19, 1258 – 1259.

4. 权力的目标理论

第一，目标激活理论。

Chen 等（2001）[1] 把权力与目标联系起来，认为目标像特质、刻板印象等概念一样被储存在记忆中，权力的效应可以通过权力—目标心理联结（power – goal mental associations）来理解，任何与权力有关的线索都可以激活记忆中被表征的目标。不同个体有不同的权力—目标联结，有的人把权力与自我导向的目标（self – oriented goals）相联系，权力的激发将激活自我服务的目标。例如，对有性骚扰倾向的男性来说，权力的激发提高了他们对女性下属吸引力的评价（Bargh，Raymond，Pryor & Strack，1995）。[2] 有的人把权力与社会责任目标（social – responsibility goals）相联系，权力的激发将产生关注他人视角和需要的行为。例如，具有关系取向的被试在权力启动条件下，表现出更多的社会赞许性反应（Chen，Lee Chai & Bargh，2001）。需要指出的是，以自动化动机理论为基础，权力的目标激活理论认为权力引起的目标行为大多是无意识的。

第二，目标导向理论。

Overbeck 和 Park（2006）[3] 结合管理和组织行为的研究，对权力控制模型进行了批判和发展，他们认为：根据权力控制模型，下属更多地注意和收集来自上级的信息，而上级（领导者）很少关注下属，这并不符合领导者的全部实际情况。因为领导者的任务不仅是实现生产的任务，还包括解决与人有关的问题和决策，组织联盟时也要关注他人的需要和发展良好的人际关系，以及根据情境的需要展现关系取向的行为，等等。简言之，领导者面临的所有任务都需要注意力的分配，每一个任务都在争夺领导者的注意资源。因此，领导者的行为是以实现组织目标为目的的目标导向行为，而注意力则被灵活运用于所需的任务和目标中。也就

① Chen, S., Lee – Chai, A. Y., & Bargh, J. A., "Relationship Orientation as Moderator of the Effects of Social Power", *Journal of Personality and Social Psychology*, 2001, 80, 183 – 187.

② Bargh, J. A., Raymond, P., Pryor, J. B., & Strack, F., "Attractiveness of the Underling: An Automatic Power – sex Association and Its Consequences for Sexual Harassment and Aggression", *Journal of Personality and Social Psychology*, 1995, 68, 768 – 781.

③ Overbeck, J. R., & Park, B., "Powerful Perceivers, Powerless Objects: Flexibility of Power Holders' Social Attention", *Organizational Behavior and Human Decision Processes*, 2006, 99, 227 – 243.

是说，权力使注意成为实现特定目标的灵活的工具性信息加工手段。例如，有权的被试在执行以人为中心的目标时，对权力小的人形成很好的个人化（individuated）认识，这个结果与权力控制模型的类别化认识（即刻板印象）形成对照（Overbeck & Park，2001；[1] 2006）。目标导向理论认为与权力相关的目标驱动注意的方向，是有意识的过程，而前面的目标激活理论认为目标的激活是无意识的。

5. 权力的情境聚焦理论

权力的情境聚焦理论（the Situated Focus Theory of Power）是认知的情境化视角（a situated perspective of cognition）和权力分析相结合的产物（Guinote，2007a）。[2] 首先，认知本身并不是它自己存在的依据，认知不能通过图式、原型、刻板印象等描述外部现实的静态表征来工作。相反，认知的情境化视角认为，认知和行为是建构在每时每刻的情境基础上的动态过程，情境线索和具象模式（embodiment）对知觉和行为的影响同样重要。其次，权力的本质是不对称的控制，与权力小的人相比，权力大的人对事物有较强的控制感和预测性，较少受无关环境的限制。因此，当认知主要受情境线索驱动时，权力大的人有更多的自由只选择该认知所需的信息进行加工，而权力小的人需要注意各种来源的信息并对其深入加工以提高对事物的控制感和预测性。实证研究发现，权力增强了对易提取信息的依赖（Weick & Guinote，2008）[3]，提高了对情境赋予性（situational affordance）的反应（Guinote，2008）[4]，这些结果都是权力产生情境聚焦行为的反映。

需要指出的是，权力的目标理论认为权力引起与目标一致的行为，而权力的情境聚焦理论认为权力产生情境聚焦的行为，这不是矛盾吗？

[1]　Overbeck, J. R., & Park, B., "When Power Does Notcorrupt: Superior Individuation Processes among Powerful Perceivers", *Journal of Personality and Social Psychology*, 2001, 81, 549 – 565.

[2]　Guinote, A., "Behaviour Variability and the Situated Focus Theory of Power", *European Review of Social Psychology*, 2007a, 18, 256 – 295.

[3]　Weick, M., & Guinote, A., "When Subjective Experiences Matter: Power Increases Reliance on the Ease of Retrieval", *Journal of Personality and Social Psychology*, 2008, 94, 956 – 970.

[4]　Guinote, A., "Power and Affordances: When the Situation has More Power Over Powerful Than Powerless Individuals", *Journal of Personality and Social Psychology*, 2008, 95, 237 – 252.

实际上，两种理论并不矛盾，它们都认为权力大的人比权力小的人其心理和行为更自由，更不受无关刺激的干扰。按照权力的情境聚焦理论，不管个体当前的行为主要受愿望和目标驱动，还是主要被情境线索激发，权力大的人都更能保持和完成该行为。因此，权力产生与目标一致的行为可以看作情境聚焦理论的特例（Guinote，2007b）。[①] 此外，目标激活理论基于权力—目标联结的个体差异，目标导向理论基于组织目标的情境要求，两者都在人际的层面讨论权力的效应，而情境聚焦理论结合了人和情境两个因素，并且将权力效应的讨论扩展到与权力无关的情境之中，认为权力的不同全面地改变了人的心理和行为。

6. 对权力的社会认知理论的简评

权力的社会认知理论将权力与社会认知过程结合起来，是社会心理学转向社会认知研究这一整体发展趋势在权力研究领域的一个具体表现。仔细分析发现，除了接近/抑制理论是在文献综述基础上发展而来的之外，其他理论均为一个已经相对成熟的社会认知理论与权力分析相结合的产物。权力控制模型是刻板印象理论与对权力控制作用分析的结合，抽象认知假设是解释水平理论与对权力距离分析的结合，目标理论是自动化动机理论、领导行为理论与对权力产生目标导向行为的分析之结合，情境聚焦理论是认知的情境化视角与对权力产生自由的分析之结合。因此，作为诸多社会认知过程发生的重要情境背景，权力以其独特的方式（如目标导向）影响了人的各种社会认知。权力的社会认知理论的蓬勃发展正反映了社会认知的视角在整个社会心理学领域的迅速扩展。

虽然不同的理论来源于不同的背景，但权力理论之间也存在一定的发展联系。其中，抽象认知假设是对权力控制模型和接近/抑制理论的发展，它将权力产生的信息加工过程从人际情境扩展到个体面对的所有情境。同样，情境聚焦理论可以看作对两种权力目标理论的扩展，它将权力产生的目标一致行为变成情境聚焦的特例。权力理论的这种发展线索体现了研究者逐渐将权力看作其理论的核心，而不仅是各种社会认知过程发生的情境背景。如果抽取不同权力理论对权力的共同认识，而不把

[①] Guinote, A., "Power and Goal Pursuit", *Personality and Social Psychology Bulletin*, 2007b, 33, 1076–1087.

权力的分析限定在某种已有的社会认知理论之中，有望推动形成关于权力的更具整合意义理论的形成。

此外，从权力产生结果的性质来看，除了权力控制模型隐含着权力产生消极结果（刻板印象）的观点之外，其他理论都把找出权力与接近/抑制系统、抽象认知、目标等基本心理和行为过程的关系作为主要任务，这种思路大大拓宽了人们对权力的认识，超越了以往一般社会科学界关于"权力是否产生腐败"这种古老的单一化的讨论。

三　权力产生的心理与行为结果

权力对人的心理与行为产生了广泛的影响。虽然权力的社会认知研究并不以强调权力结果的消极或积极性质为重点，但其隐含的对权力结果性质的看法恰恰丰富了人们对权力的认识。一些研究发现权力容易产生消极的结果，主要反映在人际互动中权力大的人对权力小的人的忽视和压迫。然而，如前所述，大多数研究将权力与一些基本的心理过程相联系，这些心理过程本身在人际和个人层面都没有明显的消极或积极意义。此外，也有一些研究发现权力也能产生积极的结果，主要表现为个体效能的提升。

1. 消极结果

以往大量的研究发现权力具有消极的作用：在关乎权力差异的人际互动中，与权力小的人相比，权力大的人往往以刻板印象的方式知觉他人（Fiske，1993），他们通常采取更多的压迫和强制行为，给自己分配更多的利益（Kim，Pinkley & Fragale，2005；[1] 韦庆旺、郑全全，2008[2]），贬低权力小的人的工作成绩（Georgesen & Harris，1998）。[3] Magee 等（2007）[4] 对谈判的进一步研究发现，权力大的人在谈判的过程中是直接

---

[1] Kim, P. H., Pinkley, R. L., & Fragale, A. R., "Powerdynamics in Negotiation", *Academy of Management Review*, 2005, 30, 799–822.

[2] 韦庆旺、郑全全：《权力对谈判的影响研究综述》，《人类工效学》2008 年第 14 期，第54—56 页。

[3] Georgesen, J. C., & Harris, M. J., "Why's My Bossalways Holding Me Down? A Meta-analysis of Power Effects on Performance Evaluations", *Personality and Social Psychological Review*, 1998, 2, 184–195.

[4] Magee, J. C., Galinsky, A. D., & Gruenfeld, D. H., "Power, Propensity to Negotiate, and Moving First Incompetitive Interactions", *Personality and Social Psychology Bulletin*, 2007, 33, 200–212.

导致竞争性行为的始作俑者，也是谈判双方中首先出价的人。更进一步的研究发现，权力不利于观点采摘（perspective taking）：在自己的前额写字母"E"时，权力大的人比权力小的人更可能写出他人看来是反方向的字母（自我导向而非他人导向）；权力大的人容易以自己的优势为锚定点，却很难考虑到他人缺乏特定的知识；权力大的人在判断他人表达的情绪时不如控制组准确（Galinsky, Magee, Inesi & Gruenfeld, 2006）。[1]这些研究结果预示着权力对同情具有阻碍作用。实际上，权力大的人通常把权力小的人看作实现目标的工具和手段，而不把他们当有感情的人看待，即权力往往导致对他人的物化（objectification）（Gruenfeld, Inesi, Magee & Galinsky, 2008）。[2] 此外，权力会产生虚幻的控制感（illusory control），即使对超越个体能力范围的结果也有一种控制感（Fast, Gruenfeld, Sivanathan & Galinsky, 2009）。[3]

2. 中性结果

正如大多数权力的社会认知理论所描述的，权力大小不同的人以不同的方式建构自己的社会环境。因此，仅仅因为权力不同，个体的知觉、态度、情绪和行为等各方面都存在差异，虽然根据这些差异有可能推演出好的或坏的结果，但它们本身并不带有积极和消极的含义。例如，权力产生与目标一致的行为，虽然自我服务目标产生对他人不利的结果，社会责任目标产生对他人有利的结果，但目标本身是一个中性的概念。总结权力的理论，提高权力将产生：自动化认知、抽象认知、积极情绪、接近行为、目标激活/导向行为、情境聚焦行为，等等。此外，Anderson和Galinsky（2006）[4] 还发现权力产生更多的冒险行为，其原因是权力大

---

[1]　Galinsky, A. D., Magee, J. C., Inesi, M. E., & Gruenfeld, D. H., "Power and Perspectives not Taken", *Psychological Science*, 2006, 17, 1068–1074.

[2]　Gruenfeld, D. H, Inesi, M. E., Magee, J. C., & Galinsky, A. D., "Power and the Objectification of Social Targets", *Journal of Personality and Social Psychology*, 2008, 95, 111–127.

[3]　Fast, N. J., Gruenfeld, D. H., Sivanathan, N., & Galinsky, A. D., "Illusory Control: A Generative Force Behind Power's Far-reaching Effects", *Psychological Science*, 2009, 20, 502–508.

[4]　Anderson, C., & Galinsky, A. D., "Power, Optimism, and Risk-taking", *European Journal of Social Psychology*, 2006, 36, 511–536.

的人在评估风险时比较乐观。

3. 积极结果

如果不考虑其他变量，权力在人际间很少产生积极的结果。但是，新近的研究发现，即使不包括损人利己的行为，提高权力对个人而言也具有积极的作用。根据权力的目标导向理论和情境聚焦理论，权力大的人注意和行为更具有灵活性（Overbeck & Pack，2006；Guinote，2007a）。同时，因为目标导向行为是自我调节的重要内涵，并且权力大的人在实现自己目标的过程中不易受到无关刺激的干扰，所以权力可以提高自我调节能力（Guinote，2007b）。相反，Smith 等（2008）①发现缺少权力会损害执行功能（executive functions）。此外，权力还可以提高个体解决问题时的创造性（Galinsky，Magee，Gruenfeld，Whitson & Liljenquist，2008）。②，权力大的人能做出高质量的决策（Smith et al.，2008）。③

关于权力产生的主要结果的总结，如表 6 - 1 所示。毫无疑问，这里对权力结果性质的分析，超越了以往社会科学界的"权力是否产生腐败"的简单争论。权力的社会认知研究既将权力效应的探讨深化到社会认知层面，也从内容上丰富了权力产生的结果。

表 6 - 1 　　　　　　　　　　权力产生的心理与行为结果

消极结果	中性结果	积极结果
刻板化他人	自动化认知/抽象认知	
压迫和竞争行为	积极情绪	注意和行为具有灵活性
贬低他人	接近行为	更好的自我调节
自我中心/较差的观点采择	目标一致行为	有创造性

---

① Smith, P. K., Jostmann, N. B., Galinsky, A. D., & Van Dijk, W. W., "Lacking Power Impairs Executive Functions", *Psychological Science*, 2008, 19, 441 - 447.

② Galinsky, A. D., Magee, J. C., Gruenfeld, D. H, Whitson, J., & Liljenquist, K. A., "Social Power Reduces the Press of the Situation: Implications for Creativity, Conformity, and Dissonance", *Journal of Personality and Social Psychology*, 2008, 95, 1450 - 1466.

③ Smith, P. K., Wigboldus, D. H. J., & Dijksterhuis, A., "Abstract Thinking Increases One's Sense of Power", *Journal of Experimental Social Psychology*, 2008, 44, 378 - 385.

续表

消极结果	中性结果	积极结果
物化他人	情境聚焦行为	高质量决策
虚幻的控制感	冒险行为	

注：虽然积极情绪本身的效价是积极的，并且积极情绪也经常产生人际的或个体层面的积极作用，但从接近/抑制理论的角度来看，更强调权力引起积极情绪这一基本过程，其本身并不就等同于它可能产生的积极作用。同理，冒险行为本身也不具有明确的积极或消极性质。

四　当前权力研究的特点和趋势

社会科学关于权力的研究由来已久，社会心理学尤其是从社会认知的角度对权力的研究则刚刚起步，但其发展非常迅速。从整体上来看，这种发展体现出以下特点和趋势。

1. 将权力从结构变量变为心理变量

权力是整个社会科学的基本概念，经典的权力研究多是社会学的研究，从心理学角度进行的早期研究也主要与组织行为相联系，因此，研究者主要把权力作为结构变量，在对权力进行操作时，实际的权力差异存在于社会情境之中。随着社会心理学的发展，尤其是社会认知研究的兴起，研究者在以往研究的基础上对权力有了新的认识。Galinsky 等（2003）把权力看作一种心理状态，认为任何时候对权力的启动都可以激活与权力有关的概念和行为倾向。受此影响，大量的实证研究采用启动的方式对权力进行操作（如 Lammers，Galinsky，Gordijn & Otten，2008；[1] Smith & Trope，2006；等等），如让被试在实验室里单独回忆自己控制他人（或被他人控制）的情境，从而产生权力感，接着考察权力产生的作用和影响。不仅操作方法上如此，理论上，权力的目标激活理论指出权力引起的目标一致的行为往往是无意识的自动行为。（Bargh et al.，1995；Chen et al.，2001；Smith & Bargh，2008[2]）由于脱离了结构变量，研究者亦把权力的效应扩展到非人际的情境之中，指出权力改变了个体对所

① Lammers, J., Galinsky, A. D., Gordijn, E. H., & Otten, S., "Legitimacy Moderates the Effect of Power on Approach", *Psychological Science*, 2008, 19, 558 – 564.

② Smith, P. K., & Bargh, J. A., "Nonconscious Effects of Power on Basic Approach and Avoidance Tendencies", *Social Cognition*, 2008, 26, 1 – 24.

有事物的认知以及在所有情境中的行为（Guinote，2007a；Smith & Trope，2006）。

2. 强调社会认知、基础认知甚至神经机制

如前所述，权力的研究主要受到社会认知研究发展的影响，权力心理学的一个突出特点是普遍强调权力与社会认知的关系。并且，新近的研究开始把权力与基础认知过程和脑神经机制联系起来。Schubert（2005）① 从象征的角度出发，指出"上"（up）隐喻权力大，"下"（down）隐喻权力小，因此，权力可以描述为心理距离的垂直向度，权力的概念可以用垂直距离的知觉形式表征。Smith 和 Trope（2006）研究发现权力产生抽象认知的特点体现在各种概念和知觉任务中，如受权力启动的被试能更好地把一组随机的碎图片知觉为有意义的图形，并且权力的启动引起右脑激活。然而，Kuhl 和 Kazen（2008）② 的研究发现权力相关刺激与右视野（左脑）优势有关，联盟（affiliation）相关刺激与左视野（右脑）优势有关。目前，关于权力脑机制的研究才刚刚起步，相关的问题还有待进一步研究。

3. 与更广泛的研究问题相结合并向应用领域扩展

权力心理学的另一个发展趋势是，与更广泛的社会心理学研究问题相结合并向应用领域扩展。权力普遍存在于社会生活之中，纵览权力的社会认知理论，大多将权力的分析与一个已经成熟的社会心理研究领域相结合。例如，权力与刻板印象、接近/抑制系统、目标导向行为等研究问题的结合。以权力的理论为基础，Galinsky 及合作者最近把权力与观点采择和物化等概念联系在一起，表明权力的研究正向更广泛的社会心理领域延伸（Galinsky et al.，2006；Gruenfeld et al.，2008）。此外，Overbeck 和 Park（2006）将权力研究应用到领导行为领域，Smith 等（2008）将权力研究应用到决策领域，韦庆旺（2008）③ 将权力的抽象认知假设应

---

① Schubert，T. W.，"Your Highness：Vertical Positions Asperceptual Symbols of Power"，*Journal of Personality and Social Psychology*，2005，89，1 – 21.

② Kuhl，J.，& Kazen，M.，"Motivation，Affect，and Hemispheric Asymmetry：Power Versus Affiliation"，*Journal of Personality and Social Psychology*，2008，95，456 – 469.

③ 韦庆旺：《权力差异和社会动机对谈判行为和结果的影响》，博士学位论文，浙江大学，2008 年。

用到谈判领域，都表明权力的研究也正向广泛的应用领域扩展。

然而，虽然权力心理学展现了蓬勃发展的活力，但也存在一定的问题。Fiske 和 Berdahl（2007）[①] 指出："当前的权力研究重点关注权力如何影响个体的知觉、情绪和行为，并强调作为'独立'和'自由'体现的权力，对权力大的人具有积极的作用，而对权力小的人具有消极作用。然而，权力应是社会情境中的权力，具有社会性和情境性，而不是独立于社会关系之外的个体属性或倾向。通过加强研究真实社会互动系统（两人组、群体、组织）中的权力，我们将对权力在他人在场的条件下对个体具有怎样的影响产生更多的认识。"可以说，当前西方关于权力的社会认知研究过于注重权力的"控制"和"自由"含义，而忽视了权力的"责任"含义。相反，中国儒家文化"仁"的思想却给权力赋予了丰富的责任含义，并且强调"仁"对于权力的使用是第一重要的（Gardner & Seeley，2001）。[②] 我们相信，如果今后将儒家对权力的理解与权力的社会认知研究相结合，进行实证的考察和检验，必将使人类对权力的认识和理解更加全面。

第三节　权力滋生腐败的社会心理学分析

权力真会产生"腐败"吗？这不仅是大众和传媒经常讨论的话题，也是政治学、经济学、社会学、社会心理学等诸多社会科学十分关注的问题，问题的答案多半为"是"。实际上，"腐败"不仅指贪污和受贿，也包括当权者利用对资源的控制达到自我服务的目的，而置他人和集体利益于不顾的各种心理和行为，即权力滋生的对于他人和集体的"消极"作用。早期的社会心理学研究发现，权力具有很多类似这样的消极作用。

① Fiske, S. T., & Berdahl, J., "Social Power", In A. W. Kruglanski & E. T. Higgins（eds.）, *Social Psychology: Handbook of Basic Principles*, New York: Guilford, 2007.

② Gardner, W. L., & Seeley, E. A., "Confucianism, 'jen', and the Benevolent use of Power: The Interdependent Self as a 'Psychological Contract' Preventing the Exploitation of Others", In J. A. Bargh and A. Lee - Chai（eds.）, *The Use and Abuse of Power: Multiple Perspectives on the Causesof Corruption*, Cambridge MA: Psychology Press, 2001.

　　然而，社会心理学家最近对权力的认识开始转变，他们虽然认为权力的作用有消极的一面，但更强调权力的作用最初应是中性的，进一步在现实社会生活中经过"发酵"阶段，即当权者与社会文化的互动，才产生消极或积极的作用。并且仅就权力容易产生消极作用的方面，大量的有关调节变量的实证研究表明，只要唤起当权者的责任意识，权力就不会产生"腐败"。毋庸置疑，与西方文化相比，中国文化是权力距离比较大的文化①，随着我国改革开放和现代化进程的新一轮加速，"腐败"问题已成为国家和政府以至全社会共同关注的迫切问题。因此，权力的社会心理学研究，以及对权力与"腐败"关系问题的讨论，具有重要的理论意义和实践价值。

一　社会心理学对权力的理解

　　社会心理学认为，权力指影响他人和控制他人结果的能力，有权力的人通过提供或不提供资源对他人进行控制。一般的，权力是一个人际的概念，说一个人权力大，必然意味着与权力小的人相比较而言。同时，权力具有结构变量的含义，权力大的人通常比权力小的人掌握更多的奖惩、财务、知识、信息等资源，权力附属于组织和人际关系的结构之中。因此，尽管一个人有权力动机，但如果不获得结构性的资源，就不存在所谓的权力，即使存在也是一种虚假的权力。但是，只要权力存在，不管其来源和形式是什么，其本质都是一种不对称的控制，即权力大的人控制权力小的人。经典的权力相互依赖理论认为，A 对 B 的权力大小等于 B 对 A 依赖程度的大小。B 对 A 越依赖，A 对 B 的权力就越大，这可以视为权力控制含义的另一种表述方式。

　　可以说，不管人们的学术背景如何，绝大多数权力的研究者都认可上面对权力的分析。然而，由于社会心理学从现场研究的范式逐步转向社会认知的研究范式，近年来，社会心理学家在以往研究的基础上，对权力有了新的认识，这主要体现在两个方面：（1）把权力看作一种心理状态，认为任何时候对权力的启动（不存在实际的结构性权力差异）都可以激活与权力有关的心理和行为倾向。受此影响，大量的实证研究采用启动的方式对权力进行操作，如让被试在实验室里单独回忆自己控制

---

　　① Hofstede G., *Culture's Consequences*, Beverly Hills, CA: Sage, 1980.

他人（或被他人控制）的情境，从而产生权力感，接着考察权力产生的作用和影响。与此相对应，权力引起的心理与行为也被认为具有无意识的成分。由于脱离了结构变量，研究者亦把权力的效应扩展至非人际的情境之中，指出权力改变了人们对所有事物的认知以及在所有情境中的行为。（2）不再把权力与"腐败"等后果行为直接挂钩，而从社会认知的视角全面考察权力对人们在各种社会情境中心理与行为的影响，把权力与自动/控制加工、接近/抑制系统、目标导向等基本社会认知和行为过程联系起来。在建立起这些联系之后，再进一步考察权力产生的更远端的行为后果。

因此，权力的社会认知理论认为，人们心理上的权力感广泛地改变了其在各种社会情境甚至非社会情境中的认知和行为。这里，最为典型的观点即权力的接近/抑制理论，它用社会认知的观点整合了前人关于权力产生结果的研究。[①] 该理论认为：权力大与充满奖励的环境相联系，个体感到更自由；权力小与充满威胁、惩罚和社会限制的环境相联系，个体感到更受约束。因此，提高权力可以激发"行为接近系统"（Behavioral Approach System，BAS），行为接近系统引发与奖赏相联系的行为。相反，降低权力可以激发"行为抑制系统"（Behavioral Inhibition System，BIS），行为抑制系统引发应对威胁和惩罚的行为。权力对人的认知、情感和行为的影响都可以用接近/回避系统来整合。与权力小的人相比，权力大的人更能体验到积极情绪，更能以自动化的方式加工信息，其行为更不受约束，更认为自己的环境充满奖赏而没有威胁。因此，现实生活中，许多人都有追逐权力的趋向。不难发现，接近/抑制理论用"接近/抑制"这一中性的概念整合权力产生的结果，不仅指出权力的效应远比引起自我服务的行为更广泛，也避免了直接把权力的结果贴上"腐败"的标签。

权力会引起目标一致行为，这是权力的社会认知理论的又一重要发现。首先，陈等（Chen，2001）认为目标像特质、刻板印象等概念一样被储存在记忆中，权力的效应可以通过权力—目标心理联结（power –

---

① Kelter D., Gruenfeld P. H., Anderson C., "Power, Approach, and Inhibition", *Psychological Review*, 2003, 110: 265 – 284.

goal mental associations）来理解，任何与权力有关的线索都可以激活记忆中被表征的目标。[①] 不同个体有不同的权力—目标联结，有的人把权力与自我导向的目标（self-oriented goals）相联系，权力的激发将激活自我服务的目标。有的人把权力与社会责任目标（social-responsibility goals）相联系，权力的激发将产生关注他人视角和需要的行为。需要指出的是，权力的目标激活理论认为权力引起的目标行为大多数是无意识的。其次，欧尔贝克和帕克（Overbeck & Park，2006）在领导心理研究的基础上，认为当权者总是努力实现组织的目标，因此权力驱动了有意识的目标导向行为。[②] 他们认为当权者的任务既包括管理生产，也包括解决与人有关的问题和决策，组织联盟时也要关注他人的需要和发展良好的人际关系，以及根据情境的需要展现关系取向的行为，等等。如果组织的目标以生产为中心，当权者就忽视下级，如果组织的目标以人为中心，当权者就重视下级。总之，当权者的行为是以实现组织目标为目的的目标导向行为，而社会认知则被灵活运用于所需的任务和目标中。不管是无意识的目标激活还是有意识的目标驱动，权力似乎都产生与目标一致的行为。显然，以人为本的组织目标，应是大多数当权者的目标定向，诚如"当官不为民做主，不如回家卖红薯"，即为此说。

二 权力的三种社会心理效应

如前所述，受社会认知研究范式的影响，社会心理学家发现权力大小不同者以不同的方式建构自己的社会环境和生活环境，权力一定程度上改变了他们的基本认知和行为模式，具有广泛的社会心理效应，具体表现在三个方面。

第一，权力的消极效应。与权力小的人相比，权力大的人往往以刻板印象的方式认识他人，戴着"有色眼镜"进行判断和决策；他们通常采取更多的压迫和强制行为，居高临下、盛气凌人；经常给自己分配更多的利益，所谓的"多吃多占"；他们爱批评人、苛求人，经常贬低权力

[①] Chen S., Lee-Chai A. Y., Bargh J. A., "Relationship Orientation as Moderator of the Effects of Social Power", *Journal of Personality and Social Psychology*, 2001, 80：183-187.

[②] Overbeck J. R., Park B., "Powerful Perceivers, Powerless Objects: Flexibility of Power Holders' Social Attention", *Organizational Behavior and Human Decision Processes*, 2006, 99：227-243.

小的人的工作成绩。为什么权力会具有这些消极作用呢？更进一步的研究发现，由于权力大的人控制权力小的人，他们不需要依赖别人来实现自己的利益，所以权力大的人在认知上很难从他人的角度考虑问题，即不善于观点采摘（perspective taking）和换位思考。实际上，权力大的人通常把权力小的人看作实现目标的工具和手段，而不把他们当有感情的人看待，即权力导致对他人的物化（objectification）。总之，权力经常产生消极结果，权力大的人往往利用对资源的控制达到自我服务的目的，而不考虑权力小的人的利益，并且这些消极的效应具有认知上的根源，即所谓的"思想变质"。这是权力滋生腐败的最适宜土壤。

第二，权力的中性效应。权力的社会认知研究对权力效应的一个基本看法：权力大小不同者以不同的方式建构自己的社会环境与生活环境，仅仅因为权力不同，他们的知觉、态度、情绪和行为等各方面在原有个别差异的基础上，产生了更大的差异，虽然根据这些差异有可能推演出或好或坏的结果，但它们本身并不带有积极和消极的含义。根据社会心理学对权力的相关研究，提高权力将产生自动化认知、抽象认知、积极情绪、接近行为、目标激活/导向行为，等等。权力的这些效应本身都是中性的。例如，自动化认知（走捷径）一方面可能提高工作效率；但另一方面又可能使认知不够准确，发生"以偏概全"、"一叶障目，不见泰山"的错误。同样，权力产生抽象认知（看到事物之间的联系），但这种抽象认知有时会产生统筹兼顾、高瞻远瞩的工作思路，有时也会产生好高骛远、脱离实际、追求形象工程的工作错误。再如，权力产生与目标一致的行为，虽然自我服务目标产生对他人不利的结果，社会责任目标产生对他人有利的结果，但目标本身是一个中性的概念，关键在于当权者对此的理解和把握。可以说，广泛探索权力在人们心理和行为方面产生的基本效应，这是社会心理学家的责任，也是他们对社会进步和发展应做的贡献。

第三，权力的积极效应。一般的，如果不考虑其他变量，权力在人际间较少产生积极的结果。但是，即使排除损人利己的行为，提高权力对个人的成长与发展而言也具有积极的作用。因为，权力的社会认知研究把权力看作是一种心理变量而不仅仅是结构变量，而权力感与控制感、自由度相联系，所以权力感似乎能使人们的行为更具有主动性和灵活性。

这方面最典型的表现是权力大的人自我调节能力更好，更具有创造力。首先，权力产生目标一致的行为，因为目标导向行为是自我调节的重要内涵，所以权力可以提高自我调节能力。[①] 具体来说，与权力小的人相比，权力大的人在目标的准备和启动时都更快，在遇到困难时能更好地克服困难和坚持，也更能抓住可以实现目标的好机会。相反，缺少权力会损害执行功能（executive functions），而执行功能是完成各种任务都需要的一种核心认知能力。其次，由于权力大的人比权力小的人更少受情境的限制，同时具有抽象认知的特点，能发现事物之间的联系，因此容易产生新的想法，在解决问题时更具有创造性。权力具有的这些积极作用表明，权力的获得或者类似的权力感对个人的胜任能力和成长具有重要的促进作用。

三 责任意识是剔除权力"腐败"的关键

综上所述，权力在人际方面的作用似乎是消极的居多，当权者经常利用对资源的控制来为个人谋取利益。然而，并不是每一个当权者都是以自我为中心的，权力对有责任感的人来说是为他人（或集体）谋利益的工具。同时，当权者也不是在任何情境下都"腐败"，在要为自己的行为做出解释和说明的情况下，权力大的人也会考虑到他人和集体的利益。因此，不管是在人格还是情境方面（包括不同文化），不同学科的研究者都发现了很多制约腐败的因素。在这些因素的背后，有一个共同的社会心理要素，那就是责任意识。有时人们有真实的责任感，有时人们只是暂时表现出责任感，但不管是目的还是手段，只要唤起当权者的责任意识，就能够有效制约或剔除权力的腐败。

这里容易忽视一个问题，如果一个当权者本来就不具有责任感，那么，如何才能激发他的责任意识呢？社会心理学的回答是设置一种需要为自己的行为进行归因或做解释的情境，即赋予当权者解释责任（accoutability）。当人们将面临他人或公众评价时，其行为将更符合社会规范和责任。当当权者知道要为自己的行为向他人负责任时，就会更多地考虑他人的利益和事情的社会后果。但是，这仍不能保证当权者一定产生

---

① Guinote A., "Power and Goal Pursuit", *Personality and Social Psychology Bulletin*, 2007, 33：1076 – 1087.

责任感,他可能只是采取表面的印象管理策略来展示自己的责任感。实际上,人们根本的内在责任感延伸到自我和文化的深层。按照个人主义—集体主义的区分,西方属于个人主义文化,强调自我的独立性,首先注重个人价值和权利的实现;中国属于集体主义文化,强调自我对他人和社会的依赖性,个人履行责任与实现权利同等重要,甚至更强调履行社会责任的一面。① 因此,对于同样的赋予解释责任情境,在中国文化背景下理应更有效地唤起责任意识。此外,责任与权力的合法性有密切关系。西方研究者把权力的合法性和稳定性作为影响权力作用的另一重要因素,可以看作权力责任意识的另一种表现。"水能载舟,亦能覆舟",从根本上说,不能履行责任,不能为民考虑,不符合角色期望和角色规范的当权者其权力就失去了最终的合法性,也将是不稳定的。

与其他社会科学研究视角不同,权力的社会心理学研究给我们如何对待权力与"腐败"提供了重要的思考与决策视角。

第四节 问责是社会心理学不可忽视的概念

在现实生活中,每个人都要为自己的行为负责,尤其行为不恰当时,相关的人会对我们的行为进行评价和质疑,我们则要就自己的行为向相关的人做出解释。进行正式或非正式的问责(监督)是社会实现控制的方式之一。在早期的社会心理学(如从众和旁观者效应)和当前的应用社会心理学领域(如组织的危机应对和各职业领域的问责设计),问责这一要求,如果不是明确地,也是隐含地作为个体行为发生的社会背景而存在。然而,以社会认知为主导的现代社会心理学则在某种程度上忽视了这一概念。

一 问责的概念和作用

作为社会心理学的专业术语,"问责"(accoutability)指个体对要向他人解释自己的信念、情感和行动的预期,这种预期可能是明确的,也

---

① Triandis H. C., *Individualism and Collectivism*, Boulder, Co: Westview, 1995.

可能是潜在的。[①] 问责涉及行为发生的社会背景，作为社会人，我们的任何行为几乎都受到实际的、想象的或隐含的他人的影响（正是社会心理学的经典定义）。社会结构及社会情境往往通过问责压力影响个体的行为。在某种意义上说，人们的社会心理即是在问责影响下的心理，问责情境几乎和社会心理学的研究情境同义。在社会心理学的实验中，完整的问责情境包含行为者（被问责者）、观众（问责者）、行为者的行为、问责后对行为的解释。例如，让被试在实验室中完成一个资源分配任务，并告诉被试在分配资源之后将接受一个访谈，在访谈中要向被分配资源的人解释如此分配资源的理由。该情境中的行为者是被试，观众是被分配资源的人，行为者的行为是资源分配行为，问责后对行为的解释是资源分配的理由。此外，问责情境也涉及：是否有他人在场、行为者的身份能否识别、行为是否被评价，等等。

　　总结以往研究，问责对个体行为主要产生三个方面的影响：第一，产生社会赞许的行为。在问责的条件下，当行为者了解或者能够猜测观众的观点和立场时，通常采取易获社会赞许的行为，如从众行为和合作行为。例如，研究发现问责可以增强社会两难困境中的合作行为。第二，产生自我保护的行为。人们在做出无法挽回的行为之后，将对他们的行为进行合理化。这种效应主要发生在行为者面对他人，并且其自我卷入程度较高时。由于对不良行为作解释经常伴随着所受惩罚或责备的减少，因此，它成为人们生活中常用的印象管理策略。第三，产生事前自我批判（preemptive self – criticism）的思考。与前两类作用相比，问责的第三方面作用代表了问责研究最近的发展方向，研究者把问责与信息加工过程紧密结合起来，探讨问责对认知偏差的影响。当处于模糊的社会情境中，不清楚观众的观点和反应，也没有态度的自我卷入时，人们会产生警惕、复杂和自我批判的思考。换言之，他们会综合考虑各种观点，试图预测一个理性人将会对他们的行为提出什么样的反对和异议。例如，在面对来自未知观众的问责时，被试更能容忍相互矛盾的信息，较能认识到一个观点的好坏两方面的特征，当评估有争议的话题时也更能认识到权衡双

---

　　① Tetlock P. E. , "The Impact of Accountability on Judgment and Choice", in M. Zanna（ed.）, *Advances in Experimental Social Psychology*, New York：Academic Press, 1992：337.

方观点的重要性；对决策进行过程问责（process accountability）能够产生深入的系统性信息加工，减少整合式谈判中的固定馅饼知觉（fixed - pie perceptions）偏差（错误地假定谈判双方收益的总和是固定不变的），从而使谈判达到"双赢"；群体讨论中，在过程问责的条件下，群体成员将拿出更多的自己单独掌握的信息来与大家分享，因此可以提高群体决策的质量。

实际上，问责的作用可以用一句话来概括，即人们普遍寻求他人和社会接受、赞扬和尊敬，从而在问责的条件下表现出能够赢得接受、赞扬和尊敬的行为。换言之，问责与行为的"社会性"紧密相连，是"社会"心理学的重要概念。然而，随着社会心理学转向社会认知研究，研究者越来越强调问责的第三种作用，即问责影响信息加工。Lerner 和 Tetlock 即从影响认知偏差的角度整理了问责的作用，他们综述的与此相关的实证研究足有 30 种之多。[1] 相反，当前社会心理学领域有关问责的前两种作用的研究相比以前大为减少。应该看到，近来问责的研究关注其对个体内部社会认知的影响，一方面给该领域带来了新的活力，但另一方面却弱化了问责的"社会"含义。

二　问责与西方社会心理学

问责的研究从社会功能主义的角度看待人的行为，代表了西方 20 世纪早中期社会心理学研究的核心精神，但却被后来的社会心理学研究所忽视。Tetlock 敏锐地指出，当前以社会认知为主导的社会心理学研究过于重视隔离状态下个体内部的认知过程，忽视了行为发生的社会背景，而关于组织行为等应用社会心理学的研究虽然关注宏观的组织和社会环境对行为的影响，但缺乏对行为机制的深入研究。Tetlock 认为，问责的研究是沟通个体分析水平和组织分析水平的自然桥梁，从社会功能主义的角度提出了一个关于问责的中程理论（middle - range theory）——社会应变模型（Social Contingency Model）。[2] 首先，Tetlock 从元理论的角度分析了判断与决策研究（社会认知研究的核心领域）对人的两种隐喻，即直觉的科学人（或直觉的心理学家）和直觉的经济人。直觉的科学人追

① Lerner J. S., Tetlock P. E., "Accounting for the Effects of Accountability", *Psychological Bulletin*, 1999, 125: 255 - 275.

② Tetcock P. E., "The Impact of Accountability on Judgment and Choice", in M. Zanna (ed.), *Advances in Experimental Social Psychology*, New York: Academic Press, 1992: 331 - 376.

求在认知上把握环境的因果结构，关注一般意义上的社会知觉者是什么样的，他们在认识行为原因过程中表现如何，在形成假设、根据证据检验假设，以及遇到与假设相反的证据放弃假设等方面都做得怎么样。作为直觉的心理学家，人们很容易根据没有代表性的信息推断他人的人格，面对新的证据不愿改变自己的假设，对自己判断的正确性过于自信，等等。直觉的经济人生活的首要目标是实现主观期望效用（subjective expected utility）的最大化，关注人们作为直觉的经济人是否在理性上是有效的。作为直觉的经济人，人们过于重视规范理论（normative theory）认为应该忽视的信息，不断深度卷入已经失败的决策，容易忽视规范理论认为重要的信息，等等。两种隐喻都认为，人们是依赖各种捷径去理解环境和做决策的受限的信息加工者，认知的节省往往增加了错误和偏差。这种思路的缺陷是，在过分追求信息加工抽象法则的同时忽视了人们在决策时的社会背景，在很多实验室研究对认知过程的考察中，被试很少感到对他人负有责任，他们不必担心自己的行为产生的人际后果。

鉴于此，Tetlock 提出了直觉的政治人隐喻，旨在识别人们在应对日常决策的社会情境特征时采取的行为策略。核心问题是：作为"政客"，人们在抚慰对他们进行问责的"选民"方面做得如何？人们使用何种认知和社会策略来应对问责要求？Tetlock 假设人们总是希望得到关键"选民"的赞赏和尊敬，提出了关于问责的社会应变理论。社会应变理论认为人们在应对问责时有三种主要的策略：（1）接受启发（the acceptability heuristic），一种社会背景中的认知吝啬的表现，主要发生在观众观点已知的条件下，如不假思索地采取从众行为。（2）事前自我批判，在决策之前把行为可能受到的质疑纳入一种复杂的、深入的思考过程，通常包含着认知的努力，涉及系统的信息加工以及对观点的权衡。这种策略主要发生在观众观点未知的条件下。（3）合理化启发（the rationalization heuristic），当决策后接受问责时，人们往往通过合理化自己的行为来防御，此时容易增加对错误决策的进一步卷入。三种策略大致与问责作用的三个方面相当，但这里更强调应对问责的策略而不是问责产生的结果。

社会应变模型从社会功能的角度重新讨论了认知偏差的含义，认为有些在理性上当作偏差看待的认知过程，在道德和社会意义上却是一种适应行为。这种分析很有见地，是社会应变理论提出伊始的主要立论点，但却更多地停留在事后解释的层面上，并没有将其纳入他们理论的核心。其核心是将问责与减少认知偏差等信息加工过程联系起来，因此，本质上仍然难以超越社会认知的思考框架。后来的问责研究正是沿着这一思路继续探讨问责对个体认知的影响作用。可见，社会应变理论有一个矛盾的内核，它一方面批评社会认知的研究忽视社会背景的作用，另一方面又陷入讨论信息加工与认知偏差的经典模式之中。也许，对 Tetlock 来说，是否保持一个理性的认知者的形象正是他认为的西方人面对问责时的典型表现，这一点可以从他反复谈到的个体面对问责时"避免自己在别人面前显得太愚蠢的愿望"① 看出来。

实际上，与其他热门题目相比，问责及 Tetlock 的观点（尤其社会功能主义的部分）本身并没有得到西方社会心理学界足够的重视。但是，对认知发生的情境和社会背景的重视正在成为越来越多社会心理学家的共识。美国人格与社会心理学会（Society for Personality and Social Psychology）的前主席 Reis 在就职演说中指出："社会心理学虽然取得了巨大的成功，但却在科学的阵营中有边缘化的趋势……行为经济学、政治科学、行为遗传学、神经科学、认知科学、医学等其他领域的学者迅速地在自己的研究中囊括人际的视角（interper-sonal perspectives）……他们正在理直气壮地（或者说异乎寻常地）重新使用曾经属于社会心理学的理论、观点和现象。"② 因此，他呼吁社会心理学家应重视对认知和行为发生的情境和社会背景的研究：（1）要从分析情境的客观特征开始，以往大多社会心理学所研究的情境，在本质上都是个体建构或知觉的情境，应首先考察在不同个体进行不同建构之前的那个共同情境到底是什么。（2）情境应该用赋予性（affordance）进行构念化，即情境赋予人一定的行为潜能，不同的人则在此潜能集内表现出自己独特的行为。（3）情境的核心是人际的，人的行为在不同程度上受到人际关系的影响，这应是社会心理学研究情境的最重要的焦点。不难发现，这里说的情境的客观特征、赋予性及人际关系正可以通过研究问责的不同层面来进行考察。

---

① Lerner J. S., Tteelock P. E., "Accounting for the Effects of Accountability", *Psychological Bulletin*, 1999, 125: 264.

② Reis H. T., "Reinvigorating the Concept of Situation in Social Psychology", *Personality and Social Psychological Review*, 2008, 12: 325.

Smith 和 Semin 用"情境化社会认知"（situated social cognition）为框架分析了当前社会认知研究的发展趋势。[①] 认知革命影响下产生的社会认知研究一度关注发生在个人头脑里的社会判断和行为的心理表征和过程，相关理论认为这些心理表征是抽象的和稳定的，他们独立于背景，并可自动激发。然而，最近的证据表明个体的社会认知是一种适应当前社会目标、情绪、沟通背景和身体状态等情境的结果，即为"情境化的社会认知"。与 Tetlock 和 Reis 的观点不同，情境化社会认知的观点是借用认知心理学和认知神经科学等领域的"情境化认知"观点而来，因此，它所强调的情境不仅指社会情境，还包含了个体情绪和身体状态等更多的情境变量。这一方面表明了社会心理学的社会认知研究正在向纵深发展；另一方面体现出社会心理学对行为发生的社会背景的重视不可思议地落后于其他学科，原本就重视行为发生的情境背景的社会心理学对情境的重视却反过来受到其他学科的启发。

结合西方社会心理学的历史和现状，我们认为对问责的进一步研究是解决社会心理学面临问题的适宜切入点，理由如下：（1）问责作为行为发生的社会背景，契合了社会心理学的核心问题，具有相当的概括性。（2）问责的研究加以调整即符合 Reis 对情境研究的三点要求。首先，问责本身是一个客观的、普遍的、重要的和定义清晰的情境变量，操作方法已被多次成功使用。其次，Tetlock 关于问责作用的总结可以看作对 Reis 所说"情境赋予性"的一个很好的诠释。最后，接受问责者和实施问责者必然处于各种人际关系之中，如果考察接受问责者在面对不同的问责实施者时的不同表现，人际的视角将自然纳入问责的研究中。（3）关于问责的社会应变理论结合了个体和组织两种分析水平，使相关研究既可作为基础研究为管理科学、政治科学等学科服务，也可在与社会认知的情境化发展方向相协调的同时，保持社会心理学自身的特色。然而，正如前文所述，当前问责的研究及理论还存在一些问题，必须加以发展才能更好地发挥作用。

三　问责对我国社会心理学的意义

从文化的角度分析问责的研究，对我国社会心理学的研究具有重要

---

① Smith E. R, Semin G. R., "Situated Social Cognition", *Current Directions in Psychological Science*, 2007, 16：132.

的意义。首先，问责在不同文化背景下其作用是不同的。Gelfand 和 Realo 把个人主义—集体主义（individualism – collectivism）的理论运用到群体谈判的研究发现，问责并不必然产生一定模式的行为，它只是产生更符合行为者所处社会文化的常规行为，个人主义文化的个体在问责的条件下产生竞争的行为，集体主义文化的个体在问责的条件下产生合作的行为。① 我们认为，中国人在问责的条件下，更加考虑行为在道德和人际关系上的后果，首要关注如何做人，至于聪明与否、有效与否则是次要的。而西方人在问责的条件下更注重其行为在客观理性的他人眼里是否是有效的行为，自己表现得是否理性。关于中国人重视道德和做人的论述已是很多学者的共识，问责可以使这一典型的文化行为得以显现。因此，问责是研究者考察中国人社会心理的有力工具。

其次，问责的研究可以解决跨文化心理学面临的一些困境，从而为我国社会心理学与西方社会心理学的对话开辟新的渠道和框架。传统的跨文化研究（如个人主义—集体主义）以价值（values）解释文化差异的做法将文化置于个人水平，使文化逐渐简化为个体头脑里的变量，而忽略文化规范和约束、社会网络、社会结构等外部文化力量对行为的影响。最近，Gelfand 等力图超越这种局限，提出了一种以问责为核心，重视外部文化力量对行为影响的跨文化理论，"文化紧严—松宽的多水平理论"（a multilevel theory of cultural tightness – looseness）。② "文化紧严—松宽"指某一文化中社会规范的强度（广泛性和清晰度）和社会对不符合规范行为进行制裁的强度。该理论整合了问责和文化两方面的研究，以问责的多少来区分"紧严—松宽"不同的文化，问责多的文化紧严（社会规范的监督和监控较多），问责少的文化松宽（社会规范的监督和监控较少）。按照文化"紧严—松宽"的框架，我国应属于紧严的文化，与西方文化相比，中国文化在社会、组织和个体水平实施问责的情况都更广泛，强度也更大。因此，问责的研究对我国社会心理学具有更重要的意义。

最后，问责在本土心理学的理论中具有重要的地位。最近，杨国枢

---

① Gelfand M. J, Realo, "Individualism – collectivism and Accountability in Intergroup Negotia-tions", *Journal of Applied Psychology*, 1999, 84: 721 –736.

② Gelfand M. J., Nishii L. H., Raver J. L., "On the Nature and Importance of Cultural Tightness –looseness", *Journal of Applied Psychology*, 2006, 91: 1225 – 1244.

提出一个颇具整合性的华人自我四元论。① 他首先把自我分成主体我和客体我，然后把客体我分成个人取向自我和社会取向自我，其中社会取向自我又分为关系取向自我、权威取向自我、家族取向自我和他人取向自我。仔细分析，四种次级社会取向自我对应的社会互动情境蕴含着中国人问责的不同来源，即来自关系他人的问责、来自权力大或小的人的问责、来自家族的问责和来自非特定他人的问责，这与西方研究（实验室研究）主要关注来自陌生人的问责不同，将极大丰富问责的研究。华人自我四元论在界定了不同的客体自我之后，还比较了不同自我在各种心理特性上的差异。在关于自我概念的比较中，提出了华人自我概念的三维模式。第一维即各种次级的社会取向自我概念；第二维包括实际自我概念、理想自我概念、应然自我概念、可能自我概念；第三维包括公开自我概念和私密自我概念。三个维度可组合成更多种具体的自我概念，如公开的他人取向的应然自我概念。如前所述，第一维涉及问责的来源。而第三维的公开自我概念意味着存在问责的可能，私密自我概念意味着没有问责。可见，问责在华人自我四元论中同样居于重要地位。稍感遗憾的是，华人自我四元论非常庞杂，如果取其社会取向，然后结合问责的研究，先寻找诸如自我呈现等基本自我过程作为研究的突破口，或许是一种值得尝试的研究方向。

可以说，国际跨文化心理学的运动最终并没有对西方社会心理学的批判主流造成多少影响，"Markus 和 Kitayama 关于'文化与自我'的文章发动的是迟来的主流式回应"。② 例如，个人主义—集体主义的研究已经大量应用到使用启动和同一文化内被试的研究中，文化简化为个体头脑里的变量之现象可见一斑。近来，很多西方和我国社会心理学家都在寻找与此不同的新研究思路，文化的"紧严—松宽"理论和华人自我四元论就是典型的范例，而问责在两个理论中都具有重要的作用。因此，问责的研究不仅是东西方（尤其我国）社会心理学共同需要的基础研究，也可以成为双方对话的渠道。

---

① 杨国枢：《华人自我的理论分析与实证研究：社会取向与个人取向的观点》，《本土心理学研究》2004 年第 22 期，第 11 页。

② Smith M. B. ，" 'Personality and Social Psychology'：Retrospections and Aspirations"，*Personality and Social Psychological Review*，2005，9：338.

综上所述，问责涉及行为发生的社会背景，是社会心理学不可忽视的概念。最近，Tetlock 和 Gelfand 等分别重新发现了问责的重要性，并从跨水平分析的角度提出自己新的理论。然而，Tetlock 的社会应变理论在强调问责情境中应对策略之社会功能的同时，把问责看作影响个体信息加工深度和减少认知偏差的因素，而不重视问责产生的社会性结果，更没有考虑文化因素的影响。Gelfand 等的文化"紧严—松宽"理论植根于跨文化和文化心理学，理应对社会、文化和认知都给予重视，但该理论更像一个重新整理前人研究结果的组织框架，给跨文化心理学的研究成果贴上一个不同于个人主义—集体主义的标签。相反，杨国枢的华人自我四元论具有很高的本土契合性，但未必能与西方主流社会心理学的研究者进行对话。我们认为，以问责为立足点，结合中国文化关于社会取向（同时考虑个人）的研究，综合考察问责产生的认知（理性的）和社会性（道德的）结果，将为解决以上问题提供有益的尝试，这种尝试必将使社会心理学迈向认知、社会和文化的整合。

第五节　社会转型：反腐倡廉是一场持久的"心理战"

腐败问题，中外概莫能外。我国社会转型的特殊性和社会经济发展的新常态，再次使"防腐反腐、倡廉反腐"成为国家和政府乃至全社会共同关注的焦点。腐败现象是"政府的疾病"、"社会的肿瘤、时代的慢性病"；腐败者已成为人人喊打的"过街老鼠"，是人民群众最为深恶痛绝的丑恶社会现象。2014 年网民最痛恨的事情中贪污腐败排在第一位（搜索次数为 33367415）。我们课题组于 2015 年 1 月 18 日至 2 月 20 日的217356 份网络调查表明，消除贪污腐败是人民群众最希望国家发生的变化之一（见图 6 - 2）。可见，防腐反腐、惩治腐败仍是目前国家和政府的重要使命，更是人民群众的强烈心声。

随着改革开放的不断深化，我国反腐防腐的力度和深度也在不断加

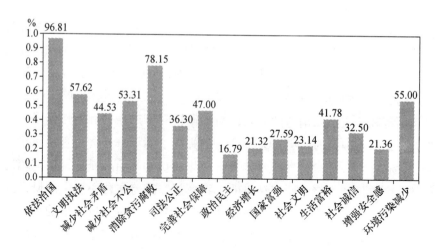

图 6-2　最希望国家发生的变化

大，特别是十八大以来惩治腐败的力度和强度越来越大。据人民网报道，截止到 2015 年 3 月 17 日，党的十八大后全国已有 98 名副部以上官员和军级以上军官落马，包括 2015 年被宣布查处的 10 名省部级官员。[①] 结合上述数据及《天津日报》（天津网）[②] 的报道，党的十八大以来至 2014 年年底各级别被查处官员数量（不含军官）如表 6-2 所示。呈现出两头小、中间大、厅局级集中高发的发展趋势。

表 6-2　　　　党的十八大以来至 2014 年年底被查处官员级别分布

级别	国家级	省部级	厅局级	县处级	乡科级	总数
查处人数	4	54	533	121	2	714
百分比（％）	0.6	7.6	74.6	16.9	0.3	

　　毫无疑问，腐败现象是全人类面临的"疾病"，它虽然不是绝症，却是顽症，并会导致"并发症"，严重影响社会进步和发展。同时，腐败也是人性中劣根性的集中体现，但人性中的光明面最终必将战胜阴暗面，

---

　　① 《十八大后 98 名副部以上官员和军级以上军官落马》，人民网（http：//politics. people. com. cn/n/2015/0317/c1001 - 26705385. html），2015 年 3 月 17 日。
　　② 《2014 年反腐成绩单：关门打虎出门猎狐》，http：//money. 163. com/15/0111/16/AFMKGKRF00252G50. html，2015 年 1 月 11 日。

一个优秀民族、先进政党同样可以用自己的特殊性、先进性来打败劣根性。我国党和政府顺应民心民意，不断加大惩治腐败的深度和广度，以"无禁区、全覆盖、零容忍"的态度和"老虎苍蝇一起打，反腐永远在路上"的实际行动，义无反顾地坚决打击腐败，一个"不敢腐，不能腐，不想腐"的廉政氛围正在逐步形成中。

一　权力与腐败的社会认知研究

腐败作为一个世界性的普遍难题，包括中国在内的许多国家都深受腐败问题的困扰，这引发了诸多学者对这一现象的高度关注。在看到我国反腐成效的同时，为了进一步地遏制腐败、提早预防官员腐化变质，我们必须深入思考的一个问题是：权力一定会导致腐败吗？不同领域的研究者从各自学科的角度提出了关于腐败成因的理论，试图阐明权力与腐败之间的关系。如政治学中的权力腐败理论认为：公权力是腐败的根源。[①] 该理论将腐败的原因公式化为"腐败＝权力＋缺乏控制力＋机会"。[②] 因此，持这一观点的学者提出必须以公权力来限制公权力，其中，以孟德斯鸠的三权分立理论最具典型代表性，影响也最为深远。在经济学领域关于权力与腐败关系的讨论中，"寻租"（rent – seeking）理论的影响力最大。这一理论认为，个体为了追求个人利益最大化而导致"寻租"行为，即"非生产性寻利活动"，也就是腐败。[③] 在这一财富转移的过程中，非但没有创造社会财富，反而极大地浪费了社会资源。研究者认为，"寻租"是在制度不完善的情况下的"寻利（寻求利润）"行为，在制度完善的社会中，"寻租"与寻利便不存在任何区别。[④] 也就是说，寻租并不是人性本身所导致的，"寻租"行为出现的根源在于制度本身存在缺陷。因此，从寻租理论出发，不断完善社会制度是遏制腐败和寻租行为的重要途径。

可以看出，上述理论都认为权力会导致腐败，而通过完善制度对当

---

① 孙道祥、任建明：《中国特色反腐倡廉理论研究》，中国方正出版社 2011 年版，第 43 页。

② 肖世杰、张龙：《国内外主要反腐败理论的述评及其若干启示》，《湖南社会科学》，2014 年第 5 期。

③ 邹薇：《寻租与腐败：理论分析和对策》，《武汉大学学报》（哲学社会科学版）2007 年第 2 期。

④ 段万春、贺卫：《试论寻利与寻租》，《经济问题探索》2001 年第 4 期。

权者的权力进行限制是消除腐败的唯一办法：权力腐败理论建议通过"三权分立"制度实现权力制衡而限制权力，"寻租"理论建议通过完善制度消灭"寻租"环境而遏制腐败。我们认为，通过制度来反对腐败是合理的，而且是非常必要的。但是，这些理论忽略了这样一个事实，即许多有权力的人并不产生腐败行为。可见，在权力与腐败之间并不存在必然的联系。

社会心理学对权力的社会认知研究发现，权力一方面可能会导致当权者不顾他人的观点和需要，只以自己为中心这一消极作用；① 但另一方面，权力也可能会带来积极作用，如在一些情况下当权者对他人会更加仁慈。② 实际上，权力的作用在开始时应是中性的，后来在现实社会生活中经过"发酵"阶段，即当权者与社会文化的互动，才产生消极或积极的作用。③

权力的接近/抑制理论认为，提高权力能激发个体的"行为接近系统"，从而提高人的积极情绪④和自动化社会认知；⑤ 权力的抽象认知假设认为，权力较大的人对他人的依赖程度较低，有较高的独立性，因此权力能提高人的抽象认知⑥，使个体能以更抽象的方式和更高的解释水平来进行信息加工。由此可以看到，权力所引发的效应本身是中性的，并不具备积极或消极意义。例如，自动化认知一方面能够使当权者更迅速地进行信息加工，快速做出决策，提高工作效率；但另一方面，又可能使其在分析问题时发生"以偏概全""先入为主"的错误。更高的抽象认知水平一方面能使当权者从宏观的角度考虑问题，更容易发现事物之间的联系，提高统筹兼顾能力；但另一方面却易使其忽视细节，产生好高

---

① Fiske S. T., "Controlling Other People: The Impact of Power on Stereotyping", *American Psychologist*, 1993, 48 (6).

② Overbeck J. R., Park B., "When Power Does Not Corrupt: Superior Individuation Processes Among Powerful Perceivers", *Journal of Personality and Social Psychology*, 2001, 81 (4).

③ 俞国良、韦庆旺：《权力产生"腐败"吗？——社会心理学的答案》，《黑龙江社会科学》2009 年第 2 期。

④ Berdahl J. L., Martorana P., "Effects of Power on Emotion and Expression during A Controversial Group Discussion", *European Journal of Social Psychology*, 2006, 36 (4).

⑤ Keltner D., Gruenfeld D. H., Anderson C., "Power, Approach, And Inhibition", *Psychological Review*, 2003, 110 (2).

⑥ Smith P. K., Trope Y., "You Focus on the Forest When You're in Charge of The Trees: Power Priming and Abstract Information Processing", *Journal of Personality and Social Psychology*, 2006, 90 (4).

骛远的想法，使工作脱离实际。

权力的目标激活理论[①]认为，目标是储存在记忆中的一种心理表征，特定的目标会和权力相联系，权力相关线索可以激活相联结的目标并诱发目标导向的反应。因此，权力的效应可以被理解为一种权力—目标（power - goal）的心理联结。一些人将权力和自我导向（self - oriented）目标相联结，对这些人来说，权力概念的激活会引发与目标一致的行为，即以自我服务为导向。一些人将权力和社会责任（social - responsibility）目标相联结，对这些人来说，权力概念的激活则会引发以社会责任为导向的行为，会对他人的观点和需要投入更多的注意和回应。根据这一理论，权力之所以表现出积极或消极效应，是因为当权者运用权力时的目标定向不同，持自我导向目标的当权者可能产生腐败行为，而持社会责任目标的当权者则更可能将权力用来为人民群众服务。

鉴于这种差别，有研究者认为，权力可以从能力（capacity）和意图（intention）两方面进行理解。[②] 具体而言，一方面，权力是一种通过分配资源控制他人的能力；另一方面，权力是一种对想要实现的目标实施影响的意图。从这个角度出发，可以认为权力是否导致腐败是由权力使用的能力和意图两方面共同决定的。能力只是权力导致腐败的必要条件，没有能力则无法导致腐败行为；而意图则决定着权力所产生的效应的方向，社会化的权力概念（socialized power concept）使权力产生积极效应（如廉政），个人化的权力概念（personalized power concept）使权力产生消极效应（如腐败）。

二　腐败者动机与成因的心理分析

从社会心理学的角度看，权力的效应是中性的，权力本身并不是导致腐败的充分条件，那么，官员腐败的心理成因又是什么呢？为了对这一问题进行深入探讨，我们有必要对腐败官员一步一步走向腐败的"心路历程"进行分析，这将有助于我们了解腐败的动机与心理成因。因此，

---

① Chen S., Lee - Chai A. Y., Bargh J. A., "Relationship Orientation as a Moderator of the Effects of Social Power", *Journal of Personality and Social Psychology*, 2001, 80 (2).

② Wang F., Sun X., "Absolute Power Leads to Absolute Corruption? Impact of Power on Corruption Depending on the Concepts of Power One Holds", *European Journal of Social Psychology*, 2015 - 08 - 19, Published Online：http：//onlinelibrary. wiley. com/doi/10. 1002/ejsp. 2134/abstract.

我们课题组从《检察日报》开设的"忏悔录"专栏中选取了50篇落马官员的忏悔录，进行了语意词、关键词检索，以探讨腐败者的心理成因。结果表明，这50名腐败官员中，对腐败持有侥幸心理的有26人次，心理定势的有29人次，心理成瘾的有37人次（见图6-3，有人两者或三者兼之）。

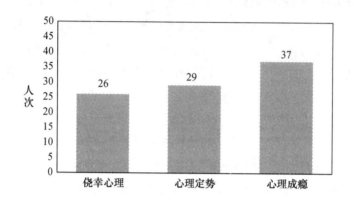

图6-3　腐败者的心理成因

1. 侥幸心理

持侥幸心理的腐败者认为自己的腐败行为不会被发现，具体可以分为以下几种类型。（1）认为反腐不会反到自己头上。乐山市原副市长夏代荣就说："现在腐败的人很多，被查处的很少。我自认为自己不会那么倒霉，成为被查到的少数人。因此，我对自己'小腐败'不会被'查处'抱有侥幸心理。"（2）认为"朋友"不会出卖自己。江苏省南通经济技术开发区总公司原总经理助理吴社祥认为，"和我交往的老板与我称兄道弟，关系很铁，就是出了问题，他们也会帮我扛一扛"。（3）认为和领导关系好不会出事。江苏省新闻出版局原副局长蒋国星在忏悔书中写道："我先后当过两个市、县的书记，在工作过程中，我结识了一些省领导，他们有的对我特别关心、特别信任。我自己感觉，他们就是我的'靠山'，就是我的'保护神'。"（4）认为有空子可以钻。深圳市中级人民法院原副院长裴洪泉说："我不是不懂法，也不是不会用法，出现问题的关键是自以为是，误以为自己'长袖善舞'，能钻法律的空子。"

2. 心理定势

腐败者认为随着自己权力增大，就应该得到更多利益，将权钱交易视为"潜规则"，集中体现为一种接受利益输送的心理准备状态。具体表现为：第一，人情礼仪往来的借口。河南省鹤壁煤电股份有限公司第九煤矿原副矿长侯昭局"觉得在节日期间收受金钱礼品是理所应当的。我为他办事，他自然应该感谢我，如果不收，反而有点儿不近人情"。第二，认为自己劳苦功高理所当然。江苏省荣军医院原党委书记、院长田学军在忏悔书中提到了这种想法："在我的努力下，医院走上了快速发展的轨道。在一片赞扬声中，我变得自满和迷失，认为自己贡献很大，得到的却不多，付出和回报不成正比，变得牢骚满腹，认为搞点外快也是应该的，甚至还觉得心安理得。"第三，有"权能换钱"的错误认识。江苏省淮安市清浦区城市改造建设投资有限公司原董事长李兵这样自述："我利用手中的权力为别人办事，把收受别人的好处费当做家常便饭，认为这样做是生意场上的交易行为，没有什么不对。"

3. 心理成瘾

通过对忏悔书的分析，可以看出很多腐败者在第一次收受贿款、贪污公款时都怀有忐忑不安、紧张焦虑的心理。在多次腐败行为之后，他们就变得无比贪婪，并且肆无忌惮、欲罢不能，这种现象可以理解为一种心理上腐败成瘾的行为。(1)"温水煮青蛙式"的成瘾。江苏省镇江市国土资源局原副局长袁华荣就有类似的忏悔："贪欲的闸门一旦打开，再难合上。我就像温水里的青蛙一样，只知道在舒适享受中迷醉。有时一次就收受30万元的贿赂，却浑然不觉危险步步逼近。"(2)欲罢不能式的成瘾。海南电网公司原副总经理李日亮说："收受别人第一笔钱时，我也害怕过，但收了以后就被钱套住了，从此当上了金钱的奴隶……到后来别人给我送钱，我都麻木了。"(3)享受满足式的成瘾。江苏省盱眙县城管局原党组书记、副局长杨树东写道："随着接受吃请越来越多，我不仅没有抵挡住自己曾经痛恨过、指责过的奢靡之风、享受之风，反而慢慢地接受了这种做法，进而习惯。最终，我开始享受'腐败'。"(4)贪欲占有欲式的成瘾。四川省达州市原副市长杨建在忏悔书中这样写道："在四川省开江县任职期间，有两个老板分别送给我现金5万元、10万元。我明知违纪违法，但几经推辞后贪欲占了上风，还是收下了。……到达州任职后，我十分羡慕花天酒地、挥金如土的生活方式，那时，贪欲已经彻底占据了我的灵魂。我一边凭着惯性工作，一边疯狂地敛财以满足贪欲。"

通过进一步的分析，我们发现：权力是腐败的必要条件。在腐败的动机阶段，可能是攀比心理、侥幸心理占主导；从动机到实施腐败阶段，可能是享乐心理和心理定势占优势；持续腐败阶段，可能会有后悔、恐惧心理，但更多是心理成瘾或腐败成瘾使其欲罢不能。据此我们认为，侥幸心理、心理定势和心理成瘾是导致当权者腐败的三大心理成因。

三 惩治腐败是一场"心理战"

权力并不一定导致腐败，它只是导致腐败的必要条件。大量实证研究表明，只要唤起当权者的敬畏之心和责任意识，权力就不会产生"腐败"。[①] 可见，官员自身心理动因（侥幸心理、心理定势、心理成瘾）才可能是导致官员腐败的内部心理根源。

当前，通过法规制度遏制腐败已成为全社会的共识。然而，需要指出的是，建立一系列新的反腐制度需要一个较长的过程；并且，现代社会还没有任何一个国家能完全杜绝腐败。[②] 可以认为，在建立、完善反腐败各项法规制度的过程中甚至在法规制度建立之后，当权者依然会有发生腐败的可能。因此，防腐反腐、惩治腐败不仅要注重制度建设，同时要注重心理建设。从这个角度看，防腐反腐、惩治腐败实际上就是打一场持久的心理战，即通过接受的非强制性、企图的隐蔽性、手段的特殊性、范围的广阔性，对腐败者施加心理上的刺激和影响，在心理较量上战胜对方。只有在反腐败的过程中牢牢把握住腐败者的心理特征，特别是腐败者的心理动机与心理成因，才能够夺取反腐败斗争的最后胜利。

侥幸心理多存在于腐败的动机阶段，是导致官员腐败的直接原因。无论官员侥幸心理的表现形式如何，其本质都是认为自己的腐败行为不会败露，对躲过法律的制裁抱有幻想。需要承认的是，在社会中可能确实存在一些腐败分子暂时没有受到党纪国法的查处，这是官员产生腐败心理的一个重要诱因。根据社会学习理论，如果示范者的示范行为受到惩罚，则观察者出现该行为的概率将会大大降低，也就是我们常说的"杀一儆百"。因此，打好这场反腐心理战，首先要使当权者对腐败的后

---

① 俞国良、韦庆旺：《权力产生"腐败"吗？——社会心理学的答案》，《黑龙江社会科学》2009 年第 2 期。

② 金安平：《理性理解"制度反腐"》，《科学社会主义》2015 年第 1 期。

果感到畏惧，让他们意识到滥用公权满足私欲，就是把炸药和雷管放在一起。通过消灭侥幸心理达到"不敢腐"的目的。严惩腐败分子不只是为了让违法者付出代价，更重要的是为广大官员敲响警钟。有研究表明，被试的预期惩罚水平会对被试的腐败倾向存在负向预测作用。[1] 也就是说，个体感到自己会因腐败而受到惩罚的可能性越大，腐败行为发生的概率就会越低。目前国家和政府坚持"有腐必反、有贪必肃"，形成了反腐败的持续高压态势。这能够有效地消灭腐败官员的侥幸心理，从而及时地挽救那些面对不义之财举棋不定的领导干部。

心理定势发生于腐败行为的实施阶段。在心理学上，心理定势是指某人对某一对象心理活动的倾向，是接受者接受前的精神和心理准备状态，这种状态决定了后继心理活动的方向和进程。[2] 在当权者腐败的过程中，心理定势具体表现为一种接受利益输送的心理准备状态。关于金钱启动的研究发现，金钱启动条件下的个体更容易产生不道德行为。与此同时，自我反省（self-reflection）能够减少不道德行为的发生。[3] 对于那些存在腐败心理定势的官员来说，就如同时刻生活在金钱的启动之下，腐败机会一旦出现，就极易导致腐败行为发生。另外，持有心理定势的官员认为自己地位较高、功劳较大，或是能为别人办事就拥有腐败的"特权"，把腐败作为一种"潜规则"，从而意识不到自己的行为有何不妥。这是一种高心理权利（psychological entitlement）水平的表现，即稳定且持续地感到自己应得到更多，并应比他人享有更多的权利。研究发现，高心理权利水平的个体会表现出更多的自私、贪婪行为。[4] 因此，在这场反腐心理战中，要注意通过思想教育、暗示诱导等方法纠正官员的心理定势，减少特权思想，使"权为民所赋，权为民所用"的权力观占领领导干部的思想高地；同时，要增强当权者的责任意识，提高其自我

---

① Bai B., Liu X., Kou Y., "Belief in a Just World Lowers Perceived Intention of Corruption: The Mediating Role of Perceived Punishment", *PLOS ONE*, 2014, 9 (5).

② 乐国安、李绍洪：《心理定势发生机制的模型建构》，《心理学探新》2006年第2期。

③ Gino F., Mogilner C., "Time, Money, and Morality", *Psychological Science*, 2014, 25 (2).

④ Campbell W. K., Bonacci A. M., Shelton J., et al., "Psychological Entitlement: Interpersonal Consequences and Validation of a Self-report Measure", *Journal of Personality Assessment*, 2004, 83 (1).

反省水平。这样才能使官员时刻意识到自己是人民的公仆，自己手中的权力来自人民，克服以权谋私的心理定势，降低腐败发生的可能性。

与侥幸心理和心理定势发生于腐败的动机阶段或腐败行为实施阶段不同，心理成瘾发生于多次腐败行为之后。因此，针对前两者的心理战的目标多在于预防腐败，或及时挽救初次腐败者；而针对心理成瘾的心理战所面对的是那些贪腐成性的腐败分子，其目的应是使腐败分子终止腐败行为，并主动交代情况，努力悔过自新。从心理学的角度看，金钱在某种程度上也是一种可以"令人成瘾的药物"①，腐败官员在不断的金钱强化作用下，大脑的奖赏系统会发生变化，导致腐败官员腐败成瘾，欲罢不能。与程度较轻的腐败者不同，这些腐败者在贪腐之瘾的驱使下，会更加肆无忌惮。这也是为何在反腐败高压下仍有一些腐败分子拒不收手的原因。通过对忏悔书的分析我们发现，50 人中有 37 人存在腐败成瘾表现，所占百分比高达 74%，可见心理成瘾对腐败行为影响之巨大，同时也可以看出反腐败斗争的艰巨性。因此，在这场反腐心理战中，我们必须通过渗透分化、心理威慑和暗示诱导等方法，不断给当权者、腐败者施加心理刺激和影响，增加其精神压力形成心理负担，涣散斗志击溃自信，出其不意，攻其不备，先发制人。另外，对于已经落马的腐败官员，也要牢牢把握其心理成瘾的规律及特点，以"治病救人"作为首要目标，使其彻底改过自新。

需要强调的是，对反腐败的心理战应该以"惩防并举、注重预防"作为原则。一方面，在法律制裁的同时，要从心理上彻底击溃腐败分子，不仅使其在"政治上身败名裂、经济上倾家荡产"，还要使其在"心理上追悔莫及"，深刻认识自己的错误，以达到"治病救人"的目的。另一方面，腐败发生之后的惩罚绝不是反腐败的唯一手段，更不是反腐败斗争的最终目标。②注重预防，使那些潜在的腐败者出于畏惧或责任感而停止腐败行为，这才是这场心理战的根本目的。因此，加强对未腐败官员的

---

① 饶恒毅、徐四华：《心理学家看金钱："令人成瘾的药物"》，《中国社会科学报》2011年 7 月 28 日第 12 版。

② Huang Z. , Liu L. , Zheng W. , et al. , "Walking the Straight and Narrow: The Moderating Effect of Evaluation Apprehension on the Relationship between Collectivism and Corruption", *PLOS ONE*, 2015, 10 (3) .

警示和教育，将反腐败的重心转移到腐败发生之前，才能使反腐败心理战发挥出最大功效。

一言以蔽之，面对腐败者侥幸心理、心理定势和腐败成瘾三大心理成因，在"惩防并举、注重预防"这一原则下，以"心理战"的思路来惩治腐败是十分必要的。第一，能够震慑腐败分子，使其"不敢腐"；第二，能够弥补制度反腐的不足，在实现"不能腐"这一目标过程中减少腐败发生；第三，能够针对腐败者的心理特点，有的放矢地开展反腐败工作，逐步消灭腐败心理，从而实现"不想腐"的最终目标。

四　责任与问责：反腐倡廉的心理对策

权力是一把"双刃剑"，它并不一定产生腐败，也可能发挥积极作用，造福人民群众。研究表明，权力能够提高当权者的自我调节能力和创造性，并能够做出高质量的决策。[1] 因此，单纯地通过限制权力来遏制腐败是不可取的，这会限制当权者运用权力时的灵活性和主动性，使权力的积极作用得不到应有发挥。因此，在反腐败的过程中，一是要通过制度建设，使权力在制度框架内良好运行；二是要努力提高官员的责任意识。大量研究表明，有许多因素都能够降低权力发生腐败的可能性，如社会责任目标[2]、自我反省[3]、评价顾忌[4]等，而这些因素都与提高了当权者的责任意识有关。可以认为，只要唤起了当权者的责任意识，腐败行为出现的概率就会大大降低。问责是社会心理学的重要概念，指个体对要向他人解释自己的信念、情感和行动的预期。[5] 问责能够激发个体的责任意识，在问责的压力下，个体的行为会更多地受到社会情境的影响。因此，我们认为，开展防腐反腐、惩治腐败的心理战一定要牢牢把

---

① 俞国良、韦庆旺：《权力产生"腐败"吗？——社会心理学的答案》，《黑龙江社会科学》2009 年第 2 期。

② Chen S. , Lee – Chai A. Y. , Bargh J. A. , "Relationship Orientation as a Moderator of the Effects of Social Power", *Journal of Personality and Social Psychology*, 2001, 80 (2).

③ Gino F. , Mogilner C. , "Time, Money, and Morality", *Psychological Science*, 2014, 25 (2).

④ Huang Z. , Liu L. , Zheng W. , et al. , "Walking the Straight and Narrow: The Moderating Effect of Evaluation Apprehension on the Relationship between Collectivism and Corruption", *PLOS ONE*, 2015, 10 (3).

⑤ 韦庆旺、俞国良：《问责：社会心理学不可忽视的概念》，《黑龙江社会科学》2010 年第 3 期。

握"责任与问责"这一关键点，通过建立问责制度、唤起当权者的责任意识，使当权者不敢腐、不想腐。

有研究者将问责划分为两种类型：过程问责（Procedural accountability）和结果问责（outcome accountability）。过程问责是指当权者需对进行判断和做出决策时的方法做出解释，结果问责则是将当权者所做决策产生的后果作为评判其决策的标准。Pitesa 和 Thau 的研究结果表明，相比结果问责，过程问责能够使个体较少做出自我服务的决策，并能够限制权力的负面效应。[①] 这是由于结果问责会使当权者首先关注所做决策的预期结果，因此会较少地对决策本身的合理性进行分析；而过程问责能够使当权者更多地考虑所做决策本身，并考虑所做决策是否令他人满意。这提示我们，在对当权者实行问责的同时，还需要考虑问责的具体方式方法。即问责过程要对当权者做出决策的原因、动机和心理状态给予更多关注。

需要指出的是，将"责任与问责"作为反腐心理战的关键点是符合我国国情和文化背景的，这能够有效地减少腐败行为发生。之前的研究表明，集体主义可能和腐败存在正相关。[②] 但是，Huang 等的研究发现，在没有评价顾忌的情况下，集体主义和腐败之间呈正相关，而当存在评价顾忌的条件下，集体主义和腐败呈负相关。[③] 这项研究结果表明，问责可能对集体主义国家遏制腐败更有帮助。另外，有研究表明，在问责条件下，个人主义的个体更有可能产生竞争行为，而集体主义的个体更有可能产生合作行为。[④] 也就是说，在问责条件下，个体主义文化中的个体会更多地考虑自己的行为是否是理性的、有效的；而集体主义文化中的个体会更多地考虑道德上的后果，即首先关注怎样做人。中国是一个集

---

① Pitesa M., Thau S., "Masters of the Universe: How Power and Accountability Influence Self-serving Decisions under Moral Hazard", *Journal of Applied Psychology*, 2013, 98 (3).

② Li S., Triandis H. C., Yu Y., "Cultural Orientation and Corruption", *Ethics & Behavior*, 2006, 16 (3).

③ Huang Z., Liu L., Zheng W., et al., "Walking the Straight and Narrow: The Moderating Effect of Evaluation Apprehension on the Relationship between Collectivism and Corruption", *PLOS ONE*, 2015, 10 (3).

④ Gelfand M. J., Realo A., "Individualism–collectivism and Accountability in Intergroup Negotiations", *Journal of Applied Psychology*, 1999, 84 (5).

体主义国家，可以认为，问责能够唤起当权者的责任意识，使当权者更多地考虑自己的行为是否符合道德规范和做人标准。因此，通过问责制度唤起当权者的责任意识，促使当权者更多地履行社会责任、减少腐败行为，是打赢这场防腐反腐、惩治腐败心理战的关键。为此，我们建议：

一是对权力要有敬畏感与威慑感。当权者对人、事、物要有所畏惧，对人民的事业要有敬畏之心，对自己的工作要有担当意识。特别是对人民赋予的权力在心理上要有敬畏感与威慑感，民生即是天心，这样才会生成权力的责任感。近年来，社会心理学家倾向于把权力视为一种心理状态，认为任何时候对权力的启动，都可以激活与权力有关的心理和行为倾向。同时，不再把权力与"腐败"等后果行为直接挂钩，而是全面考察权力对各种社会情境中心理与行为的影响。确实，不同的人有不同的权力—目标联结①，有人把权力与自我导向的目标相联系，权力将激活自我服务的目标——贪官；有人把权力与社会责任目标相联系，权力将产生关注他人视角和需要的行为——好官。现实生活中并不是每一个当权者都是以自我为中心的，权力对有责任感的人来说是为他人或集体谋利益的工具。因此，只要唤起当权者的责任意识，就能够有效制约或剔除权力的腐败。这里容易忽视一个问题，如果一个当权者本来就没有责任感，那么，如何才能激发其责任意识呢？我们的回答是设置一种需要为其行为进行归因或做解释的制度，即建立要求当权者解释责任的规则。

二是授权与约束权力同等重要。约束权力一贯被认为是"防腐反腐"的根本方法。这固然不错，但权力距离分上下两端。在上端，位高权重者手揽大权，为所欲为；在下端，位卑权轻者缩手缩脚，办事效率和效果不佳。如何保持权力的"生命活力"？根据权力的社会认知研究，权力感可以提高人们的自我调节能力和创造力。② 很多组织行为学的研究都表明，实际授权和心理授权对员工的绩效具有重要的促进作用。最有活力的组织往往是扁平化的高科技创新企业；相反，大多数政府和行政组织则比较僵化和效率低下。显然，授权程度的不同是产生这种现象的主要

---

① Chen S., Lee-Chai A. Y., Bargh J. A., "Relationship Orientation as a Moderator of the Effects of Social Power", *Journal of Personality and Social Psychology*, 2001, 80 (2).

② 俞国良、韦庆旺：《权力产生"腐败"吗？——社会心理学的答案》，《黑龙江社会科学》2009 年第 2 期。

原因。因此，我们认为授权和约束权力对制约和剔除腐败同等重要。在这里，有效的制度规范才是关键。

三是把责任因素设计到干部管理的全系统。有鉴于责任是制约和剔除权力"腐败"的关键，因而有必要把责任因素设计到干部选拔、培训和管理的全系统中。即从干部选拔、培训、考核到晋升都把责任之"德"作为重要的指标和维度。如果各级领导部门在考察后备干部时，在开始就把权力赋予那些具有社会责任感的人，那么权力必将更好地为民造福。如果开始没有选对人，也要通过淘汰、培训、考核和晋升系统，逐步培养领导干部的责任心，提高他们的责任意识。此外，建立一套全面的干部监督系统也非常重要。监督的真正目的是在心理上激起当权者的戒备与警觉，唤醒其被遗忘的公我和大我意识，这样就可以激发其责任感，使权力朝着为人民群众和公共利益服务的方向发展。

四是建立正式或非正式的问责制度。正式或非正式的问责是社会实现控制的有效方式。即要向他人解释自己的信念、情感和行动的预期，这种预期可能是明确的，也可能是潜在的。坚持有责必问、问责必严；明确责任主体，确保可执行、可监督、可检查。完整的问责制包含行为者（被问责者）、观众（问责者）、行为者的行为、问责后对行为的解释。问责对当权者行为主要产生三个方面的影响：产生社会赞许行为；产生自我保护行为；产生事前自我批判的思考。① 我们认为，当权者普遍寻求他人和社会接受、赞扬和尊敬，从而在问责的条件下表现出能够赢得接受、赞扬和尊敬的行为。在问责的条件下，他们会更多地考虑行为在道德和人际关系上的后果，首要关注如何做人。"为政以德""廉政以立身"。特别是在社会、组织和个体水平实施问责制，可以激活当权者"孝悌忠信礼义廉耻"等中华民族文化行为的"基因"，进而达到"不想腐"的心理境界。

五是在全社会复兴"责任"文化。责任感和责任意识不仅是个人问题，也是社会问题和价值观问题；不仅需要规章制度保障，需要社会教化和文化熏陶，更需要学校教育和父母榜样，这要从青少年抓起。实际

---

① 韦庆旺、俞国良：《问责：社会心理学不可忽视的概念》，《黑龙江社会科学》2010 年第 3 期。

上，中华民族文化本来就是一个强调"责任"的文化，中国共产党建党之初和立国以来也一直奉行为人民服务的责任。不过，改革开放和现代化的冲击在带来经济发展的同时，也冲击了原有的价值标准。个人权利与价值、物质利益逐渐取代社会责任和精神价值，成为一部分人的首要追求。一方面，我们国家各层的权力距离还较大；另一方面，注重责任的传统文化却有待重振。因此，尽管国家和政府倡廉反腐的法制法规建设不断健全和完善，但"腐败"现象似乎"道高一尺，魔高一丈"，甚至以各种新的形式变本加厉。可以说，从根本上复兴"责任"文化、建立问责制度，具有十分紧迫和重要的现实意义。

　　总之，我们认为国家和政府的法规制度是惩治腐败的"硬件"，与当权者、腐败者打一场"心理战"是防腐反腐、惩治腐败的"软件"。铲除腐败根本上要依靠法规制度，但也不能忽视心理作用。只有"法规建设和心理建设"两手抓两手都要硬，双管齐下，在减少腐败存量的同时，坚决遏制腐败增量，才能阻止腐败反弹，建立行之有效的"不敢腐、不能腐、不想腐"的长效机制，还人民群众一个公平公正的和谐社会。

第七章　死亡心理与自杀现象

"死亡"既是自然现象，也是社会现象，它既是自然科学如医学、生理学，也是社会科学如老年学、社会心理学等的研究对象。通过对西方主要的死亡心理研究进行回顾和比较分析后发现，不同的死亡心理研究在研究传统、研究对象和研究方法方面存在差异。但是万变不离其宗，即死亡的外部防御和内在成长。对死亡的抽象认知产生死亡焦虑，死亡焦虑产生死亡恐惧、自我保护、外在价值导向等外部防御反应；对死亡的具体认知产生死亡反省，死亡反省产生死亡接受、亲社会动机和行为、内在价值导向等内在成长反应。自杀现象属于后者。自杀的人际关系理论认为，一个人要实施自杀行为必须同时具备受挫的归属感、知觉到的负荷感和习得的自杀能力三要素。这实际上也是对死亡的一种认知。近年来，大学生自杀已成为一个备受关注的社会现象。这里，我们以近五年北京地区高校大学生自杀数据为例，描述了大学生自杀的现状，探索了大学生自杀的原因及风险因素，并通过理论探讨与分析，对预防及干预大学生自杀危机的策略进行了反思，认为应该从树立心理健康教育的服务意识、杜绝行政化的心理危机排查方式、加强大中小学心理健康教育的衔接、重视研究生的心理健康教育工作、建构生命教育理念下的心理健康教育五个方面，最大限度地降低大学生自杀的可能性。

第一节　死亡心理：外部防御抑或内在成长

能够意识到死是人类的重要特点。长久以来，科学、哲学、文化等各个领域从不同角度对死亡进行了持续的研究和探讨。然而，死亡心理的研究却长期受到主流心理学家的忽视。直到最近，随着恐惧管理理论（Terror Management Theory，TMT）的兴起，死亡心理研究才引起心理学家较高的重视。① 所谓死亡心理，泛指人类面对死亡时的各种心理反应，包括死亡态度、死亡意识、死亡应对等各种心理活动。近年来，我国教育界和医学界开始重视生命教育和临终关怀的实践，但我国学术界鲜有系统的死亡心理的研究。国内除了对西方的死亡态度研究进行简单介绍以外②，只有个别学者做过一些零散的实证研究。③ 相反，西方死亡心理的研究非常丰富，成果非常显著。不过，这些研究和成果源于不同的心理学研究传统，彼此之间也很少相互交流。基于此，本节旨在系统地总结西方死亡心理的研究，对不同的研究传统进行对比分析，以揭示死亡心理的内涵和规律究竟是什么。

一　死亡心理研究的不同传统

（一）死亡态度研究

死亡态度（death attitude）指个体对死亡（有时包括濒死）的认知与情感反应。死亡态度研究的核心是在建构和发展死亡态度量表的过程中，认识死亡态度的结构。死亡态度量表主要分为三种：死亡恐惧（焦虑）量表、死亡接受量表，以及死亡恐惧与死亡接受的整合量表。早期的死亡态度量表将死亡态度看作一个单一维度的恐惧，后来将死亡恐惧发展

---

① Pyszczynski, T., Greenberg, J., Koole, S., & Solomon, S., "Experimental Existential Psychology: Coping with the Facts of Life", In S. Fiske & D. Gilbert (eds.), *Handbook of Social Psychology* (5th ed.), New York: Wiley, 2010.

② 陈四光、金艳、郭斯萍：《西方死亡态度研究综述》，《国外社会科学》2006 年第 1 期，第 65—68 页。

③ 董佩芳、沈晓如、金莉莉等：《216 例老年住院患者死亡态度的调查分析》，《中华护理杂志》2008 年第 43 期，第 84—86 页。

为多个维度。例如，Collett 和 Lester（1969）① 将死亡恐惧分为 4 个维度，包括对自我死亡的恐惧、对他人死亡的恐惧、对自己濒死的恐惧、对他人濒死的恐惧；Conte 等（1982）② 的量表包含了对濒死的恐惧、对未知的恐惧、对孤独的恐惧和对个体毁灭的恐惧。

虽然有少数研究者开发了死亡接受量表（例如 Klug & Boss，1977③），但目前常用的死亡态度量表则以包含死亡恐惧和死亡接受的整合量表为主导。例如，Wong 等（1994）④ 的量表包含 4 个维度：死亡/濒死恐惧（fear of death/dying）；中性的死亡接受（neutral acceptance），即简单地认为死亡不可避免；趋近性死亡接受（approach acceptance），即认为死后世界是好的和幸福的；解脱性死亡接受（escape acceptance），认为死亡是对生活痛苦的一种解脱。Wittkowski（2001）⑤ 编制了 8 个维度的死亡态度量表，包括：对自己濒死的恐惧，对自己死亡的恐惧，对他人濒死的恐惧，对他人死亡的恐惧，对尸体的恐惧，对自己死亡和濒死的接受，对他人死亡的接受，对自己死亡的拒斥。可见，死亡恐惧和死亡接受是各种死亡态度量表结构的两个核心成分。

（二）濒死、创伤和接近死亡体验研究

1. 濒死心理反应阶段

通过对 500 多个濒临死亡的病人进行案例分析，Kubler - Ross 和同事提出了著名的濒死心理反应阶段理论⑥（Kubler - Ross，1997）。该理论将绝症病人从获知病情到临终时的心理反应大致分为 5 个阶段：①震惊与否认阶段（shock and denial），"不，不是我"。病人感到震惊，并对绝症

---

① Collett, L. J. , & Lester, D. , "The Fear of Death and The Fear of Dying", *Journal of Psychology*, 1969, 72, 179 - 181.

② Conte, H. R. , Weiner, M. B. , & Plutchik, R. "Measuring Death Anxiety: Conceptual, Psychometric, and Factor - Analytic Aspects", *Journal of Personality and Social Psychology*, 1982, 43, 775 - 785.

③ Klug, L. , & Boss, M. , "Further Study of the Validity of the Death Concern Scale", *Psychological Reports*, 1977, 40, 907 - 910.

④ Wong, P. T. , Reker, G. T. , & Gesser, G. , "Death Attitude Profile _ Revised", In R. A. Neimeyer（Ed. ）, *Death Anxiety Handbook*, New York: Taylor & Francis, 1994.

⑤ Wittkowski, J. , "The Construction of the Multidimensional Orientation Toward Dying and Death Inventory（MODDI - F）", *Death Studies*, 2001, 25, 479 - 495.

⑥ Kubler - Ross, E. , *On Death and Dying*, New York: Scribner Classics, 1997.

的事实进行否认。②愤怒阶段（Anger），"为什么是我？"病人表现出生气、愤怒及怨天尤人的情绪。③讨价还价（bargaining），"假如你给我一年时间，我会每天多做善事"。病人接受自己患绝症的事实，祈求和承诺做某些事情作为延长寿命的交换。④沮丧（depression），"好吧，是我"。当病人知道讨价还价无效之后，表现出抑郁、体重下降，甚至自杀等症状。⑤接纳（acceptance），"是，是我，而我准备好了"。病人最后变得比较平静，已经无所谓真正的高兴与悲哀，只是接纳将要死亡的事实。总体而言，濒死心理反应阶段理论自始至终认为死亡是可怕的，把人们面对死亡的心理也看作是否定和消极的。

2. 创伤后成长

创伤后成长（Posttraumatic Growth，PTG）的研究关注包含在真实人生事件中的死亡意识对自我成长的影响，即经历过创伤事件之后的成长。[1] 创伤事件包括离婚、HIV 感染、性侵犯、癌症、骨髓移植等各种危机事件。与濒死心理反应阶段的研究不同，PTG 的研究更关注死亡心理的积极方面，关注创伤激起死亡意识后个体心理的成长。概括而言，个体创伤后的成长主要表现在 3 个方面：①自我知觉的提升，自主性和自我效能感提高；②人际关系的提升，增加与他人的紧密联系、增强同情心、愿意给予；③人生哲学的改变，对生活进行重新规划、感恩生命、重视意义和精神世界的发展。[2] 经历创伤的个体成长，呈现出一种"重建模式"（rebuilding model），当创伤、困惑和悲痛过去之后，迎来的是重建和创造比以前更好的新生活。可见，创伤和死亡意识并不可怕，相反，积极地应对可以促进个体的成长。

3. 接近死亡体验

类似的创伤后积极成长也发生在有过接近死亡体验的人。很多接近死亡体验者（near - death experiencers，NDErs）的经历非常接近死亡过程，有些则在医学上宣布为死亡。例如，自杀窒息后又活过来的人，在

---

① Tedeschi, R. G., & Calhoun, L. G., "Posttraumatic Growth: Conceptual Foundations and Empirical Evidence", *Psychological Inquiry*, 2004, 15, 1 - 18.

② Tedeschi, R. G., Park, C. L., & Calhoun, L. G. (eds.), *Posttraumatic Growth: Positive Changes in the Aftermath of Crisis*, Mahwah, NJ: Lawrence Erlbaum, 1998.

地震等灾难中几近死亡被抢救过来的人。Ring（1984）[1] 总结了 NDErs 身上经常出现的变化：感恩生命，关心他人，不在意给他人的印象，不重视物质，高度追求意义。值得注意的是，NDErs 对宗教灵修（spirituality）非常重视，但却不再重视以前的正式的宗教信仰，而是将信仰本身看作人类存在的本质，去发现超越具体世界观（worldview – free）的广阔世界。研究发现，对死亡的接受和超越感是 NDErs 的共同特征，他们不再恐惧死亡，对死亡完全接受。[2] 此外，NDErs 普遍将追求财富等外在价值看作虚无的和无意义的。可见，NDErs 与 PTG 的研究都将创伤和死亡看作个体成长的动力，但 NDErs 比 PTG 对生命的冲击更大，所以 NDErs 研究比 PTG 研究更重视超越性的价值成长。

（三）人格发展的创生理论

创生（generativity）理论从宏观人格发展的角度揭示了其他死亡心理研究没有关注的内容。在 Erikson（1982）[3] 提出的人格发展 8 阶段理论中，成年期涉及创生与停滞（generativity versus stagnation）的冲突危机，成功解决危机的人将从事很多具有社会价值的工作，愿意指导年轻一代，产生一种创生感，不能解决危机的人将逃避从事具有社会价值的工作，产生一种停滞感。McAdams 和 de St. Aubin（1992，1998）[4][5] 基于调查和个人生活叙事分析的研究发现，创生源于死亡意识所加强的两种动机："持续做贡献的愿望" 和 "与他人保持联系的愿望"。

"持续做贡献的愿望" 是通过将个人贡献向未来延展，产生象征性永恒不死来应对死亡的动机。[6] "与他人保持联系的愿望" 是通过将个人的

---

① Ring, K., *Heading Toward Omega：In Search of the Meaning of the Near – Death Experience*, New York：Morrow, 1984.

② Greyson, B., "Reduced Death Threat in Near – Death Experiences", *Death Studies*, 1992, 16, 533 – 546.

③ Erikson, E. H., *The Life Cycle Completed*, New York：Norton, 1982.

④ McAdams, D. P., & de St. Aubin, E., "A Theory of Generativity and its Assessment Through Self – Report, Behavioral Acts, and Narrative Themes in Autobiography", *Journal of Personality and Social Psychology*, 1992, 62, 1003 – 1015.

⑤ McAdams, D. P., & de St. Aubin, E., *Generativity and Adult Development：How and Why We Aare for the Next Generation*, Washington, DC：American Psychological Association, 1998.

⑥ Wade – Benzoni, K. A., "Legacies, Immortality, and the Future：The Psychology of Inter-generational Altruism", In A. E. Tenbrunsel（ed.）, *Research on Managing Groups and Teams*, Volume 8：Ethics in Groups, Bingley, UK：Emerald Group, 2006.

行为和身份与持久的关系、群体、组织和机构保持联系来应对死亡的动机。① 通过以上两种动机，死亡意识能够产生为提升他人和下一代的福祉而负责的行为，追求创生感的人通常会寻找与教师、教练、领导者、组织者和投资人等职业相关的工作。② Joireman 和 Duell（2005）③ 通过实验表明死亡意识能够使本来以自我服务价值观为导向的人认同更多的亲社会价值观。总的来说，创生理论认为死亡意识能够增强给予、贡献、帮助、保护和提升他人福祉的亲社会动机（prosocial motivation）。

（四）恐惧管理理论

恐惧管理理论（TMT）是用实验法研究死亡心理的代表，它的核心假设是：人们渴望生命却同时意识到死亡不可避免。为了保护自己免受死亡焦虑的影响，人们在面对死亡时（死亡意识唤起时）主要有两方面的反应，一是努力维护自己的文化世界观（cultural worldviews），二是努力维持一个积极的自尊（自我价值）。④ TMT 通过考察个体在死亡凸显（Mortality Salience，MS）引起死亡意识之后社会行为的变化来验证自己的理论。MS 指提醒死亡以唤起死亡意识，常用的方法有：写描述关于死亡的短文，回答濒死或死亡后果的问题，观看致死交通事故的视频，经过墓地，阈下接触死亡相关的词汇，等等。TMT 认为，MS 会提高个体维护世界观和保持自尊的需要。⑤ 例如，在 MS 条件下，个体认为赞成自己文化世界观的人比批评自己文化世界观的人更有吸引力，对不认同自己信念的人表现出攻击性，增强对自我当中支持自尊的内容的认同，增强

① Peterson, B. E., & Stewart, A. J., "Antecedents and Contexts of Generativity Motivation at Midlife", *Psychology and Aging*, 1996, 11, 21–33.

② McAdams, D. P., & de St. Aubin, E., "A Theory of Generativity and Its Assessment Through Self-Report, Behavioral Acts, and Narrative Themes in Autobiography", *Journal of Personality and Social Psychology*, 1992, 62, 1003–1015.

③ Joireman, J., & Duell, B., "Mother Teresa Versus Ebenezer Scrooge: Mortality Salience Leads Proselfs to Endorse Self-Transcendent Values (Unless Proselfs are Reassured)", *Personality and Social Psychology Bulletin*, 2005, 31, 307–320.

④ Pyszczynski, T., Greenberg, J., Koole, S., & Solomon, S., "Experimental Existential Psychology: Coping with the Facts of Life", In S. Fiske & D. Gilbert (eds.), *Handbook of Social Psychology* (5th ed.), New York: Wiley, 2010.

⑤ 张阳阳、佐斌：《自尊的恐惧管理理论述评》，《心理科学进展》2006 年第 14 期，第 273—280 页。

对威胁自尊的内容的不认同，等等。[1]

进一步的研究表明维护世界观和自我价值的努力确实能够起到缓解死亡焦虑的作用。在死亡提醒（主要是 MS 程序）引起个体的死亡意识之后，如果给予自我积极的反馈，既能减少自我报告的死亡焦虑水平，也能减少客观测量的生理唤起水平。[2] 虽然很多研究者对死亡提醒引起的动机是否有除了寻求自尊和世界观之外其他的解释提出了很多看法[3]，但是 TMT 仍然从大量的实证研究出发，揭示了死亡意识（死亡焦虑）加强了个体的自我保护动机（self‐protective motivation）。在 TMT 看来，不管是维护世界观还是维持高自尊，都是个体抗拒死亡焦虑的防御性反应。

（五）死亡反省研究

就在 TMT 的研究逐渐成为经典受人膜拜的时候，Cozzolino 等（2004）[4] 结合 PTG 和 NDErs 的研究，对 TMT 及其所赖于建立的 MS 方法提出了挑战。首先，PTG/NDErs 的特点是个体相信自己的死亡事实，死亡体验对于他来说是具体的，而 MS 产生的死亡对被试来说是抽象的，死亡体验与他没有具体的联系。MS 操作的典型问题是，"你如何看待死亡？" PTG/NDErs 则好像是问个体，"这就是你死的情形，你有何感想？" 其次，PTG/NDErs 的死亡体验包含 MS 所没有的一个显著特征是"生命回顾"（life review），生命不仅在眼前简单地闪回，而且生命丰富经历的每一刻都栩栩如生，所有的想法和感受，以及与之交往的其他人的想法和感受（站在他人的角度想问题）都非常清晰而饱满。

---

① Burke, B. L., Martens, A., & Faucher, E. H., "Two Decades of terror Management Theory: A Meta‐Analysis of Mortality Salience Research", *Personality and Social Psychology Review*, 2010, 14, 155–195.

② Pyszczynski, T., Greenberg, J., Solomon, S., Arndt, J., & Schimel, J., "Why do People need Self‐Ssteem? A Theoretical and Empirical Review", *Psychological Bulletin*, 2004, 130, 435–468.

③ 刘亚楠、许燕、于生凯：《恐惧管理研究：新热点、质疑与争论》，《心理科学进展》2010 年第 18 期，第 97—105 页。

④ Cozzolino, P. J., Staples, A. D., Meyers, L. S., & Samboceti, J., "Greed, Death, and Values: From Terror Management to Transcendence Management Theory", *Personality and Social Psychology Bulletin*, 2004, 30, 278–292.

基于以上分析，Cozzolino 等（2004）[1] 提出了不同于 MS 引起的死亡焦虑的另一种死亡意识——死亡反省（death reflection）。死亡反省指具有 NDErs 死亡体验特征的一种死亡意识状态，包含面对真实的死亡（actual death）、生命回顾、能够站在他人的角度想问题 3 种成分。类似于 MS 典型地写短文的方法，Cozzolino 等（2004）通过让被试阅读并想象包含上述 3 种成分的自己死亡的具体情境，并回答问题的方法来操作死亡反省。研究的结果表明，MS 使具有外在价值导向的被试变得更贪婪，而死亡反省则增加了外在价值导向被试的内在价值取向和不自私的行为。Lykins 等（2007）[2] 认为 MS 与死亡反省的差异还体现在死亡提醒呈现的时间长度不同，他们通过在 1994 年洛杉矶地震和 2011 年纽约 "9·11" 袭击事件发生后短期和长期两次调查人们的反应，发现在长期死亡意识（即死亡反省）的时间点上，比在短期死亡意识（死亡焦虑）的时间点上，人们的目标导向显著地由外在转向了内在。

二　不同死亡心理研究的比较与整合

1. 不同研究传统的比较

不同的死亡心理研究传统，在研究对象群体、研究方法和研究的侧重点也不同（见表 7 - 1）。根据研究的侧重点，不同的研究大致可以分为

表 7 - 1　　　　　　　　死亡心理研究不同传统的比较

理论	研究传统	研究对象群体	研究方法	研究的侧重点
死亡态度量表研究	态度调查	广泛群体（常人、老年人、病人、职业人群等）	问卷调查法	死亡恐惧 影响因素 心理健康
濒死心理反应阶段	精神病学	绝症病人	临床案例分析	死亡恐惧 临床应对干预

① Cozzolino, P. J., Staples, A. D., Meyers, L. S., & Samboceti, J., "Greed, Death, and Values: From Terror Management to Transcendence Management theory", *Personality and Social Psychology Bulletin*, 2004, 30, 278 - 292.

② Lykins, E. L. B., Segerstrom, S. C., Averill, A. J., Evans, D. R., & Kemeny, M. E., "Goal Shifts Following Reminders of Mortality: Reconciling Posttraumatic Growth and Terror Management Theory", *Personality and Social Psychology Bulletin*, 2007, 33, 1088 - 1099.

续表

理论	研究传统	研究对象群体	研究方法	研究的侧重点
PTG	危机应对	经历创伤的人（包含绝症病人）	访谈法、案例法	死亡接受 危机应对 心理成长
NDErs	危机应对 超个人心理学	接近死亡体验的人（包含绝症病人）	访谈法、案例法	死亡接受 危机应对 心理成长
创生理论	人格心理 发展心理	成年人 老年人	问卷、访谈 个人叙事分析	死亡接受 亲社会动机与行为
TMT	社会认知	大学生	实验室实验法	死亡恐惧 保护和防御行为
死亡反省	社会认知基础上的整合视角	大学生 经历创生的人	问卷、实验法	死亡接受 心理成长

两类：一类侧重消极的死亡焦虑、死亡恐惧和防御行为，包括死亡态度量表研究、濒死心理反应阶段理论和 TMT；另一类侧重积极的死亡接受、心理成长和亲社会反应，包括 PTG、NDErs、创生理论和死亡反省研究。

具体来看，死亡态度量表研究主要采用问卷法和访谈法考察死亡恐惧的结构、影响因素，以及与心理健康的关系，对死亡接受的重视度不够。该传统既关注正常健康人，也关注死亡意识较高的人群，如医生、病人和老年人。濒死心理反应阶段理论虽然从过程的角度，通过分析临床案例来看待濒死心理反应，但也主要是强调了死亡恐惧，其反应阶段中最后阶段所涉及的死亡接受实质是消极的死亡接受。TMT 是用实验法研究死亡焦虑效应的理论，它创造了提醒死亡的 MS 实验操作方法，主要考察个体在 MS 提醒死亡之后如何应对死亡。TMT 侧重个体应对死亡的防御反应，包含自我防御式地对自己的世界观和自尊进行防卫。综上，死亡态度量表研究、濒死心理反应阶段理论和 TMT 均侧重消极的死亡态度和死亡应对。其中，填答死亡态度量表还被 TMT 用来作为死亡提醒的一种方法。

PTG/NDErs 关注实际的死亡体验，强调在经历创伤和有过类似死亡体验的心理反应过程中，包含着栩栩如生的生命回顾以及站在他人视角看问题的思考方式，从而引起一种可称为死亡反省的意识，产生诸多内在导向的心理需要。与此类似，人格与发展心理学的创生研究虽然不是关注实际的死亡体验，但同样从一个宏观的和整体的发展过程来看待死亡，该理论传统指出了死亡意识能够增强个体为社会做贡献和与他人保持联系的愿望，从而产生亲社会的行为，如给予、指导和帮助他人。在吸收 PTG/NDErs 研究成果的基础上，死亡反省研究进一步界定了死亡反省这一死亡意识状态的含义，发现在死亡反省条件下，人们会从追求外在价值转向追求内在价值和超越性价值。因此，PTG、NDErs、创生理论和死亡反省研究均侧重积极的死亡态度和死亡应对。实际上，死亡反省研究正是在总结 PTG 和 NDErs 两方面研究，并对 TMT 提出挑战基础上形成的理论观点。

2. 死亡心理的内涵：外部防御与内在成长

通过上述不同死亡心理研究的对比和综合分析，可见死亡心理的内涵主要有两个方面：外部防御和内在成长。外部防御是在死亡焦虑的条件下，引起的对死亡感到恐惧、进行抗拒和自我防御的过程。死亡态度量表研究揭示了人们既有对自己死亡的恐惧，也有对他人死亡的恐惧；既有对死亡的恐惧，也有对濒死的恐惧。濒死心理反应阶段研究发现，人们对死亡首先采取否认和抗拒的反应。TMT 则通过实验证实，仅仅在提醒死亡的情况下，人们就会增加对文化世界观和自我价值的保护。尤其是在西方文化背景下，对文化世界观和自我价值的保护往往体现为对外在价值的追求，是受死亡恐惧和不安全感促发的脆弱防御性反应，虽然具有明显的适应意义，但本质上是消极的。

内在成长是在死亡反省的条件下，引起的对死亡持接受态度，在人生反省的基础上更加追求内在价值，更愿意帮助别人和为他人和社会做贡献的反应。PTG 研究指出个体在经历创伤后能够在自我、人际关系和人生哲学方面获得积极的成长，创伤之后的心理重建较之没有经历创伤产生更美好的人生。NDErs 研究通过对有过接近死亡体验的人的考察进一步揭示了死亡意识和体验能够打破个体已有信仰的限制，产生更开放和更具超越性的世界观，可谓是在心灵的层次上得到提升。创生理论从发展的视角将死亡意识作为一种人生的挑战，积极面对挑战会引起持续为他人和社会做贡献，以及与他人保持紧密联系的愿望。不难发现，这

些研究所关注的积极的死亡心理反应均是心理健康和幸福感的重要
源泉。

那么，在面对死亡的时候，究竟是产生外部防御还是内在成长呢？
Grant 和 Wade – Benzoni（2009）[1] 在整合 TMT 和创生理论的基础上，明
确将死亡意识区分为死亡焦虑和死亡反省，并指出死亡焦虑产生自我保
护的退缩动机与行为，而死亡反省产生亲社会的动机与行为。根据死亡
反省的研究，对死亡的不同认知和体验产生不同的死亡意识，抽象的认
知（如 MS 条件下的认知）产生死亡焦虑，具体的认知（包括体验，如
接近死亡体验）产生死亡反省。[2] 因此，我们可以将不同死亡心理产生的
规律总结为：不同的死亡认知产生不同的死亡意识，不同的死亡意识产
生不同的死亡应对。

与死亡焦虑相比，死亡反省除了是对死亡的具体认知之外，还包含
生命回顾和他人视角两个独特的成分。此外，时间因素也是导致产生不
同死亡心理的重要前因变量。[3] 死亡焦虑是对死亡的即时和短期认知的结
果，死亡反省是对死亡的沉淀和长期认知的结果。这也是破解不同死亡
心理研究传统分歧点的重要方面。死亡态度量表研究和 TMT 主要考察的
是人们对抽象死亡概念的即时反应，濒死心理反应阶段理论虽然将死亡
心理看作一个发展变化过程，但它只涉及个体从患绝症到死亡的"创伤
期内"的过程，而 PTG 关注"创伤后"的心理变化，所以濒死心理反应
阶段理论仍然是关注面对死亡的短期反应。相反，PTG、NDErs、创生理
论和死亡反省研究都更加关注面对死亡的心理沉淀和长期反应。表 7 – 2
总结了两类死亡心理的差异。

---

[1] Grant, A. M., & Wade – Benzoni, K. A., "The Hot and Cool of Death Awareness at Work：Mortality Cues, Aging, and Self – Protective and Prosocial Motivations", *Academy of Management Review*, 2009, 34, 600 – 622.

[2] Cozzolino, P. J., "Death Contemplation, Growth, and Defense：Converging Evidence of Dual – Existential Systems?", *Psychological Lnquiry*, 2006, 17, 278 – 287.

[3] Lykins, E. L. B., Segerstrom, S. C., Averill, A. J., Evans, D. R., & Kemeny, M. E., "Goal Shifts Following Reminders of Mortality：Reconciling Posttraumatic Growth and Terror Management Theory", *Personality and Social Psychology Bulletin*, 2007, 33, 1088 – 1099.

表7－2　　　　　　　　　两类死亡心理反应特征的比较

反应类型	内涵	死亡认知	认知内容	时间因素	死亡意识
外部防御	死亡恐惧 自我保护防御 追求外在价值	抽象的	无生命回顾 无他人视角	即时反应 短期反应	死亡焦虑
内在成长	死亡接受 亲社会动机和行为 追求内在价值	具体的	生命回顾 他人视角	延时反应 长期反应	死亡反省

三　近年两类死亡心理反应研究的新证据

上述两类死亡心理反应的总结，在很大程度上可以概括最近几年死亡心理的研究进展。在TMT的持续影响下，TMT的核心团队及其支持者围绕TMT的基本假设不断寻找人们面对死亡时的各种外部防御反应，即维护世界观和保护自尊的各种表现。[①] TMT的质疑者及改进者则强调死亡意识和恐惧管理的积极效应。[②] 与此同时，过去各个死亡心理研究传统的观点也得以整合到围绕TMT的基本假设和研究范式而进行的研究对话之中。

（一）外部防御反应的新证据

1. 死亡提醒的消极效应

虽然TMT没有明确指出死亡提醒（焦虑）产生死亡恐惧进而对个体和他人造成"消极"后果，但它提出的"人们为了抵抗死亡意识会采取维护世界观和保护自尊的防御反应"之观点，确实在很多情况下会产生消极后果。研究者总结了TMT这一核心假设衍生的主要消极反应：变得更加贪婪和物质主义，采取损害个人健康的行为（如危险驾驶、晒皮肤等），讨厌身体的物理属性、更易焦虑、抑郁、患神经症，损毁与自己价

---

①　Burke, B. L., Martens, A., & Faucher, E. H., "Two Decades of Terror Management Theory: A Meta-Analysis of Mortality Salience Research", *Personality and Social Psychology Review*, 2010, 14, 155–195.

②　Vail, K. E., Juhl, J., Arndt, J., Vess, M., Routledge, C., & Rutjens, B. T., "When Death is Good for Life: Considering the Positive Trajectories of Terror Management", *Personality and Social Psychology Review*, 2012, 16, 303–329.

值和信仰不同的人，增强种族主义和对外群体的刻板印象。①② Martens 等（2005）③ 结合 TMT 与死亡态度的研究发现，那些歧视老年人的青年人之所以会歧视老年人，是因为老年人唤起了他们的死亡意识，而他们对死亡有一种恐惧的态度，为了缓解自己的死亡恐惧，他们对老年人采取歧视的态度。类似地，Smith 和 Kasser（2014）④ 研究发现死亡提醒会让人疏远癌症晚期病人，他们无形中将与癌症晚期病人共同等候的椅子摆开更大的距离。

面对死亡的消极反应，主要来源于"死亡提醒"条件下抽象的死亡认知产生的死亡焦虑和恐惧。然而，作为已被几百个研究重复使用的 TMT 经典操作范式，"死亡提醒"的直接心理反应内容一直是个未知数。最近，Lambert 等（2014）⑤ 系统考察了"死亡提醒"产生的情绪反应，不管采用情绪量表、观察情绪反应，还是对被试在死亡提醒条件下写的短文进行内容分析，发现死亡提醒稳定地引起了被试的焦虑和恐惧。这也从另一个侧面反映了 TMT 所关注的死亡防御反应与死亡态度量表研究所关注的死亡恐惧，以及濒死心理反应阶段理论前面几个阶段所关注的死亡否认与愤怒，虽然在研究对象和研究方法上不一致，但实质均是面对即时和短期面对死亡时的焦虑意识和抽象认知产生的恐惧和外部防御反应。

2. 防御反应的外部性探究

维护世界观（价值观）和保护自尊可以缓解死亡恐惧，是 TMT 理论

---

① Vail, K. E., Juhl, J., Arndt, J., Vess, M., Routledge, C., & Rutjens, B. T., "When Death is Good for Life: Considering the Positive Trajectories of Terror Management", *Personality and Social Psychology Review*, 2012, 16, 303 – 329.

② Arndt, J., Routledge, C., Cox, C. R., & Goldenberg, J. L., "The Worm at the Core: A Terror Management Perspective on the Roots of Psychological Dysfunction", *Applied and Preventive Psychology*, 2005, 11, 191 – 213.

③ Martens, A., Goldenberg, J. L., & Greenberg, J., "A Terror Management Perspective on Ageism", *Journal of Social Issue*, 2005, 61, 223 – 239.

④ Smith, L. M., & Kasser, T., "Mortality Salience Increases Defensive Distancing from People with Terminal Cancer", *Death Studies*, 2014, 38, 44 – 53.

⑤ Lambert, A. L., Eadeh, F. R., Scherer, L. D., Schott, J. P., & Slochower, J. M., "Toward a Greater Understanding of the Emotional Dynamics of the Mortality Salience Manipulation: Revisiting the 'Affect – Free' Claim of Terror Management Research", *Journal of Personality and Social Psychology*, 2014, 106, 610 – 623.

的基本观点。世界观和自尊是个体对世界和自我的看法，这些看法很多时候是深层的和内在的，但是为什么说维护世界观和保护自尊的反应是"外部"防御反应呢？首先，内在与外在是不同的世界观、价值观与目标之间相区分的一个最基本维度①②，死亡提醒不仅在一般意义上增强个体维护自己的世界观和价值观的行为，而且让人们变得更贪婪，更追求财富和名气等外在价值和目标。③④ 其次，个体的自尊也有内在与外在之分，那些将自尊建立在外部标准和他人评价基础上的人，在死亡提醒的条件下，更愿意选择晒黑皮肤的产品，更会因为社交理由选择吸烟，更可能效仿别人的健身行为。⑤ 相反，那些将自尊建立在个人标准上的真正高自尊者，在死亡提醒条件下并没有防御反应。⑥

在 TMT 看来，死亡提醒产生何种防御反应是以该反应能否维护世界观和保护自尊为前提的。因此，即使遵从 TMT 范式的研究发现死亡恐惧产生了积极的反应，该积极反应也是不稳定的，当通过实验操作使被试相信该积极反应不能维护他的世界观或自尊时，该积极反应就会消失。例如，环保行为是一种积极的行为，死亡提醒能够增强被试的环保行为，但是这种增强作用只有在被试将自我价值建立在环保行为基础上的条件

---

① Grouzet, F. M. E., Kasser, T., Ahuvia, A., Fernandez – Dols, J. M., Kim, Y., Lau, S., et al., "The Structure of Goal Contents Across 15 Cultures", *Journal of Personality and Social Psychology*, 2005, 89, 800 – 816.

② Schwartz, S. H., Cieciuch, J., Vecchione, M., Davidov, E., Fischer, R., Beierlein, C., & Konty, M., "Refining the Theory of Basic Individual Values", *Journal of Personality and Social Psychology*, 2012, 103, 663 – 688.

③ Cozzolino, P. J., Staples, A. D., Meyers, L. S., & Samboceti, J., "Greed, Death, and Values: From Terror Management to Transcendence Management Theory", *Personality and Social Psychology Bulletin*, 2004, 30, 278 – 292.

④ Kosoloff, S., & Greenberg, J., "Pearls in the Desert: Death Reminders Provoke Immediate Derogation of Extrinsic Goals, But Delayed Inflation", *Journal of Experimental Social Psychology*, 2009, 45, 197 – 203.

⑤ Arndt, J., Cox, C. R., Goldenberg, J. L., Vess, M., Routledge, C., Cooper, D. P., & Cohen, F., "Blowing in the (Social) Wind: Implications of Extrinsic Esteem Contingencies for Terror Management and Health", *Journal of Personality and Social Psychology*, 2009, 96, 1191 – 1205.

⑥ Routledge, C., Ostafin, B., Juhl, J., Sedikides, C., Cathey, C., & Liao, J., "Adjusting to Death: The Effects of Mortality Salience and Self – Esteem on Psychological Well – Being, Growth Motivation, and Maladaptive Behavior", *Journal of Personality and Social Psychology*, 2010, 99, 897 – 916.

下才能发生。① 这也能够解释为什么拥护 TMT 的研究者在谈到死亡心理的积极反应时仍然喜欢将其放在 TMT 的理论框架下。② 然而，笔者前面总结的面对死亡产生内在成长反应的观点在对待死亡心理的积极反应时是采用死亡反省的观点，在死亡反省的框架下，积极反应是一种对自我和人生更高层次的超越反应，并不依赖于外在标准。

（二）内在成长反应的新证据

1. 死亡反省的积极效应

如前所述，强调面对死亡产生内在成长反应的研究，是在整合了 PTG、NDErs、创生理论基础上，批判与挑战 TMT 的观点和研究方法而得来的。Cozzolino 等（2004）③ 首次提出了死亡反省的概念，并比较了死亡反省与简单的死亡提醒（MS）的作用，发现死亡反省增加了外在价值导向被试的内在价值取向和不自私的行为。最近的研究发现，死亡反省还能够提高被试的献血意愿④，令被试产生感恩的心态。⑤ 由于死亡反省是面对死亡的具体认知和长时反应，与时间因素有着紧密的联系。Maxfield 等（2007）⑥ 发现，在死亡提醒的条件下，老年比中青年对违反道德的人给予了更仁慈的惩罚。Cozzolino 等（2009）⑦ 让被试想象自己在 75 岁的某一天与家人观光和购物 ［一种叫作"有限时光视角（Limited‑Time

---

① Vess, M., & Arndt, J., "The Nature of Death and the Death of Nature: The Impact of Mortality Salience on Environmental Concern", *Journal of Research in Personality*, 2008, 42, 1376–1380.

② Vail, K. E., Juhl, J., Arndt, J., Vess, M., Routledge, C., & Rutjens, B. T., "When Death is Good for Life: Considering the Positive Trajectories of Terror Management", *Personality and Social Psychology Review*, 2012, 16, 303–329.

③ Cozzolino, P. J., Staples, A. D., Meyers, L. S., & Samboceti, J., "Greed, Death, and Values: From Terror Management to Transcendence Management Theory", *Personality and Social Psychology Bulletin*, 2004, 30, 278–292.

④ Blackie, L. E. R., & Cozzolino, P. J., "Of Blood and Death: A Test of Dual‑Existential Systems in the Context of Prosocial Intentions", *Psychological Science*, 2011, 22, 998–1000.

⑤ Frias, A., Watkins, P. C., Webber, A. C., & Froh, J. J., "Death and Gratitude: Death Reflection Enhances Gratitude", *The Journal of Positive Psychology*, 2011, 6, 154–162.

⑥ Maxfield, M., Pyszczynski, T., Kluck, B., Cox, C. R., Greenberg, J., Solomon, S., Weise, D., "Age‑Related Differences in Responses to Rhoughts of One's Own Death: Mortality Salience and Judgments of Moral Transgressions", *Psychology and Aging*, 2007, 22, 341–353.

⑦ Cozzolino, P. J., Sheldon, K., M., Schachtman, T. R., & Meyers, L. S., "Limited Time Perspective, Values, and Greed: Imagining a Limited Future Reduces Avarice in Extrinsic People", *Journal of Research in Personality*, 2009, 43, 399–408.

Perspective，LTP）"的操作方法]，与想象明天与家人观光和购物相比，他们更仁慈，更注重内在价值，在囚徒困境中更为他人考虑。可见，老年（或想象老年）的时间因素在某种程度上具有了死亡反省的作用。

2. 减少防御反应的研究

不仅死亡反省能够产生积极的内在成长反应，而且具有内在成长的价值、动机或特质，也会减少面对死亡时的防御反应。例如，Niemiec 等（2010）[1] 的研究发现，具有正念（mindfulness）特质的人在接受死亡提醒的条件下，防御反应更低。并且，好奇心可以增强正念特质的作用。[2] Routledge 和 Arndt（2009）[3] 发现，在死亡提醒之后，给被试表现创造力的机会，更能缓解他们的死亡焦虑。Lau 和 Cheng（2011）[4] 让中国老年被试回忆感恩的生活事件或者争吵的生活事件，然后再测量他们的死亡态度，发现那些诱发了感恩体验的被试有更低的死亡焦虑。这些研究均表明，一种开放的、内在的成长性特征或经验可以抵消面对死亡的防御反应。

最近，Kesebir（2014）采用 TMT 的范式直接挑战了 TMT 的"自尊缓解死亡恐惧"的假设。他将自尊分为高贵的自我（高自尊）、致命的自我（TMT）和安静的自我（谦虚）。所谓的谦虚是指不以自我为焦点，真诚地接受自我和人生本有局限的面貌，不夸大地对自我持有积极的偏差认识。不仅谦虚的人面对死亡更不恐惧，而且在死亡提醒下也没有丧失道德感和自我控制，他们对穆斯林也有更少的偏见。[5] 可见，面对死亡之所以能够产生内在成长的反应，归根结底在于"直面"死亡，而不是"否

① Niemiec, C. P., Brown, K. W., Kashdan, T. B., Cozzolino, P. J., Breen, W. E., Levesque – Bristol, C., & Ryan, R. M., "Being Present in the Face of Existential Threat: The Role of Trait Mindfulness in Reducing Defensive Responses to Mortality Salience", *Journal of Personality and Social Psychology*, 2010, 99, 344 – 365.

② Kashdan, T. B., Afram, A., Brown, K. W., Birnbeck, M., & Drvoshanov, M., "Curiosity Enhances the Role of Mindfulness in Reducing Defensive Responses to Existential threat", *Personality and Individual Differences*, 2011, 50 (8), 1227 – 1232.

③ Routledge, C., & Arndt, J. Creative Terror Management: Creativity as a Facilitator of Cultural Exploration After Mortality Salience, *Personality and Social Psychology Bulletin*, 2009, 35, 493 – 505.

④ Lau, R. W. L., & Cheng, S., "Gratitude Lessens Death Anxiety", *European Journal of Ageing*, 2011, 8, 169 – 175.

⑤ Kesebir, P., "A Auiet Auiets Death Anxiety: Humility as an Existential Enxiety Buffer", *Journal of Personality and Social Psychology*, 2014, 106, 610 – 623.

认"和"恐惧"死亡。那些在死亡否认和死亡恐惧量表得分较低的人，认为自我更有价值、自我概念更清晰、效能感更高、人生目的感和意义感也更高。① 从死亡态度角度来说，对死亡有一种坦然和开放接受的态度是个体内在成长的重要条件。这也是 PTG、NDErs、创生理论和死亡反省等死亡心理研究传统的一致观点。

四　研究局限与未来发展方向

1. 死亡意识的矛盾

死亡的可怕在于它不仅是不可避免的，还在于很容易就能意识到它总有一天会到来。即使在对死亡进行深思熟虑、对创伤进行重建的过程，可以促使人们发觉要过更有意义的生活，即帮助别人和追求内在价值。但是我们仍然惧怕死亡，尤其在最初产生死亡意识的时候，每个人都无法接受会死的事实，甚至是抗拒"意识到会死"的死亡意识本身。换言之，由于死亡意识本身的可怕，我们故意不去想死这件事，即使是有关他人的死亡，我们也不愿意谈论。在很多文化中，都存在所谓的死亡禁忌。黄天中（2000）② 即在濒死心理反应 5 阶段的前面增加了一个"忌讳期"阶段，指病人已经身患绝症，而家属及医护人员没有把实情告诉病人的阶段。

尤其值得注意的是，TMT 在后来的研究中发现，自我保护和防御反应并不是在清晰的死亡意识下产生的，而是在 MS 操作之后进行一个静心或分心阶段，让死亡进入无意识之后才产生的。也就是说，明晰的死亡意识不会产生自我保护和防御反应，而是产生直接的否认、抗拒和忽视反应③，这类似于濒死心理反应的第一阶段。因此，虽然表面上看来，面对死亡的内在成长比否认和外部防御要好，但是仍需将否认和外部防御看作适应死亡的机制。一方面，外部防御很多时候是内在成长发生之前必经的一个阶段，不仅每个人可能在某个阶段（遭受创伤）会经历从死

---

① Cozzolino, P. J., Blackie, L. E. R., & Meyers, L. S., "Self - Related Consequences of Death Fear and Death Denial", *Death Studies*, 2014, 38, 418 –422.

② 黄天中：《死亡教育概论Ⅰ——死亡态度及临床关怀研究》，台北业强出版社 2000 年版。

③ Pyszczynski, T., Greenberg, J., & Solomon, S., "A Dual - Process Model of Defense A-gainst Conscious and Unconscious Death - Related Thoughts: An Extension of Terror Management Theory", *Psychological Review*, 1999, 106, 835 –845.

亡焦虑到死亡反省的转变过程，而且不同年龄段（大的时间因素）的人生阅历和发展任务不同（像创生理论所揭示的那样），也可能会导致产生不同的死亡心理反应。另一方面，对死亡的外部防御，尤其是对文化世界观和自尊的保护具有一定的积极意义，它使个体通过归属于群体和文化，以及实现自我的价值，来获得意义感和永恒感。

2. 两类死亡心理反应的理论整合

正是因为对死亡的意识本身是矛盾的，未来的研究需要探索影响不同死亡意识出现及相互转化的条件，以及不同死亡意识条件下所产生的死亡心理对个体有什么样的适应价值。虽然以往研究者对两类死亡心理反应进行了对比[1][2]，本节也在整合不同的死亡心理研究传统基础上系统分析了两类死亡心理反应的特征和发生路径，但基于 TMT 引起的争论方兴未艾。[3] 一方面，TMT 一派的研究者虽然也承认积极的死亡心理反应的存在，但始终坚持自己的核心观点和传统方法，认为积极的死亡心理反应是世界观和自尊防御的表现形式；而新近的死亡反省研究主要强调死亡心理的内在成长反应，不能整合 TMT 视角下不断发展的大量实证研究结果；最终导致两方面不能真正地对话和整合。另一方面，针对 TMT 的基本理论和研究方法，逐渐有研究者提出质疑，这些相抗争的观点给死亡心理的整合提出了新的挑战。例如，Van den Bos（2009）[4] 提出死亡提醒与文化世界观维护之间关系的另一种解释，他认为个体维护文化世界观不是为了缓解死亡的焦虑和恐惧，而是为了应对死亡提醒产生的不确定性。也就是说，维护文化世界观是一种不确定性管理（uncertainty man-

---

① Cozzolino, P. J., "Death Contemplation, Growth, and Defense: Converging Evidence of Dual-Existential Systems?" *Psychological Inquiry*, 2006, 17, 278-287.

② Grant, A. M., & Wade-Benzoni, K. A., "The Hot and Cool of Death Awareness at Work: Mortality Cues, Aging, and Self-Protective and Prosocial Motivations", *Academy of Management Review*, 2009, 34, 600-622.

③ 刘亚楠、许燕、于生凯：《恐惧管理研究：新热点、质疑与争论》，《心理科学进展》2010年第18期，第97—105页。

④ Van den Bos, K., "Making Sense of Life: The Existential Self Trying to Deal with Personal Uncertainty", *Psychological Inquiry*, 2009, 20, 197-217.

agement）而非恐惧管理（terror management）。[1] Martin 和 Van den Bos
(2014)[2] 进一步系统地批判了 TMT，指出它用过于单一的动机去解释人
类众多的行为，并且它的理论和研究方法不具有可证伪性（falsifiablili-
ty）。这些质疑使得 TMT 在兴起 20 多年之后，获得了新的生命力。在这
种背景下，本书提出的两类死亡心理反应的框架，从整合死亡心理传统
的角度做出了一种理论整合的尝试。但未来的研究需要在考虑 TMT 争论
的基础上进一步对死亡心理的研究进行整合。

3. 死亡心理的文化差异

死亡心理与哲学和宗教有着紧密的联系，不同的社会和文化在历史
发展中积累了许多不同的看待死亡的方式和应对死亡的方法。因此，死
亡心理反应很可能具有文化差异，但目前相关的研究不多。虽然 TMT 的
世界观防御假设在中国文化下得到一些研究的印证[3]，但 Yen 和 Cheng
(2010)[4] 发现死亡提醒对中国台湾人的世界观防御没有影响，而是提高
了他们对命运的接受度。Wu 等（2002）[5] 指出，中国文化将死亡看作生
命的转化过程，死后可以投胎重新做人，这种观念可能对死亡焦虑具有
一定的缓解作用。实际上，并不是所有的文化都那么恐惧死亡，如果对
死亡采取接受态度，就不需要世界观防御。Van den Bos 等（2012）[6] 发
现穆斯林在死亡提醒条件下也不存在世界观防御效应。

---

① 殷融：《不确定感管理模型视角下的死亡凸显效应：争论与整合》，《心理科学进展》
2010 年第 18 期，第 1747—1755 页。

② Martin, L. L., & van den Bos, K., "Towards a Paradigm Shift in the Study of Threat and
Culture", *European Review of Social Psychology*, 2014, 25, 32 – 70.

③ Tam, K. –P., Chiu, C. –Y., & Lau, I. Y. –M., "Terror Management among Chinese:
Worldview Defence and Intergroup Bias in Resource Allocation", *Asian Journal of Social Psychology*,
2007, 10, 93 – 102.

④ Yen, C. –L., & Cheng, C. –P., "Terror Management Among Taiwanese: Worldview De-
fence or Resigning to Fate?" *Asian Journal of Social Psychology*, 2010, 13, 185 – 194.

⑤ Wu, A. M. S., Tang, C. S. K, & Kwok, T. C. Y., "Death Anxiety among Chinese Elderly
People in Hong Kong", *Journal of Aging and Health*, 2002, 14, 42 – 56.

⑥ Van den Bos, K., Buurman, J., De Theije, V., Doosje, B., Loseman, A., Van Laar-
hoven, D., Veldman, J., "On Shielding from Death as An important Yet Malleable Motive of World-
view Defence: Christian Versus Muslim Beliefs Modulating the Self – Threat of Mortality Salience", *So-
cial Cognition*, 2012, 30, 778 – 802.

Du 等（2013）① 发现，不管是澳大利亚人还是中国人，高自尊都能缓解死亡恐惧，但是中国人的集体自尊比个体自尊提高了对集体主义价值观的防御。大量跨文化研究表明，中国人具有他人和社会价值取向，尤其是家庭关系中的重要他人在个人的生活中可能比自己还要重要。这一文化特征在死亡心理反应方面也得到了体现，研究表明中国被试对重要他人的死亡比自己的死亡更恐惧。② Zhou 等（2009）③ 的研究则揭示了孩子对中国父母具有缓解死亡焦虑的作用。未来的研究应进一步探讨死亡心理的文化差异，尤其是从外部防御和内在成长两类反应角度去探讨。

4. 两类死亡心理反应的应用分析

TMT 的最大创新性贡献是将人类各种各样的行为与抗拒死亡的基本动机联系起来，因此应用极其广泛。国内已有研究者总结了 TMT 在消费领域、司法领域、政治领域、健康领域的应用。④⑤ 然而，TMT 在这些领域的应用均建立在"分析人们在面对死亡时的外部防御行为"这一逻辑的基础上。结合死亡心理的外部防御和内在成长两类反应的知识，在危机干预、职业健康与成长和死亡教育等实践方面均具有重要的应用价值。以往关于这些领域的探讨主要侧重于积极反应或消极反应两种反应中的一种。例如，汶川地震刚发生之后，关注创伤后应激障碍的研究占多数⑥，在地震过去一段时间之后，关注创伤后成长的研究占多数。⑦ 很少有研究和实践工作者将两方面结合起来。

---

① Du, H., Jonas, E., Klackl, J., Agroskin, D., Hui, E. K. P., & Ma, L., "Cultural Influences on Terror Management: Independent and Interdependent Self – Esteem as Anxiety Buffers", *Journal of Experimental Social Psychology*, 2013, 49, 1002 – 1011.

② Hui, V. K., & Fung, H. H., "Mortality Anxiety as a Function of Intrinsic Religiosity and Perceived Purpose in Life", *Death Studies*, 2009, 33, 30 – 50.

③ Zhou, X., Lei, Q., Marley, S. C., & Chen, J., "Existential Function of Babies: Babies as a Buffer of Death – Related Anxiety", *Asian Journal of Social Psychology*, 2009, 12, 40 – 46.

④ 段明明：《基于恐怖管理理论的死亡焦虑与消费行为研究述评》，《外国经济与管理》2014 年第 36 期，第 29—37 页。

⑤ 郭永玉、傅晋斌：《死亡提醒效应：概念、测量及来自多领域的证据》，《心理学探新》2011 年第 31 期，第 113—117 页。

⑥ 张宁、张雨青、吴坎坎、陈正根、刘寅祝、卓宏：《汶川地震幸存者的创伤后应激障碍及其影响因素》，《中国临床心理学杂志》2010 年第 18 期，第 69—72 页。

⑦ 杨寅、钱铭怡、李松蔚、徐凯文、王雨吟：《汶川地震受灾民众创伤后成长及其影响因素》，《中国临床心理学杂志》2012 年第 20 期，第 69—72 页。

　　将死亡心理的两类反应结合起来，在实践应用上至少有以下几点新的启示：①对死亡的接受态度和非防御性反应是个体心理健康和自我成长的重要基础，它不像防御反应那样依赖外在的标准。如果在死亡教育和危机干预方面以树立积极开放的死亡态度为重点，不管是直接经历灾难和危机的人，还是从事危机干预者和容易产生死亡意识职业者（如医生），都将更好地应对和成长。②在死亡心理反应发生的不同阶段，采取不同的应对措施。尤其是在死亡意识刚刚产生的死亡焦虑阶段，当事人不能直接面对死亡，可采取仪式和象征性地远离死亡的干预措施（如宗教和民俗仪式），而非通常的心理咨询方法。同时，让当事人参与帮助他人的志愿和公益活动既可以转移他们的注意力，又可以增强他们的死亡反省（站在他人的角度看事物）。③充分发掘文化世界观中有利于积极应对死亡的资源（如中国人的集体自尊），以死亡反省原则为指导发展危机干预和死亡教育的积极干预方法（如正念）。④培育和发展以有过 PTG 经验及具有积极死亡态度的人组成的志愿者组织。例如，经历过地震获得成长的人组成的志愿队去帮助其他遭受地震灾难的人；将获得创生感的老年人和退休人员组织起来帮助青年人。这样的组织不仅可以"有效地"帮助其他人，而且可以促进组织成员自身的心理健康。

第二节　自杀的人际关系理论、研究与临床应用

　　自杀作为一种可预防的主要致死病因，全世界每年大约有 100 万人死于自杀[①]（Nock et al. ，2008）。迄今为止，学界对自杀原因也做了许多探讨。已有的自杀理论如逃避理论[②]（Baumeister，1990）、绝望理论[③]

---

① Nock, M., Guilherme, B., Bromet, E., Cha, C., Kessler, R., & Lee, S., "Suicide and Suicidal Behavior", *Epidemiologic Reviews*, 2008, 30, 133 – 155.

② Baumeister, R., "Suicide as Escape From Self", *Psychological Review*, 1990, 97, 90 – 113.

③ Beck, A. T., "Hopelessness as a Predictor of Eventual Suicide", *Annals of the New York Academy of Sciences*, 1986, 487, 90 – 96.

（Beck，1986）和心理痛苦理论[1]认为，自杀身亡是由强烈的自杀愿望导致的一个结果，而情绪痛苦又是自杀愿望的主要起因，自杀观念、自杀尝试和自杀身亡的区别仅是自杀愿望的强度水平不同而已。[2] 实证研究表明，心理障碍确实会显著提高自杀风险[3]，然而大多数有心理障碍的患者，包括重度抑郁患者并不会去尝试自杀或者不会自杀身亡。[4] 显然，上述理论不能充分说明为什么在具有强烈自杀愿望的人群中，却只有小部分人会自杀身亡。为此，Joiner 等在对自杀现象进行深入分析和系统探讨之后，提出的自杀的人际关系理论（the Interpersonal Theory of Suicide）认为，人之所以会自杀身亡，就在于他不但有自杀的愿望而且还有实施自杀行为的能力。[5]

一　自杀的人际关系理论要素

自杀的人际关系理论认为，一个人尝试或完成自杀需要具备以下三要素：受挫的归属感（thwarted belongingness）、知觉到的负荷感（perceived burdensomeness）和习得的自杀能力（acquired ability of suicide），前二者构成自杀愿望，习得的自杀能力包括不怕死和不怕痛（对死亡痛苦的超强忍受性）两个方面。当一个人既有自杀愿望又习得了自杀能力之后就会实施真正的自杀行为。

1. 受挫的归属感

根据自杀的人际关系理论，受挫的归属感是当个体的归属需要未得到满足时产生的一种痛苦的心理状态。受挫的归属感以孤独感和知觉到的或实际的积极交互关系缺失为特征，具有受挫归属感的个体认为自己

---

① Shneidman, E. S., "Commentary: Suicide as Psychache", *Journal of Nervous & Mental Disease*, 1993, 181, 145–147.

② Ribeiro, J. D., Bodell, L. P., Hames, J. L., Hagan, C. R., & Joiner T. E., "An Empirically Based Approach to the Assessment and Management of Suicidal Behavior", *Journal of Psychotherapy Integration*, 2013, 1–10.

③ Cavanagh, J. T., Carson, A. J., Sharpe, M., & Lawrie, S. M., "Psychological Autopsy Studies of Suicide: A Systematic Review", *Psychological Medicine*, 2003, 33, 395–405.

④ Bostwick, J. M., & Pankratz, V. S., "Affective Disorders and Suicide Risk: A Reexamination", *The American Journal of Psychiatry*, 2000, 157, 1925–1932.

⑤ Van Orden, K. A., Witte, K., Cukrowicz, K. C., Braithwaite, S. R., Selby, E. A., Joiner, T. E., "The Interpersonal Theory of Suicide", *Psychological Review*, 2010, 117 (2), 575–600.

与他人缺乏重要的联系以及与他人有意义的关系丧失了。各种与自杀相关的社会疏离指数——独居、孤独和低社会支持都与生命全程中的自杀有关，这些都是归属需要未得到满足的指标。

自杀的人际关系理论认为，受挫的归属感包括两个人际功能维度，即孤独和相互照应关系缺失。孤独是一种情感上的负载认知，即认为自己的社会关系缺失。例如，个体在表达孤独这一心理状态时会说，"我如今没有如意的社会互动"或者"我感觉自己与别人失去联系"。根据自杀的人际关系理论的观点，孤独感包含六个可以引发致命自杀行为的观察变量：自我报告的孤独、抱团效应（pulling together effect）、问候信函干预（通过长期或追踪的方式增加社会联络，以降低孤独感和自杀风险的干预方式）、季节变换、婚姻及孩子和朋友的数量、独居及报告的社会支持缺乏。受挫感的第二个维度是相互照应关系的缺失。个体的归属需要具有正性的情感特征并且必须发生于支持性的情境，否则，就不合乎相互照应的标准。未有相互照应关系的个体，在表达其心理体验时会说，"我不能给他人以支持"或"在我需要帮助时，我没有人可以求助"。相互照应关系的缺失会产生以下六个可导致致命自杀行为的观测变量：社会退缩、开放性低、单独羁押、家庭暴力、儿童虐待和家庭关系失调。

自杀的人际关系理论认为，受挫的归属感是一种动力性的认知情感状态而不是一种稳定的特质，它同时受到人际间和个体内部因素的影响。这些因素包括真实的人际氛围（如社会网络中的个体数量）、激活的人际图式（如把他人的行为解释为拒绝的倾向）以及当前的情绪状态（如抑郁的心境）。由此不难看出，个体的归属感水平可能会不时地发生变化。

2. 知觉到的负荷感

知觉到的负荷感是一种无效感和不胜任感，也是一种认为自己给别人"拖后腿"的错觉。在这种情形下，个体知觉到的负荷一般不是实际的负荷，而是由个体的内部无效性归因导致的认知歪曲。知觉到负荷感的人通常认为自己的存在是家庭、朋友、社会的负担，于是萌生"我死了对家庭、朋友、社会更有利"的想法。如癌症患者等具有慢性躯体疾病的人，由于疾病导致了经济等方面的损失，患者往往把自己视为他人的负担。① 必须指出的是，这是一种非常致命的错觉。

知觉到的负荷感以自我讨厌和认为自己死了比活着更有价值的信念为特征。自杀的人际关系理论认为，知觉到的负荷感包含两个人际功能维度——自己是别人的负债（liability）的信念和自我讨厌（self – hatred）的情感认知。知觉到负荷感的个体在表达其负债心理状态时会说"我把别人的事情搞得更糟"，在表达自我讨厌的心理状态时会说，"我讨厌我自己"或"我是个无用的人"。与受挫的归属感一样，知觉到的负荷感的两个维度也包括一系列能引发致命自杀行为的观测变量。负债维度的影响指标主要有：失业困扰、监禁困扰、无家可归、严重躯体疾病。自我讨厌维度的影响指标主要有：低自尊、自责和羞愧。知觉到的负荷感也是一种动力性的认知情感状态，因此，个体知觉到的负荷感可能也会因时间和人际关系的变化而变化。

3. 习得的自杀能力

习得的自杀能力是自杀的人际关系理论中最为关键的一个要素，它决定了个体习得致命性自杀能力的状况（即谁会去自杀）。众所周知，自杀行为是一种令人恐惧和痛苦的行为，根据自杀的人际关系理论，仅自杀愿望不足以引发自杀行为，个体还必须克服自杀所带来的痛苦以及对死亡的恐惧。自杀愿望之所以不是致命性自杀行为的充分条件，简单地讲，就是因为自杀不是一件容易的事，很少有人天生就对自杀行为没有恐惧感。从进化心理学角度看来，自我保护的本能会使这种威胁生命的行为难以付诸实施。这也说明了为什么许多人都拥有自杀观念，而尝试自杀或自杀身亡者却为之甚少的缘故。

习得的自杀能力包括两个潜变量——对自杀恐惧的降低和躯体痛苦忍受性的提高。对自杀的恐惧是个体不敢实施自杀行为的原因之一。与有过严重自杀观念并实施过自杀行为的人相比，有过严重自杀观念但未实施自杀的人，其死亡恐惧水平更高。② 自杀不仅是一件令人恐惧的事

---

① McPherson, C. J., Wilson, K. G., & Murray, M. A., "Feeling Like a Burden: Exploring the Perspectives of Patients at the End of Life", *Social Science & Medicine*, 2007, 64, 417 – 427.

② Linehan, M. M., Goodstein, J. L., Nielsen, S. L., & Chiles, J. A., "Reasons for Staying Alive When You are Thinking of Killing Yourself: The Reasons for Living Inventory", *Journal of Consulting and Clinical Psychology*, 1983, 51, 276 – 286.

情，而且还是一件非常痛苦的事情。与其他非自杀的精神病人及社区中的普通人相比，最近有过自杀行为的人，对躯体痛苦的忍受性更高。① 最近有过自杀行为的人对痛苦的忍受性甚至比意外受伤的急诊室病人更高。② 为此，习得的自杀能力可视为是个体对死亡恐惧和死亡痛苦的适应过程。

4. 受挫的归属感、知觉到的负荷感与习得的自杀能力之间的关系

受挫的归属感和知觉到的负荷感是两个相关而又独立的结构。③ 自杀的人际关系理论认为，自杀愿望是由于个体的人际需求未得到满足而引发的归属感受挫以及社会胜任需求未得到满足而产生的知觉到的负荷感共同作用的结果。根据这一理论框架，当受挫的归属感和知觉到的负荷感同时出现时，就会形成自杀愿望，以此作为逃避绝望、情绪和躯体痛苦或不如意的个人环境的方式。④ 当上述两种状态独自出现时会增加形成消极自杀观念的风险；而只有当受挫的归属感和知觉到的负荷感同时出现，并且个体认为这是一种稳定而难以改变的状态时，才会形成积极的自杀观念。Van Orden 等（2008）⑤ 的研究表明，知觉到的负荷感和受挫的归属感的交互作用比年龄、性别和抑郁症状更能显著预测自杀观念，说明这两个风险因素的结合会引发个体特别高的自杀风险。

---

① Orbach, I., Mikulincer, M., King, R., Cohen, D., & Stein, D., "Thresholds and Tolerance of Physical Pain in Suicidal and Nonsuicidal Adolescents", *Journal of Consulting and Clinical Psychology*, 1997, 65 (4), 646–652.

② Ordach, I., Stein, D., Palgi, Y., Asherov, J., HarEven, D., & Elizur, A., "Perception of Physical Pain in Accident and Sucide Attempt Patients: Self–Preservation Versus Self–Destruction", *Journal of Psyciatric Research*, 1996, 30, 307–320.

③ Van Orden, K. A., Witte, T. K., Gordon, K. H., Bender, T. W., & Joiner, T. E., "Suicidal Desire and the Capability for Suicide: Tests of the Interpersonal–Psychological Theory of Suicidal Behavior Among Adults", *Journal of Consulting and Clinical Psychology*, 2008, 76, 72–93.

④ Joiner, T., Conwell, Y., Fitzpatrick, K., Witte, T., Schmidt, N. B., Berlim, M., et al., "Four Studies on How Past and Current Suicidality Relate Even When 'Everything but the Kitchen Sink' is Covaried", *Journal of Abnormal Psychology*, 2005, 114, 291–303.

⑤ Van Orden, K. A., Witte, T. K., Gordon, K. H., Bender, T. W., & Joiner, T. E., "Suicidal Desire and the Capability for Suicide: Tests of the Interpersonal–Psychological Theory of Suicidal Behavior Among Adults", *Journal of Consulting and Clinical Psychology*, 2008, 76, 72–93.

自杀的人际关系理论认为，当个体同时具有受挫的归属感、知觉到的负荷和习得的自杀能力时，那么他就会去尝试自杀甚至会自杀身亡，因为此时他既有自杀的愿望又有实施自杀行为的能力（见图7-1）。

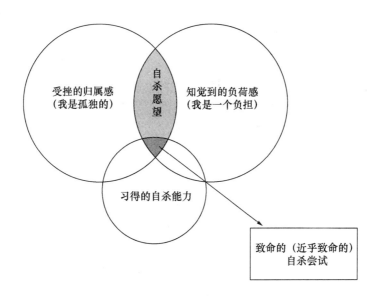

图7-1　自杀的人际关系理论模型①

总之，自杀的人际关系理论突出强调了高自杀风险个体的三大特征：对所爱的人的负荷感、疏离感以及对痛苦和伤害的无畏感。

二　自杀的人际关系理论模型的实证支持

自杀的人际关系理论的提出，引起了美国心理学界的广泛关注，自杀研究者以不同群体的被试对自杀的人际关系理论进行了验证，研究结果支持了 Van Orden 和 Joiner 等（2010）提出的理论模型，为深入理解和探索自杀行为的心理机制提供了实证研究基础。

1. 关于受挫的归属感与自杀风险的实证支持

研究者通过调查研究验证了受挫的归属感对自杀风险的预测效应。

---

① Van Orden, K. A., Witte, K., Cukrowicz, K. C., Braithwaite, S. R., Selby, E. A., Joiner, T. E., "The Iterpersonal Theory of Suicide", *Psychological Review*, 2010, 117 (2), 575 - 600.

Joiner、Hollar 和 Van Orden 等（2006）[①] 发现抱团（pulling together）行为能满足个体的归属需要并降低自杀率。Joiner 及其同事注意到国家危急时刻（如"9·11"事件），当个体抱团时，全国的自杀率往往会下降。类似的假设在体育比赛中也得到了验证。Joiner、Hollar 和 Van Orden（2006）[②] 在研究了奥尔良州立 Buckeys 体育代表团和佛罗里达州立大学 Gators 体育代表团的运动成绩与其粉丝自杀率的关系后表明，运动成绩最差的代表团，其校园周边社区的自杀率越高。

知觉到的社会支持水平和归属感越低则自杀观念和自杀尝试发生的概率越大，独居的人尝试自杀的可能性更大。[③] Hoyer 等（1993）[④] 对女性被试的研究发现，从未结婚的女性其自杀风险最高，其次是已婚但没有小孩的女性，已婚有小孩的女性的自杀风险最低。此外，女性拥有孩子的数量与自杀风险呈负相关关系，拥有孩子的数量越多自杀风险越低，有 5 个以上孩子的女性自杀死亡的风险是孩子较少的女性的 1/5。这说明自杀观念在多方面受到个体人际关系的性质和优势的影响。Conner、Britton、Sworts 和 Joiner（2007）[⑤] 对 131 位美沙酮维持病人的研究发现，低归属感对个体的自杀尝试历史有预测作用。

2. 知觉到的负荷感与自杀风险的实证支持

根据自杀的人际关系理论的观点，个体知觉到的负荷感越高，自杀风险也越高。Van Orden 等（2008）[⑥] 以精神科门诊病人为样本的研究结

---

① Joiner, T. E., Jr., Hollar, D., & Van Orden, K. A., "On Buckeyes, Gators, Super Bowl Sunday, and the Miracle on Ice: 'Pulling Together' is Associated with lower Suicide Rates", *Journal of Social and Clinical Psychology*, 2006, 25, 179 –195.

② Ibid..

③ You, S., Van Orden, K. A., & Conner, K. R., "Social Connections and Suicidal Thoughts and Behavior", *Psychology of Addictive Behaviors*, 2011, 25, 180 –184.

④ Hoyer, G., &Lund, E., "Suicide among Women Related to Number of Children in Marriage", *Archives of General Psychiatry*, 1993, 50, 134 –137.

⑤ Conner, K. R., Britton, P. C., Sworts, L. M., & Joiner, T. E., "Suicide Attempts Among Individuals with Opiate Dependence: The Critical Role of Belonging", *Addictive Behaviors*, 2007, 32, 1395 –1404.

⑥ Van Orden, K. A., Witte, T. K., Gordon, K. W., Bender, H., T., Joiner, T. E., "Suicidal Desire and the Capability for Suicide: Tests of the Interpersonal – Psychological Theory of Suicidal Behavior among Adults", *Journal of Consulting and Clinical Psychology*, 2008, 76 (1), 72 – 83.

果表明，病人知觉到的负荷感越高，其临床诊断出的自杀风险确实也越高。Van Orden、Lynam、Hollar 和 Joiner（2006）[①] 对接受心理治疗的门诊病人的研究发现，知觉到的负荷感是自杀尝试和自杀观念的强有力的预测指标，即使在控制了诸如绝望等与自杀高度相关的协变量时也是如此。Van Orden 和 Joiner（2006）在考察佛罗里达州立大学心理诊所的243名成年门诊病人知觉到的负荷感与自杀观念、抑郁和绝望之间关系后，发现知觉到的负荷感是一个显著的预测指标，它与绝望对自杀行为有预测效力。Kathy 和 DeMond 等（2012）[②] 的研究表明，知觉到的负荷感是适应不良的完美主义和自杀观念的中介变量。因为完美主义个体往往会为自己设置不切实际的高标准以至于不能达到目标，任务目标失败以后，产生的无能感或不胜任感使个体把自己知觉为他人的负担。知觉到的负荷感是完美主义产生自杀观念机制的一部分。这一结果为知觉到的负荷感是自杀观念的预测指标的论点提供了进一步的实证支持。

3. 习得的自杀能力与自杀风险的实证支持

首先，自杀能力的习得与个体的家庭背景和成长经历密切相关。Rajalin 等（2013）[③] 研究发现，具有家庭成员自杀历史和童年期人际暴力经历的男性自杀尝试者的自杀风险显著更高。Rajalin 等发现具有家庭自杀历史的男性自杀尝试者在自杀前会有详细的自杀计划，自杀尝试的行为也更为极端，回归分析表明家庭自杀历史和童年期的人际暴力经历对男性自杀尝试者有独立的预测作用。Jokinen 等（2010）[④] 则发现儿童期的暴力经历和成年时的暴力行为表达是自杀尝试者自杀既遂的风险因素。类似的研究结果，在美国服役士兵身上也有体现，士兵参与战斗的经历

① Van Orden, K. A., Lynam, M. E., Hollar, D., Joiner, T. E., "Perceived Burdensomeness as an Indicator of Suicidal Symptoms", *Cognitive Therapy and Research*, 2006, 30, 457–467.

② Kathy, A. R., Meredith, L. S., LaRicka, R. W., Collin, L. D., & DeMond, M. G., "Can Perceived Burdensomeness Explain the Relationship between Suicide and Perfectionism?" *Suicide and Life–Threatening Behavior*, 2012, 42 (2), 124–126.

③ Rajalin, M., Hirvikoski, T., & Jokinen, J., "Family History of Suicide and Exposure to Interpersonal Violence in Childhood Predict Suicide in Male Suicide Attempters", *Journal of Affective Disorders*, 2013, 148, 92–97.

④ Jokinen, J., Forslund, K., Ahnemark, E., Gustavsson, J. Petter, N. P., & Asberg, M., "Karolinska Interpersonal Violence Scale Predicts Suicide in Suicide Attempters", *Journal of Clinical Psychiatry*, 2010, 71 (8), 1025–1032.

越长，对死亡的恐惧越低。[①] Nickerson 和 Slater（2009）[②] 研究指出，手持武器、在校受到威胁或伤害、财产被偷或被毁以及斗殴都是男生和女生自杀行为的预测指标。

其次，个体先前的自我损毁行为和自杀尝试对自杀风险具有正向预测作用。Ireland 和 York（2012）[③] 研究发现，实施自我损毁行为的能力对自我伤害行为和自我伤害认知有预测作用。有过自杀尝试的人将来会采取更极端的自杀形式，但是其他变量对此现象不能做出解释。[④] 其他研究也得出了一致的结论，即认为尽管大多数自杀尝试并未导致身亡，但非致命性自杀尝试却是自杀身亡最强有力的预测指标之一。[⑤]

此外，Van Orden 及其同事（2008）[⑥] 发现，先前对痛苦或刺激性环境的体验对习得的自杀能力具有显著的正向预测作用。如海洛因使用者因经常自我注射海洛因使躯体遭受痛苦，不出所料的是，研究发现海洛因使用者的自杀风险比普通人高出近乎14倍。[⑦] Bryan 等（2010）[⑧] 以美国空军服役人员、非军人大学本科生和非军人临床样本为被试，对自杀的人际关系理论进行了验证，结果表明空军服役人员在自杀能力习得

① Bryan, C. J., Ann Marie, H., Sybil, A., & Tracy, C., "Combat Exposure and Suicide Risk in two Samples of Military Personnel", *Journal of Clinical Psychology*, 2013, 69 (1), 64 – 77.

② Nickerson, A. B., & Slater, E. D., "School and Community Violence and Victimization as Predictors of Adolescent Suicidal Behavior", *School Psychology Review*, 2009, 38, 218 – 232.

③ Ireland, J. L., & York, C., "Exploring Application of the Interpersonal – Psychological Theory of Suicidal Behaviour to Self – Injurious Behaviour among Women Prisoners: Proposing a New Model of Understanding", *Nternational Journal of Law and Psychiatry*, 2012, 35, 70 – 76.

④ Joiner, T. E., Van Orden, K. A., Witte, T. K., & Rudd, M. D., *The Interpersonal Theory of Suicide: Guidance for Working with Suicidal Clients*, Washington, DC: American Psychological Association, 2009.

⑤ Joiner, T., Conwell, Y., Fitzpatrick, K., Witte, T., Schmidt, N. B., Berlim, M., et al., "Four Studies on How Past and Current Suicidality Relate Even When 'Everything but the Kitchen Sink' is Covaried", *Journal of Abnormal Psychology*, 2005, 114, 291 – 303.

⑥ Van Orden, K. A., Witte, T. K., Gordon, K. W. Bender, H., T., Joiner, T. E., "Suicidal Desire and the Capability for Suicide: Tests of the Interpersonal – Psychological Theory of Suicidal Behavior among Adults", *Journal of Consulting and Clinical Psychology*, 2008, 76 (1), 72 – 83.

⑦ Darke, S., Ross, J., "Suicide among Heroin Users: Rates, Risk Factors and Methods", *Addiction*, 2002, 97, 1383 – 1394.

⑧ Bryan, C. J., Morrow, C. E., Anestis, M. D., & Joiner, T. E., "A Preliminary Test of the Interpersonal – Psychological Theory of Suicidal Behavior in a Military Sample", *Personality and Individual Differences*, 2010, 48 (3), 347 – 350.

维度上的得分要显著高于非军人大学本科生与非军人临床样本。这个结果与他们的日常军事训练及目睹战友受伤、痛苦、死亡的经历有关。

4. 自杀的人际关系理论三因素交互作用与自杀风险的实证研究

已有研究在分别考察受挫的归属感、知觉到的负荷感和习得的自杀能力三个维度对自杀风险的主效应的同时，发现两因素交互作用与自杀风险之间的关系密切。Van Orden 等（2008）[1] 以大学本科生为被试的研究结果显示，受挫的归属感与知觉到的负荷感二者的交互作用能显著预测大学本科生的自杀愿望，在控制了抑郁症状等协变量之后，二者的交互作用与自杀愿望之间的关系不变。Christensen 等（2013）[2] 的研究结果也得出了类似的结论。

自杀的人际关系理论认为，当个体受挫的归属感、知觉到的负荷感和习得的自杀能力三因素同时出现时个体的自杀风险最高。为此，已有研究也特别关注了这三个因素的交互作用对自杀风险的预测效应。一项旨在评估参与伊拉克自由行动的美国老兵的自杀风险的研究表明，高自杀风险的老兵回国之后经常会体验到一种受挫的归属感、知觉到的负荷感和由于经历战争暴力而产生的习得的自杀能力。[3] Anestis 和 Joiner（2011）[4] 研究指出当个体在自杀的人际关系理论三因素上的得分较高，又面临负性紧急事件时，个体形成自杀观念的时间更短且更有可能寻求痛苦的自我伤害行为。Van Orden 等（2008）[5] 考察成年人知觉到的负

---

① Van Orden, K. A., Witte, T. K., James, L. M., Castro, Y., Gordon, K. H., Braithwaite, S. R., Joiner, T. E., "Suicidal Ideation in College Students Varies across Semesters: The Mediating Role of Belongingness", *Suicide and Life - Threatening Behavior*, 2008, 38, 427 - 435.

② Christensen, H., Batterham, P. J., Soubelet, A., &Mackinnon, A. J., "A Test of the Interpersonal Theory of Suicide in a Large Community - based Cohort", *Journal of Affective Disorders*, 2013, 144 (3), 225 - 234.

③ Brenner, L. A., Gutierrez, P. M., Cornette, M. M., Betthauser, L. M., Bahraini, N., & Staves, P. J., "A Qualitative Study of Potential Suicide Risk Factors in Returning Combat Veterans", *Journal of Mental Health Counseling*, 2008, 30 (3), 211 - 225.

④ Anestis, M. D., & Joiner, T. E., "Examining the Role of Emotion in Suicidality: Negative Urgency as an Amplifier of the Relationship between Components of the Interpersonal - Psychological Theory of Suicidal Behavior and Lifetime Number of Suicide Attempts", *Journal of Affective Disorders*, 2011, 129 (1), 261 - 269.

⑤ Van Orden, K. A., Witte, T. K., Gordon, K. W. Bender, H., T. & Joiner, T. E., "Suicidal Desire and the Capability for Suicide: Tests of the Interpersonal - Psychological Theory of Suicidal Behavior among Adults", *Journal of Consulting and Clinical Psychology*, 2008, 76 (1), 72 - 83.

荷感和习得的自杀能力与自杀风险之间的关系后发现，习得的自杀能力和知觉到的负荷感二者的交互作用对自杀风险具有显著的预测效应。

总之，已有研究通过分别考察两因素的交互作用和三因素的交互作用与自杀风险之间的关系对自杀的人际关系理论进行了验证。研究结果表明两因素之间的交互作用对自杀风险具有显著的预测效应，习得的自杀能力、受挫的归属感和知觉到的负荷感之间的三因素交互作用对自杀行为有预测作用。[①]

三　自杀的人际关系理论的临床应用

自杀的人际关系理论在揭示受挫的归属感、知觉到的负荷感和习得的自杀能力三因素对自杀风险的预测效应的同时，也开发了一系列评估自杀风险的新工具，为心理学临床工作者对自杀风险的干预指明了新的方向。

1. 自杀的人际关系理论为自杀风险评估发展了新的工具

准确的风险评估是自杀干预最为关键的一步。通过风险评估能够确认患者的风险因素和保护因素，为此研究者在发展自杀的人际关系理论的同时，也开发了相应的评估工具。Kimberly A. 和 Van Orden 等（2008）在探究自杀愿望/行为的过程中开发的《人际需求问卷》（The Interpersonal Needs Questionnaire，INQ）现在已成为一种自杀风险评估工具。INQ 是一个采用 Likert 7 点计分的自陈式量表，主要测量个体当前的受挫归属感和知觉到的负荷感，其中受挫的归属感分量表的内部一致性系数为 0.85，知觉到的负荷感分量表的内部一致性系数为 0.89。INQ 共有 25 个项目，其中 10 个项目用来评估受挫的归属感（如近段时间有人关心我）；另外 15 个项目用来测量知觉到的负荷感（如近段时间我感觉自己是他人的负担），个体在每个维度上得分越高，风险越大。Van Orden 和 Joiner 等人（2012）[②] 分别以年轻成年人 vs 年长成年人和临床样本 vs 非临床样本对

---

① Joiner, T. E. , Van Orden, K. A. , Witte, T. K. , & Rudd, M. D. , *The Interpersonal Theory of Suicide: Guidance for Working with Suicidal Clients*, Washington, DC: American Psychological Association, 2009.

② Van Orden, K. A. , Cukrowicz, K. C. , Witte, T. K. , & Joiner, T. E. , "Thwarted Belongingness and Perceived Burdensomeness: Construct Validity and Psychometric Properties of the Interpersonal Needs Questionnaire", *Psychological Assessment*, 2012, 24, 197–215.

INQ 量表进行多群体验证，发现 INQ 适用于跨群体样本。与其他专门评估自杀观念的性质和严重性的工具相比，INQ 作为一个有价值的自杀评估工具在自杀风险评估中具有独特的应用前景。INQ 能通过评估产生自杀观念的直接原因确定干预措施（如协助病人增加社会支持和拨打危机求助热线等）。此外，有的病人因害羞或者害怕强制住院而不愿报告自杀观念，但他们更有可能通过 INQ 准确地报告自己的想法和感受。[1]

在开发 INQ 之前，Bender、Gordon 和 Joiner（2007）[2] 就已经研究开发了痛苦性刺激事件问卷（Painful and Provocative Events Scale，PPES）和习得的自杀能力问卷（Acquired Capability for Suicide Scale，ACSS）。PPES 是用来评估个体经历过的痛苦和刺激性事件的数量的。PPES 是一个有着10 个项目的自陈式评分量表，询问个体经历某种事件的次数，如对抗性体育运动、射击及故意伤害动物行为等，PPES 的克隆巴赫系数为 0.90。ACSS 是专门用以评估个体实施致命性自我伤害行为的能力以及对致命性自我伤害行为的无畏程度，如"大多数人害怕的我却不害怕"，"我比大多数人更能忍受痛苦"。ACSS 共有 5 个项目，克隆巴赫系数为 0.71。如今，INQ、ACSS 和 PPES 三个问卷已成为评估自杀风险的高频工具。[3][4][5][6]

① Van Orden, K. A., Witte, T. K., Gordon, K. H., Bender, T. W., Joiner, T. E., "Suicidal Desire and the Capability for Suicide: Tests of the Interpersonal – Psychological Theory of Suicidal Behavior among Adults", *Journal of Consulting and Clinical Psychology*, 2008, 76, 72 – 93.

② Bender, T. W., Gordon, K. H., & Joiner, T. E., *Impulsivity and Suicidality: A Test of the Mediating Role of Painful Experiences*, Unpublished Manuscript, 2007.

③ Bryan, C. J., "The Clinical Utility of a Brief Measure of Perceived Burdensomeness and Thwarted Belongingness for the Detection of Suicidal Military Personnel", *Journal of Clinical Psychology*, 2011, 67 (10), 981 – 992.

④ Bryan, C. J., Ann Marie, H., Sybil, A., & Tracy, C., "Combat Exposure and Suicide Risk in Two Samples of Military Personnel", *Journal of Clinical Psychology*, 2013, 69 (1), 64 – 77.

⑤ Van Orden, K. A., Cukrowicz, K. C., Witte, T. K., & Joiner, T. E., "Thwarted Belongingness and Perceived Burdensomeness: Construct Validity and Psychometric Properties of the Interpersonal Needs Questionnaire", *Psychological Assessment*, 2011, 24 (1), 197 – 215.

⑥ Breshears, R. E., Brenner, L. A., Harwood, J. E., & Gutierrez, P. M., "Predicting Suicidal Behavior in Veterans with Traumatic Brain Injury: The Utility of the Personality Assessment Inventory", *Journal of Personality Assessment*, 2010, 92 (4), 349 – 355.

2. 自杀的人际关系理论为自杀风险干预指明了新的方向

主要的自杀风险和脆弱性因素明确之后，必须运用适当的干预策略对这些风险和脆弱性因素进行管理。自杀的人际关系理论对自杀进行干预的逻辑是，只要知觉到的负荷感、受挫的归属感和习得的自杀能力这三个因素中，至少有一个因素的得分显著降低，那么自杀风险也会随之降低。相对而言，知觉到的负荷感和受挫的归属感更具动态性和可塑性，为此，关注这两个因素可以有效降低个体的自杀风险。[1] Joiner、Van Orden、Witte 和 Rudd（2009）[2] 基于自杀的人际关系理论提出的临床干预策略认为，通过消除或降低受挫的归属感和知觉到的负荷感可以降低患者的自杀风险。换言之，受挫的归属感和知觉到的负荷感的变化是临床实践和临床目标（如降低自杀风险、降低自杀观念或消除自杀行为）之间的行动机制（或中介变量）。与自杀的人际关系理论模型一致，即使少量的社会关系（如对那些拒绝治疗的高自杀风险患者以邮寄信件的形式表达关注和关心）也被证明是自杀风险干预的良药。[3] Marnin J. Heisel 等（2009）[4] 用人际心理治疗（IPT）对高自杀风险的老年门诊病人进行为期 16 周的干预，结果显示，被试的自杀观念、死亡观念和抑郁症状明显减轻。Gordon 等（2011）[5] 对遭受红河洪水的 Fargo 地区的 210 名大学生

---

① Ribeiro, J. D., Bodell, L. P., Hames, J. L., Hagan, C. R., & Joiner, T. E., "An Empirically Based Approach to the Assessment and Management of Suicidal Behavior", *Journal of Psychotherapy Integration*, 2013, 1 – 10.

② Joiner, T. E., Van Orden, K. A., Witte, T. K., & Rudd, M. D., *The Interpersonal Theory of Suicide: Guidance for Working with Suicidal Clients*, Washington, DC: American Psychological Association, 2009.

③ Fleischmann, A., Bertolote, J. M., Wasserman, D., Leo, D. D., Bolhari, J., & Botega, N. J., et al., "Effectiveness of Brief Intervention and Contact for Suicide Attempters: A Randomixed Controlled Trial in Five Countries", *Bulletin of the World Health Organisation*, 2008, 86 (9), 703 – 709.

④ Heisel, M. J., Duberstein, P. R., Talbot, N. L., King, D. A., & Tu, X. M., "Adapting Interpersonal Psychotherapy for Older Adults at Risk for Suicide: Preliminary Findings", *Professional Psychology: Research and Pratice*, 2009, 40 (2), 156 – 164.

⑤ Gordon, K. H., Bresin, K., Dombeck, J., Routledge, C., & Wonderlich, J. A., "The Impact of the 2009 Red River Flood on Interpersonal Risk Factors for Suicide", *Crisis*, 2011, 32 (1), 52 – 55.

研究发现，被试在洪灾中自愿救灾的时间越长，个体的归属感越强，人际负荷感越低。这说明个体在自然灾害中与他人共渡难关会降低与自杀愿望相关的风险因素。为此，在进行灾难心理干预时，鼓励灾民积极开展生产自救或互帮互助也不失为一种有效的心理干预方式。

自杀能力一旦习得就成了一种稳定的特质，不会轻易发生改变，并且它在任何一种自杀风险因素（如抑郁症状、社会疏离和家庭冲突）出现时，都会增加患者的自杀风险，所以，习得的自杀能力被认为是影响治疗效果的调节变量。目前对习得的自杀能力的干预办法不多，主要是限制个体接触致命的自杀手段和减少刺激性事件体验，以阻止自杀能力的习得，并达到降低自杀率。

四　我们的建议

自杀的人际关系理论以其独到的视角解释了"为什么在自杀风险非常高的群体中，仅有小部分人会自杀身亡？"这一十分吊诡的社会现象，为我们理解和预防人类的自杀行为提供了新的理论框架和应对策略。然而，作为一种新近提出的理论，未来关于自杀的人际关系理论的研究还有一些需要加强和改进的地方。

一是关于自杀的人际关系理论的研究设计有待进一步完善。已有研究基本都采用了横向研究设计，即只对被试的某一时间点的自杀风险进行评估，显然，这种研究设计不利用考察变量之间的因果关系，亦不能考察自杀风险在一段时间内是如何发展演化的。因此，未来研究应开展纵向研究设计，以深入理解各因素之间的交互作用，并对一段时间内的各种效应进行追踪比较。

二是关于自杀的人际关系理论的跨文化有待进一步拓展。自杀的人际关系理论是由美国学者提出来的，目前也主要在美国的人群中得到了验证，如军队服役人员、退伍老兵、社区人员、大学生、精神科自杀患者、服刑人员和老年人等。①②③④⑤⑥ 因样本特征和样本规模原因，研究结果的外部效度难免会受到影响。Hjelmeland（2010）⑦ 指出社会文化背景对人的生活至关重要，如果我们要理解自杀者及其自杀行为，我们绝对应该考虑文化背景。已有研究发现知觉到的负荷感比受挫的归属感能解释更大的变异。⑧ 因此，要进一步验证该理论的外部效度，未来研究应考虑提高样本的代表性问题，以揭示各种不同种族、不同国家、不同文化背景群体的自杀风险在自杀的人际关系理论框架下表现出的相似性和差异性。

　　三是关于自杀的人际关系理论的作用机制有待进一步探索。首先要明确能调节受挫的归属感、知觉到的负荷感和习得的自杀能力三因素对自杀风险的预测变量。Garza 和 Pettit（2010）⑨ 的研究发现，知觉到的负荷感对女性自杀风险的预测更为明显。这是否说明性别在知觉到的负荷

　　① Helen, C., Batterham, P. J., Andrea, S., & Mackinnon, A. J., "A Test of the Interpersonal Theory of Suicide in a Large Community – Based Cohort", *Journal of Affective Disorders*, 2013, 144（3）, 225 – 234.

　　② Jahn, D., Cukrowicz, K., Linton, K., & Prabhu, F., "The Mediating Effect of Perceived Burdensomeness on the Relation between Depressive Symptoms and Suicidal Ideation in a Community Sample of Older Adults", *Aging Mental Health*, 2011, 15, 214 – 220.

　　③ Joiner, T. E., Van Orden, K. A., Witte, T. K., & Rudd, M. D., *The Interpersonal Theory of Suicide: Guidance for Working with Suicidal Clients*, Washington, DC: American Psychological Association, 2009.

　　④ Mia, R., Tatja, H., & Jussi, J., "Family History of Suicide and Exposure to Interpersonal Violence in Childhood Predict Suicide in Male Suicide Attempters", *Journal of Affective Disorders*, 2012, 148, 92 – 97.

　　⑤ Bryan, C. J., Morrow, C. E., Anestis, M. D., & Joiner, T. E., "A Preliminary Test of the Interpersonal – Psychological Theory of Suicidal Behavior in a Military Sample", *Personality and Individual Differences*, 2010, 48（3）, 347 – 350.

　　⑥ Van Orden, K. A., Witte, T. K., James, L. M., Castro, Y., Gordon, K. H., Braithwaite, S. R., Joiner, T. E., "Suicidal Ideation in College Students Varies Across Semesters: The Mediating Role of Belongingness", *Suicide and Life – Threatening Behavior*, 2008, 38, 427 – 435.

　　⑦ Hjelmeland, H., "Cultural Research in Suicidology: Challenges and Opportunities", *Suicidology Online*, 2010, 1, 34 – 52.

　　⑧ Van Orden, K. A., Witte, T. K., Gordon, K. H., Bender, T. W., & Joiner, T. E. Jr., "Suicidal Desire and the Capability for Suicide: Tests of the Interpersonal – Psychological Theory of Suicidal Behavior among Adults", *Journal of Consulting and Clinical Psychology*, 2008, 76, 72 – 93.

　　⑨ Garza M. J., Pettit J. W., "Perceived Burdensomeness, Familism, and Suicidal Ideation Among Mexican Women: Enhancing Understanding of Risk and Protective Factors", *Suicide and Life – Threatening Behavior*, 2010, 40, 561 – 573.

感与自杀风险的因果联系之间存在一定程度的调节效应？除了人口学变量外，绝望、焦虑、抑郁、睡眠障碍、物质滥用及创伤后应激障碍等与自杀高相关的变量在受挫的归属感、知觉到的负荷感和习得的自杀能力三因素与自杀风险之间又存在怎样的作用机制呢？这些问题都需要在今后的研究中进一步探索和确认。此外，为了能对自杀风险进行便捷而有效的评估和干预，今后应该尽可能多地挖掘三因素（知觉到的负荷感、受挫的归属感和习得的自杀能力）上的观测指标。

四是关于自杀的人际关系理论的干预方案有待进一步深化。自杀的人际关系理论最常用的临床干预技术主要有：认知重构技术（cognitive restrucring techniques）和希望盒（hopebox），前者主要通过改变患者不合理甚至错误的认知来改善其受挫的归属感和知觉到的负荷感，后者则是在盒内放置能激发患者积极生活体验、个人价值、生存意义的物品以及可利用的社会支持和人际关系资源，当个体遇上危机或感到绝望时，通过回顾盒内的物品或利用盒内的资源便可以增强其归属感减轻其负荷感。尽管上述方法具有一定的临床疗效，但完全忽视了对习得的自杀能力的干预。因此，为了充分挖掘和利用自杀的人际关系理论的临床价值，今后还应根据该理论所揭示的自杀心理机制开发一套系统而完整的危机应对方案，包括应对策略、治疗技术、减少接触致命手段的举措、社会支持资源和心理健康资源的联络等，使之成为集干预策略和干预技术于一身，融自我调适与专业辅导于一体的全方位、多层次的自杀干预方案。

第三节　社会转型：以北京高校为例的大学生自杀成因与对策

自杀已成为全社会关注的重大公共卫生问题。据世界卫生组织统计，全世界每年大约有 100 万人死于自杀。据我国卫计委统计，全国每年有 25 万人自杀死亡，200 万人自杀未遂。自杀已经成为仅次于心脑血管病、恶性肿瘤、呼吸系统疾病和意外死亡的第五大死因，成为我国 15—34 岁人群死亡的首要原因。每一起自杀身亡的案例对一个家庭来说都是持久的伤痛，而那些自杀未遂导致残疾的人也给家庭和社会添加了巨大的负担。可以说，自杀不仅严重威胁公众健康和家庭幸福，而且影响社会和经济的和谐协调发展。在这些自杀案例中，有一个群体的自杀现象尤其受到大众和学者的关注，这就是大学生自杀。近年来，有关大学生自杀的报道屡屡见诸报端，已成为社会关注的焦点问题。一个年轻生命的逝去，不仅给家庭和社会带来巨大的心理创伤，也给人们带来很多思考：大学生为什么要舍弃如花的生命？如何预防自杀发生？本节以近五年北京地区高校数据为例，描述大学生自杀的现状，探索大学生自杀的原因及风险因素，反思预防及干预大学生自杀危机的策略，特别是关注研究生以及大中小学生心理健康教育的衔接问题。

一　大学生自杀的现状

1. 自杀人群

近 5 年来，北京地区大学生自杀人数为 116 人，其中男生 74 人，女生 42 人，男生人数要多于女生，两者比例达到 1.76∶1（见图 7 - 2）。之前有研究对 1991—1995 年北京八所高校大学生的自杀情况进行了调查，发现大学生自杀的男女比例为 1.37∶1。[①] 在我们的研究中，男生自杀的人数同样高于女生，但男生自杀比例远高于以往研究。这反映了男生在实施自杀时更倾向于选择更高致死性、更为激进的自杀方式，而女生选择的自杀方式更为温和。[②] 另外，男生自杀可能造成更为严重的社会问题。有报道称，2015 年 6 月，哈尔滨某高校一男生将前女友杀死后跳楼身亡。在人们的印象中，"男子汉"似乎有着更为坚强的性格，但根据我们的调查结果，男生的心理健康状况十分堪忧。

根据每年本专科和硕博研究生的人口基数，分别计算本专科和硕博研究生的自杀率，从总体和发展态势看，近五年硕博研究生的自杀率不断攀升（见图 7 - 3）。一方面，研究生的扩招大大提高了在校研究生的数量，使研究生不再是高等教育中的凤毛麟角；另一方面，研究生自身的发展阶段也使其有不同于大学生的心理特点。研究者认为，研究生面临着学业压力、人际交往压力、就业与事业成就压力、婚恋压力、经济压

---

① 崔玉华、方明昭：《大学生自杀者社会心理因素和临床特点》，《中国临床心理学杂志》1998 年第 3 期，第 177—179 页。

② 陈军、王润、杨汝鹏等：《180 例自杀死亡者自杀方式及其自杀环境的法医学回顾性研究》，《现代生物医学进展》2012 年第 18 期，第 3559—3565 页。

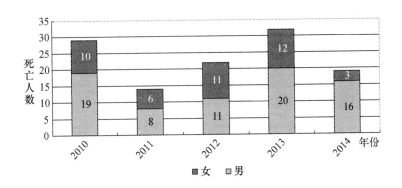

图 7 - 2　2010—2014 年北京高校学生自杀基本情况

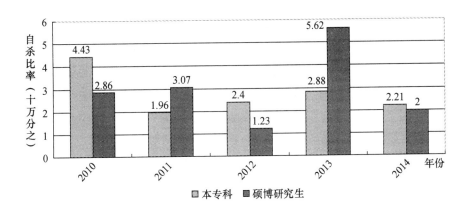

图 7 - 3　2010—2014 年北京高校不同学历学生的自杀率

力、生活压力等①，这些压力都可能成为导致研究生自杀的应激来源。

2. 自杀方式

如图 7 - 4 所示，大学生主要选择高坠的方式结束生命，这主要与环境中自杀工具的可获得性或工具的普遍使用有关。如某些高校自从建设高楼后自杀现象增多，而自杀药物的难以获得导致采用服药方式自杀的人数较少。又如我国农村妇女主要采用服用农药的方式自杀，其他国家也是如此。在美国，由于枪支比较容易获得，使用枪支自杀的人数较多；而男性较女

---

① 俞国良：《现代心理健康教育——心理卫生问题对社会的影响及解决对策》，人民教育出版社 2007 年版，第 295—321 页。

性更倾向于用枪支自杀也是由于男性更容易接触枪支。因此，严格控制大学生对自杀工具的可获得性，可能也是减少自杀风险的重要方法。

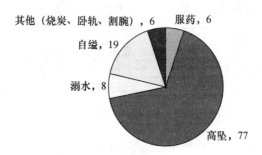

图 7-4 2010—2014 年北京高校学生的自杀方式（单位：人）

二 大学生自杀的影响因素

大学生为什么会自杀？通过心理解剖的方法，对自杀死亡者的辅导员、宿舍同学、学校的心理健康教育教师进行访谈，获得死者生前的相关信息，重构其生前的生活状况，推测死者的自杀原因。如图 7-5 所示，大学生自杀的原因主要包括家庭压力、精神疾病、学业压力、经济压力、性格因素、人际关系等。可以将上述原因归纳为个体因素和环境因素。

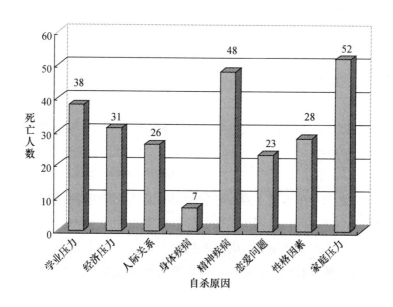

图 7-5 2010—2014 年北京高校学生自杀的原因

1. 自杀的个体因素

第一，掩盖在微笑中的抑郁。

在北京高校近五年的自杀者中，精神疾病成为导致其自杀的主要原因。自杀死亡的大学生多数处于抑郁状态，包括医院确诊的抑郁症和根据心理解剖推测的疑似抑郁症。在很多因抑郁自杀的案例中，令教师和同学震惊的是，死者生前往往表现优秀，阳光开朗，积极向上，面带微笑，可称为"微笑型"抑郁或"阳光型"抑郁。患者人前光彩照人，人后孤独自闭。对别人的评价过于敏感，面临压力时不愿意放弃"尊严"，拒绝求助；刻意掩饰自己的情绪，掩饰内心极度的无价值感和深深的自卑感。正如一位自杀者在遗言中说："以后我可以不用再伪装自己，这种生活太累了……"大量研究表明，抑郁情绪在应激生活事件和自杀意念之间发挥中介作用[1][2][3]，这提示我们要对有抑郁倾向的大学生给予更多关注。但是，抑郁症具有一定的隐蔽性，不易被人发现，往往到发现时为时已晚。

第二，理想信念的错位。

在社会上重利轻义、重物质轻精神、重现实轻理想的思潮影响下，有些大学生理想信念错位，人生价值观异化，精神世界贫瘠。将学习成绩好坏、超过别人、找到好工作、赚更多的钱、拥有美满爱情等，作为唯一的人生追求目标，一旦没有实现，就会导致心理失衡，悲观消极；或认为人生无望，消极厌世，甚至放弃生命。可以认为，自杀反映了个体认为物质与现实的价值超越了生命的价值。生命价值观这一概念指个体对生命价值的认识。[4] 研究表明，拥有积极生命价值观的个体更不易产生自杀意念。[5] 如果大学生将某物作为生命唯一的价值，而忽视了生命本

① 朱坚、杨雪龙、陈海德：《应激生活事件与大学生自杀意念的关系：冲动性人格与抑郁情绪的不同作用》，《中国临床心理学杂志》2013年第2期，第229—231页。

② 焦彬、陆静文、杨思等：《应激性生活事件、认知情绪调节、抑郁与自杀意念关系的结构方程模型》，《中国临床心理学杂志》2010年第4期，第480—482页。

③ 陈冲、洪月慧、杨思：《应激性生活事件、自尊和抑郁在自杀意念形成中的作用》，《中国临床心理学杂志》2010年第2期，第190—191页。

④ 芮雪、姚本先：《大学生生命价值观的研究：现状、问题及趋势》，《中国德育》2008年第3期，第89—91页。

⑤ 胡月、樊富珉、戴艳军等：《大学生生活事件与自杀意念：生命价值观的中介与调节作用》，《中国临床心理学杂志》2016年第1期，第149—151页。

身的价值，则在受挫时容易实施自杀。

第三，人格的缺陷。

人格缺陷也是导致自杀的重要风险因素。有些大学生性格内向孤僻，敏感多疑，容易陷入焦虑与绝望的陷阱；有些大学生过于争强好胜，追求完美，极端的自我中心主义；他们思维缺乏灵活性，过分认真、偏执；情绪不稳定，暴躁易怒，易冲动等。这些人格缺陷，使他们难以有效应对生活、学习中的困难挫折，在个人感到极度孤独无助时，自杀便成为解决问题的唯一方式。研究表明，外倾性人格、神经质性人格[①]、完美主义人格[②]、攻击型人格、冲动型人格[③]等人格特征都能对自杀产生预测作用。

2. 自杀的环境因素

一是来自家庭的压力。

第一，孩子被工具化。在某些家庭中，父母在爱的名义下，对孩子过度关注和控制，期望值过高，甚至把孩子作为实现自己理想或满足自己欲求的工具。只允许孩子像牡丹一样雍容地绽放，却不允许野百合也有春天；只激励孩子追求高学历、高收入、高地位，却忽略了其自由的意志、独特的禀赋和才华。父母看不到孩子的感受和存在，孩子感受不到父母的心理支持，从而缺乏自我价值感，导致自罪、自责、自我否定，甚至为了反抗父母的安排或攻击父母的决定而放弃生命。研究表明，不良的教养方式更易使学生产生自杀意念。[④] 第二，家庭爱的缺位。研究表明，家庭结构特征和家庭关系特征对青少年的自杀意愿和自杀行为均有显著的预测作用，离异家庭和关系恶劣家庭中的青少年具有更高的自杀

---

① Blüml V., Kapusta N. D., Doering S., et al., "Personality Factors and Suicide Risk in a Representative Sample of the German General Population", *PLOS ONE*, 2013, 8 (10): e76646.

② O'Connor R. C., "The Relations between Perfectionism and Suicidality: A Systematic Review", *Suicide and Life - Threatening Behavior*, 2007, 37 (6): 698 - 714.

③ Giegling I., Olgiati P., Hartmann A. M., et al., "Personality and Attempted Suicide: Analysis of Anger, Aggression and Impulsivity", *Journal of Psychiatric Research*, 2009, 43 (16): 1262 - 1271.

④ 肖三蓉、袁一萍：《高职大学生自杀意念与自尊、父母教养方式的关系》，《中国健康心理学杂志》2005 年第 5 期，第 385—388 页。

可能性。① 自杀者的原生家庭往往存在很多问题：夫妻关系冷漠、隐性离婚或婚姻破裂，孩子成为家长的累赘，或者成为夫妻一方制约及惩罚另一方的工具。在这些家庭中，孩子充满不安全感和被抛弃感，内心孤独自闭，不会主动寻求他人帮助等。当生活中遭遇挫折时，难免会走上绝路。如某大学生在父母离婚后随母亲生活，由于该学生是父亲家族中唯一的男孩，经常成为双方家族争夺利益、相互牵制的工具，导致该学生对常态化"夹板"生活绝望，自杀身亡。

二是当学业不再成为荣耀。

近五年北京地区自杀死亡大学生的案例中，"211"类重点高校的自杀人数为 90 人，普通高校死亡人数 26 人。也有研究者认为，在考虑学生总数的情况下，一本类高校学生的自杀率要远高于其他高校。② 在公众眼中，这些能进入重点高校的学生是真正的天之骄子，是家族、学校的希望和荣耀。他们在中学就有很强的优越感，受到同学的膜拜和教师的格外关注，但是，当他们进入重点高校后，面对同样优秀的同学，会产生较大的心理落差。尤其是当学习上出现压力时，如不喜欢自己的专业，学习考试中出现"挂科"等现象，支撑自我价值感的"大厦"顷刻间就会出现崩塌，导致对现实的沮丧、失望、绝望而自杀。调查发现，学业压力是家庭压力和精神疾病以外导致大学生自杀的第三大原因。有研究同样发现，学业压力是大学生自杀的最重要诱因之一。③ 重点高校的大学生由于面临着更大的学习压力，更应受到有关部门的重视。

三是社会经济地位较低者的"双重匮乏"。

很多自杀大学生来自社会经济地位较低的家庭，面临着客观和主观上的"双重匮乏感"。即不仅是社会经济资源上的匮乏，而且面临着心理上的匮乏感。研究表明，贫困大学生存在着一定程度的自卑心理、依赖心理和封闭心理④，随着群体中社会经济地位降低，一个人的控制感也会

---

① 彭国胜：《家庭对青少年学生自杀意愿和行为的影响——基于湖南省的实证调查》，《青年研究》2007 年第 7 期，第 16—24 页。

② 李艳兰：《大学生自杀行为与干预研究》，江西人民出版社 2013 年版，第 52—53 页。

③ 杨振斌、李焰：《大学生自杀风险因素的个案研究》，《思想教育研究》2013 年第 8 期，第 96—98、109 页。

④ 李艳兰：《大学生自杀行为与干预研究》，江西人民出版社 2013 年版，第 130—133 页。

下降，而对未来的焦虑感会提升。因心理匮乏感产生的焦虑感也是大学生自杀的诱饵之一。

三 大学生自杀的理论探讨

1. 自杀：应激与素质的共同作用

自杀作为人类社会中的一种普遍现象，受到了研究者的广泛关注。大量研究表明，自杀受到很多因素的影响，如人格与个体差异、认知因素、社会因素、消极生活事件等。[①] Mann 提出的自杀应激—易感模型（stress – diathesis model）认为，自杀的发生不仅仅是由应激因素决定的，同样也会受到个人素质的影响。[②] 具体地说，精神疾病等应激因素是导致自杀的重要影响因素，但在同样的应激条件下一些人会实施自杀，而另一些人不会实施自杀，这就是由于每个人的易感性不同而导致的。应激因素主要是指精神疾病，但同时也包括各种心理社会危机；而素质因素则包含了许多方面，如性别、宗教信仰、基因、童年经历、心理社会支持系统、高致死性自杀方式的可得性以及胆固醇水平等。应激—易感模型非常重视个人素质在自杀过程中的作用。该理论认为，最终实施自杀的精神疾病患者与没有实施自杀的精神疾病患者在个人素质上有两点区别：第一，实施自杀的精神疾病患者会体验到更多的主观抑郁感和绝望感，以及更为强烈的自杀意念；第二，实施自杀的个体通常有着更强的攻击性和冲动性。[③] 应激因素和素质因素的共同作用导致了自杀的发生，但应激因素和素质因素对自杀的影响不是静态的，而是一种动态的交互作用。研究者认为，在应激因素和素质因素影响自杀的交互作用中存在着一种"点燃效应"（kindling effect），应激的重复出现会使神经元发生变化从而使个体对应激更为敏感，一个很小的应激就可能就会引发自杀。[④]

---

① O'Connor R. C., Nock M. K., "The Psychology of Suicidal Behaviour", *The Lancet Psychiatry*, 2014, 1 (1)：73 – 85.

② Mann J. J., Waternaux C., Haas G. L., et al., "Toward a Clinical Model of Suicidal Behavior in Psychiatric Patients", *American Journal of Psychiatry*, 1999, 156 (2)：181 – 189.

③ Mann J. J., "A Current Perspective of Suicide and Attempted Suicide", *Annals of Internal Medicine*, 2002, 136 (4)：302 – 311.

④ Van Heeringen K., "Stress – Diathesis Model of Suicidal Behavior", in Dwivedi Y. (ed.), *The Neurobiological Basis of Suicide*, Boca Raton：CRC Press, 2012：113 – 123.

　　除了应激因素和个人素质对自杀的作用外，应激—易感模型也强调保护性因素在其中的作用。广义的应激—易感模型认为，自杀是应激因素、保护性因素与个体素质三者之间相互影响的过程，保护性因素包括了家庭、社会、文化等因素。[①] Mann 非常重视生存理由（reasons for living）在自杀过程中所发挥的保护作用，他认为生存理由能够防止重症抑郁症患者自杀。[②] 在国内，有研究者在大学生群体中对生存理由问卷（Reasons for Living Inventory，RFL）中文版进行了修订[③]，并发现生存理由在压力性生活事件与自杀意念之间发挥着补偿、中介及调节作用。[④] 这一研究表明，对中国大学生群体而言，生存理由作为一种"信念系统"[⑤]能够在预防大学生自杀中发挥重要作用，增强大学生生命导向的信念与期望能够减少自杀的发生。

　　除了个体所持有的生存理由之外，许多社会因素如家庭环境[⑥]、社会支持[⑦]、校园氛围[⑧]等都能有效降低自杀发生的可能性。迪尔凯姆在其著作《自杀论》中提出"自杀是一种社会现象"[⑨]，因此，对我国大学生自杀的原因进行探析同样不能忽视社会的影响。随着现代化过程的逐步推

---

　　① 王求是、刘建新、申荷永：《国外自杀心理学研究与理论评介》，《心理科学进展》2006年第1期，第105—110页。

　　② Malone K. M., Oquendo M. A., Haas G. L., et al., "Protective Factors Against Suicidal Acts in Major Depression：Reasons for Living", *American Journal of Psychiatry*, 2000, 157（7）：1084 – 1088.

　　③ 邓云龙、熊燕、林云芳：《生存理由量表在中国大学生群体中的应用》，《中国临床心理学杂志》2012年第3期，第332—335页。

　　④ 熊燕：《大学生生存理由及其对自杀意念的影响研究》，博士学位论文，中南大学，2012年。

　　⑤ Linehan M. M., Goodstein J. L., Nielsen S. L., et al., "Reasons for Staying Alive When You are Thinking of Killing Yourself：The Reasons for Living Inventory", *Journal of Consulting and Clinical Psychology*, 1983, 51（2）：276 – 286.

　　⑥ 郑爱明：《自杀倾向大学生家庭因素及其家庭治疗的个案研究》，博士学位论文，南京师范大学，2012年。

　　⑦ Heikkinen M., Aro H., Lönnqvist J., "Recent Life Events, Social Support and Suicide", *Acta Psychiatrica Scandinavica*, 1994, 89（s377）：65 – 72.

　　⑧ 杨雪、王艳辉、李董平等：《校园氛围与青少年的自杀意念／企图：自尊的中介作用》，《心理发展与教育》2013年第5期，第541—551页。

　　⑨ 埃米尔·迪尔凯姆：《自杀论：社会学研究》，冯韵文译，商务印书馆2008年版。

进与社会的持续转型，我国已经步入了"风险社会"。① 30 余年的经济体制改革、政治体制改革及人民思想意识的变迁带给国民更多的自由，但也带来了更多的迷茫与不安全感，这也会进而影响到人们自杀的可能性。研究发现，风险社会所带来的"意义缺失、信任危机、安全感威胁"都是大学生产生自杀意念的重要影响因素。② 有研究者从伦理学的角度分析了社会对自杀的影响，他们认为，无论在中国还是在西方的文化传统中，伦理道德始终都发挥着对自杀的防范作用；而现代社会伦理道德的缺失也是导致个体自杀的一个重要原因。③ 在苗族村落中，人们认为自杀的人是一种"死丑"，会受到苗族群众的排斥，这种对于自杀的文化约束使自杀现象在苗族村落中极少发生。④ 因此，在全社会范围内树立尊重生命、反对自杀的文化氛围对防止自杀的发生具有很大的保护性作用。

总之，自杀的发生是一个非常复杂的过程，其影响因素涉及生物遗传因素以及从微观层次到宏观层次的各个生态系统。与此同时，各个因素之间也在发生着交互的影响。应激—易感模型是被研究者普遍认可的自杀理论，它为我们更好地理解自杀的影响因素提供了一个理论框架，但对于人怎样从自杀意念最终发展到自杀企图或自杀死亡并没有做出很好的解释，而人际关系理论（Interpersonal Theory of Suicide）和动机—意志整合模型（Integrated Motivational - Volitional Model of Suicidal Behaviour）则对这一过程进行了深入的探讨。

2. 从自杀意念到自杀（企图）

自杀的人际关系理论⑤⑥认为受挫的归属感（thwarted belongingness）、

① 徐勇、项继权：《我们已经进入了风险社会》，《华中师范大学学报》（人文社会科学版）2008 年第 5 期，第 1 页。

② 楚江亭、姜男：《风险社会视野中大学生自杀意念问题研究》，《首都师范大学学报》（社会科学版）2015 年第 1 期，第 147—156 页。

③ 吴彩虹、全承相：《自杀防范的伦理学审视》，《伦理学研究》2012 年第 2 期，第 120—123 页。

④ 麻勇恒、田隆斌：《自杀的文化约束：苗族村落社区的个案》，《中央民族大学学报》（哲学社会科学版）2013 年第 4 期，第 23—28 页。

⑤ Van Orden K. A., Witte T. K., Cukrowicz K. C., et al., "The Interpersonal Theory of Suicide", *Psychological Review*, 2010, 117（2）：575 - 600.

⑥ 李建良、俞国良：《自杀的人际关系理论：研究与临床应用》，《中国临床心理学杂志》2014 年第 1 期，第 126—131 页。

知觉到的负荷感（perceived burdensomeness）和习得的自杀能力（acquired ability of suicide）是一个人实施自杀的三要素。在受挫的归属感和知觉到的负荷感的共同作用下，如果个体对这种状态的改变感到无望，则会产生自杀意念。而自杀意念自身不足以使个体产生自杀企图，只有当具有自杀意念的个体同时拥有了习得的自杀能力才会产生自杀企图。习得的自杀能力包括对死亡恐惧的降低和躯体痛苦忍受性的提高两个方面，即不怕死和不怕疼。在不断经历身体痛苦与诱发恐惧的事件后，个体会习惯由自伤而带来的身体痛苦与恐惧，即习得了自杀能力，从而导致自杀企图的出现。

　　动机—意志整合模型①②则更加详细地将自杀过程划分为前动机阶段、动机阶段和意阶段三个阶段，而动机阶段又可以分为挫败与羞耻（defeat and humiliation）、受困（entrapment）、自杀意念与意图（suicidal ideation and intent）三个阶段。在从一个阶段向下一个阶段发展过程中，都有特定的调节变量发挥作用。个体自杀的前动机阶段主要是背景因素和触发事件在发挥作用，具体而言，是素质、环境和生活事件的共同作用，这些因素决定个体是否进入动机阶段。社会决定完美主义能够降低个体对应激的容忍度，更容易使个体感到挫败与羞耻。威胁自我调节变量，如社会问题解决、自传体记忆偏差、反刍，会影响挫败/羞耻和受困之间关系的强弱。动机调节变量，如积极未来思考、目标再结合、社会支持，能够影响由受挫向自杀意念和意图转化的可能性。意志调节变量，如执行意向、习得的自杀能力，则影响着由自杀意念与意图向自杀行为转化。可以看出，动机—意志整合模型在已有理论的基础上对自杀过程的各阶段进行了划分，并对动机阶段和意志阶段的调节变量进行了梳理。

　　综上，研究者已对自杀的影响因素和发展过程进行了大量的理论探讨，对"什么样的人会自杀"以及"自杀意念怎样转化成自杀（企图）"这两个问题进行了回答。应激—易感模型认为应激本身不足以使个体自

---

　　①　O'Connor R. C., "Towards an Integrated Motivational – Volitional Model of Suicidal Behaviour", O'Connor R. C., Platt S., Gordon J., *International Handbook of Suicide Prevention*: *Research*, *Policy and Practice*, Chichester: John Wiley and Sons, 2011: 181 – 198.

　　②　杜睿、江光荣：《自杀行为：影响因素、理论模型及研究展望》，《心理科学进展》2015年第 8 期，第 1437—1452 页。

杀，只有在应激因素和素质因素同时存在的情况下才会发生自杀；人际关系理论从人际关系的视角解释了由自杀意念向自杀企图的转化过程，认为习得的自杀能力是这一转化过程的关键；动机—意志整合模型则从更为整合的视角将自杀过程阶段化，并对影响每一阶段的调节变量进行了分析。这些理论的提出为我们进行大学生自杀干预提供了启示。第一，自杀的影响因素涉及生物、心理、社会的各个方面，这些因素都可能导致大学生自杀，但从另一个角度看，我们也可以从这些方面着手防止大学生自杀的发生，从大学生心理发展特点、心理健康状况、家庭环境、校园氛围等各个方面多管齐下降低大学生自杀的可能性。第二，自杀意念的出现需要经历许多心理阶段，从自杀意念的出现到最终实施自杀同样要经历特定的过程。因此，如果我们能够关注大学生的心理健康状态，筛选出有精神疾病或面临负性应激事件的大学生并给予合理干预，就能在自杀发展的过程中阻止学生自杀意念或自杀（企图）的发生。

四　我们的建议

自杀不仅是个人生命的丧失，还可能导致家庭中 6 名"潜在"自杀者的产生，自杀大学生的父母亲友可能一直要生活在悲痛之中。对社会而言，大学生是同龄人中的优秀代表，国家和社会已经为他们投入了巨大的教育资源，他们本应该为社会的发展贡献力量，回报社会的培养。而自杀无疑造成了社会资源的浪费。毫无疑问，大学生自杀给家庭和社会带来难以磨灭的哀痛和不可估量的负面影响。因此，对大学生进行心理健康教育，对其自杀进行干预，不仅是在挽救一个年轻的生命，也是在挽救一个家庭、为人才的健康发展保驾护航。

大学生的年龄一般处于 17—23 岁，正在完成由青少年向成年的转化。伴随着生理发育的逐渐成熟，大学生的心理发展也日趋完善。总体上看，大学生的认知发展和人格发展都趋向成熟，但其情绪的起伏波动仍然较大，挫折或负性生活事件的发生会对大学生造成较大影响。有研究者认为，抗挫素质是大学生自杀的核心影响因素[①]，大学生的抗挫折心理能力

---

① 张旭东：《大学生自杀的现状、原因及预防策略》，《内蒙古师范大学学报》（教育科学版）2007 年第 9 期，第 47—52 页。

对自杀意念的产生具有负向预测作用。① 从埃里克森的心理社会发展理论来看，大学生正处于成年早期，其心理社会发展危机是亲密对孤独。如果发展危机顺利解决，则会获得亲密感，如果发展危机解决得不好，则会导致孤独感。有研究者认为，孤独是大学生轻生者的一个基本共同特征②，孤独感对大学生的自杀意念具有显著的预测作用。③ 因此，对大学生的自杀进行干预要将自杀理论与大学生的心理发展特点相结合，这样才能找到切实有效的干预对策。

1. 树立心理健康教育的服务意识

心理健康教育要顺应时代特点，满足大学生健康成长的需求；强调以人为本，不断更新教育观念，将服务理念渗透到心理健康教育工作中去。由于传统的干预模式收效有限，心理健康教育的服务理念要求学校从以问题为中心的干预模式向全员参与的预防模式转变，这将有利于预防和降低大学生的自杀率。④ 学校要从大学生的心理需要和心理预期出发，制定各项服务制度，为他们提供个性化的教育和心理辅导。在扩大教育服务覆盖面的同时，还要将心理健康教育服务不断落实到细节与实处，为心理困扰者、心理亚健康者、心理潜能开发者，提供内容丰富、形式多样的心理健康服务，使之成为校园生活的一种时尚。

2. 杜绝行政化的心理危机排查方式

大学生自杀事件发生后，往往会在校内掀起一场危机排查运动，试图用行政化手段预防及干预自杀。但心理危机排查并不是搞群众运动，而是需要平时具有敏锐的危机觉察意识和细致规范的工作。首先，建立心理健康测查管理平台。很多高校的心理健康普查一般在新生入学时进行，由于测查结果只能反映出学生在近几周的心理健康状况，不能反映整个大学期间的心理健康水平。因此，有必要建立心理健康测查管理平

---

① 欧何生、黄泽娇、张旭东：《大学生抗挫折心理能力对自杀意念影响的研究》，《心理学探新》2013 年第 3 期，第 234—238 页。

② 郭宝华：《大学生轻生现象的分析及对策》，《西北工业大学学报》（社会科学版）2004 年第 1 期，第 84—86 页。

③ 李欢欢、骆晓君、王湘：《大学生的孤独感与自杀意念的关系：来自内隐和外显测量的证据》，《中国临床心理学杂志》2012 年第 6 期，第 805—808 页。

④ 俞国良、侯瑞鹤：《论学校心理健康服务及其体系建设》，《教育研究》2015 年第 8 期，第 125—132 页。

台，分别在每个学期的敏感时间段进行测查或自测等，并提供丰富多样的测查工具。测查方式可以采取教师要求和学生自选，让学生自己网上进行测查，并能随时查询自己的测查结果与咨询建议。对于存在危机可能的测查结果，相关工作人员要及时跟进，重点关注并进行心理辅导或心理治疗。其次，加强深度访谈中的危机筛查功能。从大学生自杀的可能原因看，家庭冲突、学业困难、恋爱挫折、精神疾病等都可能是导致心理危机的风险因素。心理健康普查并不能完全担当此重任，例如，2013年自杀的案例中，多数自杀者并没有在心理健康普查中发现异常。因此，有必要研究、发展一份心理风险因素问卷，分维度、有层次地列出可能导致大学生心理危机的各项因素，以此作为辅导员、班主任、研究生导师与学生进行深度访谈的依据。当大学生出现某些维度、某个层次上的现象时，就可以评估为哪一级关注对象，并上传至心理健康教育工作机构，实现多部门共同关注与支持的局面。

3. 加强大中小学心理健康教育的衔接

人的心理发展有方向性和连续性。一方面，大学生的心理问题并不是一时形成的，可能在中小学阶段甚至在儿童期时就已埋下隐患，到大学时才以自杀的形式爆发出来。研究表明，童年的不幸遭遇能够显著地预测成年后的自杀行为。[1][2] 因此，加强中小学阶段的心理健康教育也将有效地降低大学生发生自杀的可能性。另一方面，目前对不同年龄阶段学生的心理健康教育存在着各自为政的现象。小学到研究生阶段的心理健康教育缺乏有效的衔接，导致了重复浪费或出现教育空白的现象。如义务教育和大学阶段的心理健康教育不断加强，而高中生和研究生阶段则有所欠缺。特别是，多年来研究生心理健康教育一直处于边缘状态。研究生由于年龄特点和学习特点，使他们面临的学习压力、婚恋压力以及就业压力更大，以及他们对读研改变命运的过高期待与现实的差距，都会导致内心的剧烈冲突与落差。因此，必须大力加强大中小学和不同

---

[1] Bruffaerts R. , Demyttenaere K. , Borges G. et al. , "Childhood Adversities as Risk Factors for Onset and Persistence of Suicidal Behaviour", *The British Journal of Psychiatry*, 2010, 197 (1)：20 - 27.

[2] 厉洁、肖水源、周亮：《儿童期受虐史与成人期自杀行为（综述）》，《中国心理卫生杂志》2007年第1期，第17—19页。

年龄阶段心理健康教育的衔接。教育行政部门要制定相关的政策、制度予以保障。

4. 重视研究生的心理健康教育工作

与大学生群体年龄较为相近这一状况不同，研究生的年龄较为分散，心理发展特点有很大区别。另外，研究生也比大学生承担着更多的家庭、社会责任。随着研究生的扩招，研究生还面临着较大的生存与就业压力。这些因素都将对研究生的心理健康产生重要影响，也给研究生的心理健康教育带来很大挑战。近年研究生的自杀比例有增长的趋势。一方面，研究生心理健康教育与本科生无法衔接，其服务得不到应有的保障；另一方面，从工作管理体制来看，也存在责权不清晰的问题。大多数高校将心理健康教育机构设在学生处，负责本科生心理健康教育工作，开设心理健康课程，组织各项心理文化活动等；研究生则归研工部管理，而研工部没有专门的心理健康教育部门，再加上研究生管理部门"重科研轻心理健康"的现象极为普遍。基于此，建议将学校心理健康教育机构独立建制，在校党委领导下，统一负责全校本科生、研究生的心理健康教育和心理危机预防、干预工作，并增加研究生心理健康教育工作的经费和专职教师编制，切实加强对研究生心理健康教育和心理危机预防、干预工作的领导。

5. 建构生命教育理念下的心理健康教育

大学生选择自杀，无论原因如何，有一点是肯定的，那就是忽视了生命本身的价值。大学生的心理健康教育应该在关注学业、人际关系、情绪调节等领域之外，引导学生建立积极的生命价值观，认识到生命的价值，从而珍惜生命、热爱生命。研究者认为，生命教育与心理健康教育应该是相辅相成的，应该在生命教育的理念下开展心理健康教育。[1] 也有研究者提出，大学生生命教育的目标应涉及认知、情感、意志和行为四个层面，以达到有效预防大学生自杀的目标。[2] 通过在心理健康教育过程中融入生命教育元素，能够使学生在遭遇挫折、感到绝望时依然能感

---

[1]　单常艳、王俊光：《高校生命教育与心理健康教育的建构研究》，《内蒙古师范大学学报》（教育科学版）2009年第9期，第54—56页。
[2]　张旭东：《大学生生命教育目标探析》，《社会科学战线》2007年第4期，第227—230页。

受到生命的意义与价值，看到生的希望。

    总之，大学生自杀是一个连续发展的过程，这给我们提供了预防与干预的空间。一方面要普及心理健康教育，对求助者做好心理辅导和心理咨询；另一方面对相关工作人员和学生骨干要做好专业培训，将自杀的风险控制在最小范围内。只有从这两方面共同着手，才能给大学生提供正确、有效的心理健康教育和心理干预，从而达到预防自杀的目的。

第八章　文化变迁与中国新兴
社会阶层心理分析

　　文化变迁是社会变迁的重要组成部分，也是人类学、社会学、心理学等学科的重要研究领域。其最新研究进展包括动态社会影响理论、文化传播的共识模型、关注社会结构限制对文化的影响，以及社会、文化和心理的动态变化。这些研究进展表明，该研究领域逐渐从跨学科发展成为多学科融合。不仅表现在理论建构的多水平和多层次互动上，还体现在多学科研究方法的运用上。例如，自我抽离就是从个体或心理学角度对文化变迁的回应。个体对负性事件的反省会产生积极或消极的结果，而自我反省的视角能够解释不同结果的原因。以旁观者的文化视角审视自己过去的经历，即从自我抽离的视角进行反省是一种适应性的反省，它具有一定的文化差异以及应用边界。自我抽离对身心健康、缓解负性情绪、减少基本归因错误和促进合理推理决策等具有积极作用。从群体角度看，文化变迁对群体或社会阶层的变化也产生了深刻的影响。改革开放30多年来，我国已涌现出许多新兴社会阶层。例如，以金领、中小企业家为代表的新兴中产阶层，以新"蓝领"、新生代农民工为代表的新市民化阶层，以"漂族""蜗族""蚁族"为代表的未充分就业阶层。对这些新兴社会阶层的心理需要、心理预期和社会心态等社会心理特征进行了剖析，可以揭示这些新兴社会阶层的社会心理与社会行为特点。以期通过国家政府引导与社会舆论疏导、自我心理调适，使他们能够有尊严地生活，把生活的理想和理想的生活统一起来；有价值地生活，把有意义的事情做得有意思，把有意思的事情做得有意义。

第一节　文化变迁研究的进展与前瞻

文化变迁指的是文化内容和结构的变化。文化变迁一直是一个多学科关注的领域，社会学、历史学，特别是人类学为其提供了深厚的理论资源，而最近心理学研究则为文化变迁研究的跨学科融合提供了新的洞见。本节拟突出和侧重心理学视野下研究成果的梳理和分析。本节首先回顾文化人类学有关文化变迁的一个新理论：文化生态学；其次，阐明心理学研究中有关文化变迁研究的新进展：动态社会影响理论、文化传播的共识模型以及有关社会结构限制影响对社会文化变迁的影响；最后，本节对最近文化变迁研究的特点进行总结，指出该研究领域将延续多学科融合的发展态势，同时现实问题的产生则会成为促进该领域发展的动因。

一　对文化生态学概念的理解

人类学中有关文化变迁的理论主要有两种思路，一是涵化研究；二是文化进化研究。涵化研究即当两个文化群体持续进行直接接触时引发的一方或双方文化模式的改变。在实际研究中，涵化研究主要探讨的是"西方化"或移民所持文化观念的变化。由于心理学领域已有对涵化研究的专门论述[①]，因此本书着重探讨有关文化变迁的第二类研究，即有关文化进化（culture evolution）的相关理论。文化进化理论将文化视为整体，注重研究文化系统的和有组织的变迁。文化生态理论是文化进化相关理论的最新发展。1955 年，斯图尔德（J. Steward）在其著作《文化变迁的理论》中将文化进化研究分成三种类型：19 世纪的单线进化论，20 世纪初的普遍进化论，以及他自己提出的多线进化论或文化生态理论。

文化生态理论的核心是适应，以及研究文化作为工具如何帮助人们适应环境，如何帮助人类群体生存下来。[②] 对于纷繁复杂的文化现象，斯

---

① Schwartz, S. J., Unger, J. B., Zamboanga, B. L., Szapocznik, J., "Rethinking the Concept of Acculturation: Implications for Theory and Research", *American Psychologist*, 2010, 65（4）: 237 – 251.

② 史徒华著：《文化变迁的理论》，张恭启译，台北：允晨文化实业股份有限公司 1984 年版。

图尔德去粗取精，着重关心所谓的"文化核心"，即对生态环境具有高度适应性，并能由此而形成一整套文化体系的文化集合体。显然，由于人类所处的生态环境不同，其具体的环境适应任务便有所差别，由此而导致了不同环境下文化（核心）的差异。在环境改变过程中，旧的文化特质会根据环境改变的程度作出相应调整，产生出新的文化核心，进而形成一整套功能上相关联的文化体系。这就是文化演化（变迁）的基本规律。[①] 可以看出，文化生态理论在取向上是功能论的。但文化生态理论不是环境决定论，因为核心文化变迁后不仅会促使其他层面的文化特征发生变化（如社会制度），同时人们适应环境方式的改变也会反作用于生态环境。因此，文化生态理论认为环境和文化的关系是动态变化的。

文化生态理论创立后，其影响不止于人类学，其研究为社会学、地理学、文化心理学等借鉴，而逐渐形成一个跨学科的研究领域：文化生态学。或许受到人类学重视研究偏远部落传统，以及斯图尔德当时所处社会环境的影响，斯图尔德关心的环境更多的是指自然环境。对环境的适应也更多地强调了对自然环境的适应。然而，环境不仅包括自然环境，还包括人造环境。特别是在新的发明和技术以加速度的方式应用于人类生活之后，人造环境在环境使用中所占的比例更是大大增加了。比如，互联网的快速发展使文化生态学研究出现的一个新热点即是对"媒体环境"的研究。[②]

媒体环境具有全球化的特征，其变化引发的是整个人类文化的改变。比如，信息技术增强了信息的可得性（比如通过查找计算机硬盘、网络、即时聊天、手机短信等）使人们总是在同时处理多项任务，从而让人们长期处于一种持续的不完整注意状态。而搜索引擎（如谷歌、百度）的发明和普及也已经使负责存储人类记忆的从大脑转向了搜索引擎及其背后的互联网。[③] 由于互联网技术的普及是全球性的，因此可以推论整个人

---

① 陈兴贵、王美：《文化生态适应与人类社会文化的演进——人类学家斯图尔德的文化变迁理论述评》，《怀化学院学报》2012 年第 9 期，第 16—19 页。

② 黄育馥：《20 世纪兴起的跨学科研究领域——文化生态学》，《国外社会科学》1996 年第 6 期，第 19—25 页。

③ 周静、谢天、张掌然：《认知革命真的发生了吗?》，《天津社会科学》2013 年第 4 期，第 24—30 页。

类的记忆方式可能都已经因新媒体环境的变化而产生了适应性改变。文化生态学蕴含的适应、功能论、强调动态性，以及对全球化带来的人类环境变化的关注都为整个文化变迁研究的进展以极大的启示。

二 文化变迁研究的进展

1. 动态社会影响理论

动态社会影响理论是在社会影响理论基础上发展而来的。社会影响理论（Social Impact Theory）的关注点是他人如何对目标个体产生影响。根据该理论，个体受到他人影响的因素有三个：影响源的强度、接近性，以及作为影响源的他人数量。当他人越重要，越接近，数量越多的时候，对个体的影响就大。① 然而社会影响理论是静态的，只能预测某时个体所受的影响。但现实情况是，影响是双向的。被影响者和所谓的影响源总是在相互影响着彼此。为了揭示这种影响的动态性，该理论后来发展为动态社会影响理论（Dynamic Social Impact Theory）。

在动态社会影响理论中，文化被认为是在特定时间和特定社会中人们相互传播的一整套信念、价值观和行为实践的总和。这些信念、价值观和行为实践是构成文化（如宗教戒律和仪式、礼仪、烹饪方法、政治和话语方式等）的要素，因此对上述信念、价值观和行为实践总和的模式的研究，就是对文化的研究。动态社会影响理论认为让文化模式发生改变的是人们的日常交流以及人们所处的空间位置分布。人们最初持有的态度、信念等是杂乱无章的，但群体和社会具有自组织特性。随着人们之间互相影响的深入，地理位置接近的个体，其信念、态度等就会越来越相似，并与地理位置疏远的群体的信念、态度等产生差异，这样就形成了以地理位置为边界的不同文化模式。②

动态社会影响理论又进一步将文化的组织类型分为四种：（1）聚类：个体与地理位置接近的个体比地理位置疏远的个体交流更多，最终相近区域就会产生相似的观念和行为。（2）关联：随着时间的推演，相近区域个体不仅会在核心观念和行为上接近，而且在其他无关联的观念和行

① Latané, B., "The Psychology of Social Impact", *American Psychologist*, 1981, 36 (4): 343 – 356.

② Latané, B., "Dynamic Social Impact: The Creation of Culture by Communication", *Journal of Communication*, 1996, 46: 13 – 25.

为上也会越来越相似。（3）合并：由于持少数派意见的人在概率上受到的影响总会多于多数派，因此多数派的意见总会影响少数派，从而使少数派个体的数量逐渐减少。（4）多样性的持续：尽管存在"合并"，但少数派如果在数量太少且之前已经聚类了，那么聚类就会为少数派建立屏障，保护少数派的持续；而如果少数派在合并之前在空间上是分散的，则最终会完全消失。[1]

动态社会影响理论常用的方法是计算机模拟和实验室模拟，并辅以现场研究和追踪研究，其中以模拟法为特色。诺瓦克（A. Nowak）等设计了一个专门的计算机模拟程序（SITSIM）。[2] 在 SITSIM 中，个体通常在设定好的分布限制内被随机赋予一个初始属性值，包括他们的空间位置、说服强度，以及相对目标属性的位置。然后 SITSIM 计算出整个群体对每个个体的净社会影响，该净社会影响来自两个方面：说服影响（$\hat{i}_n$），即彼方意见的总强度；以及支持影响（$\hat{i}_s$）：己方意见的总强度。$\hat{i}_n$ 与 $\hat{i}_s$ 的大小取决于 s/d 的值。其中，s 指说服者或支持者的强度；d 指说服者或支持者与目标个体的距离。目标个体是否改变自己的态度取决于 $\hat{i}_n$ 与 $\hat{i}_s$ 的相对强度。随着模拟过程的进行，每个个体的态度都会根据上述公式进行算法迭代，直到系统自动达到平衡状态或达到研究者预先设定的迭代次数。在整个计算机模拟中，每个个体既是被影响者，也是影响源；既能被周围的个体影响，也能影响周围的个体。另外，考虑到个体还有可能受他人的间接社会影响，研究者还可以在 $\hat{i}_s$ 前加上系数 b（取偏见，bias 的首字母），用于模拟个体的兴趣和经验等社会影响之外因素的作用。研究者在具体研究过程中还可以自己添加类似变量，以反映所模拟过程的具体环境和具体内容。动态社会影响理论提出的四种文化组织类型得到了 SITSIM 计算机模拟的有力支持。[3]

在另一项研究中，研究者使用了实验室模拟法。在该研究中，192 名

[1] Harton, H. C., Bullock, M., "Dynamic Social Impact: A Theory of the Origins and Evolution of Culture", *Social and Personality Psychology Compass*, 2007, 1 (1): 521-540.

[2] Nowak, A., Szamrej, J., Latané, B., "From Private Attitude to Public Opinion: A Dynamic Theory of Social Impact", *Psychological Review*, 1990, 97 (3): 362-376.

[3] Latané, B., "Dynamic Social Impact: The Creation of Culture by Communication", *Journal of Communication*, 1996, 46: 13-25.

被试被均分成8组（24人/组）。小组最初的地理空间几何结构被随机分成四种情况：巡回式、家庭式、彩虹式和随机式。前三种结构见图8-1，随机式结构作为控制组，个体位置在每轮沟通前都是随机分配的。

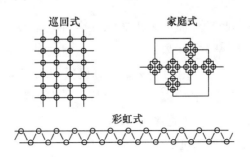

图8-1　三种地理空间位置的几何结构

注：在每种几何结构中，个体均只能与距离最近的四个个体交流。

资料来源：Latané，B.，L'Herrou，T.，"Spatial Clustering in the Conformity Game：Dynamic Social Impact in Electronic Groups"，*Journal of Personality and Social Psychology*，1996，70（6）：1218-1230.

　　结果表明，所有三种有结构的组都出现了"聚类"——每个小组自发形成一致意见的群体，且小组成员在对之前没有关联的问题的态度上也达成了一致（"关联"）。由于被试被告知如果模拟结束时自己的观点与组内大多数人的观点一致可以得到奖励，因此整个小组呈现出大多数人意见的一致性（"合并"）。但直到模拟结束，仍有少数派聚类坚持自己的观点，显现出"多样性的持续"。

　　2. 文化传播的共识模型

　　摩佳久（Y. Kashima）与他的同事发展出文化传播的共识模型（Grounding Model of Cultural Transmission），以揭示所谓的文化动力，即文化的形成、保持，以及随时间推移而产生的变化。该模型认为文化的传播是交流者在具体情境中协同合作的结果。虽然目的明确的交流行为在文化传播中起到非常大的作用，但该模型的旨趣却在于揭示人们日常生活中无意识的共同活动（如日常的人际交流）对文化传播所起的作用。人际交流的前提是双方在"我与对方在××等问题上的认识上是一致的"，然后以此为基础，根据具体情境需要调整交流内容。① 日常交流能够满足交流者两种需要：关系需要和真实信息需要。在熟人之间，交流目的更多是为了维系交流者之间的关系，即关系需要占主导，此时信息发出者就会更多地发送与文化中普遍接受的共识（比如刻板印象或传统知识）一致的内容；而在亲密个体之间（如夫妻），维系关系并非首要目的，传递真实信息的需要占主导，此时信息发出者会更多地考虑发送与文化共识相悖的新信息（比如与刻板印象和传统知识不一致的内容）。但是，在文化传播中，与熟人甚至陌生人的交流更多，与亲密个体之间的交流相对较少，因此文化中已经被普遍接受的共识会获得更多的传播机会，最终保留下来。②

　　文化传播的共识模型虽然也使用计算机模拟法（如基于行动者的模型），但其专门的研究方法——系列再生法却更具特色。系列再生法最早起源于 20 世纪 30 年代英国心理学家巴特莱特（F. Bartlett）对记忆的研究。其具体做法是邀请系列再生链上的被试 a 阅读或听一份材料，然后让其去回忆，由此产生的回忆内容再制作成实验材料交与被试 b 阅读，余下的被试一一复制该方法，就得到一条记忆链。这样，研究者就可以在信息传递的过程中，发现信息在被试间传播的过程中如何变形，进而去发现在这些信息变形背后的意义和规律中所揭示的问题。③ 文化传播的共识模型视角下的系列再生法研究通常分为四个步骤：（1）"共享文化"的实验室环境再现；（2）呈现用以系列再生的刺激（一般简化为与共享文化一致或不一致的信息）；（3）进行实验程序；（4）数据编码和分析（包括定量与定性方法）。其中，"共享文化"在实验室环境中再现时，既可以是现实生活中被人们广泛接受的共享现实，也可以是研究者杜撰的文化。前者的优点在于其理想的生态效度，后者的优点在于实验材料与

---

① Kashima, Y., "A Social Psychology of Cultural Dynamics: Examining How Cultures are Formed, Maintained, and Transformed", *Social and Personality Psychology Compass*, 2008, 2 (1): 107 – 120.

② Kashima, Y., Yeung, V., W., "Serial Reproduction: An Experimental Simulation of Cultural Dynamics", *Acta Psychologica Sinica*, 2010, 42 (1): 56 – 71.

③ 管健、程婕婷：《系列再生法：探讨刻板印象的新思路》，《心理科学进展》2010 年第 9 期，第 1511—1518 页。

现实无涉，能够保证研究的因果推断免予混淆，并因此更具普适性。①

与共享文化一致的信息的传递更为文化传承研究者感兴趣，而与共享文化不一致的信息的传递才更能凸显文化变迁的意蕴。那么在什么情况下人们才会愿意传播与共享文化信息不一致的信息呢？在最近的一项研究中，研究者选定的共享文化是现实生活中真实的刻板印象：阿拉伯男士一般不负责照看婴儿。用以进行系列再生的刺激故事被分为三个版本：在控制版本中，需要传递的信息是一个阿拉伯男士在公园里照看朋友的两个婴儿。联合归类版本在控制版本的基础上增加了一项让人感到意外的归类组合信息：此阿拉伯男士是幼儿园教师。因果解释版本在控制版本的基础上增加了一项"此阿拉伯男士为什么照看婴儿"的因果解释信息。在实验中，每个故事版本都由三名被试一组，形成一条交流链。首先，第一名被试阅读两遍故事后将故事默写下来。然后，第二名和第三名被试依次只阅读上一名被试重写的故事，并同样将故事默写下来。对被试重写的故事编码后的方差分析表明，与控制组相比，阅读了联合归类版本和因果解释版本故事的读者传递了更多与刻板印象不一致的信息。研究者认为，这是由于两个实验组都增强了被试的认知精致化所致。该研究的启示是，从长远看，如果促进个体的认知精致化，或许就能减少文化中消极刻板印象信息的传承，使文化内容发生改变。②

3. 结构限制对文化的影响

动态社会影响理论与文化传播的共识模型的共同点是将文化视为共享知识，因此人际交流是文化变迁的重要影响因素。这可以看作从个体微观互动角度考察宏观文化变迁的尝试。而另一个思路是考察宏观社会结构对个体微观文化认知的影响，即有关社会结构限制对文化产生影响的研究。

随着全球化的迅猛发展，居所流动性和工作流动性，即在某一特定时期和某一区域内人们更换住所或工作的频繁程度，开始凸显成为社会

---

① Lyons, A., Kashima, Y., "How are Stereotypes Maintained Through Communication? The Influence of Stereotype Sharedness", *Journal of Personality and Social Psychology*, 2003, 85 (6): 989 – 1005.

② Simpson, A., Kashima, Y., "How Can a Stereotype Inconsistency Bias Be Encouraged in Communication?" *Asian Journal of Social Psychology*, 2013, 16 (1): 71 – 78.

结构性限制的重要指标。研究者发现，居所流动性的变化能通过影响个体心理（比如焦虑，对熟悉性的需求）进而在社会和文化水平上产生影响。比如，在启动流动性生活方式后，被试会降低他们对未来亲密好友数量的预期，体验到更多的孤独感，从而更有动机去扩展自己的社交网络，最终改变整个社会人际关系网的形态：当居所流动性较低时，整个社会的关系网的特点是每个人的朋友数量有限，但交情深；但当居所流动性提高时，每个人的朋友数量增加了，但与每个朋友的交情却变浅了。[①]

再如，助人为乐既可以理解为一种个人品质，也可以理解为一种文化氛围。居所流动性减少社区助人行为，这是社会学的研究发现，但是居所流动性降低了助人氛围，还是因为社区助人氛围的恶化使社区居民提高了流动性呢？摩佳久等人通过实验室实验揭示了这一现象的因果机制。[②]被试被随机分派到流动或稳定的"社区"中。流动社区中的被试需要在三个组完成三次群体任务，而稳定社区中的被试则在同组中完成三次群体任务。最后一次任务要求被试玩十分钟"打破砂锅问到底"游戏。群组中表现最好的被试能获得十美元购物券。被试不知道的是，每组中都有一个实验者安排的助手，这个助手没有被直接求助，但却总是叹气，看起来很为难的样子。被试对待研究助手及其他组员的行为被摄像头记录下来，后续分析表明，稳定社区中的被试对研究助手和其他组员都表现出更多的助人行为。进一步分析表明，居所流动性对助人行为的影响是通过减少个体社区认同感为中介的。

还有研究者探讨了工作流动性对工作场所文化的影响。比如有研究考察了对于低工作流动性的知觉和经验如何塑造出具有文化特性的判断和行为模式。该研究关注的重点是角色人格。[③]角色人格是角色期待的一种，指人们期望在拥有特定社会或职业角色的人身上表现出来的人格特

① Oishi, S., Kesebir, S., "Optimal Social Network Strategy is a Function of Socio - Economic Conditions", *Psychological Science*, in Press.

② Oishi, S., et al., "The Socioecological Model of Procommunity Action: The Benefits of Residential Stability", *Journal of Personality and Social Psychology*, 2007, 93 (5): 831 – 844.

③ Chen, J., Chiu, C. Y., Chan, S. F., "The Cultural Effects of Job Mobility and the Belief in a Fixed World: Evidence from Performance Forecast", *Journal of Personality and Social Psychology*, 2009, 97 (5): 851 – 865.

质。研究表明，亚洲人比美国人更强调拥有角色人格的重要性。但即使是美国被试，当他们亲身体验到低工作流动性时，也会提高角色人格对绩效重要性的评估。因此，可以预期，随着工作流动性的变化，对角色人格重要性这一与工作有关的文化价值观也会发生相应变化。

除了考察居所与工作流动性两种典型的社会结构限制对文化的影响，格尔凡德（M. Gelfand）等受到早期人类学研究的启发，构建了松—紧文化理论。[①] 该理论提出了一个理解文化的新维度：松（tight）—紧（loose）。紧文化的特征是强规范以及对越轨行为的低容忍；松文化的特征则是弱规范和对越轨文化的高容忍。松—紧文化的概念并非简单的文化特质；相反，上述核心特征在宏观上还伴随着一系列宽泛的或生态，或人为环境的特点，在微观上则影响着当时当地的情境以及个体心理（见图 8 - 2）。

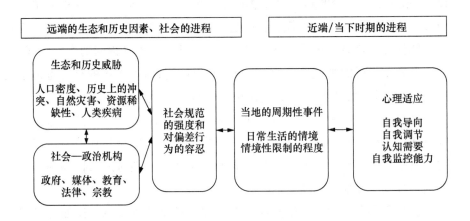

图 8 - 2　松—紧的系统模型

资料来源：Gelfand, M. J., Raver, J. L., Nishii, L., Leslie, L. M., Lun, J., Lim, B. C., Yamaguchi, S., "Differences between Right and Loose Cultures: A 33 - nation study", *Science*, 2011, 332 (6033): 1100 - 1104.

如图 8 - 2 所示，松—紧文化（社会规范的强度和对偏差行为的容

---

① Gelfand, M. J., Raver, J. L., Nishii, L., Leslie, L. M., Lun, J., Lim, B. C., Yamaguchi, S., "Differences between Tight and Loose Cultures: A 33 - nation Study", *Science*, 2011, 332 (6033): 1100 - 1104.

忍）既受到远端生态和历史因素、社会进程的影响，同时也影响着近端/当下时期的进程。比如，在图 8-2 最左列，如果某地区在历史上具有高人口密度、多冲突、多自然灾害、资源稀缺、人类疾病泛滥，就会催生出具有紧文化特征的社会—政治机构，比如严苛的政府和法律，高度统一的媒体和教育，人们也更笃信宗教。而这一社会—政治机构又会反作用于生态环境。生态和历史威胁，以及社会—政治机构的特点，既会影响产生松—紧文化，同时松—紧文化的产生也会对其产生反作用。另外，松—紧文化还会影响当下的社会进程和个体心理。比如，个体所处的日常生活情境（如家庭、学校、工作场所等）在紧文化的影响下就有更多的关于在此场所中适宜行为的规矩，即具有较高的情境性限制。这种文化特征便对个体的适应能力提出了更高的要求，处于此种情境下的个体具有更高的自我导向和自我调节能力，更高的结构性需要和自我监控能力。研究者通过 33 个国家的统计资料和这些国家中近 7000 名被试的自我报告问卷对上述理论进行了初步检验。

三　文化变迁研究的前瞻

文化变迁研究一直是一个跨学科的领域（interdisciplinary），但最近的研究进展则显现出该领域逐渐发展成为多学科融合的领域（transdisciplinary）。

首先，这种学科融合的特点表现在理论建构上。以往有关文化变迁的人类学、社会学、历史学等视角可以说提供了诸多不同但有益的理智资源，在不同侧面丰富了人们对文化变迁的认识，各自对文化变迁研究做出了贡献。然而，传统的研究途径不是限于理论的宏大无法预测个体微观行为，就是太拘泥于研究琐细的个体心理，无法通达宏观的文化模式。最近的研究中多学科视角理论建构的融合，表现在研究者为关联文化变迁的宏观水平和微观水平上所做出的努力。比如，格尔凡德提出的松—紧文化理论不仅考虑到宏观的社会—政治机构和生态环境，中观的个体所处的日常生活情境，微观的个体心理适应，还吸纳了纵向的历史视角，并且生动地将四方面互动揭示出来。① 可以说，多水平的视角和多

---

① Gelfand, M. J., Raver, J. L., Nishii, L., Leslie, L. M., Lun, J., Lim, B. C., Yamaguchi, S., "Differences between Tight and Loose Cultures: A 33-Nation Study", *Science*, 2011, 332 (6033): 1100-1104.

层次互动是最近文化变迁研究在理论建构上呈现出的具体特点。

其次，理论视角的开放离不开多学科研究方法的融合运用。比如，动态社会影响理论中的计算机模拟法是数学和统计学的典型方法；文化传播的共识模型中的系列再生法则是记忆研究的传统方法；对社会结构限制的研究采用了心理学实验的方法；而松—紧文化理论的验证则结合了国家层面的统计资料和被试的自我报告，可以说是社会学、经济学常用方法和心理学方法的结合。上述研究方法不仅比人类学研究文化变迁的典型方法——如民族志——更能保证理论的普适性（而不仅仅是局限于一时一地的特定文化族群），而且也是对心理学传统研究方法的超越。这让文化变迁研究可以回答之前研究所无法回答的问题。仅再举一例。独生子女政策是中国特色，但该政策会对国人产生怎样的影响却很难获得具有强因果关系推断的理论。最近研究者通过结合博弈游戏为测量手段和断点回归为统计技术为这一问题提供了解答。①

应该看到，即使是在最近文化变迁的研究中，文化生态学的思想也清晰可见。这种元理论的传承在学科发展上奠定了文化变迁研究多学科融合的基础。而全球化进程带来的问题也正在不断地为该领域注入新的实践动力。比如，本节介绍的文化变迁理论的新近发展，其基本预设或元理论是将文化看成一种功能性的共享知识（functional shared knowledge）。然而，如果文化是具有适应性功能的知识，那么为什么在当今社会环境发生剧烈变化时，某些文化要素迅速发生转变，进而可以帮助人们更好地适应环境，而某些文化要素却似乎亘古不变？世界冲突并未因不同文化和地区中的人共享文化硬件（如智能手机和互联网的普及）和文化符号（如好莱坞电影和麦当劳无孔不入）而减少。为什么文化的适应性功能在此没有很好地体现出来？又如，除了新兴科技影响文化变迁外，有研究者也开始关注工业社会组织方式的普及对物质主义价值观盛行的影响。② 如果把工业社会的经济组织方式看作一种新的生态环境，那

---

① Cameron, L., Erkal, N., Gangadharan, L., Meng, X., "Little Emperors: Behavioral Impacts of China's One-Child Policy", *Science*, 2013, 339 (6122): 953 - 957.

② Kasser, T., Cohn, S., Kanner, A.D., Ryan, R.M., "Some Costs of American Corporate Capitalism: A Psychological Exploration of Value and Goal Conflicts", *Psychological Inquiry An International Journal for the Advancement of Psychological Theory*, 2007, 18 (1), 1 - 22.

么物质主义就可以理解为对这种生态环境的适应。现有研究关注的大都是物质主义对个体基本心理需要的阻碍，对个体幸福感的损害等负面作用。但如果物质主义对个体的影响都是负面的，那么其适应性价值何在？它对个体适应现代工业社会有哪些方面的帮助？相信正是这些由全球化进程带来的新问题才是文化变迁研究不断前进的动力。

第二节　自我抽离：一种适应性的
自我反省视角

当人们遭遇负性事件，产生负性情绪时，都会回忆当时的场景，并尝试去理解当时的情景，重新反思产生负性情绪的原因。有研究发现，当个体表达和分析不愉快的经历，或重新体验自己的感受、想法、动机时，能够获得更多的幸福感和身心健康。[1][2] 而另外一些研究则发现，个体在遇到负性事件后，通过问自己"为什么"的方式进行反思不仅不会改善情绪，反而会加剧负性情绪。[3][4] 为什么个体对负性事件的自我反省会产生自相矛盾的结果？Ayduk 等和 Kross 等认为自我反省的视角不同导致了这种现象的发生。[5][6] 他们认为自我反省的视角有两种，一种是自我沉浸视角（self – immersed perspective），另一种是自我抽离视角（self –

① Pennebaker, James W., & Graybeal, Anna, "Patterns of Natural Language Use: Disclosure, Personality, and Social Integration", *Current Directions in Psychological Science*, 2001, 10 (3), 90 – 93.

② Wilson, Timothy D., & Gilbert, Daniel T., "Explaining Away: A Model of Affective Adaptation", *Perspectives on Psychological Science*, 2008, 3 (5), 370 – 386.

③ Nolen – Hoeksema, Susan, Wisco, Blair E., & Lyubomirsky, Sonja, "Rethinking Rumination", *Perspectives on Psychological Science*, 2008, 3 (5), 400 – 424.

④ Smith J. M., & Alloy, L. B., "A Roadmap to Rumination: A Review of the Definition, Assessment, and Conceptualization of this Multifaceted Construct", *Clinical Psychology Review*, 2009, 29 (2), 116 – 128.

⑤ Ayduk, O., & Kross, E., "From a Distance: Implications of Spontaneous Self – distancing for Adaptive Self – Reflection", *Journal of Personality and Social Psychology*, 2010, 98 (5), 809 – 829.

⑥ Kross, E., Ayduk, O., & Mischel, W., "When Asking 'Why' Does not Hurt? Distinguishing Rumination from Reflective Processing of Negative Emotions", *Psychological Science*, 2005, 16 (9), 709 – 715.

distanced perspective)。自我沉浸视角是个体将自己重新置于情景中，以当事人的眼光重现事件发生的过程；而自我抽离视角是个体从超越自我中心的观点看问题的过程（Kross，Gard，Deldin，Clifton & Ayduk，2012)①，即个体能够从旁观者的角度观察当时的自己，将过去的自己作为客体来审视。

Kross 和 Ayduk（2011)② 认为，自我沉浸视角将个体的注意力狭窄地聚焦在当时的细节和感受上，例如当时发生了什么，自己当时的情绪如何；而自我抽离视角则将自我放置于客体的位置上，个体从观察者的角度，用更为宽广的视野观察自我和当时的经历。他们认为，以自我抽离的观察视角进行自我反省是具有适应性的，而以自我沉浸的视角进行自我反省可能是适应不良的，特别是在回忆负性经历方面。一系列的研究也发现，自我抽离视角不仅能缓解抑郁、焦虑和愤怒等负性情绪，而且在减少基本归因错误、做出合理推理等方面都有一定的积极作用。

本节将分别从自我抽离理论基础、作用机制、研究方法和适应性等方面对自我抽离进行讨论，并对自我抽离视角的适用边界和未来研究提出展望。

一 理论基础与作用机制

1. 理论基础

信息的加工和处理是双加工的过程，通过两个系统来实现，即热系统（hot - system）和冷系统（cool - system)。③ 热系统是情绪系统，该系统的特点是反应快、简单、具有反射性，由刺激控制，而且发展较早；而冷系统是认知系统，这一系统的特点是反应慢、复杂、具有反思性，由自我控制，发展较晚。当热系统占优势时，个体的自我控制能力降低，而冷系统被激活时，个体的自我控制能力增强。而且，增加个体生理唤醒的因素会激活热系统，从而降低个体的自我控制；而减少生理唤醒的

① Kross，E.，Gard，D.，Deldin，P.，Clifton，J.，& Ayduk，O.，"'Asking Why' From a Distance: its Cognitive and Emotional Consequences for People with Major Depressive Disorder"，*Journal of Abnormal Psychology*，2012，121（3），559 –569.

② Kross，E.，& Ayduk，O.，"Making Meaning Out of Negative Experiences by Self - Distancing"，*Current Directions in Psychological Science*，2011，20（3），187 –191.

③ Metcalfe，J.，& Mischel，W.，"A Hot/Cool - System Analysis of Delay of Gratification: Dynamics of Willpower"，*Psychological Review*，1999，106（1），3 –19.

因素能增强自我控制。例如，个体认为棉花糖像一朵云彩，比认为棉花糖看起来很美味更能抵御棉花糖的诱惑，从而获得自我控制，实现延迟满足。

另外，建构水平理论（Construal Level Theory，CLT）认为，高水平的建构（high-level construal）侧重事物的抽象特征、主要特点、关键特性，排除次要特点，形成事物的一般意义；而低水平的建构（low-level construal）强调事物的具体性和独特性。[①] 而决定建构水平的一个主要影响因素就是心理距离（psychological distance），近的心理距离导致具体、细节性的认知加工，而远心理距离则容易产生抽象思考。例如有研究者发现，当个体与遭遇到的社会排斥事件拉开心理距离后，体验到的社会排斥最少。[②] 在该研究中，询问被试"一两年之后你会怎么看待这件事？如果相似的事件发生在他人身上，你会怎么想？想象一下你如果站在一个旁观者的角度你如何看待？"要比直接询问被试"事件是如何发生的？当时的感受如何？"，被试体验到的社会排斥更少，因为当心理距离增大后，个体事件的解释水平由具体上升到抽象水平。而抽象水平上的解释更有利于个体增强自我控制，提高自我调控能力。

结合以上两个理论，负性情绪事件可以由两种方式来解释，一种是具体的热系统，另一种是抽象的冷系统。当对情绪的解释越为具体，则激活热系统，使情绪反应更加强烈，这种方式不利于对情绪的调控和管理，而当以抽象的方式解释负性情绪，则对问题的解释更为冷静，自我控制能力增强。

以往对心理距离的研究主要集中在时间距离、空间距离、人际距离和可能性四个方面[③]，而很少将自我作为客体，研究个体与个体自身之间

① Fujita, K., Trope, Y., Liberman, N., & Levin-Sagi, M., "Construal Levels and Self-Control", *Journal of Personality and Social Psychology*, 2006, 90 (3), 351–367.

② Rude, Stephanie S., Mazzetti, Francesco A., Pal, Hoimonti, & Stauble, Melissa R., "Social Rejection: How Best to Think About It?" *Cognitive Therapy and Research*, 2010, 35 (3), 209–216.

③ Trope, Y., & Liberman, N., "Construal-Level Theory of Psychological Distance", *Psychological Review*, 2010, 117 (2), 440–463.

的距离。Kross 和 Ayduk（2009）① 认为这种将自我从过去事件中抽离出来的形式同样可以通过增大心理距离，提高建构水平，激活冷系统的方式起到对负性情绪的调控和管理作用。

2. 作用机制

Kross 和 Ayduk（2008，2009，2010）②③ 认为思考内容（thought content）在回忆视角和情绪的关系中起中介作用。他们认为，自我抽离与自我沉浸的自我反省之所以会产生不同的结果，是因为在两种视角下的思考内容不同。在自我沉浸视角下思考内容更多的是叙述（recounting），即叙述当时的细节、情绪状态。个体回忆过去情景时会具体描述事件的场景和感受，例如描述自己在卧室里哭了一场等类似的细节。而在自我抽离视角下，个体的思考内容更多的是重建（reconstructing），即重新建构当时事件的意义，获得顿悟和认知闭合。个体在叙述的负性事件中：（1）能够理解当时感受的原因，或改变对当时感受的认识，例如，"回想过去感觉自己真傻"；（2）能够把过去事件和现在的经验联系起来，从更广的视角解释过去事件，例如"我庆幸当时经历过那件事"。

在自我抽离视角下，叙述内容减少，重建内容增多；而在自我沉浸视角下，叙述内容增多，重建内容减少。思考内容的变化导致情绪的不同。

二 研究方法

目前在自我抽离的研究领域，研究者做了大量实验研究，实验室对自我抽离的控制和评价方法主要有以下几种。

在实验室研究中，研究者主要用指导语来引导被试以自我抽离视角

---

① Kross, E., & Ayduk, O., "Boundary Conditions and Buffering Effects: Does Depressive Symptomology Moderate the Effectiveness of Distanced - Analysis for Facilitating Adaptive Self - Reflection?" *Journal of Research in Personality*, 2009, 43 (5), 923 -927.

② Kross, E., & Ayduk, O., "Facilitating Adaptive Emotional Analysis: Distinguishing Distanced - Analysis of Depressive Experiences from Immersed - Analysis and Distraction", *Personality & Social Psychology Bulletin*, 2008, 34 (7), 924 -938.

③ Ayduk, O., & Kross, E., "From a Distance: Implications of Spontaneous Self - Distancing for Adaptive Self - Reflection", *Journal of Personality and Social Psychology*, 2010, 98 (5), 809 - 829.

或自我沉浸视角进行回忆。①② 在自我沉浸视角下，指导语如下："闭上眼睛，回到事件发生的时间和地点，在脑海中回想当时的场景。现在你可以看到当时的情景，就像是再次发生在你身上一样，现在从你自己的眼中重新播放当时的事件。"而在自我抽离视角下，研究者同样让被试闭上眼睛，然后回到当时的场景，与自我沉浸视角不同的是，研究者让被试从当时的场景中后退几步，退到一个能看到当时情景的位置上去，与情景保持一定距离，但能够看到当时的自己。让被试集中注意力于"远处的自己"，并观察"远处的自己"在当时情景中的经历，重新呈现当时的场景。被试写下自己回忆的场景，并由几个不知情的主试对这些场景的自我抽离水平和思考内容进行评价，结果表明这种方法能有效区分自我抽离组和自我沉浸组。

除用指导语引导被试从两种视角进行回忆之外，研究者还研究了在没有指引的条件下，被试自动地自我抽离是否也有减少负性情绪的作用。③ 首先让被试回忆一个被拒绝的场景，其次让被试评价自己在回忆时的角度更多的是自我抽离还是自我沉浸，最后再测量被试的情绪反应和思考内容，并以事件发生的时间和是否得到解决作为协变量。结果表明自动地自我抽离也能够减少负性情绪。研究者让被试在 7 周之后再次参加实验，发现在第一次时间点上的自我抽离能够预测第二次的问题解决程度，并减少了负性情绪。但第一次负性情绪反应的程度并不能够预测第二次测量自我抽离，这充分说明自我抽离与负性情绪反应的减少是因果关系。

此外，研究者让被试写下自己所经历的事件或情景，通过控制被试书写自身经历的人称来对回忆视角进行操纵。在自我抽离视角下，研究

---

① Kross, E., Gard, D., Deldin, P., Clifton, J., & Ayduk, O., "'Asking Why' from a Distance: Its Cognitive and Emotional Consequences for People with Major Depressive Disorder", *Journal of Abnormal Psychology*, 2012, 121 (3), 559 – 569.

② Mischkowski D., Kross E., Bushman B. J., "Flies on the Wall are Less Aggressive: Self – Distancing 'in the Heat of the Moment' Reduces Aggressive Thoughts, Angry Feelings and Aggressive Behavior", *Journal of Experimental Social Psychology*, 2012, 48: 1187 – 1191.

③ Ayduk, O., & Kross, E., "From a Distance: Implications of Spontaneous Self – Distancing for Adaptive Self – Reflection", *Journal of Personality and Social Psychology*, 2010, 98 (5), 809 – 829.

者让被试以第三人称或者以被试自己的名字来描述当时的场景，而在自我沉浸视角下，则让被试以第一人称写下当时的情景和感受①，通过被试对自己描述的自我评估和几个主试对自我抽离—自我沉浸视角的评价，发现这一方法能够较好地操纵两种回忆视角。

在这些研究方法的基础上，研究者们对自我抽离在调节负性情绪和减少攻击行为、减少基本归因错误等方面做了一系列研究。

三 应用研究

自我抽离视角对改善负性情绪有积极影响，研究者们运用实验室研究分别探索了自我抽离视角对抑郁、焦虑、愤怒等负面情绪的作用。此外，有人还从社会心理学的视角研究自我抽离视角对个体做出推理、决策以及减少基本归因错误的积极作用。以下将分别介绍相关实验研究。

1. 抑郁

沉思（rumination）是指个体反复地、被动地思考悲痛的原因和后果，而不能主动应对和解决烦躁情绪。② 沉思特质与抑郁有直接或间接的关系③④，而个体从抽象水平反思，思考内容中细节内容减少，重建内容增多，使沉思更少，从而减少抑郁情绪。⑤⑥ 而且经比较发现，虽然分心（distraction）也能够起到减少抑郁情绪的作用，但分心只能短时间起作

---

① Minasian, M. T., Self - Distancing and Cognitive - Behavioral Therapy Homework Excersices: A Longtitudinal study Examining the Completion of Daily Worry Logs in the Third Person (Bachelor Dissertation), University of Michigan, Michigan, 2012.

② Michl, L. C., McLaughlin, K. A., Shepherd, K., & Nolen - Hoeksema, S., "Rumination as a Mechanism Linking Stressful Life Events to Symptoms of Depression and Anxiety: Longitudinal Evidence in Aarly Adolescents and Adults", *Journal of Abnormal Psychology*, 2013, 122 (2), 339 – 352.

③ 杨娟、章晨晨、姚树桥：《高中生沉思与应急性生活实践对抑郁症状的影响：1 年追踪研究》，《心理学报》2010 年第 9 期，第 939—945 页。

④ 张宏宇、许燕：《自杀意念者何以抑郁——沉浸性反省类型的中介效应》，《中国特殊教育》2010 年第 5 期，第 85—91 页。

⑤ Kross, E., "When the Self Becomes Other: Toward an Integrative Understanding of the Processes Distinguishing Adaptive Self - Reflection From Rumination", *Annals of the New York Academy of Sciences*, 2009, 1167, 35 –40.

⑥ Kross, E., Ayduk, O., & Mischel, W., "When Asking 'Why' Does not Hurt: Distinguishing Rumination from Reflective Processing of Negative Emotions", *Psychological Science*, 2005, 16 (9), 709 – 715.

用，但自我抽离视角不仅可以短时间内起到缓解作用，而且可以长时间起作用。① 很多研究都证明自我抽离视角对缓解抑郁患者的抑郁水平有积极作用。②③④⑤

研究者选取重度抑郁症患者和心理健康的成年人作为被试，分别从自我抽离和自我沉浸视角回忆负性事件。结果发现，自我抽离对重度抑郁症患者减少负面情绪方面有显著作用，对心理健康的成年人作用不显著。在回避感受方面（例如，个体是否在回忆负性事件时，压抑或回避当时的感受），结果发现，在自我抽离视角下回避感受更少。而思考内容在这个过程中起到中介作用。

另外有研究⑥用心理意象的研究方法比较了抑郁个体用自我抽离视角和自我沉浸视角在解释模糊情景时的差异。研究者给被试听一段模糊情景（例如，在路上碰见一个朋友，向朋友招手，他没有回应），接着让被试分别以自我抽离视角和自我沉浸视角重现这一场景，然后让被试回答"朋友为什么没有回应"。被试写下自己的回答，然后让另外两个并不知道研究目的的研究者评价他们的负性情绪。结果发现，以自我抽离视角回忆负性情绪更少。自我抽离视角下对原因的反思回避最少，自我沉浸视角下对细节的反思回避最多。⑦

① Kross, E., & Ayduk, O., "Facilitating Adaptive Emotional Analysis: Distinguishing Distanced - Analysis of Depressive Experiences from Immersed - Analysis and Distraction", *Personality & Social Psychology Bulletin*, 2008, 34 (7), 924 – 938.

② Kross, E., & Ayduk, O., "Boundary Conditions and Buffering Effects: Does Depressive Symptomology Moderate the Effectiveness of Distanced - Analysis for Facilitating Adaptive Self - Reflection?" *Journal of Research in Personality*, 2009, 43 (5), 923 – 927.

③ Kross, E., Gard, D., Deldin, P., Clifton, J., & Ayduk, O., "'Asking Why' from a Distance: Its Cognitive and Emotional Consequences for People with Major Depressive Disorder", *Journal of Abnormal Psychology*, 2012, 121 (3), 559 – 569.

④ Kuyken, W., & Moulds, M. L., "Remembering as an Observer: How is Autobiographical Memory Retrieval Vantage Perspective Linked to Depression?" *Memory*, 2009, 17 (6), 624 – 634.

⑤ Kuyken, Willem, & Howell, Rachael, "Facets of Autobiographical Memory in Adolescents With Major Depressive Disorder and Never - Depressed Controls", *Cognition & Emotion*, 2006, 20 (3 – 4), 466 – 487.

⑥ Wisco, B. E., & Nolen - Hoeksema, S., "Effect of Visual Perspective on Memory and Interpretation in Dysphoria", *Behaviour Research and Therapy*, 2011, 49 (6 – 7), 406 – 412.

⑦ Ayduk, O., & Kross, E., "Asking 'Why' from A Distance Facilitates Emotional Processing: A Reanalysis of Wimalaweera and Moulds (2008)", *Behaviour Research and Therapy*, 2009, 47 (1), 88 – 92.

神经生理的研究显示，个体运用自我沉浸策略比自我抽离时更多地激活了有关自我参照过程的脑区（内侧前额叶皮层）和情绪失调的脑区（膝下前扣带皮层）[1]，这有利于解释自我抽离视角的作用机制。

2. 愤怒情绪和攻击行为

研究者发现，以自我抽离的视角回忆负性事件对愤怒情绪也有缓解作用。[2][3] 研究中通过指导语引导被试在回忆引起愤怒负性事件时，用自我抽离的视角或自我沉浸视角，并询问自己"当时的感受是什么（what）"或者"为什么（why）有这样的感受"，这样形成 2×2 的实验设计。结果发现，以自我抽离的视角询问自己为什么时，负性情绪最少。而且通过填词任务测量的内隐愤怒和用负性情绪量表测量的外显愤怒均在"自我抽离视角—为什么"的条件下愤怒情绪最少，在"自我沉浸视角—为什么"的条件下愤怒情绪最多。

另外，还有研究者用实验的方法研究自我抽离对缓解激怒条件下攻击想法、愤怒和攻击行为的缓解作用。[4] 实验中，被试在被激怒之后，以自我抽离的视角回顾被激怒的情景，内隐攻击认知、愤怒和攻击行为比在自我沉浸和控制组条件下更低。在此研究的基础上，有研究者以高中生为被试，探索了自我抽离对青少年愤怒和攻击行为是否有作用。[5] 结果发现，青少年用两种视角回忆愤怒事件后，内隐攻击认知、愤怒和负性情绪并没有显著差异。这可能是由于青少年儿童所处时期的特点造成的。青少年儿童以自我为中心，他们很难区分自我和他人的想法观点，从他

---

① Kross, E., Davidson, M., Weber, J., & Ochsner, K., "Coping with Emotions Past: The Neural Bases of Regulating Affect Associated with Negative Autobiographical Memories", *Biological Psychiatry*, 2009, 65 (5), 361 – 366.

② Kross, E., & Ayduk, O., "Making Meaning out of Negative Experiences by Delf – Distancing", *Current Directions in Psychological Science*, 2011, 20 (3), 187 – 191.

③ Kross, E., Ayduk, O., & Mischel, W., "When Asking 'Why' Does not Hurt: Distinguishing Rumination from Reflective Processing of Negative Emotions", *Psychological Science*, 2005, 16 (9), 709 – 715.

④ Mischkowski, Dominik, Kross, Ethan, & Bushman, Brad J., "Flies on the Wall are Less Aggressive: Self – distancing 'in the Heat of the Moment' Reduces Aggressive Thoughts, Angry Feelings and Aggressive Behavior", *Journal of Experimental Social Psychology*, 2012, 48 (5), 1187 – 1191.

⑤ Yoshikawa, K., Self – Distancing to Reduce Anger in High School Students (Doctoral Dissertation), University of Connecticut – Storrs, Connecticut, 2014.

人的角度思考问题；另外，青少年儿童的另外一个特点就是"个人神话"，他们认为自己的观点和经历具有独特性。因此，用自我抽离的方法较难干预。

然而，Kross 等以平均年龄为 10 岁的儿童为被试，发现自我抽离在这一年阶段的儿童中可以起到情绪调节的作用。[1] 实验通过指导语引导儿童以自我抽离的视角或自我沉浸的视角回忆愤怒的负性情绪经验，并写下来。然后让儿童评价自己的情绪反应，最后通过"双盲"操作，让不知道实验目的的四个人对儿童书写的负性经历进行评价。评价内容包括儿童的写作方式（叙述还是重建）和责任归因（归咎于他人还是自己）。结果发现，在自我抽离条件下，儿童在叙述情景时更多地运用重建事件的意义，而非叙述细节。这样的方式使得儿童在负性经验的责任归因上发生改变，并最终减少了愤怒情绪。

3. 焦虑

自我抽离视角不仅能对过去的负性情绪进行调节，对于指向未来的情绪，如缓解焦虑情绪，应对压力也有一定的作用。

Balk（2013）[2] 选取了具有一定社交焦虑的大学生作为被试。首先让他们写下最近的一次社交障碍的经历，然后分别以自我抽离视角和自我沉浸视角想象自己在即将来临的最近一次社会交往的情景，之后再对自己的情绪、认知和自我沉浸的程度等进行评价。结果发现，自我沉浸视角下负性情绪高于自我抽离视角，而且采取的视角与焦虑水平呈现交互作用，即高社交焦虑个体在自我抽离视角下的负性情绪和回避水平比自我沉浸视角下更低，而低社交焦虑个体在两种视角下的负性情绪和回避差异并不显著。

而在 Hunt（2013）[3] 的研究中，研究者让被试准备一个公开演讲，创

[1] Kross, E., Duckworth, A., Ayduk, O., Tsukayama, E., & Mischel, W., "The Effect of Self-distancing on Adaptive Versus Maladaptive Self-reflection in Children", Emotion, 2011, 11 (5), 1032-1039.

[2] Balk, D., Charting the Path from Self-reflection to Self-appraisal in Social Anxiety: What are the Roles of Self-immersion and Self-distancing? University of Waterloo, Ontario, 2013.

[3] Hunt, A. B., Self-Distancing Before an Acute Stressor Buffers against Maladaptive Psychological and Behavioral Consequences: Lmplications for Distancing Theory and Social Anxiety Treament (Doctoral Dissertation), University of Michigan, Michigan, 2013.

造一个压力情景。被试分别以第一人称"我"和第三人称（或自己姓名）描述自己演讲前的感受，结果发现在自我抽离视角下被试更少感到羞愧，演讲效果更好，资源损耗更少。进一步的研究发现，自我抽离视角之所以能起到上述作用，是因为在自我抽离视角下被试更多地把即将来临的压力源视为挑战而不是威胁。根据认知评估理论，当个体将压力源评估为挑战时，更多地将其作为赢得自尊、获取成长的机会①；而将压力源评估为威胁时，个体会有更多的负性情绪，感受到更多的压力和焦虑。②

另外，为验证自我抽离对缓解焦虑的长期作用，研究者在认知行为疗法的框架下，让被试每天在电脑上记录自己担心的事。被试被随机分配到自我抽离组和自我沉浸组，自我抽离组的被试写自己的"担心日志"（worrylog）时，用第三人称"她"或"他"，自我沉浸组则用第一人称"我"进行记录。七天之后，被试再次来到实验室，结果发现，自我抽离组的个体比七天前积极情绪更多，消极情绪更少，生活满意度有所提高。而且这一结果与自我沉浸组有显著差异。③

4. 基本归因错误

基本归因错误是个体对他人行为进行评判时，高估倾向性因素而低估情景因素的现象。研究发现，以自我抽离视角做判断可以减少基本归因错误。④ 研究中，研究者先让被试阅读一篇支持奥巴马的文章，这篇文章表达了作者对奥巴马的支持态度，但没有做出支持的选择。被试阅读完之后，让被试预测作者在多大程度上选择支持奥巴马。但是，在做出选择之前，被试需要写一篇自己对这篇文章的感想。被试分别被分配到自我抽离视角组（即以第三人称写）、自我沉浸组（以第一人称写）、没

---

① Jamieson, J. P., Nock, M. K., & Mendes, W. B., "Mind Over Matter: Reappraising Arousal Improves Cardiovascular and Cognitive Responses to Stress", *Journal of Experimental Psychology: General*, 2012, 141 (3), 417 – 422.

② Gaab, J., Rohleder, N., Nater, U. M., & Ehlert, U., "Psychological Determinants of the Cortisol Stress Response: The Role of Anticipatory Cognitive Appraisal", *Psychoneuroendocrinology*, 2005, 30 (6), 599 – 610.

③ Minasian, M. T., Self – distancing and Cognitive – behavioral Therapy Homework Excersices: A Longtitudinal Study Examining the Completion of Daily Worry Logs in the Third Person (Bachelor Dissertation), University of Michigan, Michigan, 2012.

④ Goldberg, A., Effects of a Self – Distancing Perspective on the Fundamental Attribution Error: An Attempt at De – Biasing (Bechelor Dissertation), University of Michigan, Michigan, 2011.

有指导语组和直接做判断组。结果发现，以自我抽离视角写文章的被试比其他三组被试认为原文作者对奥巴马支持水平更低。

我国研究者吴小勇（2014）① 的研究发现，自我抽离视角降低了个体的自我参照记忆效应。自我参照记忆效应（self – reference effect in memory）是指个体在与自我相关的记忆任务中比其他条件（如他人判断）下记忆成绩更好的一种现象。② 在这一实验中，被试分别从经典自我参照、他人参照和自我抽离视角三种加工方式学习120个积极词和消极词，然后在接下来的记忆再认任务中判断240个积极词和消极词是否出现过，结果发现，自我抽离视角下的再认率显著低于经典自我参照的加工条件下的再认率，自我参照效应减少。进一步的研究发现，个体在自我抽离视角下对贬义人格形容词的接受率高于经典自我参照视角，而对褒义词的接受率低于经典自我参照视角。这说明个体在自我抽离视角下能够降低个体的自我正面偏见。

5. 推理与决策

自我抽离视角还能够影响个体做决策。在自我抽离视角下个体态度更为开放，能够考虑多方面因素并做出明智的决策，对政治意识形态的态度也会产生影响。③ 有研究者用实验室研究证明了这一点。④

研究者给大学生被试一些关于美国经济萧条和失业率增高的话题，让被试讨论这种社会背景对自己未来就业会产生什么样的影响。被试被随机分配到自我抽离组和自我沉浸组。讨论结束后，被试评价自己的情绪，并由不知道实验目的的两个主试判断他们的推理是不是明智的。明智的推理包括两个维度：第一，理智的谦虚。被试能够认识到现实问题和自己现有知识的不足。第二，辩证的思维。被试能够从发展变化的角

---

① 吴小勇：《自我抽离视角对自我参照记忆效应的影响》，《中国临床心理学杂志》2014 年第 3 期，第 402—407 页。

② Klein, S. B., "Self, Memory, and the Self – Reference Effect: An Examination of Conceptual and Methodological Issues", *Personality and Social Psychology Review*, 2012, 16 (3), 283 – 300.

③ Wojcik, J., Self – Distancing and Political Ideology: The Impact of Altered Perspectives on Campaighs and Other Political Organizations (Bachelor Dissertation), University of Michigan, Michigan, 2011.

④ Kross, E., & Grossmann, I., "Boosting Wisdom: Distance from the Self Enhances Wise Reasoning, Attitudes, and Behavior", *Journal of Experimental Psychology: General*, 2012, 141 (1), 43 – 48.

度思考问题，例如能看到经济萧条背后的转机。结果发现，处于自我抽离组的被试更能做出明智的推理。

在此基础上，研究者又以总统大选为研究背景，招募持自由主义和保守主义的大学生作为被试，让他们设想如果他们所支持的候选人没有当选，四年之后的社会是怎样的。自我抽离组的被试设想未来的四年住在冰岛，以冰岛公民的身份设想未来，而自我沉浸组则设想未来四年住在美国，以美国公民的身份预测。结束后，让被试对自己的情绪、意识形态进行评价，并填答是否愿意加入一个两党合作小组，参与共同讨论。再次由不知道目的的主试评价推理的明智程度。结果发现，自我抽离组的被试负性情绪更少，推理更为明智。他们的态度更趋于同化，态度更加开放，愿意与对方不同思想的成员组成小组进行讨论。明智的推理在预测视角和开放性之间起中介作用。

另外，研究者还研究了在自我抽离视角下，个体在面对自己的问题时是否跟对待他人的问题一样明智。[①] 首先，研究者以男/女朋友出轨为背景，假设这件事发生在自己身上或他人（朋友）身上，结果发现，当这件事发生在他人身上时，被试对这件事的认识更明智，具体体现在：（1）能够认识到自己获取的信息不足；（2）能够认识到妥协、让步的重要性；（3）能够认识到未来事件的变化。然后研究者又分别让大学生被试在自我抽离视角和自我沉浸视角想象自己或他人恋人出轨事件，结果发现，在自我抽离视角下，对自己和他人问题的推理的明智程度没有显著差异，而在自我沉浸视角下结果显著，而且进一步的研究发现青年组（20—40 岁）和老年组（60—80 岁）得到了相同的效果，这说明自我抽离视角对老年人也同样适用。

此外，研究还发现，自我抽离的视角不仅能改善负性情绪，而且对生理上的反应也有积极作用。以往研究表明沉思在压力和心血管疾病之间起中介作用，于是 Ayduk 和 Kross 研究了在不同视角下的自我反省是不是会对血压产生不同影响。研究中让被试以自我沉浸和自我抽离的视角回忆冲突场景，并用血压计测量血压，结果发现，在自我抽离视角组被

---

① Grossmann, I., & Kross, E., "Exploring Solomon's Paradox: Self - Distancing Eliminates the Self - Other Asymmetry in Wise Reasoning about Close Relationships in Younger and Older Adults", *Psychological Science*, 2014, 25 (8), 1571 - 1580.

试的血压显著低于自我沉浸视角组被试的血压。① 此外，自我抽离视角对创伤性记忆②③、双向情感障碍④等也有积极的干预作用。

四　我们的认识

首先，自我抽离视角的适用情绪和适用人群有待界定。例如，自我抽离并不是对所有负性情绪都能起到有效缓解的作用。有研究者通过实验研究发现，自我抽离对自我意识情绪并不能起到情绪管理的作用。Katzir 和 Eyal 让被试分别从自我抽离和自我沉浸的视角下回忆愤怒和内疚场景、悲伤和羞耻场景，结果发现，被试的愤怒和悲伤情绪反应在自我抽离条件下比自我沉浸条件下更低，但内疚和羞耻在两种视角下并没有显著差异。⑤ 这是因为自我意识情绪是复杂情绪，是从他人的角度评价自己所产生的情绪⑥，包含了自我评价的过程。因此，自我抽离作为一种从旁观者的视角进行的反省，不仅不能改善内疚、羞耻等负性自我意识情绪，甚至会增强这些负性感受。

而且，自我抽离并不是对所有情景和人群都适用。例如：对咨询师或心理治疗师来说，自我沉浸的视角可能更为有利，因为咨询过程中需要咨询师理解来访者的感受，将来访者或者心理障碍患者的心理意象纳入到治疗框架中。⑦ 另外，对于积极情绪场景，人们往往希望更多地回味

①　Ayduk, O., & Kross, E., "Enhancing the Pace of Recovery: Self – Distanced Analysis of Negative Experiences Reduces Blood Pressure Reactivity", *Psychological Science*, 2008, 19 (3), 229 – 231.

②　Kenny, L. M., & Bryant, R. A., "Keeping Memories at an Arm's Length: Vantage Point of Trauma Memories", *Behaviour Research and Therapy*, 2007, 45 (8), 1915 – 1920.

③　Kenny, L. M., Bryant, R. A., Silove, D., Creamer, M., O'Donnell, M., & McFarlane, A. C., "Distant Memories: A Prospective Study of Vantage Point of Trauma Memories", *Psychological Science*, 2009, 20 (9), 1049 – 1052.

④　Park, J., Ayduk, O., O'Donnell, L., Chun, J., Gruber, J., Kamali, M., et al., "Regulating the High: Cognitive and Neural Processes Underlying Positive Emotion Regulation in Bipolar I Disorder", *Clinical Psychological Science*, 2014, 2 (6), 661 – 674.

⑤　Katzir, M., & Eyal, T., "When Stepping outside the Self is not Enough: A Self – Distanced Perspective Reduces the Experience of Basic But not of Self – Conscious Emotions", *Journal of Experimental Social Psychology*, 2013, 49 (6), 1089 – 1092.

⑥　Else – Quest, N. M., Higgins, A., Allison, C., & Morton, L. C., "Gender Differences in Self – Conscious Emotional Experience: A Meta – Analysis", *Psychological Bulletin*, 2012, 138 (5), 947 – 981.

⑦　Holmes, E., & Mathews, A., "Mental Imagery in Emotion and Emotional Disorders", *Clinical Psychology Review*, 2010, 30, 349 – 362.

和体验，然而有人采用日记法对自我抽离视角在日常生活中积极和消极情绪产生的影响，以及作用的持久性进行了研究。研究发现，无论是积极情绪还是消极情绪，运用自我抽离的视角反省，情绪的持续时间都会变短。①

其次，不同文化背景的个体在自我反省时采取的视角不同，进而影响负性情绪的调节。②③ 研究者以美国和俄罗斯大学生为被试，比较了个体主义和集体主义文化下个体的自我反省视角和抑郁症状。研究者认为，在集体主义文化条件下，个体更倾向于依托社会情境，从整体的角度思考和反思，而个体主义文化下的个体更倾向于把焦点指向自己，从局部分析问题。研究也发现，在没有指导语的情况下，美国被试更容易采取自我沉浸的视角回忆愤怒场景，而俄罗斯被试更容易采取自我抽离的视角回忆。结果发现，俄罗斯被试的负性情绪反应更少，在愤怒场景中的把责任更多地归结于自己而非他人，更多地采取了重建的思考方式。目前，我国作为一个具有典型的集体主义文化的国家，尚没有对自动的自我抽离视角进行研究和测量，未来可以验证自我抽离视角对中国被试群体的适用性，并在此基础上进行文化比较。

最后，以往研究多关注自我抽离视角的后果变量，即自我抽离视角对生理、心理和行为的影响，而很少关注什么因素可能会影响个体的思维视角，如何对自动的自我抽离视角进行有效的测量，以及自动的自我抽离视角与人格、能力、心理健康、动机等的关系如何有待进一步研究。

---

① Verduyn, P., Van Mechelen, I., Kross, E., Chezzi, C., & Van Bever, F., "The Relationship between Self – Distancing and the Duration of Negative and Positive Emotional Experiences in Daily Life", *Emotion*, 2012, 12 (6), 1248 – 1263.

② Grossmann, I., & Varnum, M. E. W., "Social Class, Culture, and Cognition", *Social Psychological and Personality Science*, 2010, 2 (1), 81 – 89.

③ Grossmann, I., & Kross, E., "The Impact of Culture on Adaptive Versus Maladaptive Self – Reflection", *Psychological Science*, 2010, 21 (8), 1150 – 1157.

第三节　社会转型：中国新兴社会
阶层的社会心理分析

中国社会转型中，新兴社会阶层的心理态势如何？谁是改革开放的支持拥护者，谁是中立摇摆者，谁又是消极旁观者？这需要从社会阶层的心理分析开始。对社会阶层的概念和结构，人们有不同认识和理解。一般地，社会阶层指人们由于社会经济地位不同而形成的层次，其划分标准是按照占有社会性资源方面的差别。如把社会阶层划分为工人、农民、解放军、干部、知识分子、老人、青年和孩子，以及"蚁族""北漂""海归""海待""散户"等特殊阶层（习近平，2013）。社会阶层即为群体生活，它是社会协同协作的结果。改革开放30多年来，随着我国社会经济发展水平不断提高，社会变迁和社会阶层分化速度不断加快，社会阶层固化的冰层开始融化，涌现出许许多多新兴社会阶层，且有不断增加的发展趋势。这是社会发展的好现象，是我国社会转型特殊时期的历史机遇，也是经济发展新常态化的必然产物。

一　以金领、中小企业家为代表的新兴中产阶层"抱着形势走"

稳定的社会应该是"橄榄形"社会。西方学者认为，中产阶级是社会的稳定器、平衡轮和缓冲剂，属于"橄榄形"社会结构中的主体部分。我国现阶段的金领、白领、"海归"、"海待"、中小企业家和中外资企业管理者，以及自由职业者、中介机构从业人员、民营科技企业的创业人员和技术人员等，都属于新兴中产阶层，这是社会稳定的中坚力量。据估计，目前有6000万人左右，占总人口的4.62%。他们主要从工人、农民和干部中分化出来，与知识分子有最大交集。在价值目标、自我评价、心理需要和心理预期，以及社会心态等方面具有相似特征。他们主动从容，积极上进，敢于冒险和创新；成就动机强烈，目标是追求无条件的成功；喜欢"抱着形势走"，即通过预测形势，试图把握形势，走在形势发展前面。积极寻找政府的资源支持，且自我感觉良好。他们大多属于改革开放前后成长起来的新一代。

在调研中（江苏省、河南省和山西省）发现，金融行业人群在经济发展进入新常态后，盈利难度大，客户收益要求高，服务要求高，员工职业倦怠、心理压力大，大多处于心理亚健康状态。"一人干银行，全家都帮忙；一人干保险，全家不要脸"，这是他们真实生活的部分写照。金领们的心理预期是希望经济环境更好，国家投入更多建设项目，给金融业更多发展机会，同时能减少同行之间的恶性竞争。对企业家而言，为了适应经济发展新常态，很多中小企业的发展思路、经营模式、营销方式以及产品质量等，都面临着前所未有的调整和创新，决策风险与心理压力增大。国家对中小企业，特别是高科技企业、创意产业等新兴产业给予了很好的扶持政策，但有些优惠政策在执行中并未完全落地。同时，一些政府机关依然存在吃、拿、卡、要，门难进、脸难看、事难办等现象。有些政府部门办事虽然顺利，但形式和程序过于烦琐。企业家们的心理预期是希望能够简化办事程序，希望国家的各种政策能具有更强的连续性，避免频繁调整。显然，在企业家光鲜的形象背后，是他们企业目标和心理预期难以实现时的焦躁心态。

无论是金领还是中小企业家，作为新兴中产阶层，他们生活上趋于感性，政治上趋于理性，有强烈的由"富"转"贵"的焦虑感。他们开始从消费物质转向消费文化，从单纯地追求财富到追求智、雅、贵。表现为市场上急速升温的古玩字画、翡翠玉石、私人会所、名媛舞会等各种炫耀性和符号性消费。他们思维灵活，转"贵"在政治上表现为政治选择趋于理性，即对党和国家社会经济政策表现了强烈的兴趣，关心国家大事，渴望了解政策走向，希望社会稳定发展，热爱国家、支持政府；中央电视台的新闻联播是他们每晚的"必修课"，可以说是"爱政策胜过爱自己"。如中小企业家就特别希望吃到社会经济发展政策的"定心丸"，改变"卖一只鸡，赔一条腿"的状况。网络调查表明，27.4%的中小企业家对国家未来3—5年社会经济发展缺乏信心，几乎与"北漂"和低保群体持平（见图8-3）。出现这种现象的根本原因在于，他们认为自己对企业和个人命运缺乏安全感和把握能力，对企业重大决策缺乏自信，有一种发自内心的无力感、无助感。这也可能是他们参政议政的重要原因，希望借此来改变企业和个人的命运，抑或至少是心理慰藉或"精神胜利"。于是，他们在社会行为上表现为政治敏锐性强，参政议政意识浓厚。其参政议政的方式，往往通过网络主动发表政策建议与政治观点、意见。

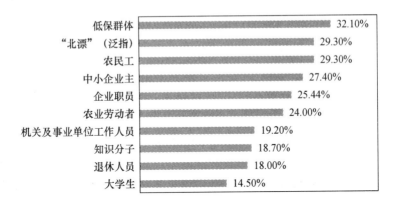

图 8 - 3　不同群体中对国家未来 3—5 年社会经济发展缺乏信心的人数化

注：图中数据均系由 2015 年 1 月 18 日至 2 月 20 日 217356 份网络调查问卷结果整理而成，下同。

必须指出，当前新兴中产阶层的政治参与，大半还属于功利性的参与，其主要目的是获取、保有自身经济利益，满足自身心理诉求。新兴中产阶级主动向政府靠拢、示好，通过参与政府各级部门决策，获取最新的行业信息，甚至在某种程度上影响政府决策的具体内容或方向；通过加入各级行业协会，以及兼任政协、人大等职务与政治结盟，寻求对既得利益的保护。除了经济利益，参政议政还提高了新兴中产阶层的政治地位、社会地位，因此满足了被社会认可和接纳的心理诉求。应该说，这是一种自然、正当的政治发声，在一定程度上解决了该群体的问题，减少了采取制度外其他途径解决问题的机会，具有积极和正面意义。同时也应该看到，该群体的政治责任感和义务感还不强，对现有政治制度和体系的认同还不够强，政治参与仍具有投机性质。国家和政府一方面应紧握主动权，避免让政治变成他们为自身或其所在群体代言、牟利的工具；另一方面还要促使他们从"利益"转到"公益"，从低层次功利性政治参与向高层次责任性政治参与的转变。未来 3—5 年这一情形会更加明显，解决这一问题也会更加迫切。

作为新兴中产阶层，他们有较强的社会责任感和积极的社会态度。新兴中产阶层自我意识和社会认同意识，促使他们认同社会主义核心价值观；其个人现有财富和艰难奋斗经历，促成他们关心国情民生和社会和谐发展，反映了较浓厚的亲社会意识和亲社会行为，体现了较强烈的社会责任感以及危机、忧患意识。他们对深化改革有一定的心理准备，但对未来社会经济发展缺乏必胜的信心。因此，这反而激发了他们参与社会变革的热情，希望以自己的实际行动，使心理的"失望"变成"希望"；在实践中，他们具有积极的社会态度，主动参与经济秩序稳定和规范，大力支持渐进式社会改革，是改革开放的主力军和"铁杆"支持者。

从网络调查问卷的结果来看，中小企业家最希望的国家变化是减少环境污染、消除贪污腐败、生活富裕、完善社会保障以及减少社会不公（见图8-4）。这反映了新兴中产阶层进取型的人格特征。虽然在原来的社会文化环境下，他们已经形成了自己的人格、价值观和行为规范，但亦能随着社会文化变迁和外界事物的变化重新调整自己，具有较强的再社会化能力，即较快地接受新事物和新思想，并能随时迎接新形势的挑战。他们正在从追求物质需要向精神需求过渡，并开始努力追求社会公平公正。作为相对富裕阶层，他们出有车住有房，有体面的职业和较高的社会地位，在生活舞台上扮演着重要的社会角色，其生理需要、安全需要和尊重需要，在现有体制下已获得较好满足，并继续追求爱、归属需要，特别是自我实现需要，这是精神层面的追求，也是对生活质量和生命价值的追求。同时，由于新兴中产阶层的生存发展，无法离开社会稳定和市场经济的背景，他们开始努力追求社会发展、经济交易、职业生涯发展的公平公正，在上述过程中来体现并实现自己的成就感和价值感。

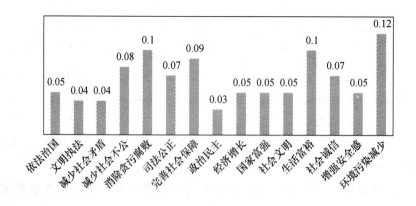

图8-4　中小企业家未来3—5年的心理预期

社会学和心理学研究业已表明，中产阶层在政治上趋于理性，是支持政府的重要力量；在经济上是经济发展和消费主体；在思想上则是文化的投入者、消费者、传递者和创造者。我们在调研中发现，以金领、中小企业家为代表的新兴中产阶层也是如此。因此，我们建议：

第一，国家和政府必须使保护新兴中产阶层的政治热情和创业活动制度化。鼓励和欣赏他们以各种方式参政议政，千方百计提高他们的政治责任感和义务感；不断满足他们日益增长的心理精神需求，引导其合理的心理预期和社会预期，特别是充分发挥他们在经济发展中的主导作用，从而"持续扩大中等收入者群体"，使社会能够稳定、良性运行和快速发展。

第二，社会舆论应鼓励新兴中产阶级在体制外的政治参与性和社会变革的积极性。肯定他们在完善社会主义市场经济体系，确保市场交易环境公平、公正、合法，提高人际信任和诚信社会建设方面的关键作用；大力宣传他们中间追求精神层面的心理需求，传递正能量的共产党员典型、道德模范和先进人物的感人事迹；通过理论宣讲、媒体宣传、榜样塑造等方式，加强社会主义主流意识形态的宣传，倡导新兴中产阶级践行社会主义核心价值观。

第三，主流媒体要引导新兴中产阶级公正地协调各方面的利益关系。及时公开政府信息，搭建交流平台，促进他们与政府、其他社会阶层间充分的交流与沟通，淡化阶层、群体之间的感知差异；大力宣传他们在经济社会和谐发展，优化环境，保障民生方面的先进典型，提升他们的幸福感、成就感与主观阶层感知；营造强有力的正面舆论导向氛围，通过深度的报道和剖析、全面的摆事实讲道理，引导他们形成公益、利他、助人的社会共识，培育新兴中产阶级的亲社会行为与亲社会预期。

二　以新蓝领、新生代农民工为代表的新市民化阶层"跟着形势走"

以新蓝领、新生代农民工为代表的新市民化阶层，他们户籍在农村，但工作和生活在城市，主要从事体力劳动或较简单的技术劳动。现有12528万人，占农民工总数的46.6%（国家统计局《2013全国农民工监测调查报告》）。他们为人朴实，勤劳善良，克俭克己；工作踏实，任劳任怨；有明确的自我社会地位认知，偏下水平的经济实力，渴望拥有城市市民身份，特别是改变农民角色和社会地位的心理需要；喜欢"跟着形势走"，即"随大溜"随形势，与社会发展保持同步，努力寻求国家和政府保护，在思想上和行为上基本与政府保持一致。

随着改革开放30多年的实践，大量农民进入城市，成为农民工或城市蓝领。第一代进城农民很多现在已经50多岁，由于经济原因和社会融合问题，他们并不十分渴望留在城市生活，但他们的下一代——新蓝领和新生代农民工心里有一个"城市梦"，渴望融入所在城市的生活。他们虽身处城市，由于户籍制度、自身能力和文化水平的限制，还无法摆脱农民的角色身份定位，是城市中没有常住户口的常住人口。

蓝领作为与白领相对一族，主要是指生产工人，依靠支付自己的体力来获取报酬。新蓝领，特指有一定技能或没有技能的人，工作和生活在各类城市，为城市生产和日常运转贡献力量的一线工作者，包括饭店、酒店、销售、房产、保安、快递员、制造业、美容美发师等职业人群，也涵盖了小部分一线白领工作者。他们的幸福指数低，生活满意度低，生活压力大，时常感觉孤独无助，有底层化意识和"走一步看一步，活一天算一天"的想法（见图8-5）。对孩子和家庭，普遍带有内疚感和原罪感，希望能尽快摆脱各种"贫困"的代际传递。他们在解决了基本温饱的生理、生存需要后，开始追求较高层次的安全需要和爱、归属需要。他们的心理预期很现实、很"骨感"，仅希望有属于自己的一份事业，稳定的一项工作，个人的一套房子，更高的工资收入和幸福的家庭生活，并享受城镇的社会保障和闲暇娱乐，被公正公平对待。他们以成为城市居民为梦想，并正在努力向这个奋斗目标前进。

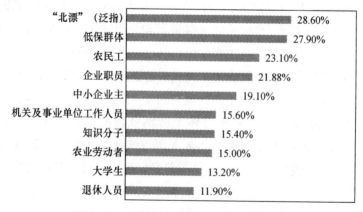

图8-5　不同群体中感觉不幸福的人数比

　　新生代农民工，大多为改革开放后第一批进入城市打工农民的子女，有的出生和成长就在城市，但户籍和房宅在农村。在经济和社会地位方面，新生代农民工属于弱势的权利群体。由于仅接受了基础的技能培训和专业指导，因此无法胜任复杂的技能型和知识型工作。同时，由于出生或幼年就来到了城市，因此他们又"回不去"，与农村同龄伙伴相比又无法享受来自农村的土地红利，深陷城市与农村的双重排斥与区隔的图圈。随着社会转型和改革开放的深入，他们所处的社会阶层开始固化。作为社会底层，通过自身努力向上流动的机会逐渐减少，实现自身社会地位飞跃的可能性降低。他们逐渐固化为居住在城市，又不属于城市的外来者，成为一个特殊的打工者群体。他们为城市的建设和发展贡献了力量，但却没有享受到与之相称的社会福利。因为没有城市户口，也无法享受低保。在医疗方面，新农合已经开始发挥作用，但只有大病住院才能报销，而且报销需要准备各种材料到参保地，这都大大降低了他们的福利水平。他们面临着住房难、孩子上学难、社会保障贫乏、家庭收入低、无力赡养老人的多重困境。同样是公民，同样生活在城市，他们却没有城市居民的福利和工作机会，处处受到城乡悬殊差别、不公平待遇的心理刺激。

　　在心理诉求方面，城市文化的耳濡目染，不断消解着他们对农村的情感认同和社会记忆，生活方式的巨大差异造成心理上的巨大落差。他们游离于城市和乡村之间，角色转换与身份转换的背离，使他们陷入身份认同的困境，即角色边缘化严重。对农村不像父辈那般依恋，在人格特征、打工动机、工作期望等方面也与父辈迥然不同；他们更渴望融入城市，对城市的认同感不断提高，"城市梦"也比他们的父辈更为执着。在价值取向上，他们实用主义价值观占主导地位，消费意识和权利意识增强，自我发展意识和城市市民化意识增强，但亲情意识较为淡薄，道德在一定程度上开始迷失；从思维方式和行为方式上看，他们完全脱离了农村，成为与父辈相区别的"城里人"。另外，与城市的同龄人相比，他们学业不精，缺乏高等教育机会，虽然和城市孩子一样被娇惯，但受到经济收入、文化程度、社会资源等多种因素制约，城市对于他们来说依然缺乏归属感。他们是"回不去，留不下"的一代，是正在努力追求稳定的一代，也是"诉求抗争力强的一代"，表现为心理预期偏高，社会不公平感强烈；"有自己的家和自己的事业"是他们中不少人的最高理想，但成家立业这件美好的事却有些"沉重"；他们文化水平有所提高，更是见识了城市生活的相对舒适，但缺乏脚踏实地、埋头苦干的意识。他们尚未解决市民化心理的转型，更多依靠血缘、地缘等次级交往关系。老乡、老同学等在绝大多数情况下是自己的交往对象，与城市居民的交往则很少；他们对其他社会阶层也缺乏亲近感，无法全面认同社会共识。特别是城市生活和同龄人的社会比较，给他们勾画了理想、愿景的同时，也带来了相对剥夺感，加剧了心理需要和心理预期无法实现时的心理不平衡，以及对社会公平感的错误认识。于是，心理情绪问题增多，表现为自卑心理和悲观情绪，失衡心理和焦虑情绪，孤独心理和受挫情绪，压抑心理和怨恨情绪。他们中部分人会把上述情绪转嫁给政府，进而对整个社会滋生反抗和怨恨情绪。

上述问题，造成他们在政治地位和政治参与方面的冷漠和被动。作为城市中的"新市民"，他们丧失了为自己群体代言的话语权，没有动力和意愿主动承担政治义务，缺乏进行政治表达的精神需求。其阶层的利益表达、权益维护更是纸上谈兵。与农村不同，新生代农民工所处的城市环境，居所流动性和工作流动性大大增强。他们不仅失去了由农村地缘环境产生的社会监督，由农村成长环境产生的朴素道德感，也不具备城市居民来自社会网络和工作单位的监督。城市管理者往往对他们采取的是"经济层面吸入，政治层面排斥"的政策，更加剧了对他们的监管困难，以及他们自身的政治失语，乃至一些选秀类节目甚至成为他们唯一能够发声与引起其他群体关注的社会舞台。从网络问卷的结果来看，以农民工为主体的新蓝领和新生代农民工，他们最希望的国家变化是环境污染减少、消除贪污腐败、生活富裕、完善社会保障以及减少社会不公（见图 8-6）。这与以金领、中小企业家为代表的新兴中产阶层的心理预期基本一致，说明他们在思想上已把自己作为社会发展的主体，纳入到城市市民的思维框架内，在心理上正说服自己成为城市的新市民化阶层。

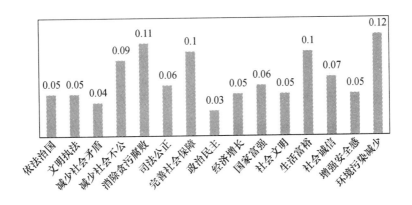

图 8 - 6　农民工未来 3—5 年的心理预期

可见，新蓝领、新生代农民工最大的心理需要是自身的生存、发展以及融入城市生活；实现未来的心理预期主要是依靠政府和社会增加收入，改善生活和维持生计。进而，他们关注社会和政府能够给他们提供实现心理需要、心理愿景和心理预期的机会。因此，我们建议：

第一，国家和政府应出台相关政策积极推进新蓝领、新生代农民工的市民化进程。特别是加速户籍制度改革以及其他配套改革措施，不断提高他们对城市的归属感和认同感，借力、生力、增力，进一步推动城市化进程；让他们知道，我国仍需以良性的经济发展来保证其收入的稳定增长，同时要提供给他们更多的发展机会，更多的工作岗位，更完善的社会保障，更公平的社会环境，更和谐的生态环境，更合理的分配制度，更高的劳动报酬，以及更廉洁可信任的政府。

第二，社会舆论必须强调全社会的公平公正、倡导一种积极向上的社会心态。其本质是新蓝领、新生代农民工身上所体现出来的、现代社会所要求的价值观念和人格特质，包括相信世界是公平的，努力总会有回报，社会中还是好人多，可以信任其他人；强调社会平等、社会公平公正和人与人之间相互尊重的信念；打破阶层壁垒和制度障碍，倡导社会阶层流动，特别是打通该阶层向上流动的各个环节，并大力宣传其中的典型和榜样，使新蓝领、新生代农民工必须共享改革开放的红利成为社会共识。

第三，主流媒体要尊重、爱护和感恩新蓝领、新生代农民工的劳动与奉献。针对他们生存、发展和融合的心理预期，激发他们参与社会经济建设的热情，并在这个过程中帮助其尽快实现"城市梦"；大力宣传、倡导和支持有关部门制定政策措施，切实保护他们的经济利益，努力创造就业和发展机会，并采取倾斜性的教育、住房、医疗政策，使他们能够享受城市改革发展的成果；认真引导外界和其他社会阶层对他们的正确认识，消除社会歧视，充分肯定他们的奋斗精神、成就动机、工作责任感和家庭亲情意识，允许并支持他们充分表达各种诉求，为他们建立主张利益的专门机构、公益机构。

三 以"漂族""蜗族""蚁族"为代表的未充分就业阶层"形势拖着走"

"漂族""蚁族""蜗族"三种新兴社会阶层有共性、有交集，都可以归类为外来群体的低收入者，其人员构成和社会心理特征与大学生也有很多重叠。按"十二五"期间每年高校毕业生700万人推算，这三种新兴社会阶层保守估计也有1000多万人，约占总人口的0.77%。他们有工作、有职业、有收入，但无房、无车、无资源，跳槽快、离职快、失业快，接近于社会的底层，其最大的特点是"未充分就业"。很多情况下被"形势拖着走"，被迫为生存、生计、生活、生涯、生命奔波，其根源在于虽志存高远但眼高手低，虽关心政治时事却漠视政治发展态势。其社会心理特征表现为心理需要多，心理预期高，价值多元化，自我中心化，幸福本位化，情绪无序化，人际关系网络化；他们渴望尊重需要和爱的需要，特别是实现其职业生涯规划的"自我发展预期"。

"漂族"代表没有城市户籍，但在城市工作和生活的外来人群，在北京至少就有十多万人。他们具备一定的知识和技能，有较强的学习和适应能力，能够凭借"半脑力"劳动谋生，因此不同于前述的新蓝领、新生代农民工。但作为外来群体，他们没有受到当地人的充分尊重，缺乏群体归属感，爱和尊重需要同样没有得到满足。他们幸福指数低，有近1/3的人感觉到不幸福（见图8-5）；留在城市的最大原因并不是经济上的考虑，而是因为受完美主义人格的影响和追求理想主义者的浪漫，其根本目的是寻找更好的发展机会，最大的心理预期是自我发展预期。因为，大城市拥有更多的就业机会，更有机会获得高收入，更能发挥个人才能、实现自我价值。生存、融合和发展是其追求的理想和奋斗目标。

从网络问卷的结果看，他们最希望的国家变化是环境污染减少、生活富裕、消除贪污腐败、完善社会保障以及减少社会不公（见图 8−7）。这说明他们与前两类新兴社会阶层有基本一致的心理诉求与心理预期，仅仅是侧重点有所不同。

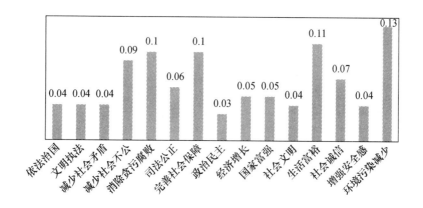

图 8−7　"北漂"（泛指）未来 3—5 年的心理预期

"蜗族"表现为居住面积狭小且多人群居，其年龄阶段大致为"80 后"或"90 后"。他们有高等教育的背景，但整个家庭经济状况欠佳，户籍多为农村，或三、四线城市的穷二代或平民子弟，却选择离开家乡到一、二线城市谋求发展。他们缺乏社会关系和社会资源，属于社会中的困难群体或低收入群体。他们愿意谈恋爱，却无法负担高额的代价。他们过度透支了对美好未来的预期，不仅是让自己相信，更劝说家人相信自己生活的美好前景。他们希望改变现状又缺乏动力，期待成功又没有机会，始终处于一种相互矛盾的心态中。但他们安于生活现状，耐挫力高，心理弹性好；自娱自乐，知足常乐，积极情感体验也较多。因此，他们虽然生活满意度偏低，但主观幸福感偏高。

"蚁族"以扩招代大学毕业生为主，年龄在 30 岁左右。与同龄充分就业的大学生相比，由于毕业院校、专业或学习成绩稍差，同时，缺乏家庭方面在社会关系和金钱上的支持，因此，他们专业对口率低、收入水平低、离职跳槽率高，并较多地集中在简单的技术类或服务类行业，较高比例受雇于民营企业和中小企业。他们处于高智、弱势、聚居的生活状态中，但在现实居住空间中又趋于分散，只在网络虚拟空间中呈现出集聚的态势。作为过渡群体，多年来巨大的就业压力，使他们对未来比较迷茫，缺乏理想和信念支撑，对家庭还有一些责任感，但对社会和国家缺乏责任感；他们民主平等意识开始觉醒，公开自己的利益诉求，试图以自己的勤奋和努力降低社会不公平感，坚信自己未来的社会经济地位会得到显著提升，其心理预期集中在自我提升、富裕生活、价值实现三个方面，希望通过自己的努力开创美好的未来，对生活的期待高于他人，对未来的成功有过高的自信。如果大学毕业未能顺利就业，或就业后又失业，就容易对社会和政府产生不满，而且他们有知识有文化，又容易受西方不良思想侵蚀，两者结合在一起就容易成为抵制与反抗社会共识的"炸药包"。从网络关键词搜索指数来看，在网络中发表言论最多的群体，从年龄来看主要是20—30岁，从性别来看主要是男性，而其中发表负性言论最多的群体与其一致（见图8-8）。历史经验提出警示，发生在突尼斯和埃及的革命是由"突蚁"和"埃蚁"主导的。对此，我们必须引起高度重视。

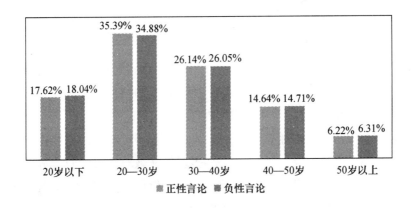

图8-8 网络中发表政府性言论不同年龄群体比例

"漂族""蚁族""蜗族"这三类新兴社会阶层多属于独生子女群体，这是我国特有的人口现象。作为独生子女，他们更期望从事白领类、知识类的职业，而不愿意从事风险较高的职业。他们成就动机较高，强调个人奋斗，集体、国家观念淡薄。他们远离政治，甚至厌恶政治，往往采取一种被动的参与方式：只有当自己切身利益受到威胁时，才开始自己的政治发声。特别是"90 后"独生子女，网络就是他们的生存方式。以大学生为例，作为教育制度改革的过渡群体，他们思想活跃，个性鲜明，理想信念缺乏，物质追求强烈，抗挫折力弱，属于"优点突出，缺点明显"的一代。从网络问卷的结果来看，大学生最希望的国家变化是减少环境污染、生活富裕、消除贪污腐败、减少社会不公以及完善社会保障（见图 8-9）。从中反映了他们的所思、所想、所感和正能量，这也是"漂族""蚁族""蜗族"三类新兴社会阶层社会心理引导与社会行为匡正的基础。

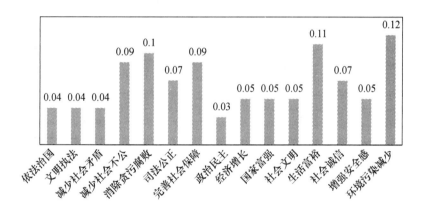

图 8-9　大学生未来 3—5 年的心理预期

　　无论"漂族"还是"蚁族"和"蜗族"，他们的人格特征都表现为亲社会性与反社会性共存，特别是一旦发现自己原有的价值观和生活方式不起作用，而新的观念还没有形成或难以形成时，就会产生一种对现有社会形态或文化类型的不满，导致越轨或犯罪。其共同特点是不相信当下的社会环境是公平的，对资源继承的仇恨，对现状不能合理归因；总是关注负面社会事件，容易产生极端观点，网络非理性倾向明显，已形成网络意见领袖（大 V），实施网络暴力和绑架网络舆论。上述情形目前已初露端倪，今后会更加明显。当不满、牢骚和偏激言论等征兆在失警的情况下，就会发生集群行为，这是一种人们在激烈互动中自发发生的、无指导、无明确目的、不受正常社会规范约束的众多人的狂热行为，具有自发性、狂热性和短暂性等特征，如游行示威、政治集会、围攻政府、集体械斗等群体动乱，影响社会稳定与社会控制。因此，我们建议：

第一，国家和政府对"漂族""蚁族""蜗族"要进行正确的舆论控制与心理疏导。通过对社会舆论的选择性控制进而实现有效遏制，通过心理辅导、心理咨询进而实现心理疏导、心理健康，不断平衡"漂族""蚁族""蜗族"间的不同利益诉求，满足和实现他们的心理预期。一方面通过社会舆论引导与心理疏导，对于不同的心理预期是否应该实现，什么时候实现，实现到什么程度与他们达成共识，相应政策的出台就会减少很多人为的阻力，更符合他们的根本利益。另一方面，共识的形成要有利于形成改革开放合力，增强群体凝聚力，提高社会效率和工作效率。

第二，社会舆论应针对"漂族""蚁族""蜗族"的年龄特征更多更好地使用网络工具。营造强有力的网络正面舆论导向氛围，坚持以正面宣传为主，唱响主旋律，营造积极健康向上的舆论氛围；特别是完善良性互动的网络问政平台，多形式、多渠道、多角度地与他们建立良好的互动关系；围绕舆论导向和他们关注的热点设置议程，通过介入网络的议程设置达到引导的目的，使新闻温度与他们的热度相匹配；同时，加强对网络舆论的监督与控制。要求各类网络信息的发布应注明信息来源，并建立诚信评级机制；进行传播流量监控，有效疏导社会舆论，建立专门通道，对热点事件进行舆论监测，切实有效提升社会舆论管理能力。

第三，主流媒体必须提高公信力、创新力与吸引力。主流媒体一要坚持真实性。真实性是新闻最重要的属性，是新闻的生命，也是媒体公信力的基础，要坚决打击虚假新闻、有偿新闻。二要坚持正确性。对新闻的报道和评论要始终坚持站在党和人民群众的立场上，替民说话，为民监督。三要坚持创新性。宣传手段要创新，大力发掘和应用网络媒体；宣传艺术要创新，有分寸地"投其所好"，讲他们听得懂的话、愿意听的话。特别是加强对多元价值观的整合，着力宣传社会主义核心价值观，使之成为他们的价值追求和行动指南；同时要关注自我中心主义倾向，引导他们正确处理个人、集体、国家三者之间的关系，遏制和铲除过度的自我膨胀；倡导自主、积极、乐观的心态，使他们把"把有意义的事情做得有意思，把有意思的事情做得有意义"。

　　综上，我们可以对"谁是改革开放的支持拥护者，谁是中立摇摆者，谁又是消极旁观者"做出了回答。在我国社会转型期涌现的新兴社会阶层中，以金领、中小企业家为代表的新兴中产阶层，他们作为既得利益集团，心理需要与心理预期基本吻合，更多是追求爱、归属和自我实现等精神层面的需要，这个阶层是改革开放的支持拥护者。以新蓝领、新生代农民工为代表的新市民化阶层，他们正在不断争取自己的利益，特别是城市新市民化的身份，心理需要的满足程度低于心理预期，千方百计在满足生存和安全等物质层面的需要，他们是改革开放的中立摇摆者。结果如何，则取决于改革开放给他们带来的"红利"。以"漂族""蜗族""蚁族"为代表的未充分就业阶层，他们对现实生活心怀不满，对政府和社会满腹牢骚，对个人发展前景又缺乏自信和耐心，充满了无奈、无助和无力感；他们既有生存和安全需要，又有较强的归属和自我实现需要，其心理需要的满足程度远远低于心理预期。这个阶层是改革开放的消极旁观者，有时候甚至会成为抵制者和反对者。但无论何种新兴社会阶层，他们都有极其强烈的成就动机。研究表明，社会成员的成就动机是影响一个国家在发展进程中呈现上升或是衰落的重要因素，并在一定程度上决定一个国家的经济增长和技术发展。这是我国改革开放、中华民族伟大复兴事业的希望和力量所在。

　　我们的总建议是，国家和政府应扩大、依靠新兴中产阶层，强化其责任感和力量感；关心、爱护新市民化阶层，增强其安全感和亲和感；团结、帮助未充分就业阶层，提高其认同感和自尊感。一句话，我们应该凝聚所有新兴社会阶层的内聚力，团结一切可以团结的力量，组成最有力、最广泛的社会阶层统一战线，共谋改革开放大计，共图两个一百年的"中国梦"宏伟大业。

第九章　社会时代背景与中国社会心理特征嬗变

　　我们正处于多元文化价值并存、社会经济地位落差增大、老龄化社会不请自到的社会发展关键期。在这样的时代背景下，社会经济地位更会对儿童学业发展产生重要影响，主要表现在语言发展、阅读能力、学业行为、学业成就和学习困难等方面。我们从经济、心理和生理三个层面分析了社会经济地位对儿童学业发展的影响机制。在此基础上，对儿童教育和学校教育提出了对策和建议。帮助和支持低社会经济地位儿童，不仅仅在于经济援助，他们的学业成就、心理世界和生涯发展更值得关注。其中，榜样选择能够在一定程度上反映出社会转型对儿童青少年心理发展的影响。结合对北京、江西两地青少年榜样选择及理由的调查，我们梳理了这个特殊时期青少年榜样选择的现状，发现他们选择的榜样类型丰富，且两地青少年选择的榜样类型差异显著。进一步地，阐释了青少年榜样选择的社会心理内涵，并对榜样教育未来发展提出了建议。同样，老年化是任何个体都会经历的发展过程和发展任务，但人们普遍存在着对老年人和老年化过程的偏见。这种老年化偏见是由一种不公正、具有否定性和排斥性倾向的社会态度所致。要减少或消除这种社会歧视，必须从改变社会态度入手。终身化老年教育就是融入家庭、学校和社区的、贯穿人一生的教育活动，旨在帮助人们尤其是儿童青少年了解和认识老龄化问题、消除老龄化偏见和老年歧视态度，为成功的老年化做准备。这就涉及新常态下人们的社会心理预期。毫无疑问，不同社会阶层既有共同心理预期，又有不同心理预期，并受多种影响因素所制约。我们的研究表明，不同社会阶层共同心理预期是依法治国、惩治腐败以及降低压力感、提高安全感。以企业家为代表的新兴中产阶层渴望社会政策和秩序稳定、推动渐进式社会改革；以农民工为代表的低收入者的心理预期是"生存—发展—融合"，他们希望自我提升、富裕生活和自我价值实现；以老年人为代表的其他群体则盼望"政府法治，企业诚信，百姓道德，个人幸福"。不同社会阶层心理预期总趋势是实现"发展预期"的成就动机强烈，重点从追求生存等物质层面向追求发展等精神层面转化。值得注意的是，新生代农民工和扩招代大学生可能是较难形成社会共识的阶层，而可能影响社会稳定的社会阶层是少数一线知识分子和未充分就业者。另外，由于当下社会现实无法满足不同社会阶层的心理需要，我国今后一段时间会处于严重的社会预期、心理预期危机中，需要党和政府予以重视。特别是需要对社会转型期的中国社会心理特征有较好把握。当前中国社会心理特征表现在八个方面的发展和变化，即价值观从多元价值观向国家核心价值观过渡；自我观从自我中心化向自我实现和协调发展转化；幸福观从幸福本位化向国家幸福和共同幸福演变；道德观从道德实用性向道德自律和社会公德转变；人际观从人际世俗化向人际信任和人际和谐发展；亲社会观从亲社会行为的口号化向自愿志愿者行为转型；群体观从群体无序化向群体秩序和社会公平迁移；网络观从网络碎片化向网络规范化和集约化转轨。我们认为，中国社会转型期出现的经济、社会和政治结构的发展变化，是中国社会心理特征变迁的核心影响因素。针对当前的社会心理特征和不同社会阶层心理预期，社会舆论和政府在有效引导社会预期、形成社会共识，共同建成小康社会中应发挥重要作用。总的政策建议是"社会发展快一点，经济发展稳一点，人民幸福多一点"，努力实现社会、经济同步和谐发展。

第一节　社会经济地位对儿童学业发展的影响

儿童时期是人一生发展过程中一个重要的关键时期，随着环境变化，儿童的认知、情感、行为、社会性以及学业成就都随之改变并具有独一无二的特征。儿童社会经济地位无疑是其中最重要的环境影响因素之一。贫困是低社会经济地位的一个重要特征，在美国，1%最富有的人平均财富是其他90%人平均财富的20倍。在中国，根据民政部公布的数据显示，截止到2011年9月，中国城市低保对象为2282.4万人，农村低保对象为5237.2万人，农村"五保"对象为553.2万人，国家优抚对象为623.3万人。这四类国家保障对象近9000万人，再加上900多万城镇失业无收入者，我国的低收入人群已接近上亿人，占总人口数的8%。而且，这种经济上的不平等正在美国、中国等各个国家不断扩大。低社会经济地位个体拥有更糟糕的健康状况，更高的抑郁症发生率，更高的死亡率，他们也具有更多行为问题和认知发展问题。低社会经济地位儿童的留级率和辍学率是其他儿童的两倍，学习困难率是其他儿童的1.4倍，由父母报告的情绪或行为问题是其他儿童的1.3倍，家庭虐待和忽视案件是其他儿童的6.8倍，暴力犯罪是其他儿童的2.2倍。目前，低社会经济地位和儿童个体发展的关系得到越来越多研究者的关注和重视。

一　社会经济地位的内涵

1. 对社会经济地位的理解

社会经济地位，英文为Socioeconomic Status，也有研究者使用"Social Class"一词，意谓一个人在整个社会结构中所处的位置。虽然这是一个经常使用的概念，但迄今为止，人们对其内涵并没有取得共识。一般地，按照社会经济地位的标准划分，我们将其分为客观性定义和主观性定义。客观的社会经济地位主要指个体、家庭或群体获取或控制的客观资源，包括物质财富、权力、社会关系资源等；主观的社会经济地位主要指个体、家庭或群体根据他们获得的客观资源，和他人做比较后对自己在整个社会结构中进行的层级排名。儿童社会经济地位特指他们的家庭社会经济地位。

研究者对社会经济地位的概念之所以一直没有达成共识，是因为它缺乏合适的理论基础。对此，我们可以采用自我的社会建构理论（the social construction of the self）来解释社会经济地位的概念。自我是个体对其特征的心理表征，包括他/她的社会角色、社会层级、人际关系、人格、行为倾向、目的和物理特征，自我塑造的过程是动态的，受到个体目前、其儿童时期乃至整个一生接触到的社会文化环境中规范、价值观和实践的影响。在众多自我的社会文化来源中，种族是一个重要的影响因素，个人主义和集体主义在价值观方面存在的差异也导致了自我的差异。同时，社会经济地位也是影响自我塑造的一个重要因素，它是自我的一个重要维度，源自个体的客观资源（经济收入、受教育程度和职业声望）与相对应的主观等级感知。一般意义，社会经济地位具有和"自我"概念相类似的定义，反映了个体对其特征的心理表征（包括社会角色、社会层级、人际关系等），所不同的是这些心理表征是建立在其拥有的客观资源之上的。个体的客观资源如同主流价值观、规范一样，会塑造出个体独特的心理表征，反过来，这些心理表征又会导致个体产生相应的行为和认知。最后，客观资源和主观等级感知共同塑造出个体的"自我"，形成个体的社会经济地位。

2. 社会经济地位的测量

从客观社会经济地位的定义出发，传统的测量指标包括个体、家庭或群体的经济收入、受教育水平和职业这三项。经济收入、受教育程度和职业是相关的，代表了社会经济地位的不同维度。和现在的职业相比，受教育程度和早期的生活状态联系更为密切，而经济收入可以反映物质资源水平，也能够从一定程度上体现职业的声望。

根据各个国家教育体制的不同，受教育水平按年计算，比较稳定且利于排等级，一般按照父母双方中最高教育程度计算。职业水平则对照国际标准职业分类编码表，对父母双方中最高职业地位进行评分排定等级，若遇到经历多种职业者，按照最近担任的职业为准。最受争议且测量标准最多最复杂的社会经济地位指标为经济收入。经济收入是社会经济地位的一个重要成分，一般研究将家庭经济年收入和贫困收入标准线比（income - to - needs ratio，ITN）作为衡量的标准。经济收入也是贫困的主要指标，职业、受教育程度等因素和经济收入密切相关。在很多研究中，研究者直接将贫困个体作为低社会经济地位的研究对象，有一定的可行性。这是因为，以往的研究认为，个体缺乏动机、不能做出合适的选择和自身能力的各种不足是造成他们贫困的主要因素。但这并不是说明我们可以将经济收入和社会经济地位对等起来。越来越多的研究发现，环境因素和社会弊端对个体贫困的影响更大。在我国，受到改革开放和宏观社会环境的影响，沿海地区经济发展速度较快，一部分民营企业家在经济收入上具有明显优势，但他们的受教育程度普遍较低。此外，经济收入具有很大的隐私性，一般儿童和青少年对父母的收入并不了解，又受到社会状况和经济形势的影响，使有些家庭年收入的波动较大，这些因素导致经济收入的测量变得困难，因此，在一些研究中也会取消这一指标。而在另一些研究中，研究人员将经济收入用其他测量方式代替，如家庭拥有物、家庭财富指数等。我们认为，可以用具有代表性的家庭特定物件拥有量来间接测量家庭的经济收入，这些特定物件包括"一张学习用的书桌"、"一个自己的独立房间"、"一台自主使用的电脑"、"字典、词典和相关书籍"、"学习工具和学习资料"，以及能够代表当地财富状况的特定物品等。

从主观社会经济地位的定义出发，研究人员一般让被试通过自我报告的方式对他们所属的社会地位（如贫困、小康、中产阶级等）进行评价。大多数研究是从客观指标对社会经济地位进行测量的，但也有研究认为，主观社会经济地位比客观社会经济地位能够更好地预测个体的身心健康问题，因为高主观社会经济地位的个体有更好的健康策略，对目前的生理功能和自我报告关注更密切，而低主观社会经济地位则和较大的压力有密切关系，压力的易感性较高，应对措施相对缺乏。

二 社会经济地位和儿童学业发展的关系研究

根据布朗芬布伦纳（Bronfenbrenner, U.）的生态系统理论，微观系统、中间系统、外部系统、宏观系统和时间系统会共同对儿童发展产生影响。家庭作为微观系统的核心，对儿童发展的影响十分重要。家庭的社会经济地位，诸如家庭财力资源、父母受教育水平、生活资源、父母教育投入等都会对儿童的学业发展造成直接或间接的影响。

1. 语言发展

语言发展，包括语句构成的复杂性，接受和表达的词汇量，语音意识等。儿童早期的语言发展与其之后的学业成就有关。研究发现，来自不同社会经济地位的个体存在不同的语言差异，父母经济社会地位较低的婴儿，他们的语言发展技能水平也较低，表达的句子长度更短，而来自中产阶级家庭的孩子使用的句子则更长。社会经济地位和种族、母亲的敏感性、消极的侵扰共同作为影响儿童语言能力的预测因素存在。[①] 其主要原因在于：当母亲察觉到财力资源较少时，她们往往会比较沮丧和失落，从而与孩子的亲子互动会减少，反过来影响儿童的认知和语言发展。此外，那些受过高等教育的母亲使用的句子更长，词汇更丰富，比受的教育较少的母亲使用的句法更复杂，这也导致高社会经济地位儿童的语言发展更好。

2. 阅读能力

儿童阅读能力和语言发展有关。与低社会经济地位儿童在语言发展上更弱势相一致的表现是，他们的阅读速度更慢，阅读技巧更差。在家庭环境中，家庭的读写气氛、拥有的书本数量、父母对学校的参与性、父母给予的温暖与提供的照顾，对儿童的初始阅读能力发展（如幼儿园时期）十分重要。来自低社会经济地位家庭的儿童在家很少看书，他们的父母也很少参与到他们的学习中，没有给他们做出合适的阅读计划并监督他们阅读，使得他们的家庭读书氛围较差，影响了儿童的阅读能力。

3. 学业行为

父母对子女的学业行为影响较大，主要有两个原因。一是父母对子女学习的参与性能够引导学生投入更多的时间和精力，获得更丰富的家庭学习资源和更良好的家庭学习环境；二是父母对子女学校教育的参与性，能帮助儿童选择更加有利的同伴。尽管所有的父母都常常表达对教育的重视，希望他们的子女能够成材，但是，那些具有较高社会经济地位的父母对他们子女的教育更加积极，对子女在学校的表现和学业成就以及今后的职业选择也有更高的期待，这就使得高社会经济地位儿童对学校教育的态度更加积极，养成更好的家庭作业习惯和更低的逃课率、辍学率，更少受到糟糕的邻里环境中消极的同伴影响（如犯罪、暴力、

---

① Elizabeth, P. P., Iheoma, U. I., Aryn, M. D., Roger, M. K., & Steven, J. R., "The Effects of Socioeconomic Status, Race, and Parenting on Language Development in Early Childhood", *American Psychological Association*, 2009, 45, 2, 544 – 557.

物质资源匮乏等），避免了很多消极情绪。

4. 学习困难

一项对 1990—2000 年有关社会经济地位与儿童学业成就关系的元分析发现，儿童的社会经济地位越低，其学业成就的表现越差，低社会经济地位儿童比高社会经济地位儿童在学习上投入的时间和精力更少，逃学率更高，更有可能出现学习困难问题。[1] 特别是出生时母亲的社会经济地位越低，这些儿童在 12—14 岁时的学习困难可能性是其他儿童的 1.2—3.4 倍。研究显示，学习困难儿童母亲的文化程度要显著低于一般儿童。[2] 此外，那些具有较高比例低社会经济地位学生的学校，比其他拥有较低比例低社会经济地位学生学校的毕业率也更低。

5. 学业成就

儿童对学业成就的价值评定，会影响他们在学习过程中投入的时间和精力，从而影响最终的学业成就。低社会经济地位儿童对成就价值的评定要低于高社会经济地位儿童，随着他们从小学升入初中，他们对学业任务的价值评价呈现下降的趋势，特别是对和科学有关科目的评定。研究者曾用同伴提名法，让来自不同社会经济地位的学生提名让他们羡慕、尊敬和想要成为同伴的姓名，结果发现，那些来自高社会经济地位的学生更多地提名学业成就好的同伴，而来自低社会经济地位的学生则更多地提名学业成就低的同伴。[3] 儿童觉察到的教育、职业等方面的机会不平等和获取障碍，会降低他们对努力学习重要性的认识，且这种知觉会随着年龄的上升而上升，这也许是造成不同社会经济地位儿童学业成就价值差异的原因之一。

三　社会经济地位对儿童学业发展的影响机制

社会经济地位可以直接影响儿童的学业发展，也可以通过中介因素间接作用，其方式多种多样。我们将这些方式归纳为三种机制：经济机

---

① Sirin, S. R., "Socioeconomic Status and Academic Achievement: A Meta - Analytic Review of Research", *Review of Educational Research*, 2005, 75, 417 - 453.

② 俞国良：《学习不良儿童的家庭环境及其与社会性发展的关系》，《心理发展与教育》1997 年第 1 期，第 9 页。

③ Graham, S., Taylor, A. Z., & Hudley, C., "Exploring Achievement Values among Ethnic Minority Early Adolescents", *Journal of Educational Psychology*, 1998, 90 (4): 606.

制、心理机制和生理机制。其中经济机制的影响作用更为基础，在一定程度上决定了心理机制的作用，而心理机制和生理机制之间则会产生交互作用。

1. 经济机制

社会经济地位较高的儿童，他们拥有更多的有形资源和技术能力，这些资源可以为他们提供更多改善学习、生活方面的机会，比如对他们的学习质量、学习绩效进行作用，从而影响教育的结果；这些技术能力可以为他们提供更多现代化的手段，方便他们更快更准确地做出决定，减少错误，最终获得成功。

社会经济地位的重要指标之一是家庭经济收入，因为家庭经济收入少造成的"贫困"问题是经济机制发生作用的最主要原因。贫困对儿童学业发展的影响非常关键，可以产生两种调节模型。[1] 一是金融资本模型（financial capital model）。该模型涉及儿童的物质环境，认为贫困家庭具有较少的物质资源，生长在资源不足家庭的儿童在教育和其他方面都容易落后。二是家庭运作过程（family process）或者父母社会化模型（parental socialization model）。该模型涉及儿童的非物质环境，和物质环境间接相关，认为贫困会影响父母对子女成长过程中各种需求的监控能力和反应方式，经济困难会减少父母和子女的交流，收入减少、失业等问题会降低父母对子女的监护行为和爱心，甚至增加严厉的惩罚行为。

具体来说，社会经济地位对儿童学业发展的经济机制包括下面五种要素。

（1）物质环境。家庭贫困儿童的物质环境比其他儿童更恶劣，如更脏，更拥挤，有老鼠、蟑螂等害虫，没有足够的电力和暖气，社区犯罪率更高……这些因素使儿童缺乏一个安静、安全的学习环境。

（2）认知刺激。经济收入的欠缺，使父母没有足够的金钱给儿童营造良好的认知刺激所需要的环境，如新书、新玩具，各种兴趣班、培训班，各种博物馆和展览会等。

（3）儿童健康。包括出生时的健康状况和成长中的健康状况。很多

---

① Mistry, R. S., Biesanz, J. C., Taylor, L. C., Burchinal, M., & Cox, M. J., "Family Income and its Relation to Preschool Children's Adjustment for Families in the Nichd Study of Early Child Care", *Developmental Psychology*, 2004, 40, 717-745.

研究发现，贫困儿童比其他儿童的健康状况更差①，更容易受到风湿病、流感、脑膜炎、肠胃炎、寄生虫病等病痛的影响。这些疾病会造成儿童的贫血、活动限制、视力和听力困难等问题，最终影响儿童智力发展。

（4）父母教养方式。贫困对父母教养方式的影响并不是由物质资源直接造成的，而是通过心理压力间接发生的。贫困家庭的父母经常受到食物缺乏、住宅恶劣、邻里紧张、失业、歧视和健康堪忧等问题的影响，他们每天都要花很多精力和时间去应对，就使得这些家庭的父母承受更多的心理压力和抚养压力，从而对儿童的心理造成影响。

（5）儿童教育机构。即儿童除父母之外的护理和照料。高收入家庭往往给孩子更多的教育培训，将他们送到各种儿童教育机构，而贫困家庭的母亲或不工作或失业，她们更愿意自己照顾孩子，而不是送孩子去幼儿园、托儿所，使得孩子缺少有效教育环境给予的认知刺激和社会性发展技能。

2. 心理机制

社会经济地位通过对儿童的社会关系、品德、判断力与决断力，以及由这些因素引起的心理压力的影响来塑造其行为。低社会经济地位儿童往往生活在一个恶劣的环境中，容易产生情绪压力和人际关系紧张。在应对上述问题的过程中，他们的品德、判断力等都会受到影响，容易产生各种不良行为，引发抑郁症及创伤后应激障碍症等危害。②

Coleman 用社会资本理论（Social capital theory）来解释人际关系、家庭结构、社区和儿童个体发展之间的运作程序。③ Coleman 认为，社会资本理论包括两部分：一是资源资本（resources capital）；二是社会资本（social capital）。资源资本包括父母的受教育程度、父母的经济收入和父母对家庭教育的投入。这里的投入主要指是否给子女提供专门的学习场所，是否给子女提供课外阅读材料等。资源资本体现的是儿童家庭的社

① Sherman, A., "Wasting America's Future: The Children's Defense Fund Report on the Costs of Child Poverty", *Child Advocacy*, 1994.

② Prelow, H. M., Danoff - Burg, S., Swenson, R. R., & Pulgiano, D., "The Impact of Ecological Risk and Perceived Discrimination on the Psychological Adjustment of African American and European American Youth", *Journal of Community Psychology*, 2004, 32, 375 - 389.

③ Coleman, J. S., "Social Capital in the Creation of Human Capital", *American Journal of Sociology*, 1998, 94 (Suppl. 95), S95 - S120.

会经济地位，与其相对等并对儿童学业发展产生作用的是社会资本。社会资本包括父母的社会资本和子女的社会资本。父母的社会资本有两项指标：一为是否认识孩子在学校的亲密同伴；二为是否参与到教师与父母的互动中。子女的社会资本有四项指标：一是他们对学校活动的参与数量；二是他们对学校活动的参与质量；三是他们对校外有关活动的参与数量；四是他们对校外有关活动的参与质量。

一般来说，社会资本是儿童获取其父母的财务和人力资本的途径，因此，社会资本能够通过儿童和父母各自的资源网络的数量和质量来进行测量。儿童获得的人力资本来自家庭、学校和社区三个方面。家庭和社区的支持与学生的学业、社会性和人格发展都密切相关。这种相互作用的过程会促进学生在学校和校外行为的一致性。通过家庭与他们的子女、子女的朋友、子女的学校和子女的社区的相互联系，实现社会资本的交互作用。此外，儿童在学校的行为表现和情绪适应，能够反映出他们在家庭中体会到的一系列家庭压力，特别是长期且慢性的家庭冲突，即所谓的隐性离婚家庭。在现代社会，单亲抚养的家庭结构模式越来越多，生长在这些家庭中的儿童，他们的学业表现会更差，对学业成就的期望更低，有些甚至不愿意完成高中学习。显然，父母对教育投入的时间和精力越多，他们的子女的智力活动发展越好，在学校的学业表现越出色，这种影响要大于儿童在家庭中获得的资源数量的影响。此外，父母也会影响子女对朋友的选择。若儿童结交了行为不端或对学校有敌对情绪的同伴，他们的学业表现就会下降。父母在儿童的同伴选择方面的正确指导，能够促使他们结交优秀的同伴，从而促进他们的学业成绩。

3. 生理机制

社会经济地位也会通过对儿童的各项生长发育指标发生作用，影响其学习和生活，比如个体的皮质醇水平和血压。研究发现，低社会经济地位个体的家庭环境一般比较混乱，这种混乱会提升他们的皮质醇水平。[1] 这种影响是长期的，童年期这种对皮质醇的损害，会持续到成人

---

① Chen, E., Cohen, S., & Miller, G. E., "How Low Socioeconomic Status Affects 2-Year Hormonal Trajectories in Children", *Psychological Science*, 2010, 21, 31-37.

期，降低个体的免疫力。①

大脑结构和功能的形成过程受到基因和个体过往经历两方面的影响。个体经历会在不同组织水平上影响大脑的发展，儿童时期的生长环境、认知刺激和各种创伤性压力会导致大脑的功能和结构发生变化。尽管个体的一生都在不断适应和调节，但是，在早期敏感阶段形成的特定神经回路和行为习惯会对今后的发展产生显著的预测作用。来自宾夕法尼亚大学认知神经中心的 Noble 教授通过多项实验任务对社会经济地位和儿童认知发展关系进行了一些神经科学探讨，结果发现，社会经济地位与左侧裂/语言系统（the left perisylvian/language system）和前额叶/执行系统（the prefrontal/executive system）存在不同程度的联系，低社会经济地位儿童在这些系统的多数测量成绩比高社会经济地位儿童更差。② 而婴儿和儿童认知发展与学业成就很大程度上依赖于前额皮质的发展。

四　我们的建议

儿童发展关系到国家未来发展，儿童学业发展关系到他们未来的生涯发展。如何从学校教育层面关注和促进低社会经济地位儿童的学业发展，这是一个十分重要且艰巨的战略任务。

第一，提高物质帮扶力度。家庭环境对儿童发展有重要影响，学校环境对儿童学业发展的影响更为关键。目前，针对家庭经济困难造成的辍学问题，学校按照当地贫困线的标准给予困难家庭学生一定经济补助，减小了他们在就学方面的经济阻力。针对低社会经济地位儿童因家庭经济贫困造成的学习资源和学习工具匮乏，更要引起学校的重视。如有的学生因从小生活在贫困家庭，没有基本的学习工具，没有电脑更没有接触过网络，因此，学校有必要为他们提供免费的学习工具，如纸笔、磁带光盘和教辅材料等，更要为他们使用计算机室、语音室等提供便利和机会。同时，学校要花大力气抓好图书馆和班级读书角建设，为没有能

---

① Miller, G. E., Chen, E., Fok, A. K., Walker, H. A., Lim, A., Nicholls, E. F., et al., "Low Early – Life Social Class Leaves a Biological Residuemanifested by Decreased Glucocorticoid and Increased *Proinflammatorysignaling*", Proceedings of the National Academy of Sciences of the United States of America, 2009, 106, 14716 – 14721.

② Noble, K. G., Norman, M. F., Farah, M. J., "Neurocognitive Correlates of Socioeconomic Status in Kindergarten Children", *Developmental Science*, 2005, 8, 74 – 87.

力购买学习资料的学生提供阅读书籍、拓宽视野的机会，在物质上为低社会经济地位儿童提供良好的学习条件。

第二，以心理健康教育为抓手。一般而言，低社会经济地位儿童比高社会经济地位儿童更容易经历更多负性生活事件，在家庭环境中体会到更多的各种压力，造成他们的消极情绪和不良行为，使他们在人格特质上具有更多敌意、不乐观、低自尊、低控制感等特点。他们也会把这些负性情绪与行为带到学校，不仅对自己造成困扰，而且会影响其他儿童的情绪和行为。那么，如何改善甚至消除这种状况，帮助在情绪和行为问题上有困难的学生，使他们走出学业困扰，重塑自我？这就需要学校全面推进心理健康教育，深入开展心理辅导活动。在精神层面上，帮助他们树立自尊、自信、自强、自立意识，让他们摆脱自己是学校"边缘人"的心态。帮助他们正确认识自己的学业困难的表现和影响因素，有效地评估自己学业上的优势和劣势，知道应对学业困难的方法和策略，以及知道自己的合法权利并有资格获得他人帮助和社会支持。

第三，教师要发挥主导作用。提高学生学业成绩的方法不仅仅是单一的授课和"填鸭式"的知识灌溉，还包括对学习行为、学习态度、学习情绪等一系列问题的解决。特别是对于低社会经济地位儿童而言，若父母无法在家庭提供一个良好的学习环境时，学校要千方百计地进行补救，教师不但需要为他们提供良好的学习环境，还要帮助他们制订合理的学习计划，特别是做好一学期、一学年的学业发展规划，使他们养成良好的学习习惯，进而养成良好的行为习惯。教师要根据低社会经济地位儿童的不同特点给予不同建议，针对他们的兴趣和特长，帮助他们选择不同的学习方法和学习策略。对英语，有意识地强化听力和阅读理解方面的训练；对计算机，有的放矢地加强实用操作技能的训练，诸如此类。教师也可以鼓励高社会经济地位学生中那些学业发展较好的同学和学业发展较差的低社会经济地位学生结成学习对子，相互帮助共同提高。同时，当觉察到低社会经济地位学生的不良情绪和不良行为时，可以及时求助于专业的心理辅导老师，配合他们帮助其解决学习生活中遇到的心理困扰和心理问题。

第四，促进实质性的家校合作。学校要主动加强与家庭的实质性联系与沟通，争取家庭的有效配合和支持。教师要通过家访、电话、短信和网络等多种形式，主动加强和学生家长的互动和交流，既可以向家长反馈学生在学校的表现，又可以从家长那里了解到学生在家的情况，使这种交互作用和间接影响朝着良性的方向发展。低社会经济地位儿童的父母因为受教育程度或者职业的限制，不知道该如何与子女形成健康的亲子关系，建立合适的父母教养方式，因此，班主任、任课教师在了解情况的前提下可以给父母提供有益的建议，而心理辅导老师则可以根据低社会经济地位学生的特点和家长需求，有的放矢地提供相关的讲座和信息，共同为他们营造良好的学业发展氛围。

总之，儿童的社会经济地位是由父母的社会经济状况、受教育程度、财富的积累和职业决定的。[①] 帮助和支持低社会经济地位儿童，不仅仅在于经济援助，他们的学业成就、心理世界和生涯发展更值得关注。只有当他们学业进步、精神丰富、前途光明时，他们才会有更大的动力、更强的自信、更高的期盼去迎接学习生活的挑战！

第二节 多元文化价值对青少年榜样选择的影响

榜样通常被认为是时代精神的象征，对青少年有着重大的教育意义。在以往研究中，研究者们分析了青少年榜样教育的现状，并对榜样教育的有效性与科学化提出了自己的建议。[②][③] 他们认为，榜样是影响青少年的重要他人，反映了他们的理想自我，其示范作用依赖于社会学习理论中的模仿机制。[④] 青少年期是个体自我发展的重要时期，建立自我认同是这一时期个体心理社会性发展的主题。[⑤] 在某种程度上，榜样是青少年自我意识的投射，反映了他们社会化的程度。以往研究虽然在理论上涉及

---

① 俞国良、辛自强：《社会特性发展》（第2版），中国人民大学出版社2013年版，第322页。

② 戴锐：《榜样教育的有效性与科学化》，《教育研究》2002年第8期，第17—22页。

③ 朱宁波、袁媛：《青少年道德榜样教育现状的调查研究》，《教育科学》2013年第5期，第64—69页。

④ 刘靖君、屈代洲：《西方青少年榜样教育的理论释义及启示》，《湖北社会科学》2014年第12期，第178—182页。

⑤ 雷雳：《发展心理学》，中国人民大学出版社2009年版，第225—249页。

了榜样与青少年心理社会性发展的联系，却很少有研究者对青少年实际的榜样选择及其所体现的自我意识进行深入分析。另外，社会环境是影响个体发展的重要因素。处于转型期的中国社会正经历着社会结构的巨变，这种变化必然会影响个体的心理发展。榜样是时代精神的象征，榜样选择能够在一定程度上反映出社会转型对青少年心理发展的影响。结合对北京、江西两地青少年的调查，本节总结了社会转型期青少年榜样选择的现状，阐释了青少年榜样选择的社会心理内涵，并对榜样教育未来发展提出了建议。

一 调查对象与方法

本节的调查对象分别来自北京市的一所普通高中与江西省的一所中等职业学校（见表 9 - 1）。其中，江西省中职学校的被试大部分属于留守青少年，占总人数的 74.19%。因此，本节的调查对象涵盖了城、乡普高生与中职生，留守与非留守青少年，一定程度上保证了研究结果的外部效度。

表 9 - 1 调查对象基本情况

		人数	比例
学校	北京市普通高中	35	53.03%
	江西省中职学校	31	46.97%
性别	男	21	31.82%
	女	45	68.18%

本书采用自编开放式问卷对被试的榜样选择进行了调查。填写问卷时，每名被试需回答"我心中的榜样是？""我选择他/她作为榜样的理由是？"两个问题，每个问题回答三次，即每名被试需列出三个榜样，并分别说明选择他/她作为榜样的理由。Schlenker、Weigold 和 Schlenker（2008）调查了大学生的榜样选择及理由，将理由分为坚持原则、诚实、善良、决心、智力、社交能力、领导力、积极态度、身体健康、物质成

就等大类。① 陈世民等（2011）认为榜样的年龄、教育程度、收入，个体的价值观、图式，以及时代背景和文化因素等都能影响个体的榜样选择。② 参考以往研究，结合调查数据及我们的理论思考，本书对被试选择榜样的理由进行了编码，分类方法如表 9 - 2 所示，编码信度、效度良好。研究中采用 SPSS 22.0 进行数据处理与分析。

表 9 - 2 选择榜样的理由分类编码

分类	描述及关键词举例
品质	理由描述中提到个人品质："坚韧坚强"、"无私奉献"等
能力与成就	理由描述中提到能力与成就："人际交往能力强"、"学习好"等
外貌	理由描述中提到对外貌的评价："帅"、"颜值高"
功利性	理由描述中提到对我的帮助："对我的帮助很大"等

二 调查结果

1. 青少年选择的榜样类型

在以往研究中，研究者们通常根据自身的理论构想对榜样进行分类，并没有统一的标准。例如，朱宁波和袁媛（2013）将榜样分为同学或同龄人、在各行业表现突出的人及政治、军事人物；Yancey、Grant、Kurosky、Kravitz - Wirtz 和 Mistry（2011）将榜样分为家庭成员、教师、朋友、娱乐明星、运动员等。③ 参考以往研究，结合调查数据与我们的理论构想，本书将榜样分为 11 类，具体情况如表 9 - 3 所示。其中，虚拟人物指动漫、影视作品中的人物，代表性职业指被试在列举榜样时填写了警察、医生等职业，而不是某个具体的人物。此外，不同类型榜样的排序按照它们在原始数据中出现的顺序，即原始数据中，第一位被试的第一

---

① Schlenker, B. R., Weigold, M. F., & Schlenker, K. A., "What Makes a Hero? The Impact of Integrity on Admiration and Interpersonal Judgment", *Journal of Personality*, 2008, 76（2）: 323 - 356.

② 陈世民、吴宝沛、方杰、孙配贞、高良、熊红星、郑雪：《钦佩感：一种见贤思齐的积极情绪》，《心理科学进展》2011 年第 1 期，第 1667—1674 页。

③ Yancey, A. K., Grant, D., Kurosky, S., Nicole Kravitz - Wirtz, M. S., & Mistry, R., "Role Modeling, Risk, and Resilience in California Adolescents", *Journal of Adolescent Health*, 2011, 48: 36 - 43.

个榜样属于家庭成员，后面的数据中依次出现了同学朋友、老师等类型的榜样。

表 9 – 3　　　　　　　　榜样类型的基本情况

榜样类型	学校		人数合计	合计占榜样总数的比例
	北京市普通高中	江西省中职学校		
家庭成员	19	10	29	15.34%
同学朋友	20	2	22	11.64%
老师	15	20	35	18.52%
娱乐明星	10	1	11	5.82%
运动员	6	0	6	3.17%
虚拟人物	7	1	8	4.23%
历史文化名人	9	20	29	15.34%
政治家	8	1	9	4.76%
企业家	2	1	3	1.59%
代表性职业	0	35	35	18.52%
科学家	0	2	2	1.06%

注：本书每名被试可选 3 个榜样，因此榜样总数大于被试数；有 9 名被试未列出第 3 个榜样。

从表 9 – 3 可以看出，总体来说，青少年选择的榜样类型较为丰富。青少年对家庭成员、同学朋友、老师、历史文化名人与代表性职业 5 类榜样的选择较为集中。其中，老师与代表性职业最受青少年的青睐，而选择科学家和企业家作为自己榜样的青少年最少。因此，我们对榜样类型的差异进行了卡方检验，结果显示榜样类型间差异显著（$\chi^2 = 98.80$，df = 10，P < 0.001）。也就是说，相对于娱乐明星、运动员等类型来说，青少年更愿意选择家庭成员、同学朋友、老师、历史文化名人等作为自己的榜样。

从不同学校来看，普高生选择的榜样类型更为丰富，人数分布相对分散，但没有人选择代表性职业和科学家作为自己的榜样；中职生选择的榜样类型虽然比普高生还多，但人数分布却更为集中。为了考察榜样类型与学校的关系，我们利用卡方检验对数据进行了分析。结果显示，不同学校间被试选择的榜样类型差异显著（$\chi^2 = 86.63$，df = 10，P <

0.001）。即学校的差异影响了被试的榜样选择。与普高生相比，中职生主要选择老师、历史文化名人与代表性职业作为自己的榜样，而较少选择家庭成员、同学朋友、娱乐明星、运动员、虚拟人物及政治家等。

2. 青少年选择榜样的理由

在研究中，被试共列出 249 个理由，平均每个被试列出了 3.77 个理由，每个榜样对应 1.32 个理由。理由的分类统计如表 9 - 4 所示。

表 9 - 4 理由分类的基本情况

理由类型	学校		次数合计	合计占理由总数的比例
	北京市普通高中	江西省中职学校		
品质	67	77	144	57.83%
能力与成就	49	36	85	34.14%
外貌	6	1	7	2.81%
功利性	8	5	13	5.22%

此外，本书还从被试的角度对理由进行了统计，即只要被试选择榜样的理由中提及了某个分类就记为 1 次，再次提及也不再向上累加，基本情况如图 9 - 1 所示。

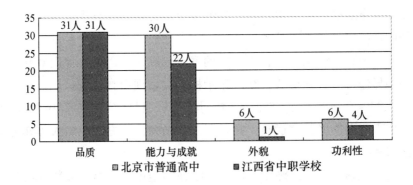

图 9 - 1 按被试统计理由分类

从表 9 - 4 及图 9 - 1 我们不难看出，被试在选择榜样时更看重他们的品质、能力与成就，卡方检验的结果（$\chi^2 = 203.60$，df = 3，P < 0.001）

也证明了这一点。此外，"品质"和"能力与成就"（$\chi^2 = 15.20$，$df = 1$，$P < 0.001$）、"外貌"（$\chi^2 = 124.30$，$df = 1$，$P < 0.001$）、"功利性"（$\chi^2 = 109.30$，$df = 1$，$P < 0.001$）间均差异显著，"能力与成就"和"外貌"（$\chi^2 = 66.13$，$df = 1$，$P < 0.001$）、"功利性"（$\chi^2 = 52.90$，$df = 1$，$P < 0.001$）间均差异显著，"外貌"与"功利性"间差异不显著。另外，学校、性别差异均对被试的理由选择没有影响（卡方检验结果不显著）。也就是说，无论来自哪所学校，属于何种性别，大多数青少年在选择某一对象作为自己的榜样时，会首先考虑他们的品质，其次是能力与成就；小部分青少年还会考虑外貌以及功利性。

参考 Schlenker 等（2008）的研究，我们对青少年选择榜样的理由进行了进一步分析（见表 9－5）。[①] 结果显示，被试在选择榜样时最重视的品质包括奉献、决心和积极，最重视的能力是智力。值得注意的是，没有被试在选择榜样时看重的是榜样的诚信。从学校的角度来说，普高生更看重榜样的决心与积极态度，中职生则更看重榜样的奉献精神。

表 9－5　　　　　　　　　　　理由分类的进一步分析

理由分类	描述及关键词举例	次数	合计占理由总数的比例
忠于原则	坚持自己的信念，例如"遵从本心"	14	5.26%
诚信	诚实、值得信任、真诚	0	0
公正	公正、公平	7	2.63%
奉献	利他、关心他人及社会，愿意为了家庭及社会奉献	87	32.71%
决心	努力达到目标，认真、刻苦，克服障碍	58	21.80%
积极	乐观、自信、坚强、坚韧	28	10.53%
宽容	宽容、宽恕	5	1.88%
智力	聪明、创造性，例如"学习好"	31	11.65%
社交能力	人际交往能力	5	1.88%

① Schlenker, B. R., Weigold, M. F., & Schlenker, K. A., "What Makes a Hero? The Impact of Integrity on Admiration and Interpersonal Judgment", *Journal of Personality*, 2008, 76 (2): 323－356.

续表

理由分类	描述及关键词举例	次数	合计占理由总数的比例
领导力	领导、激励他人，例如"治国有方"	11	4.14%
成就	各类成就，例如"有钱、教学好"	20	7.52%

注：对榜样选择理由的进一步分析不包括外貌、功利性两类，因此与表9-4的理由总数不等。

三 讨论与分析

人们常说，榜样的力量是无穷的。个体在制定目标、建立行为标准时，通常会参考榜样的做法。基于此，国内研究者对榜样的研究主要从榜样教育的角度展开。然而，青少年的榜样选择同样是个值得关注的问题。例如，Yancey 等（2011）发现，榜样的类型能够影响青少年的健康行为。[①] 回顾社会心理学、发展心理学的相关理论，结合本书的调查结果，我们认为，青少年的榜样选择是其心理社会性发展的投射，可以反映个体的社会化程度、自我及社会认知的发展水平。另外，榜样是时代的产物，人的发展也受到社会环境的影响，分析青少年的榜样选择，在一定程度上也能够说明社会转型对于青少年心理社会性发展的影响。

1. 榜样选择与社会化

社会化是个体在特定的社会文化环境中，学习和掌握知识、技能、语言、规范、价值观等社会行为方式和人格特征，适应社会并积极作用于社会、创造新文化的过程。[②] 从某种程度上来说，榜样选择体现了青少年对角色规范、生活目标等社会化基本内容的理解，因此反映了青少年的社会化程度。本书被试选择的榜样类型以及选择这些榜样的理由大部分是主流社会所认可与期望的，这说明了当代青少年的社会化发展良好。其中，青少年在选择榜样时对"奉献"这一品质的重视，尤其值得赞赏。此外，"决心"、"积极"也是影响青少年榜样选择的重要品质，反映了他

---

① Yancey, A. K. , Grant, D. , Kurosky, S. , Nicole Kravitz-Wirtz, M. S. , & Mistry, R. , "Role Modeling, Risk, and Resilience in California Adolescents", *Journal of Adolescent Health*, 2011, 48：36-43.

② 俞国良：《社会心理学》，北京师范大学出版社2012年版，第92页。

们认识到通过奋斗取得成就，是社会认可的生活方式。

　　然而，处于转型期的中国社会存在的诚信缺失等现象也影响着当代青少年的社会化。在本书中，没有一名被试在选择榜样时是基于对榜样诚信品质的认可，是一个值得引起全社会重视的问题。这在一定程度上说明了当代青少年并没有将诚信作为社会规范、未来生活目标的主要内容，诚信观念也还未真正地深入人心。此外，Walker（2007）的研究指出，由于时代变化的速度越来越快，西方青少年在选择榜样时更青睐于同龄人，而不是父辈。这与我们的调查结果存在一些差异。[①] 本书的调查结果显示，中国青少年在选择榜样时，对父辈与同龄人的偏好没有显著差异，这或许是受到了东西方文化差异的影响。

　　2. 榜样选择与自我

　　自我是人格的核心，自我的发展是青少年期心理社会性发展的主要任务。在个体的自我概念中，存在着实际自我、理想自我、应该自我等结构。[②] 实际自我指个体或他人认为该个体实际具有的特质；理想自我指个体或他人希望该个体具备的特性；应该自我指个体或他人认为该个体在有关承担责任与义务方面应该具有的特质。榜样凝聚着个体的认同与期望，因此能够在一定程度上反映青少年的理想自我与应该自我，也能够体现出实际自我与理想自我、应该自我的差异。本书的调查结果显示，青少年的自我呈现出了多样化发展的态势。他们选择的榜样类型多达11种，具体人物或职业不胜枚举。从具体类型上来说，李祖超和邵敏（2011）的研究发现父母、优秀企业家、政界领袖、影视明星和道德楷模分别排在了"对青少年所起励志作用最大的人物"的第一位到第五位。[③] 在我们的研究中，企业家、政治家、娱乐明星却并不是青少年榜样的首选。

　　周晓虹（2009）认为受时代背景的影响，当代中国人的社会心态呈

---

　　① Walker, B. M., "No More Heroes any More: The 'Older Brother' as Role Model", *Cambridge Journal of Education*, 2007, 37 (4): 503–518.

　　② 俞国良：《社会心理学》，北京师范大学出版社2012年版，第142页。

　　③ 李祖超、邵敏：《青少年榜样教育困境与策略分析》，《中国教育学刊》2011年第1期，第80—83页。

现出城市与农村的对峙等特征。① 其中，城市人格表现为价值观上的开放、享乐、自我取向，行为方式上的异质性；乡村人格表现为价值观上的敦厚、耐劳、封闭、他人取向，行为方式上的同质性。本书结果显示，青少年的榜样选择存在学校差异，普高生选择的榜样类型更丰富，选择榜样的理由更关注个人奋斗导向的"决心"、"积极"、"成就"等维度；中职生选择榜样的类型与理由均相对单一，在一定程度上反映了这种对峙，也证明了社会转型对青少年心理社会性发展的影响。

研究显示，与非留守青少年相比，留守青少年存在自尊和主观幸福感低，同伴关系差等问题。②③④ 中职生也存在自信自我、成就自我水平低等问题。⑤ 我们的调查对象中，大部分中职生属于留守青少年。由于家庭支持缺失和中职生负面刻板印象的影响，这些青少年对自己和"身边人"的评价较低，因此他们较少选择家庭成员、同学朋友作为自己的榜样，是低自尊、同伴关系差的一种表现。同时，对历史文化名人的青睐体现了他们摆脱现状的强烈动机。另外，职业教育的特点使中职生更加关注自己未来的职业发展，因而更愿意选择代表性职业作为自己的榜样。城市化运动、工人阶级的没落、对白领工作的向往等社会转型现象导致了留守青少年、针对中职生的负面刻板印象等问题。因此，留守与非留守青少年、普高生与中职生在选择榜样类型上的差异也是社会转型影响青少年心理社会性发展的一种表现。

3. 榜样选择与社会认知

社会认知是一种基本的社会心理过程，其基本内容包括个体对自我、他人及人际关系的认知。⑥ 我们认为，个体的榜样选择是一个利用环境中

---

① 周晓虹：《中国人社会心态六十年变迁及发展趋势》，《河北学刊》2009年第5期，第1—6页。

② 范兴华、方晓义、刘勤学、刘杨：《流动儿童，留守儿童与一般儿童社会适应比较》，《北京师范大学学报》（社会科学版）2009年第5期，第33—40页。

③ 宋广文、何云凤、丁琳、吕良成、周凯：《有留守经历的中学生心理健康、心理弹性与主观幸福感的关系》，《中国特殊教育》2013年第2期，第87—91页。

④ 罗晓路、李天然：《家庭社会经济地位对留守儿童同伴关系的影响》，《中国特殊教育》2015年第2期，第78—83页。

⑤ 俞国良、姜兆萍：《中职生自我概念与社会关系的相关研究》，《中国职业技术教育》2007年第16期，第7—9页。

⑥ 俞国良：《社会心理学》，北京师范大学出版社2012年版，第222—225页。

的社会信息，理解和思考自我与他人的过程，属于社会认知的范畴。这也是榜样学习与偶像崇拜的本质区别之一。岳晓东（1999）认为，青少年的偶像往往带有理想化、浪漫化、绝对化的色彩，榜样则是现实化、理性化、相对化的代表。[①] 青少年的偶像崇拜以人物为核心，表现为对偶像的直接性模仿、全盘性接受与沉湎式依恋；与之相反，青少年的榜样学习以特质为核心，表现为对榜样的综合性模仿、选择性接受与稳固式依恋。[②] 本书的调查结果显示，青少年能够清楚地区分偶像崇拜与榜样学习，很少将娱乐明星作为自己的榜样，反而更愿意向"身边人"学习；选择榜样的理由也主要聚焦在榜样的品质、能力与成就，而非其外貌、行为等外在特征。这说明青少年的榜样选择是一个经过了理性思考的社会认知过程。信息的获得会影响个体的社会认知。现实生活中，青少年对家庭成员、同学朋友、老师的了解更全面，而历史文化名人的负面信息较少，这会影响青少年的社会认知，进而影响他们的榜样选择。

榜样选择表达了个体对于某一群体的认同。社会认同理论认为，个体的自我概念会受到他所认同的群体的主观规范、价值观等的影响。[③] 我们认为，个体将榜样的行为规范、价值观等内化为自我概念的一部分，是榜样影响个体的一种重要方式。从青少年的榜样选择来看，他们对科学家、政治家、企业家等群体的认同度较低，而这三类群体对社会的发展至关重要，这是一个值得引起教育者高度重视的问题。此外，选择榜样类型的学校差异可能源自青少年对自身所属群体评价的差异。留守青少年、中职生对所属群体的评价低，因而不愿意选择家庭成员、同学朋友作为自己的榜样。另外，他们的榜样选择也充分表达了社会流动的愿望，全社会应致力于为他们创造充足的向上流动空间。

角色图式指在某种特定的社会环境下，根据角色规范和社会预期扮演特定角色时，可能出现的一系列行为的心理框架。[④] 完美的角色图式称

---

① 岳晓东：《青少年偶像崇拜与榜样学习的异同分析》，《青年研究》1999 年第 7 期，第 1—9 页。

② 同上。

③ 张莹瑞、佐斌：《社会认同理论及其发展》，《心理科学进展》2006 年第 3 期，第 475—480 页。

④ 俞国良：《社会心理学》，北京师范大学出版社 2012 年版，第 231 页。

为原型。从事某种职业通常需要个体付出一定的努力，因此，职业角色属于一种成就的角色图式。本书发现，许多青少年将警察、消防员、医生、护士、清洁工等职业角色视为自己的榜样，他们认为从事这些职业的人具备奉献等高尚品质，这反映了他们对这些职业的角色图式，甚至带有原型的意味。虽然当下社会充斥着对于警察、医生等代表性职业的负面评价，但青少年对这些职业的认知受到了角色图式的影响，缓和了这些负面信息对他们榜样选择的影响。

四 结论与建议

本书以来自北京、江西的学生为被试，结合社会心理学、发展心理学的相关理论，对两地青少年的榜样选择进行了分析。结果显示，青少年选择的榜样类型丰富，家庭成员、教师、同学朋友、历史文化名人、代表性职业等类型是他们的首选。也有青少年选择娱乐明星、运动员、虚拟人物等作为自己的榜样。青少年选择的榜样类型体现了他们的社会化程度与多样化的自我意识。两地青少年在选择榜样类型上的差异反映了留守与非留守青少年、普高生与中职生在自我发展上的差异，以及社会转型期中国人的普遍心态。另外，青少年在选择榜样时更加看重他们的奉献、决心、积极性等品质，以及榜样的智力、人际交往能力和已取得的成就。这说明青少年的榜样选择是一个理性的社会认知过程。这一过程也受到了社会转型的影响，导致青少年选择榜样时对于诚信等品质的忽视。基于本书的结果，我们对未来榜样教育的发展有如下建议：

（1）从留守与非留守青少年、普高生与中职生的特点出发选择适合的榜样。社会心理学认为，影响人际吸引的因素包括人际交往的距离、接触频率、交往对象的才华、品质等因素。青少年的日常生活中与家人、同学朋友、老师的接触最多，对他们也有着更为深入的了解。理论上，鼓励青少年选择"身边人"作为自己的榜样符合社会心理学的规律，有利于提高榜样教育的有效性与科学化。但是，对于留守青少年与中职生来说，低自尊等问题导致他们不愿意选择家庭成员、同学朋友作为自己的榜样。因此，教育者应有意识地引导他们更加客观地看待自己及所属群体，接受自我，提升自尊，认识到自己与所属群体成员身上的闪光点。

（2）深入分析榜样教育的作用机制，重视与受教育对象的共情。罗杰斯和弗赖伯格（2015）认为，真正能够促进学习过程的，是教育者与受教育对象之间的关系。① 如果教育者表现出对于受教育对象的珍视、接纳与信任，就能够激发受教育对象自身的力量，从而取得长足的进步。这意味着教育者如果不能做到以受教育对象为出发点，那么丰富的知识、先进的理念与现代的科技手段也都是徒劳的。在对青少年实施榜样教育的过程中，教育者应该特别注意与青少年共情，在每一个阶段充分尊重、理解青少年的选择，在关系中促进青少年的榜样学习过程。另外，榜样本身也可以被视为教育者。我们应鼓励青少年充分地了解、接触自己的榜样，与榜样建立起一种促进性的人际关系，最大化榜样教育的效果。

（3）加强社会学习理论的应用，开展有指导的榜样教育。观察学习是榜样学习的基本形式。在榜样教育中，应尽可能多地为青少年提供观察学习的材料，让他们深入、全面地了解榜样。尤其是对于留守青少年与中职生来说，课外活动、课外阅读等形式有助于提升他们思维的开放性，丰富他们的榜样选择。另外，榜样并不是完美的。青少年的判断力不高，对负面行为的甄别能力不强。在榜样教育的过程中，应注意指导青少年学习榜样的积极品质，批判榜样的消极行为。同时，还应通过有指导的学习改善社会转型的负面影响。例如，引导青少年重视挖掘榜样的诚信、奉献等品质，并内化为他们理想自我的一部分。

第三节　老龄化社会来临对终身化老年教育的影响

根据联合国人口老龄化数据显示，2009 年全球年龄超过 60 岁的老龄人口占总人口比例的 11%，预计到 2050 年，这一比例将上升到 22%，许多国家的老年人数量将是儿童的两倍（United Nations，2009）。② 我国从 1999 年进入老龄化社会以来，目前已处于快速老龄化时期，60 岁及以上人口占总人口的 13.26%，到 2050 年，老龄人口将达到总人口的 1/3。老

---

① 卡尔·罗杰斯、杰罗姆·弗赖伯格：《自由学习》，王烨晖译，人民邮电出版社 2015 年版，第 157—174 页。

② United Nations, Department of Economic and Social Affairs, Population Division, 2009, "World Population Ageing 2009", Work Paper No. ESA/P/WP/212.

龄人口已成为 21 世纪国际社会普遍关注的最重要的社会问题之一。与全球人口日益严重的老龄化问题相伴随的，则是对老年过程和老年人普遍存在的、根深蒂固的老年歧视态度。在世界范围内，当人们提起老年过程和老年人时，总是与衰老、疾病、残障以及沉重的社会负担联系在一起。根据社会心理学的观点，社会歧视是一种不公正、具有否定性和排斥性倾向的社会态度，这种态度会导致不公平、不合理、排斥性的社会行为或制度安排。要减少或消除这种社会歧视，必须从改变社会态度入手。本节拟从社会心理学的视角，阐述实施终身化老年教育、改变或消除老年歧视的态度和方法。

一 改变认知：终身化老年教育的误区

老年是每个人都会经历的发展任务和发展过程，同时，也是人生阅历与睿智的累积与沉淀。一个人从 1 岁活到 80 岁，如果能够倒过来生活从 80 岁到 1 岁，那么，世界上将会有一半人成为伟人。可见，老年智慧是人类一笔巨大的精神财富。但在现实生活中，人们却对老年普遍存在诸多误区和偏见。

首先，在世界范围内一旦说起老年人时，总是和庞大的卫生保健支出联系在一起，把社会上日益增多的老年人看作是沉重的、耗竭社会资源的负担（WHO，2002）。[1] 但是，近期研究则表明，随着一个人的逐渐变老，保健成本会日益增长这是一个观念误区。其实，寿命延长对保健总费用的影响极小，因为不管一个人去世时年龄几何，最大一笔费用总是集中在生命快结束的时候（United Nations，2009）。[2] 由此可见，老年本身并不是社会卫生保健费用剧增的原因，关键的是如何让长寿的老年人更健康地生活，尽可能地自立、不残疾，提高老年人的生命质量，这样老年人保健成本就有可能大大降低。

其次，社会上普遍存在着对老年化和老年人的偏见和歧视行为。2—3 岁的幼儿就已经习得对老年人的消极观念[3]，研究者还发现这种对老年

---

[1] WHO, 2002, "Active Ageing: A Policy Framework", Geneva: World Health Organization.

[2] United Nations, Department of Economic and Social Affairs, Population Division, 2009, "World Population Ageing 2009", Work Paper No. ESA/P/WP/212.

[3] Kwong See, S. T. and E. Nicoladis, "Impact of Contact on the Development of Children's Positive Stereotyping about Aging Language Competence", *Educational Gerontology*, 2010, 36, 52–66.

人和老年化的消极态度并没有随着年代的变迁而改变，甚至表现出日益恶化的趋势，尤其对老年女性表现更为突出①，并且表现出跨文化的一致性。② 社会、家庭、媒体和图书资料是造成此种后果首要的罪魁祸首。目前广泛存在的消极老年化态度和老年化刻板印象，不仅直接影响个体应对挑战的能力、自我概念的发展和对个人老化的接受程度③，而且与年轻人的冒险行为显著相关④，同时还影响人们的职业选择和老年人卫生保健服务的质量。例如，各国大学生都对从事与老年人有关的工作缺乏兴趣。⑤

最后，目前，在世界范围内的肥胖、心血管疾病和癌症的低龄化趋势日益严重。如果这种趋势持续下去，那么，现代社会就有可能第一次出现年青一代的寿命和健康状况都将不如他们的父辈。显然，他们缺乏老龄知识以及健康的生活观念和行为，饮食不健康、吸烟酗酒和不好动、不锻炼等不良的生活方式，是导致这些疾病的主要原因，这些原因又会导致年轻人很难实现长寿、健康地走完生命历程，进而增加了社会卫生保健的负担。

由此可见，社会上普遍存在的对老年化的消极态度和老年化知识的缺乏，不仅严重影响人们的身心健康，同时还会带来沉重的社会负担。要应对和解决老龄化社会诸多问题，首先需要人们观念的改变，即对每个人来讲，老年化应该是一个从出生就开始的毕生发展任务，而不仅仅只针对老年人口，终身化老年教育更不应该只是老年人的专利，而是不分老幼，人人都需要的毕生发展教育。通过终身化老年教育，了解和理解老年化过程及其问题，人们才能对自己的行为及其社会责任做出明智

　　① Anderson, K. A., Han, J., "An Exploration of Ageism and Sexism in Obituary Photographs: 1967 - 1997", *Omega*, 2009, 58 (4), 335 - 345.

　　② Laidlaw, K., D. H. Wang and C. Coelho, et al., "Attitudes to Ageing and Expectations for Filial Piety Across Chinese and British Cultures: A Pilot Exploratory Evaluation", *Aging & Mental Health*, 2010, 14, 283 - 292.

　　③ Gilbert, C. N., &Ricketts, K. G., "Children's Attitudes Toward Older Adults and Aging: A Synthesis of Research", *Educational Gerontology*, 2008, 34 (7), 570 - 586.

　　④ Popham, L. E., Kennison, S. M., & Bradley, K. I., "Ageism, Sensation - Seeking, and Risk - Taking Behavior in Young Adults", *Current Psychology*, 2011, 30 (2), 184 - 193.

　　⑤ Weiss I., "Interest in Working with the Elderly: A Cross - national Study of Graduating Social Work Students", *Journal of Social Work Education*, 2005, 41 (3), 379 - 391.

的选择和决定，并能对老年人的能力及其创造非凡价值的潜力从观念上进行重新认识，消除老年歧视现象，使老年人的潜能得以充分发挥。正如胡利娅·塔·德阿尔瓦雷斯大使于 1998 年在纽约国际老年人年发起大会上说道："我们需要'人道地看待老年化'，我们需要'不老的思维'——这意味着我们需要新的思维构架或窗口来看待事物。……把老年化看作一个终身的、全社会的现象——不只是和老年人相关的现象——也需要思维的转换。这种转换就是'不分年龄人人共享的社会'这一主题的根本思想。"因此，要迎接并适应老龄化社会的冲击和挑战，实现老龄化社会的可持续发展，极有必要在家庭、学校和社会各个领域开展终身化老年教育，改变和消除对老年化和老年人的消极社会态度，为实现长寿、健康的老年化在认知、态度和行为上做好充分的准备。

二　增加认知：终身化老年教育的概念和目标

为了应对老年化问题，更好地适应老龄化社会，许多国家和地区不仅大力发展老年教育，提高老年人的综合素质，而且还广泛开展终身化老年教育，提高人们尤其是儿童和青少年对老龄化社会的认识和应对能力。如美国早在 1961 年第一次白宫老龄化会议（White House Conference on Aging，WHCoA）上就提出在公立学校、高等教育机构和图书馆开展终身化老年教育。在此后的历次会议中（WHCoA，1971；1981；1995）都明确要求生命周期教育要在所有公立教育中强制进行，把终身化老年教育纳入到各级各类教育的课程中，开展训练教授终身化老年教育课程教师的项目。由于认识到终身化老年教育的重要性和紧迫性，在联邦政府的支持下，社会学研究者 Fran Pratt 在 1979 年创设了"老年化教与学"（Teaching and Learning About Aging）项目，并在 1996 年与北得克萨斯大学联合创建了"老年化教与学国家研究院"（National Academy for Teaching and Learning About Aging，NATLA）。其主要目的就是"通过教育和代际合作，为年轻人提供生命周期教育，促进对老年化问题的理解"。① 目前，美国的终身化老年教育除了在学校开展外，还在家庭和社区内进行相关的教育活动，终身化老年教育已经成为一项全美国家的教育运动。

---

① Mcguire, S. L., Klein, D. A., & Couper, D., "Aging Education: National Imperative", *Educational Gerontology*, 2005, 31, 443 – 460.

欧洲许多国家开展的"代际学习"计划，通过让不同年龄阶段的人们在一起工作、学习，促进代际在思想、情感、经验和专业技能上的交流，从而获得技能、知识和价值等。可以说，代际学习既是一种让不同年龄阶段的人们互惠互利、相互融入的学习模式，同时也是一种促进代际间了解和沟通的有效教育方式。马来西亚在 2005 年，为高中生增加了一个有关"基础老年医学和老年医学服务"的新课目，也从青少年时期就开始进行终身化老年教育。

根据 Couper 和 Pratt（1999）① 的观点，终身化老年教育就是贯穿人一生的生命周期教育，它要求融入家庭、学校和社区各个教育领域，通过终身化老年教育提高人们尤其是青少年对老年化问题的了解和认识，为个体的老年化过程选择更健康的生活方式，消除老龄化偏见和老年歧视，并与老年人保持积极合作的关系。由此可见，终身化老年教育应该是代际间的、注重发展的提前教育，其对象主要是儿童和青少年，帮助他们增进代际间的了解与合作，促进他们未来健康的老年化发展。

总的来说，终身化老年教育的最终目标是为人们拥有一个长寿而愉快的老年生活做准备。它的教育目标主要包括以下三个方面：第一，学习关于老年化过程的态度。通过终身化老年教育，提高人们对老年化过程的积极态度，把长寿看作是继续成长和发展的机会，而不是一个衰退的过程；全面看待老年化过程和老年人（包括积极和消极方面），学会欣赏和尊重老年人对社会的贡献，了解老年歧视和偏见的危害；认识到每个人对老年化的态度是影响个人老年化过程的重要因素，个人和社会的选择对每个人生活质量和生命质量具有重要的影响。第二，帮助人们了解老年化过程。把老年化理解成一个不断成长、逐渐变老的自然的、终身的过程；老年化过程是遗传、心理、社会和环境因素共同作用的复杂结果；每个人变老的方式都不一样，都具有其独特性；每个人都有长寿的可能性，"年轻"和"年老"只是两个相对的概念。第三，了解老龄化社会的问题。了解长寿的原因以及老龄人口导致家庭、经济和社会环境的变化；老龄化社会存在的问题、挑战与机遇，个人和社会应对老龄化

① Couper, D., Pratt, F., "Learning for a Longer Life, A Guide for Developers of Curriculum and Instructional Materials", National Academy for Teaching and Learning about Aging: University of North Texas, Denton, TX, 1999.

社会所做出的努力；意识到积极的代际关系对家庭和社会的重要性。由此可见，终身化老年教育的内容包括老年化过程中的人口结构、生理、心理、社会和政治经济等各个方面。

让每个人都接受终身化老年教育，尤其是向青少年一代提供关于老年化过程和老年人的教育和学习，具有非常重要的意义。让青少年关注老年化进程，增进对老年化过程及其相关问题的了解和认识，这是消除年龄歧视、促进代际和谐、增进老年人尊严的一项长期的根本战略，也是为青少年的终身学习和发展打下良好的基础，确保他们拥有一个健康、积极晚年的重要保证。因此，在老龄化社会，把拥有一个健康晚年的社会观念和生活目标纳入终身教育和终身学习的各个阶段，并被各个年龄阶段的人们认可和实践，这是满足未来社会卫生保健需要、社会可持续发展的最佳发展战略。

三 参与活动：终身化老年教育的方法和策略

终身化老年教育一般通过了解老年化信息，讨论老年化问题和与老年人直接接触等参与活动的方式进行。终身化老年教育的实施方法和策略，会直接影响其效果。因此，在参与活动过程中，需要注意以下三个问题。

第一，把终身化老年教育融入学校教育的各个阶段，这是终身化老年教育的基础。研究发现，儿童青少年通过终身化老年教育（如开展毕生发展课程、经常与老年人接触等），他们对老年化相关知识了解越多，自身老年化焦虑越少，老年歧视态度也越少；[1][2] 对老年人的机能和身心健康越抱有良好、符合实际的现实态度，也更有可能为老年人服务。[3] 因此，在各级各类学校中开展终身化老年教育，这是消除老年歧视和对老年化的排斥与焦虑、增进代际关系最直接、最有效的方法，也是改变对老年人态度的最佳选择。教育者在实施终身化老年教育时，一是要帮助

① Allan, L. J., & Johnson, J. A., "Undergraduate Attitudes Toward the Elderly: The Role of Knowledge, Contact and Aging Anxiety", *Educational Gerontology*, 2009, 35, 1-14.

② Mcguinn, K. K., P. M. Mosher-Ashley, "Children's Fears about Personal Aging", *Educational Gerontology*, 2002, 28, 561-575.

③ Harris, L. A., S. Dollinger, "Participation in a Course on Aging: Knowledge, Attitudes, and Anxiety about Aging in Oneself and Others", *Educational Gerontology*, 2001, 22 (6), 15-19.

人们知觉到对老年化、老年人的信念和态度。社会心理学认为，社会态度如消极的偏见和刻板印象往往是一种无意识的社会知觉。人们对老年化和老年人的态度亦是如此。如 O'Hanlon 和 Brookover（2002）① 的研究发现，心理学本科生上完两门老年学课程后，虽然 70% 的学生对老年人的消极信念表现了显著的改变，但是，只有一半的学生意识到这种改变。有鉴于此，我们开展终身化老年教育时，首先要让这种无意识的社会态度意识化，让学生反省或意识到自己对老年化、老年人的态度和信念如何，提高他们社会认知偏见的自我知觉，这对学生重新认识自己对待老年人的行为和态度，在与老年人接触过程中做出适当的行为反应，减少或消除消极的老年化态度非常重要。二是实施终身化老年教育要提供全面、准确的老年化信息，注意关注老年化过程和老年人的积极方面。根据霍夫兰的信息传递与态度变化理论，全面的信息比单一的信息更容易促使态度的改变。② 因此，在进行终身化老年教育时，要为人们提供准确、全面的老年人信息，让人们无偏见地看待各种老年人的品质、行为和特征，防止刻板态度的形成，了解死亡、疾病、残障和依赖在任何年龄都可能发生，并不是老年人的标志。但对儿童的终身化老年教育要更加关注老年化和老年人的积极心理品质而不是消极方面，如老年人的潜能以及长寿、健康的老年生活，大多数老年人都是充满活力和独立自理的，老年人的积极品质以及对社会的贡献等。因此，美国社会心理学家费斯廷格采用认知失调理论解释态度改变时提出，同时存在两个彼此不能调和一致的认知，是促使个体态度改变的内在动力。③ 儿童已有的消极老年态度与所接受的积极的终身化老年教育之间产生认知失衡，从而实现其老年化态度的转变。

第二，践行高质量的代际交流，这是终身化老年教育的主要活动方式。研究表明，与老年人保持高水平接触和了解老年化知识的大学生拥有更多积极的老年化观点，而且与老年人直接接触要比讨论、了解老年

---

① O'Hanlon, A. M., & Brookover, B. C., "Assessing Changes in Attitudes about Aging: Personal Reflections and a Standardized Measure", *Educational Gerontology*, 2002, 28（8）, 711 - 725.

② 俞国良：《社会心理学》（第 2 版），北京师范大学出版社 2010 年版，第 180 页。

③ 同上书，第 167 页。

化相关问题和信息更能有效改变对老年人的消极态度。[①] 但是，Schwartz
和 Simmons（2001）[②] 研究发现，老年人与年轻人的接触以及接触的频
率，并不能显著地提高对老年人的积极态度，而是由双方接触的质量所
决定的。即代际交流的质量要比代际交流的数量，更能有效改变对老年
人的态度。高质量的代际交流是在自然情景下，代际自愿、平等地交流，
是相互合作、相互学习、相互依赖、亲密的代际接触。例如，欧美许多
国家开展的"代际学习"计划。家庭、学校和社区都可以是进行代际学
习的场所，在活动形式上它最关注的是不同年龄阶段的学习者之间的相
互学习和沟通。代际学习是终身学习的重要形式和组成部分。它通过建
立不同代际间相互学习的关系，让青少年一代直观地感受到老年人的积
极特点和价值，有利于消除代际的消极刻板印象，增进代际间的理解和
尊重，有助于建立彼此尊重、良好联系的社区和邻里关系，并且对于促
进老龄化社会的社会资本和社会凝聚力的形成与提高，具有十分重要的
意义和作用。因此，代际学习被认为是应对人口结构变化的一个非常实
际、有效的方法。

　　第三，实现成功老年化（successful aging），这是终身化老年教育的
根本宗旨。所谓"成功的老年化"是相对于"普通的老年化"而言的，
它不仅仅是寿命的延长，更重要的是通过生理因素和心理社会因素的积
极作用，提高老年化过程的生命质量。成功的老年化包括寿命、生理健
康、心理健康、认知效能、社会能力与产出性、个人调控和生活满意度
七个衡量指标。已有研究表明，对老年化持有积极观点，可以促使老年
人更有规律地散步，并会逐渐增加活动量，更加健康地长寿。[③] Depp 和
Jeste（2006）的研究也发现，绝大多数老年人都认为自己是成功老年化

　　① Funderburk, B., J. Damron - Rodrigues, L. L. Storms, et al., "Endurance of Undergraduate Attitudes Toward Older Adults", *Educational Gerontology*, 2006, 32 (6), 447 - 462.

　　② Schwartz, L. K., J. P. Simmons, "Contact Quality and Attitudes toward the Elderly", *Educational Gerontology*, 2001, 27 (1), 127 - 137.

　　③ Wurm, S., M. J. Tomasik, C. Tesch - Römer, "On the Importance of a Positive View on Ageing for Physical Exercise among Middle - Aged and Older Adults: Cross - sectional and Longitudinal Findings", *Psychology and Health*, 2010, 25 (1), 25 - 42.

的，即使是身体残疾、长期受疾病困扰的老年人也是这样。① 在自我报告是否成功的老年化时，"老年人更认同社会参与和积极地看待生活，而不是身体健康状况"。由此可见，积极的老年化态度能成为老年人健康行为改变的动机，疾病、身体健康与否并不影响他们成功的老年化，而对老年化过程的适应、应对和补偿、获得意义感和价值感、保持自主性，以及心理韧性、睿智、信念、信仰等积极心理因素，则是老年人成功老年化的关键。成功的老年化不仅是老年人的生活目标，更应该是一种需要贯穿终身的、促进健康的生活方式和行为。如联合国《2002 年马德里老龄问题国际行动计划》中所提到的，把"独立、参与、照顾、自我实现、尊严"确立为 21 世纪老龄问题行动计划的基本原则，并把老年社会参与正式纳入"成功的老年化"的发展战略。这不仅是国际社会应对 21 世纪人口老龄化的基本政策框架，同时也是老年人实现成功老年化的内在心理需求。

目前我国已经进入快速老龄化阶段，不仅与发达国家相比，具有"未富先老"的特点，而且还呈现出老龄化、高龄化、空巢化加速发展的三个新特征，同时，针对儿童、青少年的终身化老年教育也远未展开。要努力实现"老有所养、老有所医、老有所教、老有所学、老有所为、老有所乐"的"十二五"老龄工作目标，创建文明和谐社会，实现社会的可持续发展，不仅需要解决 1.7 亿老年人口问题，更需要通过终身化老年教育，让儿童青少年一代重视、尊重老年人，为成功的老年化做准备，并以积极的态度迎接老年化过程，这对应对未来老龄化社会的冲击和挑战具有非常重要的战略意义。

第四节 社会转型：中国社会心理
特征的嬗变与走向

社会心理，是人民群众对社会生活的认知、情感和期望的一种表达。

① Depp, C. A., Jeste, D. V., "Definitions and Predictors of Successful Aging: A Comprehensive Review of Larger Quantitative Studies", *The American Journal of Geriatric Psychiatry*, 2006, 14 (1), 6－20.

社会心理的本质是人们对各种社会现实问题形成的共识（common – sense knowledge），是对社会结构和社会运行现状较为直接的反映。在现象层面，社会心理既包括个体心理现象（如归因、态度、价值观等），也包括群体心理现象（如群体凝聚力、群际关系、社会舆论等）。社会心理特征则是研究者对社会心理现象特征的梳理、概括和总结，集中反映了社会大众对当前及未来社会生活的所思、所感和所盼。社会心理特征既是社会发展的"风向标"，也是社会现实的"晴雨表"，更是粗略勾勒了时代"精神气质"的概貌，反映了社会变迁与文化变迁的历史轨迹。

中国社会心理特征的嬗变与中国的社会转型环境密切相关。社会转型是"社会从传统型向现代型的转变，或者说是由传统型社会向现代型社会转型的过程……中国的社会转型是中国的社会生活和组织模式从传统走向现代、迈向更加现代和更新现代的过程"。[①] 随着我国改革开放的深化与经济结构的调整，"看不见的手"开始对人们经济行为的制约发挥更大的作用。社会心理因素（如成就动机、社会心态）渐显于时代舞台。社会心理特征对社会结构的变迁、社会阶层的分化和整合、社会舆论的传播，乃至整个社会经济发展的影响作用日益明显。实际上，社会心理对社会发展的重要作用，早在 20 世纪 60 年代就已经被心理学研究证实。著名管理心理学家麦克利兰（D. C. McClelland）发现社会成员的成就动机水平对一个社会的经济发展状况能起到决定性作用。在他选取的 22 个国家的样本中，发现 1925 年儿童读物中有关成就动机主题的词汇能够有效预测 1925—1950 年该国经济发展的速度。[②]

社会环境与社会心理是双向互动的关系。我们在认识论层面上要关注社会结构对社会心理的影响，而在实践论层面上则要关注社会心理对心理预期、社会行动的影响。但无论是理论认识还是社会实践，都离不开对现在与今后一个时期内我国社会心理主要特征及其发展趋势的正确把握。本节将从价值观、自我观、幸福观、道德观、人际观、亲社会观、群体观、网络观八个方面，对我国在社会转型期中社会心理特征的嬗变进行梳理和总结。

---

① 郑杭生、杨敏：《社会实践结构性巨变的若干新趋势———一种社会学分析的新视角》，《中国人民大学学报》2006 年第 6 期，第 61 页。

② McClelland, D. C., *The Achieving Society*, New York：Free Press, 1961.

一　价值观：从多元价值观向国家核心价值观过渡

1912 年，统治中国的最后一个皇权清朝灭亡。中国两千多年以来，儒释道并存，以儒为主的封建皇权价值观分崩离析。1919 年五四运动之后 30 年，中国社会一直经历着价值观的动荡。中国传统价值观、共产主义价值观、西方资本主义价值观，三足鼎立，多元并存。新中国成立后的 30 年，共产主义，乃至"左"的价值观一度成为中国社会的主流价值观。然而，改革开放 30 年以来，随着国门的打开和经济的发展，西方资本主义价值观开始第二次向我国输入，主流社会主义价值观日渐式微。同时，中国传统价值观又开始重新萌芽（如国学热、佛教热）。目前，中国传统价值观、西方价值观，以及过去"左"的价值观与改革开放中形成的新价值观，又形成了新的三足鼎立，中国再次进入多元价值观并存的时期。

多元价值观并存一方面导致我国社会关系、文化系统和现实意识形态的离散、瓦解，出现了大众的信仰"真空期"。同时也为享乐主义、拜金主义、物质主义等不良价值观的侵袭提供了空间，间接成为各种恶性社会事件滋生的土壤。社会戾气、怨气，贪污、腐败等各种社会问题屡见不鲜。整个社会缺乏一个主流价值体系的支撑，不利于国家发展和中华民族复兴"梦"的实现。

整合多元价值观有利于建立广泛而稳定的社会发展基础。2008 年，由汶川地震引发了"普世价值观"大讨论[1]，知识界有识之士的焦点在于普世价值观是否存在，它是否就是西方价值。[2] 撇开当时的政治背景和国家环境，从社会心理的角度出发，普世价值观这一论题之所以成为热议的焦点，表明争论双方的一个基本预设是认为中国需要一个国家层面的核心价值观。实际上五四运动以降，这种对单元国家核心价值观的争论就没有停止过。人文科学和普罗大众的争论往往聚焦于核心价值观的内容，并将这种争论视为中西古今的文化之争[3]，但从另一个角度看，这种争论总是不绝于耳的原因恰在于无论是知识界还是普通民众，都下意识

---

[1]　薄明华：《关于普世价值争论的回顾与思考》，《中南大学学报》（社会科学版）2011 年第 6 期。

[2]　同上。

[3]　汤一介：《略论百年来中国文化上的中西古今之争》，《中国文化研究》2005 年第 2 期。

地将确立国家核心价值观视为一种现实的迫切需要。

2012 年 11 月，党的十八大报告首次以 24 个字明确提出社会主义核心价值观，并开始进行广泛宣传："倡导富强、民主、文明、和谐，倡导自由、平等、公正、法治，倡导爱国、敬业、诚信、友善，积极培育社会主义核心价值观。"我们应该从两个侧面入手分析这一现象。首先是历史演进性。24 字的社会主义核心价值观是经历了一系列历史演进，完善而成，而非一蹴而就，其相关的提法如新中国成立之初的"为中国的独立、民主、和平、统一和富强而奋斗"（《中国人民政治协商会议共同纲领》）。改革开放之初的"高度文明、高度民主的社会主义国家"（1982年宪法）。中共十三大的"富强、民主、文明的社会主义现代化国家"。十七大的"富强、民主、文明、和谐"，以及十六届六中全会的"社会主义核心价值体系"的四方面内容："马克思主义指导思想、中国特色社会主义共同理想、以爱国主义为核心的民族精神和以改革创新为核心的时代精神、社会主义荣辱观"。上述社会主义核心价值观的演进过程，或者有关社会主义核心价值的不同提法，在某种程度上，都是对当时特定历史与社会问题的回应。党的十八大的"社会主义核心价值观"既是从之前相关提法中逐渐演进而来，同时又回应了中国最近一个发展阶段对国家层面核心价值观迫切的社会历史需求。

其次是正名性。所谓名正则言顺，这种对社会历史需求的回应的意义不仅在于提出了具体的内容，更在于非常明确地提出了这样的称谓："社会主义核心价值观"。因此，虽然有关核心价值观提法在新中国成立以来，不断地在各类国家报告中被呈现，但有实无名，所以一直存在核心价值观的争论。党的十八大不仅为核心价值观正名，还进一步在群体和个体层面开展了一系列宣传和普及活动，让其逐步深入人心。确定了国家、社会和个人三个层面的价值取向，具有凝魂聚气、强基固本的基础作用。特别是国家层面强调"富强、民主、文明、和谐"的核心价值观，会起到振奋人民群众对国家发展的信心，提升民众民族自豪感的作用。但也应该看到，自上而下地提出国家核心价值观并不等于该价值观已经被接受。放眼中国百年的近代史，核心价值观的确立并非易事。即使执政党、知识精英就此问题达成一致，也并不代表社会大众就能够普遍接受。因此，从价值多元转向未来的国家核心价值观还需要一定的时间和过程。

二　自我观：从自我中心化向自我实现和协调发展转化

与改革开放后价值观多元化的发展一样，在社会主义市场经济体制逐步确立后，中国人被压抑多年的主体意识也重新觉醒。这种主体意识重新觉醒的显著标志就是自我意识的增强、独立意识的提高和个性的张扬。应该说，中心化的自我观既为社会主义市场经济制度提供了必要的社会心理准备，同时也是每个社会从传统性转向现代性时所不可避免的过程。比如，台湾学者杨国枢曾以中国台湾人为研究样本，发现台湾人从传统性向现代性的转变包含了诸如他人取向到自我取向，集体主义取向到个体主义取向，求同态度到独立态度，谦让态度到求异态度等 14 个维度。① 这一研究表明，自我观的现代化转变是一个社会从传统向现代发展过程中伴随的必然过程。

但是，鉴于我国大陆地区的特殊国情，以及社会变迁的速度之快，自我转化的被动性和快速性导致人们从一个极端走向另一个极端，自我意识的内涵无限扩大，边界则非常模糊。社会上就有人戏言，"有本事楼上楼（复式），无本事室中室（阁楼）"。人们越来越关注自身利益，注重自我感受，并逐渐形成了实用主义哲学观、急功近利的利己观和自我中心主义倾向。这种利己和自我中心主义的自我观与权力相结合，便会成为滋生腐败的"温床"。在大多数人心目中，腐败是人民群众最为痛恨的丑恶社会现象，有人形象地斥之为"国家的蛀虫"、"社会的毒瘤"。

"权力腐败"是一种出于私利而对公共权力的非公共运用，一切腐败行为其实都是为了实现某种自私的目的而发生。相关资料表明，腐败者都是极端自私和个人利益至上的主观自我者、自我中心主义者，绝不会考虑他人、群体和国家的利益。国内学者朱小宁和高小露曾将权力腐败分为三种类型：（1）集体腐败，即公共组织自身利用法定的权力为所属成员谋取额外私人利益的行为；（2）群体腐败，即公共组织中少数人为谋取超额的私人利益而"团结一致"地利用法定的权力侵占大多数人利益的行为；（3）个人腐败，即公共组织中个别官员或公职人员为谋取私人利益而把公共资源作为交易对象的行为。然而无论是哪种类型的权力腐败，都

---

① 杨国枢：《中国人的心理与行为：本土化研究》，中国人民大学出版社 2004 年版。

离不开急功近利的利己观和自我中心主义倾向作为社会心理的支撑。①

但是，即使是中国社会现阶段这种利己观和自我中心主义倾向也不能完全归结为中国现阶段的特殊国情。中国社会改革开放的 30 多年时间，与西方发达国家在第二次世界大战后的五六十年代十分相似。当时西方社会也与目前的中国一样，人们的私欲观念泛滥，物质主义盛行。美国学者罗纳德·英格尔哈特（Ronald Inglehart）观察到了这种现象并继而提出，在物质主义发达之后，社会将从物质主义转向后物质主义。在这个过程中，对经济保障的强调会逐渐减弱，而归属、自我尊重和个体自我实现的需要会变得日益重要。在后物质主义时代，虽然人们仍关注社会经济政治上安全保障的价值，但他们会更看重生活质量等非物质方面的要求，同时自由和自我的表达的意愿会明显增强。②

可以预计，在中国的下一个发展阶段，人们的自我观也会有所转向。而中国社会本身特点，如儒家文化重视国家、集体利益，再如政府自上而下的顶层设计思路，将会让民众根据社会所提供的自我实现多元化途径，以国家利益和集体利益为重，兼顾个人利益和自我发展需要，按照一定的人生观、价值观和个人能力兴趣追求自己的人生目标，逐步实现个人、集体和国家利益的协调发展。

三 幸福观：从幸福本位化向国家幸福和共同幸福演变

多年来我国 GDP 增速保持在高位运行，人民群众的经济收入明显增加，生活水准和幸福感显著提升。这与以往西方研究的相关结论相符③，说明经济收入和幸福感呈正相关。

但随着时间推移，经济收入对幸福感的影响作用也将逐渐降低。一些国际经验表明，随着经济收入的提高，幸福感虽有增加趋势，这种趋势在贫困国家（地区）却更加明显④，而在发达国家经济收入对幸福感的提升并不明显。这是因为当人们生活贫困时，幸福感随着经济发展而迅

---

① 朱小宁、高小露：《权力腐败行为的社会心理透视》，《江汉论坛》2003 年第 4 期。

② Inglehart, R., *The Silent Revolution: Changing Values and Political Styles Among Western Publics*, New Jersey: Princeton University Press, 1977.

③ Haring, M. J., Stock, W. A., Okun, M. A., "A Research Synthesis of Gender and Social Class as Correlates of Subjective Well – Being", *Human Relations*, 1984 (8).

④ Veenhoven, R., "Is Happiness Relative?" *Social Indicators Research*, 1991 (1).

速上升，但在人均 GDP 3000 美元存在一个"拐点"，超过这个点后，幸福感将不会随着经济发展而继续得到很快提升，即中等收入是幸福的基础或必要条件。

比如，国际著名幸福感研究者 E. Diener 及其同事综述了以往国民幸福感与国家经济增长关系的诸多研究，绘制了 1958—1987 年日本的经济增长与主观幸福感的关系图（见图 9 - 2）。注意，1958 年日本的人均国民收入（per capita income）是 3000 美元。从图中可以清楚地看到，在 1958 年到 1987 年的 29 年时间里，虽然日本人均 GDP（已对通货膨胀进行了修正）飞速发展，但国民主观幸福感水平却基本没有变化（数据表明，增长量仅为 3%）。①

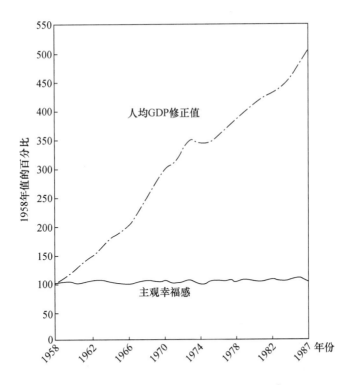

图 9 - 2　日本的经济增长与主观幸福感②

---

① Diener, E., Biswas - Diener R., "Will Money Increase Subjective Well - Being?", *Social Indicators Research*, 2002（2）.

② Ibid..

当个人经济收入达到衣食住行无忧，超出了基本需要的满足，收入与幸福的相关性就降低，收入的增加对幸福感的正向预测效应就会由于受到其他心理因素，如欲望、社会比较，以及社会环境等因素的干扰而逐渐减弱。比如，国外最新研究表明，收入不平衡也是其中的一个重要影响因素。[①]

国内研究者邢占军最近采用已经公开的政府统计数据、6 个省会城市（北京、沈阳、西安、杭州、广州、昆明）的调查数据，以及来自山东省城市居民连续 7 年的调查数据，分析了我国城市居民收入与幸福感之间的关系。结果发现，所调查地区居民幸福指数并没有随国民收入的增长而同步增长；地区富裕程度与居民幸福感水平之间相关性不明显。[②] 注意，该研究所选取的样本为省会城市的居民，或 GDP 位居全国第三的山东省的城市居民，属于中国比较富裕的地区。这说明在我国比较富裕的地区，或不远的将来，大众幸福感将会越来越少受到经济增长因素的影响。

因此，从全局和长远看，随着我国经济发展进入新常态，特别是政府强调保障民生，减少贫富差距，走共同发展之路，人民群众幸福感会呈弥散状态，不但幸福感体验的个性化特点会更加明显，而且会从本位化倾向逐步向全民幸福过渡，从全民幸福向提升国家整体幸福指数迈进。因此，未来中国的幸福可能不仅体现在民众幸福感平均水平的提升，还会表现为幸福感来源的个性化与多样化。或许费孝通先生的"各美其美，美人之美，美美与共，天下大同"就是对这一未来幸福社会的一个生动描绘吧！

同时，在相关政策上，我们建议对经济社会发展落后的地区，应以发展经济解决生活保障为核心，因为对它们而言，经济增长对幸福感仍能起到正向促进作用。但是，对经济社会发展水平较高的地区，则应注重非经济因素，如机会公平、分配公平、生态环境等。

四 道德观：从道德实用性向道德自律和社会公德转变

按照社会规范的理论思路分析，道德既有指令性规范的成分（injunc-

---

① Oishi, S., Kesebir, S., "Income Inequality Explains Why Economic Growth Does not Always Translate to an Increase in Happiness", *Psychological Science*, in Press.

② 邢占军：《我国居民收入与幸福感关系的研究》，《社会学研究》2011 年第 1 期。

tive norm，即人们在某种特定情境中应该怎么做的行为准则），又包含描述性规范的成分（descriptive norm，即大部分人的普遍做法）。① 改革开放以后，我国逐步转向法治社会，但各项法律、法规的制定和执行还在进一步完善之中。这造成的一个后果是，旧有的指令性道德规范开始失效，人们的道德开始呈现实用性、功利性的特点。2007 年的"南京彭宇案"成为社会焦点，在此之后全国相继发生了多起类似事件。其中，折射出的转型期社会心理问题是新旧道德规范的冲突。"助人为乐"这一旧有的指令性道德规范，在现实中被多次证明只能带来经济损失。"见死不救"虽然不符合旧的道德规范，却因可以避免损失而成为指导人们实际行动暂时的准绳。然而，这并不意味着"见死不救"已经成为具有普遍性的描述性规范，"搀扶老人"的做法虽不是主流，但也常能见诸报端，说明见死不救并不是所有人的选择。而这一现象的出现，甚至还在某种程度上强化了"助人为乐"作为指令性规范的地位。实际上，"搀扶老人"这类话题之所以能不断吸引读者眼球，正是因为回应了个体内心不断增加的道德冲突，这种道德冲突正是指令性道德规范与描述性道德规范之间的矛盾。

社会学家涂尔干认为，当社会规范不力、彼此矛盾或规范缺失时，在个人与社会中便会出现社会失范（或道德失范）。② 这种将实用性作为道德原则的现象可以视为个体应对转型期"道德失范"的一种行为策略，是国民在应对转型期充满矛盾的社会现实时的一种策略性反应。因此，从社会心理角度分析，实用性道德并不应简单地视为"道德沦丧"或"道德滑坡"。

同时也应看到，随着法律法规和社会各项制度的完善，道德实践主体的权益获得保障，公民的法权人格得以确立之后③，国民道德将会逐渐从实用性转化为自律性，并进而形成社会公德。以社会心理学的视角分

---

① Cialdini, R. B., Kallgren, C. A., Reno, R. R., "A Focus Theory of Normative Conduct: A Theoretical Refinement and Reevaluation of the Role of Norms in Human Behavior", *Advances in Experimental Social Psychology*, 1991 (20).

② 高兆明：《简论道德失范范畴》，《道德与文明》1999 年第 6 期。

③ 何建华：《道德自律与意志自由：兼论道德自律的社会基础》，《浙江社会科学》2002 年第 4 期。

析，道德自律与社会公德是一体两面的统一：道德自律是个体内部的动机过程；而社会公德则是大众对道德规范所形成的具有高度一致性的社会表征。当社会中的道德两难情境（比如，救老人，很可能自己有经济损失；不救老人，与自己的指令性道德规范冲突）不再矛盾和模糊，一方面，个体的道德动机会逐渐内化，从外部调控（由奖励或惩罚等外部原因而引发的道德行为），经由内射调控和认同调控，最终达成整合调控①（道德调控的过程和个体内在的自我感完全整合在一起，类似于伦理学研究者提出的"道德自然"②）。另一方面，民众对指令性道德规范（应该扶老人）与描述性道德规范（大家都会这么做）的看法也逐渐趋于一致，形成新的社会公德。

五 人际观：从人际世俗化向人际信任和人际和谐发展

中国在传统上是一个农业社会，血缘和地缘是社会结构形态的基础，对人际关系有重要的影响。一方面，中国人重视血缘关系，倚重宗族组织日常生活；另一方面又以血缘为基础建立起地缘关系，在低社会流动性的中国传统社会成为另一个与血缘相配合，有时又高度重合的人际关系组织基础。血缘与地缘，让传统中国社会的人际关系呈现出互惠、质朴的特点，既表现为经济上的互惠，更表现为非经济的仪式性人情中和日常生活中的互助和合作。③

然而，随着经济模式和社会结构的转变，中国逐渐从封闭的农业社会转向开放的工业社会。血缘和地缘虽然依旧存在，但其作为维系人际关系的基础作用已经越来越薄弱。城市化进程加剧了社会流动性，熟人社会的社会生态学基础遭到破坏，互惠的人际关系已经不能帮助人们适应当前的社会生活。以互惠为原则的人际关系被以交换为原则的人际关系所取代，人与人之间从"赠予—亏欠"的互惠关系变成了赤裸裸的商品交换关系。在传统社会中本可以信任的血缘、宗族、地缘、邻里、生活圈、工作圈等，被利益驱动和"世俗化"的人际关系取代，并以人际关系中"信任危机"的出现为代表。

---

① Gagné, M., Deci, E. L., "Self – Determination Theory and Work Motivation", *Journal of Organizational Behavior*, 2005 (4).

② 吕耀怀：《从道德自律到道德自然》，《道德与文明》2010 年第 4 期。

③ 余练：《互惠到交换：理解农村人情变迁的视角》，《人口与社会》2014 年第 1 期。

　　所谓信任危机,其表面现象是人与人之间充满了戒备和不信任,但究其根源可归结为以下三方面。首先,信任的社会生态学基础的破坏。"宰熟"、"杀熟"在传统社会是以个人声望和信誉的下降为代价;但在社会转型期,社会流动性的加剧让之前具有惩罚和威胁作用的社会监督机制失效,而新的社会监督机制和个人信用机制尚未建立。失效的旧机制和尚未建立的新机制之间的断档是出现信任危机的首要原因。其次,信任所带来的社会文化价值被贬低。在传统的熟人社会,声望和信誉是个人的社会资本,具有重要的社会价值。但在社会转型期,物质主义盛行,物质和金钱取声望和信誉而代之,成为人们看重的社会价值。因此,"宰熟""杀熟"所付出的代价减少,而获得的利益提升,这更进一步加剧了熟人社会的瓦解和信任危机的出现。最后,媒体的放大作用。不仅是熟人之间的互相欺骗屡见报端,而且大量贪腐官员劣迹的报道,各种社会丑闻的出现,强化了民众"不信任"的体验,成为民众对人际关系的描述性规范进行社会学习的"教材"。这最终导致原本在小圈子里已经出现的信任危机呈几何级数积累和放大,演变为弥散性的不信任情绪的社会氛围,公众自我保护和防范意识前所未有地增强。反过来,人际交往中的不信任,以及人际"圈"文化又成为人际交往中的"堰塞湖",成为责任分散或对事均无责任的遁词,影响了人际信任感的建立和良好人际关系的发展,形成恶性循环。

　　信任危机不仅有人际的一面,在我国当前的转型期,还尤为突出地表现为机构信任(institutional trust)危机,即人民群众对政府和企事业单位和部门的矛盾突出,对机构的不信任成为公众情绪的系统性结果。最近的一项基于2001—2009年可比性数据的研究表明,"各政治机构的信任度在转型期经历了复杂变化,总体上有下降趋势。军队、中央政府、人大等被高度信任机构的信任度下降幅度较大,地方政府、公安和法院的信任度也略有下降"。①

　　对信任危机问题的化解,还要回到信任的社会生态基础的重建。既然依靠血缘、地缘、人情,以及道德自律的人际制约已经不能满足现阶

---

　　① 孟天广:《转型期的中国政治信任:实证测量与全貌概览》,《华中师范大学学报》(人文社会科学版)2014年第2期。

段中国社会的现实情况，那么就需要建立其他的制约机制。现代社会一个重要方法就是确立相应的法规和制度，在人与人之间的自热联结之外增加制度的保障和约束。近几年，我国社会在制定这方面的法律法规方面有较大的改进。比如，前几年户籍制度和分配制度的改革，使社会阶层的固化不再僵硬，有利于社会阶层流动的渠道环境和氛围更加通畅，诚信社会中的人际信任和人际和谐也有望逐步实现。再如，最近刚刚修订出台的《刑法修正案（九）》，对诸多日常行为在法律层面上制定了更细致的规范。如在现行刑法第291条中增加了一款："编造虚假的险情、疫情、灾情、警情，在信息网络或者其他媒体上传播，或者明知是上述虚假信息，故意在信息网络或者其他媒体上传播，严重扰乱社会秩序的，处3年以下有期徒刑、拘役或者管制；造成严重后果的，处3年以上7年以下有期徒刑。"相信类似法律和规章制度的细化，能够作为一个重要的中介，调节民众与民众之间，以及民众与机构之间的信任关系问题。

六 亲社会观：从亲社会行为的口号化向自愿志愿者行为转型

亲社会行为是心理学家用来表达社会所确定的道德行动的术语。一般而言，亲社会行为指对行为者本身并无明显好处，而给行为的受体带来利益的一类行为，如分享、助人、合作、同情等。[①] 从亲社会行为主体的动机来看，有的研究者将利益自我和利益他人看作动机的两极，一极是完全处于自私的动机，只是外部行为给受体带来了一定的利益；另一极则是牺牲自己的利益，不期望得到任何内部或外部奖励而做出的善行。后一种应被看作亲社会行为的理想模式（即利他行为）。[②] 最近的理论发展则将行为主体亲社会的意向性活动置于自主动机（autonomous motivation）与受控动机（controlled motivation）的两极。当完全是由自主动机驱动行为时，主体能感到行为是出于自我，与自己的兴趣或价值观相一致。从归因角度分析，此时主体会将行为作内控归因，即认为亲社会行为完全出于自己的意志，是自己的自由选择。在另一极，当亲社会行为完全由受控动机驱动时，主体是为了获得某种外部奖励而做出亲社会行

[①] 俞国良：《社会认知视野中的亲社会行为》，《北京师范大学学报》（社会科学版）1999年第1期。

[②] Krebs, D. L., Van Hesteren, F., "The Development of Altruism: Toward an Integrative Model", *Developmental Review*, 1994 (2).

为，比如获得利益、取悦他人、遵从命令，或满足自己的自尊等。此时主体会将行为作外控归因，即认为亲社会行为是被迫做出的，完全不是出于自己的意志或自由选择。① 总之，无论从利益自我—利益他人的角度分析，还是从自主动机—受控动机的理论分析，那种纯粹为了利益他人而不计回报的亲社会行为都被视为亲社会行为的最高级形态。

将亲社会行为置于当前中国转型期的社会现实中考量，则会发现关心他人利益、福祉的行为如分享、助人、合作、同情等亲社会行为，成为奢侈的摆设，或是表面化的口号；而亲社会行为的反面，如自私自利、唯利是图等极端现象则大行其道。受实用主义价值观和自我中心主义倾向的影响，社会上拜金主义和物质主义盛行。首先，必须承认，以物质主义为代表的受控动机取代人本来天生具有的自主动机并不是中国独有的现象，而是资本主义价值观在整个世界盛行的一个典型表现。② 资本主义需要以物质主义来调动个体动机，从而为其整个商业社会的运作提供最基本的社会心理保障。其次，中国转型期所面临的独特社会现实，又加剧了这种亲社会行为表面化和口号化的问题。在转型期，社会结构变化迅速，各项法规和制度仍不完善，个体每天处于面对各种生存和生活威胁的应激状态，这些都助长了以外部实用价值衡量和评价行为、以外部奖罚指导行为的做法。

同时也应该看到，随着建设和谐社会进程的加速，社会结构趋于稳定，社会分配向公平迈进，亲社会行为开始具有社会基础。比如，志愿服务这种亲社会行为，在中国改革开放 30 多年来，从无到有，从小到大，从青年率先行动扩大为全民参与的事业，取得了引人注目的发展。③ 志愿服务之所以可以被看成高级的亲社会行为，是因为志愿精神的第一要义便是"自愿"，即自主动机。真正的公民社会是公民自发地形成了"我们要为社会做点儿事"的共识，自愿组织起来从事公益活动。这也是

① Weinstein, N., Ryan, R. M., "When Helping Helps: Autonomous Motivation for Prosocial Behavior and its Influence on Well - being for the Helper and Recipient", *Journal of Personality and Social Psychology*, 2010 (2).

② Kasser, T., Ryan, R. M., "A Dark Side of the American Dream: Correlates of Financial Success as a Central Life Aspiration", *Journal of Personality and Social Psychology*, 1993 (2).

③ 谭建光、周宏峰：《中国志愿者：从青年到全民——改革开放 30 年志愿服务发展分析》，《中国青年研究》2009 年第 1 期。

整个社会的努力方向。从社会层面出发，就是以经济水平的提高、公平制度的建立，以及社会共识的形成带动人们自然地从追求匮乏性需要的满足到追求成长性需要的满足。从个体层面出发，个体力所能及的则是由小而大的亲社会行为的培养。比如，将"爱国、敬业、诚信、友善"作为自己学习、生活和工作的行动指南，而不仅仅是作为一个口号；在日常生活中学会共情和移情，设身处地地理解他人的想法，共享他们的情绪情感体验，在思想上树立道德信念，在心理上引起情感共享和道德共鸣，多参加公益活动、义务劳动、志愿者活动等，从而最终实现从亲社会行为的口号化向自愿志愿者行为转型。

七　群体观：从群体无序化向群体秩序和社会公平迁移

社会转型，不仅是一个生产效率和经济效益提高的过程，也是社会不同群体利益格局重新调整的过程。从客观上讲，这难免会使某些群体获益多，而其他群体获益少，拉大群体间经济地位的差距。这种经济地位差距的加大是导致我国社会转型期群际相对剥夺感的客观基础。所谓群际相对剥夺感，是指人们将自己所在群体的处境与某种标准或其他参照群体相比较时，发现自己所在群体处于劣势而产生的受剥夺的不平衡心理感受。

然而相对剥夺感的产生，从根本上讲与群体自身利益的实际增减并无直接关联，而是主要源于参照群体的选择。当自己所在群体的利益减少时，固然容易产生相对剥夺感；然而当自己所在群体的利益增加，但这种利益增速低于参照群体的利益增速时，也会产生相对剥夺感。在我国社会转型期，当少数群体财富飞速增长与底层群体不断扩大交织在一起时，人们对自己生活状况不是纵向比较，而是采取横向比较，此时被剥夺感更为强烈。这成为导致转型期相对剥夺感的重要影响因素。

我国的社会转型期还存在旧的经济制度和社会规范（如计划经济、平均主义、论资排辈）与新的经济制度和社会规范（如市场经济、竞争机制、效率优先）并行，法律和制度不健全的现象。这种特殊国情增加了个体对不同群体的高—低经济地位进行不公平归因的可能性。相关研究表明，归因是群际偏见和群际冲突的重要影响因素。① 这种不公平归因在某种程度上更助长了相对剥夺感。

群际相对剥夺感的一个重要后果就是产生普遍的不满情绪和仇恨情绪，引发社会心态失衡。"全民麦克风"时代的网络空间受此影响并由网民相互渲染，形成共鸣，群体间利益分配的矛盾被无限放大，从而引发很多不理性的极端化情绪，强化大部分群体的被剥夺情绪，加深国家与社会、政府与民众之间的对立。愤怒和恐惧本来就是群际情绪的重要成分。当个体体验到所在群体的相对剥夺感而愤慨时，还有可能进一步导致群际威胁和群际侵犯。② 当今社会所面临的群体无序化状态问题，应该引起我们的高度重视。当底层意识与相对剥夺感（人们的心理期望与社会满足其心理期望之间的落差）相互作用，而此种状况又被社会制度安排、公共权力运行联系在一起时，大多数群体就会把自己定位为利益受损的底层或弱势群体，形成弱势群体被剥夺的社会认知，进而使社会不公平感进一步发酵。③

但是，我们也应该看到，随着我国经济实力的增长，以及民众对社会公平的诉求越来越强烈，国家层面也陆续提出了一系列对策。首先是兼顾公平与可持续性的社会保障和医疗保障制度的完善与各项民生举措的不断落实。比如，党的十七大、十八大在社会保障改革任务中都明确提出提高社会保障覆盖范围的首要任务（"加快推进覆盖城乡的社会保障建设"）。在医疗保障制度方面，住院报销比例进一步提高，重大疾病医疗保障病种范围进一步扩大，城镇居民医保和新农合的补助标准也从每人每年120元提高到200元。其次是收入分配制度的进一步规范，以及社会治理方式的改善和内部社会矛盾化解机制的建立。比如，党的十八大之后的收入分配制度改革就进一步突出了公平的重要性，将收入分配的原则从"效率优先，兼顾公平"发展到"更加注重公平"。社会治理方式

① Becker, J. C., Wagner, U., Christ, O., Consequences of the 2008 Financial Crisis for Intergroup Relations: The Role of Perceived Threat and Causal Attributions. *Group Processes & Intergroup Relations*, 2011 (6).

② 党宝宝、高承海、杨阳、万明钢：《群际威胁：影响因素与减少策略》，《心理科学进展》2014年第4期。

③ 肖雪莲：《运用相对剥夺感理论对我国转型时期弱势群体的心理进行探析与调适》，《吉林广播电视大学学报》2006年第4期。

也由从上而下的单一模式逐渐走向制度化方式并提倡结合当地实际情况的创新。因此，从群体无序化走向社会公平和群体秩序，也有望在今后一个时期水到渠成。

八　网络观：从网络碎片化向网络规范化和集约化转轨

据《2013—2014 年中国移动互联网调查研究报告》，我国网民规模为6.32 亿，其中手机网民规模为 5.27 亿。①传播学视角的相关研究表明，当一个社会的人均收入在 1000—3000 美元时，这个社会便处在由传统社会向现代社会转型的过渡期，而这个过渡期的一个基本特征就是社会的"碎片化"：传统的社会关系、市场结构及社会观念的整一性——从精神家园到信用体系，从话语方式到消费模式——瓦解了，代之以一个一个利益族群和"文化部落"的差异化诉求及社会成分的碎片化分割。②

网络传播的碎片化具体体现在以下四个方面：第一，传播环境时空的碎片化。传统媒体在进行传播活动时都要有一个空间和时间上的中心；而互联网，尤其是移动互联网的广泛应用，让传播可以随时随地进行，把整个传播活动在时间和空间上都撕裂成了碎片。第二，传播内容的碎片化。传统媒体的传播内容大多数是以线性叙事为主的完整信息；而网络催生了信息爆炸，超文本将海量信息相互链接，让网络传播的内容不再完整，短小、信息量大的碎片化信息（如 140 字的微博）成为受众接收信息的最爱。第三，注意力的碎片化。移动互联网的普及让受众无时无刻不包围在海量碎片化信息中，受众被此起彼伏的信息刺激着神经，注意力碎片化了。第四，传播主体的碎片化。传统社会中掌握话语权的传播主体大多是统治阶级和上层阶级，一般受众很难得到说话的机会，而网络自媒体（如微信公众号）让人人都可以成为传播主体，传统单一传播主体的话语权被网络解构和碎片化了。③

对公共事务而言，网络传播碎片化所带来的后果是让公共事务讨论权利日益分散，任何人都可以不受时空限制并可匿名讨论任何话题，政府和官方媒体不再是唯一的信息发布和传播的权威；信息发布权力也呈

---

① 中国互联网络信息中心（http：//www.cnnic.net.cn/hlwfzyj/hlwxzbg/ydhlwbg/201408/t20140826_47880.htm），2015 年 9 月 6 日。

② 喻国明：《解读新媒体的几个关键词》，《广告大观：媒介版》2006 年第 5 期。

③ 刘剑敏、李润权：《论网络的碎片化特征》，《新闻爱好者》2011 年第 9 期。

分散化，传统媒介下"我说你听"的单向度主客体分化的舆论场，变成了"众声喧哗"的多向度主客体化的舆论场。例如，网络环境下贫富差距现象随着比较范围扩大，信息碎片不断增多，这样贫富差距就会被无限放大，怨恨情绪也会愈演愈烈。

另外，在网络环境中传播的信息，除一些正常信息和积极的意见外，还存在着大量的网络谣言、偏激言论、负面事件和不良企图的非法信息。① 这些恶意信息传播，通过网民模仿、他人暗示和群体交叉感染等大众连锁心理反应，迅速发酵，酿成事端。特别是集群情绪渲染与个人理性的迷失，使他们更容易受群体行为和情绪的感染而变得肆意言说，无所顾忌，使其效应呈几何级数递增。这就是网络碎片化的放大效应。贵州瓮安县围攻政府的群体事件便是例证② （陈勇、王剑，2009）。随着网民人数的增长和互联网影响力的不断扩大，现在国家和政府已发现并开始治理这种"网络污染"现象，并成立了专门机构进行协调和规范。今后一段时期内，网络碎片化会向规范化和生态化、"一体化"和"集约化"发展。

总之，目前我国社会心理主要特征表现为：从多元化价值观向国家核心价值观过渡；从自我中心化向自我实现和协调发展转化；从幸福本位化向国家幸福和共同幸福演变；从道德实用性向道德自律和社会公德转变；从人际世俗化向人际信任和人际和谐发展；从亲社会行为的口号化向自愿志愿者行为发展；从群体无序化向群体秩序和社会公平迁移；从网络碎片化向网络规范化和集约化发展。其发展趋势呈现从现实到理想、个体到集体、感性到理性、无序到有序的发展态势。这充分体现了国家和政府的执政理念、治国方略和国情世情的新变化，反映了社会心理特征的新变化，也反映了人民群众的新期待新要求。但变化就意味着不确定，需要我们持之以恒的不懈努力。

---

① 张雷：《论网络政治谣言及其社会控制》，《政治学研究》2007 年第 2 期。

② 陈勇、王剑：《群体性突发事件中的谣言控制——以瓮安事件为例》，《当代传播》2009 年第 3 期。

结　语

让社会心理学走近大众 *

Professor Yu Guoliang is a supervisor of PhD students at Renmin University of China. He graduated from the Psychological Department of Zhejiang University in 1986 and went to the United States to attend in advanced studies in the University of Georgia in 1995. In the same year, he obtained a doctor degree in psychology from Beijing Normal University. He is now director of the institute of Psychology under Renmin University of China, member of the Evaluation Group for Psychology of National Education Science Program and council member of Beijing Psychological Society. He has undertaken many research projects including project supported by National Natural Science Foundation of China, major project of National Education Science Program and major project sponsored by the Planning Office of Social Science of the Ministry of Education. In addition, he wrote, edited or translated nearly one hundred books and published over 70 papers. Professor Yu is a young expert in psychology with much influence in China.

俞国良，心理学博士，教授，博士生导师。1986 年毕业于浙江大学心理系，1995 年赴美国佐治亚大学进修，同年在北京师范大学获博士学位。现任中国人民大学心理研究所所长，兼任中国科学院、北京师范大

---

* 载《当代中国》2007 年第 4 期，记者：张永太。

学、天津师范大学和西南大学等院校教授、博士生导师。全国教育科学规划心理学科评审组成员，中国心理学会社会心理学分会副会长，承担国家自然科学基金项目、全国教育科学规划重点项目、教育部人文社科重大研究项目等多项课题。著、编、译作近百部，发表专业论文200多篇，是我国颇具影响力的年轻心理学专家。

初春和煦的阳光洒进会客室，房间里气氛怡然。因为是熟人，所以访谈更像是讨论。讨论的主题是心理和谐与社会和谐，属于社会心理学的范畴，这正是俞教授的研究领域。

记者：建设社会主义和谐社会，作为我国的基本治国方略，已经为社会公众广泛接受。在推进和谐社会建设中，心理学的地位和作用应该怎样阐述？

俞国良：在社会公共生活中，和谐可以理解为人们在处理和协调各种关系时的平衡状态。心理和谐的人通常情绪稳定，心态平和愉悦，处世冷静客观，有较强的情绪调节和控制能力；易于与他人相处，富有团队精神，拥有良好的人际关系；根据自己对事物的认知，有所为有所不为。此外，健全的人格也很重要，要有科学的人生观和价值观，并以此支配自己的情感和行为；在保持人格独立性和自主性的同时，把自我与外部环境更好地融合在一起，使自我的独立性和自主性更容易为他人所认同、理解和接纳。

社会和谐在本质上应该是个心理学的概念，心理和谐是整个社会和谐的个体基础。《中共中央关于构建社会主义和谐社会若干重大问题的决定》中指出："注重促进人的心理和谐，加强人文关怀和心理疏导，引导人们正确对待自己、他人和社会，正确对待困难、挫折和荣誉。加强心理健康教育和保障，健全心理咨询网络，塑造自尊自信、理性和平、积极向上的社会态度。"构建社会主义和谐社会，心理学工作者责无旁贷，任重道远。

记者：中国传统文化对国人心理素质的影响主要表现在哪些方面？

俞国良：心理学是用严格、科学的方法对人的心理学现象以及在社会、自然关系中的心理活动进行研究的一门学科，它强调群体、环境对个体心理发展的影响。中国传统文化以儒家学说为核心，加上道家的中庸之道，几千年来在国民思想中根深蒂固，对国人心理素质的形成与发展更是影响深远。

这种影响首先表现在人的"成就动机"方面。在西方，个体的成就动机主要是"个我取向"；而在东方，特别是在中国，社会标准和群体意识对个体发展影响更大。比如，公众普遍认为考中专是低人一等，所以都要去考名牌大学，最好考清华、北大，完全忽视了个体差异和社会需要。其次是对思维方式的影响。折中主义、大一统的思维方式压抑了创造型思维，结果是中国的训诂学、考证学名扬世界，但就是培养不出诺贝尔奖获得者，在这方面甚至不如印度、巴基斯坦。再次是忽视人的主体性因素的作用，失败了就找外部原因，不找自身原因，而个人的自信、进取、勤奋等又恰恰是成功的最重要因素。当然还需要机遇，但是机遇也只钟情于有准备的人。最后是对个体性格特征的影响。国民缺乏主见和冒险精神，讨论、决策时很少发表自己独特的观点，跟风随潮。学校批量生产学生，现在连研究生也批量生产了，从心理学角度看，这些对人的成长与发展有着比较大的消极作用，是需要我们注意的。

记者：您怎样评价我国的心理学教学与科研现状？与发达国家相比，我们的差距主要表现在哪些方面？

俞国良：20世纪80年代以来，心理学由于在社会生活各个领域的广泛应用，已经从"隐科学"变成了"显科学"，成为21世纪的强势学科。专家预测，新世纪的科学突破将从生命科学和心理科学开始。在我国，对心理学的重视也达到了空前程度。1999年，科技部将心理学列入18个优先发展的基础学科之一；2000年，国务院学位委员会将心理学确定为一级学科；2002年，中国科学院心理研究所被确定为进入国家知识创新试点工作的基地性研究所。截至2000年，全国只有4所高校设立心理系，在校本科生100余人；到2006年，全国已经有182个心理系、所等心理学教学与科研单位，在校本科生6000多人，在校硕士、博士生3000多名。在我国，这一代心理学工作者终于迎来了心理学的最好发展阶段，这是我们引以为豪的。

但与发达国家相比，我们的差距还是明显的。在选题方面，西方心理系研究者所选课题与社会生活密切相关，实用性很强；而我们的选题虽然具有学术价值，但实用性不强，特别是对社会政策的咨询、解释和支持力度有待于进一步加强。在研究技术方面，西方已经进入到更微观的量化阶段。英国发明的 fMRI（功能性核磁共振脑成像技术）研究发现，不同的心理与行为由大脑的不同区域指挥完成。例如，人脑有 100 多亿个神经细胞，爱因斯坦这样伟大的科学家只开发了其中的 10%，普通人则为 1%。我国只有解放军 301 医院等少数单位有 fMRI 设备，主要用于医学科研。对于结果分析，我们还不能像西方那样把定性分析和定量分析有机结合起来，研究的结果也大都锁在抽屉里，没有体现出社会价值。我们目前所使用的研究方法，也大都是借鉴美国等西方国家的，还没有形成自己的研究方法体系。全美高校有 1600 多个心理系，仅哈佛大学就有两个，几乎是我们的 10 倍；美国每百万人口有 130 个心理工作者，而我们只有 10 个。

之所以差距这样大，除了历史原因外，主要还是经费投入不足。西方国家将心理学列入自然科学范畴，发展中国家大多数把心理学列入认为社会科学范畴。在我国，心理学则介于自然科学与人文社会科学之间，而国家对自然科学与人文社会科学的经费投入差距是巨大的。

记者： 我国不少城市都设立了心理咨询机构，您认为这些机构的业务水平如何？您对我国心理咨询师的资格认证的科学性和权威性如何评价？政府主管部门应该采取哪些行政和法律手段加强宏观管理？

俞国良： 心理咨询属于临床心理学或称心理咨询学范畴，是心理学中影响最大的一个分支。美国的心理学博士中，从事临床心理学的人数占一半以上。心理咨询在西方是一个很普遍的服务行业，但对临床心理医师的资质要求却很高：在美国，从事心理咨询需要硕士以上学历，从事心理治疗则需要博士学历；在此基础上，还要经过在职培训，系统学习 3000 小时以上，并要在督导人员指导下经过数百甚至 1000 小时的临床实践才可执业。

我国目前的情况的确令人担忧。首先是存在"都管都不管"的问题，劳动部、卫生部、教育部、全国妇联、共青团中央等，都就心理咨询、心理健康问题发过文件，但政策不统一，有的地区主管部门只收钱，不管理；中国心理学会下属的临床与咨询心理学专业委员会曾就从业人员的资质问题制定了标准，但缺乏权威性。其次是目前的执业人员大都只接受了短期的简单培训，整体素质较低，专业水平良莠不齐，有些人的资质甚至是花钱买来的。我们曾对北京地区和全国高校的心理咨询机构做过调查，这些机构的心理咨询人员普遍对自己的水平和能力缺乏信心，更何况其他地区和单位呢？

不改变现状，作为以实证科学为基础的心理学就有被异化和庸俗化的危险。要改变这种状况，需要进行长期的努力，采取行政和法律的综合手段。教育部门要鼓励、提倡大学的心理系设置临床心理学或心理咨询学专业，以逐步满足社会需求；政府主管部门要统一制定资质标准和行业管理规范，改进培训方式，提高培训质量。据了解，有关部门正在组织起草《精神卫生法》，希望这部法律尽快出台。此外，应该呼吁将心理健康教育课程列为中、小学的必修课程，为儿童和青少年的心理健康奠定基础。心理学作为一门综合性学科，其应用涉及社会生活的各个领域，心理健康关乎整个民族发展和人口素质，政府应该协调各个方面的工作，建立全国性的心理健康服务体系，包括教育体系、心理辅导与咨询体系、心理疾病与危机干预体系，提高全民族的心理健康水平，促进社会和谐。

记者：在我国，心理学真正被重视，是20世纪80年代的事情，比西方晚了差不多一个世纪，其科普任务比其他学科更加繁重。作为心理学专家，您认为应该怎样推进心理学知识的普及？

俞国良：首先，要纠正对心理学的一些错误认识。心理学是以实验为基本研究手段的实证性学科，有完整的体系和研究方法，对普通人来说，不要把心理学与算命、相面等迷信手段混为一谈。其次，扩大专业队伍，拓宽研究领域。我国从事心理学工作的人数按总人口平均数比较，在全世界列倒数第一；国内对心理学的应用研究也远远不够，政治心理学、经济心理学、管理心理学、教育心理学、临床心理学等，都应该进入我们的视野。再次，要增强心理学界的服务意识。心理学的发展取决于社会的认同，只有为社会、为公众提供更多的服务，社会才会承认你的价值，给你更多的支持。我相信，心理学有多大发展归根结底取决于心理学为社会与生活提供了多少服务。最后，提倡多样化的普及手段，专家讲座、电视媒体、平面媒体、网络媒体等，都应该为普及心理知识做些工作。

还有一个很重要的问题，就是在我们的心理学专业队伍里，缺少像易中天、于丹这样的人物，我们的研究成果还没有走出象牙塔，这种现象应该尽快改变。把科学研究与大众普及结合起来，让专业研究成果社会化，用心理学知识解决社会生活中的现实问题，让百姓把日常生活概念上升为科学概念，是心理学家义不容辞的社会责任。用大家能听懂的话讲出大家原来不懂的道理，这样的心理科学才有意义和价值。

在采访俞教授归来的路上，我想起了心理史学专家墨菲（G. Murphy）说过的一句话："社会心理学一只脚是站在实验科学的基础上，而另一只脚则处于社会变革的波涛起伏之中。"多么精彩的诠释！心理学是大众的科学，它应该走到我们的日常生活里来，让我们的人民和民族多一些成熟和理性，让我们的社会多一些和谐与宽容。

附录 作者社会心理学著译一览
（2000—2015 年）

1. 麦独孤著：《社会心理学导论》，俞国良、雷雳、张登印译，台北昭明出版社 2000 年版。

2. 俞国良、王青兰、杨治良著：《环境心理学》，人民教育出版社 2000年版。

3. 俞国良、辛自强著：《社会性发展心理学》，安徽教育出版社 2004年版。

4. 俞国良著：《社会心理学》（"十一五"规划教材）（第 1 版），北京师范大学出版社 2006 年版。

5. 俞国良主编：《社会心理学经典导读》，北京师范大学出版社 2008年版。

6. 俞国良等著：《社会心理学前沿》，北京师范大学出版社 2010 年版。

7. 麦独孤著：《社会心理学导论》，俞国良、雷雳、张登印译，北京大学出版社 2010 年版。

8. 俞国良著：《社会心理学》（"十一五"规划教材）（第 2 版），北京师范大学出版社 2011 年版。

9. 郑全全、俞国良著：《人际关系心理学》（"十一五"规划教材）（第 2版），人民教育出版社 2011 年版。

10. 俞国良著：《简明社会心理学》，开明出版社 2012 年版。

11. 俞国良著：《为社会服务的心理学探微》，北京师范大学出版社 2012年版。

12. 俞国良、辛自强著：《社会性发展》（第 2 版），中国人民大学出版社 2013 年版。

13. 帕克、斯图尔特著：《社会性发展》，俞国良、郑璞译，中国人民大学出版社 2014 年版。

14. 俞国良著：《社会心理学》（"十二五"高职规划教材），北京师范大
学出版社 2015 年版。

15. 俞国良著：《社会心理学》（"十一五"规划教材）（第 3 版），北京师
范大学出版社 2015 年版。

参考文献

一　英文文献

Botvinick, M. M., Cohen, J. D., & C. D. Carter, "Conflict Monitoring and Anterior Cingulate Cortex: An Update", *Trends in Cognitive Science*, 2004, 8.

Minagawa – Kawai, Y., Matsuoka, S., Dan, I., Naoi, N., Nakamura, K., & Kojima, S., "Prefrontal Activation Associated with Social Attachment: Facial – emotion Recognition in Mothers and Infants", *Cerebral Cortex*, 2009, 19 (2).

Platek, S. M., Loughead, J. W., Gur, R. C., Busch, S., Ruparel, K., Phend, N., Panyavin, I. S., & D. D. Langleben, "Neural Substrates for Functionally Discriminating Self – face from Personally Familiar Faces", *Human Brain Mapping*, 2006, 27.

Abdallahs, T., *The Happy Planet Index* 2.0, London: New Economics Foundation, 2009.

Abrams, D. & Hogg, M. A., "Metatheory: Lessons from Social Identity Research", *Personality and Social Psychology Review*, 2004, 8 (2).

Adams, R., Blieszner, R., De Vries, B., "Definitions of Friendship in the Third Age: Age, Gender, and Study Location Effects", *Journal of Aging Studies*, 2000, 14 (1).

Adams, R. B. Jr., Gordon, H. L., Baird, A. A., Ambady, N., & R. E. Kleck, "Effects of Gaze on Amygdala Sensitivity to Anger and Fear Faces", *Science*, 2003, 300.

Addai, I., Opoku – Agyeman, C., Amanfu, S. K., "Exploring Predictors of Subjective Well – Being in Ghana: A Micro – Level Study", *Journal of*

Happiness Studies, 2013.

Adler, N. E. , & Snibbe, A. C. , "The Role of Psychosocial Processes in Explaining the Gradient between Socioeconomic Status and Health", *Current Directions in Psychological Science*, 2003, 12.

Adolphs, R. , Gosselin, F. , Buchanan, T. W. , Tranel, D. , Schyns, P. , & A. R. Damasio, "A Mechanism for Impaired Fear Recognition after Amygdala Damage", *Nature*, 2005, 433.

Ahuvia, A. , "If Money Doesn't Make Us Happy, Why do We Act as if it Does? " *Journal of Economic Psychology*, 2008, 29.

Alicke M. D. , Loschiavo F. M. , Zerbst J. , "The Person Who Outperforms Me Is a Genius : Maintaining Perceived Competence in Upward Social Comparison", *Journal of Personality and Social Psychology*, 1997, 73 (4) .

Allan, L. J. , & Johnson, J. A. , "Undergraduate Attitudes Toward the Elderly: The Role of Knowledge, Contact and Aging Anxiety", *Educational Gerontology*, 2009, 35.

Aloise – Young, P. A. , Fraham, J. W. , Hansen, W. B. , "Peer Influence on Smoking Initiation During Early Adolescence: A Comparison of Group Menbers and Group Outsiders", *Journal of Appled Psychology*, 1994, 79.

Alpert, J. I. , & Alpert, M. I. , "Music Influences on Mood and Purchase Intentions", *Psychology and Marketing*, 1990, 7 (2) .

Amichai – Hamburger, Y. , & Hayat, Z. , "The Impact of the Lnternet on the Social Lives of Users: A Representative Sample from 13 Countries", *Computers in Human Behavior*, 2011, 27.

Ana, T. , Pontus, L. , Aleksander, V. , Daniel, V. , & Mendel, K. , "When Room Size Matters: Acoustic Influences on Emotional Responses to Sounds", *Emotion*, 2010, 10 (3) .

Anderson, A. K. , Christoff, K. , Panitz, D. , De Rosa, E. , & J. D. Gabrieli, "Neural Correlates of The Automatic Processing of Threat Facial Signals", *Journal of Neuroscience*, 2003, 23.

Anderson, C. , & Berdahl, J. L. , "The Experience of Power: Examining the Effects of Power on Approach Andinhibition Tendencies", *Journal of Person-*

ality and Social Psychology, 2002, 83.

Anderson, C., & Galinsky, A. D., "Power, Optimism, and Risk – taking", *European Journal of Social Psychology*, 2006, 36.

Anderson, K. A. & Han, J., "An Exploration of Ageism and Sexism in Obituary Photographs: 1967 – 1997", *Omega*, 2009, 58 (4).

Anestis, M. D. & Joiner, T. E., "Examining the Role of Emotion in Suicidality: Negative Urgency as an Amplifier of the Relationship between Components of the Interpersonal – Psychological Theory of Suicidal Behavior and Lifetime Number of Suicide Attempts", *Journal of Affective Disorders*, 2011, 129 (1).

Argyle, M., *The Psychology of Happiness* (2nd ed), London: Routledge, 2001.

Armenta, B. E., "Stereotype Boost and Stereotype Threat Effects: The Moderating Role of Ethnic Identification", *Cultural Diversity and Ethnic Minority Psychology*, 2010, 16 (1).

Arndt, J., Cox, C. R., Goldenberg, J. L., Vess, M., Routledge, C., Cooper, D. P., & Cohen, F., "Blowing in the (Social) Wind: Implications of Extrinsic Esteem Contingencies for Terror Management and Health", *Journal of Personality and Social Psychology*, 2009, 96.

Arndt, J., Routledge, C., Cox, C. R., & Goldenberg, J. L., "The Worm at the Core: A Terror Management Perspective on the Roots of Psychological Dysfunction", *Applied and Preventive Psychology*, 2005 (11).

Aron, A., Fisher, H., Mashek, D. J., Strong, G., Li, H., & Brown, L. L, "Reward, Motivation, and Emotion Systems Associated with Early – stage Intense Romantic Love", *Journal of Neurophysiology*, 2005, 94.

Asch, S. E., "Studies of Independence and Conformity: A Minority of One Against A Unanimous Majority", *Psychological Monographs: General and Applied*, 1956, 70 (9).

Aspinwall L. G., Taylor S. E., "Effects of Social Comparison Direction, Threat, and Self – esteem on Affect, Self – evaluation, and Expected Success", *Journal of Personality and Social Psychology*, 1993, 64 (5).

Ayduk, O. , & Kross, E. , "Asking 'Why' from A Distance Facilitates E-motional Processing: A Reanalysis of Wimalaweera and Moulds (2008)", *Behaviour Research and Therapy*, 2009, 47 (1).

Ayduk, O. , & Kross, E. , "Enhancing the Pace of Recovery: Self – distanced Analysis of Negative Experiences Reduces Blood Pressure Reactivity", *Psychological Science*, 2008.

Ayduk, O. , & Kross, E. , "From a Distance: Implications of Spontaneous Self – distancing for Adaptive Self – Reflection", *Journal of Personality and Social Psychology*, 2010, 98 (5).

A. H. Maslow, Elisa Hirsh, Marcella Stein, et al. , "A Clinically Derived Test for Measuring Psychological Security – insecurity", *Journal of General Psychology*, 1945, 33 (1).

Bai B. , Liu X. , Kou Y. , "Belief in a Just World Lowers Perceived Intention of Corruption: The Mediating Role of Perceived Punishment", *PLOS ONE*, 2014, 9 (5).

Bailis, D. S. , & Segall, A. , "Self – determination and Social Comparison in a Health – promotion Setting", *Basic and Applied Social Psychology*, 2004, 26 (1).

Balk, D. , Charting the Path from Self – reflection to Self – appraisal in Social Anxiety: What are the Roles of Self – immersion and Self – distancing? University of Waterloo, Ontario, 2013.

Bandura, A. , *Self – efficacy: The Exercise of Control*, New York, NY: Freeman, 1997.

Bar, M. , Neta, M. , & Linz, H. , "Very First Impressions", *Emotion*, 2006, 6 (2).

Barber, S. J. , & Mather, M. , "Stereotype Threat Can Both Enhance and Impair Older Adults' Memory", *Psychological Science*, 2013, 24 (12).

Bargh, J. A. , & Chartrand, T. L. , "The Unbearable Automaticity of Being", *American Psychologist*, 1999, 54.

Bargh, J. A. , Raymond, P. , Pryor, J. B. , & Strack, F. , "Attractiveness of the Underling: An Automatic Power – sex Association and Its Consequences for Sexual Harassment and Aggression", *Journal of Personality and Social Psychology*, 1995: (68).

Baumeister R. F., Bratslavsky E., Finkenauer C., et al., "Bad is Stronger than Good", *Review of General Psychology*, 2001, 5 (4).

Baumeister, R., "Suicide as Escape From Self", *Psychological Review*, 1990 (97).

Baumeister, R. F., Masicampo, E., & Vohs, K. D., "Do Conscious Thoughts Cause Behavior", *Annual Review of Psychology*, 2011 (62).

Baumeister, R. F., Zhang, L. Q., & Vohs, K. D., "Gossip as Cultural Learning", *Review of General Psychology*, 2004 (8).

Baumgartner, T., Esslen, M., & Jancke, L., "From Emotion Perception to Emotion Experience: Emotions Evoked by Pictures and Classical Music", *International Journal of Psychophysiology*, 2006, 60 (1).

Beck, A. T., "Hopelessness as a Predictor of Eventual Suicide", *Annals of the New York Academy of Sciences*, 1986 (487).

Becker, J. C. Wagner, U. & Christ, O. "Consequences of the 2008 Financial Crisis for Intergroup Relations: The Role of Perceived Threat and Causal Attributions". *Group Processes & Intergroup Relations*, 2011 (6).

Beer, J. S., Heerey, E. A., Keltner, D., Scabini, D., & R. T. Knight, "The Regulatory Function of Self – Conscious Emotion: Insights from Patients with Orbitofrontal Damage", *Journal of Personality and Social Psychology*, 2003 (85).

Belk, R. W., "Materialism and You", *Journal of Research for Consumers*, 2001 (1).

Bender, T. W., Gordon, K. H., & Joiner, T. E., *Impulsivity and Suicidality: A Test of the Mediating Role of Painful Experiences*, Unpublished Manuscript, 2007.

Bensafi, M., Rouby, C., Bertrand, B., Vigouroux, M., & Holley, A., "Autonomic Nervous System Responses to Odours: The Role of Pleasantness and Arousal", *Chemical Senses*, 2002, 27 (8).

Berdahl J. L., Martorana P., "Effects of Power on Emotion and Expression during A Controversial Group Discussion", *European Journal of Social Psychology*, 2006, 36 (4).

Berlyne, D. E, "Curiosity and Exploration", *Science*, 1966 (153).

Berlyne, D. E. , "A Theory of Human Curiosity", *British Journal of Psychology*, 1954 (45).

Berlyne, D. E. , "Curiosity and Exploration", *Science*, 1966 (153).

Berndt, T. J. , "Friendship Quality and Social Development", *Current Directions in Psychological Science*, 2002 (11).

Billieux J. , Philippot P. , Schmid C. , et al. , "Is Dysfunctional Use of the Mobile Phone a Behavioural Addiction? Confronting Symptom – based Versus Process – based Approaches", *Clinical Psychology & Psychotherapy*, 2015, 22 (5).

Bird, C. M. , Castelli, F. , Malik, U. , & Husain, M. , " The Impact of Extensive Medial Frontal Lobedamage on 'Theory of Mind' and Cognition", *Brain*, 2004 (127).

Biss, R. K. & Hasher, L. , "Happy as a Lark: Morning – type Younger and Older Adults are Higher in Positive Affect", *Emotion*, 2012, 12 (3).

Bjørnskov, C. , "Do Economic Reforms Alleviate Subjective Well – Being Losses of Economic Crises?" *Journal of Happiness Studies*, 2014, 15 (1).

Blackie, L. E. R. , & Cozzolino, P. J. , "Of Blood and Death: A Test of Dual – Existential Systems in the Context of Prosocial Intentions", *Psychological Science*, 2011 (22).

Blair, C. , & Raver, C, C. , "School Readiness and Self – regulation: A Developmental Psychobiological Approach", *Annual Review of Psychology*, 2015 (66).

Blanke, O. , Ortigue, S. , Landis, T. , & M. Seeck, "Stimulating illusory Own – body Perceptions: The Part of The Brain That Can Induce Out – of – Body Experience Has Been Located", *Nature*, 2002 (419).

Blanton H. , "Evaluating the Self in the Context of Another: The Three – selves Model of Social Comparison Assimilation and Contrast", In G. Moskowitz (Ed.), *Cognitive Social Psychology: The Princeton Symposium and the Lega-*

cy and Future of Socialcognition, Mahwah, NJ: Erlbaum, 2001.

Blanton H. , Buunk B. P. , Gibbons F. X. , Kuper H. , " When Better – Than – Others Compare Upward: Choice of Comparison and Comparative E- valuation as Independent Predictors of Academic Performance", Journal of Personalityand Social Psychology, 1999, 76 (3) .

Blood, A. J. , & Zatorre, R. J. , "Intensely Pleasurable Responses to Music Correlate with Activity in Brain Regions Implicated in Reward and Emotion", PNAS, 2001, 98 (20) .

Blüml V. , Kapusta N. D. , Doering S. , et al. , "Personality Factors and Sui- cide Risk in a Representative Sample of the German General Population", PLOS ONE, 2013, 8 (10) .

Bond, M. H. (Ed.) , The Oxford Handbook of Chinese Psychology, New York: Oxford University Press, 2010.

Bos, M. W. , & Dijksterhuis, A. , "Self – knowledge, Unconscious Thought, and Decision Making", In S. Vazire & T. D. Wilson (Eds.) , Handbook of Self – knowledge, New York, NY: Guilford Press, 2012.

Bostwick, J. M. , & Pankratz, V. S. , "Affective Disorders and Suicide Risk: A Reexamination", The American Journal of Psychiatry, 2000 (157) .

Botvinick, M. M. , Cohen, J. D. , & C. D. Carter, "Conflict Monitoring and Anterior Cingulate Cortex: An Update", Trends in Cognitive Science, 2004 (8) .

Bower G. H. , " Mood and Memory ", American Psychologist, 1981, 36 (2) .

Bowker, A. , "Predicting Friendship Stability during Early Adolescence", Journal of Early Adolescence, 2004, 24.

Brenner, L. A. , Gutierrez, P. M. , Cornette, M. M. , Betthauser, L. M. , Bahraini, N. , & Staves, P. J. , "A Qualitative Study of Potential Suicide Risk Factors in Returning Combat Veterans", Journal of Mental Health Coun- seling, 2008, 30 (3) .

Breshears, R. E. , Brenner, L. A. , Harwood, J. E. , & Gutierrez, P. M. , "Predicting Suicidal Behavior in Veterans with Traumatic Brain Injury: The

Utility of the Personality Assessment Inventory", *Journal of Personality Assessment*, 2010, 92 (4).

Brewer M. B., Weber G., "Self – evaluation Effects of Interpersonal Versus Intergroup Social Comparison", *Journal of Personality and Social Psychology*, 1994, 66 (2).

Bronfenbrenner, U., *Ecological Systems Theory*, Jessica Kingsley Publishers, 1992.

Brown J. D., Novick N. J., Lord K. A., "When Gulliver Travels: Social Context, Psychological Closeness, and Self – appraisals", *Journal of Personality and Social Psychology*, 1992, 62 (4).

Bruffaerts R., Demyttenaere K., Borges G., et al., "Childhood Adversities as Risk Factors for Onset and Persistence of Suicidal Behaviour", *The British Journal of Psychiatry*, 2010, 197 (1).

Bryan, C. J., Ann Marie, H., Sybil, A., & Tracy, C., "Combat Exposure and Suicide Risk in Two Samples of Military Personnel", *Journal of Clinical Psychology*, 2013, 69 (1).

Bryan, C. J., Morrow, C. E., Anestis, M. D., & Joiner, T. E., "A Preliminary Test of the Interpersonal – Psychological Theory of Suicidal Behavior in a Military Sample", *Personality and Individual Differences*, 2010, 48 (3).

Bryan, C. J., "The Clinical Utility of a Brief Measure of Perceived Burdensomeness and Thwarted Belongingness for the Detection of Suicidal Military Personnel", *Journal of Clinical Psychology*, 2011, 67 (10).

Burk, W. J., Laursen, B., "Adolescent Perceptions of Friendship and Their Associations with Individual Adjustment", *International Journal of Behavioral Development*, 2005, 29 (2).

Burk, W. J., Steglich, C. E. G., Snijders, T. A. B., "Beyond Dyadic Interdependence: Actor – oriented Models for Co – evolving Social Networks and Individual Behaviors", *International Journal of Behavioral Development*, 2007, 31.

Burke, B. L., Martens, A., & Faucher, E. H., "Two Decades of terror

Management Theory: A Meta – Analysis of Mortality Salience Research ", *Personality and Social Psychology Review*, 2010 (14).

Burke, D., & Linley, P. A., "Enhancing Goal Self – concordance through Coaching", *International Coaching Psychology Review*, 2007, 2 (1)

Burton, C. M., "Gut Feelings and Goal Pursuit: A Path to Self – concordance Dissertation Abstracts International ", *Section B. Sciences and Engineering*, 2008, 73 (2 – B).

Buss, D. M., *Evolutionary Psychology: The New Science of the Mind. Needham Heights*, MA, US: Allyn & Bacon, 1999.

Buunk B. P., Oldersma, "Enhancing Satisfaction through Downward Comparison: The Role of Relational Discontent and Individual Differences in Social Comparison Orientation", *Journal of Experimental Social Psychology*, 2001, 37 (3).

Cacioppo, J. T., " Social Neuroscience: Antonomic, Neuroendocrine, and Immune Responses to Stress", *Psychophysiology*, 1994, 31.

Cameron, L., Erkal, N., Gangadharan, L., Meng, X., "Little Emperors: Behavioral Impacts of China's One – Child Policy", *Science*, 2013, 339 (6122).

Campbell W. K., Bonacci A. M., Shelton J., et al., "Psychological Entitlement: Interpersonal Consequences and Validation of a Self – report Measure", *Journal of Personality Assessment*, 2004, 83 (1).

Carr, P. B., & Steele, C. M., "Stereotype Threat and Inflexible Perseverance in Problem Solving", *Journal of Experimental Social Psychology*, 2009, 45 (4).

Carver, C. S., Sutton, S. K., & Scheier, M. F., "Action, Emotion, and Personality: Emerging Conceptual Integration", *Personality and Social Psychology Bulletin*, 2000, 26.

Cavanagh, J. T., Carson, A. J., Sharpe, M., & Lawrie, S. M., " Psychological Autopsy Studies of Suicide: A Systematic Review", *Psychological Medicine*, 2003, 33.

Chalabaev, A., Major, B., Sarrazin, P., & Cury, F., "When Avoiding

Failure Improves Performance: Stereotype Threat and the Impact of Performance Goals", *Motivation and Emotion*, 2012, 36 (2).

Chamorro – Premuzic T. , Furnham A. , "Personality Predicts Academic Performance: Evidence from Two Longitudinal University Samples", *Journal of Research in Personality*, 2003, 37.

Chan, A. , Poulin, F. , "Monthly Changes in the Composition of Friendship Networks in Early Adolescence", *Merrill – Palmer Quarterly*, 2007, 53.

Chapin, H. , Jantzen, K. , Kelso, J. A. , Steinberg, F. , & Large, E. , "Dynamic Emotional and Neural Responses to Music Depend on Performance Expression and Listener Experience", *PLOS ONE*, 2010, 5 (12).

Chasteen, A. L. , Bhattacharyya, S. , Horhota, M. , Tam, R. , & Hasher, L. , "How Feelings of Stereotype Threat Influence Older Adults' Memory Performance", *Experimental Aging Research*, 2005, 31 (3).

Chebat, J. & Michon, R. , "Impact of Ambient Odors on Mall Shoppers' Emotions, Cognition, and Spending: A Test of Competitive Causal Theories", *Journal of Business Research*, 2003, 56 (7).

Chen S. , Lee – Chai A. Y. , Bargh J. A. , "Relationship Orientation as a Moderator of the Effects of Social Power", *Journal of Personality and Social Psychology*, 2001, 80 (2).

Chen, E. , Cohen, S. , & Miller, G. E. , "How Low Socioeconomic Status Affects 2 – Year Hormonal Trajectories in Children", *Psychological Science*, 2010, 21.

Chen, J. , Chiu, C. Y. , Chan, S. F. , "The Cultural Effects of Job Mobility and the Belief in a Fixed World: Evidence from Performance Forecast", *Journal of Personality and Social Psychology*, 2009, 97 (5).

Chen, S. , Lee – Chai, A. Y. , & Bargh, J. A. , "Relationship Orientation as Moderator of the Effects of Social Power", *Journal of Personality and Social Psychology*, 2001, 80.

Cheng, B. S. , Chou, L. F. , Wu, T. Y. , Huang, M. P. , & Farh, J. L. , "Paternalistic Leadership and Subordinate Responses: Establishing a Leadership Model in Chinese Organizations", *Asian Journal of Social Psychology*,

2004, 7 （1）.

Cheng, S. Y. , Rosner, J. L. , Chao, M. M. , Peng, S. , Chen, X. , Li, Y. , & Chiu, C. Y. , "One World, One Dream? Intergroup Consequences of the 2008 Beijing Olympics", *International Journal of Intercultural Relations*, 2011, 35 （3）.

Cheung, F. M. , Leung, K. , Fan, R. M. , et al. , "Development of the Chinese Personality Assessment Inventory", *Journal of Cross - Cultural Psychology*, 1996, 27 （2）.

Cheung, S. F. , Cheung, F. M. , & Fan, W. , "From Chinese to Cross - Cultural Personality Inventory: A Combined Emic - etic Approach to the Study of Personality in Culture", In M. J. Gelfand, C. Chiu, & Y. Hong （Eds. ）, *Advances in Culture and Psychology*, 2013, Volume 3. US: Oxford University Press.

Chinese Culture Connection, "Chinese Values and the Search for Culture - Free Dimentions of Culture". *Journal of Cross - Culture psgohology*, 1987, 18 （2）.

Chirkov, V. , Ryan, R. M. , Kim, Y. , & Kaplan, U. , "Differentiating Autonomy from Individualism and Independence: A Self - determination Theory Perspective on Internalization of Cultural Orientations and Well - being", *Journal of Personality and Social Psychology*, 2003, 84 （1）.

Chiu, C. Y. & Hong, Y. Y. , *The Social Psychology of Culture*, New York: Psychology Press, 2006.

Chiu, C. Y. , & Hong, Y. Y. , "Social Identification in a Political Transition: The Role of Implicit Beliefs", *International Journal of Intercultural Relations*, 1999, 23 （2）.

Chrea, C. , Grandjean, D. , Delplanque, S. , Cayeux, I. , Le Calve, B. , Aymard, L. , Velazco, M. I. , Sander, D. , & Scherer, K. R. , "Mapping the Semantic Space for the Subjective Experience of Emotional Responses to Odors", *Chemical Senses*, 2009, 34 （1）.

Christensen, H. , Batterham, P. J. , Soubelet, A. , & Mackinnon, A. J. , "A Test of the Interpersonal Theory of Suicide in a Large Community - based

Cohort", *Journal of Affective Disorders*, 2013, 144 (3).

Cialdini, R. B. Kallgren, C. A. & Reno, R. R., "A Focus Theory of Normative Conduct: A Theoretical Refinement and Reevaluation of the Role of Norms in Human Behavior", *Advances in Experimental Social Psychology*, 1991 (20).

Coleman, J. S., "Social Capital in the Creation of Human Capital", *American Journal of Sociology*, 1998, 94 (Suppl. 95).

Collett, L. J., & Lester, D., "The Fear of Death and The Fear of Dying", *Journal of Psychology*, 1969, 72.

Collins R L., "For Better or Worse: The Impact of Upward Social Comparisons on Self – evaluations", *Psychological Bulletin*, 1996, 119 (1).

Collins, R. P., Litman, J. A., & Spielberger, C. D., "The Measurement of Perceptual Curiosity", *Personality and Individual Differences*, 2004, 36.

Conner, K. R., Britton, P. C., Sworts, L. M., & Joiner, T. E., "Suicide Attempts Among Individuals with Opiate Dependence: The Critical Role of Belonging", *Addictive Behaviors*, 2007, 32.

Conte, H. R., Weiner, M. B., & Plutchik, R. "Measuring Death Anxiety: Conceptual, Psychometric, and Factor – Analytic Aspects", *Journal of Personality and Social Psychology*, 1982, 43.

Couper, D. and Pratt, F., "Learning for a Longer Life, A Guide for Developers of Curriculum and Instructional Materials", National Academy for Teaching and Learning about Aging: University of North Texas, Denton, TX, 1999.

Cozzolino, P. J., Blackie, L. E. R., & Meyers, L. S., "Self – Related Consequences of Death Fear and Death Denial", *Death Studies*, 2014, 38.

Cozzolino, P. J., Sheldon, K., M., Schachtman, T. R., & Meyers, L. S., "Limited Time Perspective, Values, and Greed: Imagining a Limited Future Reduces Avarice in Extrinsic People", *Journal of Research in Personality*, 2009, 43.

Cozzolino, P. J., Staples, A. D., Meyers, L. S., & Samboceti, J., "Greed, Death, and Values: From Terror Management to Transcendence

Management theory", *Personality and Social Psychology Bulletin*, 2004, 30.

Cozzolino, P. J., "Death Contemplation, Growth, and Defense: Converging Evidence of Dual – Existential Systems?" *Psychological Lnquiry*, 2006, 17.

CrabTree J., Rutland A., "Self – evaluation and Social Comparison Amongst Adolescents with Learning Difficulties", *Journal of Community & Applied Social Psychology*, 2001, 2.

Crocker, J. Editor's Introduction to Special issue on "Social Stigma: Perspectives from Experimental Social Psychology", *Journal of Experimental Social Psychology*, 1999, 35.

Croizet, J. C., & Claire, T., "Extending the Concept of Stereotype Threat to Social Class: The Intellectual Underperformance of Students from Low Socioeconomic Backgrounds", *Personality and Social Psychology Bulletin*, 1998, 24 (6).

Csikszentmihalyi, M., Larson, R., "Validity and Reliability of the Experience – Sampling Method", *The Journal of Nervous and Mental Disease*, 1987, 175.

Cuddy, A. J., Fiske, S. T., & Glick, P., "When Professionals Become Mothers, Warmth Doesn't Cut the Ice", *Journal of Social Issues*, 2004, 60 (4).

Cunningham, W. A., Johnson, M. K., Gatenby, J. C., Gore, J. C., & M. R. Banaji, "Neural Components of Social Evaluation", *Journal of Personality and Social Psychology*, 2003, 85 (4).

Cunningham, W. A., Johnson, M. K., Raye, C. L., Chris Gatenby, J., Gore, J. C., & M. R. Banaji, "Separable Neural Components in the Processing of Black and White Faces", *Psychology Science*, 2004, 15.

Darke, S. & Ross, J., "Suicide among Heroin Users: Rates, Risk Factors and Methods", *Addiction*, 2002, 97.

Day, H. I., "The Measurement of Specific Curiosity", In H. I. Day, D. E. Berlyne, & D. E. Hunt (Eds.), *Intrinsic Motivation: A New Direction in Education*, New York: Holt, Rinehart & Winston, 1971.

De Charms, R., *Personal Causation: The Internal Affective Determinants of*

Behavior, New York: Academic Press, 1968.

Decety, J., & J. A. Sommerville, "Shared Representations between Self and Other: A Social Cognitive Neuroscience View", *Trends in Cognitive Science*, 2003, 7 (12).

Deci, E. L., & Ryan, R. M., "The 'What' and 'Why' of Goal Pursuits: Human Needs and the Self – determination of Behavior", *Psychological Inquiry*, 2000, 11 (4).

Delgado, M. R., Gillis, M. M., & Phelps, E. A, "Regulating the Expectation of Reward Via Cognitive Strategies", *Nature Neuroscience*, 2008, 11.

Demir, M., & Urberg, K. A., "Friendship and Adjustment Among Adolescents", *Journal of Experimental Child Psychology*, 2004, 88.

Demir, M., Ozdemir, M., Weitekamp, L. A., "Looking to Happy Tomorrows with Friendship: Best and Close Friendships as They Predict Happiness", *Journal of Happiness Study*, 2007, 8.

Depp, C. A. & Jeste, D. V., "Definitions and Predictors of Successful Aging: A Comprehensive Review of Larger Quantitative Studies", *The American Journal of Geriatric Psychiatry*, 2006, 14 (1).

Di Pellegrino, G., Fadiga, L., Fogassi, L., Gallese, V., & G. Rizzolatti, "Understanding Motor Events: A Neurophysiological Study", *Experimental Brain Research*, 1992, 91 (1).

Diener E., Tay L., "Review of the Day Reconstruction Method (DRM)", *Social Indicators Research*, 2014, 116 (1).

Diener (Ed.), Emmons, R. A., Larsen, R. J. & Griffin, S., "The Satisfaction with Life Scale", *Journal of Personality Assessment*, 1985, 49 (1).

Diener, E. & Biswas – Diener R., "Will Money Increase Subjective Well – being?: A Literature Review and Guide to Needed Research", *Social Indicators Research*, 2002, 57 (2).

Diener, E., & Ryan, K., "Subjective Well – being: A General Overview", *South African Journal of Psychology*, 2009, 39 (4).

Diener, E., & Seligman, M. E. P., "Beyond Money", *Psychological Sci-*

ence in the Public Interest, 2004, 5.

Diener, E. , Suh, E. M. , Lucas, R. E. , & Smith, H . L. , "Subjective Well – being: Three Decades of Progress", *Psychological Bulletin*, 1999, 125 (2) .

Diener, E. , "Subjective Well – being", *Psychological Bulletin*, 1984, 95.

Dishion, T. J. , Medici Skaggs, N. , "An Ecological Analysis of Monthly 'Bursts' in Early Adolescent Substance Use", *Applied Developmental Science*, 2000, 4.

Dittmar, H. , Bond, R. , Hurst, M. , & Kasser, T. , "The Relationship between Materialism and Personal Well – being: A Meta – analysis", *Journal of Personality and Social Psychology*, 2014, 107 (5) .

Downing, P. E. , Yuhong, J. , Shuman, M. , & Kanwisher, N. , "A Cortical Area Selective for Visual Processing of the Human Body", *Science*, 2001, 293.

Du, H. , Jonas, E. , Klackl, J. , Agroskin, D. , Hui, E. K. P. , & Ma, L. , "Cultural Influences on Terror Management: Independent and Interdependent Self – Esteem as Anxiety Buffers", *Journal of Experimental Social Psychology*, 2013, 49.

Dunbar, R. I. M. , "Gossip in Evolutionary Perspective", *General Review of Psychology*, 2004, 8.

Dunn J. R. , Schweitzer M. E. , "Feeling and Believing: The Influence of Emotion on Trust", *Journal of Personality and Social Psychology*, 2005, 88 (5) .

Easterlin, R. , Mcvey, L. A. , Switek, M. , Sawangfa, O. & Zweig, J. S. , "The Happiness – Income Paradox Revised", *Proceedings of the National Academy of Sciences*, 2010, 107 (52) .

Easterlin, R. A. , Morgan, R. , Switek, M. & Wang, F. , "China's Life Satisfaction, 1990 – 2010", *Proceedings of the National Academy Sciences*, 2012, 109 (25) .

Easterlin, R. A. , "Income and Happiness: Towards a Unified Theory", *Economic Journal*, 2001, 111 (July) .

Easterlin, R. A. , "Will Raising the Income of all Increase the Happiness of All?" *Journal of Economic Behavior and Organization*, 1995, 27 (1) .

Eisenberger, N. I. , Jarcho, J. M. , Lieberman, M. D. , & B. D. Naliboff, "An Experimental Study of Shared Sensitivity to Physical Pain and Social Rejection", *Pain*, 2006, 126 (1 – 3) .

Ekman, P. , Levenson, R. W. , & Friesen, W. V. , "Autonomic Nervous System Activity Distinguishes Among Emotions", *Science*, 1983, 221 (4616) .

Ekman, P. , "The Argument and Evidence about Universals in Facial Expressions of Emotion", *Handbook of Social Psychophysiology*, 1989.

Eldar, E. , Ganor, O. , Admon, R. , Bleich, A. , & Hendler, T. , "Feeling the Real World: Limbic Response to Music Depends on Related Content", *Cerebral Cortex*, 2007, 17 (12) .

Elizabeth, P. P. , Iheoma, U. I. , Aryn, M. D. , Roger, M. K. , & Steven, J. R. , "The Effects of Socioeconomic Status, Race, and Parenting on Language Development in Early Childhood", *American Psychological Association*, 2009, 45 (2) .

Ellis, W. E. , Zarbatany, L. , "Explaining Friendship Formation and Friendship Stability: The Role of Children's and Friends' Aggression and Victimization", *Merrill – Palmer Quarterly*, 2007, 53.

Else – Quest, N. M. , Higgins, A. , Allison, C. , & Morton, L. C. , "Gender Differences in Self – Conscious Emotional Experience: A Meta – Analysis", *Psychological Bulletin*, 2012, 138 (5) .

Emerson, R. M. , *Power – dependence Relations*, *American Sociological Review*, 1962, 27.

Epley, N. , Morewedge, C. K. , & Keysar, B, "Perspective Taking in Children and Adults: Equivalent Egocentrism but Differential Correction", *Journal of Experimental Social Psychology*, 2004, 40 (6) .

Epley, N. , "Solving the (Real) other Minds Problem", *Social and Personality Psychology Compass*, 2008, 2 (3) .

Epple, G. , & Herz, R. S. , "Ambient Odors Associated to Failure Influence

Cognitive Performance in Children", *Developmental Psychobiology*, 1999, 35 (2).

Erikson, E. H., *The Life Cycle Completed*, New York: Norton, 1982.

Evans, J. S. B. T., "Dual – processing Accounts of Reasoning, Judgment, and Social Cognition", *Annual Review of Psychology*, 2008, 59.

Farley, S. D., Timme, D. R., & Hart, J. W., "On Coffee Talk and Break – room Chatter: Perceptions of Women Who Gossip in the Workplace", *Journal of Social Psychology*, 2010, 150 (4).

Farley, S. D., "Is Gossip Power? The Inverse Relationship between Gossip, Power, and Likability", *European Journal of Social Psychology*, 2011, 41.

Fast, N. J., Gruenfeld, D. H., Sivanathan, N., & Galinsky, A. D., "Illusory Control: A Generative Force Behind Power's Far – reaching Effects", *Psychological Science*, 2009, 20.

Ferdenzi, C., Schirmer, A., Roberts, S. C., Delplanque, S., Porcherot, C., Cayeux, I., Velazco, M. I., Sander, D., Scherer, K. R., & Grandjean, D., "Affective Dimensions of Odor Perception: A Comparison between Swiss, British, and Singaporean Populations", *Emotion*, 2011, 11 (5).

Fischer, R., Van de Vliert, E., "Does Climate Undermine Subjective Well – being? A 58 – nation Study", *Personality and Social Psychology Bulletin*, 2011, 37.

Fiske S. T., "Controlling Other People: The Impact of Power on Stereotyping", *American Psychologist*, 1993, 48 (6).

Fiske, A. P., *Structures of Social Life: The Four Elementary Forms of Human Relations: Communal Sharing, Authority Ranking, Equality Matching, Market Pricing*, New York: Free Press, 1993.

Fiske, S. T., & Berdahl, J., "Social Power", In A. W. Kruglanski & E. T. Higgins (Eds.), *Social Psychology: Handbook of Basic Principles*, New York: Guilford, 2007.

Fiske, S. T., "Controlling Other People: The Impact of Power on Stereotyping", *American Psychologist*, 1993, 48.

Fleischmann, A. , Bertolote, J. M. , Wasserman, D. , Leo, D. D. , Bolhari, J. , & Botega, N. J. , et al. , "Effectiveness of Brief Intervention and Contact for Suicide Attempters: A Randomixed Controlled Trial in Five Countries", *Bulletin of the World Health Organisation*, 2008, 86 (9) .

Foster, E. K. , "Research on Gossip: Taxonomy, Methods, and Future Directions", *Review of General Psychology*, 2004, 8.

Fowler, H. , *Curiosity and Exploratory Behavior*, New York: Macmillan, 1965.

Frantzidis, C. A. , Bratsas, C. , Klados, M. A. , Konstantinidis, E. , Lithari, C. D. , Vivas, A. B. , Papadelis, C. L. , Kaldoudi, E. , Pappas, C. , Bamidis, P. D. , "On the Classification of Emotional Biosignals Evoked while Viewing Affective Pictures: An Integrated Data – mining – based Approach for Healthcare Applications", *Information Technology in Biomedicine*, 2010, 14 (2) .

French, J. , & Raven, B. , "The Bases of Social Power", In D. Cartwright (Ed.), *Studies in Social Power*, Ann Arbor, MI: Institute for Social Research, 1959.

Freud, S. , "Character and Anal Eroticism, The Standard Edition of the Complete Psychological", *Works of Sigmund Freud*, 1908, 10.

Frias, A. , Watkins, P. C. , Webber, A. C. , & Froh, J. J. , "Death and Gratitude: Death Reflection Enhances Gratitude", *The Journal of Positive Psychology*, 2011, 6.

Frijda, N. H. , & Sundararajan, L. , "Emotion Refinement: A Theory Inspired by Chinese Poetics", *Perspectives on Psychological Science*, 2007, 2 (3) .

Frijters, P. , & Beatton, T. , "The Mystery of the U – shaped Relationship between Happiness and Age", *Journal of Economic Behavior & Organization*, 2012, 82 (2) .

Frith, C. D. , & U. Frith, "Interacting Minds – abiological Basis", *Science*, 1999, 287.

Frith, U. , & C. D. Frith, "Development and Neurophysiology of Mentalizing", *Philosophical Transactions of The Royal Society B: Biological Sci-*

ences, 2003, 358.

Fujita, K. , Trope, Y. , Liberman, N. , & Levin – Sagi, M. , "Construal Levels and Self – Control", *Journal of Personality and Social Psychology*, 2006, 90 (3) .

Funderburk, B. , J. Damron – Rodrigues and L. L. Storms, et al. , "Endurance of Undergraduate Attitudes Toward Older Adults", *Educational Gerontology*, 2006, 32 (6) .

Gaab, J. , Rohleder, N. , Nater, U. M. , & Ehlert, U. , "Psychological Determinants of the Cortisol Stress Response: The Role of Anticipatory Cognitive Appraisal", *Psychoneuroendocrinology*, 2005, 30 (6) .

Gagné, M. & Deci, E. L. , "Self – Determination Theory and Work Motivation", *Journal of Organizational Behavior*, 2005 (4) .

Galinha, I. C. , Oishi, S. , Pereira, C. , Wirtz, D. , Esteves, F. , "The Role of Personality Traits, Attachment Style, and Satisfaction with Relationships in the Subjective Well – being of Americans, Portuguese, and Mozambicans", *Journal of Cross – Cultural Psychology*, 2013, 44 (3) .

Galinsky, A. D. , Gruenfeld, D. H. , & Magee, J. C. , "From Power to Action", *Journal of Personality and Social Psychology*, 2003, 85.

Galinsky, A. D. , Magee, J. C. , Gruenfeld, D. H, Whitson, J. , & Liljenquist, K. A. , "Social Power Reduces the Press of the Situation: Implications for Creativity, Conformity, and Dissonance", *Journal of Personality and Social Psychology*, 2008, 95.

Galinsky, A. D. , Magee, J. C. , Inesi, M. E. , & Gruenfeld, D. H. , "Power and Perspectives not Taken", *Psychological Science*, 2006, 17.

Gallup, G. G. , Jr. , " Chimpanzees: Self – Recognition ", *Science*, 1970, 167.

Gardner, W. L. , & Seeley, E. A. , "Confucianism, 'jen', and the Benevolent use of Power: The Interdependent Self as a ' Psychological Contract ' Preventing the Exploitation of Others", In J. A. Bargh and A. Lee – Chai (Eds.), *The Use and Abuse of Power: Multiple Perspectives on the Causesof Corruption*, Cambridge MA: Psychology Press, 2001.

Garza M. J. , Pettit J. W. , "Perceived Burdensomeness, Familism, and Suicidal Ideation Among Mexican Women: Enhancing Understanding of Risk and Protective Factors", *Suicide and Life – Threatening Behavior*, 2010, 40.

Gauthier, I. , Tarr, M. J. , Anderson, A. W. , Skudlarski, P. , & J. C. Gore, "Activation of The Middle Fusiform 'Face Area' Increase with Expertise in Recognizing Novel Objects", *Nature Neuroscience*, 1999, 2.

Gelfand M. J. , Realo A. , "Individualism – collectivism and Accountability in Intergroup Negotiations", *Journal of Applied Psychology*, 1999, 84 (5) .

Gelfand M. J. , Nishii L. H. , Raver J. L. , "On the Nature and Importance of Cultural Tightness – looseness", *Journal of Applied Psychology*, 2006, 91.

Gelfand, M. J. , Raver, J. L. , Nishii, L. , Leslie, L. M. , Lun, J. , Lim, B. C. , Yamaguchi, S. , "Differences between Tight and Loose Cultures: A 33 – Nation Study", *Science*, 2011, 332 (6033) .

Georgesen, J. C. , & Harris, M. J. , "Why's My Bossalways Holding Me Down? A Meta – analysis of Power Effects on Performance Evaluations", *Personality and Social Psychological Review*, 1998, 2.

Gerstenberg, F. X. , Imhoff, R. , & Schmitt, M. , " 'Women are Bad at Math, but I'm not, am I?' Fragile Mathematical Self – concept Predicts Vulnerability to a Stereotype Threat Effect on Mathematical Performance", *European Journal of Personality*, 2012, 26 (6) .

Geschwind, N. , Peeters, F. Drukker, M. , et al. , "Mindfulness Training Increases Momentary Positive Emotions and Reward Experience in Adults Vulnerable to Depression: a Randomized Controlled Trial", *Journal of Consul Clinical Psychology*, 2011, 79 (5) .

Giambra, L. M. , Camp, C. J. , & Grodsky, A. , "Curiosity and Stimulation Seeking across the Adult Life Span: Cross – section and 6 – to – 8 year Longitudinal Findings", *Psychology and Aging*, 1992, 7 (1) .

Gibbons F. X. , Benow C. P. , Gerrard M. , "From Top Dog to Bottom Half: Social Comparison Strategies in Response to Poor Performance", *Journal of Personality and Socialpsychology*, 1994, 67 (4) .

Gibbons F. X. , Blanton H. , "Does Social Comparison Make Adifference? Optimism as a Moderator of the Relation between Comparison Level and Academic Performance ", *Personality & Social Psychology Bulletin*, 2000, 26 (4).

Gibbons F. X. , Bergan M. R. , Blanton H. , et al. , "Comparison – Level Preferences After Performance: Is Downward Comparison Theory Still Useful?" *Journal of Personality Andsocial Psychology*, 2002, 83 (4).

Gibbons, F. X. , & Buunk, B. P. , "Individual Differences in Social Comparison: Development of a Scale of Social Comparison Orientation", *Journal of Personality and Social Psychology*, 1999, 76.

Giegling I. , Olgiati P. , Hartmann A. M. , et al. , "Personality and Attempted Suicide: Analysis of Anger, Aggression and Impulsivity", *Journal of Psychiatric Research*, 2009, 43 (16).

Gilbert, C. N. , &Ricketts, K. G. , "Children's Attitudes Toward Older Adults and Aging: A Synthesis of Research", *Educational Gerontology*, 2008, 34 (7).

Gilovich, T. , Medvec, V. H. , & Savitsky, K. , "The Spotlight Effect in Social Judgment: an Egocentric Bias in Estimates of the Salience of One's Own Actions and Appearance", *Journal of Personality and Social Psychology*, 2000, 78 (2).

Gino F. , Mogilner C. , "Time, Money, and Morality", *Psychological Science*, 2014, 25 (2).

Gino, F. , & Pierce, L. , "The Abundance Effect: Unethical Behavior in the Presence of Wealth", Organizational *Behavior and Human Decision Processes*, 2009, 109.

Gold, C. , Voracek, M. , & Wigram, T. , "Effects of Music Therapy for Children and Adolescents with Psychopathology: A Meta – analysis", *Journal of Child Psychology and Psychiatry*, 2004, 45 (6).

Goldberg, A. , Effects of a Self – Distancing Perspective on the Fundamental Attribution Error: An Attempt at De – Biasing (Bechelor Dissertation), University of Michigan, Michigan, 2011.

Gollwitzer, P. M. , " Implementation Intentions: Strong Effects of Simple

Plans", *American Psychologist*, 1999, 54 (7).

Goodwin, S. A., Gubin, A., Fiske, S. T., & Yzerbyt, V. Y., "Power Can Bias Impression Processes: Stereotyping Subordinates by Default and by Design", Group Processesand Intergroup Relations, 2000, 3.

Gordon, K. H., Bresin, K., Dombeck, J., Routledge, C., & Wonderlich, J. A., "The Impact of the 2009 Red River Flood on Interpersonal Risk Factors for Suicide", *Crisis*, 2011, 32 (1).

Graham, S., Taylor, A. Z., & Hudley, C., "Exploring Achievement Values among Ethnic Minority Early Adolescents", *Journal of Educational Psychology*, 1998, 90 (4).

Grant, A. M., & Wade – Benzoni, K. A., "The Hot and Cool of Death Awareness at Work: Mortality Cues, Aging, and Self – Protective and Prosocial Motivations", *Academy of Management Review*, 2009, 34.

Green, J. D., & Campbell, W. K., "Attachment and Exploration in Adults: Chronic and Contextual Accessibility", *Personality and Social Psychology Bulletin*, 2000, 26.

Greenfield, P. M., "The Changing Psychology of Culture from 1800 through 2000", *Psychological Science*, 2013, 24 (9).

Greguras, G. J., & Diefendorff, J. M., "Why Does Proactive Personality Predict Employee Life Satisfaction and Work Behaviors? A Field Investigation of the Mediating Role of the Self – concordance Model", *Personnel Psychology*, 2010, 63 (3).

Greyson, B., "Reduced Death Threat in Near – Death Experiences", *Death Studies*, 1992, 16.

Grimm, L. R., Markman, A. B., Maddox, W. T., & Baldwin, G. C., "Stereotype Threat Reinterpreted as a Regulatory Mismatch", *Journal of Personality and Social Psychology*, 2009, 96 (2).

Grossmann, I., & Kross, E., "Exploring Solomon's Paradox: Self – Distancing Eliminates the Self – Other Asymmetry in Wise Reasoning about Close Relationships in Younger and Older Adults", *Psychological Science*, 2014, 25 (8).

Grossmann, I. , & Kross, E. , "The Impact of Culture on Adaptive Versus Maladaptive Self – Reflection", *Psychological Science*, 2010, 21 (8) .

Grossmann, I. , & Varnum, M. E. W. , "Social Class, Culture, and Cognition", *Social Psychological and Personality Science*, 2010, 2 (1) .

Grouzet, F. M. E. , Kasser, T. , Ahuvia, A. , Fernandez – Dols, J. M. , Kim, Y. , Lau, S. , et al. , "The Structure of Goal Contents Across 15 Cultures", *Journal of Personality and Social Psychology*, 2005, 89.

Gruenfeld, D. H, Inesi, M. E. , Magee, J. C. , & Galinsky, A. D. , "Power and the Objectification of Social Targets", *Journal of Personality and Social Psychology*, 2008, 95.

Gu, D. , Huang, N. , Zhang, M. , & Wang, F. , "Under the Dome: Air Pollution, Wellbeing, and Pro – Environmental Behaviour among Beijing Residents", *Journal of Pacific Rim Psychology*, 2015, 9 (2) .

Guinote, A. , "Behaviour Variability and the Situated Focus Theory of Power", *European Review of Social Psychology*, 2007a, 18.

Guinote, A. , "Power and Affordances: When the Situation has More Power Over Powerful Than Powerless Individuals", *Journal of Personality and Social Psychology*, 2008, 95.

Gundel, H. , O' Connor, M. F. , Littrell, L. , Fort, C. , & R. D. Lane, "Functional Neuroanatomy of Grief: An FMRI Study", *The American Journal of Psychiatry*, 2003, 160.

Hafen, C. A. , Laursen, B. , Burk, W. J. , et al. , "Homophily in Stable and Unstable Adolescent Friendships: Similarity Breeds Constancy", *Personality and Individual Differences*, 2011, 51.

Hale C. , "Fear of Crime: A Review of the Literature", *International Review of Victimology*, 1996, 4 (2) .

Hall, J. A. , & Mast, M. S. , "Are Women Always More Interpersonally Sensitive Than Men? Impact of Goals and Content Domain", *Personality and Social Psychology Bulletin*, 2008, 34 (1) .

Han, C. , Li, P. , Warren, C. , Feng, T. , Litman, J. , & Li, H. , "Electrophysiological Evidence for the Importance of Interpersonal Curiosity",

Brain Research, 2013, 1500.

Haring, M. J. , Stock, W. A. & Okun, M. A. , "A Research Synthesis of Gender and Social Class as Correlates of Subjective Well – Being", *Human Relations*, 1984 (8).

Harris, L. A. & S. Dollinger, "Participation in a Course on Aging: Knowledge, Attitudes, and Anxiety about Aging in Oneself and Others", *Educational Gerontology*, 2001, 22 (6).

Harrison, S. H. , Sluss, D. M. , & Ashforth, B. E. , "Curiosity Adapted the Cat: The Role of Trait Curiosity in Mewcomer Adaptation", *Journal of Applied Psychology*, 2011, 96 (1).

Hart, A. J. , Whalen, P. J. , Shin, L. M. , McInerney, S. C. , Fischer, H. , & S. L. Rauch, "Differential Response in the Human Amygdala to Racial Outgroup vs Ingroup Face Stimuli", *Neuroreport*, 2000, 11.

Harton, H. C. , Bullock, M. , "Dynamic Social Impact: A Theory of the Origins and Evolution of Culture", *Social and Personality Psychology Compass*, 2007, 1 (1).

Hartung, F. M. , & Renner, B. , "Social Curiosity and Gossip: Related but Different Drives of Social Functioning", *PLOS ONE*, 2013, 8 (7).

Hartung, F. M. , & Renner, B. , "Social Curiosity and Interpersonal Perception: A Judge × Trait Interaction", *Personality and Social Psychology Bulletin*, 2011, 37 (6).

Hartung, F. M. , *Social Curiosity and its Functions* (*Unpublished Doctorial Disserta tion*). University Konstanz, Konstanz, 2010.

Havas, D. A. , Glenberg, A. M. , & Rinck, M. , "Emotion Simulation During Language Comprehension", *Psychonomic Bulletin & Review*, 2007, 14 (3).

Haxby, J. V. , Hoffman, E. A. , & M. I. Gobbini, "The Distributed Human Neural System for Face Perception", *Trends in Cognitive Science*, 2000, 4 (6).

Heider, E. , "The Psychology of Interpersonal Relations", *New York: Wiley*, 1958.

Heikkinen M. , Aro H. , Lönnqvist J. , "Recent Life Events, Social Support and Suicide", *Acta Psychiatrica Scandinavica*, 1994, 89 (s377) .

Heisel, M. J. , Duberstein, P. R. , Talbot, N. L. , King, D. A. , & Tu, X. M. , "Adapting Interpersonal Psychotherapy for Older Adults at Risk for Suicide: Preliminary Findings", *Professional Psychology: Research and Pratice*, 2009, 40 (2) .

Helen, C. , Batterham, P. J. , Andrea, S. , & Mackinnon, A. J. , "A Test of the Interpersonal Theory of Suicide in a Large Community – Based Cohort", *Journal of Affective Disorders*, 2013, 144 (3) .

Herz, R. S. , Beland, S. , & Schankler, C. , "Changing Odor Hedonic Perception Through Emotional Associations in Humans", *International Journal of Comparative Psychology*, 2004, 17 (4) .

Herz, R. S. , Schankler, C. , & Beland, S. , "Olfaction, Emotion and Associative Learning: Effects on Motivated Behavior", *Motivation and Emotion*, 2004, 28 (4) .

Higgins, E. T. , "Beyond Pleasure and Pain", *American Psychologist*, 1997, 52.

Hjelmeland, H. , "Cultural Research in Suicidology: Challenges and Opportunities", *Suicidology Online*, 2010, 1.

Ho, D. Y. F, "Interpersonal Relationships and Relationship Dominance: An Analysis Based on Methodological Relationism", *Asian Journal of Social Psychology*, 1998, 1 (1) .

Hofree, G. , & Winkielman, P. , "On (not) Knowing and Feeling What We Want and Like", In S. Vazire & T. D. Wilson (Eds.), *Handbook of Self – knowledge*, New York, NY: Guilford Press, 2012.

Hofstede G. , *Culture's Consequences*, Beverly Hills, CA: Sage, 1980.

Hogg, M. A. & Abrams, D. , *Social Identifications: A Social Psychology of Intergroup Relations and Group Processes*, London: Routledge, 1988.

Holmes, E. , & Mathews, A. , "Mental Imagery in Emotion and Emotional Disorders", *Clinical Psychology Review*, 2010, 30.

Hon, A. H. Y. , "Enhancing Employee Creativity in the Chinese Context: The

Mediating Role of Employee Self – concordance", *International Journal of Hospitality Management*, 2011, 30 (2).

Hong, Y. Y., Chao, M. M., Yang, Y. J., & Ronsner, J. L., "Building and Testing Theories: Experiences from Conducting Social Identity Research", *Acta Psychologica Sinical*, 2010, 42 (1).

Hong, Y. Y., Morris, M. W., Chiu, C. Y., & Benet – Martínez, V., "Multicultural Min ds: A Dynamic Constructivist Approach to Culture and Cognition", *American Psychologist*, 2000, 55 (7).

Hong, Y. Y., Yang, Y. J., & Chiu, C. Y., "What is Chinese about Chinese Psychology? Who are the Chinese in Chinese psychology", In M. H. Bond (Ed.), *The Oxford Handbook of Chinese Psychology*, New York: Oxford University Press, 2010.

Houser – Marko, L., & Sheldon, K. M., "Eyes on the Prize or Nose to the Grindstone? The Effects of Level of Evaluation on mood and Motivation", *Personality and Social Psychology Bulletin*, 2008, 34.

Hoyer, G., & Lund, E., "Suicide among Women Related to Number of Children in Marriage", *Archives of General Psychiatry*, 1993, 50.

Huang Z., Liu L., Zheng W., et al., "Walking the Straight and Narrow: The Moderating Effect of Evaluation Apprehension on the Relationship between Collectivism and Corruption", *PLOS ONE*, 2015, 10 (3).

Hui, V. K., & Fung, H. H., "Mortality Anxiety as a Function of Intrinsic Religiosity and Perceived Purpose in Life", *Death Studies*, 2009, 33.

Hunt, A. B., Self – Distancing Before an Acute Stressor Buffers against Maladaptive Psychological and Behavioral Consequences: Lmplications for Distancing Theory and Social Anxiety Treament (Doctoral Dissertation), University of Michigan, Michigan, 2013.

Ilmberger, J., Heuberger, E., Mahrhofer, C., Dessovic, H., Kowarik, D., & Buchbauer, G., "The Lnfluence of Essential Oils on Human Attention. I: Alertness", *Chemical Senses*, 2001, 26 (3).

Inglehart, R., *The Silent Revolution: Changing Values and Political Styles Among Western Publics*, New Jersey: Princeton University Press, 1977.

Ireland, J. L., & York, C., "Exploring Application of the Interpersonal – Psychological Theory of Suicidal Behaviour to Self – Injurious Behaviour among Women Prisoners: Proposing a New Model of Understanding", *Nternational Journal of Law and Psychiatry*, 2012, 35.

Jahn, D., Cukrowicz, K., Linton, K., & Prabhu, F., "The Mediating Effect of Perceived Burdensomeness on the Relation between Depressive Symptoms and Suicidal Ideation in a Community Sample of Older Adults", *Aging Mental Health*, 2011, 15.

Jamieson, J. P., & Harkins, S. G., "Evaluation is Necessary to Produce Stereotype Threat Performance Effects", *Social Influence*, 2010, 5 (2).

Jamieson, J. P., & Harkins, S. G., "The Effect of Stereotype Threat on the Solving of Quantitative GRE Problems: A Mere Effort Interpretation", *Personality and Social Psychology Bulletin*, 2009, 35 (10).

Jamieson, J. P., Nock, M. K., & Mendes, W. B, "Mind Over Matter: Reappraising Arousal Improves Cardiovascular and Cognitive Responses to Stress", *Journal of Experimental Psychology: General*, 2012, 141 (3).

Jensen, R. T., & Moran, D., "Introduction: Intersubjectivity and Empathy", *Phenomenology and the Cognitive Sciences*, 2012, 11.

Jetten, J., Branscombe, N. R., Schmitt, M. T., & Spears, R., "Rebels with a Cause: Group Identification as a Response to Perceived Discrimination from the Mainstream", *Personality and Social Psychology Bulletin*, 2001, 27 (9).

Ji, L. J., Peng, K. P. & Nisbett, R. E., "Culture, Control, and Perception of Relationships in the Environment", *Journal of Personality and Social Psychology*, 2000, 78 (5).

Jirout, J., & Klahr. D., "Children' s Scientific Curiosity: In Search of an Operational Definition of an Elusive Concept", *Developmental Review*, 2012, 32.

Joanisse, M., Gagnon, S., & Voloaca, M., "The Impact of Stereotype Threat on the Simulated driving Performance of Older Drivers", *Accident Analysis & Prevention*, 2013, 50.

Johnson, S. C. , Baxter, L. C. , Wilder, L. S. , Pipe, J. G. , Heiserman, J. E. , & G. P. Prigatano, "Neural Correlates of Self – Reflection", *Brain*, 2002, 125.

Johnson, S. C. , Schmitz, T. W. , Kawahara – Baccus, T. N. , Rowley, H. A. , Alexander, A. L. , Lee, J. , & R. J. Davidson, "The Cerebral Response during Subjective Choice with and without Self – Reference", *Journal of Cognitive Neuroscience*, 2005, 17.

Joiner, T. , Conwell, Y. , Fitzpatrick, K. , Witte, T. , Schmidt, N. B. , Berlim, M. , et al. , "Four Studies on How Past and Current Suicidality Relate Even When 'Everything but the Kitchen Sink' is Covaried", *Journal of Abnormal Psychology*, 2005, 114.

Joiner, T. E. , Jr. , Hollar, D. , & Van Orden, K. A. , "On Buckeyes, Gators, Super Bowl Sunday, and the Miracle on Ice: 'Pulling Together' is Associated with lower Suicide Rates", *Journal of Social and Clinical Psychology*, 2006, 25.

Joiner, T. E. , Van Orden, K. A. , Witte, T. K. , & Rudd, M. D. , *The Interpersonal Theory of Suicide: Guidance for Working with Suicidal Clients*, Washington, DC: American Psychological Association, 2009.

Joireman, J. , & Duell, B. , "Mother Teresa Versus Ebenezer Scrooge: Mortality Salience Leads Proselfs to Endorse Self – Transcendent Values (Unless Proselfs are Reassured)", *Personality and Social Psychology Bulletin*, 2005, 31.

Jokinen, J. , Forslund, K. , Ahnemark, E. , Gustavsson, J. Petter, N. P. , & Asberg, M. , "Karolinska Interpersonal Violence Scale Predicts Suicide in Suicide Attempters", *Journal of Clinical Psychiatry*, 2010, 71 (8).

Judge, J. A. , Bono, J. E. , Erez, A. , & Locke, E. A. , "Core Self – evaluations and Job and Life Satisfaction: The Role of Self – concordance and Goal Attainment", *Journal of Applied Psychology*, 2005, 90 (2).

Kahneman, et al. , "A Survey Method for Characterizing Daily life Experience: The Day Reconstruction Method", *Science*, 2004, 306 (5702).

Kalisch, R. , Wiech, K. , Critchley, H. D. , Seymour, B. , O' Doherty,

J. P. , Oakley, D. A. , Allen, P. , & R. J. Dolan, "Anxiety Reduction Through Detachment: Subjective, Physiological, and Neural Effects", *Journal of Cognitive Neuroscience*, 2005, 17.

Kang, M. J. , Hsu, M. , Krajbich, I. M. , Loewenstein, G. , McClure, S. M. , Wang, J. T. , & Camerer, C. F. , "The Wick in the Candle of Learning: Epistemic Curiosity Activates Reward Circuitry and Enhances Memory", *Psychological Science*, 2008, 20 (8).

Kang, S. K. , & Chasteen, A. L. , "The Moderating Role of Age – group Identification and Perceived Threat on Stereotype Threat among Older Adults", *The International Journal of Aging and Human Development*, 2009, 69 (3).

Kashdan, T. B. , & Roberts, J. E. , "Trait and State Curiosity in the Genesis of Intimacy: Differentiation from Related Constructs", *Journal of Social and Clinical Psychology*, 2004, 23 (6).

Kashdan, T. B. , Afram, A. , Brown, K. W. , Birnbeck, M. , & Drvoshanov, M. , "Curiosity Enhances the Role of Mindfulness in Reducing Defensive Responses to Existential threat", *Personality and Individual Differences*, 2011, 50 (8).

Kashdan, T. B. , DeWall, C. N. , Pond, R. S. , Jr, Silvia, P. J. , Lambert, N. M. , Fincham, F. D. , Keller, P. S. , "Curiosity Protects Against Interpersonal Aggression: Cross – sectional, Daily Process, and Behavior Evidence", *Journal of Personality*, 2013, 81 (1).

Kashdan, T. B. , McKnight, P. E. , Fincham, F. D. , & Rose, P. , "When Curiosity Breeds Intimacy: Taking Advantage of Intimacy Opportunities and Transforming Boring Conversations", *Journal of Personality*, 2011, 79 (6).

Kashdan, T. B. , Rose, P. , & Fincham, F. D. , "Curiosity and Exploration: Facilitating Positive Subjective Experiences and Personal Growth Opportunities", *Journal of Personality Assessment*, 2004, 82.

Kashdan, T. B. , Sherman, R. A. , Yarbro, J. , & Funder, D. C. , "How are Curious People Viewed and How Do They Behave in Social Situations?

From the Perspectives of Self, Friends, Parents, and Unacquainted Observers", *Journal of Personality*, 2013, 81 (2).

Kashima, Y., Yeung, V., W., "Serial Reproduction: An Experimental Simulation of Cultural Dynamics", *Acta Psychologica Sinica*, 2010, 42 (1).

Kashima, Y., "A Social Psychology of Cultural Dynamics: Examining How Cultures are Formed, Maintained, and Transformed", *Social and Personality Psychology Compass*, 2008, 2 (1).

Kasser, T. & Ryan, R. M., "A Dark Side of the American Dream: Correlates of Financial Success as a Central Life Aspiration", *Journal of Personality and Social Psychology*, 1993 (2).

Kasser, T., & Sheldon, K. M., "Time Affluence as a Path Toward Personal Happiness and Ethical Business Practice: Empirical Evidence from Four Studies", *Journal of Business Ethics*, 2009, 84.

Kasser, T., Cohn, S., Kanner, A. D., & Ryan, R. M., "Some Costs of American Corporate Capitalism: A Psychological Exploration of Value and Goal Conflicts", *Psychological Inquiry*, 2007, 18 (1).

Kathy, A. R., Meredith, L. S., LaRicka, R. W., Collin, L. D., & DeMond, M. G., "Can Perceived Burdensomeness Explain the Relationship between Suicide and Perfectionism?" *Suicide and Life – Threatening Behavior*, 2012, 42 (2).

Katzir, M., & Eyal, T., "When Stepping outside the Self is not Enough: A Self – Distanced Perspective Reduces the Experience of Basic But not of Self – Conscious Emotions", *Journal of Experimental Social Psychology*, 2013, 49 (6).

Katzir, M., Eyal, T., Meiran, N., & Kessler, Y., "Imagined Positive Emotions and Inhibitory Control: The Differentiated Effect of Pride Versus Happiness", *Journal of Experimental Psychology: Learning, Memory, and Cognition*, 2010, 36 (5).

Kavetsos, G., Koutroumpis, P., "Technological Affluence and Subjective Well – being", *Journal of Economic Psychology*, 2011, 32 (5).

Kay, A. C. , Wheeler, S. C. , Bargh, J. A. , & Ross, L. , "Material Priming: The Influence of Mundane Physical Objects on Situational Construal and Competitive Behavioral Choice", *Organizational Behavior and Human Decision Processes*, 2004, 95.

Kelter D. , Gruenfeld P. H. , Anderson C. , "Power, Approach, and Inhibition ", *Psychological Review*, 2003, 110.

Kenny, L. M. , & Bryant, R. A. , "Keeping Memories at an Arm's Length: Vantage Point of Trauma Memories", *Behaviour Research and Therapy*, 2007, 45 (8).

Kenny, L. M. , Bryant, R. A. , Silove, D. , Creamer, M. , O'Donnell, M. , & McFarlane, A. C. , "Distant Memories: A Prospective Study of Vantage Point of Trauma Memories", *Psychological Science*, 2009, 20 (9).

Kesebir, P. , "A Auiet Auiets Death Anxiety: Humility as an Existential Enxiety Buffer", *Journal of Personality and Social Psychology*, 2014, 106.

Keyes, C. L. M. , "Social Well – being", *Social Psychology Quarterly*, 1998, 61 (2).

Kiesner, J. , Poulin, F. , Nicotra, E. , "Peer Relations Across Contexts: Individual – network Homophily and Network Inclusion in and after School", *Child Development*, 2003, 74.

Kim, P. H. , Pinkley, R. L. , & Fragale, A. R. , "Powerdynamics in Negotiation", *Academy of Management Review*, 2005, 30.

Kim – Prieto C. Diener (Ed.), Tamir M. , "Integrating the Diverse Definitions of Happiness: A Time – sequential Framework of Subjective Well – being", *Journal of Happiness Studies*, 2005, 6.

Kingery, J. N. , Erdley, C. A. , Marshall, K. C. , "Peer Acceptance and Friendship as Predictors of Early Adolescents' Adjustment Across the Middle School Transition", *Merrill – Palmer Quarterly*, 2011, 57 (3).

Kitayama, S. , & Uchida, Y. , "Explicit Self – criticism and Implicit Self – regard: Evaluating Self and Friend in Two Cultures", *Journal of Experimental Social Psychology*, 2003, 39 (5).

Klein, S. B. , "Self, Memory, and the Self – Reference Effect: An Examination of Conceptual and Methodological Issues", *Personality and Social Psychology Review*, 2012, 16 (3) .

Klug, L., & Boss, M., "Further Study of the Validity of the Death Concern Scale", *Psychological Reports*, 1977, 40.

Knutson, K. M., Wood, J. N., Spampinato, M. V., & J. Grafman, "Politics on the Brain: An fMRI Investigation", *Social Neuroscience*, 2006, 1.

Koelsch, S., "Towards a Neural Basis of Music – evoked Emotions", *Trends in Cognitive Sciences*, 2010, 14 (3) .

Koestner, R., Otis, N., Powers, T., Pelletier, L., & Gagnon, H., "Autonomous Motivation, Controlled Motivation and Goal Progress", *Journal of Personality*, 2008, 76 (5) .

Konecni, V. J., "Does Music Induce Emotion? A Theoretical and Methodological Analysis", *Psychology of Aesthetics, Creativity, and the Arts*, 2008, 2 (2) .

Kosoloff, S., & Greenberg, J., "Pearls in the Desert: Death Reminders Provoke Immediate Derogation of Extrinsic Goals, But Delayed Inflation", *Journal of Experimental Social Psychology*, 2009, 45.

Kosslyn, S. M., & Koenig, O., *Wet Mind: The New Cognitive Neuroscience*, New York: Macmillan, 1992.

Kousta, S. T., Vigliocco, G., Vinson, D. P., Andrews, M., and Del Campo, E., "The Representation of Abstract Words: Why Emotion Matters", *Journal of Experimental Psychology*: General, 2011, 140 (1) .

Krebs, D. L. & Van Hesteren, F., "The Development of Altruism: Toward an Integrative Model", *Developmental Review*, 1994 (2) .

Kross, E., & Ayduk, O., "Boundary Conditions and Buffering Effects: Does Depressive Symptomology Moderate the Effectiveness of Distanced – Analysis for Facilitating Adaptive Self – Reflection?" *Journal of Research in Personality*, 2009, 43 (5) .

Kross, E., & Ayduk, O., "Making Meaning out of Negative Experiences by self – Distancing", *Current Directions in Psychological Science*, 2011, 20 (3) .

Kross, E. , & Grossmann, I. , "Boosting Wisdom: Distance from the Self Enhances Wise Reasoning, Attitudes, and Behavior", *Journal of Experimental Psychology: General*, 2012, 141 (1) .

Kross, E. , Ayduk, O. , & Mischel, W. , "When Asking 'Why' Does not Hurt: Distinguishing Rumination from Reflective Processing of Negative Emotions", *Psychological Science*, 2005, 16 (9) .

Kross, E. , Davidson, M. , Weber, J. , & Ochsner, K. , "Coping with Emotions Past: The Neural Bases of Regulating Affect Associated with Negative Autobiographical Memories", *Biological Psychiatry*, 2009, 65 (5) .

Kross, E. , Duckworth, A. , Ayduk, O. , Tsukayama, E. , & Mischel, W. , "The Effect of Self – distancing on Adaptive Versus Maladaptive Self – reflection in Children", *Emotion*, 2011, 11 (5) .

Kross, E. , Gard, D. , Deldin, P. , Clifton, J. , & Ayduk, O. , " 'Asking Why' from a Distance: Its Cognitive and Emotional Consequences for People with Major Depressive Disorder", *Journal of Abnormal Psychology*, 2012, 121 (3) .

Kross, E. , "When the Self Becomes Other: Toward an Integrative Understanding of the Processes Distinguishing Adaptive Self – Reflection From Rumination", *Annals of the New York Academy of Sciences*, 2009, 1167.

Krumhansl, C. L. , "An Exploratory Study of Musical Emotions and Psychophysiology", *Canadian Journal of Experimental Psychology*, 1997, 51 (4) .

Kubler – Ross, E. , *On Death and Dying*, New York: Scribner Classics, 1997.

Kuhl, J. , & Kazen, M. , "Motivation, Affect, and Hemispheric Asymmetry: Power Versus Affiliation", *Journal of Personality and Social Psychology*, 2008, 95.

Kuyken, Willem, & Howell, Rachael, "Facets of Autobiographical Memory in Adolescents With Major Depressive Disorder and Never – Depressed Controls", *Cognition & Emotion*, 2006, 20 (3 –4) .

Kuyken, W. , & Moulds, M. L. , "Remembering as an Observer: How is Autobiographical Memory Retrieval Vantage Perspective Linked to Depres-

sion?" Memory, 2009, 17 (6).

Kwong See, S. T. and E. Nicoladis, "Impact of Contact on the Development of Children's Positive Stereotyping about Aging Language Competence", *Educational Gerontology*, 2010, 36.

Laidlaw, K., D. H. Wang and C. Coelho, et al., "Attitudes to Ageing and Expectations for Filial Piety Across Chinese and British Cultures: A Pilot Exploratory Evaluation", *Aging & Mental Health*, 2010, 14.

Lambert, A. L., Eadeh, F. R., Scherer, L. D., Schott, J. P., & Slochower, J. M., "Toward a Greater Understanding of the Emotional Dynamics of the Mortality Salience Manipulation: Revisiting the 'Affect – Free' Claim of Terror Management Research", *Journal of Personality and Social Psychology*, 2014, 106.

Lamm, C., Batson, C. D., & Decety, J., "The Neural Substrates of Human Empathy: Effects of Perspective – Taking and Cognitive Appraisal", *Journal of Cognitive Neurosceince*, 2007, 19.

Lammers, J., Galinsky, A. D., Gordijn, E. H., & Otten, S., "Legitimacy Moderates the Effect of Power on Approach", *Psychological Science*, 2008, 19.

Lang, P. J., "Emotion and Motivation: Toward Consensus Definitions and a Common Research Purpose", *Eotion Review*, 2010, 2 (3).

Latané, B., "Dynamic Social Impact: The Creation of Culture by Communication", *Journal of Communication*, 1996, 46.

Lau, R. W. L., & Cheng, S., "Gratitude Lessens Death Anxiety", *European Journal of Ageing*, 2011, 8.

Lawrence, J. S., Marks, B. T., & Jackson, J. S., "Domain Identification Predicts Black Students' Underperformance on Moderately – difficult Tests", *Motivation and Emotion*, 2010, 34 (2).

Lehman, D., Chiu, C. Y., & Schaller, M. "Psychology and Culture", *Annual Review of Psychology*, 2004, 55.

Leibenluft, E., Gobbini, M. I., Harrison, T., & Haxby, J. V., "Mothers' Neural Activation in Response to Pictures of Their Children and other Children",

Biological Psychiatry, 2004, 56.

Lerner J. S. , Tetlock P. E. , "Accounting for the Effects of Accountability", *Psychological Bulletin*, 1999, 125.

Leung, K. & Bond, M. H. , "Social Axioms: A Model for Social Beliefs in Multicultural Perspective", In M. P. Zanna (Ed.), *Advances in Experimental Social Psychology* (Vol. 36) . San Diego, CA: Elsevier Academic Press, 2004.

Leung, K. , Bond, M. H. , de Carrasquel, S. R. , Muñoz, C. , Hernández, M. , Murakami, F. , & Singelis, T. M. , "Social Axioms The Search for Universal Dimensions of General Beliefs about How the World Functions", *Journal of Cross - Cultural Psychology*, 2002, 33 (3) .

Leung, K. , "Asian Social Psychology: Achievements, Threats, and Opportunities", *Asian Journal of Social Psychology*, 2007, 10 (1) .

Lewis J. D. , Weigert A. , "Trust as a Social Reality", *Social Forces*, 1985, 63 (4) .

Li S. , Triandis H. C. , Yu Y. , "Cultural Orientation and Corruption", *Ethics & Behavior*, 2006, 16 (3) .

Lieberman, M. D, "Social Cognitive Neuroscience: Areview of Core of Processes", *Annual Review of Psychology*, 2007, 58.

Lieberman, M. D. , & Eisenberger, N. I, "Pains and Pleasures of Social Life", *Science*, 2009, 323.

Lindfors, P. , Hultell, D. , Rudman, A. , Gustavsson, J. P. , "Change and Stability in Subjective Well - being Over the Transition from Higher Education to Employment", *Personality and Individual Differences*, 2014, 70.

Linehan M. M. , Goodstein J. L. , Nielsen S. L. , et al. , "Reasons for Staying Alive When You are Thinking of Killing Yourself: The Reasons for Living Inventory", *Journal of Consulting and Clinical Psychology*, 1983, 51 (2) .

Lipko, A. R. , Dunlosky, J. , & Merriman, W. E. , "Persistent Overconfidence Despite Practice: The Role of task Experience in Preschoolers' recall Predictions", *Journal of Experimental Child Psychology*, 2009, 103 (2) .

Litman, J. A. , & Jimerson, T. L. , "The Measurement of Curiosity as a Feeling of Deprivation", *Journal of Personality Assessment*, 2004, 82.

Litman, J. A., & Pezzo, M. V., "Dimensionality of Interpersonal Curiosity", *Personality and Individual Differences*, 2007, 43.

Litman, J. A., & Pezzo, M. V., "Individual Differences in Attitudes towards Gossip", *Personality and Individual Differences*, 2005, 38.

Litman, J. A., & Spielberger, C. D., "Measuring Epistemic Curiosity and its Diversive and Specific Components," *Journal of Personality Assessment*, 2003, 80 (1).

Litman, J. A., Collins, R. P., & Spielberger, C. D., "The Nature and Measurement of Sensory Curiosity", *Personality and Individual Differences*, 2005, 39.

Litman, J. A., "Curiosity and the Pleasures of Learning: Wanting and Liking New Information", *Cognitive and Emotion*, 2005, 19 (6).

Liu, J., Smeesters, D., & Vohs, K. D., "Reminders of Money Elicit Feelings of Threat and Reactance in Response to Social Influence", *Journal of Consumer Research*, 2014, 41 (1).

Liu, J., Vohs, K. D., & Smeesters, D., "Money and Mimicry: When Being Mimicked Makes People Feel Threatened", *Psychological Science*, 2011, 22 (9).

Liu, W., & Aaker, J., "Do you Look to the Future or Focus on Today? The Impact of Life Experience on Intertemporal Decisions", *Organizational Behavior and Human Decision Processes*, 2007, 102.

Liu, W., & Aaker, J., "The Happiness of Giving: The Time – ask effect", *Journal of Consumer Research*, 2008, 35.

Lockwood P., Kunda Z., "Increasing the Salience of Ones Best Selves Can Undermine Inspiration by Outstanding role Models", *Journal of Personality and Social Psychology*, 1999, 76 (1).

Lockwood P., Kunda Z., "Superstars and me: Predicting The Impact of Role Models on the Self", *Journal of Personality and Social Psychology*, 1997, 73 (1).

Lockwood P., "Could it Happen to You? the Impact of Downward Comparison on the Self", *Journal of Personality and Social Psychology*, 2002, 82 (3) .

Loewenstein, G. , Read, D. , & Baumeister, R. F. (Eds.), *Time and Decision: Economic and Psychological Perspectives of Intertemporal Choice*, Russell Sage Foundation, 2003.

Loewenstein, G. , "The Psychology of Curiosity: A Review and Reinterpretation", *Psychological Bulletin*, 1994, 116 (1) .

Lykins, E. L. B. , Segerstrom, S. C. , Averill, A. J. , Evans, D. R. , & Kemeny, M. E. , "Goal Shifts Following Reminders of Mortality: Reconciling Posttraumatic Growth and Terror Management Theory", *Personality and Social Psychology Bulletin*, 2007, 33.

Lyons, A. , Kashima, Y. , "How are Stereotypes Maintained Through Communication? The Influence of Stereotype Sharedness", *Journal of Personality and Social Psychology*, 2003, 85 (6) .

Lyubomirsky S. , Ross L. , "Hedonic Consequences of Social Comparison: A Contrast of Happy and Unhappy People", *Journal of Personality and Social Psychology*, 1997, 73 (6) .

MacDonald, A. W. , Cohen, J. D. , Stenger, V. A. , & C. S. Carter, "Dissociating the Role of the Dorsolateral Prefrontal and Anterior Cingulate Cortex in Cognitive Control", *Science*, 2000, 288.

Madden, D. , "The Impact of an Economic Boom on the Level and Distribution of Subjective Well - Being: Ireland, 1994 - 2001", *Journal of Happiness Studies*, 2011, 12 (4) .

Magee, J. C. , Galinsky, A. D. , & Gruenfeld, D. H. , "Power, Propensity to Negotiate, and Moving First Incompetitive Interactions", *Personality and Social Psychology Bulletin*, 2007, 33.

Malle, B. F. , "The Actor - observer Asymmetry in Attribution: A (Surprising) Meta - analysis", *Psychological Bulletin*, 2006, 132 (6) .

Malone K. M. , Oquendo M. A. , Haas G. L. , et al. , "Protective Factors Against Suicidal Acts in Major Depression: Reasons for Living", *American Journal of Psychiatry*, 2000, 157 (7) .

Mann J. J. , Waternaux C. , Haas G. L. , et al. , "Toward a Clinical Model of Suicidal Behavior in Psychiatric Patients", *American Journal of Psychiatry*, 1999, 156 (2).

Mann J. J. , "A Current Perspective of Suicide and Attempted Suicide", *Annals of Internal Medicine*, 2002, 136 (4).

Marsh H. W. , Hau K. T. , "Big – Fish – Little – Pond Effect on Academic Self – concept", *American Psychologist*, 2003, 58 (5).

Martens, A. , Goldenberg, J. L. , & Greenberg, J. , "A Terror Management Perspective on Ageism", *Journal of Social Issue*, 2005, 61.

Martin, L. L. , & van den Bos, K. , "Towards a Paradigm Shift in the Study of Threat and Culture", *European Review of Social Psychology*, 2014, 25.

Maxfield, M. , Pyszczynski, T. , Kluck, B. , Cox, C. R. , Greenberg, J. , Solomon, S. & Weise, D. , "Age – related Differences in Responses to Rhoughts of One's Own Death: Mortality Salience and Judgments of Moral Transgressions", *Psychology and Aging*, 2007, 22.

McAdams, D. P. , & de St. Aubin, E. , *Generativity and Adult Development: How and Why We Aare for the Next Generation*, Washington, DC: American Psychological Association, 1998.

McAdams, D. P. , & de St. Aubin, E. , "A Theory of Generativity and Its Assessment Through Self – Report, Behavioral Acts, and Narrative Themes in Autobiography", *Journal of Personality and Social Psychology*, 1992, 62.

McAdams, D. P. , & Olson, B. D. , "Personality Development: Continuity and Change Over the Life Course", *Annual Review of Psychology*, 2010, 61.

McClelland, D. C. , *The Achieving Society*, New York: Free Press, 1961.

McClure, S. M. , Li, J. , Tomlin, D. , Cypert, K. S. , Montague, L. M. , & P. R. Montague, "Neural Correlates of Behavioral Preference for Culturally Familiar Drinks", *Neuron*, 2004, 44.

McFarland C. , Buehler R. , Mackay L. , "Affective Responses Tosocial Comparisons with Extremely Close Others", *Socialcognition*, 2001, 19 (5).

Mcguinn, K. K. & P. M. Mosher – Ashley, "Children's Fears about Personal

Aging", *Educational Gerontology*, 2002, 28.

Mcguire, S. L., Klein, D. A., & Couper, D., "Aging Education: National Imperative", *Educational Gerontology*, 2005, 31.

Mcintosh, D. N., Reichman – Decker, A., Winkielamn, P., & Wilbarger, J. L., "When the Social Mirror Breaks: Deficits in Automatic, but not Voluntary Mimicry of Emotional Facial Expressions in Autism", *Developmental Science*, 2006, 9.

McPherson, C. J., Wilson, K. G., & Murray, M. A., "Feeling Like a Burden: Exploring the Perspectives of Patients at the End of Life", *Social Science & Medicine*, 2007, 64.

Mennella, J. A., & Beauchamp, G. K, "Understanding the Origin of Flavor Preferences", *Chemical Senses*, 2005, 30 (1).

Menon, V., & Levitin, D. J., "The Rewards of Music Listening: Response and Physiological Connectivity of the Mesolimbic System", *NeuroImage*, 2005, 28 (1).

Merkx, P., Truong, K., & Neerincx, M., "Inducing and Measuring Emotion through A Multiplayer First – person Shooter Computer Game", *Computer Games Workshop*, 2007.

Metcalfe, J., & Mischel, W., "A Hot/Cool – System Analysis of Delay of Gratification: Dynamics of Willpower", *Psychological Review*, 1999, 106 (1).

Mia, R., Tatja, H., & Jussi, J., "Family History of Suicide and Exposure to Interpersonal Violence in Childhood Predict Suicide in Male Suicide Attempters", *Journal of Affective Disorders*, 2012, 148.

Michelson, G., Van Iterson, A., & Waddington, K., "Gossip in Organizations: Contexts, Consequences, and Controversies", *Group & Organization Management*, 2010, 35 (4).

Michl, L. C., McLaughlin, K. A., Shepherd, K., & Nolen – Hoeksema, S., "Rumination as a Mechanism Linking Stressful Life Events to Symptoms of Depression and Anxiety: Longitudinal Evidence in Aarly Adolescents and Adults", *Journal of Abnormal Psychology*, 2013, 122 (2).

Milgram, S., "Behavioral study of Obedience", *The Journal of Abnormal and Social Psychology*, 1963, 67 (4).

Miller, G. E., Chen, E., Fok, A. K., Walker, H. A., Lim, A., Nicholls, E. F., et al., "Low Early – Life Social Class Leaves a Biological Residuemanifested by Decreased Glucocorticoid and Increased *Proinflammatorysignaling*", Proceedings of the National Academy of Sciences of the United States of America, 2009, 106.

Millot, J., & Brand, G., "Effects of Pleasant and Unpleasant Ambient Odors on Human Voice Pitch", *Neuroscience Letters*, 2001, 297 (1).

Milyavskaya, M., Nadolny, D., & Koestner, R., "Where do Self – concordant Goals Come From? The Role of Domain – specific Psychological Need Satisfaction", *Personality and Social Psychology Bulletin*, 2014, 40 (6).

Minagawa – Kawai, Y., Matsuoka, S., Dan, I., Naoi, N., Nakamura, K., & Kojima, S, "Prefrontal Activation Associated with Social Attachment: Facial – emotion Recognition in Mothers and Infants", *Cerebral Cortex*, 2009, 19 (2).

Minasian, M. T., Self – distancing and Cognitive – behavioral Therapy Homework Excersices: A Longtitudinal Study Examining the Completion of Daily Worry Logs in the Third Person (Bachelor Dissertation), University of Michigan, Michigan, 2012.

Mischkowski, Dominik, Kross, Ethan, & Bushman, Brad J., "Flies on the Wall are Less Aggressive: Self – distancing 'in the Heat of the Moment' Reduces Aggressive Thoughts, Angry Feelings and Aggressive Behavior", *Journal of Experimental Social Psychology*, 2012, 48 (5).

Mistry, R. S., Biesanz, J. C., Taylor, L. C., Burchinal, M., & Cox, M. J., "Family Income and its Relation to Preschool Children's Adjustment for Families in the Nichd Study of Early Child Care", *Developmental Psychology*, 2004, 40.

Mitchell, J. P., Banaji, M. R., & C. N. Macrae, "The Link between Social Cognition and Self Referential thought in the Medial Prefrontal Cortex", *Journal of Cognitive Neuroscience*, 2005, 17.

Mo, P. K. H. , Coulson, N. S. , "Empowering Processes in Online Support Groups among People Living with HIV/AIDS: A Comparative Analysis of 'Lurkers' and 'Posters'", *Computers in Human Behavior*, 2010, 26.

Mogilner, C. , & Aaker, J. , "The Time vs. Money Effect: Shifting Product Attitudes and Decisions Through Personal Connection", *Journal of Consumer Research*, 2009, 36.

Mogilner, C. , "The Pursuit of Happiness: Time, Money and Social Connection", *Psychological Science*, 2010, 21.

Morris, M. W. , Chiu, C. Y. , & Liu, Z. , "Polycultural Psychology", *Annual Review of Psychology*, 2015, 66.

Morrison, M. , Tay, L. & Diener, E. D. , "Subjective Well-being and National Satisfaction: Findings from a Worldwide Survey", *Psychological Science*, 2011, 22 (2) .

Moscovici, S. , "Society and Theory in Social Psychology", In J. Israel and H. Tajfel (Eds.), *The Context of Social Psychology: A Critical Assessment*, London: Academic Press, 1972.

Mounts, N. S. , Valentiner, D. P. , Anderson, K. L. , et al. , "Shyness, Sociability, and Parental Support for the College Transition: Relation to Adolescents' Adjustment", *Journal of Youth and Adolescence*, 2006, 35 (1) .

Mrazek, M. D. , Chin, J. M. , Schmader, T. , Hartson, K. A. , Smallwood, J. , & Schooler, J. W. , "Threatened to Distraction: Mind-wandering as a Consequence of Stereotype Threat", *Journal of Experimental Social Psychology*, 2011, 47 (6) .

Murnen S. K. , Smolak L. , Mills J. A. , Good L. , "Thin, Sexy Women and Strong, Muscular men: Grade-School Children's Responses to Objectified Images of Women and Men", *Sex Roles*, 2003, 49.

Mussneiler T. , "Comparison Processes in Social Judgment: Nechanism and Consequences", *Psychological Review*, 2003, 110 (3) .

Mussweiler T. , Ruter K. , Epstude K. , "The Ups and Downs of Social Comparison: Mechanisms of Assimilation and Contrast", *Journal of Personality and Social Psychology*, 2004, 87 (6) .

Mussweiler T. , Strack F. , "The 'Relative Self': Informational and Judgmental Consequences of Comparative Self – evaluation", *Journal of Personality and Social Psychology*, 2000, 79 (1).

Nguyen, H. H. D. , & Ryan, A. M. , "Does Stereotype Threat Affect Test Performance of Minorities and Women? A Meta – analysis of Experimental Evidence", *Journal of Applied Psychology*, 2008, 93 (6).

Nickerson, A. B. , & Slater, E. D. , "School and Community Violence and Victimization as Predictors of Adolescent Suicidal Behavior", *School Psychology Review*, 2009, 38.

Niedenthal, P. M. , "Embodying Emotion", *Science*, 2007, 316 (5827).

Niemiec, C. P. , Brown, K. W. , Kashdan, T. B. , Cozzolino, P. J. , Breen, W. E. , Levesque – Bristol, C. , & Ryan, R. M. , "Being Present in the Face of Existential Threat: The Role of Trait Mindfulness in Reducing Defensive Responses to Mortality Salience", *Journal of Personality and Social Psychology*, 2010, 99.

Nisbett, R. E. , Peng, K. , Choi, I. , & Norenzayan, A. , "Culture and Systems of Thought: Holistic Versus Analytic Cognition", *Psychological Review*, 2001, 108 (2).

Nisbett, R. E. , *The Geography of Thought: How Asians and Westerners Think Differently and Why*, New York: The Free Press, 2003.

Nix, G. A. , Ryan, R. M. , Manly, J. B. , & Deci, E. L. , "Revitalization through Self – regulation: The Effects of Autonomous and Controlled Motivation on Happiness and Vitality", *Journal of Experimental Social Psychology*, 1999, 35 (3).

Noble, K. G. , Norman, M. F. , Farah, M. J. , "Neurocognitive Correlates of Socioeconomic Status in Kindergarten Children", *Developmental Science*, 2005, 8.

Nock, M. , Guilherme, B. , Bromet, E. , Cha, C. , Kessler, R. , & Lee, S. , "Suicide and Suicidal Behavior", *Epidemiologic Reviews*, 2008, 30.

Nolen – Hoeksema, Susan, Wisco, Blair E. , & Lyubomirsky, Sonja, "Rethinking Rumination", *Perspectives on Psychological Science*, 2008, 3

(5) .

Nowak, A. , Szamrej, J. , Latané, B. , "From Private Attitude to Public O-pinion: A Dynamic Theory of Social Impact", *Psychological Review*, 1990, 97 (3) .

Oberman, L. M. , Winkielamn, P. , & Ramachandran, V. S. , "Face to Face: Blocking Facial Mimicry can Selectively Impair Recognition of Emo-tional Expressions", *Social Neuroscience*, 2007, 2.

Ochsner, K. N. , & Lieberman, M. D. "The Emergence of Social Cognitive Neuroscience", *American Psychologist*, 2001, 56 (9) .

Oishi, S. & Kesebir, S. , "Income Inequality Explains Why Economic Growth Does Not Always Translate to an Increase in Happiness", *Psychological Sci-ence*, 2015, 26 (10) .

Oishi, S. , & Schimmack, U. , "Residential Mobility, Well – being, and Mortality", *Journal of Personality and Social Psychology*, 2010, 98 (6) .

Oishi, S. , et al. , "The Socioecological Model of Procommunity Action: The Benefits of Residential Stability", *Journal of Personality and Social Psychol-ogy*, 2007, 93 (5) .

Oishi, S. , Kesebir, S. , "Optimal Social Network Strategy is a Function of Socio – Economic Conditions", *Psychological Science*, in Press.

Oishi, S. , "The Psychology of Residential Mobility Implications for the Self, Social Relationships, and Well – being", *Perspectives on Psychological Sci-ence*, 2010, 5 (1) .

Orbach, I. , Mikulincer, M. , King, R. , Cohen, D. , & Stein, D. , "Thresholds and Tolerance of Physical Pain in Suicidal and Nonsuicidal Ado-lescents", *Journal of Consulting and Clinical Psychology*, 1997, 65 (4) .

Ordach, I. , Stein, D. , Palgi, Y. , Asherov, J. , HarEven, D. , & Eli-zur, A. , "Perception of Physical Pain in Accident and Sucide Attempt Pa-tients: Self – Preservation Versus Self – Destruction", *Journal of Psyciatric Research*, 1996, 30.

Ortigue, S. , Bianchi – Demicheli, F. , Hamilton, A. F. de C. , & Grafton, S. T, "The Neural Basis of Love as a Subliminal Prime: An Event – related

Functional Magnetic Resonance Imaging Study", *Journal of Cognitive Neuroscience*, 2007, 19.

Overbeck J. R., Park B., "When Power Does Not Corrupt: Superior Individuation Processes Among Powerful Perceivers", *Journal of Personality and Social Psychology*, 2001, 81 (4).

Overbeck J. R., Park B., "Powerful Perceivers, Powerless Objects: Flexibility of Power Holders' Social Attention", *Organizational Behavior and Human Decision Processes*, 2006, 99.

O'Brien, L. T., & Crandall, C. S., "Stereotype Threat and Arousal: Effects on Women's Math Performance", *Personality and Social Psychology Bulletin*, 2003, 29 (6).

O'Connor R. C., Nock M. K., "The Psychology of Suicidal Behaviour", *The Lancet Psychiatry*, 2014, 1 (1).

O'Connor R. C., "The Relations between Perfectionism and Suicidality: A Systematic Review", *Suicide and Life - Threatening Behavior*, 2007, 37 (6).

O'Connor R. C., "Towards an Integrated Motivational - Volitional Model of Suicidal Behaviour", O'Connor R. C., Platt S., Gordon J., *International Handbook of Suicide Prevention: Research, Policy and Practice*, Chichester: John Wiley and Sons, 2011.

O'Connor, M. - F., Wellisch, D. K., Stanton, A. L., Eisenberger, N. I., Irwin, M. R., & Lieberman, M. D, "Craving love? Enduring Grief Activates Brain's Reward Center", *NeuroImage*, 2008, 42.

O'Hanlon, A. M., & Brookover, B. C., "Assessing Changes in Attitudes about Aging: Personal Reflections and a Standardized Measure", *Educational Gerontology*, 2002, 28 (8).

Pankratova, A., & Zyryanova, N., "The Relationship of Emotion Intelligence with Intelligence and Personality", *Personality and Individual Differences*, 2014, 60, S75.

Park, J., Ayduk, O., O'Donnell, L., Chun, J., Gruber, J., Kamali, M., et al., "Regulating the High: Cognitive and Neural Processes Underlying Positive Emotion Regulation in Bipolar I Disorder", *Clinical Psycho-logical Science*, 2014, 2 (6).

Parker, J. G., Asher, S. R., "Friendship and Friendship Quality in Middle Childhood: Links with Peer Group Acceptance and Feelings of Loneliness and Social Dissatisfaction", *Developmental Psychology*, 1993, 39.

Parker, S. K., Bindl, U. K., & Strauss, K., "Making Things Happen: A Model of Proactive Motivation", *Journal of Management*, 2010, 36.

Pavawalla, S. P., Salazar, R., Cimino, C., Belanger, H. G., & Vander-ploeg, R. D., "An Exploration of Diagnosis Threat and Group Identification Following Concussion Injury", *Journal of the International Neuropsychological Society*, 2013, 19 (3).

Pelham B. W., Wachsmuth J. O., "The Waxing and Waning of the Social Self: Assimilation and Contrast in Social Comparison", *Journal of Personality and Social Psychology*, 1995, 69 (5).

Peng, K. P. & Nisbett, R. E., "Culture, Dialectics, and Reasoning about Contradiction", *American Psychologist*, 1999, 54 (9).

Pennebaker, James W., & Graybeal, Anna, "Patterns of Natural Language Use: Disclosure, Personality, and Social Integration", *Current Directions in Psychological Science*, 2001, 10 (3).

Peretz, I., Gagnon, L., & Bouchard, B., "Music and Emotion: Percep-tual Determinants, Immediacy, and Isolation after Brain Damage", *Cogni-tion*, 1998, 68 (2).

Peterson, B. E., & Stewart, A. J., "Antecedents and Contexts of Generativi-ty Motivation at Midlife", *Psychology and Aging*, 1996, 11.

Petrovic, P., Kalso, E., Petersson K. M., & M. Ingvar, "Placebo and Opioid Analgesia – imaging a Shared Neuronal Network", *Science*, 2002, 295.

Pham, M. T., "Emotion and Rationality: A Critical Review and Interpretation of Empirical Evidence", *Review of General Psychology*, 2007, 11.

Phelps, E. A., O ' Connor, K. J., Cunningham, W. A., Funayama, E. S., Gatenby, J. C., Core, J. C., & M. R. Banaji, "Performance on

Indirect Measures of Race Evaluation Predicts Amygdala Activation", *Journal of Cognitive Neuroscience*, 2000, 12.

Pitesa M., Thau S., "Masters of the Universe: How Power and Accountability Influence Self – serving Decisions under Moral Hazard", *Journal of Applied Psychology*, 2013, 98 (3).

Platek, S. M., Loughead, J. W., Gur, R. C., Busch, S., Ruparel, K., Phend, N., Panyavin, I. S., & D. D. Langleben, "Neural Substrates for Functionally Discriminating Self – face from Personally Familiar Faces", *Human Brain Mapping*, 2006, 27.

Plichta, M. M., Gerdes, A. B. M., Alper, G. W., Harnisch, W., Brill, S., Wieser, M. J., & Fallgatter, A. J., "Auditory Cortex Activation is Modulated by Emotion: A Functional Near – infrared Spectroscopy (fNIRS) Study", *NeuroImage*, 2011, 55 (3).

Popham, L. E., Kennison, S. M., & Bradley, K. I., "Ageism, Sensation – Seeking, and Risk – Taking Behavior in Young Adults", *Current Psychology*, 2011, 30 (2).

Poulin, F., Chan, A., "Friendship Stability and Change in Childhood and Adolescence", *Development Review*, 2010, 30.

Powers, W. T., *Behavior: The Control of Perception*, New Canaan, CT: Benchmark Press, 2005.

Prelow, H. M., Danoff – Burg, S., Swenson, R. R., & Pulgiano, D., "The Impact of Ecological Risk and Perceived Discrimination on the Psychological Adjustment of African American and European American Youth", *Journal of Community Psychology*, 2004, 32.

Prescott, L., *Self – consistency: A Theory of Personality*, Washington D. C., US: Island Press, 1945.

Pronin, E., Steele, C. M., & Ross, L., "Identity Bifurcation in Response to Stereotype Threat: Women and Mathematics", *Journal of Experimental Social Psychology*, 2004, 40 (2).

Pronin, E., "How We See Ourselves and How We See Others", *Science*, 2008, 320 (5880).

Pyszczynski, T., Greenberg, J., & Solomon, S., "A Dual – Process Model of Defense Against Conscious and Unconscious Death – Related Thoughts: An Extension of Terror Management Theory", *Psychological Review*, 1999, 106.

Pyszczynski, T., Greenberg, J., Koole, S., & Solomon, S., "Experimental Existential Psychology: Coping with the Facts of Life", In S. Fiske & D. Gilbert (Eds.), *Handbook of Social Psychology* (5th Ed.), New York: Wiley, 2010.

Pyszczynski, T., Greenberg, J., Koole, S., & Solomon, S., "Experimental Existential Psychology: Coping with the Facts of Life", In S. Fiske & D. Gilbert (Eds.), *Handbook of Social Psychology* (5th Ed.), New York: Wiley, 2010.

Pyszczynski, T., Greenberg, J., Solomon, S., Arndt, J., & Schimel, J., "Why do People need Self – Ssteem? A Theoretical and Empirical Review", *Psychological Bulletin*, 2004, 130.

Rajalin, M., Hirvikoski, T., & Jokinen, J., "Family History of Suicide and Exposure to Interpersonal Violence in Childhood Predict Suicide in Male Suicide Attempters", *Journal of Affective Disorders*, 2013, 148.

Reekum, C. V., Johnstone, T., Banse, R., Etter, A., Wehrle, T., & Scherer, K., "Psychophysiological Responses to Appraisal Dimensions in a Computer Game", *Cognition & Emotion*, 2004, 18 (5).

Reis H. T., "Reinvigorating the Concept of Situation in Social Psychology", *Personality and Social Psychological Review*, 2008, 12.

Renner, B., "Curiosity about People: The Development of a Social Curiosity Measure in Adults", *Journal of Personality Assessment*, 2006, 87.

Retiveau, A. N., Chambers, E., & Milliken, G. A., "Common and Specific Effects of Fine Fragrances on the Mood of Women", *Journal of Sensory Studies*, 2004, 19 (5).

Ribeiro, J. D., Bodell, L. P., Hames, J. L., Hagan, C. R., & Joiner T. E., "An Empirically Based Approach to the Assessment and Management of Suicidal Behavior", *Journal of Psychotherapy Integration*, 2013.

Rice, K. G., Lopez, F. G., Richardson, C. M., & Stinson, J. M., "Perfectionism Moderates Stereotype Threat Effects on STEM Majors' Academic Performance", *Journal of Counseling Psychology*, 2013, 60 (2).

Richeson, J. A., Baird, A. A., Gordon, H. L., Heatherton, T. F., Wyland, C. L., Trawalter, S., & J. N. Shelton, "An fMRI Investigation of the Impact of Interracial Contact on Executive Function", *Nature Neuroscience*, 2003, 6.

Richins, M. L. & Dawson, S., "A Consumer Values Orientation for Materialism and Its Measurement: Scale Development and Validation", *Journal of Consumer Research*, 1992, 19.

Ring, K., *Heading Toward Omega: In Search of the Meaning of the Near - Death Experience*, New York: Morrow, 1984.

Robin, O., Alaoui – Ismaili, O., Dittmar., & Vernet – Maury, "Emotional Responses Evoked by Dental Odors: An Evaluation from Autonomic Parameters", *Journal of Dental Research*, 1998, 77 (8).

Rogers, C. R., *On Becoming a Person: A Therapist's View of Psychotherapy*, Boston, MA: Houghton Mifflin, 1961.

Rose, J. A., & Rudolph, K. D., "A Review of Sex Differences in Peer Relationship Processes: Potential Trade – offs for the Emotional and Behavioral Development of Girls and Boys", *Psychological Bulletin*, 2006, 132 (2).

Ross, L., Lepper, M., & Ward, A, "History of Social Psychology: Insights, Challenges, and Contributions to Theory and Application", In S. T. Fiske, D. T. Gilbert, G. Lindzey (Eds.), *Handbook of Social Psychology*, New Jersey: John Wiley & Sons, Inc., 2010.

Rotgans, J. I., & Schmidt, H. G., "Situational Interest and Academic Achievement in the Active – learning Classroom", *Learning and Instruction*, 2011, 21.

Routledge, C., & Arndt, J. Creative Terror Management: Creativity as a Facilitator of Cultural Exploration After Mortality Salience, *Personality and Social Psychology Bulletin*, 2009, 35.

Routledge, C., Ostafin, B., Juhl, J., Sedikides, C., Cathey, C., & Liao,

J. , "Adjusting to Death: The Effects of Mortality Salience and Self – Esteem on Psychological Well – Being, Growth Motivation, and Maladaptive Behavior", *Journal of Personality and Social Psychology*, 2010, 99.

Rubin, K. H. , Wosjlawowiz, J. C. , Rose – Krasnor, L. , et al. , "The Best Friendships of Shy/Withdrawn Children: Prevalence, Stability, and Relationship Quality", *Journal of Abnormal Child Psychology*, 2006, 34.

Rude, Stephanie S. , Mazzetti, Francesco A. , Pal, Hoimonti, & Stauble, Melissa R. , "Social Rejection: How Best to Think About It?" Ryan R. M. , Deci E L. , "The Darker and Brighter Sides of Human Existence: Basic Psychological Needs as a Unifying Concept", *Psychological Inquiry An International Journal for the Advancement of Psychological Theory*, 2000, 11 (4) .

Ryan, R. M. & Deci, E. L. , "On Happiness and Human Potentials: A Review of Research on Hedonic and Eudaimonic Well – being", *Annual Review of Psychology*, 2001, 52 (1) .

Ryan, R. M. , & Connell, J. P. , "Perceived Locus of Causality and Internalization: Examining Reasons for Acting in two Domains", *Journal of Personality and Social Psychology*, 1989, 57 (5) .

Ryan, R. M. , & Deci, E. L. , "Self – determination Theory and the Facilitation of Intrinsic Motivation, Social Development, And Well – being", *American Psychologist*, 2000, 55.

Ryan, R. M. , & Deci, E. L. , "Self – regulation and the Problem of Human Autonomy: Does Psychology Need Choice, Self – determination, and Will?" *Journal of Personality*, 2006, 74 (6) .

Ryan, R. M. , La Guardia, J. G. , Solky – Butzel, J. , Chirkov, V. , & Kim Y, "On the Interpersonal Regulation of Emotions: Emotional Reliance Across Gender, Relationship and Cultures ", *Personality Relationships*, 2005, 12.

Rydell, R. J. , Shiffrin, R. M. , Boucher, K. L. , Van Loo, K. , & Rydell, M. T. , "Stereotype Threat Prevents Perceptual Learning", *Proceedings of the National Academy of Sciences*, 2010, 107 (32), 14042 – 14047.

Saeki, M. , Oishi, S. , Maeno, T. , Gilbert, E. , "Self – informant Agreement for Subjective Well – Being among Japanese", *Personality and Individual Difference*, 2014, 69.

Sanfey, A. G., Rilling, J. K., Aronson, J. A., Nystrom, L. E., & J. D. Cohen, "The Neural basis of Economic Decision – making in The Ultimatum Game", *Science*, 2003, 300.

Saygin, A. P., "Superior Temporal and Premotor Brain Areas Necessary for Biological Motion Perception", *Brain*, 2007, 130, 2452 – 2461. *Neuron*, 35.

Scherbaum, C. A., Blanshetyn, V., Marshall – Wolp, E., McCue, E., & Strauss, R., "Examining the Effects of Stereotype Threat on Test – taking Behaviors", *Social Psychology of Education*, 2011, 14 (3).

Schimmack, U., Oishi, S., Furr, B M., Funder, D. C., "Personality and Life Satisfaction: A Facet Level Analysis", *Personality and Social Psychology Bulletin*, 2004, 30.

Schlenker, B. R., Weigold, M. F., & Schlenker, K. A., "What Makes a Hero? The Impact of Integrity on Admiration and Interpersonal Judgment", *Journal of Personality*, 2008, 76 (2).

Schmader, T., Johns, M., & Forbes, C., "An Integrated Process Model of Stereotype Threat Effects on Performance", *Psychological Review*, 2008, 115.

Schmader, T., "Gender Identification Moderates Stereotype Threat Effects on Women's Math Performance", *Journal of Experimental Social Psychology*, 2002, 38 (2).

Schneider, B., "A Multimethod Exploration of the Friendships of Children Considered Socially Withdrawn by Their School Peers", *Journal of Abnormal Child Psychology*, 1999, 27 (2).

Schneider, L., Schimmack, U., "Examining Sources of Self – Informant Agreement in Life – Satisfaction Judgments", *Journal of Research in Personality*, 2010, 44 (2).

Schubert, T. W., "Your Highness: Vertical Positions Asperceptual Symbols of Power", *Journal of Personality and Social Psychology*, 2005, 89.

Schultheiss, O. C., & Brunstein, J. C., "Goal Imagery: Bridging the Gap between Implicit Motives and Explicit Goals", *Journal of Personality*, 1999, 67 (1).

Schultheiss, O. C., Patalakh, M., Rawolle, M., Liening, S., & MacInnes, J. J., "Referential Competence is Associated with Motivational Congruence", *Journal of Research in Personality*, 2011, 45 (1).

Schwartz, L. K. and J. P. Simmons, "Contact Quality and Attitudes toward the Elderly", *Educational Gerontology*, 2001, 27 (1).

Schwartz, S. H., Cieciuch, J., Vecchione, M., Davidov, E., Fischer, R., Beierlein, C., & Konty, M., "Refining the Theory of Basic Individual Values", *Journal of Personality and Social Psychology*, 2012, 103.

Schwartz, S. J., Unger, J. B., Zamboanga, B. L., Szapocznik, J., "Rethinking the Concept of Acculturation: Implications for Theory and Research", *American Psychologist*, 2010, 65 (4).

Seifritz, E., Esposito, F., Neuhoff, J. G., Luthi, A., Mustovic, H., et al., "Differential Sexindependent Amygdala Response to Infant Crying and Laughing in Parents Versus Nonparents", *Biological Psychiatry*, 2003, 54.

Seubert, J., Kellermann, T., Loughead, J., Boers, F., Bresinger, C., Schneider, F., & Habel, U., "Processing of Disgusted Faces is Facilitated by Odor Primes: A Functional MRI Study", *NeuroImage*, 2010, 53 (2).

Sheldon, K. M., & Cooper, M. L., "Goal Striving within Agentic and Communal Roles: Functionally Independent Pathways to Enhanced Well-being", *Journal of Personality*, 2008, 76.

Sheldon, K. M., & Elliot, A. J., "Goal Striving, Need-satisfaction, and Longitudinal Well-being: The Self-concordance Model", *Journal of Personality and Social Psychology*, 1999, 76 (3).

Sheldon, K. M., & Houser-Marko, L., "Self-concordance, Goal-attainment, and the Pursuit of Happiness: Can There be an Upward Spiral?" *Journal of Personality and Social Psychology*, 2001, 80 (1).

Sheldon, K. M., & Schüler, J., "Wanting, Having and Needing: Integrating Motive Disposition Theory and Self-determination Theory", *Journal of Personality and Social Psychology*, 2011, 101 (5).

Sheldon, K. M., & Watson, A., "Coach's Autonomy Support is Especially Important for Varsity Compared to Club and Recreational Athletes", *International Journal of Sports Science & Coaching*, 2011, 6 (1).

Sheldon, K. M., Halusic, M., & Prentice, M. P., "Matches between Assigned Goal-types and both Implicit and Explicit Motives Predict Rated Goal Self-concordance", *Motivation and Emotion*, 2015, 39 (3).

Sheldon, K. M., King, L. A., Houser-Marko, L., Osbaldiston, R., & Gunz, A., "Comparing IAT and TAT Measures of Power Versus Intimacy Motivation", *European Journal of Personality*, 2007, 21 (3).

Sheldon, K. M., *Optimal Human Being: An Integrated Multilevel Perspective*, Mahwah, NJ: Lawrence Erlbaum, 2004.

Sheldon, K. M., "Becoming Oneself: The Central Role of Self-concordant Goal Selection", *Personality and Social Psychology Review*, 2014, 18 (4).

Sheldon, K. M., "Goal-striving across the Life-span: Do People Learn to Select More Self-concordant Goals as They Age?" In M. C. Smith & T. G. Reio (Eds.), *The Handbook of Research on Adult Development and Learning*, New York, NY: Routledge, 2009.

Sherman, A., "Wasting America's Future: The Children's Defense Fund Report on the Costs of Child Poverty", *Child Advocacy*, 1994.

Shimada, S., Hiraki, K., & I. Oda, "The Parietal role in The Sense of Self-ownership with Temporal Discrepancy between Visual and Proprioceptive Feedbacks", *Neuroimage*, 2005, 24.

Shin, L. M., "Activation of Anterior Paralimbic Structures during Guilt-Related Script-Driven Imagery", *Biological Psychiatry*, 2000, 48.

Shneidman, E. S., "Commentary: Suicide as Psychache", *Journal of Nervous & Mental Disease*, 1993, 181.

Sils J. M., Miller R. L., *Social Comparison Process: Theoreticaland Empirical Perspectives*, Washington, DC: Hemisphere Publication Services, 1977.

Simpson, A., Kashima, Y., "How Can a Stereotype Inconsistency Bias Be Encouraged in Communication?" *Asian Journal of Social Psychology*, 2013,

16 (1).

Singer, J. L., & Antrobus, J. S., "Daydreaming, Imaginal Processes and Personality: A Normative Study", In P. W. Sheehan (Ed.), *The Function and Nature of Imagery*, San Diego, CA: Academic, 1972.

Singer, T., Seymour, B., O'Doherty, J., Kaube, H., Dolan, R. J., & C. D. Frith, "Empathy for Pain Involves the Affective but not Sensory Components of Pain", *Science*, 2004, 303.

Singer, T., Seymour, B., O'Doherty, J. P., Stephan, K. E., Dolan, R. J., & C. D. Frith, "Empathic Neural Responses are Modulated by the Perceived Fairness of Others", *Nature*, 2006, 439.

Sirin, S. R., "Socioeconomic Status and Academic Achievement: A Meta – Analytic Review of Research", *Review of Educational Research*, 2005, 75.

Six F. E., "The Trouble with Trust, The Dynamics of Interpersonal Trust Building", *Regulation*, 2005.

Skinner, B. F., *Science and Human Behavior*, Free Press, 1953.

Smith E. R, Semin G. R., "Situated Social Cognition", *Current Directions in Psychological Science*, 2007, 16.

Smith M. B., "'Personality and Socialpsychology': Retrospections and Aspirations", *Personality and Social Psychological Review*, 2005, 9.

Smith P. K., Trope Y., "You Focus on the Forest When You're in Charge of The Trees: Power Priming and Abstract Information Processing", *Journal of Personality and Social Psychology*, 2006, 90 (4).

Smith, A., Ntoumanis, N., & Duda, J., "Goal Striving, Goal Attainment, and Well – being: Adapting and Testing the Self Concordance Model in Sport", *Journal of Sport & Exercise Psychology*, 2007, 29 (6).

Smith, E. R., & Conrey, F. R., "Agent – based Modeling: A New Approach for Theory Building in Social Psychology", *Personality and Social Psychology Review*, 2007, 11 (1).

Smith, J. M., & Alloy, L. B., "A Roadmap to Rumination: A Review of the Definition, Assessment, and Conceptualization of this Multifaceted Construct", *Clinical Psychology Review*, 2009, 29 (2).

Smith, L. M. , & Kasser, T. , "Mortality Salience Increases Defensive Distancing from People with Terminal Cancer", *Death Studies*, 2014, 38.

Smith, N. K. , Larsen, J. T. , Chartrand, T. L. , Cacioppo, J. T. , Katafiasz, H. A. , & Moran, K. E. , "Being Bad Isn't Always Good: Affective Context Moderates the Attention Bias toward Negative Information", *Journal of Personality and Social Psychology*, 2006, 90 (2).

Smith, P. K. , & Bargh, J. A. , "Nonconscious Effects of Power on Basic Approach and Avoidance Tendencies", *Social Cognition*, 2008, 26.

Smith, P. K. , & Trope, Y. , "You Focus on the Forestwhen You're in Charge of The Trees: Power Priming and Abstract Information Processing", *Journal of Personality and Social Psychology*, 2006, 90.

Smith, P. K. , Dijksterhuis, A. , & Wigboldus, D. H. J. , "Powerful People Make Good Decisions Even When They Consciously Think", *Psychological Science*, 2008, 19.

Smith, P. K. , Jostmann, N. B. , Galinsky, A. D. , & Van Dijk, W. W. , "Lacking Power Impairs Executive Functions", *Psychological Science*, 2008, 19.

Smith, P. K. , Wigboldus, D. H. J. , & Dijksterhuis, A. , "Abstract Thinking Increases One's Sense of Power", *Journal of Experimental Social Psychology*, 2008, 44.

Speca, M. , Carlson, L. E. , Goodey, E. , & Angen, M. , "A Randomized, Wait – list Controlled Clinical Trial: The Effect of a Mindfulness Meditation – based Stress Reduction Program on Mood and Symptoms of Stress in Cancer Outpatients", *Psychosomatic Medicine*, 2000, 62 (5).

Stapel D. A. , Koomen W. , "Competition, Cooperation, and The Effects of Others on Me", *Journal of Personality and Social Psychology*, 2005, 88 (6).

Stapel D. A. , Koomen W. , "I, We, and the Effects of Others on Me: How Self – construal Level Moderates Social Comparison Effects", *Journal of Personality and Social Psychology*, 2001, 80 (5).

Stapel D. A. , Suls J. , "Method Matters: Effects of Explicit Versusimplicit Social Comparisons on Activation, Behavior, And Self – views", *Journal of Personality and Social Psychology*, 2004, 87 (6).

Stapel D. A., Koomen W., "Distinctness of Others, Mutability of Selves: Their Impact on Self – evaluations", *Journal of Personality and Social Psychology*, 2000, 79 (6).

Stavroula – Thaleia, K., David P. V., & Gabriella, V., "Emotion Words, Regardless of Polarity, Have a Processing Advantage Over Neutral Words", *Cognition*, 2009, 112 (3).

Steele C. M., Spencer S. J., Lynch M., "Self – image Resilienceand Dissonance: The Role of Affirmational Resources", *Journal of Personality and Social Psychology*, 1993, 64.

Steele, C. M., & Aronson, J., "Stereotype Threat and the Intellectual Test Performance of African – Americans", *Journal of Personality and Social Psychology*, 1995, 69.

Steele, C. M., "A Threat in the Air: How Stereotypes Shape Intellectual Identity and Performance", *American Psychologist*, 1997, 52 (6).

Steger, M. F., Frazier, P., Oishi, S., & Kaler, M., "The Meaning in Life Questionnaire: Assessing the Presence of and Search for Meaning in Life", *Journal of Counselling Psychology*, 2006, 53 (1).

Steinberg, J. R., Okun, M. A., & Aiken, L. S., "Calculus GPA and Math Identification as Moderators of Stereotype Threat in Highly Persistent Women", *Basic and Applied Social Psychology*, 2012, 34 (6).

Stevens, L. E., & Fiske, S. T., "Motivated Impressions of a Power Holder: Accuracy Under Task Dependency and Misperception under Evaluation Dependency", *Personality and Social Psychology Bulletin*, 2000, 26.

Stevenson, B. & Wolfers, J., "Economic Growth and Subjective Well – being: Reassessing the Easterlin Paradox", *Brookings Papers on Economic Activity*, 2008, 39 (1).

Strack, F., Martin, L. L., & Stepper, S., "Inhibiting and Facilitating Conditions of the Human Smile: A Nonobtrusive Test of the Facial Feedback Hypothesis", *Journal of Personality and Social Psychology*, 1988, 54

(5) .

Strait, D. L., Kraus, N., Skoe, E., & Ashley, R., "Musical Experience Promotes Subcortical Efficiency in Processing Emotional Vocal Sounds", *The Neurosciences and Music III Disorders and Plasticity*, 2009, 1169.

Strathearn, L., Li, J., Fonagy, P., & Montague, P. R, "What's in a Smile? Maternal Brain Responses to Infant Facial Cues", *Pediatrices*, 2008, 122.

Strong, R. L., Cultural Relationship: Curiosity and Openness to Experience (Unpublished Master's Thesis). University of Hawaii, Honolulu, 2013.

Stutzer, A., "The Role of Income Aspirations in Individual Happiness", *Journal of Economic Behavior & Organization*, 2004, 54 (1) .

Ståhl, T., Van Laar, C., & Ellemers, N., "The Role of Prevention Focus Under Stereotype Threat: Initial Cognitive Mobilization is Followed by Depletion", *Journal of Personality and Social Psychology*, 2012, 102 (6) .

Suh, E. M., Diener, E., Updegraff, J. A., "From Culture to Priming Conditions – Self – construal Influences on Life Satisfaction Judgments", *Journal of Cross – Cultural Psychology*, 2008, 39.

Suls J. M. & Wheeler L., *Handbook of Social Comparison: Theory and Research*, New York: Plenum Press, 2000.

Suls J. M., Miller R. L., *Social Comparison Process: Theoreticaland Empirical Perspectives*, Washington, DC: Hemisphere Publication Services, 1977.

Suls J. M., Wheele R. L., "Ability Evaluation by Proxy: Role of Maximal Performance and Related Attributes in Social Comparison", *Journal of Personality and Social Psychology*, 2002, 82 (5) .

Swann, W. B., Stephenson, B., & Pittman, T. S., "Curiosity and Control: On the Determinants of the Search for Social Knowledge", *Journal of Personality and Social Psychology*, 1981, 40.

Tadmor, C. T., Chao, M. M., Hong, Y. Y., & Polzer, J. T., "Not Just for Stereotyping Anymore Racial Essentialism Reduces Domain – general Creativity", *Psychological Science*, 2013, 24 (1) .

Tajfel, H., "Experiments in a Vacuum", In J. Israel & H. T. Triandis

(*Eds.*), *The Context of Social Psychology*: *A Critical Assessment*, London: Academic Press, 1972.

Takahashi, H., Kato, M., Matsuura, M., Mobbs, D., Suhara, T., Okubo, Y., "When Your Gain Is My Pain and Your Pain Is My Gain: Neural Correlates of Envy and Schadenfreude", *Science*, 2009, 323 (5916).

Takahashi, H., Matsuura, M., Koeda, M., Yahata, N. Suhara, T., Kato, M., & Okubo, Y, "Brain Activationsduring Judgments of Positive Self – Conscious Emotion and Positive Basic Emotion: Pride and Joy", *Cerebral Cortex*, 2007, 18.

Takahashi, H., "Brian Activation Associated with Evaluative Processes of Guilt and Embarrassment: An FMRI Study", *Neuroimage*, 2004, 23.

Tam, K. P., Chiu, C. Y., & Lau, I. Y. M., "Terror Management among Chinese: Worldview Defence and Intergroup Bias in Resource Allocation", *Asian Journal of Social Psychology*, 2007, 10.

Tam, K. P., Lau, H. P. B., Jiang, D., "Culture and Subjective Well – Being A Dynamic Constructivist View", *Journal of Cross – Cultural Psychology*, 2012, 43 (1).

Tang, T. L. P., "Money, the Meaning of Money, Management, Spirituality, and Religion", *Journal of Management*, Spirituality & Religion, 2010, 7 (2).

Tang, Z., "They are Richer but are They Happier? Subjective Well – being of Chinese Citizens Across the Reform Era", *Social Indicators Research*, 2014, 117 (1).

Tedeschi, R. G., & Calhoun, L. G., "Posttraumatic Growth: Conceptual Foundations and Empirical Evidence", *Psychological Inquiry*, 2004, 15.

Tedeschi, R. G., Park, C. L., & Calhoun, L. G. (Eds.), *Posttraumatic Growth: Positive Changes in the Aftermath of Crisis*, Mahwah, NJ: Lawrence Erlbaum, 1998.

Tesser A., Millar M., Moore J., "Some Affective Consequencesof Social Comparison and Reflection Process: The Pain and Pleasure of Being Close", *Journal of Personality and Socialpsychology*, 1998, 54 (1).

Tetcock P. E. , "The Impact of Accountability on Judgment and Choice", in M. Zanna (Ed.), *Advances in Experimental Social Psychology*, New York: Academic Press, 1992.

Tillman, D. R. Domain Identification, Stereotype Threat, and Mathematics Test Performance: Analysis of TIMSS 2007 by Gender and Race, North Carolina State University, 2013.

Torbit L. A. , Albiani J. J. , Aronson M. , et al. , "Physician Trust Moderates the Relationship between Intolerance of Uncertainty and Cancer Worry Interference among Women with Lynch Syndrome", *Journal of Behavioral Medicine*, in press. http://link. springer. com/article/10. 1007/s10865 – 016 – 9711 – 4, 2016 – 1 – 13/2016 – 2 – 21. Triandis H. C. , *Individualism and Collectivism*, Boulder, CO: Westview, 1995.

Trope, Y. , & Liberman, N. , "Construal – Level Theory of Psychological Distance", *Psychological Review*, 2010, 117 (2).

Trope, Y. , & Liberman, N. , "Temporal Construal", *Psychological Review*, 2003, 110.

Tu, W. M. , "Cultural China: The Periphery as the Center", *Daedalus*, 1991, 120 (2).

Turner, J. , Hogg, M. A. , Oakes, P. J. , Reicher, S. D. , & Wetherell, M. S. , *Rediscovering the Social Group: A Social Categorization Theory*, B. Blackwell, Oxford, UK, 1987.

United Nations, Department of Economic and Social Affairs, Population Division, 2009, "World Population Ageing 2009", Work Paper No. ESA/P/WP/212.

Vail J. , "Insecure Times: Conceptualising Insecurity and Security", in Vail J. , Wheelock J. , Hill M. (Eds.), *Insecure Times: Living with Insecurity in Contemporary Society*, London and New York: Routledge, 1999.

Vail, K. E. , Juhl, J. , Arndt, J. , Vess, M. , Routledge, C. , & Rutjens, B. T. , "When Death is Good for Life: Considering the Positive Trajectories of Terror Management", *Personality and Social Psychology Review*, 2012, 16.

Vaillant, G. E. , *Triumphs of Experience*, Harvard University Press, 2012.

Valkenburg, P. M. , Peter, J. , "Online Communication among Adolescents: An Integrated Model of its Attraction, Opportunities, and Risks", *Journal of Adolescent Health*, 2011, 48.

Van den Bos, K. , Buurman, J. , De Theije, V. , Doosje, B. , Loseman, A. , Van Laarhoven, D. , Veldman, J. , "On Shielding from Death as An important Yet Malleable Motive of Worldview Defence: Christian Versus Muslim Beliefs Modulating the Self – Threat of Mortality Salience", *Social Cognition*, 2012, 30.

Van den Bos, K. , "Making Sense of Life: The Existential Self Trying to Deal with Personal Uncertainty", *Psychological Inquiry*, 2009, 20.

Van Heeringen K. , "Stress – Diathesis Model of Suicidal Behavior", in Dwivedi Y. (Ed.), *The Neurobiological Basis of Suicide*, Boca Raton: CRC Press, 2012.

Van Orden K. A. , Witte T. K. , Cukrowicz K. C. , et al. , "The Interpersonal Theory of Suicide", *Psychological Review*, 2010, 117 (2) .

Van Orden, K. A. , Cukrowicz, K. C. , Witte, T. K. , & Joiner, T. E. , "Thawarted Belongingness and Perceived Burdensomeness: Construct Validity and Psychometric Properties of the Interpersonal Needs Questionnaire", *Psychological Assessment*, 2012, 24.

Van Orden, K. A. , Lynam, M. E. , Hollar, D. & Joiner, T. E. , "Perceived Burdensomeness as an Indicator of Suicidal Symptoms", *Cognitive Therapy and Research*, 2006, 30.

Van Orden, K. A. , Witte, K. , Cukrowicz, K. C. , Braithwaite, S. R. , Selby, E. A. , Joiner, T. E. , "The Interpersonal Theory of Suicide", *Psychological Review*, 2010, 117 (2) .

Van Orden, K. A. , Witte, T. K. , Gordon, K. H. , Bender, T. W. & Joiner, T. E. , "Suicidal Desire and the Capability for Suicide: Tests of the Interpersonal – Psychological Theory of Suicidal Behavior among Adults", *Journal of Consulting and Clinical Psychology*, 2008, 76.

Van Orden, K. A. , Witte, T. K. , James, L. M. , Castro, Y. , Gordon,

K. H. , Braithwaite, S. R. , Joiner, T. E. , "Suicidal Ideation in College Students Varies Across Semesters: The Mediating Role of Belongingness", *Suicide and Life – Threatening Behavior*, 2008, 38.

Vander Zee K. , Oldersma F. , Buunk B. P. , Bos D. , "Social Comparison Preferences among Cancer Patients as Relatedto Neuroticism and Social Comparison Orientation", *Journal of Personality and Social Psychology*, 1998, 75 (3) .

Veenhoven, R. & Hagerty, M. , "Rising Happiness in Nations 1946 – 2004: A Reply to Easterlin", *Social Indicators Research*, 2006, 79 (3) .

Veenhoven, R. , "Is Happiness Relative?", *Social Indicators Research*, 1991, 24 (1) .

Verduyn, P. , Van Mechelen, I. , Kross, E. , Chezzi, C. , & Van Bever, F. , "The Relationship between Self – Distancing and the Duration of Negative and Positive Emotional Experiences in Daily Life", *Emotion*, 2012, 12 (6) .

Vess, M. , & Arndt, J. , "The Nature of Death and the Death of Nature: The Impact of Mortality Salience on Environmental Concern", *Journal of Research in Personality*, 2008, 42.

Vitell, S. J. , Paolillo, J. G. P. , & Singh, J. J. , "The Role of Money and Religiosity in Determining Consumers's Ethical Beliefs", *Journal of Business Ethics*, 2006, 64.

Vohs, K. D. , & Baumeister, R. F. , "What's the Use of Happiness? It can't Buy You Money", *Journal of Consumer Psychology*, 2011, 21.

Vohs, K. D. , Mead, N. L. , & Goode, M. R, "The Psychological Consequences of Money", *Science*, 2006, 314.

Vohs, K. D. , Mead, N. L. , & Goode, M. R. , "Merely Activating the Concept of Money Changes Personal and Interpersonal Behavior", *Current Directions in Psychological Science*, 2008, 17.

Von Hippel, C. , Wiryakusuma, C. , Bowden, J. , & Shochet, M. , "Stereotype Threat and Female Communication Styles", *Personality and Social Psychology Bulletin*, 2011, 37 (10) .

Vonk R. , "The Negativity Effect in Trait Ratings and in Open – ended Descriptions of Persons", *Personality and Social Psychology Bulletin*, 1993, 19 (3) .

Fiske S T. , "Attention and Weight in Person Perception: The Impact of Negative and Extreme Behavior", *Journal of Personality and Social Psychology*, 1980, 38 (6) .

Vrticka, P. , Andersson, F. , Grandjean, D. , Sander, D. , & Vuilleumier, P, "Individual Attachment Style Modulates Human Amygdala and Striatum Activation during Social Appraisal", *PLOS ONE*, 2008, 3 (8) .

Vuilleumier, P. , Armony, J. L. , Driver, J. , & R. J. Dolan, "Effects of Attention and Emotion on Face Processing in The Human Brain: An Eventrelated FMRI Study", *Neuron*, 2001, 30.

Wade – Benzoni, K. A. , "Legacies, Immortality, and the Future: The Psychology of Intergenerational Altruism", In A. E. Tenbrunsel (Ed.) , *Research on Managing Groups and Teams*, Volume 8: Ethics in Groups, Bingley, UK: Emerald Group, 2006.

Walker, B. M. , "No More Heroes any More: The 'Older Brother' as Role Model", *Cambridge Journal of Education*, 2007, 37 (4) .

Walla, P. , "Olfaction and its Dynamic Influence on Word and Face Processing: Cross – modal Integration", *Progress in Neurobiology*, 2008, 84 (2) .

Wang F. , Sun X. , "Absolute Power Leads to Absolute Corruption? Impact of Power on Corruption Depending on the Concepts of Power One Holds", *European Journal of Social Psychology*, 2015 – 08 – 19, Published Online: http: //onlinelibrary. wiley. com/doi/10. 1002/ejsp. 2134/abstract.

Waugh, C. E. , & Fredrickson, B. L. , "Nice to Know You: Positive Emotions, Self – other Overlap, and Complex Understanding in the Formation of a New Relationship", *The Journal of Positive Psychology*, 2006, 1 (2) .

Weber, M. , *The Theory of Social and Economicorganization* (A. M. Henderson & T. Parsons, Trans) . New York: Oxford University Press, 1947.

Weick, M. , & Guinote, A. , "When Subjective Experiences Matter: Power Increases Reliance on the Ease of Retrieval", *Journal of Personality and So-*

cial Psychology, 2008, 94.

Weinstein, N. & Ryan, R. M. , "When Helping Helps: Autonomous Motivation for Prosocial Behavior and its Influence on Well – being for the Helper and Recipient", *Journal of Personality and Social Psychology*, 2010 (2) .

Weiss I. , "Interest in Working with the Elderly: A Cross – national Study of Graduating Social Work Students", *Journal of Social Work Education*, 2005, 41 (3) .

Wheeler, M. E. , & S. T. Fiske, "Controlling Racial Prejudice: Social – cognitive Goals Affect Amygdale and Stereotype Activation", *Psychology Science*, 2005, 16.

WHO, "Active Ageing: A Policy Framework", Geneva: World Health Organization, 2002.

Wicker, B. , Keysers, C. , Plailly, J. , Royet, J. , Gallese, V. , & G. Rizzolatti, "Both of Us Disgusted in My Insula: The Common Neural Basis of Seeing and Feeling Disgust", *Neuron*, 2003, 40.

Wilson, Timothy D. , & Gilbert, Daniel T. , "Explaining Away: A Model of Affective Adaptation", *Perspectives on Psychological Science*, 2008, 3 (5) .

Wilson, T. D. , Lindsey, S. , & T. Y. Schooler, "A Model of Dual Attitudes", *Psychological Review*, 2000, 107 (1) .

Wingrove, J. , & Bond, A. J. , "Correlation between Trait Hostility and Faster Reading Times for Sentences Describing Angry Reactions to Ambiguous Situations", *Cognition and Emotion*, 2005, 19.

Winkielman P. , Knutson B. , Paulus M. , et al. , "Affective Influence on Judgments and Decisions: Moving Towards Core Mechanisms", *Review of General Psychology*, 2007, 11 (2) .

Wisco, B. E. , & Nolen – Hoeksema, S. , "Effect of Visual Perspective on Memory and Interpretation in Dysphoria", *Behaviour Research and Therapy*, 2011, 49 (6 –7) .

Wiswede, D. , Munte, T. F. , Kramer, U. M. , & Russeler, J. , "Embodied Emotion Modulates Neural Signature of Performance Monitoring", *PLOS*

ONE，2009，4（6）.

Wittkowski，J. ，"The Construction of the Multidimensional Orientation Toward Dying and Death Inventory（MODDI‒F）"，*Death Studies*，2001，25.

Wojcik，J. ，Self‒Distancing and Political Ideology：The Impact of Altered Perspectives on Campaighs and Other Political Organizations（Bachelor Dissertation），University of Michigan，Michigan，2011.

Wojslawowicz，J. C. ，Rubin，K. H. ，Burgess，K. B. et al. ，"Behavioral Characteristics Associated with Stable and Fluid best Friendship Patterns in Middle Childhood"，*Merrill‒Palmer Quarterly*，2006，52.

Wong，P. T. ，Reker，G. T. ，& Gesser，G. ，"Death Attitude Profile_Revised"，In R. A. Neimeyer（Ed. ），*Death Anxiety Handbook*，New York：Taylor & Francis，1994.

Wout，D. A. ，Shih，M. J. ，Jackson，J. S. ，& Sellers，R. M. ，"Targets as Perceivers：How People Determine When they Will be Negatively Stereotyped"，*Journal of Personality and Social Psychology*，2009，96（2）.

Wout，M. V. ，Chang，L. J. ，& Sanfey，A. G，"The Influence of Emotion Regulation on Social Interactive Decision‒making"，*Emotion*，2010，10（6）.

Wout，M. V. ，Kahn，R. S. ，Sanfey，A. G. ，& Aleman，A. ，"Affective State and Decision‒making in the Ultimatum Game"，*Experimental Brain Research*，2006，169（4）.

Wright，R. A. ，&L. D. Kirby，"Cardiovascular Correlates of Challenge and Threat Appraisals：Acritical Examination of The Biopsychosocial Analysis"，*Personality and Social Psychology Review*，2003，7（3）.

Wu，A. M. S. ，Tang，C. S. K，& Kwok，T. C. Y. ，"Death Anxiety among Chinese Elderly People in Hong Kong"，*Journal of Aging and Health*，2002，14.

Wurm，S. ，M. J. Tomasik and C. Tesch‒Römer，"On the Importance of a Positive View on Ageing for Physical Exercise among Middle‒Aged and Older Adults：Cross‒sectional and Longitudinal Findings"，*Psychology and Health*，2010，25（1）.

Yancey, A. K. , Grant, D. , Kurosky, S. , Nicole Kravitz – Wirtz, M. S. , & Mistry, R. , "Role Modeling, Risk, and Resilience in California Adolescents", *Journal of Adolescent Health*, 2011, 48.

Yang, Y. J. , & Chiu, C. Y. , "Mapping the Structure and Dynamics of Psychological Knowledge: Forty Years of APA Journal Citations (1970 – 2009)", *Review of General Psychology*, 2009, 13 (4).

Yen, C. – L. , & Cheng, C. – P. , "Terror Management Among Taiwanese: Worldview Defence or Resigning to Fate?" *Asian Journal of Social Psychology*, 2010, 13.

Yoshikawa, K. , Self – Distancing to Reduce Anger in High School Students (Doctoral Dissertation), University of Connecticut – Storrs, Connecticut, 2014.

You, S. , Van Orden, K. A. , & Conner, K. R. , "Social Connections and Suicidal Thoughts and Behavior", *Psychology of Addictive Behaviors*, 2011, 25.

Yuan X. , Olfman L. , Yi J. , "How Do Institution – based Trust and Interpersonal Trust Affect Interdepartmental Knowledge Sharing?" *Information Resources Management Journal*, 2016, 29 (1).

Zaki, J. , Ochsner, K. N. , Hanelin, H. , Wager, T. D. , & Mackey, S, "Different Circuits for Different Pain: Patterns of Functional Connectivity Reveal Distinct Networks for Processing Painin Self and Others", *Social Neuroscience*, 2007, 2.

Zentner, M. , Grandjean, D. , & Scherer, K. R. , "Emotions Evoked by the Sound of Music: Characterization, Classification, and Measurement", *Emotion*, 2008, 8 (4).

Zeynep, T. , "Grooming, Gossip, Facebook and Myspace", *Information, Communication & Society*, 2008, 11 (4).

Zhou, X. , Lei, Q. , Marley, S. C. , & Chen, J. , "Existential Function of Babies: Babies as a Buffer of Death – Related Anxiety", *Asian Journal of Social Psychology*, 2009, 12.

Zhou, X. , Vohs, K. D. , & Baumeister, R. F. , "The Symbolic Power of Money", *Psychological Science*, 2009, 20.

Zhou, X. Y. , & Gao, D. G. , "Social Support and Money as Pain Management Mechanisms", *Psychological Inquiry*, 2008, 19.

Zhou, X. Y. , Feng, C. , He, L. , & Gao, D. G. , "Toward an Integrated Understanding of Love and Money: Intrinsic and Extrinsic Pain Management Mechanisms", *Psychological Inquiry*, 2008, 19.

Zhou, X. Y. , He, L. N. , Yang, Q. , et al. , "Control Deprivation and Styles of Thinking", *Journal of Personality and Social Psychology*, 2012, 102 (3) .

Zhou, X. Y. , Yang, Q. , He, L. N. , & Cao, S. Q. , "Cultural Value as a Form of Currency", *Advances in Psychological Science*, 2011, 19.

Zhu, Y. , Zhang, L. , Fan, J. , & S. Han, "Abstract Neural Basis of Cultural Influence on Self – Representation", *Neuroimage*, 2007, 34.

二 中文文献

《2014 年反腐成绩单：关门打虎出门猎狐》，http：//money. 163. com/15/0111/16/AFMKGKRF00252G50. html，2015 年 1 月 11 日。

《十八大后 98 名副部以上官员和军级以上军官落马》，人民网（http：//politics. people. com. cn/n/2015/0317/c1001 – 26705385. html），2015 年 3 月 17 日。

埃米尔·迪尔凯姆：《自杀论：社会学研究》，冯韵文译，商务印书馆 2008 年版。

安莉娟、丛中：《安全感研究述评》，《中国行为医学科学》2003 年第 6 期。

贝克：《风险社会》，何博闻译，译林出版社 2004 年版。

薄明华：《关于普世价值争论的回顾与思考》，《中南大学学报》（社会科学版）2011 年第 6 期。

曹中平、黄月胜、杨元花：《马斯洛安全感—不安全感问卷在初中生中的修订》，《中国临床心理学杂志》2010 年第 2 期。

柴民权、管健：《代际农民工的社会认同管理：基于刻板印象威胁应对策略的视角》，《社会科学》2013 年第 11 期。

陈冲、洪月慧、杨思：《应激性生活事件、自尊和抑郁在自杀意念形成中的作用》，《中国临床心理学杂志》2010 年第 2 期。

陈军、王润、杨汝鹏等：《180 例自杀死亡者自杀方式及其自杀环境的法
　医学回顾性研究》，《现代生物医学进展》2012 年第 18 期。

陈立：《平话心理科学向何处去》，《心理科学》1997 年第 5 期。

陈世民、吴宝沛、方杰、孙配贞、高良、熊红星、郑雪：《钦佩感：一种
　见贤思齐的积极情绪》，《心理科学进展》2011 年第 1 期。

陈四光、金艳、郭斯萍：《西方死亡态度研究综述》，《国外社会科学》
　2006 年第 1 期。

陈兴贵、王美：《文化生态适应与人类社会文化的演进——人类学家斯图尔德
　的文化变迁理论述评》，《怀化学院学报》2012 年第 9 期。

陈勇、王剑：《群体性突发事件中的谣言控制——以瓮安事件为例》，《当
　代传播》2009 年第 3 期。

陈勇杰、姚梅林：《物质主义与幸福感：基于自我决定理论的关系探析》，
　《北京师范大学学报 》（社会科学版）2012 年第 3 期。

楚江亭、姜男：《风险社会视野中大学生自杀意念问题研究》，《首都师范
　大学学报》（社会科学版）2015 年第 1 期。

丛中、安莉娟：《安全感量表的初步编制及信度、效度检验》，《中国心理
　卫生杂志》2004 年第 2 期。

崔玉华、方明昭：《大学生自杀者社会心理因素和临床特点》，《中国临床
　心理学杂志》1998 年第 3 期。

戴锐：《榜样教育的有效性与科学化》，《教育研究》2002 年第 8 期。

单常艳、王俊光：《高校生命教育与心理健康教育的建构研究》，《内蒙古
　师范大学学报》（教育科学版）2009 年第 9 期。

党宝宝、高承海、杨阳、万明钢：《群际威胁：影响因素与减少策略》，
　《心理科学进展》2014 年第 4 期。

邓云龙、熊燕、林云芳：《生存理由量表在中国大学生群体中的应用》，
　《中国临床心理学杂志》2012 年第 3 期。

董佩芳、沈晓如、金莉莉等：《216 例老年住院患者死亡态度的调查分
　析》，《中华护理杂志》2008 年第 43 期。

杜睿、江光荣：《自杀行为：影响因素、理论模型及研究展望》，《心理科
　学进展》2015 年第 8 期。

段明明：《基于恐怖管理理论的死亡焦虑与消费行为研究述评》，《外国经

济与管理》2014 年第 36 期。

段万春、贺卫：《试论寻利与寻租》，《经济问题探索》2001 年第 4 期。

范兴华、方晓义、刘勤学、刘杨：《流动儿童，留守儿童与一般儿童社会
　适应比较》，《北京师范大学学报》（社会科学版）2009 年第 5 期。

方文：《欧洲社会心理学的成长历程》，《心理学报》2002 年第 6 期。

方文：《社会心理学的演化：一种学科制度视角》，《中国社会科学》2001
　年第 6 期。

方文：《转型心理学：以群体资格为中心》，《中国社会科学》2008 年第
　4 期。

冯仕政：《我国当前的信任危机与社会安全》，《中国人民大学学报》2004
　年第 2 期。

冯志宏：《风险社会视域中的信任危机》，《学术交流》2010 年第 5 期。

弗洛伊德：《精神分析引论新编》，高觉敷译，商务印书馆 2009 年版。

付宗国、张承芬：《群际情境下向上社会比较信息对自我评价的影响》，
　《心理科学》2004 年第 1 期。

甘乐平：《体制外生存营造我们的职业安全感》，《涉世之初》2003 年第
　3 期。

高德胜：《道德冷漠与道德教育》，《教育学报》2009 年第 3 期。

高良、郑雪、严标宾：《幸福感的中西差异：自我建构的视角》，《心理科
　学进展》2010 年第 7 期。

高兆明：《简论道德失范范畴》，《道德与文明》1999 年第 6 期。

高兆明：《信任危机的现代性解释》，《学术研究》2002 年第 4 期。

公安部"公众安全感指标研究与评价"课题组：《中国公众安全感现状调
　查及分析》，《社会学研究》1989 年第 6 期。

王智民、郭证：《我国公众安全感现状及其对比分析》，《社会学研究》
　1992 年第 3 期。

官皓：《收入对幸福感的影响研究：绝对水平和相对地位》，《南开经济研
　究》2010 年第 5 期。

管健、柴民权：《刻板印象威胁：新议题与新争议》，《心理科学进展》
　2011 年第 12 期。

管健、柴民权：《外来务工女性刻板印象威胁的应对策略与认同管理》，

《心理科学》2013 年第 4 期。

管健、程婕婷：《系列再生法：探讨刻板印象的新思路》，《心理科学进展》2010 年第 9 期。

郭宝华：《大学生轻生现象的分析及对策》，《西北工业大学学报》（社会科学版）2004 年第 1 期。

郭少华：《风险社会背景下城市居民安全感提升研究》，《国家行政学院学报》2013 年第 5 期。

郭永玉、傅晋斌：《死亡提醒效应：概念、测量及来自多领域的证据》，《心理学探新》2011 年第 31 期。

韩春慧：《人际好奇的电生理证据及其影响因素》，硕士学位论文，西南大学，2011 年。

韩春慧、李鹏、冯廷勇、李红：《个体当前状况对人际好奇的调节作用》，《心理科学》2012 年第 6 期。

何建华：《道德自律与意志自由：兼论道德自律的社会基础》，《浙江社会科学》2002 年第 4 期。

何卫平、胡建：《社会转型期农村基层政府的信任危机：原因及优化策略》，《云南社会科学》2013 年第 3 期。

林雪霏：《转型逻辑与政治空间——转型视角下的当代政府信任危机分析》，《社会主义研究》2012 年第 6 期。

何晓丽、王振宏、王克静：《积极情绪对人际信任影响的线索效应》，《心理学报》2011 年第 12 期。

胡三嫚：《工作不安全感的研究现状与展望》，《心理科学进展》2007 年第 6 期。

胡三嫚、李中斌：《企业员工工作不安全感的实证分析》，《心理学探新》2010 年第 2 期。

胡晓勇、郭永玉：《目标内容效应及其心理机制》，《心理科学进展》2008 年第 5 期。

胡月、樊富珉、戴艳军等：《大学生生活事件与自杀意念：生命价值观的中介与调节作用》，《中国临床心理学杂志》2016 年第 1 期。

黄天中：《死亡教育概论 I ——死亡态度及临床关怀研究》，台北业强出版社 2000 年版。

黄希庭：《人格研究中的一些辩证关系》，《西南大学学报》（社会科学版）2011 年第 1 期。

黄希庭：《再谈人格研究的中国化》，《西南师范大学学报》（人文社会科学版）2004 年第 6 期。

黄育馥：《20 世纪兴起的跨学科研究领域——文化生态学》，《国外社会科学》1996 年第 6 期。

焦彬、陆静文、杨思等：《应激性生活事件、认知情绪调节、抑郁与自杀意念关系的结构方程模型》，《中国临床心理学杂志》2010 年第 4 期。

金安平：《理性理解"制度反腐"》，《科学社会主义》2015 年第 1 期。

金盛华、李雪：《大学生职业价值观：手段与目的》，《心理学报》2005 年第 5 期。

金盛华、郑建君、辛志勇：《当代中国人价值观的结构与特点》，《心理学报》2009 年第 10 期。

井世洁、杨宜音：《转型期社会信任感的阶层与区域特征》，《社会科学》2013 年第 6 期。

卡尔·罗杰斯、杰罗姆·弗赖伯格：《自由学习》，王烨晖译，人民邮电出版社 2015 年版。

乐国安：《中国社会心理学研究进展》，天津人民出版社 2004 年版。

乐国安、李绍洪：《心理定势发生机制的模型建构》，《心理学探新》2006 年第 2 期。

雷雳：《发展心理学》，中国人民大学出版社 2009 年版。

雷雳：《学习不良少年的自我概念与父母评价的特点及关系》，《心理科学》1997 年第 4 期。

李川云、吴振云：《认知老化机制的研究》，《心理学探新》2000 年第 2 期。

李锋：《收入对安全感的影响考证》，《统计与决策》2007 年第 11 期。

李欢欢、骆晓君、王湘：《大学生的孤独感与自杀意念的关系：来自内隐和外显测量的证据》，《中国临床心理学杂志》2012 年第 6 期。

李建良、俞国良：《自杀的人际关系理论：研究与临床应用》，《中国临床心理学杂志》2014 年第 1 期。

李静、郭永玉：《金钱对幸福感的影响及其心理机制》，《心理科学进展》

2007 年第 15 期。

李路路：《社会分层结构的变革：从"决定性"到"交易性"》,《社会》2008 年第 3 期。

李培林：《另一只看不见的手：社会结构转型》,《中国社会科学》1992 年第 5 期。

李琦、刘爱萍、罗劲：《金钱镇痛理论述评》,《心理科学进展》2010 年第 18 期。

李艳兰：《大学生自杀行为与干预研究》, 江西人民出版社 2013 年版。

李原、李朝霞：《物质主义价值观的内在心理机制探讨》,《哈尔滨工业大学学报》（社会科学版）2012 年第 6 期。

李祖超、邵敏：《青少年榜样教育困境与策略分析》,《中国教育学刊》2011 年第 1 期。

厉洁、肖水源、周亮：《儿童期受虐史与成人期自杀行为（综述)》,《中国心理卫生杂志》2007 年第 1 期。

林崇德、俞国良：《心理学研究的中国化：过程和道路》,《心理科学》1996 年第 4 期。

林荫茂：《公众安全感及指标体系的建构》,《社会科学》2007 年第 7 期。

蔺秀云、方晓义、刘杨、兰菁：《流动儿童歧视知觉与心理健康水平的关系及其心理机制》,《心理学报》2009 年第 10 期。

凌文辁、陈龙、王登：《CPM 领导行为评价量表的构建》,《心理学报》1987 年第 2 期。

凌文辁、方俐洛、艾卡儿：《内隐领导理论的中国研究——与美国的研究进行比较》,《心理学报》1991 年第 3 期。

刘剑敏、李润权：《论网络的碎片化特征》,《新闻爱好者》2011 年第 9 期。

刘靖君、屈代洲：《西方青少年榜样教育的理论释义及启示》,《湖北社会科学》2014 年第 12 期。

刘军强、熊谋林、苏阳：《经济增长时期的国民幸福感——基于 CGSS 数据的追踪研究》,《中国社会科学》2012 年第 12 期。

刘俊升、桑标：《情绪调节内隐态度对个体情绪调节的影响》,《心理科学》2009 年第 3 期。

刘素琼：《老年人比年轻人更容易有幸福感》，http：//www. 99. com. cn/
　laoren/lrxl/331409. htm，20121221。

刘涛生、罗跃嘉、马慧、黄宇霞：《本土化情绪声音库的编制和评定》，
　《心理科学》2006 年第 2 期。

刘亚楠、许燕、于生凯：《恐惧管理研究：新热点、质疑与争论》，《心理
　科学进展》2010 年第 18 期。

刘阳：《淡定去哪儿了——聚焦转型期社会的"安全感缺失"》，《人民日
　报》2014 年 4 月 10 日第 17 版。

刘云艳、张大均：《幼儿好奇心结构的探索性因素分析》，《心理科学》
　2004 年第 1 期。

卢汉龙：《收入差距会引起民众的不安全感》，《探索与争鸣》1996 年第
　4 期。

陆益龙：《从农民的社会心态看乡村社会的发展态势——基于"千人百
　村"调查》，《探索与争鸣》2013 年第 10 期。

吕耀怀：《从道德自律到道德自然》，《道德与文明》2010 年第 4 期。

罗楚亮：《绝对收入、相对收入与主观幸福感——来自中国城乡住户调查
　数据的经验分析》，《财经研究》2009 年第 11 期。

罗晓路、李天然：《家庭社会经济地位对留守儿童同伴关系的影响》，《中
　国特殊教育》2015 年第 2 期。

麻雪兰：《社会转型期中国政治信任问题的分析与解读》，硕士学位论文，
　华东理工大学，2011 年。

麻勇恒、田隆斌：《自杀的文化约束：苗族村落社区的个案》，《中央民族
　大学学报》（哲学社会科学版）2013 年第 4 期。

马斯洛：《动机与人格》（第三版），许金声译，中国人民大学出版社
　2007 年版，第 153 页。

孟天广：《转型期的中国政治信任：实证测量与全貌概览》，《华中师范大
　学学报》（人文社会科学版）2014 年第 2 期。

墨菲、柯瓦奇：《近代心理学历史导引》，林方、王景和译，商务印书馆
　1980 年版，第 615 页。

[英] 尼古拉斯·尼尔：《福利经济学前沿问题》，中国税务出版社 2000
　年版。

欧何生、黄泽娇、张旭东：《大学生抗挫折心理能力对自杀意念影响的研究》，《心理学探新》2013 年第 3 期。

潘露：《师生信任的困境与突围》，《教育学术月刊》2008 年第 4 期。

彭国胜：《家庭对青少年学生自杀意愿和行为的影响——基于湖南省的实证调查》，《青年研究》2007 年第 7 期。

邱林、郑雪：《人格特质影响主观幸福感的研究述评》，《自然辩证法通讯》2013 年第 5 期。

渠敬东、周飞舟、应星：《从总体支配到技术治理——基于中国 30 年改革经验的社会学分析》，《中国社会科学》2009 年第 6 期。

饶恒毅、徐四华：《心理学家看金钱："令人成瘾的药物"》，《中国社会科学报》2011 年 7 月 28 日第 12 版。

阮明阳：《市场转型中的城市居民"个体化风险与安全"研究》，《兰州学刊》2010 年第 5 期。

芮雪、姚本先：《大学生生命价值观的研究：现状、问题及趋势》，《中国德育》2008 年第 3 期。

沈学武、耿德勤、赵长银：《不安全感与神经症关系的理论探讨》，《中国行为医学科学》2002 年第 2 期。

史少博：《论市场经济条件下的拜金主义》，《兰州学刊》2010 年第 11 期。

史徒华著：《文化变迁的理论》，张恭启译，台北：允晨文化实业股份有限公司 1984 年版。

宋宝安、王一：《利益均衡机制与社会安全——基于吉林省城乡居民社会安全感的研究》，《学习与探索》2010 年第 3 期。

宋广文、何云凤、丁琳、吕良成、周凯：《有留守经历的中学生心理健康、心理弹性与主观幸福感的关系》，《中国特殊教育》2013 年第 2 期。

宋言东、蒋秀莲：《医患信任危机与医疗制度》，《中国卫生事业管理》2011 年第 4 期。

苏梽芳、王海成、郭敏：《食品价格上涨对中国居民主观幸福感的影响》，《中国人口科学》2013 年第 6 期。

孙道祥、任建明：《中国特色反腐倡廉理论研究》，中国方正出版社 2011 年版。

孙炯雯、郑全全：《在社会比较和时间比较中的自我认识》，《心理科学进展》2004 年第 2 期。

孙晓玲、张云、吴明证：《解释水平理论的研究现状与展望》，《应用心理学》2007 年第 13 期。

谭建光、周宏峰：《中国志愿者：从青年到全民——改革开放 30 年志愿服务发展分析》，《中国青年研究》2009 年第 1 期。

汤一介：《略论百年来中国文化上的中西古今之争》，《中国文化研究》2005 年第 2 期。

田录梅、王光辉、王姝琼、刘海娇、张文新：《父母支持、友谊支持对早中期青少年孤独感和抑郁的影响》，《心理学报》2012 年第 7 期。

仝伟：《我国普通高校体育弱势学生的刻板印象威胁》，《体育成人教育学刊》2013 年第 1 期。

王兵：《"中国社会心理学二十年回顾学术研讨会暨敬贺杨国枢先生八十华诞师生联谊会"在北京成功举行》，《心理学探新》2010 年第 5 期。

王登峰、方林、左衍涛：《中国人人格的词汇研究》，《心理学报》1995 年第 4 期。

王二平：《群体性事件的监测与预警研究》，《领导科学》2012 年第 5 期。

王家军：《埃里克森人格发展理论与儿童健康人格的培养》，《学前教育研究》2011 年第 6 期。

王俊秀：《面对风险：公众安全感研究》，《社会》2008 年第 4 期。

王俊秀：《社会心态：转型社会的社会心理研究》，《社会学研究》2014 年第 1 期。

王俊秀、杨宜音：《中国社会心态研究报告（2012—2013）》，社会科学文献出版社 2013 年版。

王力平：《风险与安全：个体化社会的社会学想象》，《新疆社会科学》2013 年第 2 期。

王琦、俞国良、董妍、周浩：《无聊倾向与主观幸福感：情绪调节效能感的作用》，《心理与行为研究》2012 年第 1 期。

王求是、刘建新、申荷永：《国外自杀心理学研究与理论评介》，《心理科学进展》2006 年第 1 期。

王淑萍：《警民信任危机成因分析——基于"期望差异"理论》，《中国人民公安大学学报》（社会科学版）2010 年第 6 期。

王潇溪：《免费师范生刻板印象及其对自尊的影响》，硕士学位论文，陕西师范大学，2012 年。

王一多、孟昭勤：《论人类竞争的根源及其利弊》，《西南民族学院学报》（哲学社会科学版）2002 年第 12 期。

王英春、邹泓、张秋凌：《初中生友谊的发展特点》，《心理发展与教育》2006 年第 2 期。

韦庆旺：《权力差异和社会动机对谈判行为和结果的影响》，博士学位论文，浙江大学，2008 年。

韦庆旺、俞国良：《权力的社会认知研究述评》，《心理科学进展》2009 年第 6 期。

韦庆旺、俞国良：《问责：社会心理学不可忽视的概念》，《黑龙江社会科学》2010 年第 3 期。

韦庆旺、郑全全：《权力对谈判的影响研究综述》，《人类工效学》2008 年第 14 期。

魏晓笛：《我国社会转型时期的价值观现状及重构》，《理论导刊》2002 年第 6 期。

巫月娥、尤晨：《网络消费购后后悔与转换行为研究——基于顾客不信任感的调节作用》，《重庆交通大学学报》 （社会科学版）2014 年第 14 期，。

吴彩虹、全承相：《自杀防范的伦理学审视》，《伦理学研究》2012 年第 2 期。

吴鹏、刘华山、刁春婷：《青少年攻击行为与友谊质量的交叉滞后回归分析》，《心理学探新》2012 年第 1 期。

吴小勇：《自我抽离视角对自我参照记忆效应的影响》，《中国临床心理学杂志》2014 年第 3 期。

夏凌翔、黄希庭、万黎、杨红升：《大学生的自立人格与现实问题解决》，《心理发展与教育》2011 年第 1 期。

肖三蓉、袁一萍：《高职大学生自杀意念与自尊、父母教养方式的关系》，《中国健康心理学杂志》2005 年第 5 期。

肖世杰、张龙：《国内外主要反腐败理论的述评及其若干启示》，《湖南社会科学》，2014年第5期。

肖唐镖、王欣：《中国农民政治信任的变迁——对五省份60个村的跟踪研究（1999—2008）》，《管理世界》2010年第9期。

肖雪莲：《运用相对剥夺感理论对我国转型时期弱势群体的心理进行探析与调适》，《吉林广播电视大学学报》2006年第4期。

肖瑛：《从"国家与社会"到"制度与生活"：中国社会变迁研究的视角转换》，《中国社会科学》2014年第9期。

肖瑛：《风险社会与中国》，《探索与争鸣》2012年第4期。

谢舜、魏万青、周少君：《宏观税负、公共支出结构与个人主观幸福感：兼论"政府转型"》，《社会》2012年第6期。

谢舜、魏万青、周少君：《宏观税负、公共支出结构与个人主观幸福感兼论"政府转型"》，《社会》2012年第6期。

辛勇、李红、袁加锦：《负性情绪干扰行为抑制控制：一项事件相关电位研究》，《心理学报》2010年第3期。

辛自强、周正：《大学生人际信任变迁的横断历史研究》，《心理科学进展》2012年第3期。

邢淑芬、俞国良：《社会比较：同化效应还是对比效应》，《心理科学进展》2006年第6期。

邢淑芬、俞国良：《社会比较研究的现状与发展趋势》，《心理科学进展》2005年第1期。

邢占军：《我国居民收入与幸福感关系的研究》，《社会学研究》2011年第1期。

熊燕：《大学生生存理由及其对自杀意念的影响研究》，博士学位论文，中南大学，2012年。

徐勇、项继权：《我们已经进入了风险社会》，《华中师范大学学报》（人文社会科学版）2008年第5期。

许燕：《人格心理学》，北京师范大学出版社2009年版。

杨国枢：《华人自我的理论分析与实证研究：社会取向与个人取向的观点》，《本土心理学研究》2004年第22期。

杨国枢：《中国人的心理与行为：本土化研究》，中国人民大学出版社2004年版。

杨国枢、黄光国、杨中芳：《华人本土心理学》，重庆大学出版社 2008 年版。

杨娟、章晨晨、姚树桥：《高中生沉思与应急性生活实践对抑郁症状的影响：1 年追踪研究》，《心理学报》2010 年第 9 期。

杨雪、王艳辉、李董平等：《校园氛围与青少年的自杀意念/企图：自尊的中介作用》，《心理发展与教育》2013 年第 5 期。

杨宜音：《个体与宏观社会的心理关系：社会心态概念的界定》，《社会学研究》2006 年第 4 期。

杨宜音：《关系化还是类别化：中国人"我们"概念形成的社会心理机制探讨》，《中国社会科学》2008 年第 4 期。

杨寅、钱铭怡、李松蔚、徐凯文、王雨吟：《汶川地震受灾民众创伤后成长及其影响因素》，《中国临床心理学杂志》2012 年第 20 期。

杨振斌、李焰：《大学生自杀风险因素的个案研究》，《思想教育研究》2013 年第 8 期。

杨中芳：《中庸实践思维体系探研的初步进展》，《（台北）本土心理学研究》2010 年第 34 期。

杨中芳、彭泗清：《中国人人际信任的概念化：一个人际关系的观点》，《社会学研究》1999 年第 2 期。

殷融：《不确定感管理模型视角下的死亡凸显效应：争论与整合》，《心理科学进展》2010 年第 18 期。

余练：《互惠到交换：理解农村人情变迁的视角》，《人口与社会》2014 年第 1 期。

俞伯灵：《自由的悖论——重读弗洛姆的〈逃避自由〉》，《浙江社会科学》2003 年第 4 期。

俞国良：《社会认知视野中的亲社会行为》，《北京师范大学学报》（社会科学版）1999 年第 1 期。

俞国良：《社会心理学》（第 2 版），北京师范大学出版社 2010 年版。

俞国良：《现代心理健康教育——心理卫生问题对社会的影响及解决对策》，人民教育出版社 2007 年版。

俞国良：《学习不良儿童的家庭环境及其与社会性发展的关系》，《心理发展与教育》1997 年第 1 期。

俞国良、董妍：《我国心理健康研究的现状，热点与发展趋势》，《教育研究》2012 年第 6 期。

俞国良、侯瑞鹤：《论学校心理健康服务及其体系建设》，《教育研究》2015 年第 8 期。

俞国良、姜兆萍：《中职生自我概念与社会关系的相关研究》，《中国职业技术教育》2007 年第 16 期。

俞国良、刘聪慧：《独立或整合：社会认知神经科学对社会心理学的影响与挑战》，《中国人民大学学报》2009 年第 3 期。

俞国良、王拥军：《构建和谐人际关系：基于人际知觉偏差的视角》，《黑龙江社会科学》2012 年第 3 期。

俞国良、王拥军：《建立和谐人际关系的社会心理学探索（专题讨论）——构建和谐人际关系：基于人际知觉偏差的视角》，《黑龙江社会科学》2012 年第 3 期。

俞国良、王永丽：《学习不良儿童归因特点的研究》，《心理科学》2004 年第 4 期。

俞国良、韦庆旺：《权力产生"腐败"吗？——社会心理学的答案》，《黑龙江社会科学》2009 年第 2 期。

俞国良、谢天：《文化变迁研究的进展与前瞻》，《黑龙江社会科学》2014 年第 4 期。

俞国良、辛自强：《社会特性发展》（第 2 版），中国人民大学出版社 2013 年版，第 322 页。

俞国良、辛自强：《社会性发展心理学》，安徽教育出版社 2004 年版，第 378 页。

俞国良、闫嵘：《学习不良儿童言语交际策略的理解与运用》，《华东师范大学学报》（教育科学版）2006 年第 1 期。

喻国明：《解读新媒体的几个关键词》，《广告大观：媒介版》2006 年第 5 期。

岳晓东：《青少年偶像崇拜与榜样学习的异同分析》，《青年研究》1999 年第 7 期。

张登浩：《基层党政干部的人格特质、成就动机与幸福感》，博士学位论文，北京大学，2008 年。

张国华、戴必兵、雷雳：《初中生病理性互联网使用的发展及其与自尊的关系：同学关系的调节效应》，《心理学报》2013 年第 12 期。

张宏宇、许燕：《自杀意念者何以抑郁——沉浸性反省类型的中介效应》，《中国特殊教育》2010 年第 5 期。

张侃：《心理学研究机构的人员组成和专业分布——对美国排名前五位的心理学研究机构的人员组成和专业分布的初步分析》，《心理科学》2002 年第 4 期。

张侃、王日出：《灾后心理援助与心理重建》，《中国科学院院刊》2008 年第 4 期。

张雷：《论网络政治谣言及其社会控制》，《政治学研究》2007 年第 2 期。

张宁、张雨青、吴坎坎、陈正根、刘寅祝、卓宏：《汶川地震幸存者的创伤后应激障碍及其影响因素》，《中国临床心理学杂志》2010 年第 18 期。

张萍、程小青、陈会昌、张光珍：《中学生承诺判断的发展特点及友谊和情境因素的影响》，《心理科学》2009 年第 2 期。

张倩红、马献忠：《安全感直接影响"幸福指数"》，《中国社会科学报》2015 年 3 月 6 日第 7 版。

张日昇、胡克祖、杨丽珠：《3—6 岁幼儿好奇心结构探索与验证性因素分析》，《心理发展与教育》2005 年第 2 期。

张书维、王二平、周洁：《跨情境下集群行为的动因机制》，《心理学报》2012 年第 4 期。

张廷赟：《吉登斯本体性安全理论研究》，南京航空航天大学出版社 2010 年版。

赵潺潺、易海威：《在风险社会中寻找个体安全的港湾——浅析吉登斯的反思现代性与个体性安全理论》，《求实》2009 年第 1 期。

张晓斌、王沛：《刻板印象威胁发生机制：认知神经研究进展》，《中国特殊教育》2009 年第 11 期。

张旭东：《大学生生命教育目标探析》，《社会科学战线》2007 年第 4 期。

张旭东：《大学生自杀的现状、原因及预防策略》，《内蒙古师范大学学报》（教育科学版）2007 年第 9 期。

张阳阳、佐斌：《自尊的恐惧管理理论述评》，《心理科学进展》2006 年第 14 期。

张莹瑞、佐斌：《社会认同理论及其发展》，《心理科学进展》2006 年第 3 期。

赵兵健：《需求层次理论与中国财政支出》，《中外企业家》2012 年第 6 期。

赵竞、孙晓军、周宗奎等：《网络交往中的人际信任》，《心理科学进展》 2013 年第 8 期。

赵军燕、俞国良、张宝山：《隐匿成绩信息对学习不良少年自我概念的影 响》，《心理科学》2010 年第 2 期。

郑爱明：《自杀倾向大学生家庭因素及其家庭治疗的个案研究》，博士学 位论文，南京师范大学，2012 年。

郑方辉、冯淇、卢扬帆：《基于幸福感与满意度的广东国民幸福指数实证 研究》，《广东行政学院学报》2012 年第 2 期。

郑杭生：《社会转型论及其在中国的表现》，《广西民族学院学报》（哲学 社会科学版）2003 年第 5 期。

郑杭生、杨敏：《社会实践结构性巨变的若干新趋势——一种社会学分析 的新视角》，《中国人民大学学报》2006 年第 6 期。

郑佳明：《中国社会转型与价值变迁》，《新华文摘》2010 年第 6 期。

郑希付、刘学兰、罗品超：《2014 年广州市居民幸福感状况研究报告》， 载《中国广州社会形势分析与预测》，社会科学文献出版社 2015 年版。

中国互联网络信息中心（http：//www. cnnic. net. cn/hlwfzyj/hlwxzbg/ydhl- wbg/201408/t20140826_ 47880. htm），2015 年 9 月 6 日。

中国家庭金融调查与研究中心：《国民幸福报告 2014》，http：//chfs. swufe. edu. cn/ListPage/Detail？Detailid＝343，2015 年 2 月 13 日。

周静、谢天、张掌然：《认知革命真的发生了吗?》，《天津社会科学》 2013 年第 4 期。

周莉：《专家公信力："嵌入"式信任的发生和运作机制——以食品安全 事件为例》，《理论与改革》2014 年第 1 期。

周晓虹：《文化反哺：变迁社会中的亲子传承》，《社会学研究》2000 年 第 5 期。

周晓虹：《文化反哺与器物文明的代际传承》，《中国社会科学》2011 年第 6 期。

周晓虹：《中国经验和中国体验：理解社会变迁的双重视角》，《天津社会科学》2011 年第 6 期。

周晓虹：《中国人社会心态六十年变迁及发展趋势》，《河北学刊》2009年第 5 期。

朱坚、杨雪龙、陈海德：《应激生活事件与大学生自杀意念的关系：冲动性人格与抑郁情绪的不同作用》，《中国临床心理学杂志》2013 年第2 期。

朱建芳、杨晓兰：《中国转型期收入与幸福的实证研究》，《统计研究》2009 年第 4 期。

朱宁波、袁媛：《青少年道德榜样教育现状的调查研究》，《教育科学》2013 年第 5 期。

朱小宁、高小露：《权力腐败行为的社会心理透视》，《江汉论坛》2003年第 4 期。

朱滢：《文化与自我 》，北京师范大学出版社 2007 年版。

邹薇：《寻租与腐败：理论分析和对策》，《武汉大学学报》（哲学社会科学版）2007 年第 2 期。